U0625675

金石萃編

（清）王昶 撰

（清）吳榮光 （清）翁方綱 等 批校

國家圖書館出版社

第四册目録

據唐文百篇校 旁加者皆百篇所同

錢本蠱作蠱

空格錢本亦缺

喪 百篇本

金石萃編卷一百五

賜進士出身　誥授光祿大夫刑部右侍郎加七級王昶譔

唐六十五

張詵夫人樊氏墓誌

石高廣各二尺二十四行行二十四字正書在洛陽

唐故雲麾將軍河南府押衙張府君夫人上黨樊氏墓誌銘并序

大聖善寺沙門至咸撰

代之所重曰名人之所寶曰位休禎弃業昭德延祥其惟張氏乎公諱詵隴右天水人也曾祖元[illegible]皇朝盧龍府兵衙祖乞遠甘州司馬父崇正潭州長沙縣尉公即長沙之廳子也幼而貞敏長而嚴毅歷職清貫皆著能綰兵權於湖南揔劇務於河府才當幹蠱京牧爪牙天不慭遺溘先朝露以貞元十年八月廿日終於洛陽永泰里之私第春秋六十九夫人樊氏曹州南華縣丞彥府君之息女蘊德柔明言行端淑習禮笄總而從好俅鳳凰于飛和鳴霄漢彼蒼不祐所天先逝撫訓孤幼孀迴緬㝠妄疾遽嬰口然怛化以貞元廿年四月十日終於家第享年五十有子三人長曰𡖈重次曰𡖈威皆幼而敏惠年未弱冠相次夭亡季子𡖈齊泣血叩踊吊影長號惟家之艱克紹先烈有女五人長女出家寧剎寺大德法号義性戒律貞明操行高潔弟妹幼稚主家而嚴二女適京兆杜氏及禮而亡三女適天水趙詡四女適安定梁秘五女在室而殞今孤子孤女等哀號失容擗踊屠裂先遠有日龜筮協宜以永貞元年十月廿日合而窆之雙棺同穴葬於平樂鄉朱陽原禮也栽植松檟以標不朽爰託斯文旌乎厥美詞曰

於戲宦達兮英武雄名遂身歿兮弓劍空夫人淑慎兮相次終哀哀嗣子兮泣蒼穹良辰宅兆兮安壽宮青山鬱鬱兮何人在白楊蕭蕭兮多悲風

般若波羅蜜多心經真言

揭諦揭諦　波羅揭諦　波羅僧揭諦　菩提薩婆訶

碑爲沙門所撰因其長女出家寧剎寺或受戒于沙門也唐世重釋氏風俗之無禮如此後有般若波羅心經真言揭諦作羯諦釋氏之書有音無字固無不可假借爲之云葬於平樂鄉朱陽原亦洛陽古鄉名以好俅爲好逑異文以宦爲宦俗字中州金石記

張君與前誌稱鴻臚少卿者爲一人前誌雙名敬詵此誌單名詵前誌稱馮翊同州人此誌稱隴右天水

錢本先作光

錢本鄉作郡

人前誌稱左金吾衛大將軍元長府君之孫此誌稱
祖定遠甘州司馬前誌稱中散大夫撫州長史崇讓
府君之次子此誌稱父潭州長沙縣尉惟書子女故
卒之年月符合而張君又非別爲人後者疑不可曉
也授堂金石跋
按此碑與前張敬詵碑互勘有同者有不同者其
同者如夫人樊氏子三人叔重叔威叔齊女五人
長女出家寧剎寺兩碑皆同則張詵即張敬詵固
無疑矣其不同者如前曰馮翊同川人此曰隴右
天水人前曰左金吾衛大將軍太常卿元長府君

孫此曰祖定遠甘州司馬前曰中散大夫撫州
長史崇讓府君次子此曰父崇正潭州長沙縣尉
前書官曰朝請大夫鴻臚少卿河南尹押衙此曰
雲麾將軍河南府押衙前曰貞元十年八月廿三
日卒此曰貞元十年八月廿日前曰春秋六十八
此曰春秋六十九前曰窆于滻澗之陽邙山之新
塋此曰合葬于平樂鄉朱陽原前曰三女歸王氏
此曰三女適天水趙詡兩碑互異如此唐書地理
志同川縣屬慶州順化郡隸關內道今屬甘肅慶
陽府若馮翊郡馮翊縣屬關內道之同州今屬陝

西是馮翊與同川不能併合爲一也天水縣屬秦
州隸隴右道今屬甘肅是天水與同川又顯然兩
地不相聯屬前碑不書曾祖而書其祖諱元長此
則書曾祖而曰諱元楨曾祖既諱元楨則祖似不
應諱元長此互異中之最難揆度者至前云叔重
叔威叔齊皆年始能言昂昂逸足此則云叔重叔
威相次夭亡惟季子叔齊在也前云女五人長從
緇次歸杜三歸王兩女尚幼此則云二女適杜氏
及禮而亡三女適趙四女適梁五女在室殞盡事
逾十年而人事屢更矣詳玩此碑是爲樊夫人合

葬而刻誌經營出自長女叔齊年幼不能詳具事
實皆憑長女記憶述之而撰文者又係沙門其牴
牾舛錯無足深論而家門衰落如此女子猶知立
石以誌其墓亦可哀也矣

柳宗直等華嚴巖題名

石橫廣一尺八寸高一尺六寸五分十一行每行約十字正書左行

永州刺史馮敘
永州員外司馬柳宗元
永州員外司戶參軍柴察
進士盧[illegible]禮

進士柳宗直

元和元年三月八日直題

按題名柳宗直柳宗元唐書宰相世系表但有宗元而無宗直柳河東文集有從父弟宗直殯志知宗直爲宗元之從父弟也殯志稱宗直字正夫善操觚牘今題名是宗直書宗直雙名而題名單舉直字也石刻未見宗元初因王叔文韋執誼二人得政引擢禮部員外郎永貞元年憲宗内禪二人貶謫宗元亦貶永州司馬此題在元和元年三月蓋官永州未久也

賈竦謁華嶽廟詩

（行字不計正書在華陰縣華嶽廟後周天和碑側）

謁華嶽廟詩

賈竦作并書

老栢寒飀飀清祠晝寂寂開門華山北嵐氣沉日夕國家崇明祀五岳盡封册福我西土巨報君金天籍惟神本貞信以道徵損益無乃惑聰明訛言縱至覡因値作風俗相與成窳溺疲病閭里毗錐刀徃來客我行萬云暮登殿拜瑤席奠酒徹明靈緒言多感激鬱然展冠冕凛若生矛戟斑駮石色重陰深香煙碧虹梁無燕雀王座鎮廸蜴肹蠁似有聞依俙疑所覿髫年業文翰弱冠荐屯厄天命幾微茫神遠徒悚惕今來遊上國幸遇陶唐聲正直不吾欺願言從所適

唐元和元季十月二十八日

姪男宣義郎行華州參軍瑊太和六年四月廿六日

重修

元和元年十月著作郎河南賈竦謁華岳廟賦五言詩題名太和六年四月其姪男宣義郎行華州參軍事瑊修之修之者殆鋟之也詩題北周天和二年趙文淵書万紐于瑾所撰華岳頌之左方頌之陰則開

元八年劉升書咸廙所撰精享昭應碑也其右勒顏眞卿乾元元年題名工每椎拓三面而遺竦詩以是流傳者寡然其詩特醇雅顧圖經未之采焉曝書亭集

竦賈餗兄據宰相表則竦官著作郎也無姪瑊名可以補史之缺關中金石記

按賈竦官著作郎而此詩自題不署銜則是未仕時作也竦爲餗之兄餗居相位在文宗朝當元和年官不過員外郎未顯也玩竦詩有云髫年業文翰弱冠荐屯厄今來遊上國幸遇陶唐歷正直不吾欺願言從所適則顯然是未第而求神佑者此

詩全唐詩未收故無從詳攷

乘廣禪師碑

碑高七尺九寸廣三尺七寸五分二十五行行五十四字正書在萍鄉縣

唐故袁州萍鄉縣楊岐山禪師廣公碑文

朗州司馬員外□□正員劉禹錫譔并書

中山劉申錫篆額

天生人而不能使情欲有節君牧人而不能去威勢以理至有乖天工之隟以補其化釋王者之位以遷其人則素王立中區之教懋建大中慈氏起西方之教習登匠覺至乎乾坤定位而聖人之道參行□其中亦猶水

火異氣其成味也同德輸轅異象其致遠也同功然則儒以中道御羣生罕言性命故世衰而寖息佛以大悲救諸苦廣啓因業故劫濁而益尊自白馬東來而人知像教佛以始傳而人知心法宏以權實示其攝修味真實者即清淨以觀□存相好者怖威神而遷善庠□□□植□□豈福□□□□鏡業以銷竟□□□□冥昧之閒泯愛緣於死生之際陰助教化總持□天所□生成之外别有陶冶刑□不及曲爲調柔其方可言其旨不可得而言也惟四海之大羣倫之富必有□其門而會其宗者爲世導師焉禪師諱乘廣其生容州姓張氏

□歲倘儒以俎豆爲戲十三慕道遵壞削之儀至衡陽依天柱想公以啓初地至洛陽依菏澤會公以契真乘洪鐘蘊聲扣至斯應陽燧含焰晞之乃明始由見性終得自在常謂機有淺深法無高下分二宗者衆生存頓漸之見說三乘者如來開方便之門名自外得故生分別道由內證則無異同遂以攝化爲心經行不倦戀彼南臺不聞佛經緣是結廬此山心與境寂應念以起教隨方而立因居涉旬而善根者知歸逾周月而滯縛者漸□□月倍日以年倍時濟□□闢荒憬潛草邑中長者泉十方善衆咸發信願大其藩垣法堂四可殿宏偉

舍身心恒寂象馬交馳隨其去來皆得利益踰嶺之北涉□□南仰□□□□□□有所在此地□盡翛然化俱神歸佛境悲結人世自趺坐而滅至于荼毗三百有六□髮加長容澤差衰真子號□圖瘞薪火□□□如珠璣□數十百焉□□宵圓方之形故寂滅以□盡入菩提□位故殊相□地靈□猶鳳毛□□麟角生肉必□以異□知其然於是服勤聞法之上首□甄澍乃率其徒道進圓寂道宏如亮如海蕣相與技淚具役建塔于禪堂之右端從衆也初　廣公始生之辰歲在丁巳當　□宗之中元生三十而受具更臘五十□

而終□之夕歲直戊寅當　德宗之後元三月旣
望之又十日也後九年其門人還源以爲崇塔以存神
與建銘以垂休皆弗像寄懷不可以闕一□謂予爲習
於文者故跰足千里以誠相攻大懼其先師之德音與
時浸遠且白日月中□東川無還屬于金石傳信億劫
彼墮淚之感豈儒家者流專之哉訓斯言銘□真俗宜
春得㫄守　齊□理行□一雅有護持之功化被
于邑之庶寮及里之右族咸能迴向如邦君之志□偕
其爵里名氏列于其陰文曰
如來說法　遍滿大千　得勝義者　強名爲禪　至
道不二　至言無辯　心法東行　羣迷丕變　七葉
無嗣　四魔潛扇　佛衣生塵　□法如線　吾師覺
者　冥極道樞　承受密印　端如貫珠　一室寥寥
高山之隅　爲□□□　百千人俱　襄民蚩蚩
戶有扉渠　攝以方便　家藏仏書　頓力既普　度
門斯盛　合爲一乘　散爲萬行　卽動求靜　故能
嘗宗　絕□離覺　乃得究竟　生非我樂　死非我
病　現滅者身　常圓者性　本無言說　付囑其誰
等空無得　後覺得之　像□靈塔　跡留□祠
十方□輩　瞻禮□斯

元和二年五月二十七日建
右揚岐山禪師廣公碑廣公者乘廣也古人稱僧曰
某公皆以名下一字故支道林曰林公佛圖澄曰澄
公竺道生曰生公慧遠曰遠公寶誌曰誌公齊已曰
已公宋元人稱僧或名字兼舉若洪覺範妙高峯柏
子庭噩夢堂訢笑隱泐季潭之類亦取名下一字今
世知之者尠矣此文載於劉賓客集以石刻校之不
同者廿餘字皆當以石本爲正乘廣弟子甄叔亦有
塔銘今集本叔作升誤之甚矣碑文之末有時宜春
得㫄守齊□似是君字理行第一雅有護持之功化被於
邑之庶寮及里之右族咸能回向如邦君之志故偕
具爵里名字列于其陰凡五十字集本無之當是夢
得編定文集時刪去之耳碑云始生之辰歲在丁巳
當元宗之中元終之夕歲直戊寅當德宗之後元攷
明皇三改元先天開元天寶則開元爲中元也德宗
亦三改元建中興元貞元則貞元爲後元也夢得自
署銜云朗州司馬員外置同正員蓋當時遷謫惡地
不必待缺大率員外置之東坡詩云逐客不妨員外
置正用唐故事　潛研堂金石文跋尾
碑爲中山劉禹錫撰及正書碑記年書中元後元他

碑亦希見鳳臺胥燕亭官莘鄉拓得之贈予前著錄
者未及也授堂金石跋
按碑不言禪師春秋若干據云始生之辰歲在丁
巳爲開元五年故云元宗之中元終□之夕歲直
戊寅爲貞元十四年故云德宗之後元以此計之
是春秋八十二也然則三十受具更臘五十二可
据以補碑之泐

韋皋紀功碑

碑高一丈二尺六寸廣七尺一寸二十九行字數無考行書在雋州

上闕四川節度　大使檢校司徒兼中書令上柱國南康

郡王韋皋紀功碑銘并序
御製
□□奉　勅書
上闕□以陰陽下闕忠賢作弼宣翼贊之力用能致下闕上闕□
則欽下闕乘之略致恢復之勲者焉下闕
上闕祖太宗受下闕握乾符以垂統廓宇宙而貞觀盛德被
於下闕
上闕宗重光克□下闕庭禦大災清大難佐□□□間生才
賢掛寶戎□下闕上闕□垂佑□□下闕謀猷扶忠義之臣以
□□□鎮乃命左金吾大將軍韋□下闕上闕而有謀□集
□下闕其鎮撫之宜至則宣下闕□□朝旨揚國威仁義服
下闕□足弃纖□之□下闕人知國家有安撫之□□□□
□矣雲南昔在漢爲西域郡□□下闕
上闕□龍□大定區夏下闕□來朝獻開元中詔以豢□□
爲雲南王天寶雋州將軍善能□下闕上闕□□西川其孫
□下闕歸內附朕嘉其誠節懿下闕時値搶攘而心不變易
乃□□下闕上闕爲司空而九土以平羿□□□五教以
敷蕭何漕運不乏而□□□□□籌帷幄□下闕朕深
惟德化之未遠風□□□憫此元元以圖無疆之休
□□□□於上闕以一旅之師□一□之□□□□徒外

牧黎庶一時□□下闕□然下闕上闕□□下闕謹財賦以豐其
用故得□□□□□□慾來遠人之貢賦下闕
上闕□□□□□下闕□言前事符響應□雲南下闕以致
遐邇尊王之下闕
上闕□□□□□下闕□爲純臣輸賝委贄稽顙下闕
上闕□□德以□下闕□則□代之賢忠良之佐□□□□
豈虐也哉昔秦漢或下闕而非□□上闕□□□下闕□謂
□□皐一心奉國百□□□□義之忱集邦家之下闕能
制□□上闕復王□□建□下闕□言而理此皐之忠勳斯
下闕檢校司徒兼中□下闕等使宜□上闕□□下闕書盖詳諸

家誅矣茲所下闕茂勳紀㦸績刺□下闕□臣其詞曰
上闕□□下闕鴻烈尊主以忠持危以節下闕□時之傑我有
□下闕□□惟□上闕□□□遐□□□下闕及此小康實扶
忠賢撫綏□□□□吾事惟臣□□西□下闕上闕□□□
□□惟一下闕前罰異時同致保族承家下闕苟能建績功
日不朽□□下闕上闕□□下闕□□上闕忠之□□□文武之
全才道□□□實維時傑純誠□於□下闕上闕宜刻金石
用表忠勳□□　殷肱下闕上闕□念忠賢存於夢寐□
□□諒當體予下闕
元和三年四月廿五日勒□

碑陰
碑中大字四行其前十三行及後二行皆小字上下殘缺長短字數俱無攷行書
闕□言當道監軍使李仙壽迴奉宣　聖旨及伏
奉　手詔賜臣　御製□闕　華光榮加於望
外藻飾皆以曲成仰瞻　日月之文徒荷　乾坤之
德拜　恩闕□無不照德無不容□物推誠愛人
以禮四門載闢百揆持敘加以天□詞鋒生□闕□諧
於律呂舒詞義匠於典謨雖漢稱五葉魏有三祖技詞
比義何足善茲□□闕□奉　成規以柔遠豈敢言
功伐　神武以清邉繳將展効□臣等□□闕□

錄微功俯紆　睿藻恩光照曜於遐邇文□俾軼於
古今臣□慶幸□闕□爲言非臣敢望徂□謔□蹈歸
於　聖主淸□難陳□遇於上　闕□集大績
此皆□仗　天威在臣何有又云宣　皇風□□
□□□布闕　率伏南詔夙稟　成策得以宣明豈
敢貪天之功以爲微臣□力□□□□闕　眷私又
云一心奉　國百慮□公又云永光史策名臣□
□□一□闕特　詔皇儲發揮□妙　恩榮
昭彰於四海　文翰輝□於□□闕去造期於盡命
以理戎蠻無□受　恩至深□□□陳之□□□

□□闕
貞元二十年十一月二十日光祿大夫撿挍司□兼
中書□成都尹充劒南西川節度□大使□節度□
□□□□□□□□□□□□□
鄉元臣上宰道贊緝熙貞諒□彝忠□□闕之才寅亮
中樞懷柔遠俗□□寧息□□闕□列於金石禮亦宜
之鄉將顧□心遠闕所謝知
前刺史丁公俛起屋立石　勒碑文惟和至□□其
□闕　周飾冈不補於前無也朝議郎使持節
商州諸軍事守商州刺史闕

碑在夔州郡市心居民室下紹興丁巳穴土有碑石太守命工取其石重撤民屋下果有碑錄其文乃御製紀功碑銘并序皇太子書碑面殘缺不全惟碑陰乃開成元年皐從孫珽爲本州守日紀述其文甚全遂復覆之天下輿地碑記

右韋皐紀功碑唐德宗御製太子誦奉敕書計全碑凡千二百言今殘泐所餘僅可辨者四百八十言而已趙明誠金石錄有目無跋此外著錄金石家罕有及之者宋人惟王象之碑目及寶刻類編近人惟來濬金石備攷載之而亦皆不詳象之碑目無年月金

石備攷云貞元二十年在簡州寶刻類編年月亦同今觀碑首御製字大書敕書二字差小其筆意亦倘存晉祠萬年諸碑家法順宗時爲太子則是貞元二十年無疑也而碑尾云元和三年四月廿五日勒蓋碑之撰書在貞元二十年而立石在元和三年耳此一行年月非順宗書當是立石時仿其書補入者猶之廟堂碑相王旦一行亦補書者也所謂貞元二十年立者恐是文內有貞元二十年語因以爲碑立於其時耳今全文既不可讀而韋皐傳云皐在蜀二十一年皐以貞元初代張延賞爲劍南西川節度使至貞元末正二十一年則撰碑時皐尚在新唐書云皐大破吐蕃此在貞元十七年八月新唐書有月而無年遂圍維州生擒莽熱獻諸朝帝悅進撿校司徒兼中書令南康郡王帝製紀功碑褒賜之即此事也翁方綱跋

按此碑陽刻德宗御製文陰刻似係韋皐奏謝表德宗批荅其前刺史丁公倪云云一段後無年月殆即輿地碑記所謂開成元年皐從孫珽爲本州守紀述之語也德宗文殘泐就所存字攷之碑云命左金吾大將軍韋□泐一字當即皐也兩唐書皐傳稱興元元年德宗還京徵爲左金吾衛將軍

尋遷大將軍碑云雲南昔在漢爲西域郡顧祖禹方輿紀要曰漢武帝元封二年開西南夷滇王降以其國置益州郡屬益州部後漢增置永昌郡亦屬益州部三國時爲蜀漢地又分益州置交州後主建興二年改益州郡爲建寧又增置興古雲南二郡以南中濶遠置庲降督于建寧總攝之遂領交州刺史今曲靖府廢味縣是其治處此雲南之緣起也碑云西域郡蓋即謂益州郡也碑云□來朝獻開元中詔以蒙□□爲雲南王天寶嶲州將軍云云方輿紀要曰白虎通戰國時楚莊蹻據滇

號爲莊氏漢武帝立白崖人仁果爲滇王而蹻嗣絶仁果傳十五代爲龍祐那諸葛武侯南征師次白崖立爲酋長賜姓張氏歷十七傳當貞觀世張樂進求以蒙舍酋細農羅強遂遜位焉蒙氏烏蠻別種也永徽四年細農羅遣使入朝上元元年子羅炎晟立太極元年子晟羅皮立唐封爲登臺郡王開元二十六年子皮羅閣立以破洱河蠻功乃賂劍南節度王昱求合六詔爲一昱爲請于朝許之賜姓名蒙歸義冊爲雲南王自是益強天寶八載子羅閣鳳立始叛唐取夷州進陷嶲州稱臣吐

蕃僭國號曰大蒙（唐書南詔傳略同）碑益叙其始末而文多沕矣碑云皐之忠勳（下闕）撿校司徒兼中（下闕）傳稱貞元元年皐拜撿校戶部尚書兼成都尹御史大夫劍南西川節度使代張延賞皐以雲南蠻衆數十萬與吐蕃和好蕃人入寇必以蠻爲前鋒乃遣判官崔佐時入南詔蠻說令向化以離吐蕃之助佐時至蠻遂相率入朝南蠻自嶲州陷沒臣屬吐蕃絶朝貢者二十餘年至是復通五年皐遣大將王有道入蕃界於故嶲州臺登北谷大破吐蕃九年朝廷築鹽州城慮爲吐蕃掩襲詔皐出兵牽維之以功進位撿校右僕射十一年九月加統押近界諸蠻西山八國兼雲南安撫等使十二年二月就加同中書門下平章事十三年收復嶲州城十六年累破吐蕃于黎嶲二州十七年吐蕃北寇靈朔陷麟州德宗遣使至成都令皐出兵深入蕃界皐乃統兵分道自八月至十月大破蕃兵擒獻論莽熱遂加皐撿校司徒兼中書令封南康郡王今碑兼中書令尚存兼中二字而封爵則全沕矣皐之得功在貞元十七年其撰文紀功在二十年其時皐尚官蜀中至勒石在元和三年皐以憲宗爲

太子監國之初得暴疾卒事在永貞元年則立碑在卒後三年矣是碑在簡州久淪沙土中不顯于世昶族弟啓焜官是州得而出之因搨兩通見貽分其一以贈翁學士方綱存其一具錄如右

孟再榮造像記

（石刻記處横廣一尺五寸六分高九寸六分十行行六字行書在西安府）

大唐元和三年歲次戊子七月辛巳朔十二日壬辰清信弟子大盈庫染坊等使雲麾將軍左監門衛將軍員外置同正員上柱國賜紫金魚袋孟再榮建立

竇叔向碑

據舊鈔校其字書作○者據中州金石記偃師金石遺文記潛研堂金石文跋尾記補

碑連額高一丈一寸四分廣四尺二分三十一行行五十二字正書額題唐故左拾遺贈舒州刺史竇府君神道碑十六字篆書在偃師縣

唐故左拾遺內供奉贈使持節舒州諸軍事舒州□□
□□竇□□□□
朝議郎侍御史內供奉上護軍□□羊士諤撰
□十一□朝議郎尚書□□□□易直書
有唐左拾遺贈使持節舒州諸軍事舒州刺史□□竇
公□夫□□□□□□□□□□□□□□□□□□
□□□□□□□□□□□揚郡覆釜山克葬於河南
之偃師□□□□□□凜然□□□□□□□之□□

□□□□□□□□□□□御史中丞□□□□□□
□□□□　　先大夫之□□□□□□□□□□□
□□□□□□□□□闕下□□□□□□居□陵□
纘□□□于漢□□多□□上闕下□□公□代祖紹左
武衛大將軍改封茌平□高祖善□□□□郡守□□
□□□□□□闕下□□□□□考□同昌□□□建節
掩紳□風□□□□□□□□□□□□□□□□□
□闕下□□蔵以文□□□秉□□□□□□□□□□
□□□□□□□□□□□□闕下□□□游子□□□
□□□□□□□□□□□□□□□□□□□□闕下

據舊鈔本此處係缺三字非空格

□□陵縣闕下□陌□□□官祖□□□□□□□□□
□□□□□□□□□□闕下□□□移鎮□□□□□
□□□　　詔□□□□□□□闕下縣□□□書□
□□□□□□□□□□□□□□□闕下□□□□
魏□□□□□□□□□　　□□□□□□闕下
□□取每歸庫於公□□□既　　　　□□□□□
□□□□□闕下□□□是徵□□拾遺內供奉□□□
□□□□□□闕下□□□謀□□□□□□□風行雍
容　　內廷□□□□□□□□□　　　　□陵□
□□□　　　□□於□臣由□□二三諫官闕下□移

□□於京□□□□□□□□□卷□□□□□□□
前□□闕下□人有□□□□□□□內供奉□緋魚
袋南都□□□□□□□闕下汝太君□□□□御□
□□□紫金魚袋次曰群殿中侍御史內□□□□闕下
征□□□門□爲□　　　□□人皆　　中書令南
□□□□□□給事中闕下女弟孝闕下休□□　　□族
德宗□□□　　　克念遺賢中丞以□器□
□之婺遇　　　□□闕下□□□□宣室既
□□　　見一拜□拾遺□口口□□昇侍御史蔺
□　　上心□還膳部□□□□□州　史

□□□□□御史中丞　□□□□□□使其(真)拜吏部
郎中□執邦憲其間當　先朝□□
今上□(嗣)位國有大慶家延□(寵)光□(惟)　□(恩)□　天明□
□□第□□□□□□□□□□□□□其作□於□
□□在□君子謂□□立身慎終追遠□(四)者盡在於中
憲乎銘曰
猗歟□(呂)侯宣□(功)諫臣沃心無隱直質而文賡歌柏梁□
□□□□□□□□□南薰□□□□□□□□□
□□化糾繆言責其道屈伸斯人損益盡忠稱職事
光□(運)□(迫)令嗣執憲　三朝匪躬易著□□詩

□□□□□□□□□□石□啓□□□□垂□(嗟)
後昆觀德無窮
元□(和)三年歲次戊子十月己酉朔五日癸丑建
金石錄有此碑金石略有竇易直書左拾遺竇叔向
碑羊士諤撰未詳即此其字摩滅棄在牛王廟作供
几近始移置學宮其文之可辨者云有唐左拾遺贈
使持節舒州諸軍事舒州刺史扶風竇公洎夫人汝
南袁氏繼室贈臨汝太君□元和二年秋八月十七
□□啓殯自丹陽郡覆金山克葬於河南之偃師按
叔向墓在今縣西二十里蔡莊保韓愈撰國子司業

竇牟墓誌銘云葬河南偃師先公尚書之兆次牟郎
叔向于也碑又云西河郡公□代祖紹左武衛大將
軍改封荏平公高祖善衡□慶□郡下闕三十六字荏平烈
考允同昌□司馬又云□夫人有子曰常殿中侍□
□內供奉賜緋魚袋湖南郡團練判□次曰牟下闕又
云繼室□臨汝太君有子曰羣御史中丞賜紫金魚
袋次曰庠殿中侍御史內供奉鎮海下闕曰鞏下闕按宰
相世系表竇武之後有敬遠封西河公居扶風平陵
孫善衡則碑云西河郡公者即敬遠也世系表不載
紹當是敬遠之子于叔向爲四代祖也韓愈竇牟墓

志亦無紹可援碑以補竇氏譜系之鈌世系表叔向
祖懷亶洪州都督襲公今碑鈌此一代其子曰常曰
牟曰羣曰庠曰鞏俱見劉昫唐書及世系表而官爵
與表傳皆異可以參考易直穆徵時相劉昫唐書有
傳碑稱第十一姪表誤上一格與叔向並列宜改正
羊士諤者柳宗元楊評事集序云泰山人墨池編稱
其與韓梓材同在越州亦以文翰稱中州金石記
億按碑漫滅又以字畫纖瘦益難辨識近用細灰塿
其上乃粗可讀今所存者質之新唐書世系表竇武
之後又有敬遠封西河公代祖敬遠嘗封西河公昌黎集竇牟墓誌銘亦云

碑河郡公即西河公敬遠也於牟爲六代祖於叔向
當爲五代碑代祖上缺一字當作四代下文又有高
祖字始於叔向推爲四代則紹非四代也疑缺字仍
作五代而西河公於叔向乃六代文公誌實牟墓或
因其家譜狀有六代祖之文遂書以牟爲斷非也紹
爲左武衛大將軍改封爲茌平公表既不載紹惟云
敬遠孫善衡左衛將軍襲西河公以下兩世並言襲
公以碑證之紹既改封茌平則善衡以逮子孫皆當
襲茌平且碑書高祖善衡衡字僅存於旁又有郡守
字及茌平字缺下乃云考允同昌郡司馬是碑已言

襲茌平矣今表作襲西河又善衡依碑當爲高祖而
表亦作曾祖史家謬誤皆此類也叔向始末尚有可
見者云疾於權臣歿於京口文集七卷數句下載諸
子曰常內供奉賜緋魚袋湖南都團練使常本傳但
言杜祐鎮淮南署爲參謀歷朗夔江撫四州刺史次
曰牟缺御史賜紫金魚袋傳亦不言爲御史舊唐書
但言賜緋其不載爲御史與新書同次曰庠殿中丞
侍御史內供奉鎮數字皆全竇牟墓誌庠三佐大府自奉先令爲登州刺史
庠本傳終婺州刺史而表云漳登信婺四州刺史書舊
惟言澤州不及漳州傳表不同必有一誤詳略較異然於碑所云者皆遺

不見錄此史之疎也次曰羣殘脫無文惟羣名位官
閥獨備撰者羊士諤書者第十一姪朝議郎尚書右
司員外郎名缺依稀似易直字易直見本傳而表云
易直字宗元相穆敬郎其人士諤爲羣所引爲御史
故於羣稱述頗詳有以也偃師金石遺文記

右左拾遺竇叔向碑第十一姪易直書易直兩字雖
磨泐以筆勢求之仿佛可見趙氏金石錄以爲竇公
直書公直名不見於宰相世系表疑未可據唐書竇
羣傳武元衡輔政薦羣代爲中丞羣引呂温羊士諤
爲御史李吉甫以二人躁險持不下羣忮很反怨吉

甫今按吉甫以元和三年九月戊戌罷相碑立于是
年十月癸丑士諤已爲侍御史計其授官必在吉甫
未罷之日則吉甫亦未能終持不下也文雖殘闕其
所敘世系頗可證唐表之漏據表叔向於善衡當爲
曾祖而碑稱高祖善衡又云曾祖元口兖州任城令
然則表脫任城一格矣其所述諸子官階與史不盡
合史所載者後來敭歷之職此據當時見任而言非
有異同也潛研堂金石文跋尾

按撰文者羊士諤兩唐書無傳其詩載全唐詩小
傳云士諤泰山人登貞元元年進士第累至宣歙

據趙本校

巡官元和初拜監察御史坐謫李吉甫出爲資州刺史此碑結銜侍御史內供奉上護軍正郎元和初所拜之官也碑文湮沒賴縣令湯毓倬表而出之毓倬字吉人南皮人領乾隆壬午順天鄉薦爲予門下士其官偃師也邑中金石竭力蒐羅凡淪陷沙土者盡拂拭而出適武虛谷億罷官歸同修縣志盡揭諸碑跋以入志毓倬之功不可沒也因附識之

諸葛武侯祠堂碑

碑高一丈一尺六寸六分廣五尺七寸二十四行行五十字正書在成都

蜀丞相諸葛武侯祠堂碑

節度掌書記侍御史內供奉賜緋魚袋裴度撰

營田副使檢校尚書吏部郎中兼成都少尹侍御史

賜紫金魚袋柳公綽書

度嘗讀舊史詳求往哲或秉事君之節無開國之才得立身之道無治人之術四者備矣兼而行之則蜀丞相諸葛公（亮）其人也公本系在簡策大名蓋天地不復以云當漢𤣥衰陵人心競逐取威定霸者求賢如不及藏器在身者擇主而後動公是時也躬耕南陽自比管樂我未從虎時稱卧龍詩曰潛雖伏矣亦孔之炤（昭）故州平心與元直神交泊乎三顧而許以驅馳一言而定其機勢於是翼扶劉氏纘承舊服結吳抗魏擁蜀稱漢刑（政）政（行）達於荒外道化行乎域中誰謂阻深襲爲強國誰謂𨓜（輕）脆屬爲勁兵則知地無常形人無常性自我而作若金在鎔故九州之地魏有其七我無其一由僻陋而啓雄圖出封疆以延大敵財用足而不曰浚我以生干戈動而不曰殘人以逞其庢定之南方也不以力制而取其心服震疊諸夏也不敢角其勝負而止候其存亡法加於人也雖死□（徙）而無怨德及於人也雖弃棻而見思此所謂精義入神自誠而明者矣若其人存其政舉則四海可

平五服可傾而陳壽之評未極其能事崔浩之說又詰其成功此皆以變詐之略論節制之師以進取之方語化成之道不其謬歟夫委棄荊州不能遂有三郡此乃務增德以吞宇宙不黷武以爭尋常及出斜谷據武功令兵屯田爲（謀）久駐之計與敵對壘待可勝之期雜乎居人如適虛邑彼則喪氣我方養威若天假之年則繼大漢之祀成先主之志不難矣且權傾一國聲震八紘而上下無異詞始終無愧色苟非運曆五百道冠生知曷以臻於此乎故龐（元）德知人之明者倚杖曰魚之有水仲達奸人之雄者嘆稱曰天下奇才度每迹其行事度其

趙云日〻旁注志願二字

趙無下詔字

亶 即商字

何碑作可

趙作奇謀奮發美志天遏

遠心願奮短扎以排羣議而文字盅鄙日日未果元和
二年冬十月　聖上以西南奧區寢亂餘烈孽
罷呰未息汚俗未清轂　我股肱爲之父母乃
詔　詔相國臨淮公由秉鈞之重承推轂之寄戎
軒乃降藩服乃理將明　帝道陬落綏懷溥暢仁
風閭閻滋殖府中無留事宇下無棄材人知嚮方我有
餘地則諸葛公在昔之治與　相國當今之政異代
而同塵矣度謬以庸薄獲叅管記隨　旌旆而爰止
望祠宇而修謁有儀可象以赫厥靈雖徽烈不忘而碑
表未立古者或拳拳一善或師表一城尚流斯文以示

來亶況如仁之歎終古不絕其可闕乎乃刻貞石庶此
都之人存必拜之感云尔
昔在先主思其疆宇擾攘靡依英雄無輔爰得武侯先
定蜀土道德城池禮義干櫓煦物如春化人如神勞而
不怨用之有倫采服蠻落鏞敎渭濱攝跡畏威雜居懷
仁中原旰食不測不克以待何勝允臻其極天未悔禍
公命不果漢祚其亡將星中墮反旗鳴鼓猶走司馬死
而可作當小天下尙父作佐周阿衡佐商兼齊管晏揔漢
蕭張易代而生王易地而理遭遇豐約亦皆然矣嗚虖奇
謀奮發美口志天遏于嗟嚴立感受讁罰聞之痛之或泣或絕

甘棠勿翦駢邑斯奪繇是而言殊途共轍本於忠恕孰
不感悅苟非誠慤徒云固結古柏森森遺廟沉沉不殄
禋祀以迄于今靡不駿奔若有昭臨蜀國之風蜀人之
心錦江清波玉壘峻岑入海際天如公德音
元和四年歲次己丑二月廿九日建
鐫字人魯建
予同四川按察司僉憲濟南王𠢽萊陽曲銳觀武侯
廟碑論裴中立所作文體純正如甘誓允征不華不
俚柳子寬所書筆法遒勁如正人端士可敬可愛誠
二絕也且子寬在唐元和時與其弟公權皆以善書

名於世口嘗以筆法對穆宗曰心正則筆正筆正則
可法矣穆宗改容悟以爲筆諫子寬爲山南節度使
判納賄舞文吏曰贓吏犯法法在奸吏壞法法亡誅
舞文者兄弟皆守正不回所以筆法各臻其妙也中
立威望德業比郭子儀以身任天下輕重者三十年
歷事四朝以全德終始豈獨工於文字而已㦲噫人
因文而顯文因字而顯然則武侯之功德裴柳之文
字其相與垂於不朽也耶大明宏治十年丁巳仲春
既望巡按四川監察御史藍田榮華跋
碑之來遠矣由唐逮今將盈千載日口闕口間嘗過

讀竊有感焉已而詢訪遂獲的闕補以還其舊庶毀
壁復完而覽者無闕闕午孟冬之吉蜀府承奉滕嵩
謹識
闕摧殘余蒞茲土表章荓礫之餘整復贔屭之舊竊
以中立勳名將相包舉子寬正直伯闕靈永相呵護
不似蔫礪烟銷也　皇清康熙十一年三月朔撫
蜀中丞羅森識
讀唐碑文瑰麗書端嚴稱雙絶匪溢當時不以文口
推裴柳重本也文傳者文重人傳者人亦重彬彬君
子哉粵東藩使膠西宋可發識

右記裴晉公度撰柳尚書公綽書是時在武相元衡
幕中三公勳業年位雖小異要之不愧忠武侯者柳
於書不得稱名獨米元章謂其勝誠懸碑在成都可
七百年矣完好尚如新得非以僻故存邪弇州山人藁
右裴度撰文乃成化中重鐫者有御史榮華跋言子
覽此書如端人正士筆法遒勁裴公文首稱秉事君
之節者無開國之才得立身之道者無治人之術四
者備矣惟武侯有之信如跋所言也蒼潤碑跋
碑有云誰謂阻深殷爲強國誰謂遳脆勵爲勁兵此
用左思魏都賦稟質遳脃語廣韻遳七戈切脃也唐

書王伾傳形容遳陋金石文字記
成都遭張獻忠之亂金石文字一無存者惟武侯廟
碑尚完好蓋武丞相元衡帥蜀時裴柳二公皆在幕
中寔元和四年己丑也池北偶談
碑云陳壽崔浩之徒皆以變詐論節制之師以進取
語化成之治謬甚余思考亭朱子猶目武侯爲笨況
其他乎金石錄補
孫樵刻諸葛武侯碑陰文曰赤帝子火熾四百年天
厭其熱洎獻燼矣武侯獨不憤不顧收死灰於蜀欲
噓而再然之艱乎爲力哉是以國稱用武岐雍間地

不尺闃抑非智不周天意炳炳然也夫以武侯之賢
寧靡籌其不可邪蓋激備隆中以天下託不欲曲肱
安穀終見女子手將驅馳死備志耶由是覈武侯之
所爲殆庶幾矣然踦西南一隅與吳魏抗國提卒數
萬綽綽乎去留無我技者是亦善爲兵矣史壽以爲
短於應變眞抑武侯哉俾武侯不早入地曹之君臣
將奔走固圉之不暇鍾鄧寧能越巖懸兵决勝指取
耶是井絡之野與武侯存亡俱矣天殲武侯其不愛
劉愈明白矣其姜維何力焉曩蟠南陽時人不與仲
毅伍洎受社稷寄擅刑賞柄魯心不愧畏人不疑黷

何意氣明信卓卓也武侯死五百載迄今梁漢之民歌道遺烈廟而祭者如在其愛於民如此而久也獨謂武侯之治比於燕奭彼屠齊城合諸侯在下矣此文既刻於碑陰而無印本傳世明末大盜張獻忠入蜀屠殺之慘亘古未有萬里烟絶侯神人也廟貌得保無恙家大人刺達州予擬遊錦江浣花未果此碑予得之故家宦蜀者而錄孫文於裝本之末（來齋金石刻考）

略

是時元衡以宰相出鎮西川裴度柳公綽皆爲幕僚唐書元衡傳所云開府極一時選者是也柳公綽傳

稱武元衡節度俱爲判官尤相引重今案裴公時爲節度掌書記公綽以營田副使兼成都少尹皆非判官特同在帥府耳碑不見於歐趙二錄王象之撰輿地碑目始載之（潛研堂金石文跋尾）

此碑裴公題銜云侍御史質之本傳遷監察御史論權梗切出爲河南功曹參軍武元衡帥西川表掌節度府書記碑文當作于是時而爲侍御史史亦未詳載碑在前明補刻今所見者已非舊觀用爲可憾耳

文苑英華辨證裴度諸葛亮祠堂碑故州平心與元直神交謂亮與崔州平徐庶友善也而文粹以故爲荆（授堂金石跋）

按此碑文苑英華唐文粹兩書俱載其文今取以互校如度嘗讀舊史英華作漢史聲震八紘英華作威震倚杖曰魚之有水英華杖作仗（文粹亦作仗）曰作如異代而同塵矣英華作同濟尚父作周英華作佐周子嗟嚴立英華作平立此英華之與碑異也誰謂遷脆文粹作誰爲雖死口而無怨文粹作雖從死而無怨據武功文粹作武公而上下無異詞文粹無而字或師表一城文粹作師長終古不絶文粹作不紀鏃敦渭濱文粹作鋪敷此文粹之

與碑異也標題祠堂碑下兩本皆有銘字故州平心兩本皆作荆州震疊諸夏兩本皆作震懾爲久駐之計兩本爲皆作謀寇亂餘烈兩本皆作餘孽如仁之歎兩本皆作如在必拜之感云尔兩本此下皆有銘曰二字嗚虖奇謀下兩本皆有奮發二字下文口志天過兩本皆作美智天過若有昭臨兩本皆作照臨如公德音兩本皆作知公此英華文粹同與碑異也又檢四川通志載此文大率與英華同而別有異者元直神交通志作昭烈神交元德知人之明通志元德亦作昭烈顧奮短札通

志作短袖大抵皆傳寫之訛當以碑爲正也然碑亦有可疑者州平元直顯然是崔州平徐庶矣然三國志諸葛亮傳謂博陵崔州平潁川徐元直與亮友善則不得爲神交且云州平心與元直神交心字之義殊不可曉下文接洎乎三顧許以馳驅是指先主三顧事與州平元直神交語氣亦不貫嗚虖奇謀□志天遏與下文于嗟嚴立咸受譴罰句法一律今碑奇謀下多空兩格若從英華文粹增奮發二字則句法不類似乎銘詞原不必有此二格也乃詔諂相國多一詔字係衍文志願未果

誤書日日未果日日旁註志願二字疑皆是前明補刻時滋譌耳碑云元和二年冬十月文粹作三年據憲宗紀元和二年十月丁卯以門下侍郎平章事武元衡檢校吏部尚書兼門下侍郎平章事成都尹充劍南西川節度使仍封臨淮郡公事與碑合則文粹以爲三年者亦訛也至唐諱治字凡治皆作理此碑銘詞易地而理仍作理字而文云無治人之術直用治字與他碑別

雲居上寺詩刻

石横廣三尺二寸五分高二尺五寸二十七行行十八字十九字不等左行行書

題雲居上寺并序

范陽縣丞吉逾

辛酉歲秋八月僕与節度都巡使王潛□□軒轅偉□□猶子騶騄潛息益同躋攀於此勒四韻於後

詩

到此花宮裏觀身火宅中有爲皆是幻何事不成空曉籟鳴寒谷秋山響暮鐘欲歸林下路新月上前峯

元和四年四月八日范□□

同作　軒轅偉

不著登山屐捫蘿也上躋石梁分鳥道苔逕遏雲霓梵

宇千花裏秋聲萬籟齊冂遊興未盡鐘磬度前溪

同前　騶騄上

石室[illegible]高峯躋攀到此中白雲連峴翠清磬度秋風未悟無生理寧知有想空且歸山下寺更欲問支公

同前　□上

石路多奇迹幽巖藏寶經墓煙千壑裏新月一山明宿鳥知清梵樵人慣獨行爲隨　歡奉後豈敢學逃□

同前　節度都巡使太常卿上柱國王潛

萬木千峯空鳥喧潺潺〻水下長川人來石室藏何處一逕歸時帶暮煙

BIBLIOTECA DA UNIVERSIDADE DA ÁSIA ORIENTAL
東亞大學圖書館
UNIVERSITY OF EAST ASIA LIBRARY

同前　　男益上

支公禪誦處絕頂共登攀日色千峯裏鍾聲萬壑間口猿吟砌近沙鳥傍溪閑一逕口藜杖行行歇下山

按雲居上寺未詳處所據詩前稱范陽縣丞吉逾同躋攀于此云云則寺當在范陽矣唐時范陽縣屬涿州今撿日下舊聞引名勝志云涿州有智度寺在城東北隅㳂自唐時有舊碑刻其後即雲居寺俱有石基浮圖疑即此雲居上寺也謂之上寺者以在智度寺之後也唐時舊碑刻或即指此碑吉逾諸人之詩全唐詩無一載者因並錄之以見唐人詩千餘年來淪於草莽爲人所未見者甚不勝紀云碑書暮煙作暮𤇆筆誤也

金石萃編卷一百五終

據唐文百篇校

鄠 即鄠字

蒿 即蒿之別體

金石萃編卷一百六

賜進士出身　誥授光祿大夫刑部右侍郎加七級王昶譔

唐六十六

解進墓誌

石廣一尺四寸七分高一尺四寸四分十六行行十六字末行無字正書在孟縣學

大唐故鴈門郡解府君墓誌銘并序

府君諱進字進族茂鴈門派别條分今藉于京兆府鄠縣八步鄉解村人也　祖諱齊而樂道不仕府君即樂道之第二子也修短不意去元和四年三月四日疾終于河南府河陽縣太平鄉樹樓村之私弟春秋六十有五郎以元和五年十一月十一日權厝於私第北二里原之禮也霜妻李氏偕老願違哀號痛切嗣子忠信次子少遷次子少恭次子少璘次子少儀次阿小長新婦曹氏等號天叩地柴毀過禮殆不勝喪窀穸云具禮物咸備恐墳隴有變故刻頌立名以作永年之記

茫茫蒿里　寂寂松扉　痛君子之長逝没寒泉而不歸

右唐解府君墓誌銘三十年前於城西五里棠金山寺前成樓村河岸側出土爲前歲貢生席雲章購得移置縣西三十里衡㵎村家塾嵌於壁上劉世俊比

據鈔本校無誤
據唐文百篇校

因訪獨孤府君碑過見之雲章子志恒因送置縣學
文內稱祖諱齊而樂道不仕府君即樂道之第二子
也二語內非祖字爲父字之誤即而字爲父字之誤
當是書時失檢即如誌內原之二字當作之原亦是
顛倒有誤此可見也然其文但誌族姓名字鄉貫先
世卒葬歲月葬地妻子頗與王止仲墓銘舉例大指
相合且此外別不加贊頌語殊有古人不溢美之意
項見偃師進士武君名億所新得晉關中侯劉府君
韜墓誌銘亦似此均足矯後人諛墓過當之習至此
誌銘詞之妙殆不可言書迹遒逸之中饒有古拙之

趣俱可愛玩佳物也孟縣志
汝瑚按誌稱樹樓村今尙稱爲戍樓村特以樹爲戍
耳蓋村鄉之民竟有千餘年不改者此以知故老流
傳之說未可厚非而碑刻之徵驗其益孔多也仇汝瑚識

修禪道場碑

碑連額高七尺一寸廣三尺三寸五分
二十四行行四十七字正書在天台

台州隋故智者大師修禪道場碑銘幷序
右補闕翰林學士梁肅撰
朝散大夫台州刺史上柱國高平徐放書
陳修古篆額

天台山自國淸上登十數里曰佛隴蓋智者大師現身
得道之所前佛大教重光之地陳朝崇之置寺曰修禪
及隋建國淸廢修禪之號号爲道場自大師歿一百九
十餘載大比丘然公光昭大師之遺訓以啟後學門人
比丘法智灑掃大師之舊居以護寶所門人安定梁肅
銘勒大師之遺烈以示後世云大師諱智顗字德安姓
陳氏潁川人也尊稱智者感應緣迹載在別傳觀夫治
世之經非仲尼則三王四代之訓寢而不章出世之道
非大師則三乘四教之旨晦而不明昔如來乘一大事
因緣菩薩以普門示現自花嚴肇基至靈鷲高會無小

無大同歸佛界及大雄示滅學路派別世既下衰教亦
陵遲故龍樹大士病之用道種智制諸外道括十二部
經發明宗極微言東流我惠文禪師得之於文字中入
不二法門以授南嶽思大師當時教尙蘊密不能廣被
而室有諸宗扇惑方夏及大師受之於是開止觀法門
其教大略即身心而指定慧即言說而詮解脫演善權
以鹿苑爲初明一實用法花爲宗合十如十界之妙趣
三觀三智之極自發心至于上聖行位昭明無相奪倫
然後誕敷契經而會同之煥然氷釋心路不惑窺其教
者藏焉修焉蓋無入而不自得焉大師之設教也如此

若夫蓮張體用開闔語默高步海內爲兩朝宗師大明
在天光被四表大雲注雨滂施萬物繇是言佛法者以
天台爲司南殊塗異論往往退息緣離化滅涅槃茲山
是歲隋開皇十七年也夫名者實之賓教者道之門大
師涸其賓闢其門自言地位示有證入故感而應之應
之之事可得而知也若安住法界現爲比丘等覺歟妙
覺歟不可得而知也當是時得大師之門者千數得深
心者三十有二人纂其言施行於後世者曰章安大師
諱灌頂灌頂傳縉雲威禪師禪師傳東陽東陽與縉雲
同號時謂小威小威傳左溪朗禪師自縉雲至左溪□

諱珠相付向晦宴息而已左溪門人之上首今湛然大
師道高識遠超悟辯達凡祖師所施之教形於章句者
必引而申之後來資之以崇德辯惑者不可悉數蓋嘗
謂肅曰是山之佛隴亦鄒魯之洙泗妙法之耿光先師
之遺塵羙集于茲自上元寶應之際此邦寇擾緇錫駭
散而比丘法智實嘗守塔廟莊嚴佛土迴向之徒有所
依歸繄斯人是賴汝吾徒也盍紀於文言刻諸金石俾
千載之下知吾道之所以然小子稽首受命故大師之
本迹教門之繼明後裔之住持皆見乎辭其文曰
諸佛出世惟一大事天台教源與佛同意赫赫大師開

示奧秘載闡要道安住圓位白日麗天天下文明大師
出現國土化城無生而生生化兩宜薪盡火滅山空道
行五世之後間生上德微言在茲德音允塞惟彼法子
護持淨域此山有壞此教不極

唐元和六年十一月十二日僧行滿建

按此碑完善文不可辨者僅十餘字今檢天台齊
召宗伯名南所撰天台山方外志要載此碑取以
互校增注于旁而文全可讀但碑書歲月爲元和
六年十一月十二日志要則云元和六年十二月
蓋誤也碑題台州隋故智者大師修禪道場据志

要云陳智顗即智者大師字德安姓陳氏潁川人
寓荊州之華容梁散騎孟陽公起祖第二子年十
八投湘州果願寺沙門法緒出家聞天台地記稱
有仙宮願息心茲嶺展平生之志時陳大建七年
秋九月也初入天台歷遊山水度石梁過僧懸授
國淸之讖南出見佛隴南峯徘徊留意夕宿定光
草庵指居銀地即修禪道場陳主凡三遣使手書
勅詔師累稱疾不赴入隋晉王北面曰大師傳佛
法燈宜稱智者開皇十一年在揚州十三年旋鄉
十五年下建業十六年重入天台十七年晉王數

請出至石城謂徒衆曰吾知命在此故不前進跏趺而逝後仁壽末年忽振錫披衣猶如平昔凡經七現重降山寺一還佛隴此智者之大略也碑文撰者梁肅唐書傳肅字敬之一字寬中世居陸渾建中初中文辭清麗科累授右拾遺母老不赴杜佑辟淮南掌書記召爲監察御史轉右補闕翰林學士然碑有門人安定梁肅之語是當從事佛門奉湛然爲師傳所不及也書者徐放無傳衢州府志名宦稱放字達夫元和九年爲衢州刺史此碑當元和六年官台州刺史也篆額者陳修古無攷

碑云天台山自國清上登十數里曰佛隴方外志要云銀地嶺在天台縣北二十里一名佛隴卽定光示智者處碑云陳朝置寺曰修禪及隋建國清廢修禪之號號爲道場志要云大慈寺在天台縣北二十九里舊名修禪陳時爲僧智者建荅思修初定乃定光授金銀地之所定光所居號金地此號銀地皆以土色言之直寺門巽隅號佛隴智者第二宴坐處隋創國清更寺爲道場碑云自大師歿一百九十餘載大比丘然公光昭大師之遺訓以啟後學門人比丘法智灑掃大師之舊居以護寶所按智者以開皇十七年逝至此立碑之歲爲元和六年共得二百十五年云一百九十餘載者當由撰文在元和六年以前也大比丘然者卽湛然姓戚氏世居晉陵荆溪智者之五世孫年二十從左溪學天寶大歷間朝廷三詔並辭疾不起晚歸台嶺建中二年示寂于佛隴法智不詳何許人髫年離俗應法升壇晚歲以逕直之門莫如念佛發于國清寺兜率臺上晝夜精勤念佛無疾而化建碑僧行滿南浦人往天台聽荆溪說止觀頓悟微旨因棲止華頂峯下智者院充茶頭其智者大

師道行方外志要所載與碑合

晉周孝侯碑

碑高七尺三寸五分廣三尺九寸六分二十八行行約五十九字正書在宜興縣

晉故散騎常侍新平廣漢二郡太守尋除楚內史御史中丞使持節大都督塗中京下諸軍事平西將軍孝侯周府君之碑

晉平原內史陸機撰

右軍將軍王羲之書

君諱處字子隱義興陽羨人也氏冑[illegible]興煥乎墳典華[illegible]生茂譜其簡書啟三十之洪基源流定鼎運八百之

遠祚枝葉封桐軒崇烈於漢庭蟬冕播於陽羨二南之價傳不朽而紛敷大護之音聲無微而必顯山高海闊其在斯焉祖賓少折節早亡吳初名諸議叅軍舉郡上計轉爲州辟從事別駕步兵校尉光祿大夫廣平太守父範少好學舉孝廉吳寧國長奮威長史懷安錢唐縣侯丹陽西部屬國都尉立節校尉拜禆將軍三郡都督太中大夫臨川預章鄱陽太守晉故散騎常侍新平廣漢二郡太守封關內侯晉級揚名臺閣摽著風化之美奏課爲能應徃路謳亭亭孤美灼灼攢劲徇高位於生前思垂名於身後遂以卒意不違應期出輔洋洋之風

俯冠來葉巍巍之盛仰繼前賢君乃早孤不宏禮制年未弱冠旅力絶於天下妙氣挺於人間騎獵無儔時英式慕縱情寡偶俗弊不欣鄉曲誣其害名改節播其聲譽遂來吳事余歐弟驩然受誨向道朝聞方勵志而搖詩書便好學而尋子史文章綺合藻思羅開吳朝州縣交辟太子洗馬東觀左丞中書右丞五官郎中左右副史靖恭夙夜恪居官次遷大尚書僕射東觀令太常卿無難督匡熙庶績　朝廷謐寧使持節大都督塗中京下諸軍事封章浦亭侯國猶多士君實得賢汪洋廷闕之旁昂藏養衆之上射獸功猶見顧刺殺

名乃遠揚忠烈道自克修義節情還衣布琳瑯杞梓珪璧棟梁君著默語三十篇及風土記并撰吳書於是吳平入晉王渾登建業宮釃酒既酣乃謂君曰諸人亡國之餘得無戚乎君對曰漢末分崩三方鼎立魏滅於前吳亡於後亡國之戚豈惟一人渾乃大慙仕晉稍遷總統初入拜諸議郎除討虜護軍新平太守撫和戎狄叛羌歸附雍士美之轉爲廣漢太守郡多滯訟有經三十年不决者處以詳其枉直一朝决遣以毋年老罷歸尋除楚內史未之官徵散騎常侍處曰古人辭大不辭小乃先之楚而郡旣經喪亂新舊雜居風俗未一處敦以

教義又撿屍無主及白骨□□收而葬之然以就徵遠近稱歎及居近侍多所規諷遷御史中丞正繩直筆凡所糾劾不避寵戚梁王彤違法處深文案之及氐人齊萬年反朝臣惡其强直皆曰處吳之名將子也忠烈果毅庶僚振肅英情天逸遂性霞鶱陝北酉棠遂有二天之詠荆南度虎猶摽十部之書尋轉散騎常侍輕車將軍迴輪出於新平士女揮淚褰帷望於廣漢鷄犬靡喧振茲威略宣其惠和晉京遷仰部從近欽是時氐賊作逆有衆七萬屯於梁山　朝廷推賢以君才兼文武　詔授建威將軍以五千兵奉辭西討忠槩盡

節不顧身命乃賦詩曰去去世事已築馬觀西戎藜藿
甘粱黍期之克令終言畢而戰自旦至暮斬首萬計弦
絕矢盡播糸不救左右勸退處拔劍怒曰此是吾効節
授命之日何以退爲我爲大臣以身殉國不亦可乎韓
信背水之軍未遑得喻工輸縈帶之勢早擬連蹤莫不
梯山架壑襁負來歸戎士扞其封疆農人展其耕織秋
風纔起追戰勇於雷霆春水方生揮揷同於雲雨立功
立事名將名臣者乎元康九年因疾增加奄捐館舍春
秋六十有二　天子以大臣之葬師傅之禮親臨
殯壞建武元年冬十一月甲子追贈平西將軍封清流

亭侯謚曰孝侯禮也賜錢百萬葬地一頃京城地五十
畝爲第又賜王家田五頃　詔曰處母年老加以
遠人朕每愍念給其醫藥酒米賜以終年以太興二年
歲在己卯正月十日葬於義興舊原南瞻荊岳崇峻極
之巍我北睇蛟川濬清流之澄澈娶同郡盛氏有四子
靖玘札碩並皆至性純孝過禮喪親墳前之樹染淚先
枯庭際之禽聞悲乃下遂作銘曰
周南著美岐山表靈榮繁漢室枝茂晉庭皎皎夫子音
特播名幼有異行廿存風烈早馳問望晚懷耿節頗[illegible]
豪雄昇名　禁闥捨爵策勳允歸明哲輝赫大[illegible]
多故式揚廟略克清　天步海濱既折江淮亦浜漢水
作蕃條章斯布俗哥揆日人謠何暮忠貞作相追蹤絳
侯將亭嘉茂遽掩芳猷潛光陽旬返旆吳丘舊關雖入
鄉路寘浮從榮制墓終非晝遊春壚以緣清淮自流深
沉素幰繚繞朱旒靈堂寂寂黃泉悠悠書方易折冢楊
難留鐫茲幽石萬代千秋
唐元和六年歲次辛卯十一月十五日承奉郎守義
一興縣令陳從諫重樹此碑
前試太常寺協律郎黃□書
瑯瑘承仕縈鐫

勾當造廟廿代孫故湖州司士息瑰　副元惜　宗
錄同晁　宗典士琳　惟艮　與諸宗子同共構造
平原華明素篆額
此碑據舊集抄之中多訛謬文理不接且孝侯既戰
沒而云舊疾增加奄捐館舍尤可笑也考常州志此
碑尚藏于廟而所載亦是如此當是古碑殘滅後人
取斷簡以意補湊之用勒于石遂沿以爲眞耳尚須
博考張溥陸士衡集
宜興周孝侯墓有古碑一通云晉平原內史陸機撰
右軍將軍王羲之書跋尾云唐元和六年歲次辛卯

十一月十五日承奉郎守義興縣令陳從諫重樹此碑後又有一條前試太常寺協律郎黃口書名與書俱模糊而書字微可推當是後人因陸機撰下有空石妄增右軍將軍王羲之書以重其價耳文內初載處事大約與傳同至於莖絕矢盡左右勸退處按劍怒曰此是吾効節授命之日何以退爲我爲大臣以身殉國不亦可乎下忽接韓信背水文差不成句又云莫不梯山架壑襁負來歸云云元康九年因疾增加奄捐館舍春秋六十有二天子以大臣之葬師傳之禮親臨殯壙建武元年冬十一月甲子追贈曰孝

侯禮也賜錢百萬葬地一頃京城地五十畝爲第又賜王家田五頃詔曰處母年老加以遠人朕每愍念其二年月日葬於義興舊原按處以永平七年戰歿贈平西將軍賜錢葬地及給處母醫藥酒米俱如碑蓋又十五年而元帝稱制追封孝侯建武其年號也時陸平原歿已久矣豈於樹碑之際而爲處役者竄入謚孝侯一句耶然不應以永平之詔移入建武後至所謂梯山架壑奄捐館舍天子以師傳之尊等語又似平原他文錯簡然攷之吳及晉初俱無元康年號不可曉也弇州山人稿

唐人碑多用此真行體蓋祖聖教序來謂太常協律郎黃某書是也其文亦非平原筆似并陸機撰羲之書俱後人妄增者書畫跋跋

宜興周處碑元美考據極詳余謂碑中有唐元和重樹等語實出黃某所書其人習右軍者後人見似右軍遂加羲之字陸平原文不及謚孝侯事重書刻時或以意增之耳而以身殉國以下元康九年等語錯簡則不可曉豈陳從諫刻後又有刻者亂之耶然不應謬妄至此石墨鐫華

張燮編次陸士衡文集收入此篇謂其中多訛謬文

理不接且孝侯戰歿而云舊疾增加奄捐館舍明是不讀史者僞作按此碑本唐人之書故業字晉諱而直書不避其於唐諱則世字三見皆作廿虎字二見一作虍一改作獸基作𠀝豫作預而塗中亦當作涂中三國志吳主傳作棠邑涂塘以淹北道晉書宣帝紀王凌詐言吳人塞涂水武帝紀瑯邪王伷出涂中海西公紀桓溫自山陽及會稽王昱會于涂中孝武紀遣征虜將軍謝石帥舟師屯涂中安帝紀譙王尚之衆潰逃于涂中字並作涂唐人加阝爲滁即今之滁州而碑作塗非也士衡逸少既不同時

未有署某人書者其文對偶平仄全是唐人可定爲僞作也書梁王肜作彤尤誤　王宏撰曰按史士衡兄弟以惠帝大安二年十月見殺於成都王穎又十四年元帝即晉王位始稱建武元年而碑云建武元年冬十一月甲子追贈平西將軍封清流亭侯謚曰孝禮也然則已死之士衡又烏知十四年後之事而預爲云云如此耶又處之戰死在元康七年正月癸丑今碑云元康元年捐館亦誤金石文字記

予于庚子之春過宜興謁孝侯廟下訪是碑于徐太守𤣱薇以此本相贈乃舊搨本剝落無幾顧炎武曰

此碑塗中之名諸書並作滁而碑作塗非是按文選任昉彈曹景宗東關無一戰之勞塗中罕千金之費李善本作塗中通鑑嘉平二年吳王遣軍作堂邑塗塘辨誤云塗塘即涂水今滁州之滁河也滁之作塗蓋已久矣金石錄補

余初得周孝侯碑一本其末云唐元和六年歲次辛卯十一月十五日承奉郎守義興縣令陳從諫重樹前試太常寺協律郎黃□書既云重樹則舊碑固已毀然豈無搨本流傳於世而諸先生並不論及豈於舊碑搨本皆未之見耶蒼潤軒帖跋此碑題曰晉王右軍行書按重樹碑是正書此曰行書想舊碑本係行書而重樹碑自作正書也繼得行書本於好古之家據云此是舊碑其首晉散騎常侍云云及撰人書人皆與重樹碑同惟平原內史上無晉字亭林先生所疑不諱業字而諱虎世基豫字皆書全文其餘則同重樹碑重樹碑業有書人黃某其非右軍自明若行書本疑亦唐人所爲筆法與聖教序如出一轍當是集右軍書也較重樹碑實爲過之觀妙齋金石考略

按此碑誤謬甚多前賢指摘已盡其爲後人僞撰所不待言然字畫頗工蓋唐人碑版多有集右軍書者皆足資書家摹仿故是碑亦存而不刪

保唐寺燈幢讚

幢高二尺五寸八面每面廣五寸八分各五行行十九字正書在咸寧縣

保唐寺　毗沙門天王燈幢讚并序

徵事郎前試太子通事舍人飛騎尉柳澈字直方纂

并書

周天宇環四極明照品類陽和發生者其唯日月曾儀含光結隣潛耀曦暉窈昧煒煌掩翳者其唯燈燭而瓊室昞睞幽與發輝辯拱纖穠無奪物務燈之爲用其大矣哉則有若白毫相如意珠徹照大千傍覩沙界明冠

兩曜流輝五靈出世之耿光也非獨昭彰曖昧抑亦雨
寶蓮華貨貝紛布以資生靈天莫測人莫辯千載盛事
歸於　我唐於戲道之行也德之修也其或懋建必生
奇偉卓然與之迴拔毀毀其流必大則今之建功立名
位階三事高謝四科文明藻麗者可勝道哉幢之建也
本於　毗沙天王燈之照也興於玉殿霞敞事之源也
肇自平康里蜀之符節掌留務□□別□□闕名□大
曆十一年景辰以宅奏□□□□年甲戌□□從道僧
名覺勝爰於寺宇手素　天王容飾未周報齡將謝
祈感　帝夢　帝□□□儀形聿修紺殿斯立

事詳豐碑幢則敘　天王之鎮保唐也□□□□
□□共靈□□儼若覩相形肅金□□□□□□
□□□□□氣□掌塔聆注持矛傑立而鬼神□□□
精□□百由旬內爲依爲怙僧藍以之□□□□□之
安寧日月明於外燈燭耀於內同乎□□□□□魄夜
朗無齊昔矣至於興感化允人望祈願必遂幽贊多方
不可遽數其有奉蘭膏照華殿燈明不絕歸信如流則
其爲福也展無壃之休其益篝也續靈長之壽當寺
　內供奉大德了法上座超證寺主靈最都維那超
元購良工奉珎財求翠琰而磨之徵雕龍序而贊之

文則陋矣敢揚光烈贊曰
天王垂迹肇興于闐威靈傍洽仰之鈐鍵爰祚　我唐
昭孚變現廓土開壃□騰電燧其一
惟王有國惟神有靈教興印度德洽大庭綿□歲紀
天資克成僧藍是託國步爰旋其二
燈幢昭赫邇契　天王炳靈垂休　帝業其昌
翠殿含耀徘徊煒煌慶于闕□祚于保唐其三
元和七季壬辰夏五月十五日壬申建
典座道堅　直歲義暘
盧宏正毗沙門天王記云毗沙門天王者佛之臂指

也左扼吳鈎右持寶塔其旨將以摧羣魔護佛事在
開元則元宗圖像于旗章在元和則憲宗交神於夢
繇據之則是時正崇奉其教也關中金石記

無垢淨光大陁羅尼呪石刻
石橫廣約二尺零高三寸二分鑿有四闌闌中刻像每闌間字七行或六行行八字九字十字不等正書
呪文不錄
元和七年五月　法界生
天水□

裴耀卿碑
碑高一丈廣四尺五寸二十七行行六十六字隸書

唐故侍中尚書右僕射贈司空文獻公裴公神道碑銘
正議大夫行尚書兵部侍郎上柱國高陽縣開國子
賜紫金魚袋許孟容撰
銀青光祿大夫行尚書工部侍郎上柱國長洲縣開
國男歸登書并篆　缺
地配天而萬有生息賢合聖而百常順序　巨唐六
葉明皇帝登寶位之廿一祀得師文臣侍中文獻公□
□階谷□鏡照孟清陳力　推□聪□□□□□
耀卿字子渙河東聞喜人也伯益裔孫非子周封於秦
至桓公少子鍼去國食采於晉其邑曰裴遂爲氏焉自

鍼至□代祖□四葉昭義振□重□□□□□□
□□□景仕周舉秀才富平縣令大王父正隋豐州司
馬蘇州大總管府贊治王父眘　皇朝舉秀才授許州
司戶登　明經高科選□□郎□□□考守眞□□□
□□□□□□封尉太常博士詳正學士夏官員外成
寧二州刺史贈戶部尚書公即尚書府君第三子也初
河東夫人之夢能羆神□□□□□□□□□□
□□□□□□第聖廳中書判入等補麟臺正
字未幾丁尚書府君憂茶蓼之毁禮不能節服除調集
以太夫人有羸老之疾乞闕官□□□□□□□

□□□□□□□□□翰菀轉國子主簿詹府丞太
夫人捐館莫□溢米哀隣滅性制終除河南士曹參軍
睿宗□嘗列宮寮加朝散□□□□□□□
□□□□□□□□□□□□時謂瀟雅不雜而
繩墨識陳也亟轉兵部郎中長安縣令　轂下塗多
事弁刓弊稍習名迫不誤堅貞鮮遂公更張其□□
□□□□□□□□□□□□□月政稱神
明時宰有銜初醜正者出濟州刺史稟換宣冀二州清
明愷悌三郡一政物皆饒阜人不忍欺而濟陽信都□
□□□□□□□□□□□□□□除

左庶子仍領崇文館事疾閒復拜戶部侍郎尋遷京兆
尹　上曰神都地有歸會豈□更宜處風化取則
付之於卿公下車而□□□□□□□□□□
□革□漁奪兼并者讓田而市義穿窬椎剽游惰苦窳
莫不耿禁令而却走覩徐經而易業　明皇帝
嘉器任□適每前席以聽□□□□□□□□□
□□□糴貰將幸活也　上徵救人之術公述
陳王者損上益下宅土中關內之利因奏鼎新漕運以
廣儲廩置河口三門□崖集津倉□□□□□□
□□□□□□有陘東之積中都有不涸之儲功齊神

化利及億兆遁負之徒征傜之眦追琢貞珉詠謠仁智
今存于道左　明皇帝舉勞旌善擢授□□
□□□□□□□□□□□□士天下轉運都使尋遷
侍中加銀青光祿大夫又以千畝五推之禮加金紫光
祿大夫中書令張九齡奏請和鑪鍩鈢公以爲□□
□□□□□□□□□□□□□夷州刺史楊□贓汚
詔下□寵仍杖六十公以爲郡守當父母百城鞭□
實龐捐□敎以流代死　聖朝之寬典也殘毀□
□□□□□□□□□□□□□□□□□河西隴右
兩道節度公啓疏曰嘉運長□趫悍勁勇闕於沉深計

寡矜功傲敵恐未百全後果喪師失律大起邊患三者
皆悉□□□□□□□□□□□□□□□□藻
而衡之動由其極齋□□濟博幾□用有藏晦中無
磷淄推功與能癉惡□違旹所以載編簡而成乎表式
洽□闊而猜□□□□□□□□□□□□右
僕射　上嘗命畫工寫貞圖于淩煙閣　手制曰所
謂傳神國之故事自武德至是宰輔一百八十七人登
丞相左右揆其一其□□□□□□□□□□□
□□盜□著虛貫而惟卑衣無華祿食不珍異正考
父之益恭晏平仲之矯時蘧瑗之暮夜匪懈孫□之衣

衾不飾取類前志我無媿心□□□□□□□□□□□
□□□□□著蔡俱與公結金石之契□□□律
之□王□味也爲牙期也濟川中止孰主大鑪難老不
錫曷云輔善以天寶三載七月十八□□□□□□
□□□□□□□□震悼罷朝贈太子太傅
謚曰文獻以其年十月歸葬絳州稷山縣姑射山之陽
尚書府君塋東四里有子八人遂汔淑綜延□□□□
□□□□□□□□□□漢數□□□豈
德祖同歟綜皋最知名綜官至吏部郎中皋官至給事
中郎中淑吏部侍郎佶京兆少尹武給事中□諫議□

□□□□□□□□□□□□闕之益
於□詞推麗則之雄由不及道嘗踐門闕功德儀刑將
垂芳於不朽發揮鑽仰孰授簡之當仁銘曰
日月貞明洪鈞造物股肱匡戴釐化陰騭　於赫明
皇追蹤昔王聿求仁哲俾闡昭光文獻膺時慶霄未□
□□四靈□□□□□□□□□□□
世風流慶存翼子貽孫江海華藻圭璋後昆靈源之上
姑射之下宰府兆域□曹松櫝昭燭葳蕤崢嶸豐碑絳
□□□譬稷下闕

元和七年十一月十七日建立

將仕郎守恒王府參軍姜濬摸勒并刻字
按此碑撰者許孟容結銜云正議大夫行尚書兵
部侍郎上柱國高陽縣開國子賜紫金魚袋舊唐
書傳孟容字公範京兆長安人元和初遷刑部侍
郎尚書右丞四年拜京兆尹賜紫新書不云賜紫改兵部
侍郎新書無此官終尚書左丞東都留守其封高陽子
兩傳皆無也書者歸登舊傳云登字沖之蘇州吳
郡人順宗初以東朝舊恩超拜給事中賜金紫遷
工部侍郎官終工部尚書碑結銜工部侍郎與傳
同而不書賜金紫至長洲縣開國男則傳所無也

傳又稱登有文學工草隸而不言其能篆書此碑
登書并篆額又集古錄載百巖大師懷暉碑亦登
篆額是登兼工篆也碑稱耀卿字子渙新傳云字
煥之與碑異傳又云絳州稷山人碑云河東聞喜
人地理志聞喜與稷山同屬絳州州屬河東道唐
時河東道所屬有河東郡碑稱河東是道非郡也
碑雖稱其貫曰聞喜而其後歸葬仍在稷山故稷
山聞喜碑傳互見也碑叙耀卿先世□□□景大
王父正祖隋書皆無傳王父眘考守眞新書裴守
眞傳云後魏冀州刺史叔業六世孫碑不叙及父眘隋

大業中爲淮安舊傳作淮南司戸參軍郡人楊琳田瓚
等亂無敢害護送還鄉貞觀中官至鄭令碑不載
隋官傳不備書唐官皆互有詳略舊傳又載守眞
舉進士應八科新傳作六科累轉乾封郡屬新傳作乾封尉與碑
合壽授太常博士天授中爲司府丞出爲汴州司
錄新傳作司馬累轉成州刺史徙寧州卒贈戸部尚書
舊傳無贈官碑惟詳正學士夏官員外爲兩傳所無餘
碑傳皆合碑云公郎尚書府君第三子也舊書守
眞傳云子子餘次弟巨卿耀卿是耀卿爲第三子
與碑合新書耀卿傳云守眞次子與碑異也宰相

世系表載叔業北齊爲南兗州刺史初歸北號南
來吳裴事後魏爲豫州刺史叔業第三子簡之簡
之之孫景富平令與碑同景子正隋散騎常侍碑不載
正子眘字歸厚碑傳俱無南鄭鄭令眘次子守眞字方
忠兩傳無邠寧二州刺史與碑傳之作成寧者異守眞長子子
餘次巨卿次耀卿是耀卿亦作第三子與碑合碑
載耀卿歴官多與兩傳合惟碑稱書判入等補麟
臺正字傳作祕書正字爲不同又碑于長安縣令
之前先除左庶子領崇文館事右僕射之下寫貌
圖于凌煙閣兩傳皆無而傳于拜祕書正字之後

補相王府典籤濟州刺史後歷宣冀州刺史開元
二十年副信安王禕討契丹二十四年累封趙城
侯今碑皆略之或在泐文中不得見也又開元二
十三年破奚契丹後耀卿與李林甫同奏請刊石
勒誦書奏批荅見前此碑亦未叙及又碑云轉運都使尋
遷侍中傳則云轉運使無都字又碑叙鼎新漕運
以廣儲廪下文多泐据新傳云置河陰集津三門
倉引天下租繇盟律泝河而西三年積七百萬石
省運費三十萬緡可据以補碑之泐至碑所云逋
負之徒征徭之吡追琢貞珉存于道左是當時立

碑頌德政也而今不傳碑云有子八人遂泛淑綜
延餘人皆泐下文又有皋官給事中郎中兩傳惟
載綜及綜子佶世系表則有六人曰遂泛泫綜皋
延與碑互異耀卿以天寶三載十月葬此碑立于
元和七年十一月距其葬又六十九年以臆度之
是其孫佶官國子祭酒工部尚書時所立立碑之
明年佶已卒矣耀卿有孫七人曰晛收彪佶琬武
堪今惟佶武見于碑餘亦泐矣

李輔光碑

石高廣各三尺九寸三十七行行三十六字正書在咸陽縣

據原碑趙本校

似應从宮 碑作官字甚分明 唐文首篇亦作官

唐故興元元從正議大夫行內侍省內侍知省事上柱
國賜紫金魚袋贈特進左武衛大將軍李公墓誌銘并序
朝議郎行尚書刑部員外郎崔元略譔
宣德郎前晉州司法參軍巨雅書
夫王者統極垂理其外必有英哲宣力股肱其內必有
專良布達心膂以成帝道古今而言君臣相會兼之者
鮮矣厥有內侍李公可謂會而兼之者也 公監軍
河中以元和十年正月十七日薨于官次行路悽咽元
戎以聞 皇帝軫悼寵以殊禮褒贈特進左
武衛大將軍品冠 朝端位崇禁衛 詔下

之日人不謂優有以見 公出入中外始終無過之地
矣 公諱輔光字君肅其先京兆涇陽人也曾祖望
皇京兆府華原縣令祖萬靖 皇涇王府長史父
思暹 皇涇州仁賢府左果毅賞緋魚袋 公即果
毅之第三子也質表華茂氣懷恭敏建中歲
德宗御宇時以內臣干國率多縱敗思選賢妙以正
宮掖故 公特以良冑入侍充白身內養俄屬
皇輿巡幸 公于斯時參侍指顧應對皆愜遂賜綠超
授奚官局令勲以元從之号其年又遷掖庭局令興元
初 輦入宮闈 公屢含天憲復命之日皆

錢本無後字

帖

趙本亦作揚

中機要遷內寺伯時有北虜入　覲將以戎馬充
獻數盈累萬　國朝故事每一馬皆酬以數十縑
帛拒之卽立爲邊患受之卽王府空竭　公承
命爲印納使迎之朔陲諭以信實交領之際虜不敢欺
必以精良□□後充算省費之挍億兆相懸生靈所資
安危是繫郎　公之於國可謂有大功矣　聖情
歎悅遂有銀章朱紱之賜由是方隅重事咸所委屬嶺
嶠之南漸于海日邕管地偏人狡□□□將有欵溪洞
連結爲盜者僅廿萬衆　王命稽擁遂于周歲隣
道節使咸請進討　德宗皇帝且曰以吾人

伐吾人劍之非利於是命　公招諭□□□□遂臨所
部公乃訊詰疑懼昭示　恩威浹辰之間咸知所
嚮公素練兵機具見腰□□巡視川谷占其要害奏請
於海口置五鎭守捉至今恬然人受其賜獻功未幾又
屬太原軍師李自良薨于鎭監軍使王定遠爲亂兵所
害甲士十萬露刃相守　公馳　命安撫下車乃定
便充監軍使前後三易節制軍府晏如十五年間去由
始至遂　特恩遷授內給事又有金章紫綬之賜
元和初　皇帝踐祚旌寵殊勳復遷內常侍
兼供奉官明年銀夏裨將楊惠琳西蜀副倅劉闢或以

長師薨歿皆恃塞岾險初有邀　君之心終成悖
亂之跡　公密表請發當道步騎誅討功成之日優
詔褒美曰卿志懷嫉惡情切奉公繼遣偏師尅平
二寇雖嘉將帥之勤足見監臨之効拜內侍省內侍知
省事中署之貴寵極於此尋因入　覲懇請留侍
乃充鴻臚禮賓使又轉內弓箭庫使曾不累月
皇帝以蒲津重鎭監統務切復除河中監軍兼絳
州銅冶使自元和四年至九年元戎四換交代之際人
心如一斯蓋　公約己廉与士信靜專動和推安便物
之所致也　聖恩表異圖形省閣易簀之日享年

七十有四以其年四月廿五日吉辰遷窆于涇陽縣咸
陽原之陰　詔下所司備鉦鼓笳簫儀衛禮物　中
使監導出于都門榮觀路人寵被幽壤仕君子聞者咸
亦知勸　夫人輔氏邑号扶風郡閨儀端懿母德温淑
如賓之敬見于蕣禮有子四人長曰希晏前將仕郎掖
庭局宮教博士次曰仲昇開府儀同三司撿挍太子詹
事兼殿中侍御史充河東節度保寧軍使次曰希暹內
養將仕郎守內侍省內府局丞次曰希昇並皆克奉規
訓志存忠孝懿勳茂績始見其進也門吏晉州司法參
軍巨雅以元略長兄嘗賓于北府以元略又從事中都

俱飽內侍之德將命錄實見託爲誌勒之貞石且無
愧詞銘曰
涇水之涘高原堀起其上新墳葬我將軍將軍之德實
彰家國水竭原遷斯文乃傳
右碣在縣東北五十里高陵界王氏園中完全未泐土人傳先年涇河南岸崩壅水絶流三日是碣適出銘載水竭原遷驗矣甚奇並記 咸陽金石遺文
文稱門吏晉州司法參軍巨雅此輔光爲河中監軍所除唐時士人而出於內侍之門者蓋不少矣輔光少選入內而有夫人輔氏子四人唐之宦官有權位

者則得娶婦史之所載高力士娶呂元晤女李輔國娶元擢女皆奉勅爲之而楊復光至假子數十人又後漢書劉瑜傳言常侍黃門亦廣娶妻周舉傳言豎宦之人亦復虛以形埶威侮良家取女閉之至有白首歿無配偶逆於天心單超傳言四侯轉橫多取良人美女以爲姬妾則固不始於唐時也 碑內官掖作官踐阼作祚士君子作仕皆誤盧藏用書蘇許公碑亦以踐阼作祚 金石文字記
碑云輔光爲河中監軍使者蓋監張宏靖軍也巨雅元略之弟巨雅曾爲晉州司法元略又官于中都故撰書此志以記功德 關中金石記
史稱元略爲京兆尹牧貸錢万七千緡爲御史劾奏詔三司雜治元略素事宦人崔潭峻頗左右之獄具削兼秩而已此誌云元略從事中都素飽內侍之德其暱于宦者可知誌稱太原帥李自良薨于鎮監軍使王定遠爲亂兵所害甲士十萬露刃相向公馳命安撫下車乃定便充監軍使前後三易節制軍府宴如十五年閒去猶始至李自良卒於貞元十一年三易節制謂李說鄭儋嚴綬也通鑑河東節度使嚴綬在鎮九年軍政補署一出監軍李輔光綬拱手而已

裴垍具奏其狀請以李鄘代之事在元和四年自貞元十一年至此正十五年矣然則輔光之去河東亦在元和四年而是年復除河中監軍也輔光以監軍兼絳州銅冶使絳州銅冶置使亦史所未載也云自元和四年至九年元戎四換以史考之蓋王鍔張茂昭張宏靖趙宗儒也 潛研堂金石文跋尾
文云輔光建中歲以良胄入侍充白身內養超授奚官局令勲以元從之云云又太原□帥李自良薨于鎮監軍使王定遠爲亂兵所害云云又除河中監軍兼絳州銅冶使又有聖恩表異圖形省閣之文舊

唐書宦者傳元和長慶以來高品白身之數四千六百一十八人誌稱輔光充白身內養白身自爲宦豎清貧逮元和後號始猥濫而內養之名不見于志惟楊收傳有內養郭全穆此其可証一也食貨志大歷四年第五琦上言請于絳州汾陽銅原兩監增置五鑪鑄錢許之職官志諸鑄錢監絳州三十鑪誌稱輔光兼絳州銅冶使當以鑄錢重其事特設此官蓋權宜爲之不見于史亦史于職官內皆書勲號功臣有圖形戢武閣淩煙閣而內史省諸官獨缺錄今誌稱勲以元從圖形省閣宦者殊寵于斯極矣又王定遠見李說傳王定遠欲謀殺說後知事敗走登乾陽樓名其部下將卒多不之應比夜定遠墜城下幾折傷而不死有詔削奪長流崖州據誌則爲見害于亂兵誌宜得其實輔光有妻輔氏子四人希晏希遷官內侍省希昪無官惟仲昪官開府儀同三司檢校太子詹事兼殿中侍御充河東節度保寧軍使行狀既不從希官又不爲內侍蓋必輔光之勢冒爲閹兒以希規進取者崔元略傳元和十二年遷刑部郎中据此誌在十年署銜員外郎殆以是敘遷也元略以士人爲閹宦誤墓誌言與兄從事中都俱飽內侍之德將

據唐文百篇校

命錄實且無媿詞攷元略嘗以諸父事內常侍崔潭峻則其諂附出于結習固不知其言之醜也授堂金石跋

盧公夫人崔氏墓誌

石高廣二尺一寸五分二十五行行二十五字正書在洛陽

唐故河南府司錄盧公夫人崔氏誌銘

殿中侍御史內供奉寶從直撰

公燮書

元和甲午歲有夫人崔氏粤華宗令人德門賢婦以首秋再旬旬外五日終于東都正俗里之私第享年六十九嗚呼母儀厚德婦道宏訓令問如在誰其嗣之夫人諱績号尊德性博陵安平人也東漢魏晉延耀不息逆至本朝冝昌而熾曾大父邇許州司馬王父知懸秘書丞贈國子祭酒父倫　代宗朝以前御史中丞使吐蕃拜尚書左丞歿謚敬公伯曰譚左司郎中伯曰榮右補闕叔曰殷衡州刺史而皆以禮自持用榮爲誡善慶所及夫人益光夫人郎敬公之季女也年十有一歸于范陽盧公惟公人倫碩德冠冕良材往踐王畿滯登臺閣器業尤重羽翮洛川貞元己卯先夫人而屈於命夫人晝哭捐軀未忘誓志無違撫育不易慈仁克己成家樹立餘業過此則修學大悲一切解脫夫人元昆行

德宗朝以御史大夫觀察宣歙池三州殁謚懿公夫人與公孝慈以類告終歲月十稔而同同氣之言於斯可驗矣夫人有男一人女二人女則組紃禀訓婉娩承華結褵從夫榮耀他族男曰從雅項歲辟名　制有成命參佐戎律換万戸尉終養不虧十年向晦丁艱茔宅窮疚其懷初司錄府君先卜梓栢谷口因而祔焉至是問從祔于簪龜不兊問改祔于簪龜襲吉君子曰傳無不之今則何遠乃歲十月六日奉夫人輤裧啟府君東北九里合防以虞陵谷順也嗣子謂從直忝懿公顧盼又備末姻尙戴恩光早詳勳閥託之琬琰貽厥形人銘曰

夫人之生榮耀勳華鳴環適人慶彼夫家姻族惠懷龎不稱嗟温玉貞松保厥終始母儀婦道遺範已矣雪涕鮮原反覆孝子

誌前列殿中侍御史内供奉竇從直撰後列公夔書名而不氏未知其于崔盧何屬也從直見宰相世系表書官兼殿中侍御史與誌合崔氏曾大父遵許州司馬王父知慈秘書丞贈國子祭酒父倫代宗朝以前御史中丞使吐蕃拜尚書左丞殁謚敬公案倫附新唐書子衍傳寶應二年以右庶子使吐蕃虜背約留二歲執倫至涇州逼為書約城中降倫不從更四遷婺城閔六歲終不屈乃許還遷尚書左丞以疾改太子賓客李倫加官為常袞草制見文苑英華云頃以昆戎之俗繼好勤誠不忘綏懷喻我文告乃命太中大夫前守太子右庶子兼御史中丞上護軍賜紫金魚袋崔倫宣明威惠撫柔西海終能復命亦既序成云云可銀青光祿大夫行尚書左丞與誌所言拜尚書左丞合誌言伯曰諲左司郎中仲曰榮右補闕叔曰殷衡州刺史元昆衍德宗朝以御史大夫觀察宣歙池三州殁謚懿公衍本傳云遷宣歙池觀察使與誌合而以御史大夫出任于外史失載衍見舊唐書孝友傳略其謚不著未若新書之詳又誌稱叔曰殷即傳稱倫弟殷趙白衍所禀塞送夫人所者也誌夫人書其伯叔及兄金石例宂濫嶭附無遐斯者非可爲式也授堂金石跋

金石萃編卷一百六終

據原碑校

金石萃編卷一百七

賜進士出身　誥授光祿大夫刑部右侍郎加七級王昶譔

唐六十七

使院石幢記

幢八面各高六尺七寸七分廣九寸三行行三十八字正書在銅山縣

使院新修石幢記

支度副使檢校司封郎中兼侍御史高瑀撰

節度判□□御史內供奉譚藩書

唐元和十二季九月十二日徐之從事立石紀氏於府庭之南端初　元□戎岐公辛卯歲自夏臺帥奉

詔朝于京師　天子當扆對百辟卿士登　公于明庭曰自理朔陲邊風變和旣裘番辮歛衽從教　予嘉于衷文武僉同今之徐方控臨東極淮海閩越千里邊賴地產堅金俗風用對河山欝盤　我武宜揚故有鈇鉞用綏之賜　予之戎柄期於光大郡邑之長司我風教烝人壽夭繫厥二吏故别以符印備以寮屬　予之耳目期於觀聽大野東原旣豬且平纖縞草木咸在征賦故皆命使期於營度城一十六戶一十万兵六十旅矛盾戈戟戎車鐵馬洎鞠□滑勁櫃宜咸領焉　公拜稽首激誠淚血俯仰交感左右動色

讓德不獲攺□咸而東紅旌大旆發自□□都人縱觀光騰九衢以功　紹復再統幢節近古無儔是歲十一月□日至于理所從一至于百千日無一息無一頗蹔忘翻之　帝命舊府無積衣食贍乏則□文聲武備其可知矣假財于隣從儉于身戎裝完集將卒驍敢野夫行謠四郡咸康故以戰則克以祀則福境有□□□無驚波　有征之師以徐爲則　上多迺茂績俾位冠于羣帥故有左揆之拜時無□□□乎哉岐公之德宜在鼎彝矣噫連帥大府今天下三十有九皆顯才聞人爲佐爲賓誠明中和從事之道也離明

誠中和非從事之道也扶善與能鬼神潛光譴或綌幽闇□謂神無知故□□同府常恐懼乎不至誠慎乎不聞用明誠恰神離明誠媿神將此道也奉　我公省□□□郎□希名氏之不朽則可轉之石烏馬足道哉

金紫光祿大夫檢校尚書左僕射使持節徐州諸軍事兼徐州刺史御史大夫充武寧軍節度□□□度營田□□□□等州觀察處置等使上柱國襲岐國公食實封七百五十戶李愿　元和十八年十一月四日

上

攝節度副使高瑀　行軍司馬李進賢　攝營田副

使劉元鼎　節度判官譚藩　觀察判□□□察
支度□□□營田判官何授　郭行餘　節度叅謀
趙季黃　節度掌書記王叅元　張勝□　觀察推
官□□□　張仲舉　攝觀察推官鄭據　節度巡
官閻顏　攝節度巡官獨□□　□□巡官□□
攝支度巡官鄭翱　營田巡官攝支度推官吳植
右使院新修石幢記元和六年十一月四日上舊唐
書憲宗紀元和六年十月以前夏州節度使李愿撿
校兵部尚書徐州刺史充武寧軍節度使史書除授
之日碑紀到任之日故差一月其襲封岐國公新舊

書俱失載其撿挍尚書左僕射本傳載於除鳳翔節
度之時不知在武寧時已自尚書遷僕射矣結銜有
食實封而無食邑與苻璘碑同碑稱蓮帥大府今天
下三十有九而元和二年李吉甫撰元和國計簿總
計天下方鎮凡四十八相去不十年何以異同若此
不可解也記末有一行云大宋皇祐六年甲午歲二
月二日申使乞差兵匠自金銅門外由取到舊使院
碑幢二座於新使院內豎立則當時固以爲舊物而
珍之今距皇祐又七百二十餘年其可寶更當何如
石刻今在徐州此本爲江都汪容甫所贈攷歐趙諸

公皆未著錄近代藏金石家亦罕及之潛研堂金石文跋尾
按此碑撰者高踽兩唐書傳稱瑀釋褐右金吾胄
曹叅軍累辟諸府從事歷陳蔡二郡刺史入爲太
僕卿大和初授撿挍左散騎常侍許州刺史忠武
節度使三年加撿校工部尚書又加檢校右僕射
六年移授徐州刺史武寧軍節度等使徵爲刑部
尚書拜太子少傅復授檢校右僕射陳許蔡節度
使綜其前後未嘗爲支度副使檢校司封郎中兼
侍御史與碑結銜全不合豈別一高踽而唐書無
傳耶書者譚藩無傳然工書宗顏體與何類齊名

蘇子由欒城集荅子瞻寄示岐陽十五碑詩所謂
譚藩居顏前何類學顏頗者是也岐國公李愿爲
西平王李晟第四子碑云岐公辛卯歲自夏臺帥
奉詔朝于京師辛卯卽元和六年以兩唐書本傳
考之蓋李愿自元和元年八月檢校禮部尚書兼
夏州刺史夏綏銀宥等州節度使至是入朝卽由
爲徐州刺史也愿之至徐州在六年十一月而碑
立于十二年九月亦閱六年之久矣傳稱無何有
疾以其弟愬代爲徐帥而不詳何年据舊書李愬
傳明云元和十三年五月移愬爲徐州刺史武寧

軍節度使代其兄恩此碑蓋立于愬未受代之年也文但有序而無銘且建幢而非碑皆與他碑之頌德政者異後列屬官姓名幾二十人而撰書之高踽譚藩仍列其中二人外惟鄭據見全唐詩云滎陽人右龍武軍長史與碑言攝觀察推官者不同餘俱無攷此碑爲嘉定族姪元勳官徐州教授時搨以見寄碑尙完整字亦遒媚可寶也

柳宗元龍城石刻

石殘缺僅存橫廣一尺九寸高八寸三分八行行四字行書在廣西馬平縣

缺城柳神所守驅厲鬼出七首福四民制九醜

元和十二年　柳宗元

天啟三年龔重得此于柳公井中

羅池北龍城勝地也役者得白石上微辨刻畫云龍城柳神所守驅厲鬼山左首福土氓制九醜余得之不詳其理特欲隱予於斯歟柳子厚龍城錄

按龍城錄所云與此微有異同僞書不足憑然茲刻實宗元書也謝啟昆粵西金石畧

按此碣在廣西柳州府馬平縣柳侯祠內馬平爲柳州附郭州在唐天寶初爲龍城郡乾元初復曰柳州寰宇訪碑錄題此碣曰龍城柳碣自歐趙以來皆不見著錄故向無標題而碣文亦祇六句首句城柳上泐一字据天寶舊郡名當爲龍城而因以龍城柳爲碣名也末署元和十二年柳宗元以元和十四年卒此碣在卒前二年昌黎作墓誌銘不詳宗元刺柳之年兩唐書傳皆云元和十年移爲柳州刺史則其刻此碣在到柳州後二年矣昌黎撰羅池廟碑云柳侯嘗與其部將魏忠謝寧歐陽翼飲酒驛亭謂曰吾棄於時而寄於此與若等好也明年吾將死死而爲神後三年爲廟祀我及期而死三年孟秋辛卯侯降于州之後堂云云飲

酒驛亭事在題此碣之明年其竄斥荒癘堙厄感鬱之槩此碣十八字中已畧寓之矣龍城錄託爲役者得白石微辨筆畫云云設爲恍惚之辭謝中丞斥爲僞書不足憑良然

憲超塔銘

石橫廣二尺九寸七分高一尺九寸五分三十行行十九十八字不等行書在淳化縣

興國寺故大德上座號憲超塔銘并序

京莊嚴寺沙門元應撰并書

上座俗姓太原王氏累世京兆涇陽人也童子事師年過受戒報終七十有六僧夏而五十焉業精妙法於大

廟諱八年試業得度隸名住興國寺也
上座行操寒松戒德霜白道洽羣物而悲敬齊行持念
無虧經聲不掇優曇花之句偈曉夕相仍分陁利之開
敷香風不絕向萬餘徧稟學定於揔持東院繼七業之
蹤爇心燈於巨夜之中明終不絕而忽於今年覺是身
虛憊氣力漸微絕粒罷飡唯茶與乳右脅而臥四句如
生命入室門人上座子良都維那智誠等曰吾今色身
應將謝矣怒力勤策法乳相親金泉磴及梨園鋪吾之
衣鉢將入常住以爲永業言已怗然累足而去也門人
子良等號呼慟天空□血灑淍流汨咽庭樹摧枝川原

無色悲風慘然巍峨鳫塔崛起於西原颼飀松吹金龜
之田即於其年三月七日於興國下莊淨室飛香神顏
不易鼎若平生黯爾終矣門人子良等採以荆珉徵掇
哲匠鏤於金石刻之以銘欲使後賢而知今矣詞曰
戒行嚴潔　松篁比貞　秉志堅直　如崐如荆　衣
珠內瑩　獨耀心靈　精持妙法　德冠羣英　四句
絕粒　而亡內遷　諸漏蠲除　聖賢不測
唐元和十三年歲次戊戌十月辛亥廿日庚午崇建
金龜鄉臥龍里紀也
門人子弟　上座子良　都維那智誠　子昇　子
昪　子琮　子倫　子英　尼弟子戒盈　童子阿
萬　姪王鍨　仇元誠　史溙　趙携
法華邑人　史清　趙杞　房愼疑　牛雲　劉興
韋牧　宗悅　張政　敬鐶等

李光進碑

碑高九尺九寸七分廣四尺一寸七分二十七行行六十八字行書在榆次縣

大唐故朔方靈鹽等軍州節度副大使知節度事管內
支度營田觀察處置押蕃落等使銀青光祿大夫檢校
刑部尚書兼靈州□都督府長□□史大夫安定郡王
□□尚書左僕射李公神道碑銘并序

門下侍郎中書門下平章事令狐楚撰
嗣子季元書
□安定郡王諱光進字耀卿節制靈武之三年歲在乙
未季夏六月寢疾于理所監軍使者驛馬以聞
皇帝遣中貴人賫尺一書與御府醫藥馳往臨視旬
有者八日□□厥命享年五十七矣　制詔
丞相御史罷朝會加賵賻然後以左揆之蜜印畫綬告
于弟焉其年嗣子季元河□衙前兵馬使檢校太子賓
客兼監察御史次曰燧□陳許節度押衙檢校太子賓
客兼監察御史次曰穀元次曰縠元宣義郎行太原府

太原縣尉次曰宗元口曰吉元血泣柴立護裳帷南歸
太原越十一年二月已酉葬　我尚書左僕射安
定王于太原府東四十里孝敬原禮也　公之先
本阿趺氏出於南單于左廂十二姓代有才傑繼爲酋
帥嘗統數千廬落號別部大人貞觀初　大父
賀之率其屬來歸　太宗制受雞田州都督
仍充靈武豐州定塞兵馬使　大父襲之無祿早
世　先父良臣開府儀同三司雞田州刺史充朔
方先鋒左助兵馬使夫以三葉之忠厚一門之信謹宜
錫祚靈降生畯賢　公形淸而視明神全而氣和

猿臂虬鬚山立玉色贈工部尚書李奉國甞
之伯姊器　公於稠人教之騎射付以韜略由是
發迹雲中策名太原始以勇敢從北平王燧戰于蒲次
以恩恭事朔寧王自良鎮於并或典領先偏或訓齊部
伍公家之事無細大戎府之務無重輕縈手風生過目
冰半禮部尚書隴西公說待以心膂奏兼殿中侍御史
工部尚書滎陽公儋杖爲爪牙表兼御史中丞大司空
嚴公綬擇戲下之才奏兼御史大夫大司徒范公希朝
求軍中之舊遷爲撿校左散騎常侍古人云一心可以
事百君於公見之自時而後氣槩昭宣盈聲流聞人望

歸厚　天心委重由代州刺史石嶺鎭北兵
馬使代北軍口超遷工部尚書單于大都護振武節度
支度營田觀察押蕃落等使　朝家思所以優寵
尊異于　公者無所愛焉八年秋遷爲秋官改拜
靈州進階至銀青封口于安定賜姓李氏列於
宗籍追命　先君儀同爲工部尚書　先夫
人史氏爲代國太夫人　君臣交感家國儲慶焜
燿充塞有如是耶十三年春不口忠武軍節度等使銀
青光祿大夫撿校司空同中書門下平章事武威郡開
國公光顏旣平淮夷秉圭來　朝蹝　公官伐德善

悌洟見請以表丘壠又會故吏御史任口則條二府政
事上於考功故得鋪陳馨口追琢琬碧云惟　公
口毅直清潔矩莊明不爲物遷能以貞勝忠信之敎自
形於心術孝悌之行每合於天經口昔國太夫人嘗有
霜露之疾　公與令司口左右就養不口冠帶者
累月其口鴈門也先惠訓而後武斷清靜之政成愷悌
之化流鰥孤遂安姧盜訖熄貞元中　孝文之心
在宥天下無何李鄭二師相繼物故大司口口公亦用
寬和統三軍韝門武人驕蹇自便及　公之都紀
綱也言詞約而必信號令明而必行堂皇之上聽無譁

大旆之前立無跛范司徒之東討常山也軍旅之事口
以咨之或塹水以絕其歸居或斷橋以防其口集緊君
有命皆我之爲開綱竟從於　朝旨改轅無失於
戎律其在振武也懲邊候之不修黠虜挻灾我人離落
於是遥騎或朔楊威稜於沙磧寇皆愕眙深潛而遠遁
矣病公田之不闢豪家射利我庾空竭於是置吏立程
懸信賞於表綴農皆皷舞寒耕而熱耘矣罕羌之豪曰
懷榮曰黒口口賊攘竊橫於二口前後握兵者率不能
禁　公乃飛語以速其卻開恩而怠其意箚脊疾
力如取懷中而殺之風淸河湟威動朔漠遷之至于靈

武亦猶是也而加之以口仁因之以廉平夫家之徭有
恒經井地之征有定制生物滋殖齊人樂康利澤四布
淑聲一口時縣官加兵蔡人且三年矣楚方奏薄伎于
内庭雅知將欲徵口於朔方濟師于許昌謂肺
肝之可見俾手足以相衛　公亦義形于色情發
於中或擁臂而言或投袂而起登天綬狻童之戮于終
歲也翌日而　公疾浹旬而　公病不月而
公薨悲夫信之結於人也深惠之被於物也久
聞喪而哭於野者雷動會葬而登於壟者星奔豈止勞
面剺心輟舂罷市而已嗚呼黒山雖順赤嶺猶虞而耀

卿宰木已高壽宫永閟懷忠憤者得不太息而掩涕乎
蔡邕撰有道之碑自知無愧范文觀武子之墓可以與
歸銘曰
天有風霆是爲威刑國之斧鉞用以征伐明明
我后耀武敷文蝺蝺我王砥節邀勳皆在偏裨與道則
直洎司經紀其儀不忒一麾出守十乘啟行藩籬單于
禰稃朔方心與口同政由已出塞上師壯軍中廩實既
宜大忠宜秦膺公西戡賊夷北服山戎慶方來兮任方
崇身已滅兮名已空翠山之南汾水東白楊黒栢夕悲
風

光進與弟光顔並爲唐名將憲宗平淮西光顔功最
高唐書二人並有傳光進碑令狐楚所撰光顔碑李
程所撰皆名臣也然歐趙二錄皆無此二碑歐錄所
載李光進碑楊炎撰韓秀實書者乃李光弼之弟非
光顔兄也趙錄有贈太保李良臣碑則光進之父官
止雞田州刺史初無功績以光顔故贈太保與二子
同葬一地乃趙氏錄其一而遺其二殊不可解余友
朱錫鬯過榆次趙村搨得此碑以副本遺余故得而
錄之其良臣光顔碑則已見記中矣（金石文字記）
按碑云安定郡王諱光進字耀卿年五十七其先阿

跌氏出於南單于十二姓貞觀初祖賀內屬父良臣爲雞田州刺史光進以隴西公說榮陽公僧大司空嚴公綬大司徒范公希朝薦云云新唐書有名無字如封安定郡王及其祖父皆在所遺表薦者惟王承宗與范希朝而已檢校工部尚書與碑題刑部尚書異皆當以碑爲正至兼御史爲代州刺史及光顏先娶母死光顏婦藉貲財貯納管鑰光進泣而反之碑亦遺焉子季元燧元豹元綬元吉元夫人史氏以乙未六月薨越十一年葬而無紀元傳云元和四年表薦爲都將俄振武節度遷靈武當薨在元和十年葬

在寶歷元年也金石錄補

光進以元和十年六月卒于鎮十一年二月還葬太原府東四十里孝敬原十三年春弟光顏平淮西入朝請于天子得立碑于墓朱錫鬯云光顏請于朝葬其兄者蓋考之未詳耳碑無建立年月攷宰相表令狐楚以元和十四年七月守中書侍郎同中書門下平章事十五年閏月爲門下侍郎七月罷以楚署銜驗之當在十五年無疑潘次耕題作元和十一年亦誤也傳云年六十五而碑作五十七當以碑爲正光進字權卿封安定郡王光顏封武成郡開國公皆傳所未載其稱李自良爲朗寧王亦未見于史也文云蔡邕撰有道之碑自知無媿范文觀武子之墓可以與歸范文疑趙文之誤又云贈工部尚書李奉國君公之伯姊奉國者本傳所云舍利葛旃也潛研堂金石文跋尾

按此碑無建立歲月據撰文者令狐楚結銜爲門下侍郎中書門下平章事證以唐書宰相表是此碑之立在元和十五年閏正月辛亥以後七月丁卯罷相以前之事矣然據碑文是元和十三年春光進弟光顏入朝疏請立碑不知何以遲至兩年之後始撰文而立之也碑云越十一年二月

己酉葬乃是元和十一年非謂卒後十一年金石錄補謂葬在寶歷元年者誤也兩唐書光進傳敘事甚簡不如此碑之詳然碑有與傳不同者光進之卒新傳不詳歲月舊傳則云元和十年七月碑云歲在乙未季夏六月寢疾于理所旬有八日□□厥命若是卒于七月碑當有七月字不應僅云旬有八日此旬有八日即在季夏一月之內則是卒于六月矣碑云享年五十七兩傳皆云六十五此其尤異者也碑云葬于太原府東四十里孝敬原山西通志陵墓卷太保李良臣墓在榆次縣北

十里趙村西李宗閔撰神道碑曰貞元十一年八月葬于太原府城東南孝敬原子光進令狐楚撰碑印謂此碑光顏墓李程撰碑亦云葬于太原縣東孝敬原以輿圖證之榆次縣在太原府城東南元和郡縣志云去府城五十六里故孝敬原在榆次北十里與碑言太原府東四十者合也碑云公之先本阿跌氏出于南單于左廂十二姓貞觀初大父賀之率其屬來歸太宗制受雞田州都督云云元和八年秋公遷爲秋官改拜靈州賜姓李氏列于宗籍舊唐書傳則以賜姓在六年爲異而賜姓爲

光進事則傳與碑同至通志氏族畧云阿跌氏九姓阿跌部爲雞田都督唐單于都護振武節度使兼御史大夫阿跌光進元和二年詔賜姓李名光顏陳許節度使是以賜姓爲二年事既與碑異而又似以光顏爲即光進所改名則更誤矣碑稱其父曰臣曰先父又曰先君母史氏曰先夫人撰文人稱他人之父母加先字始見于此碑書我庚空竭庚作庚是筆誤何有八日有字下多書者字旁用點抹去之其例亦始見此碑

南海神廟碑

正書碑在廣東南海縣 裴本高廣行字皆不計

南海神廣利王廟碑

使持節袁州諸軍事守袁州刺史韓愈撰

使持節循州諸軍事守循州刺史陳諫書

海於天地間爲物最鉅自三代聖王莫不祀事考於傳記而南海神次最貴在北東西三神河伯之上號爲祝融天寶中 天子以爲古爵莫貴於公侯故海岳之祀犧幣之數放而依之所以致崇極於大神今 王亦爵也而禮海嶽尙循公侯之事虛王儀而不用非致崇極之意也由是冊尊南海神爲廣利王祝號祭式與

次俱昇因其故廟易而新之在今廣州治之東南海道八十里扶胥之口黃木之灣常以立夏氣至命廣州刺史行事祠下事訖驛 聞而刺史常節度五嶺諸軍仍觀察其郡邑於南方事無所不統地大以遠故常選用重人既貴而富且不習海事又當祀時海常多大風將往皆憂慼既進觀顧怖悸故常以疾病解而委事於其副其來已久故明言齋廬上雨旁風無所蓋鄣牲酒瘠酸取具臨時水陸之品狼籍籩豆薦祼興俯不中儀式吏滋不供神不顧享盲風怪雨發作無節人蒙其害元和十二年始 詔用前尚書右丞國子祭酒

魯國孔公爲廣州刺史兼御史大夫以殿南服公正
直方嚴中心樂易祗慎所職治人以明事神以誠內外
單盡不爲表禩至州之明年將夏祀冊自京師至吏以
時告公乃齋祓視冊誓羣有司曰冊有　皇帝名
乃　上所自署其文曰嗣天子某謹遣官某敬祭
某恭且嚴如是敢有不承明日吾將宿廟下以供晨事
明日吏以風雨白不聽於是州府文武吏士凡百數交
謁更諫皆揖而退公遂陞舟風雨少弛櫂夫奏功雲陰
解駮日光穿漏波伏不與省牲之夕載暘載陰將事之
夜天地開除月星明穊五鼓旣作牽牛正中公乃盛服

執笏以入卽事文武賓屬俯首聽位各執其職牲肥酒
香罇爵靜潔降登有數神具醉飽海之百靈祕怪慌惚
畢出蜿蜿虵虵來享飲食闔廟旋艫祥飆送颿旗纛旄
麾飛揚晻藹鐃鼓嘲轟高管噭譟武夫奮棹工師唱和
穹龜長魚踴躍後先乹端坤倪軒豁呈露祀之之歲風
灾熄滅人厭魚蟹五穀胥孰明年祀歸又廣廟宮而大
之治其廷壇改作東西兩序齋庖之房百用具修明年
其時公又固往不懈益虔歲仍大和耋艾歌詠始公之
至盡除他名之稅罷衣食於官之可去者四方之使不
以資交以身爲帥燕享有時賞與以節公藏私蓄上下

與足於是免屬州負逋之緡錢廿有四萬米三萬二千
斛賦金之州耗金一歲八百困不能償皆以丐之加西
南守長之俸誅其尤無良不聽令者由是皆自重慎法
人士之落南不能歸者與流徙之胄百廿八族用其才
良而廪其無告者其女子可嫁與之錢財令無失時刑
德並流方地數千里不識盜賊山行海宿不擇處所事
神治人其可謂備至耳矣咸願刻廟石以著厥美而繫
以詩乃作詩曰
南海陰墟祝融之宅卽祀于旁帝命南伯吏惰不躬正
自今公明用享錫右我家邦惟明天子惟愼厥使我公

在官神人致喜海瀆之甿旣足旣濡故不均宏俾執事
樞公行勿遲公無遽歸匪我私公神人具依
舊唐書孔戣傳戣授廣州刺史先是準詔禱南海神
多令從事代祠戣每受詔自犯風波而往韓愈在潮
州作詩以美之今此碑後繫以詩者當謂此也然傳
謂在潮州不知其已移守袁州矣唐書禮樂志五岳
四鎭歲一祭各以五郊迎氣日祭之至四瀆則畧而
不著祭日今碑稱以立夏氣至命廣州刺史行事祠
下知與嶽鎭同也又稱冊有皇帝名乃上所自署其
文曰嗣天子某謹遣官某致祭志文亦不詳其事此

文集本與石本異者惟海嶽之祝碑以祝作祀祀之
之歲碑以祀作祝又碑題集本作南海神廟碑石本
闕八廣利王三字授堂金石跋
按此碑裝本今取畱耕王氏宋刻昌黎先生文集
本校之文集集注云首有使持節袁州諸軍事守
袁州刺史韓愈撰使持節循州諸軍事守循州刺
史陳諫書并篆額其後云元和十五年十月一日
建今裝本陳諫書下失并篆額三字并失其後年
月一行文內故海岳之祀集本祀作祝故常以疾
病解集本疾病下有爲字故明言齋廬集本作明

金石萃編卷一百七 唐六十七 二九

宮敬奈某集本某作其米三萬二千斛集本三作
四又補注渤文十九字末句誅其尤無下裝本全
缺今補注一百三字又詩八十字然後文全可讀
也碑立于元和十五年十月兩唐書韓愈傳元和
十四年正月上令中使迎佛骨愈上疏諫憲宗怒
甚貶爲潮州刺史愈至潮陽上表上欲復用愈而
皇甫鎛惡愈狷直請量移一郡乃授袁州刺史然
則昌黎之撰此碑蓋到袁州未久也書者陳諫新
唐書附王伾傳云自河中少尹貶台州司馬終循
州刺史此碑結銜是其所終之官也碑云南海神

次最貴號爲祝融此語本太公金匱見昌黎集注
冊神爲廣利王乃天寶十載事碑云元和十二年
魯國孔公爲廣州刺史至州之明年將夏祝冊自
京師至齋祓視冊云云兩唐書禮志不詳祀嶽鎮
海瀆之儀文獻通考載德宗貞元二年太常卿董
晉奏五嶽四瀆伏準開元禮每年各以五郊迎氣
日祭之其祝版竝合御署自上元元年中祠小祠
一切權停自後因循不請御署其祝版欲至饗祭
日所司準程先進取御署附驛發遣勅旨宜依仍
委所司每至時先奏附中使送往据此知御署祝

金石萃編卷一百七 唐六十七 三

版事巳久停而復行者始自貞元二年檢通考後
附開元禮但詳五嶽四瀆之儀而嶽瀆祝文亦附
其中不見有祭海之文大約海鎮亦準此行之碑
文所謂祝冊自京師至冊有皇帝名上所自署語
與董晉奏合碑云五鼓既作牽牛正中者月令季
春之月旦牽牛中此爲立夏行事之徵碑文前紀
南海祀典後紀刺史孔戣德政末附四言韻語是
詩而非銘故舊唐書孔戣傳云愈在潮州作詩以
美之据文云咸願刻廟石以著厥美是昌黎亦因
衆人之請而作此也戣字君嚴孔子三十四代孫

巢父之從子附巢父傳幾由華州刺史潼關防禦等使入爲大理卿改國子祭酒十二年嶺南節度使崔詠卒三軍請帥上謂裴度曰嘗有上疏論南海進蚺蛇膽者何甚忠正此人何在度以祭酒孔戣進即日授廣州刺史兼御史大夫嶺南節度使傳所載戣政績大較與碑同蓋即採用此碑也

皇甫湜浯溪詩刻

石横廣一尺九寸八分高一尺七寸七分十二行行十一字正書在祁陽縣

次山有文章可惋只在碎然長於指敘約潔多餘態心語適相應出句多分外於諸作者間拔戟成一隊中行

雖富劇粹美君可蓋子昂感遇佳未若君雅裁退之全而神上與千秊對李杜才海翻高下非可槩文於一氣間爲物莫與大先王路不荒豈不仰吾輩石屏立衙衙溪口啼素瀨我思何人知徙倚如有賴

侍御史内供奉皇甫湜書

按此詩缺泐三字今檢全唐詩補注于旁標題題浯溪石四字而詩首句云次山有文章似係贊美元次山之中興頌也然意無專指惟石屏立衙衙溪口啼素瀨是即指刻中興頌之石屏也此刻與全唐詩不同者二字溪口啼素瀨徙倚如有賴全

香鈔本作垂

據原碑拓本校

唐詩啼作揚賴作待當是傳本有別也詩末題曰侍御史内供奉皇甫湜書新唐書傳湜字持正睦州新安人擢進士第爲陸渾尉仕至工部郎中東都留守裴度辟爲判官其官侍御史内供奉傳所不載其書此詩亦無歲月因附元和之末持正在元和時最有文名幾與昌黎相等觀昌黎和其陸渾山火詩其能爲長篇可見然多不見於世惟石刻中有此一詩洵可寶也

朱孝誠碑

碑高八尺廣三尺九寸三分二十八行行五十六字行書在三原縣

唐故忠武軍監軍使寧遠將軍守内常侍員外置同正員賜紫金魚袋上柱國贈雲麾將軍左監門衛將軍朱公神道碑并序

忠武軍節度副使朝議郎檢校尚書駕部郎中兼御史中丞上柱國賜紫金魚袋蘇遇撰

翰林待　詔朝議郎行常州司法參軍上柱國曹鄴書并篆額

天垂四星環拱　帝坐降精成象嶇起輔時内則衛奉　絲綸伏勤夙夜外則監護統帥鎮靜邦家宜其榮冠貂蟬名香竹帛公諱孝誠字孝誠京兆三原縣

人也自姬周分姓由小邾建家隱居肆而名動諸侯居里閈而勢侔卿相雲慱肆直於漢世然據曜文於吳庭綿綿不絕廿有榮位皇祖游仙皇考珍玘並育德當年鍾慶于後公弱冠入侍以謹密見親咫尺　天顏左右皇極克勤專對休有令聞貞元中　德宗新平寓縣戎臣專閫多不自安任非其人情則莫達使乎之選　朝廷爲難公時妙年早承　恩渥累馳馹騎所至風從對敭　王休衆高敏捷累踐要職官吏局丞幹蠱之聲自茲諠大尋加朱紱銀章以旌能也元和初張伯靖負固敘州嘯聚蠻落公銜　命於僻擾之際撫諭於谿洞之中遂使投戈感　恩斂衽向化掉三寸舌息數州兵古人所難公有餘裕拜宮闈令上護軍以寵勞也　先皇深憂漠北虜啟邊患公密陳嘉謀請城天德許　詔既下仰辦於公量財揆日躬先板築胡馬不敢南牧漢兵休懷西歸保護塞垣萬代之利攻心斷臂復覩於今授承議郎內侍省內謁者監以酬勲也屬元戎授鉞問罪淮西　恩加朝散大夫內侍省內給事以護許軍公素懷忠果徇國忘身每竭家財以周軍用時經行陣或被傷痍親自撫恤問以疾苦布　皇恩於閫外推赤心於腹中

竄鈔本作逭

鈔本亦作滑

帖鈔本作怗

士皆感激人百其勇故能綿歷三歲終始一心克定淮夷翦除荆棘過合流下郾城功伐彰明　上每嘉歎遷朝議大夫內常侍旋以內憂請從喪紀　詔命不許遽令起復是歲李師道邇逆竄竊近郊　憲宗移司空公光顏鎮守滑臺以行天討兩道全師委公監撫初入寇境方伺地形爲賊埋伏乘我未備公行從之騎纔廿人決機方寸之中奮發倉卒之際策馬直進突其堅鋒左拂右旋所向風靡以少擊衆古昔無儔威聲益雄士扱爭進收斗門下臨濮皆公之力賊平還鎮寵　詔繼至加寧遠將軍上柱國淑蔡牢落陳許瘡痍二年之中四更節將公撫新懷舊軍郡怗然既盡禦衆之方眞得監臨之體享年五十一元和十五年七月廿日遘疾終于許州之官舍部曲表請歸葬長安有　詔追贈曰故忠武軍監軍使寧遠將軍內侍省內常侍員外置同正員賜紫金魚袋朱孝誠祗事左右勤勞歲時言念忠誠常所委用出入內外迭爲監臨廉以居貞和而得衆將我成命奉以終身惘曰云亡是有追昇階進秩式慰營魂可贈雲麾將軍左監門衛將軍　王人臨門哀榮備至曰抱謙恭之性有適時之才備著勳勞曾無矜伐每曰榮樂憂形于色午祭之曰變

鈔本亦作乘

繆子之薦賢兼之有也駈馳二紀出入　四朝送
往事居物無橫議方將振翼天漢展步雲衢蒼蒼不仁
摧我貞幹夫人王氏輔佐成家克修婦道中饋有譽偕
老忽乖(乘)痛移天之禍盡晝哭之節嗣子富平鎮監軍朝
議郎內侍省掖庭局監作上柱國士倪能襲弓裘善繼
先志明時竝　侍甸服監臨榮口六姻貴昭
聖世次子士倫初從筮仕投跡要司皆蒸蒸之心願
申冈極以遐久同　王事脩詳勳績棄田非久陵
谷易遷傳之不朽在乎貞石銜悲紀敘無愧乎詞銘曰
入侍重闈出奉　紫泥星躔往復馹騎東西伯靖

賓曆嘯聚五谿宣　我威恩葦彼昏迷北難獫狁
侵擾黠蔡乃城天德上干雲霓下視虜馬遠如醯雞桀
口(賦)能盡窺塞無蹊再監滑(淮)許滅蔡平齊智勇雙高功名
日躋紫綬金貂　恩寵極兮悲凉部曲嗚咽鼓鼙
佳城白日草露淒淒
長慶元年歲次辛丑二月戊辰朔五日壬申建
右朱孝誠碑在三原縣乾隆戊子歲縣人掊土得之
頃江寧嚴侍讀冬友遊秦中歸摹以遺予書法流麗
可愛案唐書憲宗紀載伯靖之降不言何人所招致
嚴綬傳則云遣將齎檄開曉羣蠻悉降亦不言所遣

者何人讀此碑乃知孝誠實銜命以行孝誠乃中人
非綬部將亦足以補史文之闕史稱伯靖潊州蠻碑
作敘當以碑爲正孝誠爲李光顏監軍平淮西破李
師道皆預有功光顏自忠武徙鎮邠寧孝誠仍留監
忠武軍碑云殄蔡牢落陳許瘡痍二年之中四更節
將撫新懷舊軍郡帖然蓋紀光顏徙鎮以後事忠武
軍初領陳許二州元和十二年增領潊州十三年又
增領蔡州故兼舉殄蔡也其云午參之機變繆子之
薦賢此用春秋傳伍參戰國策繆賢事伍參古今人
表作五參說文五从二陰陽在天地閒交午也是午

與五同　潛研堂金石文跋尾
文有云元和初張伯靖負固敘州嘯聚蠻落公銜命
于俶擾之際撫諭于溪洞之中者謂六年伯靖寇播
費二州事也以八年爲崔能嚴綬潘孟陽柳公綽等
所破降云元戎授鉞問罪淮西恩加朝散大夫內侍
省內給事以護許軍者謂九年吳元濟自稱知軍事
詔嚴綬李光顏李文通烏重允合軍討之也云是歲
李師道潛逆窺竊近郊憲宗移司空公光顏鎮守滑
臺以行天討兩道全師委公監撫收斗門下臨濮皆
公之力者謂十三年光顏徙義成節度使帥陳許兵

據洪氏本校

攻師道于濮陽拔斗門杜莊二屯事也其爲監軍即在其時又云出入四朝則其入侍之初猶在代宗時也關中金石記

朱孝誠以宦者爲忠武監軍薦歷華膴而有妻王氏有嗣子士俛次子士倫史稱李輔國娶元擢女奉勅爲之唐內侍之橫其有由也夫碑言問罪淮西以護許軍攻是時光顏爲陳許帥而孝誠奉命與之左右盎不獨梁守謙一人往撫蔡師也又言李師道窺竊近郊案本傳師道遣客燒河陰漕院錢三十萬緡米數萬斛倉百餘區即指其事授堂金石跋

梁守謙功德銘

碑高一丈五寸七分廣五尺三分四十六行行八十八字正書篆額在西安府學

邠國公功德銘并序

右神策軍護軍中尉副使兼右街功德副使雲麾將軍右監門衛將軍員外置同正員上柱國宏農郡開國侯食邑一千五百戶楊承和撰并書

朝議郎權知撫州長史上柱國賜紫金魚袋翰林待詔陸邳篆額

天竺有聖人焉名之爲佛三身互相應化無所從來百億同名不知其誰之子德包塵界道冠萬靈有感必通酬念如響心操慧炬永燭於大千手運慈航泛流於沙劫晦明不二淨穢兩同正智如如我無所得雖後天地而有質先天地而亡形莫不究清濁之未然識方圓之始卒大矣哉若非天下之至精孰能如此夫大德小德優劣不同賢人聖人取捨各異乃引衆星之表月立萬象以尊天因喻發揚憑茲外飾有言子貢賢於仲尼者不知仲尼之聖加□於子貢有言阿難相同諸佛者不知諸佛非相以攝阿難見尺晏之至微知大鵬之至廣覩秋豪之至短知大椿之至長擬於物即尺晏秋豪擬於人即阿難子貢雖然近如來之門戶識夫子之墻牆瑚

璉寶瓶異諸凡器金楹玉楝□是常材故佛之侍從者即迦毗令人拘耶貴族皆辯揺金剎名振儀圍駈六賊如衆鳥之避鷹鸇儼四魔者百獸之畏豺武而性海無底惠峯穿霄善入一乘橫通三藏被精進所縛不捨用心嘗修之於身去住未決或執如或斷如是故生已之法隨滅滅已之法隨生常生之所不生常滅之所不滅能銓王義其唯覺乎覺不自明方明覺也夫有生滅者是覺之用無生滅者是覺之體即知覺逐滅生生隨覺滅生滅俱寂其覺亦亡乃指素月於澄溪拭外緣於見性解出入表堪爲代師儔諸法王則吾豈敢何者孔子

登東山而小魯登泰山而小天下今亦然也如來觀溺
山而小聲聞觀杭山而小菩薩我佛也同彼虛空不染
於幻強立眞假曾未牢固是故說行而無所說行說而
無所 行非 行非不行非說非不說非法非非法非性非
非性本不生無所滅元不覺無所寂於一不一中悟諸
未悟者於起不起中導諸未道者大矣哉若非天下之
至神又孰能如彼而夜景呈輝化行西土神光啟夢象
教東來思玉毫而□(逺)挹鷲峰仰金偈而虔瞻貝葉身已
逝矣空(傳)傳結集之書性本存焉如聞在代之說且法以
辯志言以辯心非法無以悟其心非言無以成其志郎

言說文字皆解脫相有是經處郎見如來今右街功
德使驃騎大將軍行右武衛上將軍知內侍省事上柱
國邠國公食邑三千戶充右神策軍護軍中尉安定梁
公曰守謙職是 禁營邦家重器居繁不亂兼揔緇黃
讀佛言親釋氏其貞元中公以溫惠爲甲冑淸愼爲戈
矛蹤徇 彤闈名高 紫闥至元和初授銀璋佐 密
命鼓翼高岫躍鱗淇波飛鳴近 天得志江海五年加
金紫掌 樞機溟汗流心散爲 膏雨 如絲入耳開
展成綸捧 白日以揚光戴 青天而翼 化處事之
極動而可觀至十二年遇蔡人逆戎事興 天討未平

干戈在野 天心恐師老矣而誅剪未就乃命公撫
衆觀蔽審度遲速乃奉辭伐罪踴躍而行走四牡以宣
暢 鴻休利萬物以車塵相屬梟鷙戎事董護諸軍與
將帥同其進也一其議也或縱六奇之辯郎濤生巨浦
雲出深谿或察五間之情郎趙搭穿楊楚金伐木若有
神助不謀成心我旗旣張我車亦列均勞逸而義夫爭
死齊賞罰而奮臂爭監蓄銳候時果申長策於是選精
卒張詭道雜旌旆而不嚴部伍差進退而曲敵之心實
爲鋒鋩詐餌武曰(口)賊果輕襲利吾大軍遂使書掩沙河
葛伯之賊夜遁合流宵渡邵陵之寇全平駭若奔雷勢

同激電似霜需寒草風卷餘花縱烈火於平蕪走飛泉
於大壑摧枯易折墜瓦難全滅蔡之功十有其七餘賊
保廻曲官軍圍郾城我鼓音方厲武旅方確擽利柄而
目無全牛執其吭如蒭豢悅曰(口)摩壘問罪登陴不降梯
樓滿空矢石相接經四十日爟火失繼人無鬭心畏夏
日之赫光懼春冰之易泮乃降仍邀(閻)公匹馬視師撫納
疑懼公悅以犯難投誠若歸遂令啟開按轡而入醜類
或鼓或罷相視失色公曰來余與爾言爾本吉人也何
不衜 國家之急成其名而託身於武豹之穴求其壁
奧戶覆族誰與咎耶 皇情極念之故令守謙布

澤潤心宣　化清耳能悅生避禍者當聽之曰　明
明天子淸問下人不能勤王爾失遠略爲寇盜所制而
臣節難全犯弧矢之威當剿絕之甕圓首方足莫匪情
靈念其瘡痍實可憫惻然違子裂汝而不赦恭命活汝
而無害能遷其不祥而爲祥吉莫大也變其不幸而爲
幸令莫窮也賊將卒等色轉慙禮逾謹□曰　皇上
聖文紹統神武膺期惟德動天無遠不格被堯舜之法
服行堯舜之法言所以大文教而九有小康小武功而
天下大理嘗欲戢矛楯親稼穡使人居安各得其壽爾
不方不能安時處順守衛中國而罪咎自結厲階彌崇

即不得已而興師非樂殺人也況　天德好生容長萬
物是以曲開洗汙旁設自新招示頑夫以明廣大將士
等久遭苛暴翻跡令圖亦謂朽燼重燃枯條再葉國刑
嘗宥咸賜無辜豁爾憂心以承慶賞降人皆投戈卷旆
匣刃匍匐觸地血流向　闕蹈舞於是五千叛卒不戮
一人十萬　王師皆服其德從此鯨鯢失浪梟鵂方因
惡鳥巢傾折翼於此　恩波大澍封錫有差乃授公右
監門衛將軍飛　詔追還　密職如故又掌天地之戶
牖捧造化之關捷勳隨日厚望逐時深公之美也不滅
道以沽名不衒義以犯物動靜無隱發言有章至十三

年　天□聰疑嗟賞重知勞不自伐功不自德遂與戎
印授兵符司。　禁旅之右也公積仁成器積器成名卑
牧難踰高光可仰定止足之分動必師心辯榮辱之機
道樞不撓薄嗜慾以守一　鄙浮華而處中甚護譏流酌
之不竭伏以元和長慶釋教大興雅叶所歸轉得親近
謹於大興唐寺花嚴院爲　國寫古今翻譯大小乘經
論戒律合五千三百廿七卷公私祿利不入其門凡是
難得無所愛惜嘗求善書者令絕外塵不飲茹浴身至
于精剎焚香而就筆硯擇其力多者以多價酬之少者
去之人不約而自勸也於是深素流光含丹縱彩雲生

墨沼之上花開方絜之中衛索分鑣王羊竝騖各行軌
轍跡不相讓又立經堂一所三間併個安住法輪必資
豐敞作制惟永壯我　皇都豈得爲工者不極其妙爲
材者不極其美殊形異狀生於斤斧之中曲直方圓豈
逃繩墨之下於是彩棟霞張雕楹雲布朱扉洞啟縹壁
含光羽族棲於綺窗鱗介遊於藻井脩羅牵下爭提天
嬌之梁藥叉命徒競戴岌峩之栱衆靈翼衛諸天護持
恍惚莫辨其形來往不留其跡又於堂內造轉輪經藏
一所刻石爲雲鑿地而出方生結構遞□□緣立無敷
花幢竊比兜率造百千樓閣同彼化城狀物類本擬容

奪眞鵷鴞若飛而不飛虹蝻似走而不走欒櫨櫛比雜
之以琳瑯榱桷駢羅飾之以珠翠凌空五級方開四門
璀錯相輝煥麗交映離婁覘之炫目公輸閱之奇□□
歲古人多有慙色不知來者孰能繼歟於是方袁含輪
虛中不滯羣經之府所好必從遊藝者任其卷舒杖德
者忝其採討或超諸垢穢蓮花隨手而開敷或等彼清
涼甘露應心而滴瀝乘之所妙者不論其小大法之所
尚者□[不]□其淺深譬諸江河所汲隨器從流自得不凝
蹝數其外或圖寫龍神鬼物之狀以爲嚴飾或造菩薩
天仙之類周匝其旁白壁成容玉眸高視黃英作相金

叩如言設無體之禮實不佞於屈伸獻無聲之樂終不
煩於音律五色□□亂其目八風無以吹其心守靜樸
以自持執堅中而不磷或虔恭默如或侍坐儼如又於
堂北別立鏡燈朱燚揚輝紅光滿室常生縱巧有符丁
緩之奇蘭膏自芳不假海人之贈幸斯破暗永繼其明
於是羣藝畢衆[聚]工歸八龍□軒四王護闔雨霑香砌何
塵垢之蒙潤風搖寶鐸流美響之不已公頓首奏曰臣
聞法象莫大乎天地變通莫大乎四時所以萬物生中
不擇於覆載榮枯美惡必備於寒暑雖古先哲王宏天
若德豈同　聖代則而行之伏惟　長慶文武

孝德皇帝陛下英冠四維氣含八極齊日月之至耀光
燭無窮等天地之至仁寰瀛受賜坐超湯禹立竝羲軒
駈嶽瀆之精靈馳道德之車馬有典有則無怠無荒法
上元以生成體陰陽以御物動合靈契事膺神符永綏
兆人克顯休命臣猥承　委擢如荷　丘山蕭艾空竊
於　春陽螻蟻每慙於　雲雨脩持□□允奉　穹蒼
上贊　晃旒伏增驚越臣亦知螢光助於兩曜映滄宗
於四瀆實不足以添輝亦不足以濟廣然纖美見容知
大明之及遠涓流必納識渤澥之宏深臣早悟多
藏勇於施捨聞斯必舉所作成集誓嚴持□□上續於

恩光啓導法涯永賁於　德澤　帝曰俞卿以
植波羅福保于朕躬朕以官惟其人任卿勿貳實千載
之一會何魚水之見稱想卿逢時宏道多慶公荷　寵
之極澍零如雨又奏曰如來奧旨必藉開張若不言宣
何以廣福臣請得無染沙門貞實[定]等二七人御斯信馬
駕彼白牛直出四關掃諸五翳偕持正念調服其心爲
國傳經乃至無算　陛下得佛祕印行冣上乘於
多劫中爲人　父母遂令釋子遵有漏法傳無盡燈滋
寶雨而潤及四海布香雲而蔭乎千界□[光]天之下孰不
蒙益受益之利上集　一人伏願　寶曆[歷]天齊金輪

嶽固永居億兆之上克承無疆之休　帝悅依奏公
曰克樹有爲期於不朽略須題述以告將來遂命戎副
右監門衛將軍楊承和文而書之辭曰小子蓬茨劣人
跡度卑淺無當時□用之効有儔陋至愚之累　靈波
曲潤幸得充乏幾歷星歲繆廁　下風聞可道之言覩
可行之行書紳不暇何以褒稱至如走　光塵俟　嘉
命愚人不敢拒若使陳葺□具　德美愚人不敢當
公不聽又辭曰抑短羽齊九皐之響殊不驚人使弊足
追萬里之跡豈宜及遠雖冲霄有路且力小未任况遂
日無功而敢煩羈靮　公又不聽是以磨鉛赴　鐏俎

之割策鈍當　天衢之驅流汗如沃愧顏若丹輒盡
野辭書于琬碧銘曰
香山之東雪山之北善勝道場迦維之國飯王聖子有
大威德菩薩伏膺龍天仰則總彼十名高談四諦能拔
一毛普現一切阿僧祇刼瞬目所睇微塵刹土疑心所
討無說非默有說非語汲引未終豈厭寒暑八正齊列
三乘竝樂惆悵逝多歲不我與舉足下足群魔愁謗歸
歟歸歟傍彼迷忘優曇忽折摩尼驟喪海會無言靈山
多曠猗歟大雄倩靈藩翰上下四維吾道一貫藏諸不
理顯諸不亂託跡光周遺宗炳漢操之卽存捨之卽亡

如來寶印付囑　我唐必正墜典克續頹綱法雨一
潤佛日重光眞諦所歸域中之　大無爲所及宇宙之
外幽宗默識靈機暗會千刼飛輪萬方永賴旣崇其化
郊國欽承久積吉行發言相膺意馬早縶心猿不升
出彼夢宅如上尙陵不捨有相無相所依不離有作無
作所歸焚舟得濟到岸應稀達人是是塵人非非雲赴
壽山澤歸　福海會峯永固波瀾不改衆善斯立野
光耀彩樹彼勝因憑茲爽塏順生攝生從俗出俗因機
立化賢愚其欲精廬大敞材力豐足購□□金開塔累
玉大匠誨人必先規矩大巧無美亦先棟宇墨譜操繩

般求執斧樸斲未已師者如堵千仞之桂良工所度十
圍之松備于制作鉶鎊土木海物交錯藻井舒蓮含芳
吐萼裝嚴寶藏水陸窮珍瓌姿競麗華璞爭新馳光耀
谷浮彩榮濱旣美且良悉得其眞寶樹成行寶堦上聳
善安不拔善高不恐欄楯曲周簷楹接擁蓋若天無花
如地涌寶以方外四門不扃虛以圓內萬法有經金石
絲竹風來可聽玉釜旃檀日照彌馨鏡開八面燈傳一
光夜□素魄晝助紅芒齊明隱顯等鑒行藏膏平潤久
心直燃長忍鎧常穿四魔不脅智劒常拔三災不怯何
以奉佛剎那散業何以奉　國演曰成劫

長慶二年十二月一日立

天水强瓊摹勒并刻字

此宦者梁守謙造經於興唐寺而護軍中尉楊承和爲銘之書之者也頌宦者功德乃謂淮蔡之功十居其七將令裴李諸公何處生活石墨鐫華

邠國公者內侍梁守謙也攷之唐史宦者守謙無傳惟憲宗十五年書帝暴崩于太極殿中尉梁守謙王守澄等共立太子殺吐突承璀及澧王惲而韓文公平淮西碑亦載守謙在帝左右嘗銜命之往撫蔡師夫守謙以一宦者而爵至上公此可見憲宗之信任小

人宜其晚節不終卒此宦者之手然則予之錄此蓋將爲天下後世之戒而非徒取其文字也金薤琳琅

右邠國公功德銘楊承和爲文而書之承和一閹人耳安能工於文辭且書法精妙乃爾殆當時文士游中官之門者爲之假手也守謙以元和十三年充右軍中尉至大和元年三月始致仕以王守澄代之蓋典禁軍者十年故穆宗文宗之立皆預定策功唐書宦官傳劉克明弑敬宗樞密使王守澄楊承和中尉梁守謙魏從簡與宰相裴度共迎江王發左右神策及六軍飛龍兵討之承和事見于史者惟此爾碑以只晏爲只鷃蒭參爲蒭參皆異文潛研堂金石文跋尾

韓愈平淮西碑稱守謙出入左右命撫蔡師碑中云蔡人迎戎命公撫衆與之正合守謙于興唐寺寫經爲國祈福故立此頌碑末云天水强瓊摹勒并刻字强瓊亦中人見其妻王夫人墓銘碑額已失文獻通考唐六譯金剛經恒農楊翱集中貴人楊承和集右軍書刻之興唐寺亦應是其時所爲關中金石記

承和題銜錢少詹事引唐書宦官傳謂承和事見于史者惟此案舊唐書李宗閔傳宗閔因駙馬都尉沈㼆結託女學士宋若憲及知樞密楊承和二人數稱

之于上前後鄭注發沈㼆宋若憲事內官楊承和韋元素沈㼆及若憲姻黨坐貶者十餘人唐書王守澄傳帝疾元和逆罪久不討故以宋申錫爲宰相謀因事除之不克更因其黨鄭注李訓乘其隙於是流楊承和於驩州韋元素象州遣中人劉忠諒追殺元素于武昌承和次公安賜死是承和結黨坐貶見于史又其一也明都太僕以守謙在唐史宦者無傳惟憲宗紀元和十五年有其姓名又引韓文公平淮西碑載守謙撫蔡一事案舊唐書穆宗紀左右軍中尉馬進潭梁守謙魏宏簡等請立門戟從之文宗紀寶歷

二年敬宗遇害賊蘇佐明等矯制立絳王勾當軍國事樞密使王守澄中尉梁守謙率禁軍討賊誅絳王迎上于江邸又追傳憲宗曰此惟李絳梁守謙知之時絳承旨翰林守謙掌密命更與碑所載元和初佐密命合都氏皆失引長安志丹鳳門街東來庭坊有右衛上將軍致仕梁守謙宅 授堂金石跋

李良臣碑

碑高一丈一尺廣四尺三寸二分二十五行行六十六字正書在榆次縣

唐故開府儀同三司鷄田州刺史御史中丞贈太保李公墓碑

朝請大夫守禮部侍郎上柱國李 宗閔 撰

儒林郎試果州司馬騎都尉楊正書

庚子歲 嗣天子既即位乃訪於百執事曰 先皇帝平定海內□與我唐惟二三臣功孰爲大僉曰郯師司空光顏其尤者也始戰于□又戰于蜀大戰于蔡終功于齊皆著嘉庸實爲上將 天子乃召至京師禮之於廷□爲宰相賜甲第內宴以遣之曰姑復而所異日有事吾與公圖之居一年燕趙繼亂 天子詔公以許昌精兵渡河北討未戰而軍罷留鎮于許昌又數月□□軍反逐其帥立其次將朱以請 天子聞之怒又詔公以全軍征之公既拜勅□以麾下万人晝夜兼行一戰而摧其鋒□傳于城下賊衆惶駭斬朱首以獻汴宋平 朝廷冊功拜公司徒兼侍中師還大饗勞於是百城之長與三軍之吏皆入賀讚詠功德公泣且曰此乃 天子神靈賢士大夫之力光顏何有也然光顏曾王父始自北土□于 天朝世總部兵爲國保障 先公太保功烈尤多而皆從事諸侯止於裨將儲□□祉集光顏弟兄今 先人盛德不彰而光

顏專享其報光顏之罪也何敢言功其軍司馬武功蘇遇起而言曰公位冠羣后勳在王府明著 先公之美於後世於□□可宜得宏達博雅之士以文之乃從而益傳遂使使請銘於禮部侍郎宗閔宗閔承 命惟恐辭不敢當伏念數日以爲百吏於宰相皆寮屬也又何敢讓□視功行狀□□其語曰 太保諱良臣其先黃帝之子曰昌意封于弱水之北因其夷狄而王之其後子孫世世爲大人號阿跌部遂以爲氏至太保王父諱賀之雄武而多大略諸□□長爭歸之常思因事立功以顯名中夏當此時 唐初受

命　太宗文皇帝已即大位公遂率其
所統南詣靈武請爲內臣　太宗召見
與語奇其材能拜爲銀靑光祿大夫鷄田州刺史充定
塞軍使賜車服器用以寵之命築城邑以居始有宮廟
官屬之制而族部滋益大矣□西戎北虜之間□□□
聲卒皇考諱延豐嗣立襲雞田州刺史以功加開府儀
同三司太常□上柱國卒贈工部尙書太保素以寬厚
勇敢爲部下推伏旣襲位每謂其將校曰自吾祖歸國
□　唐厚恩願憑諸君期以上報未幾安祿
山用幽燕勁卒□濟河陷洛而崤函不守

玄宗幸巴蜀　肅宗幸靈武公聞
之慟哭□□□曰吾平生志業常已布於諸君今
王室多故是吾死節之日諸君能從我乎衆皆感激許
諾乃馳詣　行在　肅宗□之委
以腹心　王師收兩京平劇賊公之功居多
拜開府儀同三司雞田州刺史充朔方先鋒左助兵馬
使事太尉汾陽王汾陽王愛公沉默多斷軍中之事一
□咨公尋遷御史中丞別職如故以寶應二年七月廿
三日薨於河中□所享年卅有六以貞元十一年八月
葬于太原府城東卅里孝敬原太保少爲阿史那可汗

所重以其□女妻之實生三子長曰光玭爲朔方都將
不幸早夭次曰光進朔方節度使刑部尙書薨贈左僕
射少則　司徒元和中　憲宗章武皇
帝以僕射　司徒□在第一賜姓李氏屬藉于宗正追
命公爲太保夫人史氏爲燕國太夫人銘曰
太保之先蓋出軒轅奄有北狄廿爲大人綿綿千載以
至光祿雄材多斷率衆內屬是時
□帝初有天下實命光祿定居朔野錫之城邑車服旌
旗北制獫狁西當昆夷尙書承業克有威令統部益繁
兵車尤盛是生太保兩有忠孝誓酬國恩以系祖教燕

盜南叛　肅宗西巡傾河陷洛遂擾三
秦公聞慟哭悉率騎士馳詣　行在請先致死
帝用嘉歎俾雜禁旅夙夜勤勞在
帝□所　帝收京闕因定
兩河摧鋒陷陣公實居多□□□□□□位品秩威
儀俾同三事雖受嘉命未登大臣不□其德乃相後人
僕射繼武勇如羆虎□□桓桓殿兹西土　司徒特盛
爲國上公入持相印出錫彤弓□□□□□□□
□□□□□□　帝嘉元侯追命
祖考旣寵尙書遂尊　□□推功建德賜姓命氏

籍于公族同我宗子存歿之榮古今孰比

右唐李良臣碑良臣李光顏之父也碑李宗閔撰文詞爾雅可喜宗閔牛僧孺皆一代奇才而自陷朋黨惜哉金石錄

李光進傳云其先河曲諸部姓阿跌氏貞觀中內屬今以碑證之良臣王父當唐初受命太宗文皇帝已即大位遂率其所統南詣靈武請爲內臣於時方在貞觀初而史以爲中非其實也宰相世系表敘鷄田列爲內地建置刺史之由案碑良臣王父賀之太宗拜爲銀青光祿大夫鷄田州刺史充定塞軍使表宜

金石萃編卷一百七 唐六十七 四三

係此爲文然後子孫襲職始有因依良臣父延豐襲雞田州刺史以功加開府儀同三司太常卿上柱國贈工部尚書表旣未詳延豐生三子長曰光玭爲朔方都將表亦無文而于良臣下即書光進次光顏是脫其長子不錄益于史爲失紀皆宜依碑爲據也丞叔作表當本其人之家譜而譜以子孫自敘必不疏漏至此或雞田李氏傳譜已佚丞叔但即舊史所錄而存之以備李氏宰相之一宜其有未備也與授堂金石跋

按此碑無建立歲月歐公集古錄不收此碑趙氏金石錄目作長慶二年據碑撰文者李宗閔結銜云守禮部侍郎舊唐書宗閔傳稱其權知禮部侍郎在長慶三年冬新傳不載至四年貢舉事畢即權知兵部侍郎矣碑文前敘李光顏戰功自庚子歲起元和十五年歷敘至鎮許昌斬宋首平汴宋冊功拜司徒兼侍中等事舊書李光顏傳長慶四年敬宗即位正拜司徒汴州李岕逐其帥叛詔光顏率陳許之師討之俄而詔岕還太原尹仍于正衙受冊司徒兼侍中然則碑文敘事已及長慶四年則非二年所立明矣惟謂碑立于四年與李宗閔結銜不

金石萃編 唐六十七 四四

合則當是舊宗閔傳有誤也汴州李岕碑書作岕岕即岕字與个介相通同側尚書泰誓一介臣大學作一个臣也良臣爲光進之父本姓阿跌氏而碑稱李公是由光進光顏賜姓而追稱之也光進碑已刻于前而良臣碑以後刻乃次于後兩碑互勘父子事蹟始詳獨怪元和十三年光顏請立光進碑時何以不連及其父碑至十五年立光進碑時又不并良臣碑同立皆不可曉也

金石萃編卷一百七終

賜進士出身 誥授光祿大夫刑部右侍郎加七級王昶譔

唐六十八

修浯溪記

石高四尺九寸廣二尺八寸七分十七行行二十三字正書末有宋皇祐辛卯中冬王□壽題名一行十九字篆書在祁陽縣

修浯溪記

襄陽羅洎書

元公再臨道州有嫗伏乱活之恩封部歆吟旁洟□□
故去此五十年而俚俗猶知敬慕凡琴堂水齋琢植葺
卉雖欹傾荒翳終樵採不及焉在聲之感物也如此今

年春 公季子友讓以遜敏知治術爲觀察使 袁公
所厚用前寶鼎尉假道州長史路出亭下維舟感泣以
簡書程責之不遑也乃罄徹資俸託所部祁陽長豆盧
□□□□□□歸喜獲私尚會余亦以 恩例自道
州司馬移佐江州帆風檝流相□□□□□□畢實鼎
竦然曰茲亭㭊治之始既銘於巖側矣至於水石之秀
賦咏所及則家集存焉然自空閑時餘四紀士林經過
篇翰相属今圩塓移舊手筆亡矣將編於左方用存此
亭故事既適相會盍爲志焉余嘉其損約貧寓而能以
章復舊志爲急思有以自之故不得用質俚辭命元和
十三年十二月六日江州員外司馬韋詞記

余自朗州刺史以奉法不謹謫佐于道去年五月四
日維舟於此負罪奔迫不及題記故於簡餘書之
寶曆元年五月廿三日浯溪山客元友讓建

隴西安政興鐫

復浯溪舊居 浯溪山客元友讓

昔到纔三歲今來鬢已蒼剝苔看篆字薙草覓書堂
引客登臺上呼童掃樹旁石渠踈擁水門逕劚蓑篁
田地潛吏主林園盡廢荒悲凉問耆耋疆界指垂楊

按此碑金石録墨池編二書皆著録撰記者韋詞
書者羅洎兩唐書皆無傳此碑題曰修浯溪記蓋
浯溪爲元結所嘗居逾五十年季子友讓官道州
長史重到浯溪修其舊居而韋詞記之也唐書元
結傳稱結拜道州刺史請免百姓所負租稅及租
庸使和市雜物十三萬緡又爲民營舍給田免徭
役流亡歸者萬餘郎碑所云元公再臨道州有嫗
伏乱活之恩封部歌吟去此五十年俚俗猶知敬
慕也但傳未嘗有再臨道州之事又不載結有幾
子賴此碑知友讓爲季子其長子友直次子友正

並見元次山集中記後刻友讓一詩見全唐詩與
此同而題曰復游浯溪此刻題曰復浯溪舊居詳
玩詩意云覔書堂云田地更主林園廢荒云壇界
指垂楊則是經營復舊之事爲多不止于復游而
已詩首云昔到纔三歲今來鬢已蒼可知友讓是
時亦五十餘歲矣記云路出亭下維舟感泣殆郎
㾈亭也又稱友讓用前寶鼎尉假道州長史是其
歷官也而年月下自署但云浯溪山客殆以此爲
自號歟然以自號冠于姓名之上則始見于此

李晟碑

碑連額高一丈四尺二寸廣五尺八寸二分三十四行行六十一字正書篆額在高陵縣本祠

唐故太尉兼中書令西平郡王贈太師李公神道碑銘
并序
特進𤔡司空兼門下侍郎同中書門下平章事充集
賢殿大學士上柱國晉國公臣裴度奉　勑撰
朝散大夫守尙書庫部郎中翰林　侍書學士上柱
國賜紫金魚袋臣柳公權奉　勑書并篆額
惟天錫成命於
我唐保茲　國祚生此人傑則西平王李公其是
乎不然何霆梟如風振槁葉戴　君若鼇冠靈山

横流之中一匡而定公諱晟字良器其先隴西人也後
徙京兆曾祖嵩　皇岷州刺史贈洮州刺史祖思恭
皇洮州刺史贈幽州大都督考欽　皇左金吾衛大將
軍隴右節度經略副使贈太子太保代有名跡雄于西
土公幼好學學不爲人及讀呂張孫吳之書慨然有經
邦濟物之志未弱冠遊秦凉間元侯宿將見者咸器異
之乾元初嘗客武都值會豪以缺守遘亂殺掠平人公
與所從十數馳而射之殪其爲魁者餘黨遂遁褫所虜
獲積如丘山公一無所取惟椎牛釃酒享士而去郡人
感服具以狀以聞特拜左清道率飾以金紫將　朝京

師自獻方略屬裔夷紛擾有士急賢河隴將帥相繼表
用歷二府右職所至常以才謀爲其委重累遷至光祿
太常卿階爵在第一品涇原四鎭北庭節度都知兵馬
使四面都遊奕使懸識虜態周知地形應變不窮有奪
有待驥騄庭而莫展雲出岫而斯飛　代宗徵之
以左金吾衛將軍爲神策軍兵馬使屬羌蠻犯蜀
朝廷濟師命公督禁旅絶棧道而往救焉公銜枚過
險出賊不意逆下堅壁遂誅首惡還授撿挍太子賓客
且復舊職建中二年田悅以魏叛　德宗極意致
討悉起徂征以公爲神策先鋒都知兵馬使加御史中丞

與河東河南等道諸軍合擊公濟河而行能以衆整及
破洹水陣解臨洺圍轢魏屬城抵燕通邑其摧鋒翦銳
皆先羣帥而寘力焉遂拜左散騎常侍兼御史大夫厥
功未成聞賊泚肆逆　皇居失守西向慟哭載馳
載驅行及代北授撿校工部尚書充神策行營節度公
提孤軍募散卒拊循訓勵以達　行在值懷光中叛
大駕再遷加撿校右僕射餘如故尋轉左僕射同平章
事兼京兆尹神策軍京畿鄜坊節度觀察等使管內及
商華等州副元帥公固守渭城決平秦壘調食制用先
發我私捐甘攻苦皆自我始每一言一誓聲淚俱發勇
夫義士感而使之蔑不濟矣時自雍而東延于汝洛震
于河汴所在征鎮亂略相從公介巨盜之間使聲援斷
絕立成師之法致號令肅嚴蒐捕十旬指揮一舉乘墉
壑如通道若梟獍以清　宮而九市三條無輟肆之驚
無秋毫之犯羽書速告　鑾輅爰歸廓氛祲爲祥
光攄憂憤爲喜氣詩曰允矣君子展也大成斯之謂歟
考古視今論功稱忠者多矣若至危而安至難而易卓
犖跨邁如公莫儔拜司徒兼中書令俄以凶孽甫寧邊
防猶警畝下任重乃以本官兼鳳翔尹鳳翔隴右節度
觀察等使及四鎮北庭涇原等州副元帥改封西平郡

王加食實封至一千五百戶公名懾戎王政和藩部始
至而生植少安而訓齊逮四載賦輿十倍其初會課入
輔拜太尉中樞如故人或謂公勳望已高　寵渥已極
宜從容頤養稍稍遜避公曰不然人臣外則盡力內則
盡心若止偷榮孰爲且哲故每承　帷幄之問則言咈
無隱理奪不回大指以東夏可平西陲可復或已行而
事終不顯或未用而身遽不遺以貞元九年八月四日
薨於位春秋六十七　德宗撫几哭於別次自都
邑達關畿無士庶無老幼皆發哀相吊則曩時戢兵安
人之德可謂浹於元元之骨髓矣冊贈太師遠賻加等
以其年十二月十六日葬于高陵縣奉正原鄭國夫人
杜氏祔焉自捐寢至安宅皆所司辦護中貴反覆篤情
所奉如不及焉嗚呼以公之靜難扶傾不言所利雖存
歿極位始終殊禮而天意若曰其福享未至故延延于
後有子曰愿故撿校司空河中節度等使贈司徒五列
雄鎮三爲上公曰聰故光祿寺主簿曰揔故太子中允
贈兵部郎中曰愻左神武軍大將軍兼御史大夫曰憑
故右威衛大將軍兼御史中丞贈洪州都督曰恕故光
祿卿贈右散騎常侍曰憲撿校左散騎常侍嶺南節度
觀察等使兼御史大夫進因貴冑達以善政曰愬故撿

揆左僕射同平章事贈太尉克廣前修仍執醜虜曰懿
故渭南縣尉曰聽撿挍司徒義成軍節度觀察等使統
戎按俗是以似之曰惎右羽林軍將軍曰愬嵐州刺史
並地勢利用兼而有焉粵大和元年秋七月聽拜疏上
言以公之徽烈則　御製碑文於渭川矣公之風
度則　詔命圖形於雲臺矣唯大其丘隴欝彼松檟望
有祁山之象拜無峴首之碑將刊貞石式表幽隧乃命
臣度稱代言時其詞曰
建中季年大盜忽焉　皇輿避狄狩于梁川顧謂
太師汝才汝略將威致討必殄寇虐太師泣奉捐軀誓

衆度其成城可以利用赫矣鋪敦傳于墉垣手搏足蹄
如衙如棲一皷而破一麾而奔掃清　宮闈刷盪妖昏
我師莅止我令行矣都人不知已事方喜飛章告慶飭
駕言旋鴻烈耀古讙聲動天車服之錫河山之誓
九命而躋一心若厲俾侯于岐阜安邊陲藩政旣成袞
黻攸宜嶽降帝賚天言詭辭　我后嘉猷我躬何
爲道直氣和勞謙終吉福履所綏未享萬一上天不惠
厚穸遄歸垂裕流光用延　恩暉翼子肥家將壇
台席繼立奇功代傳休績聽與伯仲永懷高蹤請于
朝廷表是丘封　帝曰孝哉胡可不從宣

我祖之丕業繄爾父之嘉庸乃　詔作銘以覩億
齡
太和三年歲次己酉四月庚戌朔六日乙卯建
關西道雍州高陵縣唐西平王李晟墓在縣東南一
十里裴度撰碑柳公權書太平寰宇記
右唐李晟碑裴度撰碑載西平子十二人願聰總愻
憑恕憲愬懿聽惎愬唐史宰相世系表所書亦同而
新舊史列傳皆云晟有十五子舊史云侗伷皆無祿
蚤世豈以侗等早世故碑不載歟又李名撰李聽碑
云西平有子十六人疑更未名而卒者爾元和姓纂

載西平子十人以碑校之姓纂缺聽總憑懿四人而
愢應二子墓碑舊史皆無之又其倫次差謬亦當以
碑爲正金石録
西平忠武王神道碑石刻在高陵縣墓所苔蘚剝蝕
字畫僅存耳然要之含蓄於元秘也是時西平諸子
皆已逝獨太保聽存乞晉公文亦寥落不能發其忠
義戡定之績至于料吐番背盟事絕不載豈有所諱
耶所記官秩如初拜清道率後以邊將入爲神策都
知兵馬使始加左金吾衛將軍未嘗爲右金吾大將
軍復以神策先鋒討田悅加御史中丞再加御史大

夫左散騎常侍非檢校官所記諸子僅十二人史稱十五人皆當以碑爲正耳聽於其時徒見晉公祿位勳業之盛幾埒西平意其文之足以光顯其先而不知晉公雖非忌者自以爲位宰相績文宗簡要體當如是耳而於西平之元功偉算十不著二三於乎是寧非聽責耶前此韓昌黎柳柳州固無恙也有碑誌以來爲人子者其不作李聽鮮矣吾竊有感故志之弇州山人四部稿

太保聽能求誠懸書父碑亦可謂有意不朽矣晉公名相也文雖不及韓柳然言之足重過之且亦非不

能文者聽此舉未爲全失若近世其人貪邪又不解摛辭乃徒以官爵高趣之此則又出李聽下數倍者也使李愿若在或尚知乞昌黎文然是時愿已亡矣書畫跋跋

晟在唐功蓋天下可謂偉矣唐書列傳叙其官時與碑不合碑謂晟由左清道率歷三府右職累遷至光祿太常卿傳則云授特進試太常卿碑謂晟爲涇原四鎮北庭節度都知兵馬使代宗徵之以左金吾衛將軍爲神策衛軍兵馬使傳則云以右金吾衛大將軍爲涇原四鎮北庭兵馬使碑謂晟平蜀還授檢校太子賓客而傳不書碑謂建中二年以晟爲神策先鋒都知兵馬使加御史中丞尋拜左散騎常侍兼御史大夫傳則云晟爲神策先鋒加檢校左散騎常侍兼魏府左司馬尋授御史大夫碑謂皇居失守授晟檢校工部尚書充神策行營節度使傳則云詔拜神策行營節度使碑謂大駕再遷加檢校右僕射尋轉左僕射同平章事兼京兆尹神策軍京畿鄜坊節度觀察等使管內及商華等州副元帥復詔晟兼河中晉絳慈隰節度使又兼京畿渭北鄜坊丹延節度招討使又進京畿渭北鄜坊商華兵馬副元帥傳則云

進晟尚書左僕射同中書門下平章事復詔晟兼河中晉絳慈隰節度使又兼京畿渭北鄜坊丹延節度招討使又進京畿渭北鄜坊商華兵馬副元帥碑謂鑾輅爰歸拜司徒兼中書令俄以本官兼鳳翔尹鳳翔隴右節度觀察等使及四鎮北庭涇原等州副元帥改封西平郡王傳則云拜晟司徒兼中書令爵拜鳳翔隴右涇原節度使兼行營副元帥徙王西平郡晟之碑作于當時而史成於後代要當以碑爲是金薤琳瑯

王元美云是時西平諸子皆已逝獨太保聽存乞晉

公文今碑首云奉勅撰書序末云乃命臣度稱代言時似非聽乞也元美豈未讀全文耶（石墨鐫華）

予舊未見此碑近始見之字雖剝落然一段挺拔不羣之概尚可捫而得也王元美不滿晉公之文謂西平之子皆逝獨太保聽存乞文於晉公然此碑列銜云臣裴度奉敕撰予以爲奉命之作固自有體西平之功赫著人世何可過爲鋪揚不爲人主地元美見不及此矣嘗見蘇子瞻著温公碑累累數萬言卒來忌者之口温公竟不能有其碑此千秋之炯鑒也（庚子銷夏記）

按晟卒于貞元九年碑立于太和之三年相去已三十七年矣以晟之功蓋天地名震華夷子孫衆多門吏貴盛而卒之日不爲建碑墓上何也新舊史晟子十五人碑則十二非聽之請將勞臣茂績不及二氏之碑充滿于紺宮紫觀乎史云上思晟勲力製紀功碑俾皇太子書之刋石立于東渭橋久巳滅没而此碑尚存非晟之幸乎所歷官階碑傳率多不合傳所畧者事王忠嗣李抱玉初署三府右職甚史書其大不錄宜也至贈太師謚忠武爲主恩巨典而碑遺之何耶晉公之文不能風發電掣凛凛有生氣特以誠懸書法爲古今所重故此碑保護至今猶得不仆然歷歲滋久不無剝蝕其波磔漸失矣惜哉（金石後錄）

碑文簡略不及史傳叙事之詳惟云乾元初客武都値酋豪以鈌守遘亂殺掠平人公與所從十數馳而射之殪其爲魁者餘黨遂遁寇所虜獲積如邱山公一無所取惟椎牛釃酒享士而去郡人具狀以聞特拜左淸道率則新舊史俱未之載也晟祖思恭洮州刺史父欽左金吾衛大將軍今南監本汲古閣本唐書世系表云思恭金吾刺史欽左洮州金吾衛大將軍乃轉寫之譌爾碑經後人重開雖間架尚存而神采頓減如裴晉公署銜當云特進守司空今譌守爲爵俗生不通官制以臆妄改甚可笑也（潛研堂金石文跋尾）

此近時所搨然字蹟尚不甚模糊唯其間有爲妄男子增益者如具以狀聞聞字上本空一格今本作具以狀以聞旣無此文理而次以字全乏端重之容與前後以字無一相同者又唐文宗年號大和本是大小之大今本於大字內增一點作太與碑中所有太字相較其點畧小亦後人妄加也魏明帝與北魏孝文帝年號是太和而文宗則是大和他碑版咸可據宋刻新唐書亦然今人皆一例作太和矣安知不反

執此碑以爲左證乎抱經堂文集

按此碑撰者裴度舊唐書度傳云宮車晏駕謂敬宗迎江王卽文宗立爲天子以功加門下侍郎集賢殿大學士太淸宮使大和四年六月詔特進守司徒兼門下侍郎同中書門下平章事充集賢殿大學士上柱國晉國公此碑立于大和三年四月而結銜已與傳同惟守司徒碑作守司空爲不同據傳則穆宗卽位之初已檢校司空兼充押北山諸蕃使在軍疏論元稹倚寵惑聽穆宗不悅罷度兵權守司徒同平章事充東都留守是度之守司空改

守司徒已六七年碑何以猶稱守司空也書者柳公權兩唐書傳皆言歷穆敬文三朝侍書中禁遷右司郎中累換司封兵部二郎中與碑結銜稱守尚書庫部郎中者亦異碑載晟之曾祖嵩祖思恭考欽兩唐書無傳僅見宰相世系表然舊書李晟傳稱祖思恭父欽代居隴右爲禆將新傳亦云世以武力仕然位不過禆將據世系表與碑皆言上兩世官刺史而欽官左金吾衛大將軍則非可槩以禆將目之矣舊傳載貞元四年詔爲晟立五廟以晟高祖芝贈隴州刺史曾祖嵩贈澤州刺史新書宰相世系表起自曾祖嵩不載高祖芝之碑叙先世亦不從高祖始其曾祖嵩贈洮州非澤州其後亦不載立廟事葢各有詳畧不同也凡受封者先云封某後云改封某碑稱晟改封西平郡王溯其前並未先有封爵稽之兩唐書亦同此必碑傳皆失書初封不然何以遽云改封耶碑自大和元年疏請刊石乃有裴度撰文之命遷延至三年而後建碑卽此一端可見唐自中葉以後朝政漸見廢弛前乎此者朝命夕行未有蹉跎若此者也末署歲次己酉實是大和三年而趙氏金石錄次于二

年今刻本注云案金石文字記作三年葢趙氏當時未撿歲次己酉之語而誤列于二年也

狀嵩高靈勝詩刻

石高二尺八寸七分橫廣三尺九寸五分共二十六行行十九字末後有宋人移置記二行並正書在登封縣中嶽廟

府尹王侍郎涯　制拜　嶽因狀嵩高靈勝寄呈三十韻

朝散大夫守衛尉少卿尉遲汾

雄雄天之中峻極閒維嵩作鎭盛標格出雲爲雨風瑞時物不癘順澤年多豐加高冠四方自武通云中央之嶽獨加高字者何

中央居四方之中可高故曰嵩高視秩居三公 明朝虞昭報願
祀歲嚴恭署視秩 御札詔 賢導
宸東皇皇 三川守馨德清明躬肅徒奉蘭沐竟
夕玉華東星漢耿齋戶松泉寒壽宮具衛諒獨吉曙色
猶蓊曚端儀大圭立與俛聲玲瓏挹瓚椒桂馥奏金巖
崟空靈歆若有萏髣髴傳祝工夲事不遑僱勝奇紛四
叢朝霞破林嶂錯落間蒼紅動息形似蟻蠶黃氣如籠
奔傾千萬狀羣嶽安比梟日月襟袖捧人天道路邇冥
搜必殫竭躋覽忘崎窍踏翠遍諸剎趣緬步難終浮丘
仙袂接謝公屐塵窮龍潭應下瞰九曲當駭容又有九龍潭在

寺側崇崖對□壁□千伢九曲分蓄鍼黑不側龍門詩東谿三臺有何蹤雜道書云
自嶽廟東北二十里至一山名曰東龍門其東有三臺山昔漢武東巡過此山觀三學仙女遂以爲名焉金
像語笑應仙經云嵩高大巖下有佛圖音妙有大金像在中來語寺僧寄公寄公時在嵩高寺寺在
嵩腳上聞之欣然披林求索時白霧昏迷失路一往看之即入山水唯覩一麝香去人三四步側足聚跳步步
若有所引□久迴顧去十步中怨有青談出就視之有自然天池玉人光想融盧元明嵩山記
嶽廟□爲神像有一玉人長五寸玉色甚光潤制作亦佳莫知□早晚所造恭嶽神之像相傳謂明公山中人悉
云晉失之經一句乃觀瑤漿与石髓清骨宜遭逢□說嵩山北有大穴中觀二人圍棊
有一杯白飲与墮者飲氣力十倍棊者問願□否墮者云不願棊者曰從此西行天井中多蛟龍但投身入井
自當得出若飢取井物食之墮者如言可半年乃出蜀中問張華華曰此仙館丈夫所飲者玉漿所食者龍穴
石髓況是降神處跡惟中甫同周翰巳洽論伊衡亦期功

誠富東山與須陟中台肅勉促旋騑軟未可戀雲松散
材事卽異期爲十一峯
大和三年六月十日 刻字人薛元
余被 詔禱雨於 岳祠獲是石于圮牆之下遂移
置壁間庶圖傳之永也熙寧丁巳季春日大梁王紳
衮儀
今在中嶽廟壁題云府尹王侍郎准制拜嶽准字作
准金石文字記
立石紀年太和北魏亦有太和今詩內小註稱白虎
通爲白武通虎唐廟諱知爲唐文宗太和年也說嵩

王侍郎者王璠以吏部侍郎爲河南尹也韓文公與
祠部陸員外書云有沈杞者張苰者尉遲汾者李紳
者張後餘者李翊者或文或行皆出羣之材也汾遂
以貞元十八年登進士第其文章雖不多見此五言
詩排奡頗近昌黎眞書規橅虞永興尤精妙昌黎亟
賞之不虛矣潛研堂金石文跋尾
詩有注引道書仙經世說等皆出初學記唐之詩人
守此獺祭也未有熙寧丁巳大梁王紳題字云獲是
石于圮牆之下移置壁間汾名見劉昫唐書張仲方
傳云李吉甫卒太常定吉甫謚謚爲恭懿博士尉遲

汾請爲敬憲中州金石記

按題詞則靈勝詩乃王尹撰尉遲汾書金石文字記作尉遲汾撰誤河南府志

碑在中嶽廟峻極門之東角門壁碑自熙寧丁巳大梁王紳移置壁間舊惟嵩陽石刻記作尉遲汾書近府志踵襲其謬且謂金石文字記作尉遲汾撰者誤據詩云皇皇三川守馨德清明躬其意正言王尹崔制拜嶽汾乃寄呈此詞若以尹自撰豈復作此語哉詩後用東山展齒等字皆可證明爲汾所寄無疑而葉氏竟率然至此其他安德不滅裂爲之耶唐石刻遇稱皇帝皆空三格今詩中三川守又詔賢導宸衷三川守及賢字措語美王尹耳何爲亦空三格耶小註內引白武通云中央之嶽獨加高者何中央居四方之中可高故曰嵩高以余近所見本直無此文惟云中央爲嵩山者言其後大之也乃知近刻爲不全之書其中傳刻佚脫必有爲世所未及見亦不暇補綴者非得是石何由少見古本耶左傳正義云白虎通義因穀梁之文爲之說曰王者諸侯所以田獵何爲苗除害上以共宗廟下以簡集士衆也春謂之田何春歲之本舉本名而言之也夏謂之苗何擇其懷任者也秋謂之蒐何蒐索肥者也冬謂之狩何狩地而取之也四時之田總名爲田何爲田除害也今白虎通義十卷無此語豈亦有逸篇與見困學紀聞 授堂金石跋

處州孔子廟碑

碑連額高七尺廣三尺五寸文分四層第一二層各廿八行行九字第三層十七行行九字第四層亦廿七行行八字額題處州重刊孔子廟碑八字並篆書後有嘉靖癸未一行亦篆書在麗水縣

自 天子至郡邑守長通得祀而徧天下者唯社稷與孔子焉社祭土稷祭穀句龍與棄乃其佐享非其專主又其位所不屋而壇豈如孔子用王者事巍然當座以門人爲配自 天子而下北面跪祭進退誠敬禮如親弟子者句龍棄以功孔子以德固自有次第哉自古多有以功德得其位者不得常祀句龍棄孔子皆不得位而得常祀然其祀事皆不如孔子之盛所謂生人以來未有如孔子者其賢過於堯舜遠者此其效歟郡邑皆有孔子廟或不能修事雖設博士弟子或役於有司名存實亡失其所業獨處州刺史鄴侯李繁至官能以爲先既新作孔子廟又令工改爲顏子至子夏十人像其餘六十子及後大儒公羊高左丘明孟軻荀況伏生毛公韓生董生高堂生揚雄鄭玄等數十人

皆圖之壁選博士弟子必皆其人設講堂

教之行禮肄習其中又爲置本錢廩米令

可繼處以守廟成躬率吏及博士弟子入

學行釋菜禮耆老歎嗟其子弟皆興於學

鄴侯尚文其於古記無不貫達故其爲政知

所先後可歌也已乃作詩曰

維此廟學鄴侯所作厥初庳下神不以宇

先師所處亦窘寡陋乃新斯宮神降其獻

講讀有常不誡用勸揭揭元哲有師之尊

羣聖嚴嚴大法以存像圖孔肖咸在斯堂

以瞻以儀俾不惑忘後之君子無廢成美

琢辭碑石以贊攸始

朝散大夫守國子祭酒賜紫金魚袋韓

撰

舊碑題元和十三年李使君繁經始

大曆置石大和三年歲次己酉四月朔

廿五日癸酉刺史使君李繁建立朝議郎

知處州司馬上柱國任迪書隸篆額

皇宋嘉定十七年閏八月初吉朝議大

夫直龍圖閣提舉建寧府崇禧觀賜紫

金魚袋陳孔碩重書并題額

朝奉郎權發遣處州軍州兼管內勸農

事借緋王寵龍章立

皇明嘉靖癸未十二月吉旦奉政大夫浙江處州府同知

永州王倚校補　陳天錫摹刻

釋文

自　天子至郡邑守長通得祀而遍天下者唯社稷與孔子焉然而社祭土稷祭穀句龍與棄乃其佐享非其專主又其位所不屋而壇豈如孔子用王者事巍然當坐以門人爲配自　天子而下北面拜跪薦祭進退誠敬禮如親弟子者句龍棄以功孔子以德固自有次弟哉自古多有以功德得其位者不得常祀句龍棄孔子皆不得位而得常祀然其祀事皆無如孔子之盛所謂生人以來未有如孔子其賢過於堯舜遠者此其效與郡邑皆有孔子廟或不能修事雖設博士弟子或役於有司名存實亡失其所業獨處州刺史鄴侯李繁至官能以爲先既新作孔子廟又命工改爲顔同至子夏十人象其餘六十子及後大儒公羊高左邱明孟軻荀況伏生毛公韓生董生高堂生楊雄鄭元等數十人皆圖之壁選博士弟子必皆其人設講堂教之行禮肄習

其中又為置本錢廪米令可繼處以守廟成躬率吏及
博士弟子入學行釋菜禮耆老歎嗟其子弟皆興於學
鄴侯尚文於古記無不貫達故其為政知所先後可歌
也已乃作詩曰
淮此廟學鄴侯所作厥初庳下神不以宇先師所處亦
窘寒暑乃新斯宮神降其獻講讀有常不誡用勸揭揭
先哲有師之尊使聖嚴嚴大法以存象圖孔肖咸在斯
堂以瞻以儀俾不或忘後之君子無廢成美琢辭碑石
以贊攸始
朝散大夫守國子祭酒賜紫金魚袋韓愈撰

舊碑題元和十三年李使君緐經始碑文及置石大
和三年歲次己酉六月朔廿五日癸酉敬使君僚建
立朝議郎權知處州司馬上柱國任迪書兼篆額
皇宋嘉定十七年閏八月初吉朝議大夫直龍圖閣
提舉建康府崇禧觀賜紫金魚袋陳孔碩重書并題
額
朝奉郎權發遣處州軍州兼管內勸農事借緋王夢
龍重立
皇明嘉靖癸未春三月吉旦奉政大夫浙江處州府
同知長洲王倅校補　陳式新摹刊

按此碑據金石錄及廣川書跋皆以為任迪行書
而廣川則又云咸通四年刺史王通古重立是此
碑最初立者為敬僚在大和三年重立者為王通
古在咸通四年再重立者為王夢龍在宋嘉定十
七年最後摹刊者為王倅在明嘉靖二年癸未而
書碑則初為任迪行書後為陳孔碩篆書最後為
王倅校補即此碑是也歷次重立皆不詳其故大
約是斷裂缺遺然自大和三年至咸通四年僅逾
三十五年不知因何重立碑題無明文王通古又
無傳可攷不知廣川書跋之語有可據否也文為

韓愈撰今取宋畱耕王氏昌黎文集刻本校之其
不同者唯社稷與孔子焉然而社祭土集本為作
為然字屬上句北面拜跪薦祭集本無拜薦二字
皆無如孔子之盛集本無作不其賢過於堯舜遠
者集本作遠矣顏回集本作顏子設講堂集本上
有又為置三字又為置本錢廪米集本無又為二
字揭揭先哲集本先哲作元哲以贊攸始集本攸
作假又集本題下注云此篇方從石本方者朱子
考異序所謂甫田方氏即方崧卿也石本當即敬
僚所立者畱耕王氏集本刻于寶慶三年王夢龍

石本刻于嘉定十七年是刻集之時石刻新出甫四年方氏未能据以校韓集則方氏所据者尚是任迪之舊本矣碑與集不同之處雖於文義無大紕繆參細按之則今石本較勝或方氏所見石本有缺泐模糊及剪褾失次之病致互異也昌黎撰文時守國子祭酒据本傳自袁州刺史徵爲國子祭酒在元和十五年碑舊題云元和十三年置石大和三年建立是置石在撰文前二年建立在撰文後九年矣碑載鄭侯李繁新作孔廟十哲皆塑象其餘先賢後儒皆畫壁亦可見當時廟學從祀

之制李繁爲鄭侯泌之子舊書附泌傳但言其累居郡守而力學不倦歷隨州亳州刺史而不及處州据此碑知其官處州在元和十三年也敬僚任迪俱無傳宋時重書之陳孔碩福州侯官人宋史附見其子韡傳稱其爲朱子及呂祖謙門人重立石之王夢龍無攷

東郡懷古詩刻

石横廣三尺六寸高二尺三寸二十一行行十三字隸書在滑縣

東郡懷古二首

義成軍節度使銀青光祿大夫撿校戸部尚書兼滑州刺史御史大夫李德裕

王京兆

河水昔將決衝波溢川潯峥嶸金堤下噴薄風雷音投馬灾未弭爲魚歎方深惟公執珪璧誓與身俱沉誠信不虛發神明宜尒臨湍流自此迴咫尺焉能侵逮我守東郡悽然懷所欽雖非識君面自謂知君心意氣苟相合神明無古今登城見遺廟日夕空悲吟

陽給事

宋氏遠江左豺狼滿中州陽君守滑臺終古垂英猷數仞城既毀万夫心莫留跳身入飛鏃免胄臨霜矛畢命

在旗下僵尸横道周義風激河汴壯氣淪山丘嗟尒抱忠烈古來誰與儔就烹感漢榮握節悲陽秋顔子綴清藻鏗然如素璆徘徊望故壘尚想精魂遊

大和四年六月一日題

朱長文墨池編有此詩刻劉昫唐書李德裕傳云大和三年八月召爲兵部侍郎裴度薦以爲相而吏部侍郎李宗閔有中人之助是月拜平章事懼德裕大用九月檢校禮部尚書爲鄭滑節度使今碑以大和四年立其自署云義成軍節度使銀青光祿大夫檢校戸部尚書兼滑州刺史御史大夫正與史合懷古

詩二首亦見全唐詩王京兆名尊漢東郡太守陽給事名瓚宋濮陽太守元和郡縣志云白馬縣河侯祠在縣南一里漢王尊爲東郡太守河水盛浸瓠子隄尊臨河不去後人嘉尊壯節因爲立祠今詩云登城見遺廟即其祠也顏延年有陽給事誄在昭明文選序云永初之末佐守滑臺李善引東郡圖經曰滑臺城相傳云衛靈公所築小城昔滑氏爲壘後人增以爲城甚高峻堅險臨河亦有臺今詩云徘徊望故壘即其地也河侯祠在今滑縣南一里滑臺當即縣治德裕有書名李商隱會昌一品集序稱爲隸法遒媚

金石錄亦有德裕隸書平泉草木記山居詩今不傳

中州金石記

按李德裕在東郡懷王京兆陽給事詩二首後署大和四年六月一日前結銜据新書本傳大和三年召爲兵部侍郎出爲鄭滑節度使舊書傳三年九月檢校禮部尚書出爲鄭滑節度使以詩結銜考之則德裕是檢校戸部尚書出爲鄭滑節度非兵部侍郎亦非禮部尚書兩傳皆誤而中州金石記以爲正與史合者非也唐書地理志滑州靈昌郡本東郡天寶元年更名此詩題曰東郡是滑州

據原碑校
據唐文百篇校

舊名也義成軍即在滑州本名永平貞元元年所改建中二年增領鄭州興元元年徙治滑州故傳謂之鄭滑也詩第二首陽給事云就烹感漢策全唐詩漢策作漢使餘並同石刻無書人姓名意德裕所自書耶

吳達墓誌

石高廣俱一尺八寸九分二十三行行二十四字正書蓋題大唐故吳府君墓誌銘九字篆書在西安府

唐故奉義郎試洋王府長史濮陽吳府君墓誌銘并序

鄉貢進士寇同撰

府君諱達字建儒濮陽人也其先与周同姓文王封太

伯於吳至武王始大其邑春秋之後與爲盟主及越滅吳子孫奔散或居齊魯間因爲郡之籍氏焉祖偉皇任虔州虔化縣丞父□琛晃光皇任禺州別駕題輿貳邑克著公清積慶所鍾寔繁釁嗣　別駕娶　鍾氏而生四子　府君即其長也弱不好弄長而能賢清白自持有南朝隱之之標雄謀獨運得東漢漢公之風歷階奉義郎累試洋王府長史始著籍于豫章晚徙家于京國優游墳典怡性林園脫弃軒葢之榮趣翫琴罇之樂雖二疏之辭榮四皓之讓祿姬之長史今古何殊不幸以大和四年夏六月有六日遘疾終于勝業里之私第春秋

碑本無空格
脫文也

六十七以其年十月廿日辛酉祔葬于京兆府萬年縣
洪固鄉北韋村烏虖粱木斯壞哲人其萎青烏占窀穸
之期白鶴爲子喪之客夫人扶風郡　萬氏閨門肅雝
無慙班氏之賢四德不虧豈謝謝姑之德先以寶曆元
年十月廿一日捐館于前里第及今克遵祔禮也　夫
人實生二男一女長曰仲端次曰仲璵並纫而敏慧有
文武幹材或親衛於　丹墀或繕經於白武追隟光之
莫及痛風樹之不停以其禮經有制空垂志行之文金
石靡刋孰紀陵□之變銘曰
吳氏之先　周室配天　封伯東南　世多其賢　春

秋之後　國始大焉　代著仁德　府君嗣旃　淸慎
廉退　吾無間然　秋試王府　道優林泉　積善何
昧　逝于中年　洪固高原　南抱樊川　佳城鬱鬱
宿草芊芊　鸞鳳茲祔　龜兆叶吉　夜月松風
萬古斯畢

按誌所稱吳達及其祖偉父□晃兩唐書俱無傳
誌稱達累試洋王府長史洋王者憲宗子初名寰
後改名忻始王高密進王洋誌又云祔葬于京兆
府萬年縣洪固鄉北韋村長安志洪固鄉在萬年
縣南一十五里管郵四十八畢中丞沅注引路巖
撰渾偘神道碑有胄貴里歐陽詹撰左驍衛將軍
馬實墓誌有延信里司馬村而不及此誌之北韋
村可据此以補長安志之古村名也誌又云夫人
萬氏捐館于前里第捐館二字本史記蘇秦傳奉
陽君捐館舍云云其用之于婦人則始見于此

湘中紀行詩刻

石横廣三尺五寸高二尺二寸二十行行十三字或十二二十四字不等正書左行在祁陽縣

湘中紀行

湘江永州路水碧山岑兀古木□□潭陰雲起龍窟峻
屏夾澄澈怪石生□勒□艦跱邅迴輕舠已超忽疾如

奔羽翼淸可鑒毛髮寂寞榜漁舟透迤逗南□□行十
月杪猿嘯中夜發楓葉寒始丹菊花冬未歇凝流緣可
□積學浮堪摘□蒨每驚新幽奇信誇絕稠峯疊玉嶂
淺浪翻殘雪石鷺雨中飛霜鴻雲外別（迴鴈峯）泝洞已勞
若覽毻還愉悅鶴嶺訪胎仙（□陽縣白鶴□道士屆志祁得仙處）唐（音吾）亭
仰文哲（祁陽唐亭元中丞文山所居）川間曰漁釣山上多薇蕨無以
佐　雍熙何如養蹠拙安人苟有績撫己行將□此路
好□□吾其謝羈紲
大和四年十月廿五日□管都防禦觀察處置等使
桂州刺史兼御史大夫李諒過此偶題并領男顓同

登覽

按李諒兩唐書無傳全唐詩有其人小傳稱諒字復言三宰劇邑再爲郡牧終京兆尹而不詳所牧何郡所載詩但有蘇州元日郡齋感懷寄越州元相公杭州白舍人詩一首題下注云時長慶四年也而不載此詩詩中缺泐無從校補此詩題曰湘中紀行是官桂州刺史道經永州題此詩於唐亭者合而觀之是諒先于長慶四年守蘇州至此時相距七年而移守桂州所謂再爲郡牧者是已蘇州元日詩句云新卯四十九年非是長慶四年年五十也至此則五十六矣有一子名穎諒之可見者祗此

甄叔大師塔銘

碑連額高八尺三寸五分廣三尺九寸十九行行三十三字正書

大唐袁州萍鄉縣楊岐山故甄叔大師塔銘 并序

沙門至閑譔

瑯琊王周古篆額

□岐大師法号甄烋幼而聰敏倜儻不羣心目貞明具大人相觀死生輪上見三聚羣迷猶如雖□處在□□□勝妙欲樂□嚼蠟無味遂投簪削頂具佛□式求正覺了義抑大寂禪門一造靈機萬慮都寂乃曰羣靈本源假名爲佛體竭形消而□滅金□朴散而常存性海無風金波自湧心靈絶兆萬象齊照體斯理者不行而遍歷沙界不□而□慈霊化如何背覺反合塵勞於蔭界中妄自因縶於是形同水月派跡人天見楊岐山羣峯□□乃曰坤□作鎮造我法城纔發一言千巖響荅松開月殿星布雲廊青嵐色中化出金界一□□□四十餘年滿室金光晝夜常照□□□緣已畢幾感難留元和庚午歲正月十三日忽弃塵區還歸□定門□□□□□□□□□心没悲□海哀聲動山如月隱天

㣲羣星失曜大□衆木積爲香樓用建□昢□舍利七百粒於東峯下建窣堵波巖掟錦章列其前澗撲銀河落其後永光法嗣用鎮山門上足僧有任運者飽飲法乳誓報深恩涉萬重山經三千里來投於我請述斯文將□其心式旌□□銘曰

吾師內外皆明澈 如淨瑠璃含寶□ 常□□水灑羣靈 大注禪河未曾竭 獨步楊岐山頂上 建出花□勝仙闕 樓臺壯勢射虛空 魔界輪幢盡摧折 閻浮月隱須弥角 一念收光歸寂滅 長留舍利鎮山河 光透支提照巖□ 猶如薝蔔花飛去 枝

上餘香長不歇　無限門人嗅此香　□□□□□□
□
刺史鄭　縣令闕　書碑人僧元幽　當臺
唐大和六年歲次壬子四月癸亥朔廿日壬辰
右甄叔大師塔銘甄叔者乘廣之弟子也卒於元和庚寅正月至大和壬子沙門至閑爲製塔銘相距二十有三歲矣題稱塔銘而篆額作碑銘篆人爲琅邪王周古書碑人則僧元幽也此碑向無著錄者餘姚邵二雲侍讀爲予言在萍鄉之楊岐山訪之廿年不得頃澤州背燕亭訪予吳門燕亭嘗宰萍鄉檢篋中

乘廣甄叔二碑相贈喜海內之有同好也因書數言識之　潛研堂金石文跋尾

阿育王寺常住田碑

碑高一丈三寸廣五尺二寸連後記及詩二首共三十七行行六十八字行書在鄞縣

大唐越州都督□□縣阿育王寺常住田碑
舊碑是前□趙州刺史徐嶠□書
前秘書□正字郎萬齊融撰
順陽范的書并篆額　　韓持鐫

我聞語寂滅者本□以不生而菩薩不能去貪生立法談道遙者存之於無待而神人不能亡有待爲傾吉□之降帝農教以耒耜蒼靈之下后稷俾其播種故維摩之毗耶稽首持鉢倚詣於香積□迦之給孤洗足著衣循乞食於舍衛□知夫食者不獨乎人天農者豈唯乎政本阿育王靈塔寺者晉義熙元年之所置也昔孔雀氏宿童子之因果當金人之授記豎鐵輪位□寶塔功成討鳥道之千里占人寰之一勝夜□審跡以飛行神僧護影而圍繞雖方壇氣象□萌青石之符而員頂光明未質白雲之狀逆觀音應現而□□利實虛求以目□□□而出偲如多寶之音一瓜圓開宛是樓那之相神其不滅道在茲乎晉安帝允釐三才成就六度聿圖

蘭若式印招提景行阿育王故以育王靈塔爲稱首徒觀夫輪奐規矩鉤繩栩製珠軒翠檻延袤中霄玉霄金池周羅上界環海之下流元氣大地爲衣園山之上結太清諸天作葢信方廣一都之會也左赤岸而千里右青□□□曲霞標赫蒼幽幽迹鬼谷之祠日剎晶明的的識文人之館天花未雨宿傳龍界之香地鎮無風時起魚山之梵則知定光諸佛悔天台之赤城羅漢羣仙謙峴崙之靈圖□□□惟神授道乃人□向使□□王昧巴連之因初微此塔迦葉佛晦閻浮之跡殆曠茲山葢虛明之絕境不可得而思議者也粵寺東十五里塔

墅常住田者宋元嘉二年□□□所立也宋文帝隶籙
□□作娑羅之外護感閣耶子砂糗之供制賜是田梁
武皇握樞臨極爲寶應之下生見阿育王金粟之果勅
蠲其賦日月盈止既有命以自天陵谷□□□□□動其
卯地梁普通□沙門僧綬慈寺之應真也以發行爲道
場以直心爲淨土聞純陁良田之喻遂篤志焉既種既
戒載芟載柞察地道之化成觀天道之時變晤是□□
之□□始以常住名焉夫有僧濟上人虛己淨心紬慈
惠業披衣畫其塍埒持戒整其畛畔苗而不秀有恨何
及洎陳隋之季喪亂薦臻農野蕭條鞠爲茂草　我

皇家執大□乘飛龍陟丕上帝之耿命紹復先王之大
業有山棲曠和上道尊人傑德貴大師　中宗孝和
皇帝親降璽書願同金輦擊鼓而陳其入國造船而捧
其登座故知二乘行道□□朱□西果適時還陞紫□
雖植衆德本作南山之福田種諸善根存東皋之淨業
初湖之左右爽壤二區榛梗始□蓄龕粗立僧徒理勝
力未贍農童牧因間私竊種藝和上□蒙俗之貪垢貿
冥期之幽報乃推湖西易壟讓爲闕田□評歸之春税
就給唯剖湖東十頃復古賜地窮海北漸曾山南撫稷
予根盤以東崎富都股引而西注眞陸水膏腴之沃壤

實神靈灌溉之奧區於是奠其畛畷孚其版籍農野罷
侵田畯至喜入到於今稱焉前寺主簡暎二法師僧祇
之龍象也就先疇之畎畝敦老農之底績藏事作製蓑
笠來思者久之歳功未成生屋共盡□□□去荒涼紫
陌之田影壁空存搖落青園之寺可爲長太息者矣有
惠炬闍梨德業淳修曾統經領道勝之韻生而能言禪
悅之味老而彌篤用能纂其□始高軌可追□□□□
□□□遠与法言沙門俗姓喻氏貞□□□惠心苦節
今屆知墅任垂將十年先是舄鹵未斥塗泥未濬臺稗
翳薈湧于農郊夫其心畫制度目□曲折荷飾畚土壍

窪鏟凸隤□□揵石□溉高湊仰增卑陪薄分熱水□
□達□氣塡掀遊溢而時至餘□寬緩而不廹終古旱
害浸以汙潰冬不祈於積雪夏無禜乎小雨由是湖有
□□之穸焉當其春爲司載田事既飭産孚甲毓萌芽
或薦或蓘實穎實發上農臺而課長贏汝陽之稼如雲
矣及夫寒蟬記時農乃登穀兒積聚築場圃孚不遺秉
贏無□□□□□□而督收成海陵之倉非衍矣詩云倬
彼碩田歳取十千其是之謂乎百穀既蒸萬供既設滿
以衆香之鉢薰以毗耶之城或異聲聞若化菩薩虛高
座以影集時洪鐘而□□□座而坐飯食經行臭若香

風味同甘露遍滿一刧周流十方聞之者得未曾有食之者咸登正位白衣之會龍國無掘欝金之香緇裳之集雞寺不碎庵羅之末三藏□□□□之可貴一器沙□識麨𡋾之非重資我飯□師之力歟都維那□綜遊方觀化大□慈誘火耕水耨常有助於上農飛杖浮杯今載行乎中國上座釋辯疑十城之僧主也□□□合金杵發其休徵寺主釋惠敏九州之維那也風骨天成鐵鎮起其靈相咸能以如來之衣衣分如來之座坐護育王之靈塔願貿金錢□育王之聖田思摸石柱弟子早挍蘭書式典騏驎之閣晚遊蓮跡每叅鵷鷺之林

寶頭盧之下空亟見有能師于舍鄉私之入寺豈謂無知老人識異博文才非能賦阮公不事曾供香花顧越有緣遂瞻碑版滿笈多之石室未擲其籌對輪王之金地且耕其筆多羅□葉而書偈云

渾儀草昧象物紛拏或甲而乙或萌而牙萬殊成類百寶攸嘉故后稷布其種神農嘗其華燧人更運火正司職致以鼎飪炊之黍稷易滋毛茹成此粒食是之爲人天是之□皇極洪我聞維摩曾語舍利如來大慈甘露上味又見阿難問是香氣亦有以飲食以之爲佛事其苦長者主苦聲聞人天諸居士地虛空神如聞飯氣

而亦□臻況□生之□□有待之爲身其四猗與童子供資砂糗法主大慈令然虛受伊鐵輪以授記從滅度後何寶塔之莊嚴得未曾有其五鳥道於許人寰在哉鬼神冥運風雨潛來白雲涌出青□□開□千輪之蓮跡建百福之花臺其六宋帝下生梁皇外護太稷賜疇司農調賦皋壤映發湖源灌注既魚□以左右亦犬□而盤□其七菑畬平秩甍筮□戀爰疏畛畯是務鋤犁三農□□万畝祈祈自賞□而兼倍夠雨露與華滋其八𧮰玆闢土賞功司過□以犒勤形以肅惰東作方□西成是課始象耕而鳥耘終牛春而馬䥥其九千箱既積五穀斯分味

蒸甘露□涌香雲孰云菩薩而謂聲聞摶須弥所不能盡局毗耶之足薰其蕷爾赤松猶田白玉夠伊塔寺神通付囑信矣育王能生金粟彼鄭國之泥紫如富都之水綠十我來自東經行成趣淨業斯闡善根方樹式紀因緣匪存章句庶金田與石柱□巍巍以常住

育王寺碑後記

此寺碑記皆爲寇盜所壞久無豎立有好事僧惠印錄其舊文藏於篋笥又與老宿僧明秀志詮寺主僧志□上座僧栖雲都維那僧巨嵩會議重建其碑焉余美其樂善會刻越聞有隱逸之士曰范的業文功

趙無一日以下六字

趙本無字奉酬三字

趙作奉酬本韻

書未遇於時常萍泊雲水間一日扁舟至明余邀以
書□添勝境遊觀之一事略紀端由於碑後云大和
七年十二月一日明州刺史于季友記

范處士在育王寺書碑因以寄贈

明州刺史于季友

墨妙復辭稚扁舟訪遠公□天書梵□霜月步蓮宮
跡寄雙林下名留刼石中遥知松逕望棠菜滿山紅

時在育王寺書石字奉酬 □丞使君寄贈四韻
依次用本韻　處士范的上

摛藝荷才雄新詩起　謝公開緘光佛域望景動星

宮風雪文章裏書鐫琬琰中將誰比佳句霞綺散成
紅　石有□者□□音柳

按阿育王寺在今浙江寧波府鄞縣阿育王山中
此碑題大唐越州都督□□縣阿育王寺常住田
碑唐書地理志明州餘姚郡開元二十六年採訪
使齊澣以越州之鄮縣置則其題此碑時未置明
州鄮縣尚屬越州爲都督府所轄也金石録載此
碑題曰育王山常住田碑萬齊融撰范的行書雅
雨堂金石録刻本注云按育王山當作育王寺然

阿育王是佛號脱去阿字但云育王誤也浙江通
志碑碣卷載此碑注引鄞縣志云范的順陽隱士
大和七年刺史于季友邀書齊萬融舊文此碑後
有于季友記但稱范的爲剡越間隱逸之士前題
則云順陽范的書并篆額順陽地名無攷前題又
云舊碑是前□趙州刺史徐嶠□書前祕書□正
字郎萬齊融撰徐嶠下泐字乃之字也新唐書徐
浩傳云浩越州人父嶠之善書舊書亦附浩傳云
父嶠字無之官至洛州刺史墨池編云嶠之字惟嶽
佐佑五王迎立中宗歷趙湖洛州刺史此碑題趙

州刺史其官在迎立中宗之後則爲開元初書矣
萬齊融見舊唐書賀知章傳云神龍中知章與越
州賀朝萬齊融揚州張若虚邢巨湖州包融俱以
吳越之士文詞俊秀名揚於上京朝萬止山陰尉
齊融崑山令云云据朝萬二字是以萬字屬上文
作賀朝萬也然全唐詩小傳於萬齊融注云考唐
人所選國秀捜玉二集俱作萬齊融賀朝則顯然
是舊唐書誤也舊傳稱齊融官崑山令碑云祕書
□正字郎當由前爲正字郎後爲崑山令未可知
也浙江通志作齊萬融亦訛刺史于季友兩唐書

BIBLIOTECA DA UNIVERSIDADE DA ÁSIA ORIENTAL
東亞大學圖書館
UNIVERSITY OF EAST ASIA LIBRARY

于頔傳云頔子季友尚憲宗永昌公主拜駙馬都尉不言其官明州刺史不知即此于季友否耶碑末于季友范的倡和二詩全唐詩俱不載

寂照和上碑

碑高五尺七寸廣二尺九寸三分二十八行每行五十二字正書篆額在咸陽縣

大唐安國寺故　內外臨壇大德寂照和上碑銘并序

宣德郎守秘書省著作郎充集賢殿修撰上柱國殷成式篹

少華山樹谷僧无可書

處士顧元篆額

釋氏徒毗尼者雖不鞅乎意地而形骸之外是釘是輻大宅燔焚羊鹿効駕亦各也視中夏聖人刑自墨數三千或由性戾將墨而之臏金也將臏而之畫衣慙懼也以至鼈蒭視袷未嘗犯者信生于卒鄉可約束至顏氏子也西方聖人設戒二百五十俾隄限身口徑出生死今言法者發喉舌鏑鎧其人我性鍚戾垢不嘗澡雪近非延英或不能孚業人天也言禪者失之理圯漸磴一念五位不及能者吾見其為泥人若射箭也至乎啄生死之流闔身口之歧其在毗尼乎　國初有宣聲乎毗尼寂寂然將二百年有　照公嗣焉　大德號寂照字法廣族龐氏京兆興平人　父詮灌鍾府折衝鎮于咸陽馬跑泉精祠母竇氏嘗夢禮掌塔旣而有娠不嗜葷腴及產晚而不啼憖而始譙竇氏日滋善種福滕顙碩請介處不饁其夫許之塊然若居士之室太常之齋也雖蚘口于牀將蕪不觸遂同謁揔持寺積禪師始具五戒　大德隷韉箑年昉七歲宇泰定者佗如顛日積公異之父即留爲童俾勤汲煬不難離別初讀法華經五行俱下次授維摩經俱舍論未終埶際腹三百幅衆另聖童遂毀髮焉如匠之度木中若蠹蝎心入震火叩之其聲虛嘶爲桴則速腐不能久持大廈故鼓

地之桐　大士之種也凋梓之腹　大士之聲也荊氏之林　大士之用也而猊弦號鐘一鼓殷然大鬱十四年西明寺過方等口試得度隸于慈悲寺初肄四分勤不交聽即開講於海覺寺著名兩街後弋志於涅槃經起信論功汰六麁理混四生壞隄瀵激宗流于性或有壘守愕垜利喙三尺一被偈荅墻革埏乾固毗耶比丘不足以解疑悔也貞元六年　詔啓無優王寺舍利因遊鳳翔擅律學者從而響臻　大德覞覞不怠處衆如表影惟頑矣或珥多羅葉者曰蒲萄蔓者不病面而鑑壁者染爪而半月形者悉暫由右門而出也十年

手即丑字

趙無空格

春將夏于清涼山清涼山㬰殊大士是司鱗長遊之不
誐必有疾雷烈風　大德瓲趼膜拜終日不息見若白
構而棨木散而釭虡乳剽於霓末戣網栂於巇表其光
大而綆直細而瑩滴詭狀雲手瞥影電熧千變萬化不
可窮極居山雪首者驚曰自有此山未有此相由　大
德行絜誠著也因屨及蔚州人到此山險如楞伽勢如
喬陟梗檜騈植衢柯四布夏籟所及百僞苔色其下禓
車夜千䌓孿芋芊相傳云普賢地也　大德望麓一禮
五雲觸石越一年之大白復賓于號止法會福慶寺往
來於渭濱鄠鳴間十餘年後教授於隴州稠林槎栟魔

界日蹙時昭義劉公邕在普潤息女出嫁請□　大
德具戒焉元和初豐鐘創鉅咸難戢及至三年於咸陽
魏店立尊勝幢祈福法界也其年功德使請住安國寺
篲移　聖容院俾二望僧主之　錫三時服各絲
七八　大德一數也自長慶中寶曆末大和初皆
駕幸安國寺　大德導于　前蹕儀形偈荅不階
旒纊因　詔入內夏于神龍寺大和二年來延唐寺
數乎菩提悃乎禪郝湑七年冬季上弦而疾下弦而病
將化之夕異香滿風體可折支其月闍維於寺北原僧
年七十六僧夏五十七置幢于積祖師塔院門人神㬰

啓初紀日于幢其詞蔚然矣門人律大德□文其行惟
肖門人契元駕說者也　大德設臯元構心跡規矩若
日出于湯谷至于昆吾是謂正中其徒化之實實然不
差淨觸嚌　大德之去佛日虞泉矣門人與善寺實相
上人惡俗決疣顖處塵外嗣　師之志以成式腹笥三
藏請詞其德銘曰
汗汗䨖流導于港溝覺路坦夷𣄃膺其輈燧明厚夜業
白東暑由之不懈二乘其軹惟宣斯述惟寂斯紹傴盭
椽拄影直其表性若擢筠猊寒聳氷珠數絕貫衣特壞
歷志完海囊爲正法朋隄防意地林猨不騰蟾蔔惟嗅

多羅不斷鳴癡翼慧無明破卵燼其業茀茲厥乘緩馱
絕中流平漚抉渾一雨濯枝嵐颸㲃翰偈古雲碧庭秋
桂丹壘木繩方衆景圭端資糧趼跣長途僅半儵然而
往慧巇畹晚卵樹蠙實柰萎霜菀甚垢斯濘衆縛斯亶
覺源昉熊大宅炎燀迪毫詎昏品蓮詎凋行著高石刼
窮不消
刻　玉冊官李郢刻字
此碑在咸陽西馬跑泉地中武功康子秀先生過而
識之以語土人豎于道傍其后王咸陽移之咸陽城
中寺以碑有安國寺字遂改名其寺爲安國寺按碑

段成式撰僧無可書成式文筆自奇此文爲佛言尤
奇無可賈島從弟有詩集傳世其書法出柳誠懸而
優孟者子秀名楙太史德涵子也石墨鐫華
碑舊在縣西卅里馬跑泉鎮今移置縣寺堦下夫物
之善合往聞未覩碑初出失趺士人以碌磲承之不
相宜移來方慮寺堦下方石刻雲覆宛然以碑合之
脗然原趺不知何相遠也遇亦奇矣聞初康牧識而
出之土中牧號小山對山子也咸陽金石遺文
唐季惟裴休成式以通釋典稱裴事莊嚴流行猶爲
外事則悟佛心印者段一人而已今觀此所爲照公

碑記閎洵博然精微奧義何未數數然也豈專重在
戒故于法禪二宗不無軒輊乎乃牟尼一人之身耳
道何以三也倘段于所謂一者未能唯耶碑稱顏氏
子著戒可崙門則四勿爲一偏之語矣而法禪二物
又將屬之誰乎段未免貪多識而不見如來已無可
之書固一時習倘石經多此法可知也然此碑則導
源二歐掩有河東清道圓利洵可擅一時之技出諸
書僧之上世輕其人因薄其技而不傳余乃爲拈出
不徒以愛段文而已也墨林快事
碑文險怪用內典字極夥樊宗師之流亞也有云西

方聖人設戒二百五十魏書釋老志爲沙門者初修
十誡而終于二百五十則具之成大僧婦人道者曰
比丘尼其誡至于五百隨事增數在于防心攝身正
口古之僧尼未有不從律戒入者今則以禪悟爲上
乘置戒律于不復道矣金石錄補
文云將化之夕異香滿風體可折支按孟子爲長者
折枝趙氏注云折枝案摩折手節解罷枝也碑以支
爲枝用孟子語寂照俗姓龐氏京兆興平人父詮灌
鍾府折衝灌鍾府蓋亦雍州百三十一府之一而史
之所佚也寂照卒于大和七年十二月其刻銘之年

月不可攷金石文字記題云開成六年正月攷文宗
以開成五年正月崩武宗卽位其明年改元會昌安
得云開成六年乎蓋顧氏記憶之誤也潛研堂金石文跋尾
唐安國寺有二一在西京一在東京在西京者爲睿
宗龍潛宅以景雲元年九月爲寺卽此是也在東京
者爲中宗節愍太子宅神龍二年爲崇恩寺後爲衞
國寺亦以景雲元年十二月改名其並得名爲安國
者以睿宗本封故也大德以大和七年卒文稱大和
二年來延唐寺以會要攷之延唐本名萬善爲會昌
六年奏改碑于開成末卽稱延唐是會要云云亦不

甚是矣關中金石記

按此碑撰者段成式舊唐書傳段文昌子成式字柯古以廕入官爲祕書省校書郎研精苦學祕閣書籍披閱皆遍累遷尚書郎咸通初出爲江州刺史家多書史用以自娛尤深於佛書新唐書則稱其官終太常少卿而皆不載其官著作郎充集賢殿修撰史之畧也段成式詩與温庭筠李商隱齊名時號三十六體以三人皆行十二也書者僧无可全唐詩小傳稱無可居天仙寺此碑則云少華山樹谷僧其詩有宿安國寺簡公院一首殆即此

書碑之安國寺也碑書無憂王寺誤作無優薝蔔作瞻蔔通用字碑無建立年月據文稱大和七年冬〻季上弦而疾下弦而病化其月闍維於寺北原計其時歲暮矣此後神晏置幢契元述行實相請銘皆非闍維時所能猝了而大要亦不出來年之事然無可確定附於七年

林放祠記

石已殘裂就搨本計之高四尺一寸八分廣二尺七分七行行廿六字或廿七字不等正書在曲阜縣放城集

唐　林放祠記

原□□□□故□□□□□□□□□□世道人心之大□□□以□□缺□□前□也缺孔子賢之□缺而□圭□言一時□奕世之下莫不□問禮一言□□□林放□以□□缺正□□□□春□祭□列于洙泗之濱故百代□振人文于不朽也缺□以□朽□其□中□□□民□□□缺□□□人□□缺功□□□文□□□□至不□可缺先王之□□□缺及士民之□□受其教化缺□非□然缺七十二□□皆確乎不可缺固宜乎与□缺林放之賢□聖人□□雖泰山□□如□□嗚呼此其所以爲缺

大唐□和□年甲□春□□

按碑文缺泐讀不成句題曰林放祠記文中惟林放字兩見而建祠之由不能詳也林放曾入孔子弟子開元時贈清河伯闕里文獻考載放城集唐大和三年碑即此碑也碑末年月存和字甲字大和二年戊申歲不應有甲字惟八年爲甲寅當是大和八年立闕里考似誤

落星石記

記二段一段七行行九字一段四行行十一字正書在興平縣

若星石者晉穆帝昇平元年正月丁□□于□西南皇

甫村□□□□爲石至大和□□□□百九年是年正
月二□五日因移在縣之後□長城陳元錫記
落星石埋没縣東北荒蕪地恐久沈迷移來縣廨
大元至正廿八年□□中旬
郎中崆峒米克明峻德記
右刻在唐大和中陳元錫題名之後石即晉昇平元
年所隕者也詳見元錫記及晉書本在縣東北田間
克明昇之縣署因有此題石記（關中金石記）
按記云落星石晉穆帝昇平元年正月丁□□子
□西南皇甫鄉至大和□□□□百九年云云晉

書穆帝紀昇平元年正月丁丑隕石于槐里一此
石刻丁下泐字乃丁丑也槐里縣名即唐之興平
縣長安志興平縣石星晉穆帝太和年中隕于槐
里以昇平作太和誤矣（太和是晉帝奕紀元非穆帝）長安志又
云槐里故城在興平縣東南十里此記云西南是
槐里之西南然攷興平縣唐置二十鄉宋存六鄉
管二百四十邨而長安志所載六鄉東南西南皆
無皐圭鄉名不知皇甫邨當在何鄉古村名亦可
補長安志所未備也自晉穆帝升平元年丁巳歲
至唐文宗大和九年乙卯歲凡四百七十九年而

據唐文百篇校

此記大和下鈌四字下有百九年字數不能合所
未詳也

修龍宮寺碑

碑連額高九尺廣四尺六寸二十三行行三十八字正書在嵊縣

唐修龍宮寺碑并序

浙江東道都團練觀察處置等使中散大夫檢校左
散騎□□□□□□□□□（常侍兼越州刺史御史中）丞賜紫金魚袋李紳
撰

會稽地濱滄海西控長江自　大禹疏鑿了溪人□
宅土而南巖海跡高下猶存則司其水旱泄爲雲雨乃

神龍之鄉爲福之所寺曰龍宮在剡之界靈芝鄉嵊亭
里地形爽塏林巒依抱剎宇頹毀積有年所自剏置基
三徙而安此地像儀消化鍾磬不揚堵波巳傾法輪莫
轉釋老徜眞持誡（誠）慈寺護念常替願與伽藍而歲月屢
遷物力無及貞元十八載余以進士客于江浙時適天
台與徜眞會遇于剡之陽師言□（其）禪有念今茲果矣頋
謂余曰後當領鎭此道幸願建□龍宮以資福履余以
爲孟浪之詞笑而不荅師曰星歲有期愚有冥告泉元
和三年余罷金陵從事河東薛公苹招遊□（鏡山）□師巳歿
病而約言無□大和癸丑歲余自分命洛陽承　詔

百篇本云世貫下本空二格則非缺字

以檢挍左騎省廉察于兹歲逾再□而術眞已爲異物
龍宮棟宇將盡命告墳塔因追昔言遂以頭陁僧會眞
部領工人將以葳事余以俸錢三千百貫□□監軍使毛
公承泰亦施以月俸俾從事察吏咸同勝因閭里慕仁
風靡爭施□子□來之功力雲集清凉之蓮宇欝興浹旬而
垣墉四周逾月而棟幹連合煥矣眞界昭乎化城擇□
行僧居之以惣寺事因具香饌告誠　法王上以資
　我后無疆之祚次以資龍神水府之福以名寺
之功力爲祐靈之顯報一雨之施潤洽必同　佛言
龍王心力所致使七郡山澤城邑万人介福所安翳我
龍德是用迴此法力永資泉宮僧齋護念常爲仰荅余
固不敢以術眞之言自伐俾竭誠以爲人刻石記言于
寺之刹銘曰
滄海之隅會稽巨澤惟禹功力生人始藉土壤山嶼濱
海之東溟漲空濶邈秘龍宮貝闕難知珠宮莫測雲雨
交昏深沉不隔聞法必聽依　佛必降豈騰溟海亦
化長江既資勝因爲龍景福飾宣風雨以成播育撞鍾
以告三界必聞唯爾龍室昭昭不昏我□□□有僧傳
信斯人已亡斯言不□民敬報前志以垂後功建飾儀祖
昭明有融普利羣生冈資巳□□□□□□□□

唐大和九年乙卯歲四月廿五日建
勾當造碑石并殿內石長明燈等下缺
右修龍宮寺碑前題浙江東道都團練觀察處置等
使中散大夫檢校左散騎□□□□□□□□□□
丞賜紫金魚袋李紳撰散騎下盖闕常侍越州刺史
兼御史中十字也攷唐書李紳傳紳以太子賓客分
司東都大和中李德裕當國擢浙東觀察使碑云大
和癸丑自分命洛陽承詔以檢挍左騎省廉察于兹
所謂分命洛陽者卽分司之命也高似孫剡錄既載
此碑又云紳自宣武節度歷左散騎越州刺史似未
達碑文之旨矣紳之帥宣武乃在浙東召還再領分
司之後唐史所載甚明疎察於史學甚疏道聽塗說
故多舛誤潛研堂金石文跋尾

金石萃編卷一百八終

金石萃編卷一百九

賜進士出身　誥授光祿大夫刑部右侍郎加七級王昶譔

唐六十九

石刻十二經并五經文字九經字樣（易九石書十石詩十六石周禮十七石儀禮二十石禮記三十三石春秋左傳六十七石公羊傳十七石穀梁傳十六石孝經一石論語七石爾雅五石五經文字九經字樣共十石每石七八層高七八尺廣三四尺不等正書題首隸書在西安府學）

周易九卷　王弼注（上經下傳共二卷）　韓康伯注（繫辭說卦共二卷）

又王弼略例一卷

經文不錄（十二經皆仿此）

尚書十三卷　孔氏傳并序

古者伏犧氏之王天下也始畫八卦造書契以代結繩之政由是文籍生焉伏犧神農黃帝之書謂之三墳言大道也少昊顓頊高辛唐虞之書謂之五典言常道也至于夏商周之書雖設教不倫雅誥奧義其歸一揆是故歷代寶之以爲大訓八卦之說謂之八索求其義也九州之志謂之九丘丘聚也言九州所有土地所生風氣所宜皆聚此書也春秋左氏傳曰楚左史倚相能讀三墳五典八索九丘即謂上世帝王遺書也先君孔子生於周末覩史籍之煩文懼覽之者不一遂乃定禮樂明舊章刪詩爲三百篇約史記而脩春秋讚易道以黜八索述職方以除九丘討論墳典斷自唐虞以下訖于周芟夷煩亂翦裁浮辭舉其宏綱撮其機要足以垂世立教典謨訓誥誓命之文凡百篇所以恢宏至道示人主以軌範也帝王之制坦然明白可舉而行三千之徒並受其義及秦始皇滅先代典籍焚書坑儒天下學士逃難解散我先人用藏其家書于屋壁漢室龍興開設學校旁求儒雅以闡大猷濟南伏生年過九十失其本經口以傳授裁廿餘篇以其上古之書謂之尚書百篇之義世莫得聞至魯共王好治宮室壞孔子舊宅以廣

其居於壁中得先人所藏古文虞夏商周之書及傳論語孝經皆科斗文字王又升孔子堂聞金石絲竹之音乃不壞宅悉以書還孔氏科斗書廢已久時人無能知者以所聞伏生之書考論文義定其可知者爲隸古定更以竹簡寫之增多伏生廿五篇伏生又以舜典合於堯典益稷合於皐陶謨盤庚三篇合爲一康王之誥合於顧命復出此篇并序凡五十九篇爲四十六卷其餘錯亂摩滅弗可復知悉上送官藏之書府以待能者承詔爲五十九篇作傳於是遂研精覃思博考經籍採摭羣言以立訓傳約文申義敷暢厥旨庶幾有補於將來

書序序所以爲作者之意昭然義見宜相附近故引之各冠其篇首定五十八篇既畢會國有巫蠱事經籍道息用不復以聞傳之子孫以貽後代若好古博雅君子與我同志亦所不隱也

毛詩廿卷　鄭氏箋

周禮十一卷　鄭氏注

儀禮十七卷　鄭氏注

禮記廿卷　鄭氏注　月令一卷李林甫等注

御刪定禮記月令表

集賢院學士尚書左僕射兼右相吏部尚書修國史

上柱國晉國公臣林甫等奉勅注

臣聞昔在唐虞則曆象日月敬授人時降及虞舜則璿樞玉衡以齊七政夏后則更置小正周公則別爲時訓斯皆月令之宗旨也逮夫呂氏纂集舊儀定以孟春日在營室有拘恒檢無適變通不知氣逐閏移節隨斗建洎乎月朔差異日星見殊乃令雩祀愆期百工作沴事資革弊允屬更宜　昭代敬天勤民順時設教是以有皇極之敷言親降聖謨重有刪定乃依杓建爰準攝提舉正於中匪乖期於積閏履端於始不爽候於上元節氣由是合宜刑政以之咸序遂使金木各得其性水火無相奪倫蓋所謂順乎天而應乎人者也乃命集賢院學士尚書左僕射兼右相吏部尚書李林甫門下侍郎陳希烈中書侍郎徐安貞直學士起居舍人劉光謙宣城大司馬齊光乂河南府倉曹參軍陸善經修撰官家令寺丞兼知太史監事史元晏待　制官安定郡別駕梁令瓚等爲之注解臣等虔奉　綸旨極思何有愧無演暢之能謬承載筆之寄義深罕測學淺無能莫副　天心空塵聖意謹上

春秋左氏傳卅卷　杜氏集解并序

春秋者魯史記之名也記事者以事繫日以日繫月以月繫時以時繫年所以紀遠近別同異也故史之所記

必表年以首事年有四時故錯舉以爲所記之名也周禮有史官掌邦國四方之事達四方之志諸侯亦各有國史大事書之於策小事簡牘而已孟子曰楚謂之檮杌晉謂之乘而魯謂之春秋其實一也韓宣子適魯見易象與魯春秋曰周禮盡在魯矣吾乃今知周公之德與周之所以王韓子所見蓋周之舊典禮經也周德既衰官失其守上之人不能使春秋昭明赴告策書諸所記注多違舊章仲尼因魯史策書成文考其眞僞而志其典禮上以遵周公之遺制下以明將來之法其教之

所存文之所害則刊而正之以示勸戒其餘則皆即用舊史史有文質辭有詳略不必改也故傳曰其善志又曰非聖人孰能脩之葢周公之志仲尼從而明之左丘明受經於仲尼以爲經者不刊之書也故傳或先經以始事或後經以終義或依經以辯理或錯經以合異隨義而發其例之所重舊史遺文略不盡舉非聖人所脩之要故也身爲國史躬覽載籍必廣紀而備言之其文緩其旨遠將令學者原始要終尋其枝葉究其所窮優而柔之使自求之饜而飫之使自趨之若江海之浸膏澤之潤渙然冰釋怡然理順然後爲得也其發凡以言

例皆經國之常制周公之垂法史書之舊章仲尼從而修之以成一經之通體其微顯闡幽裁成義類者皆據舊例而發義指行事以正襃貶諸稱書不書先書故書不言不稱書曰之類皆所以起新舊發大義謂之變例然亦有史所不書即以爲義者也此葢春秋新意故傳不言凡曲而暢之也其經無義例因行事而言則傳直言其歸趣而已非例也故發傳之體有三而爲例之情有五一曰微而顯文見於此而起義在彼稱族尊君命舍族尊夫人梁亡城緣陵之類是也二曰志而晦約言示制推以知例參會不地與謀曰及之類是也三曰婉而成章曲從義訓以示大順諸所諱辟璧假許田之類是也四曰盡而不汙直書其事具文見意丹楹刻桷天王求車齊侯獻捷之類是也五曰懲惡而勸善求名而亡欲葢而章書齊豹盜三叛人名之類是也推此五體以尋經傳觸類而長之附于二百四十二年行事王道之正人倫之紀備矣或曰春秋以錯文見義若如所論則經當有事同文異而無其義也先儒所傳皆不其然荅曰春秋雖以一字爲襃貶然皆須數句以成言非如八卦之爻可錯綜爲六十四也固當依傳以爲斷古今言左氏春秋者多矣今其遺文可見者十數家大體轉

相祖述進不成爲錯綜經文以盡其變退不守丘明之傳於丘明之傳有所不通皆沒而不說而更膚引公羊穀梁適足自亂預今所以爲異專脩丘明之傳以釋經經之條貫必出於傳傳之義例捴歸諸凡推變例以正襃貶簡二傳而去異端葢丘明之志也其有疑錯則備論而闕之以俟後賢然劉子駿創通大義賈景伯父子許惠卿皆先儒之美者也末有潁子嚴者雖淺近亦復名家故特舉劉賈許潁之違以見同異分經之年與傳之年相附比其義類各隨而解之名曰經義集解又別集諸例及地名譜第曆數相與爲部凡四十部十五卷

皆顯其異同從而釋之名曰釋例將令學者觀其所聚異同之說釋例詳之也或曰春秋之作左傳及穀梁無明文說者以爲仲尼自衞反魯脩春秋立素王丘明爲素臣言公羊者亦云黜周而王魯危行言孫以辟當時之害故微其文隱其義公羊經止獲麟而左氏經終孔丘卒敢問所安荅曰異乎余所聞仲尼曰文王既沒文不在玆乎此制作之本意也歎曰鳳鳥不至河不出圖吾已矣夫蓋傷時王之政也麟鳳五靈王者之嘉瑞也今麟出非其時虛其應而失其歸此聖人所以爲感也絕筆於獲麟之一句者所感則春秋何始於魯隱公荅

曰周平王東周之始王也隱公讓國之賢君也考乎其時則相接言乎其位則列國本乎其始則周公之祚胤也若平王能祈天永命紹開中興隱公能弘宣祖業光啓王室則西周之美可尋文武之迹不隊是故因其歷數附其行事周之舊以會成王義垂法將來所書之王即平王也所用之歷即周正也所稱之公即魯隱也安在其黜周而王魯乎子曰如有用我者吾其爲東周乎此其義也若夫制作之文所以章往考來情見乎辭言高則旨遠辭約則義微此理之常非隱之也聖人包周身之防既作之後方復隱諱以辟患非所聞也子路欲使門人爲臣孔子以爲欺天而云仲尼素王丘明素臣又非通論也先儒以爲制作三年文成致麟既已妖妄又引經以至仲尼卒亦又近誣據公羊經止獲麟而左氏小邾射不在三叛之數故余以爲感麟而作作起獲麟則文止於所起爲得其實至於反袂拭面稱吾道窮亦無取焉

後序

太康元年三月吳寇始平余自江陵還襄陽解甲休兵乃申杼舊意脩成春秋釋例及經傳集解始訖會汲郡汲縣有發其界內舊冢者大得古書皆簡編科斗文字發冢者不以爲

意往往散亂科斗書久廢推尋不能盡通始者藏在祕府余晚得見之所記大凡七十五卷多雜碎怪妄不可訓知周易及紀年最爲分了周易上下篇與今正同别有陰陽說而無彖象文言繫辭疑於時仲尼造之於魯尚未播之於遠國也其紀年篇起自夏殷周皆三代王事無諸國别也唯特記晉國起自殤叔次文侯昭侯以至曲沃莊伯莊伯之十一年十一月魯隱公之元年正月也皆用夏正建寅之月爲歲首編年相次晉國滅獨記魏事下至魏哀王之廿年蓋魏國之史記也推挍哀王廿年大歲在壬戌是周赧王之十六年秦昭王之八年韓襄王之十三年趙武靈王之廿七年楚懷王之

卅年燕昭王之十三年齊湣王之廿五年也上去孔丘卒百八十一歲下去今大康三年五百八十一歲哀王於史記襄王之子惠王之孫也惠王卅六年卒而襄王立立十六年卒而哀王立古書紀年篇惠王卅六年改元從一年始至十六年而稱惠成王卒即惠王也疑史記誤分惠成之世以爲後王年也哀王廿三年乃卒故特不稱謚謂之今王其著書文意大似春秋經推此足見古者國史策書之常也文稱魯隱公邾莊公盟于姑蔑即春秋所書邾儀父未王命故不書爵曰儀父貴之也又稱晉獻公會虞師伐虢滅下陽即春秋所書虞師晉師滅下陽先書虞賄故也又稱周襄王會諸侯于

河陽即春秋所書天王狩于河陽以臣召君不可以訓也諸若此輩甚多略舉數條以明國史皆承告據實而書時事仲尼脩春秋以義而制異文也又稱衛懿公及赤翟戰于洞澤疑洞當爲泂即左傳所謂熒澤也齊國佐來獻玉磬紀公之甗即左傳所謂賓媚人也諸所記多與左傳符同異於公羊穀梁知此二書近世穿鑿非春秋本意審矣雖不皆與史記尚書同然參而求之可以端正學者又別有一卷純集疏左氏傳卜筮事上下次第及其文義皆與左傳同名曰師春師春似是抄集者人名也紀年又稱殷仲壬即位居亳其卿士伊尹仲壬崩伊尹放大甲于桐乃自立也伊尹即位放大甲

七年大甲潛出自桐殺伊尹乃立其子伊陟伊奮命復其父之田宅而中分之左氏傳伊尹放大甲而相之卒無怨色然則大甲雖見放還殺伊尹而猶以其子爲相也此爲大與尚書敘說大甲事乖異不知老叟之伏生或致昏忘將此古書亦當時雜記未足以取審也爲其粗有益於左氏故略記之附集解之末焉

春秋公羊傳十二卷　何休學并序

昔者孔子有云吾志在春秋行在孝經此二學者聖人之極致治世之要務也傳春秋者非一本據亂而作其中多非常異義可怪之論說者疑惑至有倍經任意反傳違戾者其勢雖問不得不廣是以講誦師言至於百萬猶有不解時加釀嘲辭援引他經失其句讀以無爲有甚可閔笑者不可勝記也是以治古學貴文章者謂之俗儒至使賈逵緣隙奮筆以爲公羊可奪左氏可興恨先師觀聽不決多隨二創此世之餘事斯豈非守文持論敗績失據之過哉余竊悲之久矣往者略依胡毋生條例多得其正故遂隱括使就繩墨焉

春秋穀梁傳十二卷　范甯集解并序

昔周道衰陵乾綱絶紐禮壞樂崩彝倫攸斁弑逆篡盜者國有淫縱破義者比肩是以妖災因釁而作民俗染

化而遷陰陽爲之愆度七曜爲之盈縮川岳爲之崩竭鬼神爲之疵厲故父子之恩缺則小弁之刺作君臣之禮廢則桑扈之諷興夫婦之道絶則谷風之篇奏骨肉之親離則角弓之怨彰君子之路塞則白駒之詩賦天垂象見吉凶聖作訓紀成敗欲人君戒慎厥行增脩德政蓋誨爾諄諄聽我藐藐履霜堅冰所由者漸四夷交侵華戎同貫幽王以暴虐見禍平王以微弱東遷征伐不由天子之命號令出自權臣之門故兩觀表而臣禮亡朱干設而君權喪下陵上替僭逼理極天下蕩蕩王道盡矣孔子覩滄海之横流迺喟然而歎曰文王既沒

文不在茲乎言文王之道喪興之者在己於是就大師而正雅頌因魯史而脩春秋列黍離於國風齊王德於邦君所以明其不能復雅政化不足以被羣后也於時則接乎隱公故因茲以託始該二儀之化育贊人道之幽變舉得失以彰黜陟明成敗以著勸誡拯頽綱以繼三五鼓芳風以扇遊塵一字之褒寵踰華袞之贈片言之貶辱過市朝之撻德之所助雖賤必申義之所抑雖貴必屈故附勢匿非者無所逃其罪潛德獨運者無所隱其名信不易之宏軌百王之通典也先王之道既廢麟感化而來應因事備而終篇故絶筆於斯年成天下

之事業定天下之邪正莫善於春秋春秋之傳有三而爲經之旨一臧否不同褒貶殊致蓋九流分而微言隱異端作而大義乖左氏以鬻拳兵諫爲愛君文公納幣爲用禮穀梁以衛輒拒父爲尊祖不納子糾爲內惡公羊以祭仲廢君爲行權妾母稱夫人爲合正以兵諫爲愛君是人主可得而脅也以納幣爲用禮是居喪可得而婚也以拒父爲尊祖是爲子可得而叛也以不納子糾爲內惡是仇讎可得而容也以廢君爲行權是神器可得而闚也以妾母爲夫人是嫡庶可得而齊也若此之類傷教害義不可得強通者也凡傳以通經爲主經

以必當爲理夫至當無二而三傳殊說庸得不弃其所滯擇善而從乎既不俱當則固容俱失若至言幽絶擇善靡從庸得不並舍以求宗據理以通經乎雖我之所是理未全當安可以得當之難而自絶於希通哉而漢興以來瓌望碩儒各信所習是非紛錯準裁靡定故有父子異同之論石渠分爭之說廢興由於好惡盛衰繼之辯訥斯蓋非通方之至理誠君子之所歎惜也左氏豔而富其失也巫穀梁清而婉其失也短公羊辯而裁其失也俗若能富而不巫清而不短裁而不俗則深於其道者也故君子之於春秋沒身而已矣升平之末歲

次大梁先君北蕃迴軫頓駕於吳乃帥門生故吏我兄
弟子姪研講六籍次及三傳左氏則有服杜之注公羊
則有何嚴之訓釋穀梁傳者進近十家皆膚淺末學不
經師匠辭理典據既無可觀又引左氏公羊以解此傳
文義違反斯害也已於是乃商略名例敷陳疑滯博示
諸儒同異之說昊天不弔大山其穨匍匐墓次死亡無
日日月逾邁跂及視息乃與二三學士及諸子弟各記
所識并言其意業未及終嚴霜夏墜從弟凋落二子乎
沒天實喪予何痛如之今撰諸子之言各記其姓名名
曰春秋穀梁傳集解

金石萃編卷一百九　唐六十九　十二

孝經一卷　明皇御注并序
序同石臺孝經已見八十七卷不錄
論語十卷　何晏集解并序
敘曰漢中壘校尉劉向言魯論語廿篇皆孔子弟子記
諸善言也太子大傅夏侯勝前將軍蕭望之丞相韋賢
及子玄成等傳之齊論語廿二篇其廿篇中章句頗多
於魯論琅邪王卿及膠東庸生昌邑尉王吉皆以教授
故有魯論有齊論魯共王時嘗欲以孔子宅爲宮壞得
古文論語齊論有問王知道多於魯論二篇古論亦無
此二篇分堯曰下章子張問以爲一篇有兩子張凡廿
一篇篇次不與齊魯論同安昌侯張禹本受魯論兼講
齊說善者從之號曰張侯論爲世所貴包氏周氏章句
出焉古論唯博士孔安國爲之訓解而世不傳至順帝
時南郡大守馬融亦爲之訓說漢末大司農鄭玄就魯
論篇章考之齊古爲之注近故司空陳羣大常王肅博
士周生烈皆爲義說前世傳授師說雖有異同不爲訓
解中閒爲之訓解至于今多矣所見不同互有得失今
集諸家之善記其姓名有不安者頗爲改易名曰論語
集解光祿大夫關內侯臣孫邕光祿大夫臣鄭冲散騎
常侍中領軍安鄉亭侯臣曹羲侍中臣荀顗尚書駙馬
都尉關內侯臣何晏等上

金石萃編卷一百九　唐六十九　十三

爾雅三卷　郭璞注并序
夫爾雅者所以通詁訓之指歸敘詩人之興詠揔絕代
之離詞辯同實而殊号者也誠九流之津涉六藝之鈐
鍵學覽者之潭奧摛翰者之華苑也若乃可以博物不
惑多識於鳥獸草木之名者莫近於爾雅爾雅者蓋興
於中古隆於漢氏豹鼠既辯其業亦顯英儒贍聞之士
洪筆麗藻之客靡不欽玩耽味爲之義訓璞不揆檮昧
少而習焉沈研鑽極二九載矣雖註者十餘然猶未詳
備竝多紛謬有所漏略是以復綴集異聞會稡舊說考

方國之語采謠俗之志錯綜樊孫博關羣言剟其瑕礫
搴其蕭稂事有隱滯援據徵之其所易了闕而不論別
爲音圖用祛未寤輒復擁篲淸道企望塵躅者以將來
君子爲亦有涉乎此也
周易二萬四千四百三十七字
尚書二萬七千一百三十四字
毛詩四萬八百四十八字
周禮四萬九千五百一十六字
儀禮五萬七千一百一十一字
禮記九萬八千九百九十四字

春秋左氏傳一十九萬八千九百四十五字
公羊傳四萬四千七百四十八字
穀梁傳四萬二千八十九字
孝經二千□百□十三字
論語一萬六千五百九字
爾雅一萬七百九十一字
五經文字
九經字樣
九經并孝經論語爾雅字樣等都計六十五萬二千
五十二字

開成二年丁巳歲月次于元日惟丁亥書石學生前
四門館明經臣艾居晦書石學生前四門館明經臣
陳玠書石學生前文學館明經臣□□□□書石官
將仕郎守潤州句容縣尉臣段絳校勘兼看書上石
官將仕郎守祕書省正字臣栢暠校勘兼看書上石
官將仕郎守四門助教臣陳莊士覆定字體官翰林
待詔朝議郎權知沔王友上柱國賜緋魚袋臣唐元
度校勘官兼專知都勘定經書檢校刊勒上石朝議
郎守國子毛詩博士上柱國臣章師道朝散大夫守
國子司業騎都尉賜緋魚袋臣楊敬之都檢校官銀

青光祿大夫□□□□□□□□□□國子祭酒同
中書門下平章事太淸宮使監修國史上柱國滎陽
郡開國公食邑二千戶臣覃

汲郡呂公龍圖領漕陝右之日持適承乏雍學一日
謁公公喟然謂持曰京兆闤闠有唐國子監存焉
其閒石經乃開成中鐫刻唐史載文宗時太學勒石
經而鄭覃與周墀等校定九經文字上石及覃以宰
相兼祭酒於是進石壁九經一百六十卷卽今之石
經是已舊在務本坊自天祐中韓建築新城而六經
石本委棄於野至朱梁時劉鄩守長安有幕吏尹玉

羽者白鄩請輦入城鄩方備岐軍之侵軼謂此非急務玉羽紿之曰一旦敵兵臨城碎爲矢石亦足以助賊爲虐鄩然之乃遷置於此即唐尚書省之西隅也地雜民居其處窪下霖潦衝注隨立輒仆埋没腐壞歲久折缺殆非所以尊經而重道予欲徙置於學府之北牖子且俾圖來覩厥既覩圖則命徒役具畚用半其溝塹而基之築其浮虛而實之凡石刻之偃者仆者悉輦置於其地洗剔塵土補錮殘缺分爲東西次比而陳列焉明皇注孝經及建學碑則立之於中央顔褚歐陽徐柳之書下迨偏旁字源之類則分布

於庭之左右俄而如登道山如入東序河圖洛書大璧琬炎爛然在目而應接或不暇矣先是有興平僧誕妄惑衆取索無厭大尹劉公希道没入其貲有欲請於朝以備慈恩浮屠者公即建言崇飾增廟非古而與建學校爲急朝廷乃以五百千畀之不費於公不役於民經始於元祐二年初秋盡孟冬而落成門序旁啟雙亭中峙廊廡回環不崇不庳誠故都之壯觀翰墨之淵藪也學者暇日於此游息得之於目而會之以心固已有超然遠詣之意豈曰小補之哉竊惟六經天人之道備聖人所以遺天下來世之意盡在於是自周末至隨千餘載之閒已遭五厄汗簡以載或焚或脱縑楮魚蠹易腐易裂道雖無窮而器則有敝惟鑱之金石庶可以久有唐之君相知物之終始而憂百世之慮深故石經之立殆以此也然以洛陽蔡邕石經四十六碑觀之其始立也觀視摹寫者車乘日千餘兩填塞街陌可謂盛矣及范蔚宗所見其存者纔十有二枚餘皆毁壞磨滅然後知不得其人以護持雖金石之固亦難必其可久此吕公所以爲有功於聖人之經而不可不書也然持書此者豈特紀其歲月而已哉將使後之君子知古人之用心

而不廢前功庶斯文之有寄云爾元祐五年九月 黎持

新移石經記

按六朝以前用分隸今石經皆正書且多用歐虞書法知其爲唐人書矣禮記首月令尊明皇純字諱尊憲宗又知其非天寶以前人書矣然則今西安府學石經乃唐文宗時石經也嘉靖乙卯地震石經倒損西安府學生員王堯惠等按舊文集其缺字别刻小石立于碑傍以便摹補又按唐書謂文宗朝石經違棄師法不足觀然其用筆雖出衆人不離歐虞褚薛法恐非今人所及惟王堯惠等補字大爲紕繆令華

下東生文豸家有乙卯以前搨本庶幾稱善焉石墨鐫華
國子學石經今在西安府儒學其末有年月一行題
名十行按舊唐書開成元年正月中書門下奏起居
舍人集賢殿學士周墀監察御史張次宗禮部員外
郎孔溫業兵部員外郎集賢殿直學士崔球等同勘
校經典釋文又云令率更令韓泉克詳定石經官新
唐書亦列墀等四人而碑竝不載　舊唐書文宗紀
石經立後數十年名儒皆不窺之以爲蕪累甚矣愚
初讀而疑之又見新書無貶辭以爲石壁九經雖不
逮古人亦何遽不賢於寺碑冢碣及得其本而詳校

之乃知經中之繆戾非一而劉昫之言不誣也略識
于左周易君子以裒多益寡裒誤作褎悔吝者言乎
其小疵也言誤作存其孰能與於此哉脫於字周易
繫辭下第八脫下字易窮則變變則通通則久是以
自天祐之吉无不利下多也字力小而任重小誤作
少傷於外者必反其家其誤作於决必有所遇脫所
字蠱則飭也飭誤作飾豐多故親寡旅也故下多也
字姤遇也姤誤作遘其與今文不同而兩通者終來
有他吉他作它剛健篤實輝光輝作煇君子以治歷
明時歷作歷可與佑神矣佑作祐其受命也如嚮嚮

作響兼三才而兩之三才之道也才皆作材其一字
而前後不同者包蒙包荒包承包羞繫于包桑繫辭下同
包皆作苞包有魚包无魚以杞包瓜包皆作包問以
辨之由辨之不早辨也其明明也明辨晳也辨吉凶
者存乎辭困德之辨也井以辨義辨是與非辨皆作
辯君子以類族辨物剝牀以辨君子以慎辨物居方
復小而辨於物辨皆作辨其旁注者至静而德方德
下添一也字貞亨小利有攸往利下添一貞字其先
誤而後改者略例筌誤作荃愈誤作喻二无誤作無
皆即其誤改之其標題周易繫辭上第七周易繫辭

第八周易說卦第九皆八分書而周易序卦第十周
易雜卦第十一皆正書雖依古注本附於第九之內
以正書爲别終似未安　尚書乃祖乃父丕乃告我
高后曰作丕刑于朕孫乃父誤作先父孫上多一子
字臣下罔攸稟令令誤作命若藥弗瞑眩藥誤作樂
王乃狥師而誓狥誤作徇乃汝世讐世誤作誓太保
乃以庶殷攻位于洛汭攻誤作公用端命于上帝于
誤作子其與今文不同而兩通者敢對揚天子之休
命無之字其旁注者予有亂臣十人臣字旁注惟婦
言是用是字旁注釋箕子囚封比干墓式商容閭三

下容下各添一之字　詩小戎序國人則矜其車甲
甲誤作田舒懮受兮懮誤作憂予尾翛翛誤作脩
戎車既飭飭誤飾以祈黃耇祈誤作祁涼曰不可涼
誤作諒無此疆爾界界誤作介侯疆侯以疆誤作彊
其與今文不同而兩通者雝雝鳴鴈雝作雍之死矢
靡他他作它不知我者謂我士也驕作不我知二章
同和鸞雝雝雝作雍何人斯序故蘇公作是詩以絕
之也以作而維塵雝兮雝作雍既匡既敕敕作勑其
政不獲政從鄭箋作正尚不愧于屋漏愧作媿于彼
西雝肅雝和鳴有來雝雝雝皆作雍屢豐年屢作婁

其先誤後改者抱衾與裯裯誤作稠不瑕有害瑕誤
作遐鱣鮪發發發誤作撥噂沓背憎噂誤作蹲如彼
遡風遡誤作愬駉駉牡馬三章牡皆誤作牧皆卽其
誤改之云何其盱脫其字添　周禮女史八人史誤
作使太宰三曰郊甸之賦郊誤作邦內饔豕盲眡而
交睫豕誤作施典枲掌布緦縷紵之麻草之物緦誤
作絲牛人軍事共其犒牛犒誤作槁司市市司帥賈
師而從賈誤作胥肆長掌其戒令令誤作禁鞮鞻氏
府一人一誤作八鬯人祭門用瓢齎用誤作明司几
筵設莞筵紛純筵誤作席大司樂大磬磬誤作磬王

大食三侑侑誤作宥大師令奏鼓朄鼓誤作瞽大祝
四曰禜禜誤作榮司常家各象其號象誤作相凡以
神仕者仕誤作士小子史二人二誤作一大司馬旗
居卒間居誤作車紛胡之笴笴誤作筍矢人前弱則
俛俛誤作勉其與今文不同而兩通者醫師疕瘍者
疕上多一有字野廬氏有相翔者誅之誅上多一則
字邦之大師大上多一有字庭氏以救日之弓與救
月之矢射之射上多一夜字　儀禮士冠禮捷柶興
捷誤作建鄉射禮司射適堂西袒決袒誤作祖福髤
橫而奉之奉誤作拳大夫與士射袒纁襦纁誤作薰

燕禮右祭脯醢脯誤作醢大射儀賓升成拜拜誤作
敗坐授瑟乃降授誤作受聘禮賓既將公事復見訝
以其摯訝誤作之公食大夫禮陳鼎於碑南南面西
上脫一南字覲禮天子賜舍曰伯父脫曰字士喪禮
祭服不倒倒誤作到少牢饋食禮如筮日之儀儀誤
作禮主婦被錫衣侈袂侈誤作移下同祝延尸延誤
作筵有司徹二手執挑匕枋挑誤作桃主婦洗爵于
房中脫爵字主婦北面答拜受爵尸降筵受主婦爵
以降誤作受尸爵主人降洗爵爵誤作觶下主人實
爵莅同主人拜受爵尸拜送脫爵字其與今文不同

而兩通者鄉射禮適左个中亦如之亦作皆燕禮小臣又請媵爵者二大夫媵爵如初大夫下更有大夫二字　禮記御刪定月令在曲禮前月令人乃遷徙徙誤作徒其器閎以奄奄誤作掩檀弓上周公蓋祔祔誤作附王制示弗故生也示誤作亦禮器饗帝於郊而風雨節寒暑時脫節字學記燕辟廢其學辟誤作譬喪大記男子出寢門外脫外字子大夫公子衆士食粥脫衆士二字哀公問如此則國家順矣脫則字坊記民猶薄於孝而厚於慈猶下多有字中庸待其人而後行而誤作然君子之所不可及者脫之字緇衣有國家者章義癉惡脫家字儒行愼靜而尚寬脫而字大學人之其所親愛而辟焉五辟字皆誤作譬若有一个臣个誤作介其與今文不同而兩通者檀弓上有亡惡乎齊亡作無葳壹漆之壹作一樂記非聽其鏗鏘而已也鏘作鎗雜記上客立于門西于作於雜記下泄柳之母死泄作世喪大記命婦氾拜衆賓於堂上於作于主人先俟于門外于作於中庸可一言而盡也一作壹問喪祭之宗廟以鬼享之享作饗大學堯舜帥天下以仁二帥字皆作率昏義祖廟既毀教于宗室于作於射義是以諸侯君臣以作

故其先誤而後改者學記教人不盡其材材誤作才故人不耐無樂耐誤作能皆卽其誤改之　春秋左傳隱元年且告之悔且誤作具五年僖伯稱疾不從疾誤作侯十年伐戴戴誤作載桓二年故封桓叔于曲沃故誤作政六年楚之羸羸誤作羸以類命爲象類誤作德閔二年從曰撫軍軍誤作國僖三年公子友如齊涖盟涖誤作泣四年歸胙于公脫胙字姬寘諸宮六日宮誤作公公殺其傅杜原款傅誤作傳七年弗可改也已改誤作故十四年公怒止之止誤作上十五年輅秦伯輅誤作轄使郤乞告瑕呂飴甥且名之且誤作國二十五年昏而傳焉傳誤作傳二十七年責無禮也責誤作青郤穀可穀誤作穀三十一年晉新得諸侯新誤作親東傅于濟傅誤作傳三十三年入險而脫入誤作人爲從者之淹淹誤作流文元年王使毛伯衛來錫公命錫誤作賜享江芈芈誤作芊二年廢六關關誤作闕七年寘文公子焉焉誤作曰十二年大子以夫鍾與郕邽來奔邽誤作封宣二年晉趙盾弑其君夷皐弑誤作殺二年晉侯伐鄭及郔郔誤作延商紂暴虐紂誤作討四年秋公如齊秋誤作利六年離卦誤畫作同人八年殺諸絳市絳

誤作終十二年晉師在敖鄗之間師誤作帥十五年吾獲狄土土誤作士十七年盟于卷楚卷誤作巷郤子其或者欲已亂於齊平平誤作平十八年凡自虐其君曰弒虐上多一內字成二年及齊師戰于新築師誤作侯且辟左右且誤作旦七年尋蟲牢之盟蟲誤作蠱十七年楚公子橐師襲舒庸橐誤作橐襄十年子蟜曰蟜誤作矯今伐其師令誤作令十四年士鞅反反誤作及十七年苟過華臣之門必騁騁誤作騁十九年而視不可含含誤作含所不嗣事于齊者事誤作是天子令德天誤作夫二十一年欒盈過于

周過上多奔楚二字二十三年郲畀我來奔畀誤作卑二十五年先夫當之矣夫誤作天井堙木刊堙誤作煙賦車兵徒卒甲楯之數卒誤作兵二十七年父子死余矣余誤作餘免餘復攻甯氏餘誤作余二十八年重丘之盟未可忘也忘誤作志使析歸父告晏平仲晏誤作宴文子使召之名誤作君慶氏之馬善驚馬誤作焉武王有亂臣十人脫臣字三十年蔡景侯爲太子般娶于楚娶誤作聚單公子愆期期誤作旗駟帶追之駟誤作四昭元年今武猶是心也今誤作令二年齊使上大夫送之送誤作逆三年少姜有

寵而死姜誤作齊知而復從復誤作弗四年侍險與馬馬誤作焉五年娶於子尾氏娶誤作聚君若驩焉好逆使臣若誤作苦九年無囿猶可囿誤作肯十三年隱太子之子廬歸于蔡廬誤作盧十四年楚子使然丹簡上國之兵於宗丘宗誤作宋二十年余不忍其詢詢誤作詢取人於萑苻之澤苻誤作符二十二年心是以感感實生疾感誤作咸二十五年士平出奔楚士誤作氏邊卬爲大司徒卬誤作印二十五年季公鳥生申申誤作甲二十七年入于堀室堀誤作堀定元年榮駕鵞駕誤作鴐三年及郲子盟于拔拔

誤作技八年子姑使溷代子代誤作伐十年騶赤謂侯犯曰赤誤作亦哀四年盜殺蔡侯申殺誤作弒蔡昭侯將如吳蔡誤作葬十六年與晉人謀襲鄭晉誤作爲二十三年有不腆先人之產馬馬誤作焉二十六年四方其訓之訓誤作順其與今文不同而兩通者宣二年以視諸朝視作示哀十六年此事克則爲卿事下有也字其續添者昭二十二年辛丑伐京毀其西南下添子朝奔郊四字　春秋公羊傳隱元年何以名字也字上多一不字二年婦人謂嫁曰歸嫁誤作稼三年曷爲或言崩或言薨脫上一或字生

相見死母相哭母字竝誤作毋死毋誤作毋死六年
吾與鄭人未有成也未誤作末下同十年宋人蔡人
衛人伐載載誤作戴桓二年日有有則此何以書脫
一有字隱賢而桓賊也賊誤作賤莊十九年此其言
遂何脫其字二十五年求乎陰之道也陰誤作隱三
十二年狄伐邢邢誤作刑僖四年南夷與北狄交誤
作北夷六年此其言圍何圍下多一者字二十六年
乞師者何脫師字三十年歸惡乎元咺也乎誤作于
三十三年百里子與蹇叔子百誤作伯文四年其謂
之逆婦姜于齊何何誤作河宣十五年然後歸爾爾

誤作耳成十五年成公幼幼誤作憂臧宣叔者相也
叔誤作公襄十四年季孫宿會晉士匄宋華閱衛孫
林父鄭公孫蠆莒人邾婁人于戚邾婁人脫人字十
七年春王二月二誤作三十九年爲其驕蹇爲誤作
作或二十九年許人子者必使子也人下脫子字昭
九年其言陳火何脫陳字定元年立煬宮宮誤作公
四年夷狄也而憂中國而誤作其哀四年盜殺蔡侯
申殺誤作弑六年齊國憂及高張來奔高上多一齊
字十四年顏淵死子曰子上多一孔字其與今文不
同而兩通者隱四年隱公曰否作隱曰吾否桓六年

簡車徒也徒作馬溢乎蔡乎作于十一年祭仲者何
鄭相也相上有之字文六年何以謂之天無是月非
常月也是月下更有是月二字宣六年此非弑君而
何而作如十年未絕於我也於作于十二年是以君
子篤於禮而薄於利下於作于成二年得一貶焉爾
一作壹襄十二年春王正月正作三二十九年爾殺
吾君殺作弑三十一年於是負孝公之周愬天子愬
作訴哀十四年有麕而角者麕作麏其先誤而後改
者桓二年此其目言之何目誤作月閔元年盍弑之
矣使弑子般弑竝誤作殺僖十二年葬陳宣公宣誤

作桓成二年及齊侯戰于鞌侯誤作師昭二十五年
慶子免君於大難矣脫矣字皆卽其誤改之　春秋
穀梁傳隱元年父者何傅也傅誤作傳四年弑而代
之也代誤作伐九年所俠也俠誤作挾莊七年則是
雨說也雨誤作兩下同僖五年天子世子世天下也
誤作士子二十二年春秋三十有四戰脫有字二十
八年晉侯齊師宋師秦師誤作齊侯文二年內大夫
可以會外諸侯脫外字三年王子虎卒誤作壬子宣
八年以譏乎宣也譏誤作饑襄元年晉侯使荀罃來
聘罃誤作嬰二年三年同三年諸侯始失正矣正誤

作王六年立異姓以涖祭祀立上多一非字哀元年
此該之變而道之也該誤作郊六年入者內弗受也
弗誤作不下同其與今文不同而兩通者僖十七年
桓公嘗有存亡繼絶之功脫公字文六年處父主境
上事事上多一之字成五年帥羣臣而口之前作率
後作帥其先誤而後改者甚多不具載　論語賜也
爾愛其羊爾誤作汝不知其仁仁誤作人子使漆雕
開仕雕誤作彫再斯可矣斯誤作思三人行三上多
一我字必有我師焉有誤作得冉有子貢侃侃如也
有誤作子告夫三子三上多一二字可與言而不與

之言脫之字無求生以害仁仁誤作人吾猶及史之
闕文也脫之字稱諸異邦曰諸誤作謂何德之衰衰
下多一也字其與今文不同而兩通者女得人焉爾
乎爾作耳人潔已以進潔作絜其先脫而後添注者
陽貨篇子曰巧言令色鮮矣仁　爾雅替戾底廢誤
作底厎翿纛也翿誤作翢皇華也誤作華皇赫兮咺
兮咺誤作烜是刈是濩濩誤作穫木謂之虡木誤作
本何鼓謂之牽牛何誤作河澤烏蕵蕵誤作蕿莩麻
母莩誤作莩檴落含檴誤作攫梲州木梲誤作䙆魚
尾謂之丙尾上添一之字燕白脰烏烏誤作烏楊烏

白鷢楊烏誤鸒鶩烏醜烏誤作烏鳥鵲醜烏誤作烏
麐大麐誤作大麕凡經中二十字皆作廿三十字皆
作卅按古詩之文多是四言如于三十里三十維物
皆四言也則當爲三十字史記秦始皇刻石如廿有
六年維廿九年卅有七年則當爲廿字卅字今改經
文而爲廿卅字非矣凡經中虎字皆缺末筆作虎虒
號虢虪虨虥虩字皆同避太祖諱淵字皆缺筆作渆
婣字亦作媥避高祖諱世字皆缺筆作世泄作洩紲
作絏葉作弃勤作勄葉作業渫揲緤媟諜堞偞皆改
從云民字缺筆作巳氓作甿岷作岷泯昏緡痻碈㬳

愍蝅皆改從氏避太宗諱亨字皆作亯避肅宗諱豫
字皆缺筆作豫避代宗諱适字皆缺筆作适避德宗
諱誦字皆缺筆作誦避順宗諱純字皆缺筆作紑避
憲宗諱恒字皆缺筆作恒避穆宗諱湛字皆缺筆作
湛甚作甚椹作椹避敬宗諱乃若高宗諱治中宗諱
顯睿宗諱旦元宗諱隆基文宗諱涵皆不缺筆者禮
天子事七廟自肅至敬七宗而高祖太宗創業之君
不祧者也元宗以上則祧廟也故不諱冊府元龜寶曆元年正月太常寺禮院上言元宗廟諱准故事祧遷後不當更諱制可文宗則今上也古者
卒哭乃諱故生不諱左傳文公宣公卷字更濫惡而

成城字皆缺末筆穀梁襄昭定哀四公卷儀禮士昏
禮皆然此爲朱梁所補刻考之宋劉從乂黎持二記
但言韓建劉鄩石而不言補刻宋建隆三年劉從乂修文宣王廟記言天祐甲子歲太尉許國公爲居守移太學并石經於此甲子歲昭宗遷雒之年許國公者韓建也元祐五年黎持新移石經記則云舊在務本坊自天祐中韓建築新城而石經委棄于野至朱梁時劉鄩守長安從幕吏尹玉羽之請輦入城中置于此地即唐尚書省之西隅也今龍圖呂公領漕陝右以其處窪下命從置於府學之北墉而建亭焉二說不同朱彝尊曰尹玉羽者京兆長安人以孝行聞劉鄩辟爲保大軍節度推官歷雍汴滑兗從事仕後唐至光祿少卿晉高祖名之辭以老退歸關中嘗著自然經五卷武庫集五十卷其事散見於冊府元龜惜歐陽子不爲立傳而其書亦不傳於世也然成字缺筆
其爲梁諱無疑昔人固未嘗徧讀而博考也金石文字記

焉三石作石經記恨獨無孟子謂自開成至今七百
年無好事及此者近賈中丞漢復始爲補刻以成完
書池北偶談

右唐國子學石刻九經開成二年鄭覃勘定勒石本
也新唐書載覃奏起居郎集賢殿學士周墀等四人
校定又冊府元龜載文宗命率更令韓泉充詳定官
而題名于石者有四門館明經艾居晦陳玠等并覃
其十人顧國史所記者題名不書題名書者國史亦
不紀不可解也石經文劉昫譏其字乖師法然終勝
今監本坊本儲藏家不可不以此插架焉曝書亭集

顧寧人博學多聞考据不苟即石經辨析處一點畫
未或輕易放過眞古來善讀書人也惜相去數千里
不能縮地就正之金石錄補

按舊唐書文宗本紀及鄭覃傳皆言石壁九經即黎
持之記亦然其實九經之外更有孝經論語爾雅凡
十二經不止九經也較今之十三經但少孟子其時
孟子尚雜諸子中未與大學中庸共列爲四書也然
此十二經之外張參之五經文字唐元度之九經字
樣與之並行歷五代宋元明迄今載祀九百而此刻
一無損失則以呂公置諸學校之故也然漢魏石經

亦在學校不及四五百年殘毀殆盡則以洛陽帝都
屢遭大亂長安自唐以後無建都者故反獲保全爾
石經攷

王應麟玉海云後唐長興三年二月令國子監校正
九經以西京石經本抄寫刻板頒天下此以石經本
雕板之始也按舊唐書褚無量傳無量以舊庫內書
自高宗代即藏在宮中漸致遺逸奏請繕寫刊校以
宏經籍之遺葉夢得石林燕語稱柳玭序訓言其在
蜀時嘗閱書肆所鬻字書小學率雕本則唐固有之
若九經之有雕板實始後唐詳勘者馬鎬陳觀田敏

也迨周廣順三年六月丁巳判監田敏又上十一經
及爾雅五經文字九經字樣刻板皆四門博士李鶚
書惟公羊前三禮爲郭嵱書至顯德二年又校勘經
典釋文三十卷雕印命張昭田敏詳校石經攷異
太學石壁九經舊唐書謂爲有乖師法誠然但此必
須大有學識之人方能審定修舊書者學識想必不
高而敢爲此言不知於意云何至於顧氏金石文字
記所駁今試逐條攷之每有無誤而妄駁使石經受
其寃誣者又明趙崡石經鐫華云云竊以補字誠爲
紕繆然既别刻小石不與原文相亂則聽之可也予

所得石本乃從現在石上搨出其補字爲别刻小石
與原文不相攙雜尚自顯然顧氏所据乃裝裱成册
者因裱匠取流俗邨塾中九經本按照前後用後人
所補嵌入裝合輻湊竟如一手搨出者顧氏久客西
安目擊此石乃不加詳核牾疏甚矣如周易君子以
裒多益寡顧云裒誤作褏案石經毛詩小雅常棣原
隰裒矣釋詁裒多也而説文無此字俗本周易作裒
多鄭荀董遇蜀才皆訓取則當作捊古以音近假借
故作褏作裒則非又其孰能與此哉俗本與下有於
字顧遂云脱於字亦非力少而任重古本如此不知

何人改爲力小顧反据俗本駁石經云小誤作少亦
非遘遇也俗本作姤説文女部無姤字在新附卦名
古必作遘石經前已从俗作姤矣於此尚存一古字
而辵部遘字正注遇也與見部覯遇見也相似顧氏
習於俗學不足以知之顧又言有與今文不同而相
通者如終來有它吉云云愚謂毛詩鄘風柏舟之死
矢靡它小雅鶴鳴它山之石石經皆作它古字猶存
顧乃以爲與他可兩通非也大畜煇光顧亦以爲與
輝兩通不知本作煇石經是也作輝則非可與祐神
矣顧又以爲祐可與佑兩通不知説文祐在示部助

也而人部無佑字又部右字下徐鉉曰今俗别作佑
則二字不得相通也又其受命也如響顧亦以爲與
嚮兩通不知説文有響字無嚮字石經作響是也尚
書臣下罔攸禀令令訛作命若藥弗瞑眩藥誤作樂
二條皆唐石經爲地震倒損後人補刻之誤而顧謬
以爲唐人之誤太誓中王乃循師而誓補刻如此顧
云狥誤作循案説文彳部有徇字注行示也引司馬
法斬以徇晉人僞尚書變作徇石經於夏書允征遒
人以木鐸徇于路用之而左傳僖二十八年殺顛頡
以徇於師成二年郤子使速以徇襄十年帶其斷以

徇於軍之類並同漢食貨志亦云徇於路想石經太誓亦必作徇補刻誤作循但說文作狥不作徇此已非是俗乃又變爲狥說文犬部亦無此字新附亦無顧氏指後人補刻作唐人之誤又以其不從俗作狥爲非則謬矣乃汝世讐世誤作誓太保乃以庶殷攻位于洛汭攻誤作公用端命于上帝于誤作予三條皆後人補刻非唐人之誤顧據褎成者妄駮顧氏又據尚書中旁注者三條內一條予有亂臣十人臣字旁注顧意謂即開成時脫落旁注也畢氏關中金石記以爲謬謂旁注謬也而不能定旁注者爲何人其

意則以爲凡旁注皆非開成畢說甚是愚謂石經襄二十八年傳叔孫穆子曰武王有亂十人此穆子約太誓文非引書故未遭妄人硬攙臣字至昭二十四年劉子謂萇宏曰太誓曰紂有億兆夷人亦有離德余有亂十人同心同德論語予有亂十人則亂字旁添注一臣字其字與太誓旁注者皆偏側天斜不成筆畫皆後世妄人添注非唐人之舊知者惟陸德明論語釋文云云予有亂十人本或作亂臣十人非要之隋唐間僞孔安國尚書杜預左傳盛行下里鄙師見書孔傳云治理之臣昭二十四杜云治臣遂妄添

臣字然德明習聞古義猶直斥其非開成亦仍不用也若添注果出開成何以論語尚書并左傳共四處皆同竟如有意脫落故爲旁添弄此狡獪有是理乎知旁注皆出後世妄徒畢說確甚太誓雖皇甫謐僞造時猶近古古學尚存取左傳綴緝成文決不加臣字自露敗缺且攷襄二十八年疏引鄭元論語注十人謂文母周公太公召公畢公榮公太顛閎夭散宜生南宮适本無臣字故文母無嫌劉原父不通經妄据俗本生疑改文母爲邑姜遂有妄人取唐石經四處皆爲塡補臣字然尚畱襄二十八年一罅至明古

義盡廢汲古閣刻五處皆直作亂臣矣以上專就昜書兩經除顧氏不誤者不論其餘各條摘出論之石經不誤顧妄駮者半後人補刻之誤謬指爲石經之誤者半此外各經未暇徧攷　皇侃論語疏久亡近始從日本傳至或疑爲僞妄也然亦作亂臣愚則斷其必非皇本之舊即邢昺疏本臣字昺之時劉侍讀謬說未出昺未必敢違于正文中直增一字必南宋人增攷周家賢后妃如后稷之母姜原太王之妃太姜王季之妃太任文王之妃太姒見於毛詩者則有大序及周南關雎等篇大雅大明緜思齊皇矣生民

魯頌閟宮篇至邑姜則見於經傳甚少惟昭元年左傳武王邑姜方震太叔夢帝謂已余命而子曰虞將與之唐杜預曰邑姜武王后齊太公之女太叔成王之弟如此而已釋地續攷得晉水源有女郎祠實邑姜廟北齊王晞有賦宋政和五年有姜仲謙謝雨碑如此而已不料竟以此易去文母充十亂中婦人之數此趙宋剏論唐以前未有釋地亦以爲十亂之一閻氏之學未能免俗　石經有旁注者有即就其字改之者究不知出何人顧亭林指爲晁公武改畢氏引惠棟云晁公武以蜀石經增改愚謂石經在唐末列太學在務本坊天祐中韓建築新城棄之野外朱梁時劉鄩守長安輦入城置唐尚書省西隅宋龍圖閣學士呂大宗始移府學而建亭焉公武宋南渡後人足迹不至長安彼時因張浚富平之敗此地已入於金公武何由到此而增改其字或蜀廣政中刻石經南宋公武知成都或有所改若西安石經公武斷無改之之事顧惠說皆謬　補刻別刻他石固矣予所得本除周易末尾已殘缺外尚書末云西安府學官葉時榮生員王堯典王汝魁鐫字卜大臣毛詩末云西安府學訓導薛繼愚生員王堯典張尚德鐫

周禮末但云張尚德刊儀禮末云大明萬歷戊子春三月吉補經府學官葉時榮蜀緜州人生員王堯典王汝魁鐫字匠卜大臣禮記末無名左傳末學官生員已漫但見生鄭二字又云卜大慶刊公羊末云咸寧儒學訓導楊于庭陳倉人張尚德刻穀梁孝經論語爾雅皆無名九經字樣長安學訓導王元吉補修生員馬攀龍趙崡云王堯惠其實則堯典非堯惠也舉筆便誤如此　李鼎祚周易集解繫辭不言分章數孔氏正義則言分章自盜之招也以上爲第七章此下即接大衍之數五十至再扐而後掛此下即接天數五至而行鬼神也此下即接乾之策至可與祐神矣此爲第八章此下子曰知變化至此之謂也爲第九章此下即接天一地二至天九地十此下即接子曰夫易何爲者也云云李鼎祚分雖有異而其文之次則無不同開成石經用王弼韓康伯本故分章與正義同而文之次亦皆同予藏有元至正丙戌虞氏務本堂刊周易程朱傳義每卷首並列伊川程頤正叔傳晦庵朱熹元晦本義東萊呂祖謙伯恭音訓者卷九繫辭上盜之招也下即接天一地二至天九地十傳云自天一至地十合在天數五地數五簡編

失其次也本義云此簡本在第十一章之首程子曰宜在此今從之音訓云天一至地十今本在十一章首按前漢律歷志引易曰天一云云天數五云云又程氏張氏並云天一云云合在天數五上又天數五節本義云此簡本在大衍之後今按宜在此矽單行本伊川易傳只有上下經無繫辭別有河南程氏經說第一卷卽說繫辭更定錯簡之說在此朱子用之自夫子贊易下至唐代千數百年從未聞繫辭有所謂錯簡者伊川始特剏此論然經說中仍按原次以爲說朱始毅然更之前明通行本皆遵之其實此經

文義相承本無錯簡也天一云云在第十章首而朱云十一章首者朱分章與正義異 穀梁定十一年宋公之弟辰及仲佗石彄公子地自陳入於蕭以叛傳宋公之弟未失其弟也石經失去及仲佗石彄十五字宋公之弟辰下直接未失其弟此書石經者筆誤蛾術編

右國子學石經舊唐書譏其字體乖師法近儒崑山顧氏尤詆之予於癸巳歲取石本校勘再三乃知此經自開成初刻以後幾經後人之手乾符修改一也後梁補闕二也又有旁注字大約北宋人所作三也若明人補刻闕字則別爲一石不與本文相淆而世俗裝潢者欲經文完具乃取明刻翦割聯綴之遂不復別識顧氏所舉石經之失大半出於明刻而援爲口實不知其爲裝潢本所誤也若旁注之字惟易書詩春秋論語有之其尤戾於古者如易觀卦彖添日月不過四字書封比干墓式商容閭墓上閭上俱添之字詩從夏南南下添姬字上入執宮功執下添于字錫山土田錫下添之字山下添川字田下添附庸二字歲其有有下添年字詒孫子詒下添厥字春秋羨與子犯謀下添飲之酒三字旅弓矢千弓下添十

玈二字奸絕我好我下添同字則是康公絕我好也公下添弃字我下添同字童子言焉子下添何字余狐裘而羔袖余下添猶字若不能猶有鬼神能下添掩字叔虎之母美而不使使下添視寢二字是將行而歸爲子祀行下添乎字其四國當之之下添六物之占四字今子少不颺少下添貞字而告于知氏氏下添范氏二字二子之不欲戰也宜宜下添哉字多陵人者皆不在在下添矣字皆淺陋非唐刻之舊或謂晁公武據孟蜀石經增入非也公武撰石經考異在乾道庚寅帥蜀之日其時長安已非宋地公武何

從增改之且公武所舉經文不同者三百二科十二經皆有之而石刻旁注祇有易詩書春秋論語其非公武所作審矣惟春秋六物之占一條與公武所舉適合然孟蜀石本經文郎用開成舊本公武作攷異乃以長興國學板本校勘得之而又自言石經固脫錯監本亦難盡從則公武亦非專信監本也予故謂旁添之字必是北宋人依監本增改然監本出於田敏敏經學疏淺又在唐元度之下固難深信矣太平御覽所引經文間與旁添之文相合亦郎據當時監本非別有古本也朱梁所刊惟儀禮左氏穀梁三經

間有數段葢經韓建築城委棄之後輩來城中偶有損失而任意補之非奉朝命故字法醜劣亦無師承所謂自鄶以下無譏者矣乾符修改與初刻本互有得失當分別觀之夫今人得宋槧本尚知寶而愛之此經刻於唐世同時儒者譏其蕪累固所不免越今已及千年世間不復見有唐本而此石巋然獨存乃以繆戾譏之甚矣其惑也　周易十卷與今本異者君子以裒多益寡裒作襃力小而任重小作少雜卦姤遇也姤作遘攷說文無裒字鄭荀諸家易皆作捊取也襃从衣从采采與孚同則襃亦與捊通矣力少

而任重章懷注後漢書亦引之今本改爲小則與知小句重出姤字說文亦不載古文易作遘而鄭氏從之王輔嗣改就俗體獨此一字未改此古文之僅存者石經勝于今本正在此等而顧氏皆以爲誤葢古學之不講久矣略例云筌者所以在魚得魚而忘筌筌字初刻从艸後改从竹按說文無筌字荃蹄之語出莊子外物篇崔譔注荃香艸可以餌魚則从艸者爲正後人不知而妄易之　尚書十三卷弟三弟四弟五弟十一字畫似經重刻泰誓予有亂十人亂下旁添臣字春秋襄廿八年武王有亂十人昭廿四年

余有亂十人論語予有亂十人俱有旁添臣字陸元朗論語釋文云本或作亂臣十人者非邢昺始據誤本增入臣字故劉原父有子無臣母之疑唐以前無此說也予謂石刻本增加字皆北宋人所作觀於此益信說文猒訓飽厭訓笮經典多借厭爲猒飽字此經萬年猒于乃德爾雅豫射猒也皆从正體此亦石經勝於今本之一證　毛詩二十卷詩以十篇爲什惟二雅周頌爲然若魯頌止四篇商頌止五篇不能成什故但云駉詁訓傳那詁訓傳相臺岳氏本與石經同今本稱駉之什那之什者誤矣予尾脩脩石刻

作脩脩脩有蕭音故中谷有蓷篇與歗叶宋高宗御書石經亦作脩說文本無脩字也賈用不售初刻作讐不遐有害初刻作瑕如彼遡風初刻作愬按說文無售遐二字晉人賦云愬流風而獨寫正用詩語此則後來改本不如初刻之善矣涼曰不可涼非諒此用鄭義訓諒爲信無此疆爾界作介此從陸氏釋文顧皆以爲誤亦未深攷爾　周禮十二卷牛人軍事共其犒牛石刻作槁攷說文無犒字小行人若國師徒則令槁襘之注引鄭司農說槁謂犒師也春秋傳使展喜犒師服虔云以師枯槁故饋之飲食然則槁

爲犒之古文也攷工記紛胡之笴注云故書笴爲筍杜子春云當爲笴笴讀爲稾按說文無笴字石刻上半雖殘缺下半从句不从可其爲筍無疑筍與笴字形相似讀笴爲稾聲尤相近也至如大司樂王大食三宥宥與侑通大宰邦甸之賦今本譌爲郊甸凡以神士者今本譌爲仕皆當依石刻正之顧氏轉以石本爲誤殊不可解若地官序官一篇遂師當承遂人之下鄙師贊長鄰長當承遂大夫之下而各自跳行中川下士六人當承川衡之下中川非官名而亦跳行此則書石者之無學劉昫所譏殆爲是歟　儀禮

十七卷士昏禮燕禮二篇皆後梁重刻而燕禮篇尚存元刻五六行鄉射禮重刻者三之一聘禮重刻者大半此外皆元刻也而書法較之宅經稍劣然監本毛本此經多脫文賴有石刻後人得以校補厥功亦偉矣士冠禮啐醴建柶興與士昏禮啐醴建柶興之文同今本建譌爲捷鄉飲酒禮遵者降席席東南面與鄉射禮大夫降席席東南面之文同大夫即遵者也今本脫一席字鄉射禮閽人爲燭於門外與大射之文同今本燭上多大字少牢饋食禮尸受同祭于豆祭與有司徹同祭于豆祭之文同今本受同譌爲

同受此以前後篇參觀之而決其可信者也有司徹主婦洗于房中與少牢主婦洗于房中之文同今本洗下多爵字則與特牲文同予謂少牢有司二篇皆有主婦贊者授爵之文則洗爲洗爵可知特牲無贊者授爵一節故云洗爵此古人文字之審或疑此有脫文者失之矣喪服大夫之妾爲庶子適人者諸審石刻爲下本有君之二字按注云君之庶子女子子也則經文當有此二字大功章云大夫之妾爲君之庶子與此文正同可證君之二字不可省今本皆無之石刻亦已磨泐乃知初刻之精審乾符修改幾於

不知而妄作矣　禮記二十卷以御刪定月令弟一
曲禮弟二曲禮下弟三檀弓弟四檀弓下弟五王制
弟六文字與今本異者以相臺岳氏本校之多相合
乃知倦翁正俗之功大也曾子問祭殤不舉今本舉
下有肺字按注云舉肺脊以經文但言舉故以肺脊
實之且肺脊兩物如經文言肺不言脊正義亦當申
明之矣岳本及衛湜集說本皆無此字其爲後人妄
增無疑也喪大記子大夫公子食粥今本公子下有
衆士二字蓋因上有子大夫公子衆士皆三日不食
之文相涉而誤按下文士䟽食飲水卽衆士也則衆

士不在食粥之內矣學記燕辟廢其學大學人之其
所親愛而辟焉之其所賤惡而辟焉之其所畏敬而
辟焉之其所哀矜而辟焉之其所敖惰而辟焉石刻
辟皆作譬蓋用鄭義岳本皆作辟而圈去聲亦依鄭
讀也緇衣章義癉惡今本義作善蓋後人依尚書改
之陸氏釋文引皇侃云義善也又云尚書作善可證
古本不爲善矣君奭曰在昔上帝岳本在昔作昔在
石刻亦作在上帝而在字之上有闕文必與岳本同
間傳桂楣翦屏今本桂作拄拄俗字岳本作柱而圈
上聲用陸德明音得其正矣他如豐耗之耗作秏廢

疾之廢作癈鏗鏘之鏘作鎗一个臣之个作介皆當
以石刻爲正　春秋三十卷內宣公上下俱經後梁
重刻上卷尚存元刻五六行下卷重刻者僅三之一
若僖公篇亦有數段似出後人重刻如僖六年面縛
釋縛之縛皆譌爲縳救譌爲救與他卷全別定公篇
亦似重刻越句踐之句他卷从口此从厶是其證也
然較之後梁刻本則字迹遠勝之矣顧氏於此經所
摘誤字甚多今攷之大率明人所補或係朱梁所刻
非唐本之舊隱十年宋人蔡人衛人伐載此據陸氏
釋文非誤也文元年王使毛伯衛來賜公命經書錫

傳書賜故注有謝賜命之語非誤也宣三年晉侯伐
鄭及延今本作郔說文亦以郔爲鄭地然地名从邑
多由經師增益廩延字亦無邑旁也宣十八年凡自
內虐其君曰弒今本少內字內與外相對成文似不
可省成二年且辟左右石刻且作旦夢必在夜則旦
義爲長昭三年少齊有寵而死今本齊作姜亦石本
得之定元年榮駕鵞今本作駕鵝字說文無之依正
文當用鴐假借同音則駕亦通也哀二十六年四方
其順之正義云四方諸國皆順從之是古本作順也
今本作訓乃後人依詩文妄改顧氏皆斷以爲誤果

孰誤而孰否乎若石刻之勝于今本而顧所未舉者襄二十九年高子容與宋司徒見知伯今本高上有齊字子謂左氏義例至精一言不可增損此傳子太叔稱鄭以經不書游吉也華定書官不書族故稱宋以別之其餘諸卿已見于經知悼子不書晉太叔文子不書衛高子容何獨書齊乎此後人妄加而失其義者也昭元年趙孟曰夭乎今本夭作天夭與亡相對故云鮮不五稔也昭二十五年吾聞文成之世謂文公成公也史記魯世家漢書五行志皆作文成今本作文武誤矣哀元年宿有妃牆嬪御今本牆爲嬙說文無嬙字陸德明云嬙本又作廧或作牆漢隸爿旁字或變从广廧與牆實一字也哀二十六年越皐如舌庸二十七年越子使舌庸今本舌作后以國語證之亦當爲舌又如皇戌向戌穿封戌沈尹戌皆从戌从一唯衛公叔戍从戈从人板本往往溷殽非得石本何由決其異同以是知石刻之可貴也　公羊十二卷與今本亦多異同如桓二年隱賢而桓賤也今本賤作賊據注云賤不爲諱則當爲賤也僖廿六年乞者卑辭也今本乞下有師字據疏云乞者至若辭則不當有師字也宣六年此非弑君如何古文如

與而通當從古爲如也成二年郤克眣魯衛之使今本眣作䀢說文有眣無䀢當以今本爲長然陸氏釋文音舜又丑乙達結二反从下二音當爲眣从舜音當爲眣石刻蓋據陸初音也襄廿七年攜其妻子而與之盟今本攜爲挈注云挈猶提也按上文已有挈其妻子何氏無注注于此句之下知當爲攜字注中挈字亦攜之譌提攜爲叠韻故轉相訓也襄廿九年爾弑吾君今本弑作殺按下文云爾殺爾兄兄言殺君言弑詞有輕重之別石刻爲長定元年不衰城也今本衰爲蓑說文衰訓雨衣正字蓑俗字亦當从石刻也惟成十年經無冬十月注云去冬者惡成公今石刻依左穀增入非何注義矣　穀梁十二卷襄公篇爲朱梁重刻成公篇重刻者居其半僖公篇亦似後來重刻却不避城字顧氏謂昭定哀三卷亦朱梁補刻則攷之殊未審矣隱元年貝玉曰含石本與監本同顧氏謂石經作珠玉欲以糾刻本之誤豈其然乎定元年此該郊之變而道之也今本脫郊字石刻止存郊之變而四字以字數計之郊上當有該字顧謂該誤爲郊又不然也　論語十卷顧車馬衣裘衣下旁注輕字此宋人妄加攷北齊書唐邕傳顯祖嘗

解所服青鼠皮裘賜邑云朕意在車馬衣裘與卿共敝盡用子路故事是古本無輕字一證也陸氏釋文於赤之適齊節音衣爲於旣反而此衣字無音是陸本無輕字二證也邢疏云願以巳之車馬衣裘與朋友共乘服是邢本亦無輕字三證也皇氏義疏云車馬衣裘共乘服而無所憾恨是皇本亦無輕字四證也今注疏與皇本正文有輕字則後人依通行本增入非其舊矣無求生以害人今注疏本人作仁而疏中仍有害人字益明人依朱本校改猶幸改之未盡以石刻證之益明白矣陽貨篇子曰巧言令色鮮矣

仁九字皇本無之石刻亦無此節宋人增注于旁非唐本之舊矣至如我三人行必得我師寢不尸居不客漆雕之爲彫皆據陸氏釋文而顧氏以爲誤何也

孝經一卷與今本無甚異同惟序文庶有補於將來石刻無於字　爾雅三卷文字與今本異者多勝於今本如釋詁底厎止也釋文底丁禮反厎之視反後人疑其重出輒改厎爲廢不知注中替廢連文乃訓替爲廢非本有廢字也釋言楮柱也今本皆从手旁按說文楮柎柢古用木故从木非从手也華皇也今本皇在華上按釋文亦先華後皇釋天四氣和謂之玉燭今本氣作時李善注文選引此文正作氣也釋艸孟狼尾今本孟爲盂荷芙渠今本渠爲蕖澤烏蕵今本蕵爲蘋葶麻母今本葶爲莩蒙王女今本王爲玉釋木味荎著今本味爲蔝狄臧橰今本臧爲藏釋鳥鸉白鷹今本分楊鳥爲二字皆當依石刻正之潛研堂金石文跋尾

西安府學大成殿後舊爲碑林今稱碑洞經始於宋元祐庚午龍圖閣學士呂大忠自明迄

本朝屢加葺治余以乾隆壬辰歲政務稍暇進訪古刻見屋宇傾圮經石及諸碑率棄榛莽瞻顧悚息復議

興修前後堂廡皆鼎新焉旋於土中鏤得舊刻數十片遂取石經及宋元以前者編排甲乙爲以闕循明代及近人所刻則汰存其佳者別建三楹以存置其鎖鑰則有司掌之設法保護以冀垂諸永久壁經貞石頓復舊觀後有好古者與而弗替可也關中金石記

鄭覃創立石壁九經舊史詆其蕪累近顧亭林校此本亦云謬戾非一余嘗按金石文字記輒卽顧氏所摘誤字少爲推證使世知石經所書其與今異者必多得之古通義或亦有晉宋舊本非盡可訾也易繫詞力小而任重顧云小誤作少案儀禮鄉飲酒禮主

人少退注少退少避釋文作小避又少逡巡少亦作
小特牲饋食禮挂于季指注季小也釋文作季少定
十四年傳從我而朝少君釋文云本亦作小君正義
曰少君猶小君也路史少昊幣文作小顥周書亦作
小顥少者小之文古文止用小是也是少小爲古通
用蠱則飭也顧云飭誤作飾案鄭本王肅作飾又姤
遇也顧云姤誤作遘案釋文引薛云古文作遘鄭氏
易同是姤與遘古今字又詩邂遘相遇釋文云遘本
亦作逅逅遘古並通用尚書臣下罔攸稟令顧云令
誤作命案命猶令周禮大司馬犯令陵政注令猶命

也王霸記曰犯令者違命也月令命宰呂氏春秋作
令宰是命令爲古通用王乃徇師而誓顧云徇誤作
循案孔傳徇循也左氏傳文公十年國人弗徇服氏
作循云循順也見御覽引是徇古通作循予有亂臣
十人顧云臣字旁注案注脫文也顧氏云此者蓋因
有亂十人視爲定本臣字爲後世附益（九經古義有是說）攷
魏略文帝詔周武稱予有亂臣十人虞在武帝時所
引固若此又云釋箕子囚封比干墓表商容閭顧云
于下干下容下各添一之字案史記引書此文並有
之字是此添注皆非妄入詩戎車既飭顧云飭誤作

飾案呂氏春秋舉難篇舉難爲非則行飾注飾讀曰
飭飭飾音相近葢亦通用字涼曰不可顧云涼誤作
諒案涼彼武王韓詩風俗通並作亮論語君子不亮
一作諒書高宗亮陰禮記作諒闇漢五行志作涼陰
字一音而文凡三是涼亮諒皆一字無此畺爾界顧
云界誤作介案漢書地里志界休縣後漢郭太傳太
界休人今並作介薛君章句介界也又以二字通釋
葢字從同故爾書之皆通侯彊侯以顧云彊誤作畺
案說文本作畺古字省又與彊通月令可以美土畺
注土彊强槩之地季夏紀注彊界畔也釋文彊畺也

李翕天井道碑以彊爲疆焉綏碑以彊爲疆衡方碑
以彊爲疆楊孟文石門頌綏億衙彊安平相孫根碑
以寧土彊是彊古並作疆（賈誼新書啟疆辟彊天子之事也匡謬正俗當音爲彊場之彊）然則石經彊作疆依音通之亦是也周禮太宰
三曰郊甸之賦顧云郊誤作邦案他本郊甸亦作邦
甸與石經合又注內明云邦甸二百里疏亦言三曰
邦甸之賦鄭孔所見皆可依司几筵設莞筵紛純顧
云筵誤作席案士虞禮記几席設如初注古文席爲
筵司几筵注筵亦席也鋪陳曰筵藉之曰席然其言
之筵席通矣大射儀賓升就席注今文席爲筵是筵

與席爲古今字又特牲饋食禮厞用筵郭注爾雅引
作厞用席文選東京賦注引周禮正作設莞席紛純
覲禮疏其席莞席以下亦司几筵文案彼云設莞席
紛純等信其古本亦如是也大司樂太師令奏鼓𣫍
矇云鼓誤作瞽案古今人表瞽作鼓是瞽與鼓亦同
用大戴禮瞽夜誦詩注賈誼云瞽史誦詩然瞽與鼓聲誤也案此亦瞽字省作鼓耳儀禮大
射儀坐授瑟乃降矇云授誤作受案士昏禮𧗳授玉
玉篇曰𧗳授也授亦作受特牲饋食禮婦拜受爵注
今文授爲受月令授車以級呂覽亦作受是授與受
古今通用字士喪禮祭服不倒矇云倒誤作到案呂

氏春秋愛類篇王何其到也注謂惠子言行何其到
逆相違背也太元經上次六升于堂顚衣到裳測曰
升堂顚到失大衆也事上九到耳順注到耳逆聞也
漢書匈奴傳親屬益疏則相殺至到易姓說文云不
順忽出也從到子𡿺到首也賈侍中說此斷首到縣
縣字到義皆作倒到即倒古從省文禮記月令其器
閎以奄矇云奄誤作掩案昭二十七年傳使公子掩
餘史記作蓋餘韓非子說林將攻商蓋書又作商掩
孟子誅紂伐奄攷此奄掩蓋皆字異而義同白虎通
引公羊傳亡國之社奄其上今亦作掩淮南子原道

訓注淹讀曰奄漢隸字源郭仲奇碑掩忽徂亡嚴訢
碑掩忽摧藏義作奄漢書敘傳掩有東土並作奄是
掩奄亦古同用大學人之其所親愛而辟焉矇云五
辟字皆誤作譬按鄭注辟猶喻也釋文謂譬喻也鄭
氏解正與譬同論語友便辟馬鄭皆讀辟爲譬弓人
辟如終紲釋文辟音譬此以音字作正文或亦古字
從省也詩幽風正義古者避辟扶亦反譬僻皆同作
辟字而借聲爲義此又可舉證若有一个臣矇云个
誤作介案釋文个一讀作介尙書作介又釋文云一
介耿介一心端慤者又作个公羊傳文公十一年而

兒乎我多有之唯一介焉斷斷焉無他技孔光傳援
納斷斷之介此即約舉秦誓爲文已作介後漢杜詩
傳注引書曰如有一介臣文選註引若有一介臣石
經之立在文宗開成二年李善註引作介介當屬古
本無疑後徐氏以个列爲俗書云亦不見義無以下
筆明堂左右个者明堂旁室也當作介襄三年傳一
介行李石經介亦作个介與个二字相易久矣不必
執一爲斷春秋左氏傳僖三十一年晉新得諸侯矇
云新誤作親案書金縢惟朕小子其親迎鄭注云新
迎馬季長本亦訓親爲新詩東山鄭箋親迎周公注

仍訓爲新此舊作親而後人轉釋爲新大學在親民程子亦讀作新是也文元年王使毛伯來錫公命顧云錫誤作賜案覲禮天子賜舍注今文賜作錫書禹貢納錫大龜史記夏本紀作入賜錫土姓錫亦作賜攷司馬遷往孔安國問故所見是紀引賜古文也詩王錫韓侯周禮注引作王賜爾雅釋詁錫賜也易王三錫命禮記亦有三賜之文新唐書高祖本紀熙生天賜舊書賜作錫此益證賜與錫爲古文可並用也宣二年趙盾弑其君夷皐顧云弑誤作殺案殺三傳文類如此悉宜讀如弑釋文于隱四年殺例云弑本

又作殺同音試凡弑君之例皆做此是也周語晉侯殺宋庠補音殺申志反亦讀爲弑宣十五年吾獲狄土顧云土誤作士案古士字皆作土呂刑有邦有土史記作有士呂覽任地篇后稷曰子能使吾土靖而甽浴土乎高誘曰土當作士世本相土作乘馬汲郡古文同而左氏傳作相土古今人表亦作相土漢碑刻文多以土爲士是石經所依者與古同襄十七年所不嗣事於齊者顧云事誤作是案洪範五者來傳史記作五事後漢荀爽傳作五韙注韙是也事與是古亦通用襄二十一年欒盈過于周顧云過上多奔

楚二字案別本欒盈出奔楚過于周周西鄙人略之石經所據與別本同又此傳前文姤叔虎之母美而不使今石經使字下旁添視寢二字實之論衡引此傳正與此同由此以例奔楚蓋非妄入矣昭二十一年傳毀其西南石經下有子朝奔郊四字顧氏杜解補正又引石經不以爲衍是石經較今文多者亦可據如此三十年單公子愆期顧云期誤作旗案論語巫馬期呂氏春秋作巫馬旗管子小匡弦子期爲理期一作旗二十七年傳免餘復攻甯氏顧云餘誤作余案隸釋故民吳仲山碑父有余財義作餘余亦古

從省昭二十一年傳心是以感感實生疾顧云感誤作咸案易咸象詞咸感也從省感即作咸上文窕則不咸釋文云本或作感感古文感是上旣云窕則不咸故下云心是以感從咸非誤公羊傳宋人蔡人衛人伐載顧云載誤作戴左氏傳伐戴顧云戴誤作載案左氏傳作載釋文載音再穀梁傳同公羊傳釋文載如字本或作戴然則石經亦從或本也周頌載弁俅俅郭氏爾雅注引作戴弁俅俅哀十五年傳景伯負載劉光伯亦作負戴鄭詩箋載猶戴也釋名戴載也其通爲訓義又如此兄左傳釋文丙正作伐戴載字林亦作戴

是左氏舊本已作載陸氏所引爲不妄石經其亦依
諸此也信三十年歸惡乎元咺也顧云乎誤作于案
王制類乎上帝宜乎社造乎禰白虎通引乎皆作于
書孝乎惟孝友于兄弟漢石經乎作于與下句比乎
于葢同字耳（見黄伯思東觀餘論）桓六年傳淫乎蔡乎作于顧
氏又以與今文不同而得兩通是自相戾也文四年
其謂之逆婦姜與齊何顧云何誤作河（爾雅何鼓謂之牽牛顧云
何誤作河金石文字記隨龍藏寺碑何人爲河人以爲理之不可通其誤與此同）案漢吳公
碑柰何作柰河唐孝芷明碑父河力史亦作何力詩
景員維河箋河作何河與何古同用廣雅河何也又

通釋如是三十三年百里子與蹇叔子顧云百誤作
伯案漢書食貨志有仟伯之得師古曰仟謂千錢伯
爲百錢集古錄毛伯敦銘龔伯彝銘伯庶父敦銘伯
俱作百是百亦通作伯宣十五年然後歸爾顧云爾
誤作耳案論語女得人焉爾乎爾漢石經作耳玉篇
引論語亦作耳爾與耳亦兩通論語爾愛其羊顧云
爾誤作汝案皇侃義疏正作汝子使漆雕開仕顧云
雕誤作彫案皇氏作彫又郊特牲丹漆雕幾之美釋
文雕作彫公羊傳注禮天子雕弓詩行葦正義引作
彫荀子大略篇亦云天子彫弓是雕與彫爲一字再

斯可矣顧云斯誤作思案三國志諸葛恪傳引夫子
曰再思可矣皇氏作再思斯可矣較今本多一字不
知其仁及無求生以害仁顧並云仁誤作人案古之
賢人也古本人亦作仁徐彥云古之賢仁也韓勅造
孔子廟禮器碑人作仁何以守位曰人釋文云桓元
明僧紹作仁栢人道因碑作栢仁二字古同用捫蝨
新話論語中如曰孝弟也者其爲仁之本與又曰觀
過斯知仁矣又曰井有仁焉竊謂此仁字皆當作人
葢是假借用之此益可爲証三人行顧云三人上多
一我字必有我師焉又云有誤作得案釋文正作我

三人行必得我師焉一本無我字必得本亦作必有
陸氏葢兼此二本收之證以史記孔子世家必得我
師亦以有作得何氏注亦言我三人行皇氏作我三
人行必得我師殆由魏晉間人相傳是本有是字（九經
古義亦云顧氏習俗不考）告夫三子顧云三上多二字案皇氏有
二字可與言而不與之言顧云脫之字案皇氏本無
之字何德之衰顧云衰下多也字案莊子人間世云
何如德之衰也漢石經何而德之衰也往者不可間
也來者猶可追也三句較今本並多也字皇氏本亦
多也字爾雅替戾底廢顧云廢誤作底案釋文正作

底氐翢蠡也顧云翢誤作翩案宋本翢作翩與石經
合皇華也顧云誤作華皇案釋文先華後皇孛麻母
顧云孛誤作孛案釋文作孛此皆陸氏所收古本信
可據依而顧氏惟從監本校勘石經又漫無所旁推
宜其以偏證獨斷從而失之也至云凡經中二十字
三十字石經皆改經文而爲廿卅字非案漢石經論
語卅而立年卅而見惡焉古本經文已如是又考工
輪人二十分寸之一謂之枝鄭注云故書十與上二
合而爲二十字此尤見石經非無據也顧氏是正文
字不爲不審然猶不免小有失而况學顧氏之學者
與書之以誌警也　論語石經字旁注者於貧而樂
下注道字史記仲尼弟子列傳不如貧而樂道富而
好禮鄭元曰樂謂志於道不以貧爲憂苦也皇侃義
疏亦作貧而樂道此古本皆有道字之徵今牵從脫
文𢛳舊唐書云石經脫貧而樂道道字使後人因循
不改未必非此書之作俑信然哉　授堂金石跋

五經文字序例

易繫辭曰上古結繩以理後代聖人易之以書契百官
以理萬人以察蓋取諸夬夬決也王庭孚號決之大者
決以書契也逮周禮保氏掌養國子以道教之六書謂
象形指事會意形聲轉注假借六者造字之本也雖蟲
篆變體古今異文離此六者則爲謬惑矣王者制天下
必使車同軌書同文故教人八歲入小學文有疑者則
必闕而求之春秋之末保氏教廢無所取正各遂其私
故孔子曰吾猶及史之闕文也今亡矣蓋夫子少時人
猶有闕疑之問後亡斯道歎其不知而作之也蕭何漢
制亦有著法太史試學童諷書九千字乃得爲吏以六
體試之吏人上書字或不正輒有舉劾皆正史遺文可
得焯知者也劉子政父子校中秘書自史籒以下凡十
家序爲小學次於六藝之末後漢許叔重收集籒篆古
文諸家之學就隸爲訓注謂之說文時蔡伯喈亦以滅
學之後經義分散儒者師門各滯所習傳記交亂訛僞
相蒙乃請刊定五經備體刻石立于太學之門外謂之
石經學者得以取法焉遭離變難僅有存者後有吕忱
又集說文之所漏略著字林五篇以補之今　制國子
監置書學博士立說文石經字林之學舉其文義歲登
下之亦古之小學也自頃考功禮部課試貢舉務於取
人之急許以所習爲通人苟趣便不求當否□□書
猶□□□□□□□蕩而無□矣十年夏六月有司以
職事之病　上言其狀　詔委國子儒官勘校經本送

尚書省參詳承　詔旨得與二三儒者分經鉤考而共
決之互發字義更相難極又以前古字少後代稍益之
故經典音字多有假借謂若借后爲後辟爲避大爲太知爲智之類經典通用陸
氏釋文自南徂北徧通衆家之學分析音訓特爲詳舉
固當以此正之唯今文尚書改就今字刪定月令依其時進本與釋文音訓頗有不同卒
以所刊書于屋壁雖未如蔡學之精密石經之堅久參
古之士且知所歸至其經典之文六十餘萬既字帶惑
體若䖲冪同物禮經相舛蔦蘽同姓春秋互出詁故同義詩題交錯之類音非一讀若鄉原之
鄉爲嚮取材之材爲哉兩音出於一家而不決其當否學者傳授義有所存離之
若有失合之則難並至當之餘但朱發其旁而已猶慮

歲月滋久官曹代易儻復蕪汙失其本眞乃命孝廉生
顏傳經收集疑文互體受法師儒以爲定例凡一百六
十部三千二百三十五字分爲三卷說文體包古今先
得六書之要若古文作明篆文作朙古文作坐篆文作㘴之類古體經典通行不必改而從篆
有不備者求之字林若祧禰逍遙之類說文漏略今得之於字林其或古體
難明衆情驚懵者則以石經之餘比例爲助若宜變爲冝晉變爲
晉之類說文宜晉人所難識則以石經遺文宜與晉代之石經湮沒所存者寡通以
經典及釋文相承隸省引而伸之不敢專也若舊變爲舊壽變爲
栗之類石經湮沒經典及釋文相承作耳近代字樣多依四聲傳寫之後偏
傍漸失今則采說文字林諸部以類相從務於易了不

必舊次自非經典文義之所在雖切於時略不集錄以
明爲經不爲字也其字非常體偏有所合者詳其證據
各以朱字記之俾夫觀省無至多惑大曆十一年六月
七日司業張參序
文刻全書後不錄九經字樣仿此
乾符三年孫毛詩博士自牧以家本重校勘定七月
十八日書　刻字人魚宗會

新加九經字樣壹卷
右國子監奏得覆定石經字體官翰林待詔朝議郎
權知沔王友上柱國賜緋魚袋唐玄度狀准大和柒

年拾貳月伍日敕覆定九經字體者今所詳覆多依
司業張參五經文字爲准其舊字樣歲月將久畫點
參差傳寫相承漸致乖誤今並依字書參詳改就正
訖諸經之中別有疑闕舊字樣未載者古今體異隸
變不同如總據說文即古體驚俗若依近代文字或
傳寫乖訛今與校勘官同商較是非取其適中纂錄
爲新加九經字樣壹卷或經典相承與字義不同者
具引文以注解今刊削有成請附於五經字樣之末
用證紕誤者其字樣謹隨狀進上謹具如前
中書門下牒國子監牒奉　敕宜依牒至准　敕故牒

開成二年八月十二日牒
工部侍郎平章事陳夷行中書侍郎平章事李石門下
侍郎平章事李固言右僕射兼門下侍郎國子祭酒平
章事覃撿挍司徒平章事劉（使）司徒兼中書令（使）

新加九經字樣序

覆定石經字體官朝議郎權知沔王友翰林待　詔
上柱國賜緋魚袋臣唐玄度撰

臣聞秦焚詩書塞人視聽漢興典籍以廣總明伏以龜
鳥之文去聖彌遠點畫訛變遂失本源今　陛下運契
黃虞道崇經籍觀人文以成俗念鳥跡之乖方詔是遂

金石萃編卷一百九　唐六十九　圭

微臣之上請許於　國學創立石經仍令小臣覆定字
體譌謬當刊校讎盡所知大曆中司業張參採衆字之謬
者爲定體号曰五經文字專典學者實有賴焉臣今參
詳頗有條貫傳寫歲久或失舊規今刪補冗漏一以正
之又於五經文字本部之中採其疑誤舊未載者撰成
新加九經字樣一卷凡七十六部四百廿一文其偏旁
上下本部所無者乃纂爲雜辨部以統之若體畫全虧
者則引文以證解於雅言執禮誠媿大儒而辨體觀文
式遵小學其聲韻謹依開元文字避以反言但紐四聲
定其音旨今條目已畢刊削有成願竭愚衷以資後學

當開成丁巳歲序謹上

五經文字三卷凡一百六十部三千二百三十五字
大曆十一年國子司業張參以說文字林兼采漢石
經著爲定體按劉禹錫國學新修五經壁記曰大曆
中名儒張參爲國子司業始詳定五經書於論堂東
西廂之壁辨齊魯之音取其宜考古今之文取其正
由是諸生之師心曲學偏聽臆說咸束而歸於大同
積六十載崩剝汙衊泯然不鮮今天子尚文章尊典
籍國學上言遽賜千萬時祭酒皞博士公肅（韋公肅）遂
以羨贏再新壁書懲前土塗不克以壽乃析堅木負

金石萃編卷一百九　唐六十九　奎

墉而比之其製如版牘而高廣其平如粉澤而絜滑
背施陰關使衆如一附離之際無迹而尋堂皇靚深
兩屋相照申命國子能通法書者分章揆日懸其業
而繕寫焉此文當作於大和年間自土塗而木版自
木版而石壁凡三易矣乃今石刻其末曰乾符三年
孫毛詩博士自牧以家本重校勘定（當云毛詩博士孫自牧於文乃
順）七月十八日書刻字人魚宗會其字別體與宋梁
所刻相類而本文不然當是開成中所刻其中有磨
改數字者意自牧所爲也　九經字樣一卷凡七十
六部四百二十一字冊府元龜周太祖廣順三年六

月尚書左丞兼判國子監事田敏獻印板書五經文字九經字樣各二部一百三十策奏曰臣等自長興三年較勘雕印九經書籍經注繁多年代殊邈傳寫紕繆漸失根源臣守官膠庠職司較定旁求援据上備雕鐫幸遇聖朝克終盛事播文德於有截傳世教以無窮謹具陳進是此三書曾有印板而自宋以來學者不言之何也金石文字記

唐人以說文字林取士其時去古未遠開元以前未改經文之日唐書藝文志天寶三載詔集賢學士衛包改古文尚書從今文篆籀之學童而習之今西安府所存唐睿宗所書景龍觀鐘

猶帶篆分遺法至于宋人其去古益遠而為說日以繁矣大歷中張參作五經文字據說文字林刊正謬失甚有功于學者日知錄

唐大歷十年有司上言經典不正取舍莫準乃詔儒官校定經本送尚書省并國子司業張參辨齊魯之音考古今之字詳定五經書于論堂東西廂之壁論堂者太學孔子廟西之夏屋也見劉元輿問國學記其初塗之以土而已大和間祭酒齊暭司業韋公肅易之以堅木擇國子通書法者繕寫而懸諸堂禮部郎劉禹錫為作記當時號屋至發題以試士文苑英華載有王履貞賦其略曰置六經于屋壁作羣儒之龜鏡又云一人作則京國儀型光我廊廟異彼丹青其推詡若此是書自土塗而木版自木版而刊石字已三易恐非參所書矣以予論之唐人多專攻詩賦留心經義者寡參獨奉詔與孝廉生顏傳經取疑文五體鈎考而斷決之為士子楷式為功匪淺矣故禹錫記稱為名儒作史者宜以之入儒林傳而舊史新書俱不及焉按孟浩然集有送張參明經舉覲省詩錢起集有送張參及第還家作而郎官石柱題名參曾入司封員外郎之列蓋參在開元天寶間舉明經

至大歷初佐司封郎尋授國子司業者也今其姓名僅一見于宰相世系表一見于藝文志小學類他不詳焉闕事一也參謂讀書不如寫書度其書法必工故當時壁經羣儒奉為龜鏡縱不得與儒林之列書家姓氏亦宜載之而書苑書譜書史均未之及闕事二也壁經雖無存然參所定五經文字與唐元度九經字樣同刻石附九經之後歐陽永叔最嗜金石文字其序集古錄云上自周穆王下更秦漢隋唐五代外至四海九州名山大澤窮厓絕谷荒林破冢神山鬼物詭怪所傳莫不皆有乃獨唐所刻石經錄中收

尾三百九十六篇此獨無有是唐刻石經永叔當日反失于摹搨未免類于昌黎韓子所云掎摭星宿遺羲娥矣關事三也今諸書皆有雕本獨五經文字九經字樣止有拓本無雕本闕事四也予思漢魏石經既已湮沒惟唐開成本尚存參書幸附刋于石顧學者東諸高閣罕有游目者故具書之以告學者云

張司業五經文字始塗于土繼雕于版歲久傳寫點畫參差於是開成中馮王友朝議郎翰林待詔唐元度依司業舊本參詳改正撰新加九經字樣一卷請附五經文字之末兼請于國學刱立石經今長安所

存石經雖鄭覃輩成之其議實發于元度也王伯厚稱其辯正書文頗有依據蓋自後周廣順中田敏進印版二部後石本之外鏤版更無人矣曝書亭集

唐張參撰五經字樣三卷其石刻至今猶存宋書乾符三年毛詩博士孫自牧以家書重校勘定則此刻在僖宗朝明矣乃宋陳振孫書錄解題謂代宗大歷中所刻予嘗疑之今考唐封演聞見錄謂天寶十年有司言經典不正取舍無準詔儒官校定經本送尚書省并國子司業張參共相考驗參遂撰五經字樣書于太學講堂之壁是大歷未嘗刻石之一證也又考劉禹錫國學新修五經壁記云云是大歷未嘗刻石之又一證也不知振孫何據而云然然此經之書壁在大歷十一年上距天寶十年已二十六年矣參即博證廣搜何須若是之久意參校定在天寶而書壁則在大歷以中更安史之亂也且書壁未必即出于參參在天寶中已爲司業必無閱二十六年仍守一官之理疑是時參已不在即使猶在書亦決不定出其手蓋特因其較定之經非必欲其親書于壁如漢蔡中郎之所爲也况禹錫之記謂再新壁書而孫自牧乃特記書壁之歲月則此經非出參手書益明

矣羣書疑辨

玉海云大歷十年司業張參纂成五經文字以類相從開成中翰林待詔唐元度加九經字樣補所不載晉開運末祭酒田敏合二者爲一編以考正俗體譌謬後周廣順三年六月田敏進印板九經書五經文字樣各二部一百三十冊宋朝重和元年十一月二十八日言者謂張參唐元度所撰五經文字九經字樣辨證書名頗有依據然其法本取蔡邕石經許氏說文宜重加修定分次部類爲新定五經字樣從之按中興書目五經文字五卷大歷十一年司業張參

撰序曰詔委儒官勘校經本乃命孝廉生顏傳經收拾疑文互體受法師儒取說文字林蔡邕石經陸德明釋文爲定例凡一百六十部非經典文義所在皆不集錄顧氏旣於九經字樣詳加採錄獨於五經文字考中言之寥略夫二書皆附石經以傳皆有功於石經且五經文字爲九經字樣之所從出焉獨得闕故書此補之書錄解題云五經字樣一卷唐沔王友翰林待制唐元度撰補張參之所不載按此與九經字樣爲兩書石經攷異

五經文字三卷唐張參撰里貫未詳自序題大歷十一年六月七日結銜稱司業蓋代宗時人唐書儒學

傳序稱文宗定五經劖之石張參等是正譌文誤也考後漢書熹平四年春三月詔諸儒正五經文字刻石立於太學門外參書立名蓋取諸此凡三千二百三十五字依偏旁爲百六十部劉禹錫國學新修五經壁記云大歷中名儒張參爲國子司業始詳定五經書於講論堂東西廂之壁積六十餘載祭酒皞博士公肅再新壁書乃析堅木負墉而比之其製如版牘而高廣背施陰關使衆如一覩此言可以知五經文字初書於屋壁其後易以木版至開成閒乃易以石刻也朱彝尊跋云五經文字獨無雕本爲一闕事

考冊府元龜稱周顯德二年尚書左丞兼判國子監事田敏獻印版書五經文字奏稱臣等自長興三年校勘雕印九經書籍然則此書刻本在印版書甫創之初已有之特其本不傳耳今馬曰璐新刻版本跋云舊購宋拓石經中有此因舊樣繕寫雕版於家塾然曰璐雖稱摹宋拓本今以石刻校之有字畫尚存而其本改易者又下卷幸部脫去睪字註十九字蓋字倂註凡八字今悉依石刻補正俾不失其眞焉

九經字樣一卷唐唐元度撰元度里籍未詳惟據此書知其開成中官翰林待詔考唐會要稱大和七年

二月敕唐元度覆定石經字體十二月敕於國子監講論堂兩廊刱立石九經元度字樣蓋作於是時凡四百二十一字依倣五經文字分爲七十六部蓋二書相輔而行當時卽列石壁九經之後明嘉靖乙卯地震二書同石經並損闕焉近時馬曰璐得宋拓本而刊之猶屬完善其閒傳寫失眞及校者意改往往不免今更依石刻殘碑詳加覆訂各以案語附之下方五經文字音訓多本陸德明經典釋文或註某反或註音某元度時避言反字無同音字可註者則云某平某上就四聲之轉以表其音是又二書義例之

與云四庫全書總目提要

右五經文字三卷國子司業張參撰成於大歷十一年洎開成中始刻于石朱錫鬯謂參姓名僅一見於宰相世系表一見于藝文志予攷唐書李勉傳嘗引李巡張參在幕府後二人卒至宴飲仍設虛位沃饋之又常袞傳袞始當國議增給百官俸時韓滉使度支與袞皆任情輕重滉惡國子司業張參袞惡太子少詹趙碁皆少給之是則史于參事固不止一再見矣吾於勉傳見參之見重友朋又於袞傳見參之不阿貴近參雖無傳未爲不幸也石刻參字下从彡後人妄改從小　右九經字樣前載開成二年八月十二日中書門下牒牒尾列銜者六人曰工部侍郎平章事陳夷行曰中書侍郎平章事李石曰門下侍郎平章事李固言曰右僕射兼門下侍郎國子祭酒平章事覃並與唐書宰相表合鄭覃以僕射不書姓唐宋故事如此曰檢校司徒平章事劉下注使字而不名者劉從諫也攷本傳大和初拜司空六年入朝明年還藩進同中書門下平章事不云檢校司徒而宦官仇士良傳稱澤潞劉從諫上書請清君側士良沮恐進從諫檢校司徒欲弭其言則傳蓋漏此事矣傳云進司空而三公表無之當是檢校司徒非眞拜也表于檢校官例不書曰司徒兼中書令下注使字姓名俱不書者裴度時爲山南東道節度使也（潛研堂金石文跋尾）

五經文字及九經字樣自北宋至明未嘗彫版其損闕漫滅處當悉存其舊毋庸臆補近有祁門馬曰璐刻本自謂舊購宋拓石經因依樣繕寫彫版於家塾然以石經校之每有字畫尚存而肆意改竄者繆稱宋拓僞蹟顯然孔繼涵刻本又據馬本合諸王堯惠補字以補石經之缺戴氏震稱爲核訂精審然以石經校之仍多字畫尚存而肆意改竄者又其偏旁違戾如目爲目月爲月廿爲廿之類盈萬累千是其蹐駁視馬本又難道里計也　九經字樣狀牒結銜頗用俗字自序已後結體謹嚴點畫不苟毋以今字寫說文形模不失而異同亦不少說文是木版轉刻固不若石本之可憑也武林趙氏昱嘗得是書舊鈔本凡十九翻有文淵閣鈐記蓋明御府物全氏祖望有跋謂是王荆公所定本荆公欲作新經先成字書詳見宋會要案宋會要世所罕見但謝山非謾言者或有然也余攷玉海宋重和元年以張參唐元度所譔

辨正書名頗有依據然其法本取蔡邕石經許氏說文宜重加修定分次部類爲新定五經字樣從之則趙氏所得或是重和本然其書經進給發後又不知歸誰氏今無從借觀可惜也嚴可均唐石經校文

金石萃編卷一百十

賜進士出身誥授光祿大夫刑部右侍郎加七級王昶譔

唐七十

石刻十二經 缺一

按石刻十二經周易九卷尚書十三卷毛詩二十卷周禮十二卷儀禮十七卷禮記二十卷春秋左氏傳三十卷公羊傳十二卷穀梁傳十二卷孝經一卷論語十卷爾雅三卷文宗朝從宰臣鄭覃議刻石國子監今尚在西安府學攷劉禹錫新修五經壁記大歷中名儒張參爲國子司業始詳定五

經書于論堂東西廂之壁舊唐書鄭覃傳文宗即位四年覃從容奏曰經籍譌謬博士相沿難爲改正請召宿儒奧學校定六籍準後漢故事勒石于太學永代作則以正其闕從之九年十月覃遷尚書左僕射國子祭酒以本官同平章事時太學勒石經覃奏起居郎周墀水部員外郎崔球監察御史張次宗禮部員外郎溫業當作孔溫業兩書俱附孔巢父傳等校定九經文字旋令上石而文宗紀稱開成二年冬鄭覃進石壁九經一百六十卷是書經之事昉於張參覃因木本難于久遠故奏請刻石創議於

大和四年始事於九年至開成元年方拓成而進之也紀傳皆言九經凡一百六十卷今以諸經卷數合周易畧例計之適得百六十之數原刻公羊經傳本十二卷後人從漢書藝文志磨改并閔公與莊公同卷止十一王溥唐會要云開成二年進石壁九經一百五十九卷蓋據磨改本經義攷誤周禮十二卷公羊穀梁十二卷皆爲十卷則又缺六卷益與原數不合矣惟驗石刻實十二經與九經之名不合關中金石記以爲作史者總成數言之是也或謂字樣成于覆定字體之時亦僅稱九經似當時所刋止此其餘皆後來續刻故史文云爾然案字樣中所引易書詩等以證文義之異實不止於九經即張參文字號稱五經而引證各書亦十二經並見則所謂五經九經者亦括大旨而言況參自序謂經典之文六十餘萬而石經末都計總數云六十五萬二百五十二字則張氏實包十二經爲言使參所書果止五經安得有六十餘萬字之多乎是又足證字樣標目不可拘泥而十二經爲同時所刻無可疑矣大抵古人作書多舉最凡爲定不必一一指實猶熹平石經後漢書止稱五經六經而唐宋人所見拓本乃有溢於六經之外者史氏載筆之體如是非如後世著書之鑿也十二經無孟子

者唐時孟子之書儕於諸子不得列於大小經之數故陸德明經典釋文有老莊而遺孟子此刻亦其例耳 本朝賈三復巡撫陝西時補刻孟子七篇文字疏庸固不待辨且以厠入唐十二經亦未攷當時之制矣石經末有年月弁書石校勘諸臣姓名十人可攷者惟覆定字體官翰林待詔朝議郎權知沔王友上柱國賜緋魚袋臣唐元度及校勘官兼專知都勘定經書檢校刋勒上石朝散大夫守國子司業騎都尉賜緋魚袋臣楊敬之都檢校官銀青光祿大夫□□□□□□□□□國子祭酒同中書門下平章事太清宮使監修國史上柱國滎陽郡開國公食邑二千戸臣覃三人覃不稱姓與禮記前表林甫例同開元制僕射題名皆如此新書楊敬之傳敬之元和初屯田戸部二郎中坐李宗閔黨貶連州刺史文宗向儒術以鄭覃兼國子祭酒俄以敬之代據此題敬之于開成初已起爲國子司業故得代覃爲祭酒如新書之言竟似敬之坐貶後即起祭酒矣此可援碑以補史者也唐元度兩唐書皆無傳其名僅見於本紀及藝文志攷沔王名郇憲宗子長慶元年封沔王

唐六典親王府置友一人從五品下蓋是時元度
以翰林待詔權居此職其秩尙卑故列於前耳每
經之首或刻序文并載傳注姓氏如易稱王弼韓
康伯注書稱孔氏傳之類各經皆同惟禮記月令
前題御刪定禮記月令集賢院學士尙書左僕射
兼右相吏部尙書修國史上柱國晉國公臣林甫
注并表一篇具列林甫陳希烈等姓名與新書蓺
文志所載悉合元宗喜增改古書如尙書易頗爲
吱老子加來於二字史記則升老子於伯夷之上
師心自用爲後世所譏至於月令黜竄尤多爲臣

子者所宜諫止而林甫等表至稱唐堯虞舜夏后
周公以之獻媚其時諂佞之態槪可想見文宗刻
石時因循未改故至今猶存竄亂之迹焉攷晁公
武郡齋讀書志云蜀石經禮記二十卷首之以月
令題云御刪定林甫等注其餘篇第仍舊鄭樵六
經奥論云今禮記之月令私本皆用鄭注監本乃
唐明皇刪定李林甫所注端拱中李至判國子監
嘗請復古文本以朝廷祭祀儀制等多本唐注故
至今不能改則唐刪月令自五代至南宋猶有行
之者然晁公武蜀石經考異序又云禮記月令從

唐李林甫改定者監本皆不取公武所據監本不
應與樵所見異則樵說未確也疑宋時兩本並行
但未盡改正故李至又請復古耳不知何時悉復
唐疏舊觀而其書始晦今世所見兩宋槧本則已
用鄭注且改曲禮爲首篇矣是刻十二經以校陸
氏釋文頗多異同蓋如易書詩三禮三傳多用正
義本正義與釋文已有字句不同之處故石刻亦
然然正義成於唐初自宋以來絕鮮善本今世所
行屚有蹐駁惟石刻歷久不易雖經後人鑿改一
二而唐時諸經眞面尙存得以攷知古本㝡可寶

也嘗論經籍流傳數千百年來始則書於竹簡繼
復易以紙筆紙筆之後易以雕板其間自蝌蚪而
變爲籀篆籀篆而變爲隸楷轉輾寫刻亥豕必多
况漢魏以降異學紛爭王肅劉炫之徒非薄前人
棼亂舊典加以喬輙造字沿及齊梁天下喪亂南
北分門學者家自爲說人自爲師章句日繁而經
義益雜至陸德明始就各本同異著經典釋文賈
公彥孔頴達諸儒又爲之疏自此羣議稍息而從
前謬本間存於世學士大夫喜新厭故猶多尊而
信之卽注疏定本亦可私意黜竄鄭覃所云博士

相沿難為改正者至是始請勒石永為準則迨至
孟蜀趙宋刊刻石經尚承開成之舊則是刻之有
功經學政非淺鮮即其所校經文不從注疏者亦
皆有所依據劉史譏其蕪累已非實錄而後儒不
復深求古義動言石經之誤豈其然乎昶幼誦諸
經於先儒異同之說頗曾究心而章句文字之殊
亦必廣為攷核以博異趣今錄石經輒舉傳注異
本見於釋文與夫漢魏載籍所述有資證據者臚
陳于此其各經正文互相徵引之處為學者所習
聞皆不贅及明監本暨毛氏汲古閣所刊注疏盛

行於時然其中誤字脫文所在皆是特為校出列
于各句之下俾世之從事于此者信知石經異字
異句多與古本吻合不可執流俗板刻之譌以糾
石本也我　朝
高宗純皇帝崇尚經術以唐宋而後久虛刻經之典且石
經中尚無孟子今孟子既列學官宜有定本昭示
萬世方集議舉行而大學士公阿桂適奏
世宗時無錫布衣蔣衡曾寫十三經全文進　呈尚貯
內閣
敕命總裁分校等官勘定勒石不獨於注疏舊本唐宋石

經多所訂正兼與
御纂四經
欽定三禮及　武英殿板十三經亦有互異時總裁彭司
空元瑞等撰為考文提要一書發明校改之由極
為精審而當時急於竣事未及盡從逮我
皇上嘉慶八年司空奏請重修得
旨俞允於是復
命文臣勘詳磨改以臻美善故今太學所立石經與前
此摹搨　頒賜諸王大臣者復有不同茲據今石
經參校各本其有刊正諸舊本處亦謹記之近世

考據家如萬氏斯同杭氏世駿嚴氏可均等各有
專書論斷頗允惟金石文字記掊擊石經甚至而
所言不皆確實以是不為通人所取是編已彙采
諸家之說故於此不再申辨若夫石經文字既多
卷帙孔富且鐫勒時看書上石之人更代不一摹
刻偶誤或未能免但當擇善而從不可刻意吹求
亦毋庸曲為迴護而後人磨改鑿刻之字仍復是
非參半至明人補字則紕繆已極收藏家往往于
襃襍時順文羼入攷古者一時不察遽仞以為原
刻轉生異議崑山顧氏秀水朱氏正坐此失豈足

疑誤後來悉著於左庶讀者有所考云

周易上經乾傳 子夏分上下二篇無經字今石經作周易上經案古文周易十二篇上經下經上彖下彖上象下象上繫下繫文言說卦序卦雜卦本各爲篇其取彖象傳附經下自費直始而定於劉向成於鄭康成取文言乾坤二卦附乾坤彖象傳後始於王弼以繫辭附彖傳後改說卦上中作繫辭加傳字以文言十八條附繫辭傳削去彖象傳文言之名成於韓康伯李鼎祚摠周易集解於諸傳並用王弼本惟以序卦傳分隸各卦之首加序卦曰三字而說卦傳後復出序卦一篇皆非周易本經至宋呂大防始作周易古經晁說之作録古周易呂祖謙作古易皆離上下經與十翼爲十二康熙中 御纂周易折衷依用其說於是數千年剖裂散亂之書始得釐正今石經卽從折衷本凡上經一卷下經二卷彖上傳彖下傳象上傳象下傳各一卷繫辭上傳二卷繫辭下傳一卷文言傳說卦傳序卦傳雜卦傳各一卷唐石經所用乃王弼本以彖象文言諸傳各附卦爻之下并加彖曰象曰文言曰諸文故卷首標題如此釋文云第本亦作弟以後諸經凡言本亦作某本又作某字又作某之類皆據釋文本卷中所引非一故發凡於此後不另見 王弼注 亦作王輔嗣注今本或無注字

☰☰乾上乾下 石本四字小注今石經無之後皆仿此 九三夕惕若厲无咎 說文厲作夤 上九亢龍有悔 說文亢作忼 保合大和 今石經監本毛本大作太 君子以自強不息 監本毛本強作彊 反復道也 復本亦作覆 大人造也 劉歆父子造作聚 君子體仁足以長人 京房荀爽董遇仁作信 利物足以和義 孟喜京荀陸績作利之 不易乎世 李鼎祚無乎字 不成乎名 李亦無乎字釋文同云本作不成乎名 閑邪存其誠 鄭康成作以存其誠 君子進德脩業 今石經脩作修下脩辭脩業並

同 可與幾也 李作可與言幾也 欲及時也故无咎 鄭作及時故无咎 聖人作 馬融作起 窮之災也 之鄭作志 利貞者性情也 鄭作情性 乾始能以美利利天下 鄭李能作而 六爻發揮 本亦作輝 而況於人乎 李無而字 知得而不知喪其唯聖人乎 王肅作愚人

坤 本又作巛 德合无疆 或作壃 文言曰 釋文無此句云本或有文言曰者 臣弒其君 弒本或作殺 其所由來者漸矣 毛本由作繇下句同 由辯之不早辯也 辯荀作變 直方大 張璠上有易曰二字 陰疑於陽 荀虞姚信蜀才疑作凝 爲其嫌於无陽也 荀虞陸董嫌作嗛鄭作慊九家及李作爲其兼于陽也

屯雷雨之動滿盈 荀虞李作形 君子以經綸 荀鄭姚信黃穎及李並作論釋文同云本亦作綸 初九磐桓 古文磐作般馬作槃荀李作盤 六二屯如邅如 陸作亶如 乘馬班如 鄭作般如 匪寇婚媾 馬鄭作冓釋文同云本或作構 六三卽鹿无虞 鹿王肅作麓 君子幾 鄭作機 上六泣血漣如 說文漣作㴒淮南子作連

蒙童蒙求我 一本作童蒙來求我 初六以往吝 說文作遴 九二苞蒙 今石經苞作包後凡苞字並同 六三勿用取女 取本又作娶 上九擊蒙 馬鄭作繫蒙

需有孚 又作有旉 雲上於天 王肅作雲在天上 利用恒无咎 釋文無无咎二字云本亦有无咎者 九二需于沙 鄭作沚 九三致寇至 鄭王

肅寇作戎
訟有孚窒馬鄭作咥九二患至掇也鄭作惙也九四安貞不
失也李貞下有吉字上九或錫之鞶帶王肅鞶作槃終朝三褫
之荀鄭虞翟子元褫作拕李同
師初六否臧凶荀陸劉瓛作不臧九二王三錫命鄭作賜命承
天寵也王肅寵作龍六五田有禽徐邈作擒
比六三比之匪人王肅有凶字九五王用三驅鄭虞李作毆
邑人不誡李作戒
小畜九三輿說輻本亦作轝說文李本並同九五有孚攣如子夏
作戀如上九尚德載子夏虞李德作得下同月幾望子夏作近望

金石萃編卷二百十　唐七十　一

履虎尾不咥人亨鄭咥作噬李亨下有利貞二字履帝位而不疚陸作
疾六三眇能視跛能履虞李能並作而下同九四愬愬終
吉馬作虩虩說文同上九視履考祥本亦作詳李同
泰后以財成天地之道荀作裁成初九拔茅茹以其彙
征古文彙作𩏑鄭董作夤九二苞荒苞本又作包荒本亦作㐬李同九三象
曰无往不復釋文作无平不陂云一本作无往不復六四翩翩古文作偏
偏釋文作篇篇上六城復于隍古文作皇子夏作堭姚作皇
否君子以儉德辟難虞云儉或作險不可榮以祿榮虞李作營
同人君子以類族辨物辨李作辯九四乘其墉鄭李作庸下同
大有九二大車以載蜀才車作輿虞李作轝九四匪其彭子夏

干寶作旁虞作尫云或爲彭作旁聲字之誤下同明辯晢也晢本又作哲王廙作晰鄭
作遰云讀如明星晢晢陸作逝虞作折監本毛本誤作晢今石經與此同上九自天祐
之虞李作右之下同
謙子夏及鄭作嗛漢書同天道虧盈而益謙馬作毀盈鬼神害盈
而福謙京作富謙君子以裒多益寡鄭荀董蜀才虞李裒作捊玉篇作掊
六五利用侵伐王廙侵作寢上六征邑國釋文作征國云本或作征
邑國
豫而四時不忒京作貸殷薦之上帝殷京作隱薦本又作㦹本或作
鷹六二介于石古文及鄭介作砎馬作扴六三盱豫悔子夏傳盱作紆
京作汙姚作盱引詩盱日始旦九四由豫馬作猶豫朋盍簪古文簪作貸京蜀才

金石萃編卷二百十　唐七十　二

作撍馬作臧荀作宗虞作戠云舊讀作撍作宗也
隨大亨貞本又作大亨利貞而天下隨時王肅作隨之隨時之
義大矣哉王肅作之時義君子以嚮晦入宴息嚮本又作向王肅作
鄉初九官有渝官蜀才作館
蠱君子以振民育德王肅育作毓
臨六四位當也本或作當位也
觀盥而不薦王又作廌王肅作而觀薦聖人以神道設教李無以字
六二闚觀闚本亦作窺象曰闚觀女貞一本有利字
噬嗑初九屨校滅趾古文作止釋文同云本亦作趾不行也或本作止
不行也六三噬腊肉荀虞李腊作昔九四噬乾胏說文作𦛨子夏荀董

作脯利艱貞吉石本貞下旁注大字後人所加未光也釋文作未光大也云本亦無大字上九何校滅耳何本亦作荷賁小利有攸往石本利下旁注貞字亦後人所加君子明庶政明蜀才作命初九賁其趾一本作止舍車而徒鄭張作舍輿義弗乘也鄭作不乘六四賁如皤如鄭陸作燔如荀作波如白馬翰如翰亦作寒六五賁于丘園黃作世于束帛戔戔子夏傳作殘殘剝初六蔑貞凶蔑荀作滅六三剝之无咎李無之字釋文同云一本作剝之无咎六四剝牀以膚京作簠上九君子得輿京作德輿虞董李作德車下同

復朋來无咎京作蕑來反復其道復本又作覆下同初九无祇

金石萃編卷二百一　唐七十　三

悔祇王肅陸作禔九家作敍六三頻復頻本又作嚬鄭作顰上九有災眚鄭作有裁釋文作灾云又作災无妄天命不祐馬鄭虞李作右釋文作佑云本又作祐大畜本又作蓄剛健篤實煇光監本毛本煇作輝能止健虞作健止云舊讀言能止健誤也李同君子以多識前言往行識劉虞李作志九二輿說輹輿本或作轝輹或作輻虞李作腹下同九三良馬逐逐鄭作逐逐姚云逐逐疾並驅之貌曰閑輿衛鄭虞李陸希聲作日閑六四童牛之牿陸云當作角鄭作梏九家虞李作告說文同頤自求口實觀其自養也監本毛本實誤作食初九觀我朶頤京作檽頤六二拂經于丘拂子夏作弗玉篇作咈六四虎視眈

眈周禮注視作眂李作眎其欲逐逐子夏傳作攸攸志林云攸當爲逐荀作悠悠劉作跾跾漢書作浟浟大過本末弱也弱本又作溺下救其弱拯弱並同遯世无悶遯本又作遁九二枯楊生稊稊鄭作荑坎習坎京劉作欿本亦作埳以守其國國虞李作邦水洊至京作瀳至干作荐至六三險且枕鄭向秀險作檢古文枕作沈九家作玷六四樽酒簋貳鄭作尊酒禮記注同納約自牖納京鄭虞李作內牖陸作誘象曰樽酒簋貳釋文無貳字云一本更有貳字九五祇既平鄭云祇當爲坻京虞李作禔說文同中未大也虞李作未光大上六寘于叢棘寘子夏作湜劉作示姚作寔張作置

金石萃編卷二百一　唐七十　十三

離鄭李作离百穀草木麗乎土說文麗作蘼王肅土作地玉篇作蘼乎地九三日昃之離昃本作仄古文作稷不鼓缶而歌鄭作擊缶則大耋之嗟凶蜀才耋作咥京作經荀鄭李嗟作差下嗟若同古文及鄭無凶字九四突如其來如鄭荀虞突作㐬六五出涕沱若荀沱作池一本作沲釋文若作嘫云古文若皆如此離王公也離鄭王肅作麗上九以正邦也王肅此下更有獲匪其醜大有功也二句

周易下經咸傳咸取女吉取本亦作娶初六咸其拇子夏作䟝古文荀虞李作母下同六二咸其腓荀作肥九四憧憧往來京作憧憧上六咸其輔頰舌輔虞作酺頰孟作俠滕口說也滕九家作乘鄭虞李作媵

恒初六浚恒鄭作濬恒九三或承之羞鄭作咸承上六振恒
張虞李作震恒下同
遯本又作遂又作遁鄭作遂九三係遯係本或作繫古文作系有疾憊也
王肅憊作斃荀作備九四小人否古文作不上九肥遯陸希聲云肥本作飛
大壯九三羸其角古文蜀才羸作累鄭虞作纍王肅作縲張作虆九四壯
于大輿之輹輿虞李作轝輹本又作輻六五喪羊于易陸作場上
六不詳也鄭王肅作不祥
晉孟作齊君子以自昭明德昭鄭虞李作照九四晉如鼫鼠
子夏作碩鼠六五失得勿恤孟荀馬鄭王肅失作矢虞云矢古誓字下同
明夷文王以之鄭荀向作似之下箕子以之同六二明夷夷于左

股九家及李不叠夷字子夏夷于作睇于亦作睇禮記注同馬王肅股作般姚作槃用拯
馬壯拯子夏作拼九三明夷于南狩本亦作守六五箕子之
明夷蜀才作其子劉向云今易箕子作滋荄鄒湛云訓箕為荄詁子為滋漫衍無經不可致詰
以識荀爽
家人九三家人嗃嗃荀作確確劉作熇熇婦子嘻嘻張作嬉嬉
陸作喜喜
睽六三其牛掣子夏作契荀作觭劉作𤘽說文同鄭作挈虞作掣李同其人
天且劓王肅作臲上九後說之弧本亦作壺京馬鄭王肅翟亦作壺
蹇以正邦也邦荀陸作國君子以反身脩德今石經脩作修初
六宜待也張作宜時也鄭虞李作宜待時也

解其來復吉乃得中也荀李上有无所往句雷雨作而百果
草木皆甲坼荀馬鄭陸李作宅毛本誤作拆九四解而拇荀虞李作母下
同六五君子維有解荀李維作惟上六公用射隼于高
墉之上虞李墉作庸
損二簋可用享蜀才簋作軌君子以懲忿窒欲懲蜀才作澄釋
文作徵窒鄭劉作懫孟作恎陸作嵴欲孟作浴初九已事遄往已本亦作以虞李作
祀下同遄荀作顓六五自上祐也祐本亦作佑
益六三告公用圭王肅作桓圭固有之也李作之矣利用為
依遷國虞李國作邦上九偏辭也偏孟作徧
夬初九壯于前趾荀作止九二惕號惕荀翟作錫九三壯

于頄鄭作頯蜀才作仇九四其行次且本亦作趑趄或作跌跙說文次作趀
鄭同九五莧陸夬夬莧一本作莞陸蜀才作睦
姤古文鄭作遘勿用取女釋文取作娶云本亦作取下同后以施命誥
四方鄭王肅作詰四方初六繫于金柅子夏作鑈王肅作抳蜀才作尼說文
作檷羸豕孚蹢躅蹢一本作躑躅本亦作蹋古文虞宋衷作蹢躅李同九二包
有魚包本亦作庖荀作胞虞作苞九五以杞包瓜包一本作苞子夏虞亦作
苞
萃亨馬鄭陸虞李無亨字致孝享也今石經享作亨聚以正也聚荀作取
用大牲吉九家及李上有利貞二字君子以除戎器除本亦作儲荀作慮
初六一握為笑鄭蜀才傳作一渥六二孚乃利用禴蜀才作躍

劉作㦙九五志未光也釋文無志字云一本作志未光也上六齎咨涕洟虞李咨作資下同升鄭作昇用見大人本或作利見象曰毛本象誤作象君子以順德順本又作愼師同史徵云何妥作愼得姚作德積小以高大本或作以成高大李同初六允升說文允作䟢六四王用亨于岐山亨李作享下同象曰王用亨于岐山毛本岐誤作歧困剛揜也揜本又作掩荀虞李作弇九二朱紱方來紱鄭作韍利用享祀監本毛本享作亨六三不祥也九家及李作不詳九四來徐徐子夏虞李作荼荼王肅作余余下同九五劓刖京作劓劊陸王肅作臲鼿利用祭祀本亦作享祀上六困于葛藟本又作虆于臲卼說文作劓鼿

井羸其瓶蜀才羸作累汔至亦未繘井未有功也荀李上有无喪无得往來井井二句九二井谷射鮒荀作耶六四甃井也今石經甃作修上六井收勿幕收荀作甃勿干作网革水火相息說文作熄上六其文蔚也說文蔚作斐鼎亨飪也亨本又作亯以亨上帝釋文無上帝二字君子以正位凝命翟作擬命九四其形渥虞李形作刑九家京荀鄭虞陸希聲作其刑剭震來虩虩荀作愬愬笑言啞啞亦作笑語下同君子以恐懼脩省今石經脩作修六二億本又作噫躋於九陵躋本又作隮九四震遂泥荀遂作隊艮初六艮其趾荀作止六二艮其腓本又作肥不拯其隨

孟京王肅陸作不承釋文同九三列其夤鄭作䐗荀作腎厲薰心薰荀作動云薰爲動虞李作閽六五言有序虞李作有孚漸女歸吉也王肅作女歸吉利貞君子以居賢德善俗王肅作善風俗六二鴻漸于磐漢書作般九三婦孕不育孕荀作乘利禦寇虞李作利用禦寇歸妹所歸妹也本或作所以歸妹也初九跛能履虞李能作而下能履能視並同六三歸妹以須荀陸作嬬未當也虞李作位未當也九四有待而行也一本作有時六五月幾望荀作既望上六女承筐釋文作匡云鄭作筐豐日中則昃孟作稷月盈則食或作蝕初九遇其配主

鄭虞作妃主雖旬无咎荀作雖均劉昞作鈞六二豐其蔀鄭薛作菩日中見斗孟作主九三豐其沛本亦作旆子夏作芾鄭干作韋日中見沬子夏鄭馬作昧上六豐其屋說文豐作寷闃其无人闃孟作窒姚作閴天際翔也孟鄭王肅翔作祥旅初六旅瑣瑣或作璅璅六二懷其資本或作懷其資斧得童僕貞九家及李童作僮下並同九四得其資斧各本皆作齊斧上九其義焚也一本作宜其焚也喪牛于易李作喪牛之凶釋文同云本亦作喪牛于易巽說文玉篇並作顨上九喪其資斧資荀虞李作齊兌麗澤鄭作離澤

渙初六用拯馬壯吉子夏拯作抍虞李吉下有悔亡二字六四渙有丘姚作有近匪夷所思荀作匪弟

節六三則嗟若李作差若下同

中孚豚魚吉黃作遯魚九二吾與爾靡之靡本又作縻孟同陸作䌕京作劅六四月幾望孟荀幾作既京作近今石經望作𦶒

小過六五已上也上鄭作尚

既濟六三婦喪其茀子夏虞李作髴荀作紱董作髢九三憊也陸憊作備云當為憊六四繻有衣袽子夏王廙繻作襦薛云古文作繻說文袽作絮京同子夏作茹九五不如西鄰之禴祭古文禴作瀹

未濟九四震用伐鬼方漢名臣奏震作祗三年有賞于大國虞李作大邦六五其暉吉也暉字又作輝

周易繫辭上第七本亦作繫辭上王肅作繫辭上傳訖于雜卦皆有傳字本亦有無上字者辭本亦作嗣今石經亦作繫辭上傳下傳同韓康伯注釋文作韓伯注云本亦作韓康伯注天尊地卑本又作埤卑高以陳鄭作已陳是故剛柔相摩本又作磨八卦相盪各本皆作蕩日月運行姚作違行乾知大始王肅作泰始坤作成物虞李作坤化姚同云化當為作而成位乎其中矣馬王肅李作而易成位繫辭焉而明吉凶虞下有悔吝二字剛柔者晝夜之象也虞作晝夜者剛柔之象易之序也序虞李作象所樂而玩者樂虞李作變玩鄭李作翫而玩其辭鄭李亦作翫下同是以自天祐之虞李作右之存乎其小疵也存各本及今石

金石萃編卷二十一　唐七十

經並作言故能彌綸天地之道彌本又作弥天地虞李作天下釋文同云一本作天地俯以察於地理一本察作觀原始反終鄭虞李反作及旁行而不流京作留樂天知命虞作變天範圍天地之道而不過馬王肅張作犯違故君子之道鮮矣鄭李作尟矣藏諸用藏鄭作臧成象之謂乾蜀才成作盛效法之謂坤李作爻法釋文同云馬韓如字蜀才作效以言乎邇釋文作迩云本又作邇其靜也專陸作摶知崇禮卑蜀才虞李作體卑聖人有以見天下之賾京虞李作嘖說文同九家作冊以行其典禮典京作等禮姚作體言天下之至賾鄭虞李作嘖下同而不可惡也荀作亞也言天下之至動而不可亂也九家動作冊鄭作賾云賾當為動議之而後動陸姚桓元荀柔之作儀吾與爾靡之釋文靡作縻云本又作靡京作劅言行君子之樞機禮記注言行作言語者或默或語默字或作嘿苟錯諸地而可矣錯本亦作措慎斯術也以往一本慎作順有功而不德鄭陸蜀才作不置鄭云置當為德則言語以為階姚作為機作易者其知盜乎虞李作為易者釋文同云本又云作易者致寇至徐或作致戎宋衷云戎誤慢藏誨盜虞作海盜冶容誨淫鄭陸虞姚王肅李作野容分而為二以象兩李無兩字天一地二天三地四天五地六天七地八天九地十今石經此二十字在天數五節之上漢書同乾之策字亦作筴荀李作冊下並同當期之日期本又作朞萬有一千五百廿各本作二十以後諸經凡廿卅冊等字各本皆分為兩字引而伸之伸本又作信古文同是

故可與酬酢京作醻可與祐神矣祐荀作侑九家李作右易有
聖人之道四焉明僧紹作君子之道以言者尚其辭釋文云下三句無
以字一本四句皆有以制器者尚其象鄭無者字其受命也如響
各本作嚮其孰能與於此李無其字參伍以變劉歆讀爲三五虞李伍作
五遂成天地之文天地一本作天下文陸作爻聖人之所以極
深而研幾也研蜀才作揅幾本或作機天數五地數五五位相
得而各有合天數廿有五地數卅凡天地之數五
十有五此所以成變化而行鬼神也今石經此節在大衍之數
節前漢書同夫易何爲者也李作夫易何爲而作也夫易開物成
務一本無夫易二字開王肅作闓是故蓍之德圓而神圓本又作員儀禮釋

文作圖六爻之義易以貢京陸虞作工荀作功聖人以此洗心
漢石經作先心京荀虞董張蜀才李並同知以藏往劉作臧往其孰能與此
哉今石經監本毛本作與於此哉古之聰明叡知今石經監本毛本叡作睿以
神明其德夫一本無夫字是故易有大極今石經作太極立成
器以爲天下利漢書作立功成器漢紀作立象成器聖人探賾索隱
虞李賾作嘖九家作冊以定天下之吉凶鄭無以字成天下之亹
亹者李作娓娓莫大乎蓍龜鄭李作莫善釋文同云本亦作莫大洛出書
洛王肅作雒自天祐之侯果崔憬虞李祐作右下同又以尚賢也又鄭
虞李作有乾坤其易之蘊耶各本蘊作緼舉而錯之錯本又作措李
同聖人有以見天下之賾崔憬李作嘖本亦作天下之至賾極天

下之賾者存乎卦賾李作嘖化而裁之本又作財之李同默而
成之九家及李無之字釋文同云本或作默而成之周易繫辭第八各本
皆作繫辭下第八後人補字脫下繫辭焉而命之孟作明之貞勝者也
姚作貞稱確然說文確作隺隤然隤孟作退陸董姚作妥像此者也像李
作象聖人之大寶曰位寶孟作保何以守位曰仁釋文作人云王
肅卜伯玉桓元明僧紹作仁古者包犧氏之王天下也包本又作庖陸
虞李同孟京作伏犧字又作羲孟京作戲俯則觀法於地荀作察法作結繩
而爲罔罟虞李無罔字釋文同云黃作爲罔罟以佃以漁佃本又作田虞李同
漁本又作魚虞李同蓋取諸離虞李作离斲木爲耜說文作相揉木爲
耒玉篇揉作楺本或作揉木爲之耒易窮則變變則通通則久一本

無變則通句是以自天祐之本亦作佑李作右之吉无不利也
各本皆無也字刳木爲舟九家及李刳作挎釋文同云本又作刳剡木爲楫
九家及李剡作掞釋文同云本亦作剡楫本亦作檝致遠以利天下一本無此句
引重致遠以利天下一本無下句重門擊柝說文鄭李作欜說文
又作梆以待暴客鄭作虣客掘地爲臼虞李作闕地象也者像
也孟京虞董姚李像作象憧憧往來本又作憧憧往者屈也屈虞李作
詘下同來者信也本又作伸也下同以求信也玉篇作伸也龍蛇
之蟄釋文蛇作虵云本又作蛇以存身也釋文作全身云本亦作存身死期
將至陸李作死其釋文同云亦作期公用射隼于高墉之上墉李作庸
不威不懲虞李作徵下同小懲而大誡虞李作戒屨校滅趾釋文

作止云本亦作趾故惡積而不可掩虞李作弇是以身安而[illegible]
家可保也國虞作邦知小而謀大小虞李作少力少而任重
今石經監本毛本作力小兩漢書注並與此同鮮不及矣鮮虞李作尠釋文同云本亦作
鮮覆公餗馬作覆公粥其形渥形李作刑吉之先見者也漢書
吉下有凶字天地絪緼本又作氤氳說文作壹壼李同男女構精構鄭作覯
詩箋同監本作搆君子脩此三者今石經脩作修乾坤其易之門
耶本又作門戶耶彰往而察來虞李彰作章辨物正言辨干李作辯
損德之脩也今石經脩作修馬作循爲道也屢遷屢虞李作婁初
率其辭虞李率作帥若夫雜物撰德撰鄭作筭成天下之亹
亹者荀虞李作娓娓吉事有祥虞李作有詳失其守者其辭屈

侯果及李作辭詘
說卦幽贊於神明而生蓍贊本或作讚參天兩地而倚
數天或作夫蓍非漢石經兩作兩廣韻同蜀才倚作奇觀變於陰陽而立卦
一本變下有化字故易六位而成章本又作六畫虞李同日以烜之
釋文烜作晅云本又作暅相見乎離虞崔李作离下並同妙萬物而爲言
者也妙鄭王肅董並作眇毛本作玅燥萬物者莫熯乎火熯徐作暵說文
同故水火相逮漢書作不相逮釋文同云鄭宋陸王肅王廙無不字坎爲豕
京作彘乾爲瘠馬京荀作柴馬爲木果荀九家此下更有爲龍爲直爲衣爲
言八字坤爲吝嗇吝京作遴爲大輿李作轝其於地也爲黑
荀九家此下有爲牝爲迷爲方爲囊爲裳爲黃爲帛爲漿十六字震爲龍鄭虞干李作駹

鄭云讀爲尨爲尃本又作專鄭虞李同虞云延叔堅說以專爲尃大布非也爲蒼筤
竹筤或作琅爲萑葦各本萑作萑爲馵足京荀作朱足爲的顙說文
的作馰其於稼也爲反生虞作阪生陸云阪當爲反爲蕃鮮荀九家此
下有爲玉爲鵠爲鼓六字巽爲工鄭作爲墨爲臭王肅作爲香臭其於人也
爲寡髮寡本又作宣虞李同爲廣顙廣鄭作黃其究爲躁卦荀九家此
下有爲楊爲鸛四字坎爲矯輮一本矯作撟宋衷王廙輮作揉李同京作柔荀作橈爲
弓輪姚作倫爲亟心亟荀作極其於木也爲堅多心荀九家此
下有爲宮爲律爲可爲棟爲叢棘爲狐爲蒺蔾爲桎梏十九字離爲乾卦董作幹卦爲
鼈本又作鼈鄭同爲蠃京作螺姚作蠡爲蚌本又作蜯其於木也爲科
上槁科虞李作折槁鄭作槀干作熇荀九家此下有爲牝牛三字艮爲果蓏京作

果墮之字爲閽寺亦作閽字爲指鄭作小指爲狗虞作拘爲黔喙之
屬黔鄭作黚其於木也爲堅多節一本無堅字虞李同荀九家此下有爲鼻
爲虎爲狐六字兌爲羊虞李作羔鄭作陽荀九家此下有爲常爲輔頰五字
序卦曰者物之始生也李物上有萬字物之稺也稺本或作稚
故受之以訟李上經有也字本篇無李本序卦既列各卦之後又見於此前後字句互
有增減故分別記之比必有所畜本亦作蓄故受之以履略例此下有履
者禮也句李同釋文云韓注有或傳寫者誤履而泰然後安鄭姚李無而泰二字
有大者不可以盈鄭注作有大有大而能謙鄭作嗛豫必
有隨李上經有也字本篇無物大然後可觀李上經有也字本篇無致
飾然後亨李上經作然後本篇作而後故受之以復李上經有也字本篇

無有无妄然後可畜李上經然後上有物字本篇無不可以不久
也李無以字物不可以久居其所鄭李久上有終字居鄭李作於決必
有遇崔李與此同今石經監本毛本作有所遇故受之以姤古文鄭李作遘下並
同故受之以升李下經有也字本篇無困乎上者必反下崔無
者字李下經無本篇有井道不可不革李下經有也字本篇無旅而無
所容李無而字
雜卦臨觀之義李作之意謙輕而豫怠也怠京作治虞李作怡兌
見而巽伏也鄭作兌說蠱則飾也鄭王肅李與此同今石經監本毛本作飭
也大有衆也衆荀作終豐多故也親寡旅也各本皆無上也字
小人道憂也鄭虞李作道消也

周易略例今石經此卷不錄明象夫動不能制動一本作天
地不能制動故處琁璣琁又作旋璣本又作機或作幾監本琁作璇故觀象
以斯一本作以象觀之明爻通變隆墀永歎墀本又作坻同
舟而濟一本作而載故有繕邇而遠至釋文作善邇云善又作繕案石
本初刻作繕後人磨改作善語成而後有格一本作括明卦適變
通爻本又作明卦通變適爻又一本直云適變通爻避險尚遠釋文作辟險云本亦
作避後章同其介不可犯也介本又作分明象故可尋象
以觀意本亦作見意猶蹄者所以在兔字又作菟下同荃者所
以在魚釋文荃作筌云筌蹄事見莊子則僞說茲漫釋文作滋漫辯
位卦不可無六爻無亦作損略例下本或無下字卦略

無所憑也釋文憑作馮云本亦作憑明者不諮於闇諮本亦作資以
所見爲美者也一本作所知則觸藩矣釋文作觸蕃洽乃疑
亡也洽本亦作合未盡則明昧昧本亦作姝又作沬下文同
右周易
尚書序今石經序不錄古者伏犧氏之王天下也伏古作虙犧本
又作羲亦作戲謂之八索本或作素益稷合於皋陶謨皋陶本又作咎
繇盤庚三篇合爲一盤庚本又作般庚其餘錯亂摩滅釋文
摩作磨採摭羣言採本又作采各冠其篇首監本各譌作名傳之
子孫毛本誤作傳子孫孫
虞書馬融鄭康成王肅題曰虞夏書堯典序今石經小序別在經末自此至終篇並同

按馬鄭百篇之序皆總爲一卷惟孔安國以序各冠篇首放勳一作放勛欽明文思
安安漢書作晏晏格于上下說文格作假平章百姓今文作辯章漢
書同黎民於變時雍漢書作番敬授人時漢書作民時宅嵎
夷說文玉篇嵎作堣尚書攷靈曜作禺銕曰暘谷淮南子作湯谷平秩東作
馬作苹秩漢書及周禮注並作辯秩說文作平𨐬平秩南訛漢書作南僞宅西
曰昧谷漢書宅西作度西尚書大傳昧谷作柳穀寅餞納日馬作賓餞漢書同
平在朔易大傳作便在伏物鳥獸氄毛說文鳥部作㲨毛毛部作𣯍髦朞
三百有六旬有六日說文漢書朞作稘胤子朱啟明玉篇啟作
启嚚訟可乎訟馬作庸方鳩僝功說文方鳩作旁逑監本僝作孱有能
俾乂說文漢書作俾嬖方命圮族蜀志作放命釐降二女于嬀

汭國語作嬀內

舜典今文此篇合於堯典無篇首二十八字序虞舜側微玉篇作微曰若

稽古帝舜曰重華協于帝此十二字是姚方典所上孔氏傳本無之濬

哲文明溫恭允塞□諱德升聞乃命以位釋文無此十六字云

姚方典本或有烈風雷雨弗迷大傳弗作不舜讓于德弗嗣漢書

作不怡今文作弗怡在璿璣玉衡大傳作旋機肆類于上帝說文作

禷輯五瑞漢書輯作揖馬同歲二月東巡守或作狩至于岱

宗柴說文作祡修五禮監本毛本修作脩贄本又作摯漢書同說文作𡠗儀禮疏

作雉如西禮馬作如初禮公羊傳注此下有還至岱如初禮六字格于藝祖漢書

作祖禰肇十有二州大傳肇作兆濬川漢書作浚川扑作教刑

今文扑作朴惟刑之恤哉今文恤作卹漢書同竄三苗于三危說文

竄作𢿫帝乃殂落說文帝作放勳漢書作放勳乃殂闢四門說文闢作闢

讓于稷契暨皋陶說文作皋咎繇黎民阻飢今文阻作祖鄭讀祖爲阻

漢書作祖饑五流有宅漢書作有度讓于殳斨暨伯與漢書古今

人表作朱斨柏譽僉曰益哉僉曰馬鄭王並作禹曰教胄子馬作育子說文

同歌永言聲依永漢書永並作詠分北三苗三國志注北作八

大禹謨今文無此篇徐邈云本虞書總爲一卷序皋陶矢厥謨矢本又作

夭謨字又作謩益稷馬鄭王作棄稷帝德廣運乃聖乃神乃武乃

文呂氏春秋作天子之德廣運乃神乃武乃文俾予從欲以治毛本欲誤作敎

夔夔齋慄監本齋作齊禹拜昌言孟子注作善言漢書作讜言

皋陶謨惇敘九族漢書敘作序知人則哲漢書作悊擾而毅

玉篇擾作獿剛而塞說文作寒俊乂在官漢書乂作艾百僚師師

僚本又作寮無教逸欲有邦漢書無作亡教作敖逸作佚邦作國玉篇逸亦作佚

後漢書欲作游一日二日萬幾漢書作機無曠庶官漢書作毋曠天

工人其代之漢書工作功天敘有典馬作五典自我五禮有

庸哉馬作五庸哉五刑五用哉漢書用作庸懋哉懋哉爾雅注懋

作茂漢書注同天明畏馬作明威周禮注同

益稷今文此篇合於皋陶謨隨山刊木漢書刊作栞說文玉篇並同濬畎

澮距川說文作濬く巜歫川又作睿畎澮暨稷播奏庶艱食鮮食

艱馬作根漢書同懋遷有無化居懋大傳作貿漢書作楙作會馬作繪周

禮注同藻火粉米藻本又作藻說文作璪粉說文作黺米說文作䊓又作絲徐同絺

繡周禮注絺作希在治忽今文作采政忽漢書作七始詠鄭作在治曶撻以記

之說文撻作虘敷納以言漢書敷作傅無若丹朱傲漢書無作毋傲

作敖說文朱作絑傲作奡朋淫于家說文朋作堋娶于塗山說文上有禹曰

二字塗作嵞玉篇亦作嵞弼成五服說文弼作邲方施象刑惟明漢書

及白虎通方並作旁笙鏞以間鏞鄭作庸周禮疏同鳥獸蹌蹌說文作牄牄周

禮注同簫韶九成說文簫作箾

禹貢序任土作貢字或作贛至于岳陽岳字又作嶽漢書同島夷

皮服鄭作鳥夷漢書同入于河漢書作海濟河惟兗州漢書濟作泲下

濟漯達于濟並同說文兗作沇灉沮會同漢書及周禮注並作雍沮厥草惟繇

說文作蘇作十有三載馬鄭載作年嵎夷既略今文嵎夷作禺鐵濰

淄其道濰本亦作惟又作維漢書作惟甾海濱廣斥玉篇作廣滷漢書作海瀕

廣瀉厥篚檿絲漢書篚作棐後篚字並同大野既豬漢書作大壄後豬野同

厥土赤埴墳埴鄭作戠羽畎夏翟周禮注畎作甽書翟作狄草木

漸包漸本又作蔪說文同包字或作苞說文同淮夷蠙珠暨魚本亦作淮夷二

水蠙字又作玭達于河說文作菏陽鳥攸居漢書作逌居篠簜既敷

簜或作篡瑤琨篠簜琨馬作瓚漢書同齒革羽毛惟木漢書無惟木二

字島夷卉服漢書作鳥夷厥包橘柚詩箋包作苞沿于江海

沿馬作均鄭作松云松當為沿漢書作均江海沱潛既道漢書潛作灊下同雲土

夢作乂雲徐作云漢書作雲夢土作艾厥貢羽毛齒革漢書毛作旄杶

榦栝柏杶又作櫄榦本又作幹周禮注作櫄幹礪砥砮丹漢書礪作厲惟

箘簵楛說文簵作簬浮于江沱潛漢本或作潛于漢滎波既豬

說文波作潘馬作播漢書作滎播既都被孟豬漢書孟作盟浮于洛河各本

皆作浮于洛達于河此誤耽和夷底績和字又作龢西傾因桓是來

漢書作是徠弱水既西說文作溺水涇屬渭汭本又作內灃水攸

同漢書作酆水逌同下東會于灃亦作酆厥貢惟球琳琅玕琳鄭作玲道

岍及岐岍字又作汧馬作開至于陪尾漢書作倍尾道弱水本或作溺

水又東至于孟津漢書作盟津至于大伾本又作岯字或作㕹岷

山導江漢書岷作崏又東至于澧漢書作醴溢為滎溢字又作泆漢

書作軼又東會于涇漢書會作至四隩既宅玉篇隩作墺百里

賦納總納本又作內二百里納秸服秸本或作稭禮記注作鞂漢書作內

憂服

甘誓有扈氏威侮五行漢書作有鄠一作有戶天用勦絕其

命勦馬作巢漢書作剿說文同弗用命戮于社今石經監本弗作不予則

孥戮汝周禮注孥作奴

五子之歌今文無此篇序須于洛汭本又作內以逸豫逸本又作

佾豫本或作忬乃盤遊無度盤本或作槃弖可近不可下國語作民

可近也而不可上也關石和鈞國語作龢均雖悔可追雖或作睢

胤征漢書作嗣征今文無此篇工執藝事以諫藝本又作蓺俶擾天

紀俶本亦作叔

附錄史記所採虞夏書按司馬遷嘗從孔安國問故史記中採錄尚書皆眞

古文也然遷所引多據訓詁以改原文如克明俊德作能明馴德欽若昊天作敬順昊天之類通部

皆然今不能分注各字句下則具著於此至古文尚書篇次已為後人所亂史記所述較今本前後

互置無從分隸各篇故彙錄于虞夏書後使讀者得考其同異焉以後商書周書並倣此能

明馴德徐廣曰馴古訓字以親九族九族既睦便章百姓

百姓昭明合和萬國乃命羲和敬順昊天數法日

月星辰敬授民時分命羲仲居郁夷曰暘谷索隱云史

記舊本作湯谷敬道日出便程東作日中星鳥以殷中春

其民析鳥獸字微申命羲叔居南交便程南譌敬

致日永星火以正中夏其民因鳥獸希革申命和

仲居西土徐廣曰一無土字曰昧谷徐廣曰一作柳谷索隱曰史記舊本作柳穀敬道日入便程西成夜中星虛以正中秋其民夷易鳥獸毛毨申命和叔居北方曰幽都便在伏物日短星昴以正中冬其民燠鳥獸氄毛歲三百六十六日以閏月正四時信飭徐廣曰古勑字百官衆功皆興堯曰誰可順此事放齊曰嗣子丹朱開明堯曰吁頑凶不用堯又曰誰可者讙兜曰共工旁聚布功可用堯曰共工善言其用僻似恭漫天不可堯又曰嗟四嶽湯湯洪水滔天浩浩懷山襄陵下民其憂有能使治者皆曰鯀可堯曰鯀負命毀族

不可嶽曰异哉試不可用而已堯於是聽嶽用鯀九歲功用不成堯曰嗟四嶽朕在位七十載汝能庸命踐朕位嶽應曰鄙德忝帝位堯曰悉舉貴戚及疏遠隱匿者衆皆言於堯曰有矜在民間曰虞舜堯曰然朕聞之其何如嶽曰盲者子父頑母嚚弟傲能和以孝烝烝治不至姦堯曰吾其試哉於是堯妻之二女觀其德于二女舜飭下二女於嬀汭如婦禮堯善之乃使舜慎和五典五典能從乃徧入百官百官時序賓於四門四門穆穆諸侯遠方賓客皆敬堯使舜入山林川澤暴風雷雨舜行

不迷堯以爲聖召舜曰女謀事至而言可績三年矣女登帝位舜讓於德不懌正月上日舜受終於文祖　於是帝堯老命舜攝行天子之政以觀天命舜乃在璿璣玉衡以齊七政遂類于上帝禋於六宗望於山川辯於羣神揖五瑞擇吉月日見四嶽諸牧班瑞歲二月東巡狩至於岱宗祡望秩於山川遂見東方君長合時月正日同律度量衡脩五禮五玉三帛二生一死爲摯如五器卒乃復五月南巡狩八月西巡狩十一月北巡狩皆如初歸至於祖禰廟用特牛禮五歲一巡狩羣后四朝徧

告以言明試以功車服以庸肇十有二州決川象以典刑流宥五刑鞭作官刑扑作教刑金作贖刑眚烖過赦怙終徐廣曰亦作衆賊刑欽哉欽哉惟刑之靜哉讙兜進言共工堯曰不可而試之工師共工果淫辟四嶽舉鯀治鴻水堯以爲不可嶽強請試之試之而無功故百姓不便三苗在江淮荆州數爲亂於是舜歸而言於帝請流共工于幽陵以變北狄徐廣曰變一作燮放讙兜於崇山以變南蠻遷三苗於三危以變西戎殛鯀於羽山以變東夷四辠而天下咸服堯立七十年得舜二十年而老令舜攝行

天子之政　堯辟位凡二十八年而崩百姓悲哀
如喪父母三年四方莫舉樂以思堯於是舜乃至
於文祖謀于四嶽辟四門明通四方耳目命十二
牧論帝德行厚德遠佞人則蠻夷率服舜謂四嶽
曰有能奮庸美堯之事者使居官相事皆曰伯禹
爲司空可美帝功舜曰嗟然禹汝平水土維是勉
哉禹拜稽首讓於稷契與皋陶舜曰然往矣舜曰
棄黎民始飢汝后稷播時百穀舜曰契百姓不親
五品不馴汝爲司徒而敬敷五教在寬舜曰皋陶
蠻夷猾夏寇賊姦軌汝作士五刑有服五服三就

五流有度五度三居維明能信舜曰誰能馴予工
皆曰垂可於是以垂爲共工舜曰誰能馴予上下
草木鳥獸皆曰益可於是以益爲朕虞益拜稽首
讓于諸臣朱虎熊羆舜曰往矣汝諧遂以朱虎熊
羆爲佐舜曰嗟四嶽有能典朕三禮皆曰伯夷可
舜曰嗟伯夷以汝爲秩宗夙夜唯敬直哉維靜潔
伯夷讓夔龍舜曰然以夔爲典樂教稺子直而溫
寬而栗剛而毋虐簡而毋傲詩言意謌長言聲依
詠律和聲八音能諧毋相奪倫神人以和夔曰於
予擊石拊石百獸率舞舜曰龍朕畏忌讒說殄僞

振驚朕衆 徐廣曰一云齊說殄行振驚衆 命汝爲納言夙夜出入
朕命惟信舜曰嗟女二十有二人敬哉惟時相天
事三歲一考功三考絀陟遠近衆功咸興分北三
苗　舜年二十以孝聞年三十堯舉之年五十攝
行天子事年五十八堯崩年六十一代堯踐帝位
踐帝位三十有九年南巡狩崩於蒼梧之野 並五帝本
紀　當帝堯之時鴻水滔天浩浩懷山襄陵下民
其憂堯求能治水者羣臣四嶽皆曰鯀可堯曰鯀
爲人負命毀族不可四嶽曰等之未有賢於鯀者
願帝試之於是堯聽四嶽用鯀治水九年而水不

息功用不成於是帝堯乃求人更得舜舜登用攝
行天子之政巡狩行視鯀之治水無狀乃殛鯀於
羽山以死天下皆以舜之誅爲是於是舜舉鯀子
禹而使續鯀之業堯崩帝舜問四嶽曰有能成美
堯之事者使居官皆曰伯禹爲司空可成美堯之
功舜曰嗟然命禹女平水土維是勉之禹拜稽首
讓於契后稷皋陶舜曰女其往視爾事矣　禹乃
遂與益后稷奉帝命命諸侯百姓興人徒以傅土
行山表木定高山大川　陸行乘車水行乘船泥
行乘橇 徐廣曰他書或作蕝 山行乘檋 徐廣曰檋一作橋 左準繩右

規矩載四時以開九州通九道陂九澤度九山令
益予衆庶稻可種卑溼命后稷予衆庶難得之食
食少調有餘相給以均諸侯禹乃行相地宜所有
以貢及山川之便利禹行自冀州始冀州既載壺
口治梁及岐既修太原至於嶽陽覃懷致功至於
衡漳其土白壤賦上上錯田中中常衛既從大陸
既爲鳥夷皮服夾右碣石入于海[徐廣曰海一作河]濟河
維沇州九河既道雷夏既澤雍沮會同桑土既蠶
於是民得下丘居土其土黑墳草繇木條田中下
賦貞作十有三年乃同其貢漆絲其篚織文浮于

濟漯通於河海岱維青州嵎夷既略濰淄既道其
土白墳海濱廣潟[徐廣曰一作澤又作斥]厥田斥鹵田上下
賦中上厥貢鹽絺海物維錯岱畎絲枲鉛松怪石
萊夷爲牧其篚酓絲浮於汶通於濟海岱及淮維
徐州淮沂其治蒙羽其藝大野既都東原底平其
土赤埴墳草木漸包其田上中賦中中貢維土五
色羽畎夏狄嶧陽孤桐泗濱浮磬淮夷蠙珠臮魚
其篚玄纖縞浮于淮泗通于河淮海維揚州彭蠡
既都陽鳥所居三江既入震澤致定竹箭既布其
草惟夭其木惟喬其土塗泥田下下賦下上上雜

貢金三品瑤琨竹箭齒革羽毛鳥夷卉服其篚織
貝其包橘柚錫貢均江海通淮泗荊及衡陽維荊
州江漢朝宗于海九江甚中沱涔已道雲土夢爲
治其土塗泥田下中賦上下貢羽旄齒革金三品
杶榦栝柏礪砥砮丹維箘簬楛[徐廣曰一作箭足杆杆卽楛也音怙]
[箭足者矢鏃也或以箭足訓釋簬楛乎]三國致貢其名包匭菁茅其
篚玄纁璣組九江入賜大龜浮於江沱涔於漢踰
于雒至於南河荊河維豫州伊雒瀍澗既入於河
滎播既都道荷澤被明都其土壤下土墳壚田中
上賦雜上中貢漆絲絺紵其篚纖絮錫貢磬錯浮

於雒達於河華陽黑水維梁州汶嶓既蓺沱涔既
道蔡蒙旅平和夷底績其土青驪田下上賦下中
三錯貢璆鐵銀鏤砮磬熊羆狐狸織皮西傾因桓
是來浮于潛踰于沔入于渭亂于河黑水西河維
雍州弱水既西涇屬渭汭漆沮既從灃水所同荊
岐已旅終南敦物至于鳥鼠原濕底績至于都野
三危既度三苗大序其土黃壤田上上賦中下貢
璆琳琅玕浮于積石至于龍門西河會于渭汭織
皮昆侖析支渠搜西戎卽序道九山汧及岐至于
荊山踰于河壺口雷首至于太嶽砥柱析城至于

王屋太行常山至于碣石入于海西傾朱圉鳥鼠至于太華熊耳外方桐柏至于負尾道嶓冢至于荆山內方至于大別汶山之陽至于衡山過九江至于敷淺原（徐廣曰淺一作淢）道九川弱水至於合黎餘波入于流沙道黑水至于三危入于南海道河積石至于龍門南至華陰東至砥柱又東至于盟津東過雒汭至于大邳北過江水至于大陸北播為九河同為逆河入于海嶓冢道瀁東流為漢又東為蒼浪之水過三澨入于大別南入于江東匯澤為彭蠡東為北江入于海汶山道江東別為沱又東至於醴過九江至于東陵東迤北會于匯東為中江入于海道沇水東為濟入于河泆為滎東出陶丘北又東至于荷又東北會于汶又北東入于海道淮自桐柏東會于泗沂東入于海道淮自鳥鼠同穴東會于澧又東北至于涇東過漆沮入于河道雒自熊耳東北會于澗瀍又東會于伊東北入于河於是九州攸同四奧既居九山栞旅九川滌原九澤既陂四海會同六府甚修眾土交正致慎財賦咸則三壤成賦中國賜土姓祗台德先不距朕行令天子之國以外五百里甸服百里賦納

總二百里納銍三百里納秸服四百里粟五百里米甸服外五百里侯服百里采二百里任國三百里諸侯侯服外五百里綏服三百里揆文教二百里奮武衛綏服外五百里要服三百里夷二百里蔡要服外五百里荒服三百里蠻二百里流東漸于海西被于流沙朔南暨聲教訖于四海於是帝錫禹元圭以告成功於天下天下於是太平治皋陶作士以理民帝舜朝禹伯夷皋陶相與語帝前皋陶述其謀曰信其道德謀明輔和禹曰然如何皋陶曰於慎其身修思長敦序九族眾民高翼近可遠在已禹拜美言曰然皋陶曰於在知人在安民禹曰吁皆若是惟帝其難之知人則智能官人能安民則惠黎民懷之能知能惠何憂乎驩兜何遷乎有苗何畏乎巧言善色佞人皋陶曰然於亦行有九德亦言其有德乃言曰始事事寬而栗柔而立愿而共治而敬擾而毅（徐廣曰擾一作柔）直而溫簡而廉剛而實彊而義章其有常吉哉日宣三德蚤夜翊明有家日嚴振敬六德亮采有國翕受普施九德咸事俊乂在官百吏肅謹毋教邪淫奇謀非其人居其官是謂亂天事天討有辜五刑五用哉

吾言厎可行乎禹曰汝言致可績行皐陶曰余未有知思贊道哉帝舜謂禹曰汝亦昌言禹拜曰於予何言予思日孳孳皐陶難禹曰何謂孳孳禹曰鴻水滔天浩浩懷山襄陵下民皆服於水予陸行乘車水行乘舟泥行乘橇山行乘檋行山栞木與益予衆庶稻鮮食以決九川致四海浚畎澮致之川與稷予衆庶難得之食食少調有餘補不足徙居衆民乃定萬國爲治皐陶曰然此而美也禹曰於帝愼乃在位安爾止輔德天下大應清意以昭待上帝命天其重命用休帝曰吁臣哉臣哉臣作

朕股肱耳目予欲左右有民女輔之余欲觀古人之象日月星辰作文繡服色女明之余欲聞六律五聲八音來治滑以出入五言女聽予卽辟女匡拂予女無面諛退而謗予敬四輔臣諸衆讒嬖臣君（徐廣曰一作吾）德誠施皆清矣禹曰然帝卽不時布同善惡則毋功帝曰毋若丹朱敖維慢游是好毋水舟行朋淫于家用絶其世予不能順是禹曰予辛壬娶塗山癸甲生啓予不子以故能成水土功輔成五服至于五千里州十二師外薄四海咸建五長各道有功苗頑不卽功帝其念哉帝曰道吾德

乃女功序之也皐陶於是敬禹之德令民皆則禹不如言刑從之舜德大明於是夔行樂祖考至羣后相讓鳥獸翔舞簫韶九成鳳皇來儀百獸率舞百官信諧帝用此作歌曰陟天之命維時維幾乃歌曰股肱善哉元首起哉百功喜哉皐陶拜首稽首揚言曰念哉率爲興事愼乃憲敬哉乃更爲歌曰元首明哉股肱良哉庶事康哉舜又歌曰元首叢脞哉股肱惰哉萬事墮哉帝拜曰然往欽哉

有扈氏不服啓伐之大戰於甘將戰作甘誓乃召六卿申之啓曰嗟六事之人予誓告女有扈氏威

侮五行怠棄三正天用勦絶其命今予維共行天之罰左不攻于左右不攻于右女不共命御非其馬之政女不共命用命賞于祖不用命僇于社予則帑僇女　帝太康失國昆弟五人須于洛汭作五子之歌　帝中康時羲和湎淫廢時亂日胤往征之作胤征（並夏本紀）　帝舜命契曰百姓不親五品不訓汝爲司徒而敬敷五教五教在寬（殷本紀）　帝舜曰棄黎民始飢爾后稷播時百穀（周本紀）

商書湯誓予則孥戮汝（漢書孥作奴）　典寶序誼伯仲伯（誼本或作義）

仲虺之誥今文無此篇　序仲虺作誥漢書作仲䳺　惟生聰
明時乂各本皆作惟天生此後人補字譌脫　建中于民中本或作忠　能自
得師者王謂人莫己若者亡荀子云其在仲虺之言曰諸侯自爲得師
者王得友者霸得疑者存自爲謀而莫己若者亡　覆昏暴字或作虣
湯誥今文無此篇　罹其凶害罹本亦作羅　不敢赦今石經不作弗　與
之勠力今石經監本毛本勠作戮　其爾萬方有罪在予一人予
一人有罪無以爾萬方國語作余一人有罪無以萬夫萬夫有罪在余一人
伊訓今文無此篇　惟元祀十有二月乙丑伊尹祠于先
王奉嗣王祗見厥祖侯甸羣后咸在三統厤作維太甲元年十
有二月乙丑朔伊尹祀于先王誕資有牧方明　朕載自亳今石經監本毛本載作哉　敷

求哲人本又作喆人
太甲上今文上中下三篇並無　旁求俊彥俊本亦作畯　無越厥命
以自覆越本又作粤　兹乃不義本亦作誼　太甲中修厥身
監本毛本修作脩　視乃厥祖毛本作烈祖　太甲下惟明明先
王惟時懋敬厥德各本明明下有后字此補字譌脫
咸有一德今文無此篇　任官惟賢材毛本作才　七廿之廟可
以觀德呂氏春秋作五世之廟可以觀怪
盤庚上今文合上中下三篇爲一篇　序盤庚五遷盤本又作般國語同　若
顛木之有由蘖本又作枿馬同說文作甹櫱又作甹枿廣韻作甹栟　王播告
之脩說文播作譒　今汝聒聒漢書作懖說文同　予亦拙謀說文拙作

炪　若農服田力穡漢書穡作嗇　不昬作勞昬本或作睯　越其
罔有黍稷越本又作粤　汝悔身何及漢石經殘字身作命　相時憸
民說文憸作思漢石經作散　人惟求舊器非求舊漢石經無上求字下求字
作殺　汝無老侮成人漢石經作女毋翕侮成人今石經監本毛本老侮作侮老　無
弱孤有幼漢石經弱作流　邦之臧惟汝衆邦之不臧惟予
一人有佚罰國語作國之臧則惟汝衆國之不臧則惟予一人是有佚罰　各恭
爾事漢石經恭作共　度乃口度亦作渡漢石經乃作爾　盤庚中誕告
用亶其有衆亶馬作單　保后胥慼漢石經作胥高　今予將試以
汝遷漢石經汝作爾　安定厥邦漢石經作國　汝不憂朕心之攸
困漢石經汝上有今字　不其或稽漢石經作或迪　自怒曷瘳漢石經怒作惄

汝誕勸憂漢石經誕作永　汝何生在上漢石經汝作女　予丕克羞
爾漢石經丕作不　高后丕乃崇降罪疾漢石經崇作祟　汝有戕漢石
經作女有近　乃祖先父丕乃告我高后曰本又作乃祖乃父監本毛
本同　作丕刑于朕子孫今石經及各本無子字　丕乃崇降弗祥
漢石經作興降丕永　嗚呼漢石經作於戲　汝分猷念以相從漢石經汝分猷
作女比猶　各設中于乃心漢石經設作翕　盤庚下盤庚既遷
漢石經盤作般　無戲怠漢石經作女罔台民　懋建大命漢石經懋作勖漢書作茂
今予其敷心腹腎腸漢石經予作我夏侯等傳心腹腎腸作憂賢揚文選劉淵
林注作優賢揚　嘉績于朕邦漢石經嘉作綏　爾謂朕曷震動萬民
以遷漢石經爾上有今字謂作惠震作㤨　尚皆隱哉漢石經隱作乘　予其懋

簡相爾漢石經慹簡作曷蔺
說命上今文上中下三篇並無序高宗夢得說本又作兌下篇同使
百工營求諸野得諸傅巖說文作使百工敻求得之傅巖亮陰三
祀亮本亦作諒漢書作梁闇以台正于四方台恐德弗類茲顧
弗言國語作以余正四方余恐德之不類茲故不言朝夕納誨國語作朝夕規諫
若金用汝作礪若濟巨川用汝作舟楫若歲大旱
用汝作霖雨啟乃心沃朕心若藥弗瞑眩厥疾弗
瘳若跣弗視地厥足用傷國語作若金用女作厲若津水用女作舟若天
旱用女作霖雨啟乃心沃朕心若藥不瞑眩厥疾不瘳若跣不視地厥足用傷說文瞑眩作眄眩
說命中惟干戈省厥躬省一本作眚王視不艱今石經及各本

視並作忱說命下爾交修予監本毛本修作脩下惟厥修厥德修並同
學遜志周禮注遜志作敬遜厥德脩罔覺毛本脩作修旁招俊乂
俊本又作畯敢對揚天子休命今石經及各本天子下有之字
高宗肜日惟先格王正厥事兩漢書格並作假天既孚命
正厥德漢石經漢書孚作付
西伯戡黎序周人乘黎大傳作乘者作西伯戡黎伯亦作柏
戡大傳說文並作𢦏玉篇爾雅注作堪格人元龜漢書格作假大命不摯
今文作摯說文同按石刻大命下旁注古字後人所加
微子我用沈酗于酒說文酗作酌越至于今越馬作粵我其
發出狂鄭作往吾家耄遜于荒耄字又作旄告予顛隮說文

作躋用乂讎斂讎馬作稠我興受其敗漢書作退說文同自靖馬作
自清漢書同
附錄史記所採商書　自契至湯八遷湯始居亳
從先王居作帝誥索隱云一作佶湯征諸侯葛伯不祀湯
始伐之作湯征　伊尹去湯適夏既醜有夏復歸
于亳入自北門遇女鳩女房作女鳩女房　夏桀
為虐政淫荒而諸侯昆吾氏為亂湯乃興師率諸侯
伊尹從湯湯自把鉞以伐昆吾遂伐桀湯曰格汝
衆庶來汝悉聽朕言匪台小子敢行舉亂有夏多
罪予維聞女衆言夏氏有罪予畏上帝不敢不正

今夏多罪天命殛之今女有衆女曰我君不恤我
衆舍我嗇事而割政女其曰有罪其柰何夏王率
止衆力率奪夏國有衆率怠不和曰是日何時喪
予與女皆亡夏德若茲今朕必往爾尚及予一人
致天之罰予其大理女女毋不信朕不食言女不
從誓言予則帑僇女無有攸赦以告令師作湯誓
桀敗於有娀之墟桀犇於鳴條夏師敗績湯遂
伐三㚇俘厥寶玉義伯仲伯作典寶湯既勝夏欲
遷其社不可作夏社伊尹報徐廣曰一云伊尹報政於是諸
侯必服湯乃踐天子位平定海內湯歸至于泰卷

陶徐廣曰一无此陶字中䨓作誥既絀夏命還亳作湯誥維三月王自至於東郊告諸侯羣后毋不有功于民勤力廼事予乃大罰殛女毋予怨曰古禹皐陶久勞于外其有功乎民民乃有安東為江北為濟西為河南為淮四瀆已修萬民乃有居后稷降播農殖百穀三公咸有功于民故后有立徐廣曰一作土昔蚩尤與其大夫作亂百姓帝乃弗予有狀先王言不可不勉曰不道毋之徐廣曰一作政在國在國女毋我怨以侯伊尹作咸有一德咎單作明居　帝太甲既立三年不明暴虐不遵湯法亂德于是伊尹放之於

桐宮三年伊尹攝行政當國以朝諸侯帝太甲居桐宮三年悔過自責反善於是伊尹廼迎帝太甲而授之政帝太甲修德諸侯咸歸殷百姓以寧伊尹嘉之廼作太甲訓三篇　帝沃丁之時伊尹卒既葬伊尹於亳咎單遂訓伊尹事作沃丁　帝太戊立伊陟為相亳有祥桑穀共生于朝一暮大拱帝太戊懼問伊陟伊陟曰臣聞妖不勝德帝之政其有闕與帝其修德太戊從之而祥桑枯死而去伊陟贊言于巫咸巫咸治王家有成作咸艾作太戊帝太戊贊伊陟于廟言弗臣伊陟讓作原命

帝仲丁遷于隞河亶甲居相祖乙遷于邢　帝盤庚之時殷已都河北盤庚渡河南復居成湯之故居廼五遷無定處殷民咨胥相怨不欲徙盤庚乃告諭諸侯大臣曰昔高后成湯與爾之先祖俱定天下法則可修舍而弗勉何以成德乃遂涉河南治亳行湯之政然後百姓由寧殷道復興諸侯來朝以其遵成湯之德也　殷復衰百姓思盤庚廼作盤庚三篇　帝武丁即位思復興殷而未得其佐三年不言政事決定於冢宰以觀國風武丁夜夢得聖人名曰說以夢所見視羣臣百吏皆非也

於是廼使百工營求之野得說於傅險中是時說為胥靡築於傅險見於武丁武丁曰是也得而與之語果聖人舉以為相殷國大治故遂以傅險姓之號曰傅說　帝武丁祭成湯明日有飛雉登鼎耳而呴武丁懼祖己曰王勿憂先修政事祖己乃訓王曰惟天監下典厥義降年有永有不永非天夭民中絕其命民有不若德不聽罪天既附命正厥德乃曰其奈何嗚呼王嗣敬民罔非天繼常祀毋禮于弃道　帝武丁崩子帝祖庚立祖己嘉武丁之以祥雉為德立其廟為高宗遂作高宗肜日及

訓 西伯伐飢國滅之徐廣曰飢一作阢又作耆紂之臣祖伊聞之而咎周恐奔告紂曰天既訖我殷命假人元龜徐廣曰元一作卜無敢知吉非先王不相我後人維王淫虐用自絕故天棄我不有安食不虞知天性不廸率典今我民罔不欲喪曰天曷不降威大命胡不至今王其奈何紂曰我生不有命在天乎祖伊反曰紂不可諫矣並殷本紀 西伯敗耆國徐廣曰一作阢殷之祖伊聞之懼以告帝紂紂曰不有天命乎是何能爲周本紀

周書泰誓上今文上中下三篇並無惟十有三年或作十有一年後人妄看序文輒改之惟宮室臺榭本又作謝 泰誓中王乃循師而誓今石經及各本循作徇厥監惟不遠今石經毛本監作鑒予有亂十人監本毛本作亂臣十人按石刻亂下旁注臣字後人所加

牧誓序與受戰于牧野說文玉篇牧作坶廣韻云古文尚書作坶王左杖黃鉞本又作戉逖矣西土之人爾雅注逖作逷稱爾戈爾雅注稱作偁惟婦言用石本言下旁增是字後人所加漢書亦無是字昏棄厥遺王父母弟不廸漢石經王作任乃惟四方之多罪逋逃漢石經惟作維漢書作逋逃多罪以姦宄于商邑漢書作以姦軌于商國不愆于四伐五伐六伐七伐禮記注不愆作不過尚桓桓漢書作狟狟說文同弗迓克奔迓馬鄭作禦

武成序往伐歸獸本或作嘼執豆邊豆本又作梪克成厥勳石本毛本成誤作伐昭我周王爾雅注昭作釗封比干墓式商容閭石本墓上閭上旁注之字皆後人所加

洪範我不知其彝倫攸敘孟子注作有序鯀陻洪水漢書陻作堙玉篇作垔漢石經陻作伊洪作鴻汩陳其五行漢石經汩作曰不畀洪範九疇漢書不作弗彝倫攸斁說文玉篇並作殬鯀則殛死殛本或作極敬用五事漢書敬作羞協用五紀漢書協作叶乂用六德漢石經乂作艾漢書同明用稽疑漢書稽作叶說文同威用六極漢書威作畏一曰貌本亦作貇從作乂詩箋作艾無有淫朋漢書作淫罰無虐煢獨漢書無虐作亡侮于其無好德鄭無德字無偏無陂舊本陂作頗案此字元宗所改今石經改正作頗無有作好說文作玗無偏無黨漢石經無作毌漢書作不于帝其訓馬作其順六三德漢書無六字凶于而國漢書凶上有而字人用側頗僻漢書僻作辟曰霽漢書作濟周禮注同曰蒙曰驛曰克鄭王蒙作雺在曰驛之下周禮注蒙亦作雺驛作圖古文驛作悌漢書作曰圛曰蟊曰剋曰悔說文作𠧪凡七卜五監本脫卜字謀及庶人漢石經人作民庶草蕃廡說文作緐橆曰乂時暘若漢書乂作艾暘作陽曰哲時燠若漢書哲作悊燠作奧曰豫恒燠若漢書豫作舒燠作奧大傳豫作荼公羊傳注亦作舒曰蒙大傳作雺漢書作霧 分器序諸侯班宗彝班本又作般

旅獒今文無此篇序西旅獻獒馬作豪太保作旅獒監本毛本

BIBLIOTECA DA UNIVERSIDADE DA ÁSIA ORIENTAL
東亞大學圖書館
UNIVERSITY OF EAST ASIA LIBRARY

太作大西旅厎貢厥獒漢書厎作致犬馬非其土產不畜
石本原如此後人磨改產作性爲山九仞字又作刄
金縢序武王有疾馬作有疾不豫王有疾弗豫本又作忬說文作悆
植璧秉圭漢書作戴璧啟籥見書周禮注啟作開下以啟金縢之書同王
其罔害周禮注作無害茲攸俟能念予一人漢書作茲道能念予一人
我之弗辟說文作𨐨信噫馬作懿惟朕小子其新逆鄭作親迎
馬作親迎盡起而築之築本亦作筑
大誥序作大誥本亦作弇猷大告爾多邦馬鄭王作大誥猷爾多邦
天降割于我家不少馬割作害不作弗讀弗少延爲句有大艱于
西土漢書作我有截于西土知我國有疵漢書作有呰巳獻有十
夫大傳獻作儀漢書同遺大投艱于朕躬漢書投作解不卬自恤
說文作郵爾丕克遠省馬作不克天棐忱辭漢書忱辭作諶辭一作天輔誠
辭矧肯構鄭王本此下亦有厥考翼其肯曰予有後弗棄基十二字
微子之命今文無此篇惟稽古崇德象賢漢書惟作丕曰篤
不忘篤本又作竺
康誥哉生魄馬作朏說文玉篇作霸周公咸勤乃洪大誥治
一本作周公迺洪大誥治威威顯巳漢書作畏畏恫瘝乃身漢書瘝作矜
天畏棐忱爾雅注作天威馬作匪諶人有小罪非眚本亦作省罔弗
憝說文弗作不不率大戛漢書作戛聽朕誥汝今石經監本毛本誥作告
酒誥王若曰衛宏賈逵馬鄭王並作成王若曰明大命于妹邦漢書

作沬邦誕惟厥從淫泆于非彝馬作淫佚賈泆作逸非作匪厥心
疾很監本毛本誤作狠今石經與此同汝劼毖殷獻臣說文無汝字汝
勿佚漢書作女無失盡執拘以歸于周說文拘作抲下有獻字弗蠲
乃事今石經作汝事
梓材馬梓作杍云古作梓字至于屬婦說文玉篇並作嫋婦惟其塗丹
雘說文塗作殼皇天既付中國巳付馬作附和懌先後迷巳
懌字又作斁
召誥則無遺壽耇漢書壽耇作耇老用顧畏于巳碞漢書作嵒
予小臣敢以王之讎巳百君子讎或作酬王末有成命
毛本末誤作未
洛誥伻來來視予卜休恒吉馬作辯來來示予今王即命
曰一作日音人食反乃汝其悉自教工大傳作學工漢書作學功無若
火始燄燄漢書作庸庸頒朕不暇說文頒作敄汝乃是不蘉
玉篇不作弗揚文武烈大傳文武下有之德二字和恒四方巳居師
大傳四方上有萬邦二字旁作穆穆迓衡迓馬鄭王作御漢書同公無困
哉漢書作公無困我哉
多士敢弋殷命弋馬作翼漢書同大淫泆有辭泆又作佾馬作屑
時惟天命無違漢石經惟作維無違作元時惟天命漢石經惟作維王
曰多士漢石經多士上有告爾二字爾不啻不有爾土啻徐作翅下同
爾厥有幹有年于茲洛漢石經作維

無逸君子所其無逸大傳無作毋厥子乃不知稼穡之
艱難漢石經穡作嗇乃逸乃諺既誕漢石經作乃劮乃憲既延否則侮
厥父母漢石經否作不在昔殷王中宗石本原刻如此後人磨改在昔作昔
在嚴恭寅畏嚴馬作儼天命自度治民祗懼漢石經度作亮治作
以乃或亮陰大傳作梁闇三年不惟各本皆作不言此補字譌刻其
惟不言乃雍說文雍作讙肆高宗之享國五十有九
年漢石經作饗國百年惟耽樂之從漢書之作是文王卑服卑馬作俾
徽柔懿恭漢石經作共懷保小民漢石經作小人漢書同惠鮮鰥
寡漢石經作惠于矜寡漢書同自朝至于日中昃本亦作仄纔自今
嗣王則其無淫于觀于逸于遊于田以萬民惟正

之供漢書作今嗣王其毋淫于酒毋逸于遊田惟正之供漢石經此數句已殘缺惟存酒毋劮
于遊田維七字國語正作政供作恭無皇曰漢石經皇作兄民無或胥譸張
為幻譸馬作輈爾雅注作侜說文作民或譸張為幻此厥不聽人乃訓之
乃變亂先王之正刑漢石經聽作聖無之乃二字先王之三字則皇自
敬德漢石經皇作兄自作曰嗚呼嗣王其監于茲漢石經嗚呼作於戲
無其字
君奭不弔石本原刻如此後人磨改不作弗其終出于不祥終馬作崇
漢石經終作道祥作詳嗚呼漢石經作於戲曰我民罔尤違今石經監本毛
本曰作越在我後嗣子孫漢書後嗣作嗣事大弗克恭上下漢書
弗作不恭作共遏佚前人光漢書佚作失天命不易天難諶乃

其墜厥命漢書作命不易天應棐諶乃亡隊命石刻原本如此後人磨改脫厥字監本毛
本亦無之我道惟寧王德延道馬作迪故一人有事于四方
漢書作迪一人使四方有若南宮括馬作南君括我則鳴鳥不聞
本或作鳴鳳天休滋至毛本滋作茲罔不率卑今石經及各本作俾
蔡仲之命今文無此篇成王政序作成王政馬作征
將蒲姑序將遷其君於蒲姑馬作薄姑下同
多方不克終日勸于帝之迪馬作之攸亦惟有夏之民
叨懫說文作亦惟有夏氏之民饕墊須暇之子孫暇鄭作夏我乃其大
罰殛之殛本又作極越惟有胥伯小大多正大傳伯作賦正作政
爾罔不克臬馬作劓爾尚不忌于凶德說文作上不諅于凶德無

爾字玉篇廣韻並同
立政常伯漢書作常敀說文同準人漢石經作辟人謀面用丕訓德
漢石經謀上有亂字其在受德暋說文作忞灼見三有俊心說文灼作
焯漢石經俊作畯文王惟克厥宅心漢石經無克字惟作維宅作度以並
受此丕丕基漢石經此作茲基作其嗚呼漢石經作於戲我其克灼
亦厥若各本亦作知此補字之譌予旦已受人之徽言漢石經已作以
受作前徽作微則克宅之漢書作度之國則罔有立政用憸人
憸本又作[illegible]不訓于德漢石經無于字是罔顯在厥世漢石經在作哉
其勿以憸人說文憸作譣無其字以覲文王之耿光漢石經耿作鮮
周官今文無此篇四征弗庭漢書作不平夙夜不逮馬作不懈

賄肅慎之命序肅慎來賀馬鄭作息慎漢書注作肅昚王俾榮伯俾馬作辨

君陳今文無此篇

顧命王不懌馬作釋王乃洮頮水說文頮作沬云古文作頮憑玉几漢書憑作凭說文同用克達殷集大命漢石經達作通集作就在後之侗馬作詷說文作夏后之詷爾無以釗冒貢于非幾馬鄭王冒貢作勗贊茲既受命還漢石經既作即南宮毛漢書古今人表作髦設黼扆綴衣漢石經扆作衣敷重篾席說文玉篇作布重莫席陳寶漢書作家說文同大輅在賓階面周禮注輅作路下三輅字並同綴輅在阼階面周禮注作贅路四人綦弁執戈上刃綦馬鄭作騏一人冕執銳說文作鈗

三咤字亦作宅說文玉篇作詫馬作詫

康王之誥今文此篇合於顧命序康王既尸天子馬本此上更有成王崩三字賓稱奉圭兼幣說文作奉介圭王若曰庶邦侯甸男衛馬鄭本從此以下爲康王之誥

畢命今文無此篇王若曰嗚呼毛本嗚誤作鳴下同正色率下漢書作正已惟既厥心漢書既作盡

君牙今文無此篇序穆王命君牙或作君雅王若曰嗚呼毛本嗚誤作鳴亦惟先王之臣今石經與此同監本毛本先王誤作先正追配于前人漢書配作比

冏命今文無此篇序穆王命伯冏字亦作臩說文作䍐嗣先人宅丕后漢書作居丕位爾無昵于憸人憸本亦作憸

呂刑書傳引此篇多作甫刑耄荒耄本亦作薹漢書作眊說文作薹度作刑大傳作鮮度作刑周禮注作度作祥刑鴟義姦宄義本亦作誼奪攘矯虔說文廣韻奪作敓爰始淫爲劓刵椓黥說文作刖劅斀黥泯泯棼棼說文作湎湎紛紛乃命重黎絕地天通國語作重黎實使天地不通折民惟刑折馬鄭王作悊漢書同士制百姓于刑之中後漢書士作爰中作衷今爾罔不由慰日勤日一作曰天齊于民後漢書于作乎俾我一日馬作矜我後漢書作假我以成三有各本皆作三德此補字之誤王曰吁來吁馬作于告爾祥刑後漢書爾作汝惟來馬作惟求後漢書同其審克之後漢書作核之惟貌有稽說文貌作緢上刑適輕

下服下刑適重上服後漢書作上刑挾輕下刑挾重人極于病後漢書作佞極于痛哀敬折獄大傳作哀矜哲獄報以庶尤說文作訧

文侯之命序平王錫晉文侯秬鬯圭瓚馬無平字錫作賜父義和義本亦作誼即我御事監本毛本即誤作既今石經與此同嗚呼克有績予一人石本原刻如此後人磨改脫克字汝克昭乃顯祖監本毛本昭誤作紹今石經與此同追孝于前文人漢書作聞人汝多修扞我于艱說文扞作攼

費誓序東郊不闢石本原刻如此後人磨改闢作作開釋文云舊讀皆作開馬本作闢今石經及各本作開作費誓說文費作粊周禮禮記兩注並同漢書作肹今惟淫舍牿牛馬說文無淫舍二字杜乃擭周禮注杜作敜敜乃穽

（漢書作餱糧說文同）
秦誓則曰未就予忌（說文作來就惎惎）仡仡勇夫（馬作訖訖）惟
截截善諞言（馬作偏言說文作戔戔巧言）俾君子易辭（漢書作易怠）
如有一介臣（介又作个）斷斷猗無他技（斷斷說文作詔詔技又作伎毛
本同）邦之杌隉（說文作阢隉）
附錄史記所採周書　十一年十二月戊午師畢
渡盟津諸侯咸會曰孳孳無怠武王乃作太誓告
于衆庶今殷王紂乃用其婦人之言自絕于天毀
壞其三正離逷其王父母弟乃斷棄其先祖之樂
乃爲淫聲用變亂正聲怡說婦人（徐廣曰怡一作辭）故今

予發維共行天罰勉哉夫子不可再不可三二月
甲子昧爽武王朝至於商郊牧野乃誓武王左杖
黃鉞右秉白旄以麾曰遠矣西土之人武王曰嗟
我有國冢君司徒司馬司空亞旅師氏千夫長百
夫長及庸蜀羌髳微纑彭濮人稱爾戈比爾干立
爾矛予其誓王曰古人有言牝雞無晨牝雞之晨
惟家之索今殷王紂維婦人言是用自棄其先祖
肆犯不答昏棄其家國遺其王父母弟不用乃維
四方之多罪逋逃是崇是長是信是使俾暴虐于
百姓以姦軌於商國今予發維共行天之罰今日

之事不過六步七步乃止齊焉夫子勉哉不過於
四伐五伐六伐七伐乃止齊焉勉哉夫子尚桓桓
如虎如羆如豺如離于商郊不禦克犇以役西土
勉哉夫子爾所不勉其于爾身有戮　其明日除
道修社及商紂宮及期百夫荷罕旗以先驅武王
弟叔振鐸奉陳常車周公旦把大鉞畢公把小鉞
以夾武王散宜生太顛閎夭皆執劍以衛武王既
入立于社南大卒之左右畢從毛叔鄭奉明水衛
康叔封布茲召公奭贊采師尚父牽牲尹佚筴祝
曰殷之末孫季紂殄廢先王明德侮蔑神祇不祀

昏暴商邑百姓其章顯聞于天皇上帝於是武王再
拜稽首曰膺更大命革殷受天明命武王又再拜
稽首乃出封商紂子祿父殷之餘民武王爲殷初
定未集乃使其弟管叔鮮蔡叔度相祿父治殷已
而命召公釋箕子之囚（徐廣曰釋一作原）命畢公釋百姓
之囚表商容之閭命南宮括散鹿臺之財發鉅橋
之粟以振貧弱萌隸命南宮括史佚展九鼎保玉
（徐廣曰保一作寶）命閎夭封比干之墓命宗祝享祀于
軍乃罷兵西歸行狩記政事作武成封諸侯班賜
宗彝作分殷之器物　縱馬于華山之陽放牛於

桃林之虛偃干戈振兵釋旅示天下不復用也武
王已克殷後二年問箕子殷所以亡箕子不忍言
殷惡以存徐廣曰一作前亡國宜告武王王亦醜故問以
天道武王病天下未集羣公懼穆卜周公乃祓齋
自爲質欲代武王武王有瘳後而崩太子誦代立是
爲成王　成王少周初定天下周公恐諸侯畔周
公乃攝行政當國管叔蔡叔羣弟疑周公與武庚
作亂畔周周公奉成王命伐誅武庚管叔放蔡叔
以微子開代殷後國於宋頗收殷餘民以封武王
少弟封爲衛康叔晉唐叔得嘉穀獻之成王成王

以歸周公于兵所徐廣曰歸一作饋　周公受禾東土魯天
子之命初管蔡畔周周公討之三年而畢定故初
作大誥次作微子之命次歸禾次嘉禾次康誥酒
誥梓材　周公行政七年成王長周公反政成王
北面就羣臣之位成王在豐使召公復營洛邑如
武王之意周公復卜申視卒營築居九鼎焉曰此
天下之中四方入貢道里均作召誥洛誥成王既
遷殷遺民周公以王命告作多士無佚召公爲保
周公爲師東伐淮夷殘奄遷其君薄姑成王自奄
歸在宗周作多方既絀殷命襲淮夷歸在豐作周

官　成王既伐東夷息慎來賀王賜榮伯作賄息
慎之命成王將崩懼太子釗之不任乃命召公畢
公率諸侯以相太子而立之成王既崩二公率諸
侯以太子釗見於先王廟申告以文王武王之所
以爲王業之不易務在節儉毋多欲以篤信臨之
作顧命　康王卽位徧告諸侯宣告以文武之業
以申之作康誥　康王命作策畢公分居里成周
郊作畢命　王道衰微穆王閔文武之道缺乃命
伯臩申誡徐廣曰一作部太僕國之政作臩命　諸侯有
不睦者甫侯言于王作修刑辟王曰吁來有國有

士告汝祥刑在今爾安百姓何擇非其人何敬非
其刑何居非其宜與爾造具備徐廣曰造一作遭　師聽五
辭五辭簡信正於五刑五刑不簡正於五罰五罰
不服正於五過五過之疵官獄內獄閱實其罪惟
鈞其過五刑之疑有赦五罰之疑有赦其審克之
簡信有衆惟訊有稽無簡不疑共嚴天威黥辟疑
赦其罰百率索隱曰舊本亦作選閱實其罪劓辟疑赦其罰倍灑
徐廣曰一作五倍曰蓰　閱實其罪臏辟疑赦其罰倍差閱實
其罪宮辟疑赦其罰五徐廣曰一作六百率閱實其罪大
辟疑赦其罰千率閱實其罪墨罰之屬千劓罰之

屬千臏罰之屬五百宮罰之屬三百大辟之罰其
屬二百五刑之屬三千命曰甫刑並周本紀　繆公自
茅津渡河封殽中尸爲發喪哭之三日乃誓於軍
曰嗟士卒聽無譁余誓告汝古之人謀黃髮番番
則無所過以申思不用蹇叔百里傒之謀故作此
誓令後世以記余過秦本紀　武王克殷二年天下
未集武王有疾不豫羣臣懼太公召公乃繆卜徐廣
曰古書穆字多作繆周公曰未可以戚我先王周公於是乃
自以爲質設三壇周公北面立戴璧秉圭告于大
王王季文王史策祝曰惟爾元孫王發勤勞阻疾
徐廣曰阻一作淹　若爾三王是有負子之責於天以旦代
王發之身旦巧能多材多藝能事鬼神乃王發不
如旦多材多藝不能事鬼神乃命於帝庭敷佑四
方用能定汝子孫于下地四方之民罔不敬畏無
墜天之降葆命我先王亦永有所依歸今我其即
命於元龜爾之許我我其以璧與圭歸以俟爾命
爾不許我我乃屏璧與圭周公已令史策告大王
王季文王欲代武王發於是乃即三王而卜卜人
皆曰吉發書視之信吉周公喜開籥乃見書遇吉
周公入賀武王曰王其無害旦新受命三王維長

終是圖茲道能念予一人周公藏其策金縢匱中
誠守者勿敢言明日武王有瘳其後武王既崩成
王少在強葆之中周公恐天下聞武王崩而畔周
公乃踐祚代成王攝行政當國管叔及其羣弟流
言於國曰周公將不利於成王周公乃告太公望
召公奭曰我之所以弗辟而攝行政者恐天下畔
周無以告我先王大王王季文王三王之憂勞天
下久矣於今而后成成王蚤終成王少將以成周
我所以爲之若此於是卒相成王而使其子伯禽
代就封於魯　管蔡武庚等果率淮夷而反周公
乃奉成王命興師東伐作大誥遂誅管叔殺武庚
放蔡叔放殷餘民以封康叔於衛封微子於宋以
奉殷祀寧淮夷東土二年而畢定諸侯咸服宗周
天降祉福唐叔得禾異母同穎徐廣曰一作穗獻之成王
成王命唐叔以餽周公於東土作餽禾周公既受
命禾嘉天子命徐廣曰嘉一作魯作嘉禾東土以集周公
歸報成王乃爲詩貽王命之曰鴟鴞王亦未敢訓
周公徐廣曰訓一作誚　成王七年二月乙未王朝步自周
至豐使太保召公先之雒相土其三月周公往營
成周雒邑卜居焉曰告遂國之成王長能聽政於

是周公乃還政於成王成王臨朝周公之代成王
治南面倍依以朝諸侯及七年後還政成王北面
就臣位匑匑如畏然徐廣曰匑匑一本作䕫䕫也 周公恐成
王壯治有所淫佚乃作多士作毋逸毋逸稱爲人
父母爲業至長久子孫驕奢忘之以亡其家爲人
子可不慎乎故昔在殷王中宗嚴恭敬畏天命自
度治民震懼不敢荒寧故中宗饗國七十五年其
在高宗久勞于外爲與小人作其即位乃有亮闇
三年不言言乃讙不敢荒寧密靖殷國至于小大
無怨故高宗饗國五十五年其在祖甲不義惟王

久爲小人於外知小人之依能保施小民不侮鰥
寡故祖甲饗國三十三年多士稱曰自湯至于帝
乙無不率祀明德帝無不配天者在今後嗣王紂
誕淫厥佚不顧天及民之從也徐廣曰一作敬之也 其民皆
可誅周多士文王日中昃不暇食饗國五十年作
此以誡成王成王在豐天下已安周之官政未次
序於是周公作周官官別其宜作立政以便百姓
百姓說周公在豐病將沒曰必葬我成周以明吾
不敢離成王周公旣卒成王亦讓葬周公於畢從
文王以明予小子不敢臣周公也周公卒後秋未

穫暴風雷雨禾盡偃大木盡拔周國大恐成王與
大夫朝服以開金縢書王乃得周公所以自以爲
功代武王之說徐廣曰一作簡 二公及王乃問史百執事
史百執事曰信有昔周公命我勿敢言成王執書
以泣曰自今後其無繆卜乎昔周公勤勞王家惟
予幼人弗及知今天動威以彰周公之德惟朕小
子其迎我國家禮亦宜之王出郊天乃雨反風禾
盡起二公命國人凡大木所偃盡起而築之歲則
大孰 伯禽即位之後有管蔡等反也淮夷徐戎
亦並與反於是伯禽率師伐之於肸徐廣曰一作鮮一作獮駟

案尚書作粊 作肸誓曰陳爾甲胄無敢不善無敢傷牿
馬牛其風臣妾逋逃勿敢越逐敬徐廣曰一作振 復之無
敢寇攘踰牆垣魯人三郊三隧峙爾芻茭糗糧楨
榦無敢不逮我甲戌築而征徐戎無敢不及有大
刑作此肸誓遂平徐戎定魯並魯周公世家 成王旣幼
周公攝政當國踐祚召公疑之作君奭君奭不說周
公周公乃稱湯時有伊尹假於皇天在大戊時則有
若伊陟臣扈假于上帝巫咸治王家在祖乙時則
有若巫賢在武丁時則有若甘般率維茲有陳保
乂有殷徐廣曰一無此九字 於是召公乃說燕召公世家 周公

旦以成王命興師伐殷殺武庚祿父管叔放蔡叔
以武庚殷餘民封康叔爲衛君周公旦懼康叔齒
少乃申告康叔曰必求殷之賢人君子長者問其
先殷所以興所以亾而務愛民告以紂所以亾者
以淫於酒酒之失婦人是用故紂之亂自此始爲
梓材示君子可法則故謂之康誥酒誥梓材以命
之（衛康叔世家）紂既立不明淫亂於政微子數諫紂
不聽及祖伊以周西伯昌之修德滅阢阢國懼禍
至以告紂紂曰我生不有命在天乎是何能爲於
是微子度紂終不可諫欲死之及去未能自決乃

問於太師少師曰殷不有治政不治四方我祖遂
陳于上紂沉湎于酒婦人是用亂敗湯德于下殷
既小大好草竊姦軌卿士師師非度皆有罪辜乃
無維獲小民乃並興相爲敵讐今殷其典喪若涉
水無津涯（徐廣曰一作涉水無舟航）殷遂喪越至于今曰太師
少師我其發出往吾家保于喪（徐廣曰一云於是家保）今女
無故告予顛躋如之何其太師若曰王子天篤下
菑亡殷國乃毋畏畏不用老長今殷民乃陋淫神
祇之祀（徐廣曰一云今殷民侵神祇又一云陋淫侵神祇）令誠得治國國
治身死不恨爲死終不得治不如去遂亡　武王

既克殷訪問箕子武王曰於乎維天陰定下民相
和其居我不知其常倫所序箕子對曰在昔鯀陻
鴻水汩陳其五行帝乃震怒不從鴻範九等常倫
所數（徐廣曰一作釋）鯀則殛死禹乃嗣興天乃錫禹鴻範
九等常倫所序初一曰五行二曰五事三曰八政
四曰五紀五曰皇極六曰三德七曰稽疑八曰庶
徵九曰嚮用五福畏用六極五行一曰水二曰火
三曰木四曰金五曰土水曰潤下火曰炎上木曰
曲直金曰從革土曰稼穡潤下作鹹炎上作苦曲
直作酸從革作辛稼穡作甘五事一曰貌二曰言

三曰視四曰聽五曰思貌曰恭言曰從視曰明聽
曰聰思曰睿恭作肅從作治明作智聰作謀睿作
聖八政一曰食二曰貨三曰祀四曰司空五曰司
徒六曰司寇七曰賓八曰師五紀一曰歲二曰月
三曰日四曰星辰五曰歷數皇極皇建其有極歛
時五福用傅錫其庶民維時其庶民于女極錫女
保極凡厥庶民毋有淫朋人毋有比德維皇作極
凡厥庶民有猷有爲有守女則念之不協于極不
離于咎皇則受之而安而色曰予所好德女則錫
之福時人斯其維皇之極毋侮鰥寡而畏高明人

之有能有爲使羞其行而國其昌凡厥正人既富
方穀女不能使有好于而家時人斯其辜于其毋
好女雖錫之福其作女用咎毋偏毋頗遵王之義
毋有作好遵王之道毋有作惡遵王之路毋偏毋
黨王道蕩蕩毋黨毋偏王道平平毋反毋側王道
正直會其有極歸其有極曰王極之傅言是夷是
訓于帝其順凡厥庶民極之傅言是順是行以近
天子之光曰天子作民父母以爲天下王三德一
曰正直二曰剛克三曰柔克平康正直彊不友剛
克內友柔克沈漸剛克高明柔克維辟作福維辟

作威維辟玉食臣無有作福作威玉食臣有作福作威
玉食其害于而家凶于而國人用側頗辟民用僭忒稽疑擇建立
卜筮人乃命卜筮曰雨曰濟曰涕曰霧徐廣曰一作曰溝曰
被曰克曰貞曰悔凡七卜五占之用二衍貣立時
人爲卜筮三人占則從二人之言女則有大疑謀
及女心謀及卿士謀及庶人謀及卜筮女則從龜
從筮從卿士從庶民從是之謂大同而身其康彊
而子孫其逢吉女則從龜從筮從卿士逆庶民逆
吉卿士從龜從筮從女則逆庶民逆吉庶民從龜
從筮從女則逆卿士逆吉女則從龜從筮逆卿士
逆庶民逆作內吉作外凶龜筮共違于人用靜吉
用作凶庶徵曰雨曰暘曰奥曰寒曰風曰時五者
來備各以其序庶草繁廡一極備凶一極亾凶曰
休徵曰肅時雨若曰治時暘若曰知時奥若曰謀
時寒若曰聖時風若曰咎徵曰狂常雨若曰僭常
暘若曰舒常奥若曰急常寒若曰霧常風若王眚
維歲卿士維月師尹維日歲月日時毋易百穀用
成治用明畯民用章家用平康日月歲時既易百
穀用不成治用昏不明畯民用微家用不寧庶民
維星星有好風星有好雨日月之行有冬有夏

月之從星則以風雨五福一曰壽二曰富三曰康
寧四曰攸好德五曰考終命六極一曰凶短折二
曰疾三曰憂四曰貧五曰惡六曰弱並微子世家晉
侯獻楚俘於周駟介百乘徒兵千天子使王子虎
命晉侯爲伯賜大輅彤弓矢百玈弓矢千秬鬯一
卣珪瓚虎賁三百人晉侯三辭然後稽首受之周
作晉文侯命王若曰父義和丕顯文武能愼明德
昭登於上布聞在下維時上帝集厥命於文武恤朕
身繼予一人永其在位晉世家

右尚書

毛詩周南關雎詁訓傳雎依字且邊佳旁或作鳥詁訓舊本多作故訓今或
作故鄭氏箋本亦作牋關雎序今石經序別在卷末自此至終篇並同風風
也崔靈恩下風字作諷故嗟歎之歎本亦作嘆故正得失正本又作政
莫近於詩今石經於作乎厚人倫厚本或作序下以風刺上刺本
又作刻哀刑政之苛本亦作荷鵲巢騶虞之德騶本亦作騶故
繫之召公本亦作邵公後召南召公皆同毛本繫誤作繫君子好逑本亦作仇
爾雅注同參差荇菜說文作槮差輾轉反側輾本亦作展左右芼
之玉篇芼作現葛覃本亦作蕈是刈是濩釋文刈作艾云本亦作刈服
之無斁本又作斁卷耳我馬虺隤說文作瘣頹我姑酌彼
金罍說文姑作乃漢書注罍作罍我姑酌彼兕觥釋文作兕觵云本亦作兕
觵陟彼砠矣釋文作岨矣云本亦作砠我馬瘏矣瘏本又作屠我僕
痡矣痡本又作鋪云何吁矣爾雅注吁作盱樛木韓詩及馬融作朻木
葛藟纍之藟本亦作虆纍本又作蘽葛藟縈之釋文作縈之云本又作縈說文
作蘂螽斯詵詵兮說文作𢍜𢍜桃夭桃之夭夭說文作枖
枖又作媄媄廣韻亦作枖枖兔罝釋文兔作菟云本又作兔施于中逵韓詩
辥君章句作中馗芣苢本亦作苡薄言襭之釋文作擷之云一本作襭
漢廣南有喬木喬本亦作橋不可休息釋文云古本皆爾本或作休思
韓詩同江之永矣說文永作羕汝墳序婦人能閔其君
子釋文無婦人二字云一本有遵彼汝墳爾雅注墳作濆惄如調飢釋文
惄作愵云本又作惄韓詩作愵調本又作輖魴魚赬尾釋文赬作頳云說文作䞓又作

赬王室如燬薛君章句作如焜麟之趾釋文作趾云本或直云麟止無
之字止本亦作趾
召南鵲巢序德如鳲鳩釋文作尸鳩云本又作鳲百兩御之御本
亦作訝又作迓采蘩本亦作繁草蟲本或作虫趯趯阜螽爾雅注阜
作蟲采蘋序則可以承先祖共祭祀矣共本或作供于
以湘之韓詩湘作鬺有齊季女齊本亦作齋甘棠蔽芾甘
棠韓詩外傳芾作茀勿翦勿伐韓詩翦作剗漢書作鬋召伯所茇說文
作废召伯所憩本又作揭勿翦勿拜廣韻作勿翦勿扒召伯所說
本或作稅又作脫爾雅注作稅行露厭浥行露浥本又作挹何以穿
我屋穿本亦作穿羔羊委蛇委蛇釋文作委蛇云本又作委虵沈讀作
委委虵虵韓詩作逶迆羔羊之革素絲五緎說文繫傳引羔羊之緎
殷其靁亦作雷摽有梅孟子注摽作莩韓詩梅作楳頃筐塈之
玉篇作傾筐摡之小星寔命不同韓詩寔作實江有汜讀詩
記引董氏云石經汜作洍說文廣韻亦作洍野有死麕釋文作麏云本亦作麇又
作麢白茅包之釋文包作苞何彼襛矣韓詩襛作茙序雖則
王姬亦下嫁於諸侯釋文無則字云一本作雖則王姬車服不繫
其夫繫本或作繼騶虞壹發五豝儀禮注壹作一于嗟乎騶
虞劉芳詩義疏云虞或作吾壹發五豵字又作縱
邶柏舟詁訓傳邶本又作背柏字又作栢如有隱憂韓詩作殷憂以
敖以遊敖本亦作遨我心匪鑒釋文作監云本又作鑒威儀棣棣

本或作遠逮覯閔既多釋文覯作遘云本或作覯寤辟有摽辟本又作擘說
文作晤辟玉篇作寤擗胡迭而微韓詩迭作戴綠衣俾無訧兮釋文
訧本或作尤燕燕瞻望弗及後漢書注作不及佇立以泣釋文
佇作竚實勞我心實本亦作寔日月序以至困窮之詩
也舊本皆爾俗本或作以至困窮而作是詩也誤報我不述本亦作術薛君章句同
終風序見侮慢而不能正也監本毛本脫而字今石經與此同
終風且暴說文作瀑願言則嚏釋文作疌云本又作嚏又作疐曀曀其
陰韓詩作壇壇擊鼓擊鼓其鏜說文作鼞死生契濶契本亦作
挈于嗟洵兮洵本或作詢韓詩作敻凱風吹彼棘心棘俗作𣗳
雄雉序刺衛宣公也刺俗作刾淫亂不恤國事恤本亦作卹

金石萃編卷一百十　十八

自詒伊戚釋文詒作貽云本亦作詒匏有苦葉深則厲說文作砅
濟盈不濡軌釋文軌音犯今石經監本毛本俱作軌人涉卬否卬本或作
仰毛本誤作卬谷風黽勉同心本亦作僶勉文選注作密勿宴爾昏
昏宴本又作燕湜湜其沚說文作其止不我屑以孟子注作已匍
匐救之家語漢書並作扶服不我能慉董氏曰孫毓王肅詩並作能不我慉說文
亦然昔育恐育鞫釋文作鞫云本亦作鞫我有旨蓄本亦作畜以我
御窮一本御作禦式微序黎侯寓于衛于又作乎胡為乎
中露列女傳作中路旄丘序衛不能脩方伯連率之職
毛本脩作修瑣兮尾兮釋文瑣作璅云依字作瑣流離之子本又作鶹離爾
雅注作留離褎如充耳褎本亦作裒簡兮簡字或作蕑序仕於

泠官泠字亦作伶監本毛本並作伶今石經及左傳疏與此同碩人俁俁韓詩作扈
扈左手執籥玉篇作龠山有榛本亦作蓁泉水毖彼泉水
毖韓詩作秘說文作䪙出宿于泲儀禮注宿作縮儀禮釋文泲作濟飲餞于
禰韓詩作坭儀禮注劉昌宗本作泥我思肥泉肥字或作淝北門憂
心殷殷本又作慇慇室人交徧讁我孟子注作適我室人交徧
摧我摧或作催韓詩作讙說文亦作催北風雨雪其雱廣韻作霶
靜女靜女其姝說文作袾董氏云隋得江左本作靜女其姝愛而不見
董氏云石經愛作僾搔首踟躕薛君章句作躊躇貽我彤管貽本又作詒
說懌女美說本又作悅洵美且異洵本亦作詢新臺新臺
有泚說文作玼燕婉之求說文作嬿婉玉篇作嬿婉新臺有洒河水

金石萃編卷一百十　唐七十　十九

浼浼韓詩洒作漼浼浼作浘浘得此戚施說文作䵶鼀
鄘柏舟髧彼兩髦髧本又作优說文作紞彼兩髮不諒人只釋文諒作
亮云本亦作諒實維我特韓詩作我直牆有茨說文作薺中冓之
言冓本又作遘玉篇及漢書注作篝不可詳也韓詩詳作揚君子偕老
玼兮玼兮本或作瑳兮鬒髮如雲說文鬒作㐱玉之瑱也說文
作瑱兮揚且之晳也今石經與此同監本揚誤作楊毛本晳誤作晳是紲袢
也說文紲作褻邦之媛也韓詩媛作援說文作媛兮定之方中序
衛為狄所滅一本作狄人本或作懿公為狄所滅非也升彼虛兮虛本或作
墟終然允臧監本毛本誤作終為今石經與此同相鼠胡不遄死
史記作何不載馳序閔其宗國顛覆閔一本作愍載馳載

驅字亦作駈大夫跋涉儀禮疏作軷涉許人尤之尤本亦作訧泉稺

且狂稺本又作稚

衛淇奧綠竹猗猗說文綠作菉釋文云竹韓詩作薄石經同有匪君子

匪本又作斐韓詩作邲如琢如磨本又作摩赫兮咺兮韓詩咺作宣說文作

愃綠竹青青本或作菁菁充耳琇瑩會弁如星說文琇作璓會

作䯤考槃序使賢者退而窮處也監本毛本脫也字今石經與此

同考槃在澗韓詩作在干碩人之薖韓詩作過碩人衣錦

褧衣說文作檾衣列女傳作絅衣譚公維私白虎通作覃公領如蝤蠐

釋文作齋云本亦作蠐又作齊齒如瓠犀爾雅注作瓠棲螓首蛾眉說文作䫌

首巧笑倩兮倩本亦作蒨美目盼兮監本盼誤作盻說于農郊

說本或作稅翟茀以朝周禮注茀作蔽施罛濊濊說文水部作濊濊大部作

濊濊鱣鮪撥撥石刻原如此後人磨改作發發韓詩作鱍鱍各本皆作發發說文作鮁鮁

庶姜孽孽韓詩孽作巘揭作桀庶士有朅甿各本皆作氓此避諱改

匪我愆期愆字又作𠎝體無咎言韓詩體作履無食桑葚本又

作椹總角之宴本或作總角之丱者非信誓旦旦說文作𢘅𢘅竹

竿遠父母兄弟今石經作遠兄弟父母淇水滺滺釋文作浟浟云本亦

作滺檜楫松舟楫本又作檝芄蘭芄本亦作丸芄蘭之支

說文作枝童子佩觿佩或從玉旁者非垂帶悸兮韓詩作萃兮能不

我甲韓詩甲作狎河廣曾不容刀說文作舠伯兮伯兮

朅兮玉篇作偈兮焉得諼草諼本又作萱說文作藼或作蘐韓詩作萱爾雅釋文

作蓤有狐序所以育人民也本或作蕃育者非有狐綏綏

齊詩作久久

王黍離說文作稱悠悠蒼天蒼本亦作倉君子于役雞棲

于塒釋文作時云本亦作塒羊牛下來文選注作牛羊君子陽陽左

執翿說文作執翳揚之水揚本或作楊非中谷有蓷序凶

年饑饉釋文饑作飢云本又作饑暵其乾矣說文暵作灘又作灘嘅其嘆

矣暵本亦作歎暵其脩矣脩本或作蓨條其歗矣歗本又作嘯暵

其濕矣毛本濕作溼兔爰逢此百罹本又作離尚寐無吪

本亦作訛雉離于罦說文作罬逢此百凶文選注作百殃葛藟序

王族刺平王也釋文作桓王云本亦作刺平王崔亦作桓大車毳衣

如菼說文作繳毳衣如璊說文作璊有如皦日皦本又作皎丘

中有麻貽我佩玖釋文貽作詒

鄭緇衣敝予又改為兮敝本又作弊大叔于田序叔

多才而好勇釋文作而勇云本或作而好勇大叔于田今石經無大字釋文

同云本或作大叔于田者誤監本毛本與此同襢裼暴虎襢本又作袒說文作膻叔

馬慢忌釋文慢作嫚云本又作慢清人序高克好利克一作尅

二矛重喬韓詩作鷮河上乎逍遙本又作消搖左旋右抽說文

作右搯羔裘字或作求彼其之子韓詩作彼已舍命不渝韓詩

外傳作不偷遵大路不寁故也一本作故兮後好也亦爾無我魗

兮魗本亦作𣪘又作𣪘說文作𣪘有女同車序大子忽嘗有功

于齊監本毛本大作太顏如舜華說文作蕣華山有扶蘇山
有橋松橋本亦作喬蘀兮序不倡而和也倡本又作唱風
其漂女漂本亦作飄褰裳褰本或作騫丰衣錦褧衣裳
錦褧裳禮記注褧並作絅東門之墠釋文作壇云依字當作墠有踐
家室韓詩踐作靖風雨風雨淒淒毛本誤作淒淒說文作湝湝
子衿本亦作襟序亂世則學校不脩焉釋文亂世作世亂云本或以世
字在下者誤監本毛本作修子寧不嗣音韓詩作詒音挑兮達兮說文
挑作叏出其東門縞衣綦巾說文作綥巾聊樂我員本亦作云
韓詩作魂聊可與娛本亦作虞野有蔓草零露漙兮漙本亦作
團邂逅相遇釋文逅作遘云本亦作逅溱洧溱與洧說文溱作潧
方渙渙兮韓詩作洹洹漢書作灌灌洵訏且樂韓詩洵作恂
齊雞鳴序夙夜警戒警本又作敬還韓詩作嫙序從禽獸
而無厭本或作饜子之還兮齊詩還作營漢書同遭我乎峱之間
兮漢書峱作嶩崔同並驅從兩肩兮肩本亦作豜說文同揖我謂我
儇兮韓詩儇作婘東方之日序刺衰也本或作刺襄公非也東
方之日兮韓詩無兮字南山雄狐綏綏玉篇作夂久蓺麻
如之何藝本或作蓺衡從其畝衡字亦作横從韓詩作由甫田序
不脩德而勤諸侯監本毛本脩作修婉兮孌兮說文作嫡兮未
幾見兮一本作見之盧令韓詩作泠盧令令說文作獜獜敝
笱敝本又作弊其魚唯唯韓詩作遺遺載驅簟茀朱鞹玉篇

作簟茀朱鞟垂轡濔濔釋文作爾爾云本亦作濔濔猗嗟猗字或作欹
巧趨蹌兮趨本又作趍猗嗟名兮玉篇名作顯清揚婉兮韓詩
作婉兮舞則選兮薛君章句作纂兮四矢反兮韓詩作變兮
魏葛屨序魏地陿隘陿本或作狹依字應作陜而無德以將之
也石刻原如此後人磨改去也字監本毛本亦無也字摻摻女手韓詩作纖纖說文作
攕攕宛然左辟儀禮疏然作若說文作宛如左僻維是褊心漢石經魯詩殘
碑維作惟汾沮洳序其君儉以能勤釋文作其君子云一本無子字
園有桃其實之殽本又作肴我歌且謠廣韻作繇不我知
者監本毛本並作不知我者下章倣此今石經並與此同其誰知之漢石經魯詩無
其字園有棘俗作棘陟岵序國迫而數侵削本或作國小而
迫數見侵削者誤夙夜無已上慎旃哉漢石經魯詩無作毋上作尚猶
來無死漢石經魯詩無作毋十畝之間桑者閑閑兮釋文作
閒云本亦作閑行與子還兮還本亦作旋伐檀河水清且漣
猗本亦作漪漢石經魯詩作兮不稼不穡漢石經魯詩作嗇胡取禾三
百廛兮廛本亦作壥又作廛胡瞻爾庭有縣貆兮貆本亦作狟坎
坎伐輪兮漢石經魯詩作欿欿寘之河之漘兮漘本亦作脣河水
清且淪猗說文作漪碩鼠無食我黍漢石經魯詩無作毋三歲
貫女石經魯詩作宦女下同
唐蟋蟀序刺晉僖公也史記作釐侯山有樞本或作蓲漢石
經魯詩同宛其死矣宛本又作苑弗洒弗埽埽本又作掃弗鼓弗考

鼓本或作擊非何不日鼓瑟漢石經魯詩何作胡揚之水序沃盛彊監本毛本作强素衣朱繡魯詩作朱綃義禮注作朱宵云何其憂漢石經魯詩何作胡白石粼粼本又作磷磷椒聊蕃衍盈匊本又作掬碩大且篤監本毛本碩誤作實綢繆見此邂逅邂本亦作解逅釋文作覯云本又作逅韓詩作遘杕杜杕本或作狄非其葉菁菁本又作青青獨行睘睘本亦作焭焭文選注同羔裘序不恤其民也恤本亦作卹羔裘豹褎釋文作褏云本亦作褎無衣序美晉武公也監本毛本美作刺今石經與此同安且燠兮釋文燠作奧云本又作燠有杕之杜序兼其宗族本亦作宗矣噬肯適我韓詩噬作逝生于道周韓詩作道右采苓人之爲言本或作僞言非

秦車鄰本又作轔寺人之令寺人本或作侍令韓詩作伶駟驖說文作驖輶車鸞鑣說文鸞作鑾載獫歇驕本又作獨獢說文及爾雅注並同小戎五楘梁輈楘本又作鞪鋈以觼軜說文鋈作扶蒙伐有苑本或作𫄧䜿玉篇作𫄧黻有苑虎韔鏤膺韔本亦作暢竹閉緄縢閉一作鞑儀禮注作祕周禮注作鞑厭厭良人列女傳作愔愔小戎三章毛本三誤作二蒹葭宛在水中央宛本亦作苑蒹葭凄凄監本毛本俱作萋萋釋文同云本又作淒淒今石經與此同道阻且躋本又作隮終南序故作是詩以勸戒之也監本毛本無也字今石經有有條有梅條本亦作樤顏如渥丹韓詩作渥沰有紀有堂紀本亦作屺晨風鴥彼晨風監本毛本鴥誤作鴪爾雅注作鴥說文作鴥彼鴥風隰有樹

檖或作遂說文作隊無衣脩我戈矛毛本脩作修下並同與子同澤說文作同襗渭陽序文公遭麗姬之難麗本又作驪權輿不承權輿爾雅注作胡不承權輿陳東門之枌婆娑其下說文婆作媻穀旦于差旦本亦作且下同韓詩差作嗟越以鬷邁玉篇鬷作㚇貽我握椒監本毛本握誤作楃衡門可以樂飢今石經監本毛本並作樂飢釋文同云樂本又作療沇云舊皆作樂字逸詩本有作疒下樂以形聲言之殊非其義按韓詩外傳亦作療東門之池彼美淑姬釋文作叔姬云本亦作淑可以漚紵字又作苧墓門序刺陳佗也佗本亦作他史記以爲厲公歌以訊之訊本又作作誶廣韻作歌以誶至防有鵲巢邛有旨苕毛本邛作邛下同誰侜予美韓詩

作予娓邛有旨鷊說文作虉月出月出皎兮釋文皎作皦云本又作皎佼人僚兮佼字又作姣僚字又作嫽月出晧兮監本毛本晧作皓佼人懰兮釋文懰作劉云本又作懰舒憂受兮今石經及各本憂皆作懮株林從夏南南下旁注姬字後人所加下章倣此乘我乘駒釋文作乘驕云驕音駒沇云或作駒字是後人改之皇皇者華篇內同澤陂有蒲與荷爾雅樊光注荷作茄傷如之何魯詩傷作陽有蒲菡萏本又作萏欿碩大且儼本又作曮說文作嬐碩大且卷本又作婘輾轉伏枕輾本又作展檜本又作鄶素冠棘人欒欒兮崔集注棘人作悈人說文欒欒作臠臠匪風中心怛兮漢書作悬兮匪車嘌兮嘌本又作票漑之釜

鬻溉本又作摡說文同
曹蜉蝣序昭公國小而迫釋文無昭公二字云一本作昭公國小而迫諸
本此序多無昭公字崔本有未詳其正也衣裳楚楚說文玉篇廣韻並作髗髗蜉蝣
掘閱說文掘作堀候人序而近小人焉石刻原如此後人磨改作
而好近小人焉後漢書注三國志並無好字釋文及監本毛本有之何戈與祋崔集注祋
作綴禮記注作荷戈與綴薈兮蔚兮說文薈作嬒鳲鳩鳲本亦作尸其
儀一兮崔集注儀作義心如結兮大戴禮如作若其弁伊騏或亦作綦
說文同周禮注作綦下泉浸彼苞稂釋文浸作寖云本又作浸愾我寤
嘆玉篇作嘅我寤歎
豳七月一之日觱發毛本之日誤作日之說文觱發作滭泼二之日

栗烈說文作颲颲四之日舉趾漢書作止蠶月條桑玉篇條作挑
七月鳴鶪孟子注作鶪監本毛本誤作鴂今石經與此同獻豜于公周禮注豣
作肩六月莎雞振羽沈云莎雞舊多作莎今作沙曰為改歲漢書曰作
聿六月食鬱及薁說文薁作蘡七月亨葵及菽本亦作叔七
月食瓜字或加艸作苽九月築場圃場本又作塲黍稷重穋重又
作種穋本又作稑上入執宮功石本執下旁增於字後人所加也三之日
納于凌陰說文作滕陰獻羔祭韭或加艸作韮稱彼兕觥本亦
作兕觵鴟鴞序公乃為詩以遺王遺本亦作貽迨天之
未陰雨說文迨作隸徹彼桑土韓詩作桑杜予所蓄租釋文蓄作
畜云本亦作蓄予口卒瘏釋文作屠云本又作瘏予羽譙譙本或作燋燋

予維音嘵嘵說文玉篇廣韻並作維予音之嘵嘵東山零雨其濛說文
說文作靈雨伊威在室伊威並如字或旁加虫者後人增耳蠨蛸在戶說文
蠨作蟰町疃鹿場疃本又作疃鸛鳴于垤鸛本又作雚烝在栗
薪韓詩作蓼薪皇駁其馬爾雅注皇作騜破斧四國是皇齊詩
作是匡又缺我錡字或作奇伐柯取妻如之何取本亦作娶
狼跋字或作拔載疐其尾疐本又作疌說文作躓
小雅四牡四牡騑騑儀禮疏四作駟周道倭遲本又作委遲韓詩薛
君章句作威夷漢書作郁夷嘽嘽駱馬說文玉篇並作痑痑翩翩者鵻本又
作隹皇皇者華駪駪征夫國語作莘莘玉篇作侁侁我馬維駒
本亦作驕周爰咨諏咨本亦作諮常棣韓詩作夫移脊令在原

脊令本亦作即鴒又作鶺鴒況也永歎況或作兄非也兄弟鬩于牆本或
作廧外禦其務國語作其侮飲酒之飫韓詩作醧和樂且孺本亦
作[illegible]和樂且湛又作耽伐木許許說文作所所有酒
湑我湑本又作醑坎坎鼓我說文作竷竷蹲蹲舞我本或作壿壿說
文同天保吉蠲為饎韓詩作吉圭儀禮注同大戴禮注作絜蠲禴祠烝
嘗禴本又作礿禮記注同如月之恆本亦作縆說文作亙采薇序西
有昆夷之患本又作混夷玁狁之難玁本或作獫狁本亦作允
命將率本亦作帥歲亦莫止莫本或作暮彼爾維何說文爾作薾
出車僕夫況瘁本亦作萃出車彭彭史記車作輿旂旐央
央本亦作英英杕杜有睆其實釋文睆作皖云字从白或作目邊女

心傷止監本女誤作汝今石經與此同檀車幝幝韓詩作繟繟　魚麗序終於逸樂逸本或作佚鱨鯊字亦作魦　南有嘉魚序大平之君子監本毛本大誤作太脫字釋文今石經與此同之烝然罩罩說文作𦎸𦎸甘瓠纍之纍本亦作藟　翩翩者鵻本亦作佳　蓼蕭孔燕豈弟本亦作愷悌　湛露厭厭夜飲韓詩作愔愔　彤弓一朝醻之醻本又作酬　菁菁者莪韓詩薛君章句作蓁蓁　六月序常棣廢則君臣缺矣今石經及各本皆作則四牡廢此石本刊誤則爲國之基墜矣釋文監本毛本墜並作隊　白旆央央釋文旆作茷云本又作旆一日旆與茷古今字殊爾雅孫炎注作帛旐英英　采芑方叔涖止釋文涖作莅云本又作涖約軝錯衡今石經與此同監本毛本軝誤作軝商頌烈祖句仿此八鸞瑲瑲本亦作鎗鎗　朱芾斯皇釋文芾作茀云本又作芾或作紱下篇赤芾同鴥彼飛隼監本毛本鴥誤作鴥伐鼓淵淵崔集注作鼘鼘振旅闐闐說文玉篇作嗔嗔嘽嘽焞焞本又作啍啍漢書作推推　車攻東有甫草韓詩薛君章句作圃草決拾既佽釋文決作抉云本又作決或作抉助我舉柴說文玉篇作𢱧有聞無聲聞本亦作問　吉日既伯既禱說文作禂麀鹿麌麌說文玉篇作噳噳其祁孔有爾雅某氏注祁作麎儦儦俟俟本亦作麃麃又作爊爊說文作伾伾俟俟韓詩薛君章句作駓駓騃騃　鴻鴈序至于矜寡矜本又作鰥內矜寡並同　篇肅肅其羽本或作翽翽　庭燎序美宣王因以箴之石本原如此後人磨改宣王下增也字各本同箴各本作箴鸞聲將將本或作鏘鏘庭燎晰晰本又作晳晳作

鸞聲噦噦說文作鉞鉞　鶴鳴它山之石監本毛本它作他可以爲錯說文作厝其下維榖釋文今石經並與此同監本毛本誤作穀黃鳥篇無集于穀仿此　祈父予王之爪牙玉篇作維王之爪牙靡所厎止監本毛本厎作底釋文今石經並與此同　白駒勉爾遁思釋文遁作遯云字又作遁在彼空谷韓詩薛君章句作穹谷毋金玉爾音毋本亦作無　我行其野言采其蓫本又作蓄不思舊姻白虎通思作惟　斯干約之閣閣崔集注作格格周禮注同椓之橐橐本或作柝柝　君子攸芋或作吁如跂斯翼玉篇跂作企如矢斯棘韓詩作斯朸玉篇同如鳥斯革韓詩作斯翱朱芾斯皇白虎通芾作紼載衣之裼韓詩作禘之無父母詒罹本又作貽離　無羊其角濈濈本又作䎎䎎亦作戢戢或寢或訛韓詩作譌玉篇作吪　節南山維石巖巖本或作巖巖憂心如惔韓詩作炎說文作𤆍天方薦瘥說文作嗟憯莫懲嗟釋文憯作噆云本或作憯俾民不迷釋文俾作卑云本又作俾瑣瑣姻婭本或作瓅瓅昊天不傭韓詩作庸如相醻矣釋文醻作酬云又作醻　正月憂心慘慘本又作熒熒謂山蓋卑本又作庳不敢不局本又作跼不敢不蹐說文玉篇作不趚胡爲虺蜴字又作蜥說文同寧或滅之漢書作或滅之能褒姒威之威本或作滅屢顧爾僕釋文屢作婁云又作屢又有嘉殽釋文作肴云本又作殽昏姻孔云本又作員仳仳彼有屋說文玉篇廣韻並作佌佌蔌蔌方有穀釋文無有字云本或作方有穀非也韓詩及後漢書並作速速方穀天夭是椓後漢書作夭夭是加

十月之交朔日辛卯左傳疏及漢書日並作月日月告凶漢書
作鞫凶山冢崒崩崒本亦作卒胡憯莫懲憯亦作慘番維司徒
韓詩番作緐豔妻煽方處說文玉篇煽並作傓一本處作熾魯詩作閻妻傓方處
黽勉從事漢書黽勉作密勿讒口囂囂韓詩作嗸嗸漢書同噂沓背
憎說文玉篇噂作僔釋文沓作噆云本又作沓悠悠我里本或作瘇讀詩記引董氏
云顧野王作瘇爾雅注作悝亦孔之痗本又作悔雨無正昊天疾
威監本毛本俱作旻天釋文同監本云本有作昊天者非也淪胥以鋪韓詩作薰胥以痡齊
詩魯詩淪亦作薰慘慘日瘁今石經監本毛本並作憯憯聽言則荅漢書韓詩
荅作對維曰于仕監本毛本並誤作予仕小旻謀猶回遹韓詩
作謀猷同泬文選注作謀猶廻穴潝潝訿訿漢書潝潝作歙歙說文作翕翕伊于

底監本毛本底誤作底今石經與此同是用不集韓詩外傳作不就民雖靡
膴韓詩作靡膴小宛孟子注作小菀序大夫刺幽王也今石經與
此同監本毛本並作宣王誤螟蛉有子蜾蠃負之說文蛉作蠕蜾作蝸題
彼脊令本亦作脊鴒無忝爾所生監本毛本無作毋哀我填寡
韓詩作疹寡宜岸宜獄韓詩岸作犴小弁漢書作小卞鞫為茂
草釋文監本毛本鞫並作鞠怒焉如擣本或作㨶韓詩作疛疢如疾首疢又
作疹不離于裏監本毛本離並作罹今石經與此同萑葦淠淠韓詩外傳萑作
萑譬彼舟流譬本作辟維足伎伎本亦作跂跂譬彼壞木
說文作瘣木尚或墐之說文墐作殣析薪杝矣釋文監本毛本杝作扡誤
巧言亂如此憮憮釋文監本毛本作幠下同昊天泰憮釋文泰作

大云本或作泰憯始既涵韓詩作既減君子屢盟屢本又作婁匪其
止共本又作恭奕奕寢廟周禮注作寢廟繹繹秩秩大猷說文秩秩作戴
戴漢書注猷作猶聖人莫之莫一本作謨予忖度之忖本又作寸躍
躍毚兔史記作趯趯韓詩章句同居河之麋本又作湄爾雅注同既微且
尰說文玉篇作瘇何人斯序故蘇公作是詩而絕之也
監本毛本作作是詩以絕之無也字伊誰爲從石本原如此後人磨改爲作云維暴
之云監本毛本作維誤作誰不愧于人釋文愧作媿云本或作愧云何何下
後人旁增其字今石經及各本並作云何其盱我心易也韓詩作施也巷伯
萋兮斐兮說文萋作緀哆兮侈兮說文哆作誃緝緝翩翩字又
作扁扁說文作咠咠幡幡投畀豺虎豺字或作犲作爲此詩一本作作爲作

詩谷風維山崔嵬嵬又作崔蓼莪缾之罄矣說文作缾
之窒也飄風發發飄本又作票大東睠言顧之睠本又作眷後
漢書作眷然顧之杼柚其空本又作杼軸佻佻公子本或作窕窕非也韓
詩作嬥嬥有冽氿泉氿字又作晷無浸穫薪釋文浸作寖云字又作浸哀
我憚人憚字亦作癉爾雅注同百僚是試僚字又作寮鞙鞙佩璲
鞙字或作琄跂彼織女說文跂作歧東有啟明大戴禮作開明避漢諱
四月秋日淒淒本亦作棲棲百卉具腓玉篇作痱亂離瘼
矣韓詩作亂離斯莫盡瘁以仕瘁本又作萃匪鶉匪鳶鶉字或作鷻說
文作匪鷻匪鳶隰有杞桋本亦作荑北山或不知叫號叫本又作
嘂或慘慘劬勞慘字亦作懆或棲遲偃仰釋文作卬云本又作仰

小明憚我不暇憚亦作癉 鼓鍾以雅以南以籥不
僭後漢書引詩云以雅以南韎任朱離注云毛詩無韎任朱離之文蓋見齊魯之詩也 楚
茨我蓺黍稷監本毛本蓺作藝 祝祭于祊說文作鬃 獻酬交錯
釋文酬作醻云又作酬 苾芬孝祀韓詩薛君章句苾作馥 神嗜飲食釋文
嗜作耆 信南山維禹甸之韓詩作敶 畇畇原隰又作畇畇
韓詩作畱畱周禮注同 既優既渥說文優作瀀 取其血膋說文作膫
甫田倬彼甫田韓詩倬作菿 或耘或耔釋文耘作芸云本又作秐漢書
作或芸或芓 黍稷薿薿漢書作儗儗 以我齊明齊本亦作田齍又作盛
畯至喜畯本又作俊後篇同 大田序言矜寡不能自存焉
矜字或作鰥 以我覃耜爾雅注覃作剡 去其螟螣螣字亦作貣說文作蟘

及其蟊賊蟊本又作蝥 秉畀炎火韓詩秉作卜 有渰萋萋渰本
又作弇漢書作黤韓詩作有弇妻妻 興雨祁祁雨本或作雲漢書同監本毛本祁祁作祈
祈今石經與此同 瞻彼洛矣韎韐有奭白虎通作有赩 鞞琫有
珌鞞字又作琕琫字又作鞛珌字又作琿 桑扈說文作雇 兕觥其觩本或
作斛 彼交匪敖漢書作匪徼匪傲 頍弁序不能宴樂同姓
釋文宴作燕云本又作宴 庶幾說懌本又作繹 實維何期本亦作其 先集
維霰字又作霓爾雅注作霓 樂酒今夕楚詞章句作今昔 車舝高
山仰止本或作仰之說文作卬止 以慰我心韓詩慰作慍本或作慰 青
蠅營營青蠅止于樊說文作營營青蠅止于棥史記樊作藩 豈弟君
子釋文豈弟作愷悌 讒人罔極史記作讒言 賓之初筵序沈

湎淫液沈字或作耽 殽核維旅釋文殽作肴 發彼有的釋文作勺
云本亦作的 威儀反反韓詩作昄昄 屢舞僊僊屢本作婁 威儀怭
怭說文作佖佖 側弁之俄說文側作仄 屢舞傞傞說文玉篇作姕姕
魚藻豈樂飲酒豈本亦作愷 采菽本亦作叔 又何予之
白虎通作與之 觱沸檻泉說文作畢沸濫泉 平平左右韓詩作便便 天
子葵之爾雅注作揆之 福祿膍之韓詩作肶之 角弓騂騂角
弓說文作觲觲 如食宜饇宜本作儀韓詩同 雨雪瀌瀌漢書作麃麃
見晛曰消韓詩曰作聿 菀柳上帝甚蹈韓詩外傳作慆 俾予
靖之俾本作卑 都人士彼都人士狐裘黃黃其容不
改出言有章行歸于周萬民所望齊魯韓三家俱無此章 我

不見兮釋文云第二章作不見後三章作弗見一本四章同作不字 垂帶而厲
釋文帶作帶云本亦作帶禮記注而作如 采綠終朝采綠楚詞章句作菉 言
韔其弓韔本亦作鬯 薄言觀者韓詩觀作覩 隰桑中心藏
之後人磨改藏作臧釋文同 白華英英白雲韓詩作泱泱 滮池北
流說文作滮滮北流 浸彼稻田浸字亦作寖 嘯歌傷懷釋文嘯作歗云
本亦作嘯 念子懆懆亦作慘慘 視我邁邁韓詩及說文並作怖怖 緜
蠻止于丘阿監本毛本于並作於今石經與此同 瓠葉序雖有牲
牢饔餼饔字又作饗 漸漸之石亦作嶄嶄 序役久病於外
一本作役人久病人衍字監本毛本並作役久病在外今石經與此同
大雅文王陳錫哉周哉本又作載 聿脩厥德漢書聿作述 無

過爾躬過或作謁上天之載漢書載作縡大明天難忱斯說文忱作諶曰嬪于京爾雅注曰作聿在洽之陽說文洽作郃俔天之妹韓詩俔作磬其會如林說文會作旝時維鷹揚漢書維作惟涼彼武王涼本亦作諒韓詩作亮漢書同緜序本由大王也一本無由字自土沮漆齊詩土作杜古公亶父本亦作甫陶復陶穴說文玉篇復作覆來朝走馬玉篇作趣馬周原膴膴韓詩作腜腜爰契我龜契本又作挈廼疆廼理疆本亦作壃監本毛本作彊廼召司空廼召司徒監本毛本廼本作乃今石經與此同俾立室家釋文俾作卑云本亦作俾其繩則直繩本或作乘廼立皋門皋門有伉廼立應門應門將將禮記注廼並作乃伉本亦作亢韓詩作閌玉篇亦作高門有閌亦

不隕厥問釋文隕作殞混夷駾矣維其喙矣廣韻作昆夷瘵矣說文作犬夷呬矣昆夷駾矣孟子注作昆夷兌矣唯其喙矣予曰有奔奏釋文作本奏云本本亦作奔奏本又作走後漢書注作奔走予曰有禦侮釋文禦作御云本又作禦棫樸薪之槱之釋文槱作栖云字亦作槱奉璋峨峨本又作俄俄追琢其章孟子注追作彫周禮注及玉篇章作璋勉勉我王白虎通作亹亹旱麓本亦作鹿豈弟君子豈本亦作愷又作凱弟亦作悌瑟彼玉瓚瑟字又作璱說文同周禮注作卹民所燎矣說文作尞矣莫莫葛藟字又作藥思齊本亦作齋神罔時恫說文作侗雝雝在宮釋文作廱廱古之人無斁韓詩作無擇皇矣其正不獲釋文監本毛本正作政憎其式廓釋文作郭云本又作鄺乃眷西顧眷本又作睠又作劵其

菑其翳菑本又作甾爾雅注作椔韓詩翳作殪攘之剔之剔字或作鬄又作掦串夷載路串一本作患貊其德音釋文貊作貉云本又作貊韓詩作莫無然畔援玉篇作伴換以按徂旅按本又作遏同爾兄弟後漢書作弟兄與爾臨衝韓詩臨作隆說文衝作輣執訊連連訊字又作謫又作誶攸馘安安字又作聝是類是禡類本或依說文作禷崇墉仡仡說文玉篇作圪圪靈臺虡業維樅說文虡作巨賁鼓維鏞賁字亦作鼖鼉鼓逢逢亦作韸韸下武世有哲王哲本又作悊又作喆應侯順德家語淮南子並作應侯慎德昭茲來許繩其祖武後漢書作昭茲來御愼其祖父文王有聲遹求厥寧說文遹作欥築城伊淢字又作洫韓詩同匪棘其欲釋文棘作亟云或作棘欲作慾云本亦作欲生

巳不坼不副說文作不㾓不疈監本毛本坼誤作拆實覃實訏覃本或作譚誕實匍匐本亦作扶服克岐克嶷說文作克㘈蓺之荏菽釋文作叔云或作菽禾役穟穟說文役作穎瓜瓞唪唪說文作菶菶茀厥豐草韓詩茀作拂恒之秬秠恒本又作亘或舂或揄韓詩作抌周禮注同說文作舀釋之叟叟又作溲溲爾雅注作溞溞爾雅釋文作淅之溞溞烝之浮浮說文作烰烰爾雅注同取羝以軷釋文羝作牴云字亦作羝其香始升香一本作馨行葦維葉泥泥張揖作苨苨肆筵設席楚詞章句作設机嘉殽脾臄殽玉篇作肴臄字或作醵敦弓既句說文作既彀酌以大斗字又作枓既醉序告大平也今石經與此同釋文監本毛本並無告字永錫祚胤釋文祚作胙云本又作祚鳧鷖序大平

之君子 監本毛本大作太今石經與此同 公尸來止熏熏 說文作來燕醺
醺 公劉序召康公戒成王也 召本亦作邵後皆同 迺裹餱
糧 餱字或作糇糧本亦作粻 陟則在巘 釋文作甗云本又作巘 乃覯于京
釋文乃作迺 既登乃依乃造其曹 今石經乃並作迺 于豳斯館
白虎通作于邠斯觀 取厲取鍛 本又作取礪取碫 止旅迺密 漢書注迺作乃
芮鞫之即 韓詩鞫作阮漢書注作鞫周禮注作汭汧 洞酌可以餴饎
又作饙餾 卷阿飄風自南 釋文作票風云本亦作飄 似先公酋矣
爾雅注作嗣先公爾酋矣 茀祿爾康矣 爾雅注茀作祓無爾字 有馮有翼
馮本又作憑 令聞令望 聞本亦作問 旦勞僭不畏明 說文僭作
朁釋文作慘云本亦作僭 柔遠能邇 釋文柔作揉云本亦作柔 以謹惛怓 說文
惛作昬 以謹繾綣 字或作卷 板 下民卒癉 釋文作僤云本又作癉沇
作㾶 不實於亶 釋文今石經於並作于 無然泄泄 說文口部作呭言部作
詍詍 辭之懌矣 釋文懌作繹云本又作懌 及爾同寮 監本毛本寮作僚釋文同
云字又作寮 民之方殿屎 說文作唸吚 民之多辟 釋文作僻 敬天
之怒 無敢戲豫 後漢書敬作畏無作不 及爾游衍 釋文作羨云本或作
衍 蕩 其命多辟 本又作僻 侯作侯祝 作本或作詛祝本或作呪非
時無背無側 漢書作以亡背亡仄 以無陪無卿 陪本又作培漢書無並作
亾 既愆爾止 愆本又作僁 式號式呼 崔作謼或一本作或號或呼 俾
晝作夜 釋文俾作卑云本亦作卑後皆同 在夏后之世 漢書注世作時國語
作近在夏后之世 抑 國語作懿 靡哲不愚 釋文哲作喆云本又作哲亦作悊

訏謨定命 漢本亦作莫 荒湛于酒 漢書湛作沈 女雖湛樂從
石本樂下旁注克字後人所加 酒埽廷內 釋文今石經並與此同監本毛本廷作庭 質
爾人民 爾雅注作民人 白圭之玷 說文作㓝 無言不讎 後漢書作不酬
萬民靡不承 靡一本作是 尚不媿于屋漏 釋文監本毛本媿作愧
不僭不賊 釋文僭作譖云本亦作僭 彼童而角 毛本角誤作覺 溫溫恭
人 釋文恭作共云本亦作恭 告之話言 說文作詁言 誰夙知而莫成
莫本亦作暮 誨爾諄諄 字又作訰訰禮記注作忳忳 匪用為教 監本毛本
誤作匪為用教 曰喪厥國 韓詩曰作𦍒 桑柔倉兄塡兮 兄本亦作
況 旟旐有翩 釋文作偏云本亦作翩 國步斯頻 說文作斯矉 靡所
止疑 齊詩作止凝 逢天僤怒 僤本亦作亶 亦孔之僾 毛本孔誤作恐
荓云不逮 荓字又作迸本或作拼 好是稼穡 稼釋文作家穡本亦作嗇下稼
穡維寶同 哀恫中國 恫本又作痌 自有肺腸 肺本又作胇 朋友已
譖本又作僭 大風有隧 爾雅注作泰風 反予來赫 本亦作嚇 雲漢
序遇烖而懼 今石經及各本烖作災 蘊隆蟲蟲 蘊本又作熅韓詩作爞蟲
蟲韓詩作烔烔 耗斁下土 說文斁作殬 兢兢業業 兢兢本又作矜矜 赫
赫炎炎 本或作惔惔 旱既大甚 玉篇大作太 滌滌山川 說文玉篇
作蓛蔽 如惔如焚 後漢書惔作炎焚本又作燓 寧俾我遯 本亦作遂 胡
寧瘨我以旱 韓詩瘨作疹 方社不莫 本亦作暮 敬恭明神 釋文
作明祀云本或作明神 疚哉冢宰 疚本或作灾又作究 瞻卬昊天 卬本亦作
仰 云如何里 本又作瘇 崧高序尹吉甫 本又作父 王纘之

事韓詩纘作踐以作爾庸本亦作墉以峙其粻釋文峙作畤云本又作峙
旣入于謝楚詞章句作于徐揉此萬邦揉本亦作柔烝民出
納王命納本亦作內不畏彊圉漢書彊作疆我儀圖之釋文儀作義
征夫捷捷玉篇作倢倢四牡彭彭說文作騯騯八鸞鏘鏘
釋文作將將云本亦作鏘鏘韓奕篇同韓奕有倬其道韓詩倬作晫淑
旂綏章綏本亦作緌鞹鞃淺幭鞃亦作鞃又作䉥幭本又作䉥顯父餞
之父本亦作甫其殽維何釋文殽作肴云本亦作殽維筍及蒲筍字或作
笋韓侯取妻取本亦作娶諸娣從之白虎通諸娣作姪娣麀鹿噳噳
噳本亦作麌麌有貓有虎貓本又作猫其追其貊說文作貉獻其
貔皮貔本亦作豼江漢秬鬯一卣本或作攸錫山土田石本

錫下旁注之字山下旁注川字田下旁注附庸二字皆後人所加釋文亦云錫山土田本或作錫之
山川土田附庸者是因舊頌之文妄加也常武赫赫明明赫字又作嚇如
震如怒一本兩如字皆作而鋪敦淮濆韓詩鋪作敷說文作敦彼淮濆仍執
醜虜仍本或作扔緜緜翼翼韓詩緜緜作民民徐方旣來漢書來作
倈瞻卬蟊賊蟊疾釋文蟊作蝥云本又作蟊懿厥哲婦釋文哲作
喆云本亦作哲下哲夫成城同漢書作悊婦鞫人忮忒說文作鞫人伎忒廣韻忮亦作
伎譖始竟背譖本又作僭召旻維今之疚字或作疚
周頌清廟本又作庿序周公旣成洛邑釋文洛作雒云本亦作洛
駿奔走在廟禮記注駿作逡維天之命序大平告文王
也毛本大作太假以溢我說文廣韻作誐以謐我維清維周之

禎釋文作禛云本又作禎崔同天作彼徂矣岐後漢書矣作者昊
天有成命夙夜基命宥密釋文基作其云本亦作基於緝熙單
厥心國語作緝熙亶厥心我將維天其右之右本亦作佑時
邁序巡守告祭柴望也守本或作狩薄言震之韓詩震作振
懷柔百神柔本亦作濡執競鐘歌喤喤漢書說文並作鍠鍠磬
筦將將筦本亦作管將將漢書作鏘鏘說文作躄躄思文貽我來牟
貽字又作詒牟字或作麰孟子注作麰漢書作貽我釐麰無此疆爾界釋文作介後仿
此臣工維莫之春莫本或作暮噫嘻釋文噫作意云又作噫
駿發爾私釋文駿作浚云本亦作駿振鷺在此無斁韓詩作無射
豐年以洽百禮釋文洽作祫云本或作洽有瞽本或作鼓序而

合乎祖也本或作合乎大祖應田縣鼓周禮禮記兩注並作應朄鞉磬
柷圉圉字亦作敔潛韓詩作涔雝宣哲維人釋文哲作悊云本亦作
作哲載見鞗革有鶬本亦作鎗說文玉篇作瑲俾緝熙于純嘏
釋文俜作甹云本又作俜閔予小子嬛嬛在疚嬛嬛崔作煢煢疚本又作
疚說文亦作煢煢在疚敬之一本無之字小毖而毖後患石本
毖下旁注彼字後人所加莫予荓蜂本又作蠭自求辛螫韓詩作赦載
芟序春藉田監本毛本作籍田千耦其耘釋文作芸云本又作耘緜
緜其麃韓詩緜緜作民民說文麃作穮有飶其香飶字又作苾有椒其
馨椒沇作俶良耜序秋報社稷也本或有冬字者非其饟伊
黍禮記注饟作餉其鎛斯趙周禮注作斯捔以薅荼蓼說文作旣茠荼蓼

積之栗栗說文作積之秩秩 絲衣絲衣其紑說文作素衣載
弁俅俅爾雅注載作𢧵說文作弁服俅俅 鼐鼎及鼒史記音義作及鼒兕
觥其觩說文作兕觵其觓釋文同云觵字又作觥觓字一作觩 不吳不敖吳說
文作吳敖本又作傲史記作不虞不驁 桓序桓武志也本或以此句爲注
婁豐年監本毛本婁作屢釋文與此同 般於皇時周白虎通作明周時
周之命釋文此下有於繹思句云毛詩無此句齊魯韓詩有之今毛詩有者衍文也崔集注
本有是採三家之本崔因有故解之
魯頌駉詁訓傳釋文與此同云本或作駉之什者是隨例而加耳商頌亦然今石經
監本毛本並有之什二字 駉駉牡馬牡本或作牧 有驈有皇說文作騜有
騂有雒本或作駱 以車繹繹崔作驛驛 有駜鼓咽咽本又作鼘

歲其有石本有下旁注年字後人所加釋文亦云本或作歲其有矣又作歲其有年者
矣皆衍字也 詒孫子詒下旁注厥字亦後人所加釋文亦云本或作詒厥孫子詒于孫子
皆是妄加也 泮水序頌僖公能修泮宮也釋文泮作頖云本多
作泮 薄采其芹白虎通作其芹 其旂茷茷釋文作伐伐云本又作茷茷 薄
采其茆說文作言采 矯矯虎臣釋文作蟜蟜云本又作矯亦作蹻 在泮
獻馘禮記注泮作頖 狄彼東南韓詩狄作鬄 角弓其觩釋文作觓 徒
御無斁釋文作釋云本又作射又作斁或作懌 食我桑黮說文作葚 憬彼
淮夷韓詩憬作獷說文一作穬一作憬 閟宮無災無害災字又作灾本
亦作菑 黍稷重穋本又作種稑 俾民稼穡釋文俾作卑云本又作俾下皆
同 實始翦商說文翦作戩 王曰叔父禮記注作王謂 爲周室輔

禮記注作爲周公輔 土田附庸周禮注作土地 戎狄是膺荆舒是懲
史記作戎狄是應荆荼是徵 泰山巖巖釋文泰作大云本又作泰 遂荒大東
齊魯韓詩荒並作幠爾雅注同 保有鳧繹字又作嶧 淮夷蠻貊字又作貉
商頌那序有正考甫者釋文甫作父云本亦作甫 鞉鼓淵淵說文
作鼗鼓鼘鼘 亦不夷懌釋文作繹云字又作懌 烈祖亦有和羹說文
作和鬻亦作盉羹 八鸞鶬鶬本又作鎗鎗 來假來饗今石經與此同監本
毛本饗作享 玄鳥奄有九有韓詩章句作九域 景員維何本或
作河 百祿是何本亦作荷 長發濬哲維商釋文哲作悊云字或作哲
幅隕既長監本毛本隕誤作幀釋文今石經並與此同 玄王桓撥韓詩作桓
發 率履不越韓詩外傳及漢書履並作禮 爲下國綴旒禮記注作畷郵

正義曰引齊魯韓詩也 敷政優優說文作布政憂憂 百祿是遒說文作揫
爲下國駿厖齊詩作駿驪大戴禮作恂蒙荀子作駿蒙 何天之龍大戴禮龍
作寵家語作荷天子之龍 敷奏其勇敷大戴禮作傅釋文同云本亦作敷 百祿是
總本又作鬷 武王載旆說文玉篇作坺 則莫我敢曷漢書作遏 苞有
三蘖漢書作三枿廣韻作枹有三枿 韋顧既伐漢書作韋鼓 殷武罙
入其阻說文罙作㴱 曰商是常石本商下旁注王字後人所加 商邑翼
翼四方之極後漢書作京師翼翼四方是則注云韓詩之文也

右毛詩

金石萃編卷一百十終

金石萃編卷一百十一

賜進士出身　誥授光祿大夫刑部右侍郎加七級王昶譔

唐七十一

石刻十二經䟦二

周禮天官冢宰第一（釋文作天官上云本或作冢宰上非餘卷放此）辨方正位（辨本亦作辯）序官宮正（此以下鄭總列六十職序干寶注則各於其職前列之）𢽳人（𢽳本又作魚亦作𢽳）瘍醫（毛本誤作醫瘍）醯人（醯本又作醯）冪人（說文作幎人）閽人囿游亦如之（釋文游作斿云本亦作游）女使八人（各本皆作女史石刻後亦作史此後人補字之誤）夏采（或作菜）大宰之職三曰邦甸之賦（監本毛本邦誤作郊今石經與此同）四曰家削之賦（削本又作鄁）四曰羞服之式（服或作膳）乃縣治象之法于象魏（監本毛本灋作法以後諸灋字石本與監本毛本皆灋法互見今石經改從畫一作灋）挾日而斂之（挾字又作浹干本作帀）置其傅（石刻原如此後人磨改作輔各本亦作輔）前期十日（前本或作先）眡滌濯（眡本又作視後皆同）祀大神示亦如之（示本又作祇）含玉（含本又作唅）則冢宰聽之（毛本冢誤作家春官冢人仿此）小宰六曰斂弛之聯事（釋文及今石經並與此同監本毛本弛作㢮劉本作施）令百官府（毛本誤作府官）各脩乃職（監本毛本脩作修）宰夫之職（毛本誤不越行）賓賜之飧牽（干本同一本作賓賜掌其飧牽）宮正與其奇衺之民（衺亦作邪）膳夫羞用百有廿品（監本脫有字今石經與此同）庖人膳膏臊（說文作鱢）內饔牛夜鳴則庮（廣韻作庮）烏皫色而沙鳴（釋文皫作臕云本又作皫）馬黑脊而般臂（徐本臂作辟）甸師代王受眚裁（監本毛本眚誤作眚今石經與此同）𢽳人辨魚物爲鱻薧（本又作槁）天官冢宰下（釋文作天官下云本亦作天官冢宰下）醫師有疾瘍者（監本毛本脫有字今石經與此同）食醫犬宜粱（監本毛本誤作梁）疾醫冬時有嗽上氣疾（嗽本亦作欬）酒正四曰緹齊（禮記注緹作醍）大祭三貳（監本毛本大誤作太）淩人春始治鑑（本或作監）醢人醓醢（醓本又作監）昌本麋臡（監本麋誤作麇）芹菹（說文芹作菦）箈菹（爾雅注作篙菹）宮人掌王之六寢之脩（本亦作修）掌次設皇邸（一本作皇羽邸）司裘仲秋（各本皆作中秋）內

宰禁其奇衺（本亦作邪）則贊贊瑤爵亦如之（疏述經及各本皆不疊贊字）而生種稑之種（種本或作重稑本又作穋）寺人相導其出入之事（釋文監本毛本導作道）典婦功及內人女功之事齎（本亦作粢）典枲掌布緦縷紵之麻草之物（按各本緦皆作總此刻誤）內司服展衣（廣韻作襢衣）緣衣（緣或作褖）追師掌皇后之首服爲副編次（玉篇副作髷）地官司徒序官遂師（各本並不越行）縣正（各本亦不越行下鄙師酇長里宰鄰長並同）里宰（每里下士二人監本毛本二皆作一）林衡胥十有二人（毛本二誤作一）每大林麓（本亦作蔍）川衡中川（各本中川以下皆不越行此刻誤）大司徒之職其植物宜皁物（釋文皁作早云本或作皁）其

動物宜鱗物[劉本作麷物]其民黑而津[一本作濜]其民皙而瘠[監本毛本皙誤作晳]其植物宜藂物[監本毛本藂作叢]以教稼穡樹藝[毛本藝作埶]正日景[本或作影非下同]不易之地家百畮[釋文作畞云本亦作古畮字]七曰眚禮[監本毛本眚誤作告釋及今石經並與此同]三曰聯兄弟[一本聯作聚]小司徒以辨其貴賤老幼癈疾[監本毛本癈作廢後同]鄉師掌其戒令糾禁[毛本戒誤作刑]而賙萬民之囏阸[囏古艱字本亦作艱]鄉大夫以退各憲之於其所治之國大詢于衆庶[監本作所治國以國字絕句今石經治下無之字按疏述經云以退各憲之於其所治又云國大詢于衆庶而致于朝是當以所治絕句國字屬下句石本所治之國大五字乃後人所補然以原本缺處計之適五字疑原刻刊誤後知其

非磨去後人又據誤本補之也毛本與此同而以所治之國爲句亦誤]黨正壹命齒于鄉里[監本毛本壹誤作一]掌其戒禁[毛本誤作禁戒]族師以相葬埋[本或作薶]閭胥凡春秋之祭祀役政喪紀之數[釋文役政作政役]比長有辠奇衺[辠本亦作罪]封人置其絼[本又作紖]共其水槀[監本毛本作稾]鼓人教爲鼓而辨其聲用[毛本辨作辯]舞師教皇舞[說文皇作䍿]牛人其槁牛[各本槁作犒]充人展牲則告牷[毛本誤作告牲]

地官司徒下

載師[孟子注作戴師]以家邑之田任稍地[說文作鄁地]充人皆無過十一[各本並作十二此刻誤]唯其漆林之征[釋文漆作桼云本又作漆劉本作桼字之變也]遺人市有候館候館有積[說文無兩候字]司救而歸于圜土[監本毛本于作於]司市以質劑結信攷止訟[各本攷皆作而此後人補字之誤]日昃而市[昃本又作𣅀]大刑朴罰[各本朴作扑]市師胥師賈師而從[按各本皆作市師帥賈師而從此文譌帥爲師又衍胥字]質人邦國朞[釋文作基云本或作朞]廛人掌斂市絘布[絘本或作次]肆長掌其戒禁[監本誤作戒令]泉府凡國事之財用取具焉[監本國事誤作事國]司門祭祀之牛牲繫焉[釋文繫作毄云本又作繫]掌節[說文作卪]以英蕩輔之[今石經蕩作盪釋文監本毛本與此同]遂人以興鋤利甿[說文甿作萌]以彊予任甿[詩箋作以强予任民釋文監本毛本彊作疆誤]及窆陳役[釋文窆作窆云本作窆]遂師以作役

事[監本毛本脫以字]庀其委積[庀又作庇監本毛本同]及窆抱磿[釋文監本毛本並誤作磨]委人[監本毛本皆不越行誤]縣正趨其稼事[釋文趨作趣云本又作趨]里宰趨其耕耨[毛本耨誤作耕]土均[監本毛本皆不越行誤]草人凡糞種[釋文糞作𡊅云本亦作糞]彊檃用蕡[釋文監本毛本彊並作疆誤檃本又作墾]稻人以豬蓄水[監本毛本豬作瀦]以涉揚其芟作田[監本毛本揚誤作楊今石經與此同]誦訓[監本毛本亦不越行誤]山虞凡服耜[監本毛本耜誤作耜]林衡掌巡林麓之禁[釋文麓作禁]角人以共財用[監本財誤作則]司稼掌均萬民之食而賙其急而平其興[掌均以下監本毛本並誤越行]舂人共其齍盛之米[齍本亦作粢]槁人[各本槁皆作槀]

釋文與此同
春官宗伯序官天府徒廿人監本毛本作三十人大師眡瞭
三百人府四人史八人胥十有二人徒百有卅人
各本卅作二十今石經無府四人以下十六字按疏亦云眡瞭三百人無府史胥徒石本此十六字
爲後人所補不足據監本毛本並承其誤鎛師儀禮疏鎛作鏄韎師禮記注韎作昧養
人監本毛本養作簪誤司巫府二人各本皆作一人此刻誤大宗伯
掌建邦之天神人鬼地示之禮示本或作祇下神示地示之例皆倣
此下卷亦然以佐王建保邦國佐本或作左以槱燎祀司中
司命槱本又作楢說文祀作祠以禽作六摯本或作贄省牲鑊省本又作
眚後省牲鑊皆同小宗伯兆五帝於四郊說文玉篇兆作垗以

金石萃編卷一百十一　唐七十一　五

時將瓚果監本毛本果作祼雞人夜嘑旦以嘂百官嘑本
又作呼司尊彝其朝踐用兩獻尊獻本或作戲諸臣之
所胙也石本原如此後人磨改胙作昨下文兩句及司几筵胙席並仿此司几
筵設莞席紛純各本席皆作筵誤右彫几說文彫作雕右漆几
說文漆作髹典瑞公執桓圭玉篇作瓛圭以恤凶荒監本毛本
恤作卹穀圭和難以聘女各本圭下有以字此刻誤脫典命
則下其君之禮二等各本皆作一等此後人補字之誤其士壹命
監本毛本壹作一下其大夫壹命同司服祭社稷五祀則希冕希本
又作絺廣韻作黹守祧其祧則守祧黝堊之堊本或作惡
世婦比其具比本亦作庀凡王后有㩻事於婦人監本毛本

㩻誤作摻今石經與此同
春官宗伯下大司樂大磬各本皆作大磬此補字之誤下舞大磬同禮記
注廣韻並作大部乃分樂而祀之今石經毛本皆作序之此補字之誤監本
亦譌作祀乃奏大蔟監本蔟作簇大蔟爲角毛本大作太九磬之
舞釋文云九磬依字九音大諸書所引皆依字尸出入監本毛本尸作屍釋文同云本
亦作尸王大食三宥釋文監本毛本並作侑今石經與此同樂師趨
以采薺釋文作齊云本又作薺詔來瞽皋舞說文鼛作鼓帥射夫
以弓矢舞監本帥誤作師小胥觵其不敬者觵本或作觥士
特縣釋文特作犆云本亦作特大師令奏瞽朄禮記注及各本瞽並作鼓
此刻誤瞽矇掌播鼗柷敔塤簫管弦歌監本弦誤作細

金石萃編卷一百十一　唐七十一　六

磬師凡祭祀監本毛本凡誤作及今石經與此同鍾師納夏釋文作夏
納云本或作納夏齊夏齊或作齋笙師以教祴樂監本毛本祴誤作械
鎛師今石經毛本並作鎛師此補字之誤監本亦誤作鏄韎師掌教韎
樂禮記注作昧師掌教昧樂典庸帥其屬而設筍虡毛本帥誤作師
虡作簴廞筍虡毛本作虡亦誤大卜掌三兆之灋釋文兆作垗云
亦作兆掌三夢之灋釋文夢作𥧌云本亦作夢則眡高作龜釋文眡作
視卜師三曰義揚各本皆作義兆此補字之誤華氏釋文作蕐
氏云本又作華遂龡其焌契說文龡作𪛉占夢本又作𥧌占六夢
之吉凶說文夢亦作𥧌下同二曰噩夢說文作咢𥧌四曰寤夢寤本
又作寤說文作悟𥧌大祝四曰禜各本皆作禜此補字之誤一曰稽首

監本毛本稽作鮨釋文同云本又作稽以享右祭祀毛本誤作祭祝付練祥
掌國事毛本祥誤作詳小祝彌裁兵玉篇彌作侎司巫祭
則其匯主說文無則字大史凡辯灋者攷焉監本毛本辨作
辯下辯事者仿此閏月詔王居門終月說文作閏月王居門中終月也
小史辨昭穆昭或作䄇馮相氏辯其叙事監本毛本辯作辨叙
作序下以辯四時之叙監本毛本辯亦作辨內史掌王之八枋之灋
釋文枋作柄云本又作枋巾車錫樊纓十有再就監本錫誤作鍚下重
翟錫面朱總監本毛本並誤作鍚翟車貝面組總有握干寶馬融皆作幄
輦車組輓釋文輦作連云本作輦犬禛監本誤作禛下並同駹車雚蔽
說文作駹車大帘孤乘夏篆說文作夏𨏒車僕凡師共革車

監本共誤作其司常通帛爲旜說文作旃都宗人掌都祭
祀之禮監本毛本祭作宗則令禱祠釋文禱作禂云本亦作禱家宗
人凡以神士者毛本凡以以下誤越行以猶神鬼示之居爾雅
注猶作猷示作祇
夏官司馬序官卅有五人爲兩監本毛本並脫有字小子史
一人監本一誤作二大僕監本毛本大作太藁人監本毛本藁作槀廋人
徒二十八人按石刻各經遇二十三十等字皆作廿卅此文作二十乃後人所補不知原刻
之例耳圉師良馬匹一人駑人良馬匹一人駑馬麗
一人各本皆無駑人良馬匹一人七字此後人補字誤衍大司馬放殺其
君則殘之殺字後人所補釋文作弒云本又作殺監本毛本亦作弒軍將執晉

鼓釋文作將軍云本又作軍將鄉遂載物石刻原如此後人磨改遂作家遂以
獮田如蒐之灋監本毛本蒐下衍田字車徒皆行及表乃止
毛本誤作正旗車卒間各本車皆作居此刻誤鼓皆駴本亦作駭帥執
事毛本帥誤作師軍司馬輿司馬注各本此二職下皆闕字按此亦後
人補字誤脫耳司勳惟加田無國正本亦作征量人量其
市朝州涂軍社之所里涂本又作塗射人大夫執雁
監本毛本脫執字祭祀共卵鳥卵劉本作卵
夏官司馬下司士唯賜無常監本毛本唯作惟下諸子唯所用之同
作六軍之事執披各本事皆作士此刻誤隸僕掌五寢之
埽除糞洒之事玉篇作掌五寢之帚除糞埽洒之事弁師諸侯之

繅九就瑉玉三采石本原如此後人磨改繅下增斿字各本亦有斿字釋本又作
珉玉瑱象邸玉笄瑱本亦作琪司戈盾祭祀授旅賁
殳毛本旅誤作旅下軍旅旅賁並同司弓矢夾弓庾弓釋文云庾師儒
相傳讀庾本或作庾恒矢痺矢監本毛本庳誤作痺今石經釋文並與此同授兵
甲之儀監本毛本甲誤作至今石經與此同道右如齊軾之儀各本
軾皆作車大馭掌馭玉路以祀監本玉誤作王今石經毛本並與此同
校人三阜爲繫釋文作毄云本作繫執朴而從之石本原如此後
人磨改朴作扑各本亦作扑及葬埋之釋文埋作貍一本亦作埋廋人馬
八尺以上爲龍爾雅注以作已龍作駥職方氏東南曰揚
州監本揚誤作楊其浸五湖浸本又作寖漢書亦作寖下並同其浸潁湛

監本頴誤作穎其水滎洛石本原如此後人磨改水作川各本亦作川滎釋文作熒洛監
本毛本作雒其澤藪曰望諸漢書作孟諸其民二男二女漢書
作三女其澤藪曰大野漢書作泰壄其浸盧維漢書監本毛本盧作
盧釋文及今石經並與此同其民二男二女各本皆作三男其澤藪曰
貕養漢書貕作豯其澤藪曰楊紆漢書楊作揚其川虖池漢書
作滹沱都司馬以國灋掌其政學釋文政作正
秋官司寇序官禁殺戮下士二人毛本誤作士下薙氏薙字
或作雉赤犮氏說文犮作魃小行人司儀行夫監本毛本此三官並
不越行誤大司寇使其屬蹕釋文作趩云本亦作蹕士師書
而縣于門閭各本縣作懸鄉士辨其獄訟監本毛本辨作辦

協日刑殺釋文作汁日云本亦作協遂士而紓其戒令監本
毛本誤作戒命訝士客出入則導之各本導皆作道朝士帥
其屬而以鞭呼趨且辟趨本又作趣邦國期監本毛本期作朞釋文
與此同司刺再赦曰老旄釋文作耄云本又作旄三赦曰惷
愚毛本惷作惷司盟及其禮儀釋文作禮義職金旅于
上帝則共其金版爾雅注作旅五帝卿供金飯司厲其奴男
子入于罪隸說文罪作辠女子入于舂槀玉篇作藁毛本誤作稾
犬人用牷物牷本亦作全掌戮掌斬殺賊諜而搏
之玉篇作膊之
秋官司寇下野廬氏有相翔者則誅之監本毛本無則字今

石經有之邦之有大師監本毛本脫有字蜡氏掌除骴玉篇作胔
庶氏掌毒蠱以攻除掌下禬之嘉草攻之各本皆作
掌除毒蠱以攻說禬之嘉草攻之此刻脫上除字說字下衍除字說衍小書掌下二字皆後人補字
之誤釋文草作艸云本亦作草薙氏夏日至而夷之禮記注夷作薙
蟈氏焚牡鞠石本原如此後人磨改作蘜各本亦作蘜以其煙被之則
死凡水蟲無聲石本原如此後人磨改去死字各本亦無死字庭氏則
以救日之弓與救月之矢夜射之監本毛本脫夜字今石經有
銜枚氏禁嘂呼歎嗚於國中者禮記注作掌禁野叫呼歎呼於
國中者監本嗚誤作鳴大行人立當前疾說文疾作執則詔相
諸侯之禮監本脫詔字小行人凡此五物者監本脫五字

司儀王燕則諸侯毛劉本作毫客從拜辱于朝釋文從作
从云本亦作從掌客掌四方賓客之勞禮餼獻飲食之
等數石本原如此後人磨改勞作牢各本亦作牢車秉有五籔監本秉誤作桼
今石經毛本與此同皆有饔餼各本皆作飧饔餼此後人補字誤脫再問皆脩
監本毛本脩作修今石經與此同醯醢八十甕監本誤作饔掌訝則
戒官脩委積監本毛本脩作修今石經與此同凡賓客諸侯有卿
訝說文訝下有發字則使人導之監本毛本導作道都則闕
都士闕家士闕監本脫此三職
冬官考工記上然後可以爲良監本後誤作以橘踰淮而
北爲枳廣韻而北作北而鸜鵒不踰濟釋文作鸜鵒云本又作鸜搏埴

之工二(監本摶作摶誤釋文與此同下摶埴之工仿此)函鮑韗裘(韗本或作韗)
畫繢鍾筐㡛(五經文字作㡛)陶旊(釋文及今石經並作瓬下旊人凡陶旊之事並同)
㟴於軫四尺(㟴本亦作古崈字)則於馬終古登阤也(釋文阤作陁)
(陁輈人同)輪人欲其眼也(說文眼作輥)則是摶以行石也
(監本毛本摶誤作摶今石經與此同後鮑人矢人仿此)不甐於鑿(甐本又作䡅下鮑人)
(不甐同)凡揉牙外不廉而內不挫(說文作爍牙不爍)毄敵而
馳不墜(釋文監本毛本墜作隊)輈人軓前十尺(監本軓誤作軌下並)
(同)五分其軫間(毛本閒誤作問)龜蛇四斿(監本毛本蛇作虵後畫繢之事)
(鳥獸蛇倣此)攻金之工(監本毛本誤不越行)鳧氏兩欒謂之
銑(欒本又作鸞)函人鍛不摯(監本毛本鍛誤作鍜今石經與此同)鮑
人(說文作鮑氏)卷而摶之(監本毛本作摶之釋文與此同)韗人謂之
鼛鼓(釋文鼛作賁云本或作鼖又作鼛)㡛氏以涗水漚其絲(釋文)
(無其字)是謂水湅(各本皆作水涑此補字之誤)
冬官考工記下 玉人天子執冒四寸(說文作執瑁)上公
用龍(說文作駹)伯用將(說文作埒)楖人(楖本或作櫛)雕人(雕本)
(亦作彫)磬氏已下則摩其耑(耑本或作端)矢人殺矢七
分(釋文殺作網)參分其長而殺其一(監本毛本殺作網釋文同云本又作)
(殺)前弱則勉(各本皆作俛疑此刻誤)是故夾而搖之(搖本又作揺)
欲生而摶(釋文與此同監本毛本摶誤作摶下倣此)旊人(玉篇廣韻旊並作瓬)
梓人爲筍虡(釋文筍作簨云本又作筍)以胷鳴者(胷本亦作骨又作胷)

(于本作骨賈馬作胃劉本作胷監本毛本同)則於磬宜(各本脫則字)出舌錞
緝寸焉(儀禮注緝作絹)廬人矛夷三尋(監本毛本矛夷作夷矛)
匠人堂脩二七廣四脩一(監本毛本脩作修)廟門容大扃
七个(說文作大罷七箇)耜廣五寸(說文耜作梠)廣尺深尺謂之
(說文甽作く)廣二尺深二尺謂之遂(釋文遂作隧云本又作遂)廣二
尋深二仞謂之澮(說文作巜)車人半矩謂之宣(本或作寡)
(亦作宣)弓人𣫍於剅而休於氣(剅本又作腦)馬膠黑白
(石本原如此後人磨改黑作赤各本亦作赤)譬如終紲(釋文毛本譬作辟)引如
終紲非弓之利也(監本毛本脫也字今石經有)角不勝幹幹不
勝筋謂之不參均(監本毛本參上並脫不字今石經與此同)筋三侔(本又)
(又牟亦作桙)漆三斞(說文作求三斞)其次角有瀳而䟽(監本毛本脫角)
(字今石經有)

右周禮

儀禮士冠禮厥明夕爲期于庿門之外(監本毛本庿作廟案石刻惟士昏禮至于庿門公食大夫禮及廟門喪服爲之築宮廟君歸其宗廟四字作廟餘皆作庿)
(監本毛本惟上文筮于庿門作庿餘皆作廟今石經悉改從庿)各一匴(匴本或作篹)薦脯
醢(薦本又作藨或作廌非也)以柶祭醴三(毛本誤作二)啐醴建柶(監本)
(毛本誤作捷柶今石經與此同)奠摯見于君(監本毛本于作於)遂以摯見
於鄉大夫鄉先生(今石經鄉大夫作卿大夫毛本先生誤作見生)吾子將
涖之(監本毛本作莅之今石經與此同)嘉薦亶時(劉昌宗本作古亶字)記

大古冠布監本毛本作太釋文今石經並與此同齊則緇之齊本亦作齋
適子冠於阼適本又作嫡毋追釋文作母追
士昏禮髀不升髀又作髀菹醢四豆監本毛本菹作葅釋文今石經並與
此同大羹湆在爨亦作泰羹被穎黼監本毛本穎誤作頴媵布席于
奧釋文無布字匕者逆退釋文及今石經匕並作朼乃徹于房中釋文
作撤適婦說服于室御受監本毛本誤作授今石經與此同受笲殿
脩今石經作段脩釋文同云又作腶監本毛本誤作腶此作殿傳刻之譌北面拜奠
于席監本奠誤作鄭席于北墉下毛本墉誤作牖記始扱壹祭
監本毛本壹作一今石經與此同某固唯命是聽監本毛本唯作惟今石經與此
同命之曰監本毛本之下有辭字今石經與此同夙夜毋違命監本毋誤

作母壻授綏姆辭曰未教不足與為禮也監本毛本脫此節今
石經有之弟稱其兄監本毛本弟下有則字今石經與此同某以得為外
昏姻之數監本毛本作婚姻未得濯溉于祭祀釋文今石經並作濯
摡某得以為昏姻之故各本皆作某以得毛本昏亦作婚
士相見禮士相見之禮摯釋文作贄云本又作摯監本毛本亦作贄以後
贄摯雜出今石經盡一作摯請還摯于將命者監本毛本作還贄於君嘗
為臣者監本毛本嘗作常今石經與此同妥而後傳言爾雅注作傳命與
衆言忠信慈祥大戴禮註無忠信二字毋改監本毛本毋誤作母衆
前曳踵釋文作蹱
鄉飲酒禮尊兩壺于房戶閒監本壺誤作壹下兩壺同尚左手

嚌之齊字或作嚌遂授瑟監本毛本遂誤作送乃間歌魚麗本或作麗
下同執觶興盥洗各本皆無盥字此後人補刻誤衍案儀禮全經間有朱梁補刻者又
有明人補字皆多繆誤今分別正之辯卒受者以觶降各本辯皆作辨司正
升立于序端監本毛本誤作席端今石經與此同遵者降席席東南
面監本毛本脫一席字今石經有之則使人授俎各本皆作受俎賓服鄉
服以拜賜今石經無上服字記薦脯五挺本亦作脡脊脅肺
胳肺監本毛本脫肺字進腠釋文作奏云本亦作腠
鄉射禮主人坐取爵于上篚毛本于作於賓席之前西
北面獻賓今石經作賓之席前東南面酢主人釋文酢作醋賓之
席前北面監本誤作不面樂正告于賓監本樂字小書混入上文疏內袒

決遂各本皆作袒決此補刻之誤改取一个挾之監本毛本取誤為作今石
經與此同皆與士為耦以耦告于大夫曰監本毛本脫以耦二字今
石經與此同某御於子監本毛本於作于相揖退反位監本毛本無退
字今石經有一紘以委十則異之毛本十誤作實司射先反位
監本反誤作及衆賓繼飲射毛本繼誤作既適左个中皆如之監本
毛本皆作亦今石經與此同而后耦揖進毛本后作後樂正東面命
大師監本作命東面賓與大夫坐反奠于其所興監本毛本脫坐
字今石經與此同長受長酬者不拜各本皆作長受酬此補字之誤記
射自楹間毛本誤作問遂西取弓矢監本毛本遂誤作送福髤橫
而奉之監本毛本奉作捧釋文今石經並與此同大夫與士射袒纁襦

監本毛本薰作纁今石經與此同以翿旌獲毛本翿誤作翻士鹿中翿旌
以獲監本毛本脫此節今石經有之
各本之皆作賓此補字之誤燕禮兩方壺監本誤作壺下圜壺同司宮筵之于戶西東上
下同賓右北面至再拜毛本右誤作又主人坐奠觚于篚毛本
于誤作與主人盥洗象觚升實之監本毛本誤作賓之下媵爵者洗象觶升
賓之大夫立卒爵不拜實之並仿此西階上坐奠爵拜賓降筵監本毛本
作拜賓賓降筵今石經與此同小臣又請媵爵者二大夫大夫媵監本毛本
爵如初監本毛本不疊大夫二字今石經與此同大夫皆升就席監本毛本
脫升字今石經與此同采蘩監本作繁大師告于樂正曰監本毛本無于

字今石經與此同主人拜送觶監本毛本並作受觶今石經與此同皆於阼
階上監本毛本於作于閽人為燭於門外各本作為大燭詩疏亦有大字
以賜鍾人於門內霤監本毛本作鐘人今石經與此同後凡鐘字仿此
記其牲狗也監本毛本並脫此節今石經有之
大射儀釋文及今石經毛本並與此同監本脫儀字兩方壺監本誤作壺下兩圜
壺兩壺獻酒並仿此冪用錫若絺劉作綌大史在干侯之東北
監本毛本誤作大夫釋文及今石經並作大史反命反命之各本皆作又命之此字疑
誤主人卒洗賓揖升監本毛本升上有字今石經與此同乃以酢主
人于西階上釋文酢作醋升觚遂于賓各本皆作升媵觚此補字之誤
受爵于筵前漢石經殘字筵作莚賓奠于薦東各本皆作遂奠此字後人

所補疑誤媵爵爵者退反位各本作媵爵者皆退此補字之誤賓升成
敗各本皆作成拜此補字之誤主人洗觚升實散監本毛本觚誤作酬設
于賓左毛本于作於僕人正徒相大師監本毛本大作太釋文今石經作
作大下大史侯于所設中之西大史許諾並同小樂工從之各本皆作小樂正此補字
之誤主人洗升實爵各本皆作實爵此補字之誤南面坐取觶各本
皆作奠觶此補字之誤南面反奠于其所各本皆作南面坐取觶南面反奠于
其所補字誤脫六字遂告于大夫與大夫各本于作曰此補字之誤命去
侯各本皆作侯監本誤作侯此作侯亦補字之誤與司馬正交于階前監本
誤作交與上射降三等監本毛本誤作二等今石經與此同上射於左監本
於誤作與毛本作于今石經與此同司馬師坐乘之卒監本毛本並脫卒字今石

經與此同則降卽位而后告毛本后作後司射東面于大夫
之西比耦監本毛本誤作北耦今石經與此同既拾取矢梱之監本毛本
梱誤作梱下梱復同相揖退釋弓矢于次監本毛本退上有還字今石經與此
同司射作射如初監本毛本誤作揖今石經與此同取公之決拾
于東坫上毛本于作於北一一笴各本皆不重一字此補字誤衍小射
正坐奠笴于物南毛本于作於下小射正以笴受決拾退奠于坫上仿此北
面視算釋文作眂算云本亦作視北面告于公監本脫告字司射遂
袒執弓監本毛本無遂字今石經與此同退俟于序端毛本俟誤作次僕
人師洗升實觶以授監本毛本實誤作賓今石經與此同小臣正正
辭各本皆不重正字此補字誤衍卒司馬師受虛爵監本毛本皆無師字今石

經與此同司射適階西去扑毛本適誤作釋三耦拾取矢如初
監本毛本三誤作二衆射者繼拾取矢毛本繼誤作既北面視上射
監本毛本視作眂今石經與此同公樂作而后就物毛本后作後賓諸
公卿大夫皆說屨毛本誤作履公荅拜賓反位監本毛本脫賓
字今石經與此同受者如初受酬之禮毛本酬誤作成
聘禮士帥沒其竟毛本帥誤作師司馬執策釋文監本毛本並作筴
未入竟壹肆釋文作一肆賓揖先入受于舍門內監本毛本于作
於夫人使下大夫勞以二竹簋方周禮註作使下夫人勞以
二竹簋方釋文簋作簠云本或作簋監本毛本亦作簠今石經與此同玄被纁裏各本
被皆作被此補字之誤大夫帥至于館卿至館各本館皆作館按館俗字

後訝賓于館反命于館君館之卿館大夫館士館皆後人補字之誤米禾皆廿車監本
毛本誤作一十車賓辟不荅拜監本毛本賓誤作客釋文今石經並與此同尙
攝坐啐醴監本誤作啐酒公問大夫毛本問誤作門其南醯醢說文
醢作䀋北面再拜稽首受無擯監本毛本擯作儐下授老幣無擯饔者無
擯仿此北面當楣再拜各本楣皆作楣若食若饗毛本誤作苦饗授
上介幣漢石經授作受若賓死來將命各本來皆作未此補字之誤不享
有獻享本又作饗記問幾月之資周禮注作齎使者受行
日疏述經及監本毛本俱作既受行日此補刻誤脫今石經亦有既字繅三采六等
朱白倉禮記疏及今石經疊朱白倉三字此段經文皆後人補刻不可爲據監本毛本倉作
蒼又賚幣馬釋文與此同監本毛本賚作齎對曰非禮也敢辭監本

毛本辭字小書混入注首今石經與此同復見之以其摯監本毛本之作訝今石經
與此同衆介北面蹌焉禮記注作蹡蹡焉私覿愉愉焉釋文作俞
俞醴尊于東箱監本毛本作廂今石經與此同賓固辭公荅再拜
冉應作再此補刻之誤自西門升受各本皆作西階此補刻之誤聘自致
饔各本皆作聘日此補刻之誤無饔者無擯各本皆作儐此補刻之誤君貺
寡君延及二三老拜又拜送監本毛本又拜送節在君貺寡君節前今
石經與此同賓不致主人不拜毛本主誤作王二百四十斗說文
作二十四斤爲秉
公食大夫禮尒疋釋文食作飤栗階升不拜各本栗上有賓字去
冪於外釋文監本毛本冪皆作鼏陳鼎于碑南面監本毛本作碑南南面

宰夫設鉶四于豆西釋文鉶作鈃贊者負東房監本以上文注
中一人二字混入經文贊者之上左擁簠粱監本誤作右擁簠粱毛本誤作左擯簠粱
賓梲手各本皆作挩手西東毋過四列監本毋誤作母無擯各本皆作
儐記出自東房毛本誤作東方鉶芼釋文鉶作鈃羊苦說文作羊
芐卿擯由下監本擯作賓
覲禮侯氏亦皮弁迎于惟門之外各本皆作帷門此補字之誤
侯氏送于門外監本毛本于作於天子賜舍伯父各本及後漢書
注伯父上皆有曰字侯氏裨冕釋幣于禰監本裨誤作禰天子非他
各本天子下俱有曰字此補字誤脫坐奠圭監本誤作奠主歸寧乃拜今石經作
乃邦此補字之誤監本毛本浴誤作拜天子乘龍載大旂監本毛本誤作大旆

記几𠊱于東箱各本𠊱皆作俟此補字之誤
喪服經傳第十一石本原如此後人磨改去經傳二字監本毛本皆無之釋文亦作喪服經傳第十一斬衰裳衰字又作縗後皆同左本在下毛本誤作左右朝
一哭夕哭而已各本皆作夕一哭補字脫一字飯素食飯今本多作飰字
妾爲君監本毛本誤作謂君終其身慈母各本慈母並作如母此補字之誤
出妻之子爲母期監本毛本作朞大夫之適子爲妻適本又作
嫡孫婦亦如各本皆作亦如之此補刻誤脫持重於大宗者監本毛本
持誤作特嫡子不得後大宗監本毛本子誤作人婦人不能貳尊
也監本毛本貳作二今石經與此同則服齊衰三月也監本毛本脫也字今
石經與此同宗祖之母在各本祖皆作子此補字之誤喪成人者其

未縓各本未皆作文此補字之誤皆爲無服之殤監本毛本脫皆字今石經
與此同以日易月之殤而無服各本而上重出殤字此補字誤脫女
子適人者各本皆作女子子補字脫一子字是嫂亦可謂之母乎
嫂本亦作嫂小功布衰裳牡麻絰即葛五月者監本毛本脫者
字疏述經及今石經並有弟長也弟本亦作娣曾孫之姑各本皆作曾孫父之
姑此補字誤脫壻監本作婿釋文今石經毛本並與此同何以緦報之也監本
毛本緦下有也字今石經無記朋友皆在他邦袒免字或作絻
士喪禮死于適室監本毛本于作於受用篋釋文作篋云本亦作篋今
石經作篋監本毛本亦作篋入坐于牀東毛本誤作堂東即位于西階
下東面監本毛本于誤作如今石經與此同爲垼于西牆下玉篇垼作役

掩練帛廣終幅毛本廣誤作纊皆繶緇絇純釋文及周禮注無絇字今
石經同稻米一豆實於筐毛本於作于櫛於簞監本毛本於誤作用
釋文今石經並與此同鬠用組周禮注鬠作檜設決麗于掔監本毛本誤作
掔今石經與此同下乃連掔既夕禮結于掔並同參分庭一監本毛本作三分今石經
與此同夏祝鬻餘飯鬻本又作粥冪用疏布冪本又作羃苴絰
大鬲又作搹四鬄去蹄周禮注四鬄作肆解祭服不到監本毛本並作
倒今石經釋文並與此同下君隧不到同巾待于阼階下監本待于誤作侍於毛本
于亦作於今石經與此同賓入中庭毛本中誤作出升自阼階大夫踊
各本皆作丈夫此補字之誤祝反降毛本祝誤作燭君釋采釋文作菜主人
中庭坐坐撫各本上坐字皆作君此補字之誤貳車畢乘監本毛本貳作

二燭先入毛本燭誤作獨卒朼釋匕于鼎毛本卒誤作執如於室
監本毛本於作于右還北面毛本右誤作左執封以示命筮者各本
封皆作卦此補字之誤卜人先奠龜于西塾上監本毛本塾誤作墊今石
經與此同楚焞置于燋各本皆作燋此補字之誤哀子某來日某監本
毛本脫下某字今石經有之還即席毛本還誤作送卜宅如初儀監本毛本
宅作擇
既夕禮監本毛本無禮字釋文及今石經並有夷牀饌于階間疏述經及
今石經並同釋文夷作侇云本亦作夷監本毛本作侇衆主人東即位監本毛本
並脫主字今石經與此同御者執策立于馬後釋文策作筴主人入
祖各本祖皆作袒此補字之誤罋三釋文罋作甕冪用疏布冪本又作羃

兩杅監本誤作杅杖笠翣儀禮識誤引釋文作篓公賵玄纁束馬
兩公羊傳注作東帛兩馬則捂受之釋文捂作梧從柩東當前東
毛本東誤作車藏苞筲於旁監本苞誤作笣記疾者齊本又作齋後同
外內皆埽監本毛本並作內外今石經與此同皆坐持體監本毛本此下有男
女改服一節今石經亦無之主人啼識誤引釋文作蹄裏親膚監本毛本裏誤
作裏今石經與此同不說經帶監本說誤作設今石經毛本並與此同聚諸窔
本又作變監本毛本亦作變卜曰吉今石經曰作日升降自西階監本毛本
無降字今石經與此同于笮各本于皆作千此補字之誤載簑笠釋文簑作蓑
菅筲三釋文菅作管亦張可也監本毛本誤作可張今石經與此同猴矢
一乘識誤引釋文猴上有矢字今石經同

士虞禮簞巾在其東監本毛本誤作簞布今石經與此同祝饗監本誤作
響一人衰經奉篚哭從尸篚本亦作篚、祝命佐食墮祭
周禮注作隋祭尸以醋主人醋本亦作酢記祝佐食降復位
監本毛本脫復字今石經有香合香本又作薌饗監本毛本並誤作響皆如初
日監本毛本日作曰下亦如初日放此唯主人不哭監本毛本唯誤作帷今石經與
此同尸受振祭監本毛本受作授今石經與此同奠于南方毛本于作於
猶出几席監本誤作凡席拾踊三今石經此下有哭止告事畢賓出七字此補字
誤脫監本毛本亦無之皆承補字之誤搔翦監本搔誤作搔釋文及今石經翦作揃
特牲饋食禮壺禁在東序監本壺誤作壺下視壺濯同豆籩鉶
在東房釋文鉶作鉼下及兩鉶同賓荅再拜監本毛本並誤作賓再荅拜今石經

與此同立于門外東方監本毛本誤作房今石經與此同立于房中
南面毛本誤作東面卒載加匕于鼎毛本于誤作去及兩鉶鉶芼
設于豆南監本毛本俱不疊鉶字今石經與此同出立于戶西南面
監本毛本脫戶字今石經有擩于醢釋文及今石經並無于字舉骼毛本誤作胳
主婦洗爵于房酌毛本酌誤作祝尸卒爵醋酌獻祝監本毛本
醋作酢卒復位毛本誤作二位賓佐執爵各本佐皆作左此字疑誤洗獻
衆兄弟監本毛本脫衆字疏述經及今石經並與此同尸祭酒監本毛本脫尸字今
石經有賓立卒觶監本毛本卒誤作于今石經與此同衆賓長自左受
旅監本毛本脫自字今石經有舉觶者祭卒觶拜長皆荅拜監本
毛本脫此十一字今石經有之各酌于其尊監本毛本誤作尊今石經與此同主

人出立于戶外西面監本毛本誤作戶內今石經與此同記東西
當東榮毛本誤作營纁裏監本毛本裏誤作衷尊兩壺于房中西
墉下今石經墉作墉此字後人所補疑誤監本毛本亦作墉髀脡監本毛本髀作脾今
石經與此同監本脡誤作脠
少牢饋食禮朝服筮尸監本毛本脫服字今石經與此同如筮日
之禮監本毛本作之儀今石經與此同命曰孝孫某來日丁亥用
薦歲事于皇祖伯某監本毛本薦誤作爲今石經與此同肩臂臑膊
骼監本毛本膊作膞誤釋文今石經並作膊凡膊字皆同惟上利升羊載右胖節膊字石刻亦
誤作膊皆設扃鼏監本毛本鼏作幂今石經與此同主婦被錫詩箋周禮
注並作髲鬄衣移袂釋文移作侈云本又作移今石經與此同監本毛本亦作侈下同

執葵菹蠃醢菹亦醢作菹又興受贊者敦稷毛本興誤作十祝出
迎尸于廟門之外毛本于作於以授尸坐取簞興監本毛本
脫此七字今石經有之祝筵尸各本筵皆作延此字刻誤尸受同祭于豆
祭監本毛本誤作尸同受今石經與此同右兼取肝禮記注作取肝肺作擩之
以授尸監本毛本擩誤作擩釋文及今石經並與此同授主婦贊者于房
戶毛本誤作房中洗爵受尸各本受皆作授此補字之誤賓尸西北面
拜送爵監本毛本戶誤作尸今石經與此同主人降立于阼階東監本
降作祭毛本作出並誤今石經與此同主人荅壹拜監本毛本壹作一今石經與此
同
有司本或作有司徹今石經與此同監本毛本俱有徹字有司徹字又作徹東枋

金石萃編卷一百十一　唐七十一　三

監本誤作祊下西枋同肩臂肫骼臑釋文骼作胳云本亦作骼亦右體監本
亦誤作截二手執桃匕枋以挹湆各本桃皆作挑此字疑誤尸卻手
授匕枋今石經授作受賓亦覆手以受監本毛本誤作授卒載俎
執俎以降各本執上皆有縮字無俎字此補字之誤監本毛本亦衍俎字賓縮執
俎以降毛本誤作以爵主婦洗于房中監本毛本洗下有爵字今石經與此同
取糗與腶脩腶本又作段今石經與此同監本毛本脩作修下脩字七見毛本皆作修
立于主人席北西面監本毛本誤作西面西今石經與此同主人[illegible][illegible]
糗脩監本毛本其誤作其今石經與此同北面荅拜受尸爵降筵各本
皆作受爵尸降筵主人降洗觶監本毛本作洗爵今石經與此同下主人賓觶酬尸
主人賓觶尸拜受爵兩觶字監本毛本並誤作爵右取脯擩于醢脯今石經作脯

蹕逆經同執爵以興監本毛本俱脫爵字今石經有之宰夫執薦以從
監本毛本薦誤作爵今石經與此同其先生之脅折監本毛本脫其字今石經有之
升獻私人于阼階上各本降並作作此補字之誤受爵酌獻侑
侑拜受三獻北面荅拜監本重衍此十四字爲二十八字受三獻
爵監本毛本脫爵字今石經有酌以醋之監本毛本醋作酢今石經與此同主
人拜受尸拜送監本毛本受下衍爵字今石經與此同若不賓尸監本
毛本儐作賓今石經與此同如賓各本皆作儐此補字之誤主人洗爵酳尸
各本皆作酳尸此補字之誤監本亦誤作酪酌授尸監本毛本授誤作受今石經與此同
主人受爵今石經作主婦賓戶西北面荅拜監本毛本戶誤作尸今石
經與此同婦人贊者各本此下皆有執棗糗授婦贊者婦贊者十字此補字誤脫脯

金石萃編卷一百十一　唐七十一　四

一監本毛本肺上衍祭字今石經與此同洗爵醋于主人毛本于作於賓
兄弟交錯其酬監本酬誤作醋司宮闔牖戶監本毛本牖誤作牖今石
經與此同衆賓出毛本出作及誤
右儀禮

禮記御刪定禮記月令第一按石刻以月令移置曲禮之前章句頗有
點竄如孟春之月日在營室昏參中旦尾中則改
爲正月之節日在虛昏昴中曉璧中斗建寅位之初
各月前數句皆然又加立春雨水驚蟄春分等二
十四節於十二月中每孟月其數若干之後加其
性某某其事某二語而仲季月刪其日某某至其音
某其數若干至祭先某諸語倣此之類甚多大非
禮經之舊自宋以來久經刊定且係元宗一人私
見未可據以校正各本今亦不及縷辨惟舉字句
與唐初本同而與各書徵引及呂氏春秋十
二月紀淮南子時則訓異者記之備參攷焉正月

其帝太皞釋文監本毛本太作大皞亦作昊監本毛本作昊蟄蟲始振淮南
子作始振蘇魚上冰淮南作魚上負冰乘青輅呂氏春秋作鑾輅監毛本作鸞
路篇內輅字皆同釋文亦作路云本又作輅駕蒼龍淮南駕作乘孟夏孟秋孟冬並同監
本毛本蒼作倉下蒼玉同今石經篇內蒼字並作倉載青旂淮南載作建旂作旗孟夏孟秋
孟冬並同服蒼玉呂氏作青玉其器疏以達器釋文作器云本又作器玉篇
疏作兕天子乃齋釋文作齊云本亦作齋卷內倣此監本毛本亦作齊天子親
率公卿諸侯大夫監本毛本率字作帥篇內率字並同各本公卿作三公九卿淮
南無諸侯二字孟夏孟秋孟冬倣此以迎春於東郊淮南作迎歲後迎夏迎冬並同
還乃賞公卿諸侯大夫於朝今石經與此同後漢書注作還迴監本毛
本作還反孟夏孟秋孟冬並同呂氏無公字下及兆人各本作兆民篇內各本作民者

石刻皆避諱作人無有不當釋文無作毋云本亦作無監本毛本亦作毋篇內無字作
毋義者並同宿離不貸呂氏作忒命有司釁龜筴占兆審卦
吉凶各本此文俱在孟冬之月命有司作命大史呂氏作命大卜禱祠龜策占兆審卦吉凶淮
南作命太祝禱祠神位占龜策審卦兆以察吉凶鴻鴈來呂氏淮南並作候鴈北篇內鴻
雁並同以教導人各本作道民躬耕藉田各本藉田作帝藉呂氏作帝藉
田卿諸侯九推呂氏諸侯下有大夫二字掩骼埋胔胔亦作髊呂氏作骴
揜埋胔作髊淮南及說文引明堂月令並作薶骴稱兵必有天殃監本毛本殃有
字不可從我始呂氏不可下有以字則雨水不時呂氏淮南雨水淮作
風雨草本早落呂氏作早槁淮南作旱落監本毛本早作蚤篇內早字並同國時
有恐呂氏淮南時作乃則人有大疫各本作則其民大疫呂氏無其字飄

風暴雨總至釋文飄作猋云本又作飄監本毛本亦作猋呂氏作猋總呂氏作數二
月律中夾鐘釋文作鍾桃始華呂氏淮南作桃李花倉庚鳴倉庚本或
加鳥非安萌芽養幼少存諸孤淮南作養幼小存孤獨以通萌芽無
肆掠淮南作毋笞掠天子乃率公卿諸侯大夫各本作三公九卿呂
氏無大夫二字命人社淮南命作令今石經監本毛本人作民雷乃發聲淮南
乃作始天子獻羔開冰各本天子下有乃字獻作鮮惟呂氏作獻玄鳥至
之日以太牢祠于高禖說文作元鳥至之日祠于高禖以請子各本作元鳥
至之日呂氏祠作祀寢廟必備石本原如此後人磨改必作畢呂氏亦作必以妨
農事呂氏作農功各本事上並有之字人多相掠淮南作相殘三月乃
告舟備具于天子焉淮南作乃言具于天子天子始乘舟呂氏

天子下有焉字淮南有烏字句者畢出呂氏作生者命有司發倉廩
呂氏作發倉窌淮南作發囷倉勉諸侯淮南勉作使蓱始生呂氏淮南監本毛本
蓱作萍今石經釋文並同鳴鳩拂其羽淮南拂作奮戴勝降于桑
戴本亦作載勝呂氏作任淮南作鴐巡行國邑各本並作循行導達溝瀆開
通道路無有障塞各本導作道淮南作導通溝瀆達路除道從國始至境止毋田
獵罝罘羅網畢翳呂氏作田獵罝罘羅網淮南作田獵畢弋罝罘羅網餧
獸之藥淮南作餧毒無或[illegible]累牛騰馬
呂氏作犧牛淮南作犧牛命國儺呂氏作國人儺今石經監本毛本難作儺篇內儺字並同
九門磔攘呂氏作禳釋文作禳云本又作攘山陵不收淮南作不登淫
雨早降說文引明堂月令作霖雨四月其性禮其事視各本俱無此二

句推呂氏孟夏紀有之蚯蚓出呂氏作邱蚓淮南作邱螾王瓜生呂氏作王菩
鷰赤騵本亦作騮淮南作乘赤騮衣朱衣呂氏作赤衣食菽與鈇本拔
又作叔各本菽皆作雞其器高以粗呂氏作觕今石經毛本作麤慶賜遂
行無不欣說呂氏無遂行二字贊俊傑呂氏俊作儁七月桀儁同舉長
大淮南作舉孝弟靡草死呂氏作靡草繼長增高淮南作繼修無有
壞墮墮又作隳呂氏同淮南作隳壞無起土功淮南作毋興貴賤長幼
如一呂氏長幼作少長以給郊廟之服呂氏作之祭服四鄙入保
淮南作四鄙敗其城郭淮南作敗壞則蟲蝗爲災淮南作螽蝗爲敗監
本毛本作蝗蟲五月鷄始鳴監本毛本鷄誤作鴟今石經及釋文並與此同遊牝
別羣各本遊作游呂氏淮南作游牝別其羣則縶騰駒釋文縶作執云蔡本作縶

淮南作執騰駒無則字班馬政呂氏作正處必掩身無躁呂氏作處必揜
身欲靜毋躁淮南作愼身無躁止聲色淮南止作節節嗜慾呂氏作退耆慾今石
經監本毛本作節耆欲百官靜事無刑淮南作無徑無用火南方
淮南作禁民無發大可以升山陵呂氏淮南升並作登則雹凍傷穀呂氏
淮南並作雹霰則五穀晚熟淮南作不熟六月溫風至各本至上俱有
始字呂氏淮南作涼風始至蟋蟀居壁呂氏作居宇淮南作居奧無或差貸
呂氏作忒黑黃蒼赤淮南作青黃白黑無敢詐僞呂氏作勿敢以給
郊廟祭祀之服淮南作以給宗廟之服以別貴賤等級之度
監本毛本誤作等給腐草爲螢釋文作爲熒云本又作螢或作腐草化爲螢者非也玉篇
亦作腐草化爲螢說文廣韻並引明堂月令螢作蠲呂氏淮南並作腐草化爲蚈土潤溽

暑釋文溽作辱云本或作溽可以糞田疇可以美土疆各本作土彊淮
南作糞田疇以肥土疆則穀食鮮落呂氏淮南並作解落禾稼不熟淮南
作稼穡不孰則風寒不時風寒呂氏作寒氣鷹隼早鷙亦作鷙中
央土其蟲倮呂氏淮南並作蠃律中黃鐘之宮淮南作律中百鐘按
淮南於季夏之月招提指未昏心中旦奎中下即接其位中央其日戊己至祭先心諸語後乃接涼
風始至蟋蟀居奧諸語與月令及呂氏本不同其器圜以閎呂氏作以揜七月
還乃賞軍帥武人於朝帥本作師淮南作率下將帥並同毛本作還反賞軍
帥武人於廟並誤選士厲兵淮南作選卒各本厲皆作厲順彼遠方呂氏
順作巡淮南遠作四命有司納材葦各本此文俱在季夏之月命有司作命澤人呂
氏作乃命虞人入材葦淮南作令滂人入材葦修宮室修淮南作繕坏垣牆釋文

監本毛本並作牆垣今石經與此同呂氏作坿牆垣五穀無實呂氏作不實則其
國大災各本作則國多火災呂氏作則多火災淮南作則冬多火災八月登鳥
養羞淮南作羣鳥翔養衰老淮南作長老行糜粥飲食淮南作稃鬻
循行犧牲視全具案芻豢瞻肥瘠察物色必比類
量小大視長短呂氏循作巡淮南作行犧牲案芻豢視肥臞全粹察物色課比類量
小大視少長監本毛本小大誤作大小今石經與此同上帝其饗呂氏作享以達
秋氣淮南達作御呂氏作僇佐疾以通秋氣雷乃收聲呂氏作雷乃始收聲淮南
作雷乃始收今石經監本毛本作雷始收聲蟄蟲坏戶呂氏作俯戶淮南作培戶桂
橈不當淮南作決獄不當勸人種麥各本作勸種麥淮南作勸種宿麥國
乃有恐呂氏作國乃有大恐淮南作國有大恐則其國乃旱呂氏無乃字

五穀復生淮南復上有皆字九月鴻雁來賓爵入大水爲
蛤淮南爵作雀高誘注讀爵爲賓雀以上句賓字屬下讀呂氏春秋注亦讀爲賓雀菊有黃
花釋文菊作鞠云本又作菊監本毛本亦作鞠無不務內呂氏淮南並作務入命
有司伐蛟取鼉登龜取黿各本此文俱在季夏之月命有司作命漁師淮
南漁師作漁人說文引明堂月令作榜人漢書注作榜人呂氏登龜作升龜豺乃祭獸
呂氏乃作則蟄蟲咸俯淮南作俛舉五穀之要呂氏作五種趣人
收斂各本俱作趣民趣本又作趨務蓄菜淮南作畜采無務字釋文及監本毛本蓄
亦作畜各本此二句俱在仲秋之月民多鼽嚏呂氏淮南並作鼽窒邊境不寧
今石經監本毛本境作竟篇內境字並同土地分裂毛本地誤作多則煖風來
至監本毛本煖作暖人氣解惰呂氏作墮淮南作隋師興不居呂氏作師

旅必興淮南作師旅興亡十月其臭朽本亦作朽淮南作腐其祀行淮南行作
井其器閎以掩各本掩作奄呂氏作宏以弇恤孤寡淮南恤作存阿
黨則罪無有掩蔽各本阿黨上有是察二字呂氏作於是察阿上亂法者則罪之
無有揜蔽淮南作斷罰刑殺當罪阿上亂法者誅造宮室各本作建都邑穿竇窖
呂氏作竇窌各本自可以築城郭至下修囷倉四句俱在仲秋之月閉塞而成冬呂氏
無塞字坏城郭呂氏坏作坿淮南作修戒門閭戒淮南作警修鍵閉
呂氏淮南鍵並作楗備邊境備淮南作修塞蹊徑淮南塞作絕今石經監本毛本
蹊作徯飭喪紀辨衣裳審棺椁之薄厚塋丘壟之小
大高卑薄厚之度貴賤之等級各本下薄厚皆作厚薄呂氏上作厚
薄下作薄厚椁作槨塋作營淮南作飾喪紀審棺槨衣衾之薄厚營丘壟之小大高庳使貴賤卑尊

各有等級監本毛本小大並作大小蹴逃經與此同案度程呂氏及監本毛本案作按今石
經與此同功有不當功呂氏作工勞農以休息之呂氏淮南並作勞農
夫大飲烝呂氏淮南並作蒸易關市淮南易作理納貨賄呂氏納作
入淮南作入貨財四方來集呂氏作來襍遠鄉皆至淮南作遠方則
財不匱淮南作財物不匱呂氏作則財物不匱各本自易關市至下百事乃遂九句俱在仲
秋之月無令侵削各本令皆作或淮南削作牟乃命有司各本有司作大
酋麴蘗必時淮南及監本毛本蘗作蘖湛熾必絜呂氏淮南並作湛熺
官監之各本酒官作大酋無有差貸呂氏淮南並作忒各本自乃命大酋至無
或差貸十句俱在仲冬之月地氣上洩呂氏淮南並作發泄十一月鶡鳥
不鳴各本俱作鶡旦淮南作鳱鴠釋文作曷旦云本亦作鶡地氣且洩今石經及

呂氏作且泄監本毛本作沮泄是謂發天地之房淮南房作藏人必疾
疫呂氏作民多疾疫又隨以喪淮南又作有蚯蚓結淮南作邱螾馬
牛畜獸有放逸者呂氏及今石經監本毛本作放佚淮南作放失有能取
蔬食田獵禽獸者呂氏蔬作疏其有相侵奪者呂氏無相字淮
南無者字伐木取竹箭各本伐上有則字呂氏作則伐林木處必掩身欲
躁各本作處必掩身身欲寧呂氏掩作弇淮南寧作靜皆不疊身字禁嗜慾淮南作嗜
欲監本毛本作耆慾安形性淮南此上有寧身體句可以罷官之無事
淮南無可以二字呂氏事下有者字去器之無用者淮南無去字則天時
雨汁淮南作則其時雨水則蟲蝗爲敗各本皆作蝗蟲呂氏淮南並與此同水
泉咸竭呂氏作減竭人多疥癘呂氏淮南並作民多疾癘十二月鵲

始巢淮南始作加命將帥習射御角力各本命下有天子乃三字在孟
冬之月呂氏淮南習作肄淮南角力下有勁字乃教田獵各本作天子乃教於田獵班
馬政呂氏作稷馬命僕夫七騶咸駕各本夫作及淮南作命太僕載
旌旐呂氏旌作旍淮南作載旍授車以級呂氏作與受車以級整設于屏
外淮南作皆正設北面以誓之各本皆無以字呂氏作北嚮以誓之淮南作北嚮以
贊之天子乃厲飾執弓挾矢以獵呂氏作天子乃厲服厲飭執弓操矢
以射淮南作天子乃厲服廣飾執弓操矢以獵各本自天子乃教於田獵至下祭禽於四方十一句
俱在季秋之月雞始乳淮南作雞呼卵呂氏及今石經監本毛本並作雞乳釋文與此同
水澤腹堅腹本又作複呂氏作復天子親往嘗魚淮南作射魚各本嘗
上有乃字出土牛毛本土誤作地冰已入呂氏與此同各本已作以令告人

出五種淮南作令民無告字命農計耦耕各本耕下有事字呂氏作命司農
月窮于紀監本紀誤作幾星回于天呂氏回作迴淮南作周數將幾
終說文玉篇並作儀終廣韻引明堂月令作歲將儀終歲且更始呂氏淮南並作歲將
專其農人各本其作而呂氏作專農民淮南作令靜農民於天子乃與公
卿大夫呂氏無公字共飭國典呂氏無共字淮南飭作飾以待來歲
之宜淮南作嗣歲貢職之數淮南作貢歲無有所私毛本誤作所司
各本自合諸侯制至此八句俱在季秋之月介蟲爲妖淮南作祅四鄙入保
呂氏作四鄰國多固疾淮南作痼疾冰凍消釋一本作消液
曲禮儼若思釋文儼作嚴云本亦作儼立如齊本亦作齋所以定親
疏或作疎不辭費辭本又作詞分爭辯訟石本原如此後人磨改作辨監

本毛本亦作辯涖官行法涖本亦作莅監本毛本法作灋供給鬼神石本原如
此後人磨改供作共釋文同云共本或作供監本毛本亦作供鸚鵡能言釋文作嬰母云
嬰本或作鸚母本或作鵡猩猩能言釋文作狌狌云本又作猩猩不離禽獸
盧植本作走獸淮南子注同是以聖人作監本毛本誤作是故今石經與此同人
十九十曰耄釋文作旄云本又作耄本或作八十曰耋九十曰旄後人妄加之僚
友稱其弟也僚本又作寮食饗不爲槩饗本又作享幼子常
視毋誑釋文作無誑云誑本或作誆摳衣趨隅趨本或作走授立不
跪本又作不危授坐不立授坐本又作俛仰凡爲長者糞之禮
釋文糞作攢云本又作糞席間函丈王肅作函杖去齊尺齊本又作齋先
生書策琴瑟在前釋文策作筴云本又作策毋雷同後漢書注雷作靁

暑毋褰裳釋文褰作騫毛本誤作蹇不同椸枷釋文椸作䙊云枷本又作架古
本無此字嫂叔不通問嫂字又作𡠄外言不入於梱本又作閫不
相知名釋文無名字云本或作不相知名名衍字耳取妻不取同姓取本
亦作娶下賀取妻同賀取妻者監本毛本取作娶醢醬處內釋文作醢醬云
本又作醢酒漿處右漿字亦作漿監本毛本右誤作內然後辯殺監本毛本
辯作辨下未辯同今石經及釋文並與此同濡肉齒決釋文濡作濡云字亦作濡徹
飯齊以授相者釋文齊作齏云本又作齊笑不至矧本又作哂有憂
者側席而坐漢書注側作仄獻鳥者佛其首釋文佛作拂云本又作佛
獻車馬者執策綏釋文策作筴獻孰食者操醬齊本又作齏
弛弓尚角弛本又作施進矛戟者前其鐓矛本又作鉾鐓本又作錞

頭有瘡則沐石本原如此後人磨改瘡作創各本亦作創身有瘍則浴
瘍本或作痒不問其所費費一本作有所費下句放此送葬不辟塗潦
辟本亦作避則載青旌載本亦作戴下並同則載貔貅本亦作貅定猶
與也與本亦作豫左右攘辟本或作避字非也為其拜而蔞拜
蔞盧本作蹲公羊傳注作為其拜如蹲拜立視五巂巂本又作巂以足蹙路馬
有誅蹙本又作蹴曲禮下凡奉者當心奉本亦作捧行不
舉足釋文無舉字云一本作行不舉足立則磬折垂佩佩本或作珮非則
辭以疾本又作有疾謹脩其法而審行之毛本脩作修按禮記中脩
字毛本多改為修凡家造一本作凡家造器器衍字大夫士去國祭器
不踰竟釋文無大夫士三字云一本作大夫士去國下去國踰竟亦然素簚簚本又作幭

男女相荅拜也一本作不相荅拜皇云後人加不字耳眕於鬼神玉篇
眕作眂告喪曰天王登假爾雅注作登遐司草毛本草作艸五宮
致貢曰享釋文作亨天子同姓謂之伯父釋文作天子謂之伯父云
本或有同姓二字衍文天子當依而立依本又作扆其與民言自
稱曰寡人釋文作自謂寡人云一本作自稱士蹌蹌本又作鶬鶬或作鏘鏘
大夫曰孺人釋文孺作孺自稱於其君曰小童童本或作僮使
者自稱曰某釋文作使自稱云本或作使者自稱歲徧本亦作遍豚曰腯
肥腯本亦作脉粱曰薌萁萁字又作萁稷曰明粢一本作明粱古本無此句
稻曰嘉蔬釋文作疏云本又作蔬鹽曰鹹鹺鹹本又作醎君命大
夫與士肄肄本又作肆凡摯摯本又作贄椇榛古本又作桊

檀弓微子舍其孫腯而立衍也徐本腯作遁穨乎其腯
也石本原如此後人磨改穨作頹各本亦作頹非是不可以弗識也釋文弗作
不喪三年以為極亡則弗之忘矣王肅以極字絕句亡作忘向下
讀孫炎依鄭作亡而如王分句喪冠不緌緌本又作綏夏后氏堲周釋文堲作
郎云本又作堲戎事乘翰翰字又作鶾齊斬之情齊本亦作齋衰之字後皆倣
此饘粥之食饘本又作飦布幕幕本又作冪下同子蓋言子之志
於公乎石本原如此後人磨改盍作盡監本毛本亦作盍下盍行仿此君謂我欲
弒君也弒本又作煞徐云字又作弒是以為恭世子也釋文恭作共云
本亦作恭終無已夫本或作巳矣夫馬驚敗績一本無驚字公墜佐
車授綏監本毛本墜作隊細人之愛人也以姑息廣韻作嫴息

周公蓋附監本毛本附作祔夫由賜也見我監本毛本由作猶今石經
與此同為爾哭也來者釋文無哭也二字云一本作為爾哭也來者使子
貢說驂而賻之釋文說作稅云本又作脫予鄉者入而哭之鄉本
又作嚮負手曳杖消搖於門釋文曳作抴云亦作拽消搖本又作逍遥
人其萎乎家語哲作喆釋文作萎云本又作萎泰山其頹監本毛本頹作
穨梁木其壞家語此下有則吾將安杖句則與賓主夾之也夾本作夾
又作俠蟻結於四隅蟻又作蛾飯於牖下釋文飯作飰先王饋
禮而弗敢過也監本毛本誤作先生下句先王制禮監本亦誤作先生請粥
庶弟之母釋文粥作鬻云本又作粥蘧伯玉從蘧本又作璩舉者出
戶出戶袒今石經與此同監本毛本上戶字作尸卜人師扶右本或無師

字者非也木不成斷各本皆作成斷問喪於夫子乎問或作問焉得
而弗哭監本毛本弗作勿穀梁傳注作安得而勿哭縣子瑣曰釋文瑣作璅云
依字作瑣毛本誤作項有無惡乎齊各本無並作亾斂首足形監本毛本
首誤作手汏哉叔氏汏本又作大監本毛本並作汰欲人之不得見也
石本原如此後人磨改不作弗各本亦作弗歲壹漆之監本毛本壹作一今石經與此
同爵弁經紂衣紂本又作緇又作純哭於大廟三日毛本大作太
禮弓下不越疆而弔人疆本又作壃下越疆同蟜固不說
齊衰而入見說本又作稅下同袒免哭踊夫入門右北面
石本原如此後人磨改去北面二字各本亦無之雖吾子儼然在憂服之
中釋文作嚴然云本亦作儼以死者爲不可別已已本或無已字非殷已

慤本又作愨先王之所以難言也石本原如此後人磨改無以字各本亦作
所難言也謂爲俑者不仁毛本誤作不二退人若將墜諸淵釋文
墜作隊云本又作墜監本毛本並作隊噫毋噫本又作意必多曠於禮矣夫
本亦有無夫字者舞斯慍慍斯戚釋文無上句云本或於慍斯戚句上有舞斯慍
一句并注皆衍文陳大宰嚭監本毛本俱作嚭下同其子戌請謚於
君毛本戌作戊有庶子六人毛本子誤作人啜菽飲水釋文菽作叔云
或作菽柳莊漢書作柳壯若疾革本又作亟公肩假漢書作公肩瑕其
毋以嘗巧者乎監本毛本毋誤作母射之斃一人斃本亦作弊下同
又及謂之本或作又及一人又一人後人妄加耳爲榆沈本又作瀋君有
饋焉釋文作餽焉云本又作饋赴車不載橐韔釋文作韔云本亦作韔使

子貢問之監本毛本作子路家語及文選注今石經並與此同無苛政苛本亦作
苛哀公執摯請見之釋文摯作贄墟墓之間釋文墟作虛云本亦
作墟忠信誠慤之心以涖之釋文涖作莅齊大饑本又作飢黔
敖爲食於路漢書作黔敖廣韻作黔敖有弒其父者釋文弒作殺云本又
作弒下臣殺子殺同公瞿然失席瞿本又作懼美哉奐焉奐本亦作煥
仲尼之畜狗死家語作守狗使子貢埋之貢本亦作贛扶服
救之扶服本又作匍匐執女手之卷然卷本又作拳行并植於
晉國不沒其身國語作夫陽子行廉直於晉國不免其身文子其中退
然釋文作追然云本亦作退如不出諸其口監本毛本並脫諸字成人成本
或作郕不亦可乎可或作善

王制大國之君不過九命石本原如此後人磨改脫大國之君四字各本
亦無之過之塗釋文作涂云本又作塗亦弗故生也監本毛本亦作示今
石經與此同類乎上帝釋文類作禷賜圭瓚圭字又作珪造乎禰
釋文乎作於以訊馘告訊本又作誶諸侯不掩羣釋文掩作揜云本又
作掩草木零落零本又作苓不麛本又作麑用地小大監本毛本誤作
大小疏述經及今石經並與此同視年之豐耗監本毛本作耗今石經與此同國
無九年之蓄釋文作畜喪不貳事毛本誤作貳車今石經與此同祭天
地之牛角繭栗繭字又作蠒庶羞不踰牲毛本踰誤作用關譏
而不征本又作正寒煖燥濕監本毛本濕作溼雕題交趾雕本又作
彫嗜欲不同釋文嗜作耆司徒脩六禮毛本脩作修齊八政

以防淫防本又作坊王太子毛本太作大西方曰棘棘又作凡
執技本或作伎後同贏股肱贏本又作嬴汜與衆共之汜本又作汎毛
本誤作汜亂名改作王肅作偭名時日卜筮毛本誤作不筮天子齊
戒受諫齊本亦作齋有虞氏皇而祭釋文皇作翌云本又作皇縞衣
而養老毛本縞誤作鎬癈疾監本毛本癈作廢將徙於諸侯毛本徙誤
作徒老而無妻者謂之矜本又作鰥輕任并本又作併斑白者
不提挈監本毛本脱者字毛本斑作班釋文挈作契云本亦作挈方伯爲朝天
子毛本朝誤作明八政毛本誤作人政
曾子問祝聲三告曰某之子某毛本脱告字從大祝而
告于禰本又作禰其虞也先重而後輕毛本虞誤作處徹饌而

埽監本誤作兩歸士則朋友奠釋文無奠字云一本作士則朋友奠女氏許
諾而弗敢嫁監本毛本弗作不不菲一本作屝藏諸祖廟監本毛本
藏誤作作葬天子巡守以遷廟主行載于齊車守本亦作狩齊本亦
作齋下同毛本于作於諸侯之祭社稷俎豆既陳毛本誤作及陳
自薨比至于殯毛本于作於曾子問曰父母之喪弗除
可乎監本毛本並脱問字今石經有庶子爲大夫其祭也本或此下有如
之何三字非也攝主不厭祭厭本或作厭下皆同其辭於賓曰釋文辭作
詞下同何以祭乎石本原如此後人磨改作可各本亦作可喪不祔祭釋文
祔作附云本或作祔祭殤不舉監本毛本舉下有肺字今石經與此同吾聞諸
老聃云毛本諸作之召公謂之曰召本又作邵下同

文王世子武王不說冠帶而養釋文說作稅又作脫又作說
文王一飯亦一飯釋文一作壹云本亦作一夢帝與我九齡釋文
作聆云本或作齡不能涖阼釋文涖作莅下同小樂正學干監本毛本
樂誤作學釋奠于其先師毛本于作於下釋奠于乃退儐于養老幼于東序仿此
儐于東序儐本亦作擯樂所以脩內也監本毛本脩作修下同立
大傅監本毛本大作太下並同然而衆知父子之道矣毛本之誤作知
教之以孝弟睦友子愛弟又作悌下孝弟皆同以次主人毛本
次誤作俟諸父守貴宮貴室釋文無下貴字云本或作守貴宮貴室至于
賵賻贈含本又作唅所以體百姓也本或作異姓非遂設三老
五更羣老之席位焉蔡邕更作叟反登歌清廟續漢書注作升

歌
禮運癈疾者毛本癈作廢在執者去埶本亦作勢吾得坤乾
焉家語作乾坤夏則居橧巢釋文作橧樔云橧本又作增樔本又作巢以爲
臺榭宮室牖戶榭本亦作謝毛本牖誤作牗修其祝嘏嘏本或作假
與其先祖監本毛本與誤作舉今石經與此同孰其殽本或作肴疏布以
冪本又作羃籩豆鉶羹釋文鉶作鈃云本又作鉶孔子曰嗚呼釋文作於
乎刑肅而俗敝本或作弊殽以降命家語殽作郊禮之序也
毛本禮誤作體故君者所明也非明人者也家語作君者人所則非則
人者也講信脩睦毛本脩作修下同後義之脩脩睦脩義脩禮並仿此善惡皆
在其心石本原如此後人磨改善作美各本亦作美播五行於四時釋文

作播於五行四時云本亦作播五行於四時 以四時爲柄柄又作棅手本誤作爲掌
故事有守也監本毛本有並作可今石經與此同 故鳥不獝釋文作獝周禮
注同 故獸不狘周禮注作狘家語作而獸不獝 瘞繒本又作增 故自郊社
祖廟山川五祀毛本祖誤作宗 而固人之肌膚之會監本毛本
並脫上之字今石經有 猶耕而弗種也釋文弗作不云下弗穫同 亦故
無水旱昆蟲之災釋文作裁 民無凶饑妖孽之疾妖又作祆
孽又作蠥 地出醴泉釋文作澧泉云本又作醴 鳳皇麒麟皆在郊棷
棷本或作藪 皆可俯而闚也釋文闚作窺云本又作闚
禮器措則正釋文措作錯云本又作措又作厝 衆不匡懼釋文匡作恇
聿追來孝毛本追誤作道 諸侯膳以犢犢本亦作特 琥璜爵琥本

又作虎 天子龍衮釋文作卷云本又作衮 士韠衣纁裳釋文纁作熏云字又作纁 天子之
冕朱綠藻釋文作繅云本又作璪亦作藻 大圭不琢琢字又作瑑 犧尊疏布鼏釋文作幎 匹
士大牢而祭匹士本或作正士 管仲鏤簋朱紘毛本誤作朱人 澣
衣濯冠以朝澣又作浣 君子以爲隘矣監本又作阨 不麾蚤
釋文麾作摩云本又作麾 不樂葆大葆本又作保 夏父弗綦逆祀而
弗止也釋文弗作不云亦作弗 尊於瓶釋文瓶作缾 有放而不致
也致本或作至 詔侑武方侑本或作宥 不然則已蹙本又作感 必
先有事於頖宮頖本或作泮 必先有事於惡池惡又作虖 齊
人將有事於泰山泰本或作大 必先有事於配林公羊傳注
作蜚林 愼之至也釋文愼作順云亦作愼 反本脩古監本毛本脩作修

而稾鞂之設稾字又作藁 饗帝於郊而風雨寒暑時迹
經及監本毛本風雨下皆有節字今石經與此同 大廟之內監本毛本大作太
郊特牲次路五就毛本就誤作路 三獻爓本又作爓 灌用鬱鬯
灌本或作祼 孔子屢歎之釋文屢作婁云本又作屢 升自阼階釋文無階
字云本又作升自阼階 設錫毛本錫誤作鍚 三日齊本又作齋 朝市之於
西方家語作市朝於西方 君南鄉於北墉釋文作北庸云本亦作墉 薄社
北牖薄本又作亳毛本牖作牖誤 取財於地監本毛本誤作取材 唯立其
卒伍各本唯皆作而此文後人補刻之誤 汜埽反道汜本亦作汎 王被衮
以象天釋文衮作卷云本又作衮 戴冕璪十有二旒釋文戴作載云本亦作
作戴 饗農及郵表畷禽獸郵本亦作尤字或作郵 迎貓釋文作猫云字

又作貓 籩豆之薦釋文作藘云又作薦同或作鷹非毛本亦作藘 可食也而
不可嗜也釋文監本毛本嗜作耆 卷冕路車路本亦作輅 丹漆雕
幾之美釋文雕作彫云又作雕 醓醢之美醓本又作醯 冠而敝之
可也敝本亦作弊 取於異姓取本又作娶 執摯以相見釋文摯作
贄云本亦作摯 厥明婦盥饋一本無婦盥饋三字 孌合巹孌字作孌又 明
水涗齊釋文涗作說云字又作涗下同
內則左佩紛帨刀礪小觿紛或作帉本或作鑴觿 右佩玦捍
管遰徐作滯 偪本又作幅 如事父母釋文無事字云一本作如事父母 右
佩箴管線纊施縏袠線本又作綫縏字又作鞶袠又作帙 衿纓綦屨
釋文作衿纓云衿本又作紟纓又作纓 問衣燠寒燠本又作奧 疾痛苛癢

釋文作養云本又作癢少者奉槃奉本或作捧下同柔色以溫之溫本
又作蘊又作慍廣韻柔作順溫作蘊蕡字又作黂免薧字又作藁灑埽室堂灑本
又作洒孺子蚤寢晏起釋文孺作嬬日入而夕慈以旨甘
毛本誤作甘旨長者奉席請何趾釋文作止云本又作趾不敢唾洟
釋文作涕云本又作洟和灰請漱本又作浣衣裳綻裂綻字或作䋎裂本又
作列不共湢浴湢本又作偪雖不嗜釋文監本本嗜作耆毛姑與之
釋文與作予姑縱之縱本又作從茝蘭茝本又作芷藏以待乏監本
毛本誤作待之重醴稻醴清糟黍醴清糟粱醴清糟周禮注糟
並作醩醷本又作臆粉酏又作餈蝸醢而苽食雉羹苽字又作菰
濡雞醢醬實蓼醢一本作醯次下句同夏宜腒鱐本又作鱐膳膏
腥說文作胜麕脯釋文麕作麏云本又作麇又作麕栭本又作檽柹監本毛本作柿
釋文今石經並與此同柤監本毛本作樝釋文今石經並與此同庶人耆老不
徒食毛本誤作從食膏用薤釋文作齏云俗本多作薤非也今石經毛本並作齏鶉
羹雞羹釋文無上羹字云本又作鴽羹雞羹雛字又作鶵兔居尻監本毛本誤作
尻柤梨曰攢之攢本又作鑽鳥皫色而沙鳴釋文皫作麃云本又
作皫馬黑脊而般臂臂本又作擘鹿胃字又作膶麕爲菹雞釋文
麕作麞按各本菹皆作辟此後人補刻之誤唯絞紟衾冒紟本又作衿八十
齊喪之事弗及也監本毛本喪作衰淳毋監本毛本誤作毋釋文及今石
經並與此同下仿此塗皆乾釋文塗作涂云本亦作塗使其湯毋滅鼎釋文
作使湯云一本作使其湯去其餌本或作饊下句作餌乾而食之一本無而食之

三字濡炙之舉燋釋文作焦云字又作燋男女不同椸枷釋文椸作
杝云本又作椸不敢縣於夫子之楎椸爾雅注作楎箷年未滿五
十釋文無滿字云本又作年未滿五十咳而名之釋文咳作孩云字又作咳子生
三月之末釋文無子生二字云一本作子生三月之末士之妻自養其
子按石刻原如此後人鑒改士誤作有旬見各本旬下皆有而字此後人補刻誤脫學
書計毛本誤作記衣不帛襦袴襦字又作襦請肄簡諒釋文肄作
肆云本又作肄
玉藻天子玉藻本又作璪大戴禮注同則闔門左扉釋文無門字云
一本作闔門左扉五俎四簋釋文作四簋云本或作簋沐稷而靧粱毛本
沐誤作沐乃屨進飲屨本又作屦二爵而言言斯禮已三爵
而油油本亦作由由王肅本作二爵而言句言斯禮句三爵而油無已及下油字也隱
辟而后屨釋文無后字云一本作而後屨冠而敝之敝本亦作弊細布
冠繢緌本又作緌親沒不髦釋文作旄深衣三袪本或無衣字縫
齊倍要齊本又作齎無說笏說本又作稅下同入大廟說笏非
古也監本作非禮也毛本作無禮也既搢必盥疏述經搢下有笏字韠下縪
二尺各本縪皆作廣此後人補刻之誤紳長制紳本亦作申下同參分帶
下紳居二焉監本毛本二誤作一今石經與此同足如履齊齊本又作齎周
還中規還本亦作旋下同是以非辟之心辟本又作僻士佩瓀
玟而縕組綬瓀徐又作礝玟字又作砇主人自置其醬毛本置誤作致
敵者不在敵本又作適手執業則投之毛本投誤作授圂豚行

BIBLIOTECA DA UNIVERSIDADE DA ÁSIA ORIENTAL
東亞大學圖書館
UNIVERSITY OF EAST ASIA LIBRARY

釋文豚作豚云本又作豚齊如流齊本又作齋蹜蹜如也釋文蹜蹜作宿宿云
本或作蹜同朝廷濟濟翔翔翔翔本又作洋洋色容顛顛字又作巔
立容辨卑毋諂監本毛本毋作無
明堂位天子負斧依本又作扆此周公明堂之位也本或
無周公之字戴弧韣石本原如此後人磨改戴作載各本亦作載薦用玉琖
雕纂釋文雕作彫云本亦作雕俎用梡嶡又作㰤下管象武朱干
玉戚石本原如此後人磨改去武字各本亦無之山節藻棁藻本又作繰大
路儀般路也各本皆無儀字此刻誤衍周人黃馬蕃鬣蕃字又作番
泰有虞氏之尊也釋文泰作太云本亦作泰土鼓蕢桴周禮注作蒯桴
大琴大瑟琴徐本作瑟中琴小瑟毛本小誤作七垂之和鐘釋文

作鍾周之璧翣又作萎夏后氏之四璉釋文作連云本又作璉君
臣未嘗相弒也弒本又作殺
喪服小記齊衰惡笄以終喪齊又作齋婦人稱姓石本原如
此後人磨改稱作書各本亦作書不知姓則書氏一本無知姓二字庶同
皆兼服之疏述經及毛本同皆作葛監本脫此句今石經與此同齊衰三月
毛本誤作三日則哭於宮而后之墓毛本后作後帶澡麻不絕
本澡本又作藻一本無麻字釋文無本字云本或作不絕本非也母為長子削杖
監本毛本誤作削長比反哭者皆冠毛本哭誤作器
大傳諸侯及其大祖監本毛本大作太無不瞻者瞻本又作儋毛
本作贍五者一物紕繆本或作繆是嫂亦可謂之母乎嫂本

又作嫂絕族無移服移本或作施
少儀君將適他釋文作宅云本亦作他排闔說屨於戶內者
一人而已矣說本又作脫不犆弔釋文犆作特云本亦作犆不翣也
翣本又作萎拕諸幦監本毛本拕作拖毋拔來拔王本作技為喪主
則不肅拜石本原如此後人磨改作手拜各本亦作手其以乘壺酒束
脩一犬毛本脩作修下執脩束脩書脩並同車則說綏釋文說作稅云本又作脫
又作說毋放飯監毛毋上衍同字數噍字又作嚼夏右鰭釋文作鬐尊
者以酌者之左為上尊釋文尊作遵云本又作尊尊壺者面其
鼻說文面作偭衣服在躬而不知其名為罔本亦作冈又作調
其未有燭而有後至者監本毛本而下脫有字今石經與此同則以

牛左肩臂臑折九个臂本亦作辟監本毛本个作箇下七个五个並同則
車不雕幾釋文雕作彫馬不常秣常本亦作嘗
學記教學為先毛本誤作敬學蛾子時術之蛾本或作蟻宵雅
肄三肄本又作肆游其志也釋文游作斿云本亦作游學不躐等也
釋文躐作獵藏焉脩焉毛本脩作修下厭脩不脩並同樂其友而信其
道毛本誤作樂其友道而信其是以雖離師輔而不反也監本毛本
脫也字疏述經及今石經並與此同多其訊字又作誶教人不盡其才石本
原如此後人磨改才作材各本亦作材其求之也佛本又作拂相觀而善
之謂摩本又作靡燕譬廢其學釋文監本毛本譬作辟善教者使
人繼其志教一本作學始駕馬者反之釋文無馬字云一本作始駕馬

者或源也釋文源作原云本又作源
樂記及干戚羽毛石本原如此後人磨改作旄毛本亦作毛其聲粗以
厲史記粗作麤感於物而后動監本毛本后作後史記與此同政以一
其行史記一作壹則無怗懘之音矣史記怗作惉商亂則陂
史記作則搥其宮壞史記官作臣通倫理者也史記通下有於字非
致味也史記作至味朱弦而疏越史記作通越壹倡而三歎
廣韻人部壹作一部作一唱而三歎卩感物而動石本原如此後人磨改物上增於字
各本亦作感於物性之欲也史記欲作頌不能反躬史記作反己有
淫泆作亂之事釋文泆作佚老幼孤獨史記作孤寡合情飾
貌者釋文飾作飭云本又作飾屈伸俯仰綴兆舒疾史記屈伸作詘信綴
兆作綴兆識禮樂之文者能述史記作術下述者述作並同欣喜歡
愛史記歡作驩樂之官也史記官作容中正無邪字又作耶則此
所與民同也史記所下有以字治定制禮後漢書治作化其治辯
者其禮具史記釋文辯並作辨干戚之舞史記作儛孰亨而祀史記
孰亨作亨孰而禮制行焉石本原如此後人磨改焉作矣各本亦作矣秋斂
冬各本作冬藏後人補刻誤脫藏字敦和率神而從天釋文敦作惇云本亦作
敦別宜居鬼而從地史記別作辨卑高已陳史記作高卑地
氣上齊史記齊作躋陰陽相摩本又作磨天地相蕩本或作盪而
百物與焉史記作百物化與男女無辨則亂升史記辨作別升作登
故聖人曰禮樂云史記作禮云樂云夔始制樂史記作作樂五

穀時孰監本毛本孰作熟今石經與此同其舞行綴遠史記綴作綴下綴短
同大章史記作泰章韶繼也監本毛本韶作紹今石經與此同而獄訟
益繁史記作煩壹獻之禮史記壹作一禮者所以綴淫也史記
綴作閉夫民有血氣心知之性史記民作人是故志微噍
殺之音作史記噍殺作焦衰嘽諧慢易繁文簡節之音作
慢本又作優史記嘽諧作嘽緩律小大之稱史記律作類氣衰則生物
不遂史記作不育世亂則禮慝而樂淫史記慝作廢流湎以
忘本史記湎作沔感條暢之氣史記條暢作滌蕩不昭聽明史記
作不流於聽明淫樂慝禮史記慝作廢迭相為經史記迭作代廣樂
以成其教石本原如此後人磨改去其字各本及疏述經作成其教詩言其志
也一本無言字歌咏其聲也監本毛本咏作詠然後樂器從之
史記器作氣小人以聽過本或作以聖過史記作以息過所謂大輅者
天子之車也史記輅作路車作輿龍旂九旒釋文作流云本又作旒管
乎人情矣史記管作貫禮樂偩天地之情史記偩作順則天
地將為昭焉史記昭作紹天地訢合史記訢作欣羽翼奮史記
翼作翮鋪筵席史記鋪作布會守拊鼓史記會作合復亂以武
史記復作止脩身及家平毛本脩作修進俯退俯俯本又作府姦
聲以濫史記作以淫及優侏儒毛本作僑夫樂者與音相近
而不同史記者作之而無妖祥史記妖作祅衛音趨數煩志
史記趨作趣齊音敖辟喬志釋文敖作傲云字又作敖喬本亦作驕史記作驁辟

驕志是以祭祀弗用也史記弗作不所以獻酬醻酢也史記
酬作醻石聲磬史記作磬下磬以磬磬並同磬以立辨史記作立別下辨以
同則思將帥之臣帥本又作率漢書注同非聽其鏗鎗而已
也監本毛本鎗作鏘毛本也誤作矣史記及釋文今石經並與此同咏歎之史記咏作
永大公之志也毛本大作太天子夾振之而駟伐家語以上
句以崇二字屬下讀云以崇其天子焉衆夾振之而四伐史記駟亦作四盛威於中國
也史記作盛振威武王克殷反商家語作而反商之政而封黃帝之
後於薊廣韻作鄭使之行商容而復其位家語作使人行商容之舊
以復其位車甲衅而藏之府庫衅字又作釁史記作弢包之以虎
皮史記包作苞名之曰建櫜家語作命之鞬櫜而虎賁之士說

金石萃編卷二百十一　唐七十一　四三

劍也史記說作稅所以教諸侯之弟也史記弟作悌致禮以
治躬則莊敬史記作致禮以治躬者也治躬則莊敬舉而錯之天下
無難矣錯本亦作措故禮主其減史記減作謙下禮減並同先王恥
其亂史記作惡其亂使其聲足樂而不流使其文足論而
不息史記足樂作足以樂足論作足以綸習其俯仰詘伸史記作詘信故
繁者天地之命史記作之齊皆得其齊焉史記作齊矣子贛
見師乙而問焉史記作子貢正直而靜廉而謙者史記作正
直清廉而讓者商之遺聲也史記無此句商人識之史記識作志明
乎商之音者史記音作詩下齊之音同下如隊監本毛本作隊釋文與此同
倨中矩史記倨作居纍纍乎端如貫珠纍本又作纍史記作纍纍乎殷

如貫珠
雜記如於道毛本於誤作其緇布裳帷釋文無布字云本或作緇布裳帷
唯輤爲說於廟門外說本亦作脫下皆同既薦馬薦馬者哭
踊釋文薦作蘭云本又作薦狄稅素沙毛本作紗誤則自附於練祥
監本毛本附作祔緦冠繰纓釋文繰作縿四面有章本或作障暢釋文
作韔云本亦作暢杙以桑杙本亦作杙率䌙本亦作帶實見間而后
折入毛本問誤作問纁衲爲一衲字又作納公館復館本亦作觀婦
入皆居反間各本皆無反字此後人補刻誤衍含者執璧含本又作唅下
同說文作琀相者入告反命曰孤某須矣釋文無某字云從此盡篇
末皆無某字有者非介立于其左監本毛本其作門今石經與此同子馮之

金石萃編卷二百十一　唐七十一　四八

踊馮本或作憑雜記下告者反而后哭監本毛本后作後廬
堊室之中堊字亦作惡視君之母與妻監本毛本與下衍君之二字疏
述經及今石經並與此同歸于賓館監本毛本于作於釋文與此同子不見饗
乎各本皆作大饗乎後人補刻脫大字下句非爲人喪下衍一廢字皆誤三年之喪
祥而從政毛本三誤作二功衰弔本或作大功衰弔庾云有大字者誤不菲
釋文作扉云本又作菲世柳之母死今石經監本毛本作泄柳釋文與此同匠
人執羽葆御柩周禮注作匠人執纛以御柩管仲鏤簋而朱紘
釋文鏤作縷豚肩不揜豆釋文揜作弇云本亦作揜哀公使孺悲之
孔子學士喪禮釋文孺作孺云本亦作孺一張一弛儀禮釋文一並作壹
宦於大夫者之爲之服也監本毛本宦作官今石經與此同宗人

視之監本毛本視作視今石經與此同
喪大記廢牀牀本或作床字捲衣投于前釋文捲作卷云本又作袞毛本或
亦作卷主人啼釋文作諦云本又作啼主人馮之踊馮本或作憑說
髦說本作毲男女奉尸夷于堂夷本或作侇一本作奉尸于堂男子出
寢門見人不哭監本毛本寢門下衍外字疏述經及今石經並與此同弃杖
者斷而弃之於隱者釋文弃作棄云本亦作古弃字君設大盤造
冰焉大夫設夷盤造冰焉士併瓦盤無冰盤本又作槃儀
禮注亦作槃周禮注與此同浴用絺巾絺一本作綌甸人爲垼于西
牆下玉篇垼作坄挋用巾如它日監本毛本它作他甸人取所
徹廟之西北厞薪用爨之厞舊作屝子大夫公子食粥

監本毛本公子下有衆士二字今石經與此同旣葬柱楣監本毛本柱作拄釋文與此同
主人先俟于門外各本俟皆作候此補刻之誤士疾壹問之毛本
誤作間之櫝至于上儀禮注至作置釋文云劉本櫝作挫櫝置于西序監本
毛本置誤作至塗不暨于棺儀禮釋文云劉本暨作墍御棺用羽葆一本
作御柩君命無譁石本原如此後人磨改無作毋疏述經亦作無
祭法夏后氏亦禘黃帝而郊鯀本又作鮌雩宗說文作雩禜
此五代之祭不變也各本俱作所不變也後人補刻所誤作祭設廟祧
壇墠而祭之廟本作庿亦大夫立三廟二壇毛本誤作一壇王
爲羣姓立七祀監本毛本誤作七祠今石經與此同能捍大患則祀
之釋文捍作扞是故厲山氏之有天下也其子曰農能

殖百穀續漢書引作烈山氏之子曰柱能植百穀禹能脩鯀之功監本毛本
脩作修下脩之同顓頊能脩之本或作顓頊脩黃帝之功去民之菑或作
災山林川谷丘陵釋文丘作丠云此古丘字
祭義春雨露旣濡釋文作濿云本亦作濡思其所嗜釋文作耆周
還出戶還本亦作旋致愨則著監本毛本愨作慤釋文今石經與此同言
夫日本或作言夫忌日夫何慌惚之有乎惚本又作忽如弗勝
弗本亦作不退立而不如受命敖也釋文敖作熬錯諸天下
釋文錯作措骨肉斃于下斃本亦作弊以爲醴酪齊盛齊本又作
齍夫人繅釋文作繰云說文作繅以此爲旒繅字舉而錯之無難矣
釋文錯作措云本又作錯涖官不敬釋文涖作莅云本亦作涖裁及於親本又

作於身亨孰羶薌監本孰作熟釋文與此同溥之而橫乎四海溥本
亦作敷嘉而弗忘監本毛本嘉作喜今石經與此同而老窮不遺一本
作不匱而弟達乎獀狩矣釋文乎作於獀作廋云本亦作獀軍旅什
伍毛本作什五所以教諸侯之孝也毛本教誤作敬天子巡守
本亦作狩陶陶遂遂本又作燧燧如將復入然毛本誤作弗入然
祭統以其齊盛齊本亦作齍下同君子乃齊本又作齋下不齊齊者並
同君執鸞刀羞嚌釋文作齊云本亦作嚌獻之屬莫重於祼
一本無之屬二字見其脩於廟中也一本脩作偏非上積重而
下有凍餒之民也釋文餒作餧監本毛本誤作餕明尊卑之等也
釋文等作差云本又作等夫人受尸執足監本毛本受作授春祭曰礿

字又作瀹此孝子孝孫之心也毛本此誤作比奔走無射奔又作犇
興舊嗜欲釋文監本毛本嗜作耆知而弗傳釋文作不傳云本亦作弗
經解猶坊止水之所自來也坊本又作防下同則長幼之
序失而爭門之獄繁矣漢書失作亂繁作蕃差若豪氂本又作釐
哀公問然後治其雕鏤雕本亦作彫脩其鼎俎本亦無此句
脩其宗廟監本毛本脩作修午其衆以伐有道午王肅作迕求
得當欲毛本得誤作德顧闇所以行三言之道毛本言誤作焉弗
愛不親弗敬不正釋文弗敬作不敬云不親不正一本不皆作弗如此國
家順矣監本毛本此下衍則字疏述經及今石經並與此同不能有其身不
能有其身家語二句並作不能成其身寡人惷愚冥煩子志之

心也家語作寡人且愚冥幸煩子之於心
仲尼燕居女三人者女本又作汝下皆同所以仁昭穆也穆亦
作繆加於身而錯於前錯本又作措官失其體監本毛本誤作其禮
和鸞中釆齊本又作薺則有奧阼奧字又作隩昭然若發矇
矣本亦無矣字
孔子閒居凱弟君子凱本又作豈弟本又作悌傾耳而聽之釋文
傾作頃敢問何如斯可謂參天地矣監本毛本參下衍於字今石經
與此同日月無私照釋文作炤云本又作照至于湯齊亦作隮嗜
欲將至釋文監本毛本嗜作耆嵩高惟嶽監本毛本惟作維釋文及今石經並
與此同惟周之翰監本毛本惟作爲四方于宣毛本誤作四國必先

其令問石本原如此後人磨改問作聞各本亦作令聞弛其文德弛皇作施大
王之德也家語作此文王之德也
坊記富斯驕釋文作喬云本又作驕下同子云貧而好樂毛本作子
曰民猶得同姓以事其君各本事皆作弑此後人補刻之誤釋文作殺云
本又作弑子云君子辭貴不辭賤自此以下子云本或作子曰至于
己斯亾毛本于作於故君子信讓以涖百姓釋文涖作莅入
告爾君于內女乃順之于外毛本于並作於大誓曰大本亦作
泰民猶有薄於孝而厚於慈監本毛本無有字今石經與此同示
民不淫也監本毛本脫民字疏述經今石經並與此同饋獻不及車馬
饋本又作餽欲民之先事而後祿也毛本祿誤作樂子云君子

不盡利以遺民毛本作子曰民猶淫泆而亂於族釋文作淫
泆云本又作佚
中庸小人之中庸也王肅本作小人之反中庸也中庸其至矣
乎一本作中庸之爲德其至矣乎驅而納諸罟擭陷阱之中阱本或作
穽則拳拳服膺文選注兩引並作服膺拳拳而弗失之矣文選注弗
作不後漢書注兩引並作而不息之矣素隱行怪漢書三國志素並作索玉篇作傃
吾弗爲之矣漢書弗作不遯世不見知而不悔遯本又作遁
君子之道費而隱費本又作拂人猶有所憾本又作感鳶飛
戾天鳶字又作戴譬如行遠釋文監本毛本譬並作辟下同樂爾妻帑
本又作孥視之而弗見毛本視誤作覩齊明盛服齊本亦作齋脩其

宗廟監本毛本脩作修後脩身脩道並同所以序昭穆也穆本又作繆所
以逮賤也釋文逮作逯云本又作逮布在方策釋文作筴文選注作冊好
學近乎知漢書作好問後漢書注兩引亦並作問見乎蓍龜一本乎作於
不無物各本皆作不誠無物後人補刻脫誠字可壹言而盡也監本毛本
壹作一其爲物不貳本亦作貳斯昭昭之多昭本亦作炤及其
廣厚監本毛本誤作廣大載華嶽而不重本亦作山嶽黿鼉蛟龍
魚鼈生焉石本原如此後人磨改蛟作鮫監本毛本亦作蛟毛本鼈作鱉釋文並與此同
詩曰唯天之命石本原如此後人磨改唯作惟監本毛本作維今石經作惟禮
儀三百漢書及後漢書注並作禮經三百待其人然後行監本毛本然後
作而後今石經與此同是故居上不驕本亦作喬既明且哲徐本作且

知車同軌書同文文選注三引並作書同文車同軌考諸三王而
不謬石本原如此後人磨改謬作繆各本亦作繆譬如天地之無不持
載釋文監本毛本譬並作辟下同爲能聰明叡知監本毛本叡作睿釋文與此同
施及蠻貊釋文作貉云本又作貊爲能經綸天下之大經釋文
作經論云本又作綸衣錦尚絅本又作穎可與入德矣毛本與誤作以君
子所不可及者監本毛本君子下有之字今石經與此同尚不愧于屋
漏愧本又作媿不顯唯德石本原如此後人磨改唯作惟各本亦作惟
表記欲巳之無相瀆也石本原如此後人磨改無作毋下無相褻放此不
繼之以倦本又作勌則刑戮之巳也戮本或作僇皐恤我后
石本原如此後人磨改后作後各本亦作後唯仲山甫舉之石本原如此後人磨

改唯作惟各本亦作惟後唯德之基唯此文王並放此高山仰止本或作仰之
焉日有孳孳釋文俛作強云一本作俛本或作僶非也斃而后巳斃本又作
獘詩云溫溫恭人監本毛本誤作詩日疏述經及今石經並與此同詩云
惟鵜在梁監本毛本惟誤作維疏述經及今石經並與此同彼記之子記本
又作己監本記作其故諸侯勤以輔事於天子毛本諸誤作者凱弟
君子凱本亦作愷又作豈弟本又作悌下同樂而無荒石本原如此後人磨改無
作毋各本亦作毋恥費輕實毛本輕誤作強靖恭爾位釋文恭作共云本亦
作恭則讇也讇本亦作諂中心臧之石本原如此後人磨改臧作藏各本亦作
藏事君慎始而敬終毛本誤作敬忠得志則慎慮而從之
慎本亦作古眘字亂是用餤徐本餤作鹽信誓旦旦誓本亦作矢牷

牷禮樂齊盛牷本亦作全齊本亦作齍
緇衣則巳有遯心遯亦作遁長巳者衣服不貳本或作貸狐
裘黃黃徐本作橫橫其儀不忒本或作不貳有國者章義擅
惡監本毛本國下有家字義作善釋文及今石經並與此同靖其爾位共本亦作恭
子上人疑各本俱作子曰上人疑後人補刻脫曰字上帝板板釋文作版版
下巳卒癉釋文作亶云本亦作癉毛本卒誤作作匪其止共皇本共作躬
敬明乃罰毛本明誤作民小人溺於水君子溺於口玉篇君子
句在小人句上廣韻作君子休於水小人休於口可敬不可慢本又作僈大甲
曰監本毛本大作太兌命曰兌本亦作說不可以逭釋文作逭云本又作
逭身必安之毛本必誤作心資冬祁寒監本毛本祁作祈釋文及今石經並

與此同是以生則不可奪志釋文作是故云人苟或一本作是以
言之一本無人字尙可磨也釋文磨作摩昔在上帝監本毛本昔在
作在昔今石經與此同
奔喪先哭于家而后之墓石本原如此後人磨改后作後各本亦作後
旣除喪而后聞喪監本毛本后作後
問喪水漿不入口三日漿本亦作漿故鄉里爲之糜粥
釋文糜作縻云本亦作糜以鬼饗之監本毛本饗作享今石經與此同稽顙觸
地無容毛本觸誤作拜
服問罪多而刑五罪本或作辠今石經同
間傳居倚廬毛本誤作倚閭不說經帶釋文說作稅苄翦不納

毛本苄誤作芐釋文今石經並與此同
三年問躕躅焉躕本又作蹰踟躕焉釋文踟作踶云字或作踟小者
至於燕雀雀本又作爵若駟之過隙隙本又作郤加隆焉爾也
一本作加隆爲爾
深衣袼之高下袼本亦作胳
投壺間以二矢半一本無以二矢半四字一馬從二馬釋文無此
句云俗本勝者立馬句下有一馬從二馬五字誤遂以奇算告一本此句上更有有
勝者司射五字誤請行觴字或作醻壺去席二矢半監本毛本誤作二尺
半毋憮釋文作憮魯鼓○□○○□□○○半○□○
口監本毛本末口上多一○衍文也今石經與此同

儒行粥粥若無能也徐本作鬻鬻戴仁而行釋文戴作載云本亦
作戴篳門圭窬廣韻作蓽門閨竇不敢以諂本又作讇竟信其志
家語信作身靜而正之徐本靜作諍麤而翹之麤本又作麄愼靜
尙寬監本毛本靜下有而字儒皆兼此而有之監本毛本儒皆誤作者
有不隕穫於貧賤釋文穫作獲云本又作穫不閔有司閔本亦作愍
大學先脩其身監本毛本脩作修下脩字並同瞻彼淇澳澳本又作奧本又
作隩如琢如磨釋文作摩云本亦作磨赫兮喧兮喧本亦作咺終不
可諠兮諠或作喧詩云周雖舊邦監本毛本作詩今石經與此同曰維
民所止監本毛本維作惟聽訟吾猶人也釋文作吾聽訟猶人也必
也使無訟乎釋文無作毋人之其所親愛而譬焉釋文監本

毛本譬作辟下四辟字並同此謂一言僨事釋文僨作賁云本作僨是以
君子有絜矩之道也釋文矩作拒云本亦作矩若有一介臣釋文
監本毛本作一个今石經與此同無他技釋文他作它寔能容之監本毛本
寔作實下同俾不通俾本又作卑畜馬乘後漢書注作畜馬千乘與其
有聚斂之臣詩箋作斂聚
冠義奠摯於君摯本亦作贄
昏義毛本誤作昬禮昏禮者釋文無禮字云一本作昬禮者子承命以迎
本或作子承父命誤壻執雁入壻本又作聟合巹而酳釋文巹作𢀖和
於射鄉監本毛本誤作鄉射今石經與此同婦執笲棗栗段脩以見
棗俗作棗誤段本又作腶或作鍛婦以特豚饋一本無婦字后聽內職

監本毛本誤作內治今石經與此同
鄉飲酒義所以致絜也一本作致絜敬也斯君子之所以
免於人禍也監本毛本脫之字祭薦本亦作廌秋之爲言愁也
爾雅注作秋之言揫
射義士以采繁爲節監本毛本繁作蘩下同賁軍之將詩傳賁作
奔不入其餘皆入一本不入作不得入者非也又使公罔之裘
罔又作罔脩身以俟死者不家語無不字旄期稱道不亂者
不旄本又作耄期本又作旗不亂絶句本或作而不亂而后射於射宮毛本后誤
俟求反諸己而已矣監本毛本作反求諸己
燕義莫敢適之義也適本又作敵皆降再拜稽首徐本作䭫

首
聘義北面拜貺釋文作況云本亦作貺致饔餼釋文饔作雍云字又作饔
饗食燕釋文饗作享云本又作饗所以愧厲之也釋文愧作媿云本又作愧
壹食再饗釋文壹作一云又作壹一勇敢強有力者而不用之
於禮義戰勝石本原如此後人磨改去者字各本亦無之敢問君子貴
玉而賤碈者碈字亦作瑉垂之如墜釋本監本毛本並作隊
喪服四制門外之治義斷恩公羊傳注作義揜恩不言而事
行者扶而起一本作扶而後起扶或作杖非齊衰之喪齊本又作齋三
年而大祥石本原如此後人磨改去大字各本亦無之知者可以觀其
理焉知本或作智直婦各本皆作貞婦此補刻之誤皆可得而察焉

毛本皆可誤作可以
右禮記
春秋左氏傳序釋文作春秋序云本或題爲春秋左傳序者沈文何以爲釋例序監
本毛本亦作春秋序諸侯亦各有國史毛本亦誤作不大事書之於
策本又作冊亦作筴諸所記注字或作註監本毛本同非聖人孰能
脩之毛本脩作修後凡傳文脩字毛本皆作修渙然冰釋監本毛本冰誤作氷諸
所諱辟本亦作避專脩丘明之傳以釋經毛本脩作修下脩春秋同
譜第譜本又作謚說者以爲仲尼自衛反魯監本毛本脫爲字
危行言孫本亦作遜所感則春秋何始於魯隱公各本所感
下皆有而起因所以爲終也曰然十字按此段皆後人補字故多脫誤附其行事周

之舊各本周上皆有采字此誤脫
春秋集解終各本皆作春秋經傳集解隱公第一石刻第二卷亦作春秋集解桓公第
二此題乃後人補字之誤服虔本作隱公左氏傳解詁第一不題春秋二字監本毛本作隱第一無
公字傳元年故不書爵一本無故字非公命也監本毛本公誤
作君初鄭武公娶於申釋文於作于巖邑也巖本又作嚴他邑
唯命監本毛本他作佗今石經與此同多行不義必自斃本又作獘後漢
書作多行無禮必自及不義不暱說文暱作䵒譏失教謂之鄭策
不言出言奔各本教下有也字出下無言字策作志此後人補刻之誤具告之
悔各本具作且此補字之誤豫凶事毛本豫作預公孫滑奔衛監本毛本
奔上有出字取廩延毛本取誤作請

傳二年費庈父勝之監本毛本庈誤作序釋文今石經並與此同

經三年日有食之食本或作蝕　傳不起于諸侯監本毛本于作於下于寢于姑同毛本亦作於今石經與此同　澗溪沼沚之毛釋文沚作畤云本又作沚蘋蘩蘊藻之菜監本毛本蘩作繁　武氏來求賻毛本誤作求則羣臣願奉馮也馮本亦作憑　是棄先君之舉也各本弃皆作廢此字後人所補疑誤　使公子馮出居于鄭監本于作於今石經毛本並與此同百祿是荷釋文作何云本又作荷　其娣戴媯監本毛本娣誤作姊弟

納於邪毛本於作于　降而不憾憾而能昣者鮮矣憾本或作感

經四年戊申毛本誤作庚戌今石經與此同　衛州吁弒其君完弒本又作殺　翬帥師史記翬作揮　傳公及宋公遇于清監本毛本作宋人今石經與此同　而請涖於衛監本毛本於作于　石碏使宰獳羊肩石本原如此後人磨改宰上增其字各本亦有之

傳五年公將如棠觀魚者本亦作漁者　鳥獸之肉一本作其肉

傳伯稱侯不從各本侯作疾此補字之誤　蔡陳桓公各本蔡作葬此亦補字之誤　敗燕師于北制毛本誤作制北　敝邑爲道本亦作導

傳六年不可鄉邇鄉本又作嚮　芟夷蘊崇之說文芟作𦼦蘊作薀監本毛本亦作蘊釋文今石經並與此同

傳七年告終稱嗣也監本毛本並脫稱字今石經有　歃如忘說文如作而

經九年天王使南季來聘監本毛本誤作天子今石經與此同　傳使勇而無剛者嘗寇而速去之詩箋作使勇而無剛者肆之　先者見獲後必務進石本原如此後人磨改去後字又復旁注後字皆非原本各本亦無之

經十年宋人蔡人衛人伐戴石本原如此後人磨改作載釋文同云字林作戴按漢書注亦作戴

傳十一年工則度之爾雅注作剫之　則願以滕君爲請監本滕誤作勝　君謂許不共本亦作供　而請弒之釋文弒作殺　遂與尹氏歸而立其主監本毛本尹誤作鄭今石經與此同　館于寪石本原如此後人磨改寪下增氏字各本亦有之　羽父使賊弒公子寪氏監本毛本弒作殺

桓公經元年公卽位周禮注云古文春秋經公卽位爲公卽立　傳脩好于鄭毛本脩作修

傳二年大路越席論語注路作輅　粢食不鑿玉篇作糳　錫鸞和鈴毛本錫誤作鍚　以臨照百官監本毛本臨照作照臨今石經與此同　遷九鼎于雒邑後漢書注于作於雒本亦作洛後漢書注同　義士猶或非之後漢書注作猶有薄德　以條之役生大子漢書大作太　命之曰仇漢書命作名下名之曰成師同　其弟以千畝之戰生漢書畝作畮　夫名以制義義以出禮漢書義並作誼　兄其替乎漢書作虖　晉始亂政桓叔于曲沃各本政作故下有封字此後人補字誤脫　而下無覬覦

脈虎作窺覘

傳三年驂絓而止釋文無而字

傳五年高渠彌史記作眛為魚麗之陳後漢書注麗作儷況敢陵天子乎監本毛本陵誤作陵仍叔之子弱也石本原如此後人磨改子下增來聘二字今石經亦有之監本毛本並無

傳六年季梁在漢書古今人表作季良是以聖王先成民毛本民誤作名謂其不疾瘯蠡也瘯本又作蔟齊侯使乞師于鄭監本毛本脫侯字今石經與此同鄭大子忽監本毛本大作太說文忽作曶公問名於申繻申繻對曰石本原如此後人磨改不疊申繻二字各本亦無之接以大牢禮記註接作捷以德命為象各本德並作類此後人補字之誤

傳八年將失楚師一本無師字

傳九年楚子使鬭廉帥師石本原如此後人磨改去子字各本亦無之

經十年周諺有之曰石本原如此後人磨改去曰字各本亦無之乃獻之監本毛本脫之字今石經與此同齊人餼諸侯說文廣韻作齊人來氣

經十有一年公會宋公于夫鍾監本毛本作鍾今石經與此同

傳將與隨絞州蓼本或作鄝曰白虞四邑之至也各本曰皆作日

傳十二年君子屢盟釋文作婁盟云本又作屢

傳十三年謂其御曰莫敖必敗舉趾高心不固矣遂見楚子漢書御作馭敖作囂趾作止遂作遽亂次以濟本或作亂次以濟其水羅與盧戎兩軍之釋文作廬戎云本或作盧莫敖縊于荒谷荒本或作巟監本毛本于作於

經十有七年五月丙午監本毛本五月上有夏字今石經與此同

傳以底曰監本毛本底誤作底弒昭公而立公子亹各本弒皆作殺

莊公經三年紀季以酅入于齊酅本又作攜

傳四年除道梁溠說文除道作修涂

經七年春夫人姜氏會齊侯于防監本毛本春下並衍秋字

經八年齊無知弒其君諸兒各本弒皆作殺

傳期戍期本亦作朞生公孫無知漢書作公子亡知豕人立而啼漢書玉篇並作嗁墜于車監本毛本墜作隊漢書與此同

傳九年辟于下道辟本亦作避及堂阜而稅之稅本又作說

傳十一年得儁曰克儁本或作俊京師敗本或作京師敗績者非

其與也悖焉悖一作勃公子御說之辭也御本或作禦

傳十二年宋萬弒閔公于蒙澤史記閔作湣漢書作愍南宮萬奔陳南宮萬本或作長萬長衍字也下亦然

傳十四年其氣炎以取之石本原如此後人磨改炎作燄漢書與此同人無釁焉漢書釁作亹生堵敖史記作杜敖

傳十六年宋故也本或作為宋故

傳十七年饗齊戍饗本作享

經十八年各本皆作十有八年此補字誤脫秋有䗐本又作蜮傳以

叛國而殺之叛本或作畔遷權於那處那又作明傳十九年鬻拳弗納漢書鬻作粥後漢書拳作權生子穨釋文監本毛本並作頹今石經與此同傳廿二年春胥命于弭按當作二十一年此補字之誤王巡虢守本或作狩後放此

經廿有二年監本毛本並脫有字肆大眚監本毛本眚誤作眚釋文及今石經並與此同陳人殺其公子御寇御本亦作禦傳鳳皇于飛毛本皇作凰和鳴鏘鏘釋文作將將云本又作鏘鏘並于正卿並于本或作並為誤

經廿有三年丹桓宮楹說文官作公傳王有巡守毛本作狩

經廿有四年刻桓宮桷說文作刻桓公之桷傳御孫諫曰御本亦作禦女贄不過榛栗棗脩說文贄作摯榛作亲

經廿有七年公會齊侯宋公陳侯鄭伯同盟于幽監本毛本會上脫公字傳以其立子穨也監本毛本穨作頹今石經與此同後凡類字仿此

傳廿八年及大子申生監本毛本大作太大戎孤姬生重耳毛本重誤作仲鬬御彊御本亦作禦監本毛本疆作彊

傳廿九年凡師有鐘鼓曰伐毛本鐘作鍾

傳卅年鬭穀於菟為令尹漢書穀作穀謀山戎也石本原刻此後人磨改謀下增伐字各本皆無之

經卅有一年齊侯來獻戎捷說文作齊人

經卅有二年子般卒史記般作班傳監其德也監本又作鑑

閔公漢書閔作愍傳元年宴安酖毒宴本又作晏天所啓矣石本原如此後人磨改作天啓之矣各本並同

傳二年虢公敗犬戎于渭汭服作渭隧及狄人戰于熒澤監本毛本熒作滎釋文今石經並與此同初惠公即位也少各本公下皆有之字此補字誤脫齊侯使公子無虧漢書作無詭晉侯使大子申生毛本侯誤作人從曰撫國各本皆作撫軍此補字之誤故君之適

嗣適本又作嫡不共是懼共本又作供尨涼冬殺尨涼說文作牻椋不獲而尨漢書不作弗雖盡敵按石刻敵上旁注外字此後人所加衛文公大布之衣本或作衣大布之衣誤

僖公經元年齊師宋師曹師次于聶北監本毛本曹師並作曹伯今石經與此同說文聶作嵒齊人以尸歸監本毛本並無尸字今石經與此同獲莒挐監本毛本並作拏釋文今石經並與此同傳文仿此

傳二年懦而不能強諫懦本又作懦

傳三年公子友如齊涖盟各本皆作涖盟此補字之誤未之絕也監本毛本並作未絕之也今石經與此同

經四年許男新臣卒毛本臣誤作城齊人執陳轅濤塗釋文

轅作袁云本多作轅廣韻作爰傳王祭不共本亦作供下同說文亦作供無
以縮酒說文縮作莤昭王南征而不復按石刻而上旁注沒字亦後人
所加漢水以爲池釋文無水字云本或作漢水以爲池水衍字一薰一蕕
禮記註作廟歸于公各本歸下皆有胙字此補字誤脫姬置諸公各本公皆
作宮此亦補字之誤犬斃說文作獘
傳五年而書本或作而書雲物非也君其脩德而固宗子毛本
脩作修公孫茲如牟娶焉釋文娶作取云本又作娶諸侯盟本或此下
更有于首止三字非一之謂甚監本毛本謂皆作爲今石經與此同諺所謂輔
車相依玉篇輔作酺其愛之也服本其作甚丙之辰漢書作丙子之
辰均服振振漢書及文選注均並作袀虢公其奔漢書作犇置虞且

言易也監本毛本且作公
傳七年君若去之以爲成監本毛本並作若君去之今石經與此同鄭
有叔詹史記作瞻
傳八年不祔于姑毛本祔誤作袝
經九年晉侯佹諸卒監本毛本佹作詭釋文今石經並與此同傳且
脩好禮也毛本脩作修釋文與此同丕鄭史記丕作邳令不及魯令本
又作命公謂公孫枝曰史記枝作支
傳十年晉侯改葬共大子共本亦作恭秦伯使泠至報
問毛本泠作冷釋文今石經並與此同
傳十一年晉侯使以丕鄭之亂來告各本皆作丕鄭此補字之

誤受玉惰說文受作執其何繼之有監本毛本其作而漢書與此同
傳十二年楚人滅黃石本原如此後人磨改去八字各本亦無之愷悌
君子愷釋文作凱云本亦作愷悌本亦作弟
經十有四年季姬及鄫子遇于防使鄫子來朝鄫本
或作繒
經十有五年螽本亦作蝝傳晉侯烝於賈君監本毛本於作
于釋文與此同轄秦伯各本轄皆作輅此補字之誤寡人之從晉君而
西也石本原如此後人磨改去晉字各本亦無之登臺而履薪焉履徐本作
屨使以免服衰經逆釋文免作絻云又作免曰上天降災使
我兩君匪以玉帛相見而以興戎若晉君朝以入

則婢子夕以死夕以入則朝以死唯君裁之乃舍
諸靈臺釋文云此凡四十七字撿古本皆無尋杜注亦不得有有是後人加也國召
之各本國皆作且此補字之誤將若君何衆曰將若君何各本皆作
衆曰何爲而可此亦補字之誤羣臣輯陸爾雅注羣臣作百姓各本陸皆作睦此亦補字
之誤之睽三三毛本誤作三三亦無盍也監本毛本盍誤作盍說文及今石經
並與此同亦無貺也貺本亦作況其死于高梁之虛監本毛本于作
於蛾析謂慶鄭曰蛾或作蟻釋文析作哲云本或作析
經十有六年隕石于宋五說文隕作磒是月本或作是日石刻月
下旁注也字後人所加六鷁退飛過宋都鷁本或作鶂說文作鶃漢書作六鶂
退蜚傳齊徵諸侯戍周監本毛本諸侯下並有而字今石經與此同

傳十七年以爲大子毛本大作太 雍巫有寵於衛共姬共本亦作恭
傳十八年而後師于訾婁監本毛本後誤作從今石經與此同
傳十九年宋公使邾文公用鄫子于次睢之社石本原如此後人磨改宋公作宋襄公監本毛本並無襄字今石經有之 退脩教而復伐之釋文作而復之云一本作而復伐之伐衍字也
傳廿一年風姓也本或作皆風姓
傳廿二年不設備而禦之釋文禦作御云本或作禦 晉大子圉爲質於秦監本毛本大作太 戰戰兢兢本或作矜矜 蠭蠆有毒蠭本又作蠭蠭俗作蜂 公及邾師戰于升陘釋文作登陘云本亦作升陘 戎

事不逾女器釋文逾作踰 享畢夜出監本毛本享作饗
傳廿三年期期而不至下期字亦作朞 淫刑以逞釋文作以呈云本亦作逞 生伯鯈釋文作鯈云本又作鯈 請待子石刻請上旁注然字此後人所加 懷與安毛本與誤作其 姜與子犯謀醉而遣之石本誤下增刻飲之酒三字今石經亦有之各本並無 曹共公聞其駢脅說文駢作骿 僖負羈之妻監本毛本羈作覊漢書及今石經並與此同廿四年傳負羈綫仿此
傳廿四年將焚公宮而弒晉侯釋文弒作殺云又作弒 寺人披請見本又作侍人披 女中宿至釋文無至字云一本作女中宿至 一行者甚衆一本甚作其 懼者其衆矣本或作甚衆矣 樓嬰監本毛本樓作摟今石經與此同 以爲嫡子嫡本亦作適 介之推不言祿介子推漢書作大戴禮作介山子推 而執二子本或作而執其二子其衍字也 鄈不韡韡監本毛本誤作韓韓 使續叔桃子出狄師桃本或作姚 處于氾監本毛本作氾釋文作氾今石經與此同 子臧之服釋文作之及云一本作之服 天子有事膳焉說文膳作饍 享宋公有加禮也有加絕句一本無也字讀則總爲一句 得罪于母弟之寵子帶今石經弟作氏
傳廿五年王享醴各本享並作饗 與之陽樊溫原欑茅之田毛本欑作攢 晉於是始啓南陽監本毛本啓誤作起今石經與此同 乃降秦師秦師囚公子儀各本不疊秦師二字 昔趙衰以壺飧從徑餒而弗食監本毛本飧誤作餐釋文與此同徑劉炫作經
經廿有六年公追齊師至酅釋文作巂云本又作酅 傳諸侯

之望曰監本毛本望作朢 我敝邑用不敢保聚石本用下旁注是字後人所加 夔子不祀祝融與鬻熊漢書鬻作粥 而自竄于夔石本原如此後人磨改竄作竄
傳廿七年杞不共也共本亦作恭 責無禮也今石經無責無禮者非同云本或作責無禮也字釋文 郤穀可釋文穀作穀云本又作穀 於是伐原以示之信石本是下旁注乎字監本毛本並作於是乎 公曰可矣子犯曰石本矣下旁注乎字後人所加各本亦有之
經廿有八年公會晉侯齊侯宋公蔡侯鄭伯陳子莒子邾子秦人于溫監本毛本邾子誤作邾人 天王狩于河陽狩本又作守
傳謂楚人不卒戍也監本毛本楚人下並有曰字今石經

與此同子玉使伯棼請戰釋文棼作棼石本此文後人補刻誤也監本毛本亦
誤作棼子玉使宛春告於晉侯曰石本原如此後人磨改侯作師各本
亦作師乃拘宛春於衛史記拘作囚豈在久乎監本毛本乎誤作矣
鄉役之三月鄉本又作鄉說文同命晉侯宥監本毛本作侑今石經與此同
玈弓矢千後漢書作玈弓十玈矢千石本弓下旁注十玈二字釋文云玈本或作旅字非
也矢千本或作玈弓十玈矢千後人專輒加也奉揚天子之丕顯體命各本
皆作休命此補字之誤明神殛之殛本又作極下是糾是殛同俾隊其師
釋文俾作卑云本亦作俾及而玄孫監本毛本而作其今石經與此同楚子玉
自為瓊弁玉纓說文瓊作璚釋文弁作玌云本又作弁聞君至監本毛本
誤作公至今石經與此同振旅愷以入于晉釋文愷作凱鍼莊子為

坐周禮注莊作嚴
傳卅年雖然鄭亡各本皆無雖字焉用亡鄭以陪鄰監本毛本
陪作倍今石經與此同共其乏困共本亦作供不闕秦焉取之石本
不上旁注若字焉上旁注將字此後人所加監本毛本亦有若字焉字疏述經及今石經並無之
揚孫監本毛本揚作楊今石經與此同卅三年傳仿此
經卅有一年猶三朢毛本作堅傳東傳于濟各本傳皆作傳此補
字之誤
傳卅二年孟子本或作孟兮石本原如此後人磨改子作兮晉人禦師
必於殽本又作崤殽有二陵焉毛本有誤作在
傳卅三年孟明視淮南子孟作盟西乞術淮南乞作乙漢書作乞

文公傳元年王使毛伯衛來賜公命監本毛本賜作錫釋文無
王使二字云一本作毛伯衛來錫公命一本作王使又一本作天王使蠭目而豺聲
蠭本又作蜂覆俾我悖釋文俾作卑云本亦作俾
經二年及晉陽處父盟石本原如此後人磨改去陽字各本皆無之大
事于大廟周禮注作有大事于太廟傳書士轂本或作書曰晉士轂大
事于大廟毛本作太廟宋公子成本或作戍
傳三年君子是以知秦穆之為君也各本穆下皆有公字此補
字誤脫
傳四年臣以為肄業及之也釋文肄作肆云依字作肄諸侯敵
王所愾說文作鎎玈弓矢千弓下旁注十玈二字亦後人所加

經五年王使榮叔歸含且賵含本亦作唅傳楚公子
燮滅蓼監本毛本並脫公字釋文今石經並與此同蓼字或作鄝
傳六年辟獄刑監本毛本作刑獄疏述經及今石經並與此同治舊洿本又
作汙與大師賈佗國語作宅仲行釋文作中行云本又作仲道之禮則
石本之下旁注以字今石經與此同各本亦有以字何以事夫子石本原如此後人磨
改去夫字各本皆有之
經七年宋公王臣卒王臣本或作五臣傳寘文公子曰
焉各本皆無曰字此補字誤衍也華御事為司寇釋文御作禦云本又作御則
本根無所庇廕矣廕本又作蔭葛藟猶能庇其本根藟本
或作虆舍適嗣不立釋文適作嫡云本又作適先人有奪人之心

本或此下有後人待其反誤得同官爲寮本又作僚謂之德禮監本毛本德作

經八年公子遂會雒戎盟于暴雒戎本或作伊雒之戎此後人妄取

傳文加耳傳晉侯使解揚史記作楊漢書作陽旦復致公壻池

之封各本旦皆作且此補字之誤壻俗作婿

經九年秦人來歸僖公成風之隧各本皆作禭此補字之誤

傳執幣傚本又作敚

傳十年命夙駕載燧本又作熧

經十有一年叔彭生會晉郤缺于承匡叔又作朮本或作叔

仲彭生仲衍字監本毛本亦有仲字今石經與此同匡監本毛本作筐今石經亦與此同傳

至于錫穴錫本或作鍚監本毛本亦作錫今石經與此同獲長狄僑如僑本

又作喬史記同椿其喉服本作春椿司徒皇父帥師禦之釋文作御

之云本亦作禦耏班御皇父充石監本毛本班作斑釋文今石經並與此同國

人弗徇服本作循

傳十二年大子以夫鍾與郕封來奔各本封皆作邽此補字之

誤主人三辭賓荅曰監本毛本荅誤作客將何俟矣石本原如此後

人磨改矣作焉

傳十三年請東人之能與夫二三有司言者毛本請誤

作謂繞朝贈之以策釋文作筴云本又作策

經十有四年毛本脫有字傳子叔姬妃齊昭公妃本亦作

配齊商人弑舍而讓元釋文弑作殺爾不可使多蓄憾

釋文蓄作畜云本又作蓄憾本又作感盧戢黎及叔麋誘之今石經黎作犂

監本毛本與此同三年而盡室以復適莒監本毛本三誤作二

經十有五年秋齊人侵我西鄙監本毛本並脫秋字今石經有

傳一人盟于句鼆本又作冥晉侯宋公衛侯蔡侯陳侯

鄭伯許男曹伯盟于扈監本毛本脫陳侯二字

經十有六年石本年下旁注春字各本亦有之楚大饑亦作飢傳

彼驕我怒而後可克本或作可擊楚子乘馹會師于臨

品監本毛本馹作驛釋文與此同子越自石溪本又作谿子貝自仞以

伐庸今俗本貝多作員夫人乃助之施監本毛本並脫乃字今石經有

矔爲司徒監本毛本矔誤作鑵不能其大夫毛本其誤作具盡以其

寶賜左右而使行監本毛本而誤作以

傳十七年歸生佐寡君之嫡夷釋文嫡作適而從於強

令今石經強作彊

傳十八年歜以扑抶職扑字宜從手作朴邊非也蒼舒漢書作倉舒

檮戭說文檮作擣漢書戭作敳伯奮漢書伯作柏下伯虎同季貍漢書作季熊

以至于堯監本毛本于作於今石經與此同謂之渾敦玉篇作倱伅以

誣盛德服虔作成德顓頊氏有不才子監本毛本脫氏字謂之

檮杌說文作檮柮謂之饕餮說文作飻宋武氏之族本或作武穆之

族者後人取下文妄改也

宣公經元年齊人取齊西田各本皆作濟西此補刻之誤按石本此卷半爲朱梁補刻故譌舛甚多　晉趙穿帥師侵崇釋文作崈云本亦作崇

傳晉不足与也各本与皆作與此亦補刻之誤　楚人不祇焉各本祇皆作禮　四晉解楊監本毛本作揚　秦急崇必救之本或作崈急秦必救之是後人改耳

經二年晉趙盾殺其君夷臯各本殺皆作弑漢書與此同

傳鄭公子歸生受命于楚釋文無受字云本或作受命于楚非也　馘百人釋文作馘百云本或作馘百人者人衍字　宜其爲禽也釋文無爲字云一本作宜其爲禽也　以其私憾本又作感　文馬百駟說文作馮　文厚歛以彫牆監本毛本彫並作雕今石經與此同　趙盾士季見其手一本作首　盛服將朝盛本或作成　其右提彌明知之釋文提作祇云本又作提　遂扶以下扶舊本皆作扶服虔注作跣今杜注本往往有作跣者　公嗾夫獒焉嗾服本作亟獒史記作敖　見靈輒餓監本毛本誤作餓下人監本亦誤作餓人　趙穿攻靈公於桃園攻本或作弑　以示於朝監本毛本亦作視今石經與此同　麗姬之亂監本毛本麗作驪釋文與此同　乃宦卿之適字適本又作嫡　趙盾爲旄車之族旄一本作軞

傳三年晉侯伐鄭及延各本皆作郔　不逢不若爾雅注作禁禦不若　螭魅罔兩魅本又作鬽兩本又作蜽周禮注作螭鬽魍魎

經四年利公如齊按利應作秋此補字之誤

傳汏輈監本毛本汏作汰　初若敖娶於䢵本又作鄖　從其母畜于䢵釋文于作於楚

人謂乳爲穀謂虎爲於菟各本皆作楚人爲乳穀謂虎於菟漢書作楚人謂乳穀謂虎於檡

傳六年召蘇公逆王后于齊各本皆作召桓公此卷亦有朱梁補刻處故多誤字

傳七年衛孫桓子來盟毛本孫誤作宋

傳八年殺諸終市各本皆作絳市此誤　有事于大廟各本皆作太廟

傳九年厚賄之監本賄誤作賂　通于夏姬各本于作於下以戲于朝毛本于亦作於　巳無效焉釋文效作傚監本毛本作効　巳之多辟本又作僻

傳十年諸侯之師戍鄭鄭子家卒毛本脫諸侯之師戍鄭鄭七字

傳十一年楚盟于辰陵楚本或作楚子　平板幹釋文作幹云本亦作榦　夏徵舒爲不道弑其君監本毛本弑作殺　對曰可哉吾儕小人監本毛本無對可哉三字今石經與此同

傳十二年鄭人脩城毛本脩作修　退三十而許之平各本三十下皆有里字此文誤脫　先穀佐之穀本又作縠　鞏朔韓穿爲上軍監本毛本韓誤作韙今石經與此同　楚君討鄭監本毛本作楚軍誤今石經與此同　在師䷆之臨䷒毛本䷆作[卦畫]䷒作[卦畫]皆誤　川壅爲澤壅本又作雍說文作雝　故曰律不臧各本不皆作否　否臧　嬖人伍參欲戰漢書作五參　令尹孫叔敖弗欲監本毛本孫叔誤作叔孫　篳路藍縷史記作篳露藍蔞　內官序當其夜一本作其次　又何俟石本俟下旁注焉字此後人所加　御下兩馬徐云兩或作輛周禮注亦作兩　與魏錡皆命

而徃石本皆下旁增受字亦後人所加二憾往矣釋文憾作感鷄鳴而駕
周禮注鷄作雞屈蕩搏之釋文及監本皆作搏之毛本與此同皆誤也工尹齊
將右拒卒以逐下軍拒本亦作矩屈蕩戶之監本毛本作尸之今
石經與此同晉人或以廣隊不能進說文隊作隧楚人惎之
脫扃說文惎作鼻我徂惟求定監本毛本惟作維取其鯨鯢而
封之說文鯨作鱷又何以爲京乎石本京下旁注觀字今石經及監本毛本
亦作京觀乎晉師三日穀石本穀上旁注館字此後人所加遂傳於蕭
坊各本皆無城字按此文亦朱梁補刻故城字避諱減筆於是乎卿不書監本
毛本無乎字
經十有四年會齊侯于穀毛本于誤作丁

經十有五年初稅畝漢書作畮國君含垢本或作詬敝邑易
子而食後漢書注敝作弊析骸以爨骸本又作骨必以爲殉釋文
無爲字云本或作必以爲殉
經與此同吾獲狄士各本皆作狄士此補字之誤不敬一本作而敬
經十有六年厈周宣榭火釋文榭作謝云本又作榭傳禹稱
善人玉篇稱作偁戰戰兢兢本亦作矜矜監本毛本誤作競競
傳十七年苗賁皇使見晏桓子國語作苗棼皇庶有鳩乎
石本原如此後人磨改鳩作豸各本同釋文亦作鳩云一本作豸
經十有八年歸父還自晉至笙遂奔齊徐云笙本作檉亦作
朾傳將欲以伐齊監本毛本無將字今石經無欲字凡自內虛

其君曰弑監本毛本脫內字文選注及今石經並有之
成公經二年衛孫良夫帥師及齊侯戰于新築各本
齊侯作齊師此補字之誤取汶陽田石本原如此後人磨改作汶陽之田傳士
陵城三日毛本誤作三百隕子辱矣說文隕作抎次于鞫居石本
原如此後人磨改鞫作鞠各本亦作鞠士燮佐上軍監本毛本佐皆作將今石經與
此同大國朝夕釋憾於敝邑之地釋文憾作感云本又作憾余姑
滅此而朝食監本毛本而下皆有後字今石經無之郤克傷于矢各本
于作於旦辟左右監本毛本旦作且今石經與此同綦毋張喪車毛本
毋作母釋文今石經監本並與此同韓厥執縶馬前說文作執馽前遂自徐
關入監本毛本徐作齊今石經與此同可若何毛本何誤作乎若苟有以

藉口監本藉下衍於字司馬司空輿帥候正亞旅監本毛本帥誤
作師今石經與此同晉三子自役弔焉監本毛本三誤作二吾知免矣
一本無知字莫如惠恤其民而善用之監本毛本善下衍其字民
之攸塈毛本誤作暨寧不亦淫從其欲從本亦作縱
傳三年皇戌如楚監本毛本戌作成四年傳同以爲俘馘釋文馘作聝
君爲御人之笑辱也各本御皆作婦
傳五年伯宗辟重辟本又作僻辭以子靈之難一本無之難二
字
傳六年民愁則墊隘說文作墊阮
傳七年囚鄖公鍾儀獻諸晉鄖本又作員此申呂所以

邑也釋文無以字云一本作所以邑也
傳八年夫豈無辟王釋文辟作僻　賴前哲以免也釋文哲作
喆　曰城巳惡本或作城巳惡矣　唯然故多大國矣唯本或作雖後
入改也
傳九年逆叔姬爲我也釋文無爲字云本或作爲我也爲衍字　穆姜
出于房監本毛本于作於　又賦綠衣之卒章而入綠本又作淥
無棄菅蒯玉篇作蔽　無棄蕉萃後漢書無作不後漢書注蕉作憔　爲將
改立君者爲將本或作僞將也　請脩好結成監本毛本請誤作謂
傳十年晉立大子州蒲以爲君州蒲本亦作州滿　鄭子罕
賂以襄鐘監本毛本鐘作鍾　及寢門而入一本無及字　在育之
上說文作之下
傳十一年聲伯之母不聘釋文作娉云本亦作聘　且與伯與
爭政與本亦作輿
經十有二年公會晉侯衛侯于瑣澤釋文瑣作璅云依字宜作
瑣　傳交贄往來贄本又作摯　道路無壅監本毛本作壅　明神
殛之殛本又作極　俾隊其師釋文俾作卑云本又作俾　曰云莫矣莫本
亦作暮　於是乎有享宴之禮享以訓共儉享本亦作饗　公
侯干城干本一作扞　吾死無日矣夫本亦無夫字　晉侯及楚
公子罷如晉聘且涖盟毛本涖誤作泣
經十有三年公至自京師監本毛本脫至字　曹伯盧卒于

師釋文盧作廬云本亦作盧　傳是以有動作禮義威儀之則
漢書作禮義動作　能者養之以福漢書作養以之福今石經同　不能者
敗以取禍漢書作[illegible]　盡力莫如敦篤漢書敦作惇　其不反乎
漢書作虖　相好勠力同心監本毛本勠作戮後漢書及釋文今石經並與此同　俾
我惠公釋文俾作卑云本亦作俾　蔑我死君石本原如此後人磨改作蔑死我君
各本同釋文云本或以我字在死上非　奸絕我如石本我下旁注同字此後人所加
又欲闕翦我公室監本毛本翦作剪　則是康公絕我好也
石本公下旁注弃字我欲旁注同字皆後人所加　芟夷我農功釋文夷作痍云本亦
作夷　虔劉我邊垂監本毛本作陲　復脩舊德監本毛本脩作修今石經與此
同　我寡君是以有令狐之會寡君讀者亦作寡人　而我昏姻
也監本毛本我下有之字今石經與此同　暱就寡人釋文暱作昵　逆晉侯
于新楚逆本又作訝　鄭公子班釋文作般云林作班　使公子欣時
逆曹伯之喪徐云欣或作款
傳十四年晉侯強見孫林父焉釋文強作彊　苦成叔傲
本又作敖　苦成家其亡乎石本成下旁注叔字
傳十五年向帶爲大宰監本毛本帶作帶釋文同云本亦作帶下仿此　今
公室卑而不能正毛本公誤作宮　宋殺其大夫山監本毛本脫其
字
經十有六年刺公子偃釋文刺作刾云依字作刺　傳有勝矣
石本有上旁注晉字此亦後人補字誤加也　巳生敦庬各本皆作厖此補字之誤　奸

時以動好本或作干而疲巳以逞釋文疲作罷云本亦作疲吾不復
見子矣一本無復字我若羣臣輯睦石本若下旁注還字亦後人所加釋
文輯作集云又作輯以事君多矣石本此下旁注又何求三字亦後人所加范匄
趣進匄本亦作丐楚子登巢車說文作轈車陷於淖石本陷上旁注
公字潘尫之黨與養由基蹲甲而射之釋文作潘尫之子黨云古
本無子字漢書由作游臣對曰好暇石本原如此後人磨改作好以暇各本並同
脩陳固列監本毛本脩作修釋文及今石經並與此同晉人楚軍三日
穀本或作三日館穀誤也石本日下亦旁注館字君幼本或作君幼弱君唯不遺
德刑毛本遺誤作以食使者而後食一本作聲伯而後食諸侯遷于
制田毛本于作於又何求石本求下旁注焉字乃許魯平赦季孫
石本赦上旁注而字使立於高國之間毛本於作于國誤作固不可以
再罪奔衛石本奔上旁注遂字後人所加
傳十七年愛我者唯祝我使我速死監本毛本唯作惟國
子譎我釋文譎作譎濟洹之水毛本濟誤作齊今衆繁而從之三
年矣石本原如此後人磨改之作余各本同反自鄢陵釋文無陵字云一本作自
鄢陵在內爲軌本又作究楚公子橐師襲舒庸滅之監本毛本
橐誤作橐釋文今石經並與此同石本橐下旁注帥字此後人妄加也
傳十八年辛巳朝于武宮服虔本作辛未其儉孝弟本亦作悌孟獻
弁糾御戎弁本又作卞以惡曰復入本或作以惡入曰復入
子請於諸侯各本於作于

襄公經二年鄭伯睔卒漢書睔作綸傳鄭師侵宋監本
毛本作鄭伯今石經與此同萊人使正輿子賂夙沙衛輿本亦作輿
季孫於是爲不哲矣一本作不爲哲矣是弃力與言服本弃力
一作棄功其誰暱我暱本又作昵
傳三年乃盟于耏外監本于作於事君不避難毛本不誤作必
傳四年三夏天子所以享元侯也說文三夏作樊遏渠咨禮
爲度咨事爲諏咨難爲謀國語禮作義事作才難作事尨圉漢書
作庬圉而用寒浞漢書作韓浞生澆及豷說文澆作敖使澆用
師滅斟灌漢書注斟作玐史記作戈各有攸處釋文作攸家云本或作處四
鄰震動石本原如此後人磨改震作振各本同敗我狐駘石本原如此後人磨
改我下增乎字各本亦有之朱儒是使朱本或作侏
經五年仲孫蔑衛孫林父會吳于善道毛本仲誤作叔
傳言王叔之貳於戎也毛本於作于
傳六年遷萊于郳釋文無萊字云本或作遷萊于郳萊衍字
傳七年今既耕而後卜郊疏述經及監本毛本皆無後字今石經與此同
委蛇委蛇石本原如此後人磨改作委委蛇蛇
傳八年童子言焉石本子上旁注何字亦後人所加以待彊者而
庇民焉毛本庇誤作庀不皇啓處監本毛本皇作遑今石經與此同亦不
使一个行李監本毛本个作介釋文與此同今譬於草木辟本多作譬字
傳九年陳畚挶監本毛本作梮漢書作輂蓄水潦釋文蓄作畜云本又作蓄

使華臣具正徒漢書具作儲向戌討左監本毛本戌作戍使皇鄖命校正出馬鄖本亦作員二師命四鄉正敬享監本毛本命作令今石經與此同祝宗用馬于四墉釋文作庸云本又作墉祀盤庚于西門之外釋文盤作般云字亦作盤以出內火漢書內作入商人閱其禍敗之釁漢書禍作既國亂無象漢書無作亡遇艮之八䷳各本皆作䷳此刻誤也秦景公使士雅乞師于楚監本雅誤作雅毛本于作於釋文今石經並與此同門于鄟門鄟本亦作專肆眚監本毛本眚誤作肯無所厎告監本毛本厎誤作底行之期年期本亦作朞

經十年遂滅偪陽偪本或作逼漢書作福郰人紇抉之以出門者毛本郰誤作聊狄虒彌建大車之輪漢書作狄斯彌投之以机釋文作几云本又作机生秦丕茲一本作秦丕兹楚子囊鄭子耳侵我西鄙監本毛本侵誤作伐今石經與此同師于牛首監本毛本于作於踊車非禮也石本非上旁注多字此後人所加諸侯之師還鄭而南還本又作環至于陽陵監本毛本于作於王叔陳生與伯輿爭政與本又作與篳門閨竇之人閨本亦作圭其能來東厎乎監本毛本厎誤作底則何謂正矣何或作可誤也

經十有一年同盟于亳城北服虔本作京城北傳己亥齊大子光監本毛本大作太或間茲命本或作茲盟誤名山大川石本原如此後人磨改作名川各本同俾失其民俾本又作卑墜命亡氏

釋文監本毛本墜並作隊士魴御之監本毛本御作禦今石經與此同

經十有二年春王三月監本毛本作二月傳師于揚梁監本毛本揚作楊

傳十三年昔臣習於知伯毛本知作智以沒於地釋文監本毛本沒作歿唯是春秋窀穸之事說文作窀夕先君于地下奄征南海毛本征作往不習則增一本無增字脩德而改卜石本脩下旁注其字後人所加監本毛本脩作修今石經與此同焉用之本或作將焉用之

傳十四年狐貍所居釋文貍作狸云又作貍使大師歌巧言之卒章毛本大作太公使厚成叔弔于衛厚本或作后弔于衛本或作弔于衛侯衍字也余狐裘而羔袖石本余下旁注猶字此後人所加袖本又作褏

啥衛侯啥徐作殆仰之如日月釋文仰作卬云本亦作仰畏之如雷霆霆本又作電匱神乏祀祀本或作之祀誤也逼人以木鐸徇於路監本毛本於作于以從其淫從本或作縱王室之不壞服本作懷無忝乃舊監本毛本舊誤作舅

傳十五年邾人伐我北鄙各本皆作南鄙鄭人奪堵狗之妻釋文作堵苟云本或作狗

經十有六年公會晉侯宋公衛侯鄭伯曹伯莒子邾子薛伯杞伯小邾子于湨梁監本毛本湨並作溴釋文今石經並與此同傳及十八年廿二年兩傳皆仿此齊侯伐我北鄙圍成釋文監本毛本並作郕今石經與此同傳仿此傳孟孺子速徼之孺本又作孺速本亦作遬

以齊人之朝夕釋憾於敝邑之地釋文憾作感云本又作憾
傳十七年監本毛本誤作十一年爾父爲厲詩箋爾父作其父郰叔
紇釋文郰作鄹以杙抉其傷而死傷一本作瘍國人逐瘈狗
瘈狗入於華臣氏漢書瘈作狾說文作狾犬入華臣氏之門者誤妨於農收
監本毛本誤作農功澤門之皙澤門本或作皋門者誤監本毛本皙誤作晳以辟
燥濕寒暑監本毛本濕作溼晏嬰麤縗斬釋文麤作麄云本又作麤縗作
衰云本又作縗
傳十八年首墜於前各本墜皆作隊而禱曰齊環石本齊下旁注
侯字後人妄加也有班馬之聲爾雅注作驄般馬之聲乃弛弓而自
後縛之弛本又作施及秦周伐雍門之萩萩本又作秋左驂迫

還于門中監本毛本門上並有東字今石經無東侵及濰濰本又作維使揚
豚尹宜監本毛本揚作楊釋文今石經並與此同蔿子馮釋文蔿作遠云本又作蔿
楚師多涷各本皆作凍
傳十九年不可舍各本皆作含此補字之誤其天下輯睦輯本又作
集作林鐘周禮注作鍾亡之道也石本之下旁注之字後人所加諸子
仲子戎子釋文作中子云亦作仲二子孔亦相親也監本毛本皆作
士子孔今石經與此同司徒孔石本孔上旁注子字亦後人所加穆叔歸曰
監本毛本並脫歸字
傳廿年先君與於踐土之盟石本先君上旁注不字後人所加若
不能猶有鬼神石本能下旁注掩字亦後人所加不來食矣監本矣誤
作也
傳廿一年邾庶其以漆閭丘來奔邾漢書作朱其漢書注作斯漆
本或作涤方暑闕地下冰而牀焉重繭衣裘鮮食而寢
說文引盛夏重襺四字叔羆釋文作罷監本誤作熊叔向弗應一本作不應
美而不使石本使下旁注視寢二字後人所加不仁人間之石本不上旁注
而字亦後人所加欒盈奔楚過於周監本毛本無奔楚二字今石經及疏述經
並有之石本奔上旁注出字亦後人所加周西鄙掠之石本鄙下旁注人字亦後人所
加尤而效之釋文效作傚云或作效識其枚數枚本亦作板
傳廿二年而何敢差池徐本作沱與執燔焉燔本又作膰洩
命重刑釋文洩作泄鄭游眅如晉監本毛本誤作鄭游眅將歸晉

經廿有三年邾畀我來奔釋文監本毛本畀作畁今石經與此同傳
板隊而殺人今石經板隊作版隊毛本作板隊監本與此同子無解矣監本
毛本解作懈釋文今石經並與此同王鮒使宣子墨縗冒經縗本又作衰
踰隱而待之毛本踰作喻申鮮虞之傅摯本或作申鮮虞之子傅摯
啓牢成御襄罷師牢成一本作罕成張武軍於熒庭釋文作廷
云本亦作庭獲晏氂毛本誤作鶩新樽絜之樽本亦作尊漢書注作罇非
鼠何如監本毛本並誤作如何今石經與此同
傳廿四年既沒其言立今俗本皆作其言立於世檢元熙以前本則無於世
二字詩云樂旨君子監本毛本旨作只而謂子浚我以生子
各本皆作生乎此補字之誤寡君是以請罪焉釋文作是以請請罪焉云徐上

詩字音情輔蹀說文作蹀部婁無松柏部說文作附婁本或作樓
傳廿五年孟公綽曰綽徐本作卓男女辨姓釋文辨作辯廿八年
傳同妻不可娶也釋文娶作取據于蒺棃監本毛本梨作藜嫠也
何害嫠本作釐又欲弒公以說于晉釋文弒作殺姜氏入于
室石本原如此後人磨改去氏字各本亦無之陪臣干掫有淫者掫服本作
諏今傳本或作諏反隧各本作隊所不與崔慶者有如上帝監本
毛本皆無有如上帝四字釋文同云所不與崔慶者本或此下有有如此盟四字者後人妄加駕
而行出弇石本弇下增注中字後人所加各本亦有之四翣周禮注作四翌不
彃監本毛本作彊今石經與此同下仿此登山以望毛本作朢庸以元女
大姬配胡公釋文配作妃云本亦作配以備三恪說文作愙至于莊

宣監本毛本于作於今石經與此同以馮陵我敝邑監本毛本馮作憑釋文與
此同且昔天子之地一圻監本毛本昔誤作夫量入脩賦釋文脩作
修徒兵毛本作徒卒曰烏呼各本皆作烏乎
傳廿六年專祿以周還石本原如此後人磨改還作旋各本同逆於
門者說文逆作迎頷之而已頷本又作領說文作顉不能負羈絏
釋文作紲賜之先路三命之服釋文路作輅云本亦作路穿封戌囚
皇頡監本毛本戌作戍下並同秦不其然監本毛本作秦其不然宋向戌
監本毛本作戍後並同使女齊以先歸漢書作汝齊國子賦轡之
柔矣毛本子誤作之子展賦將仲子兮本亦無兮字弁諸堤釋文
堤作隄寺人惠牆伊戾釋文牆作廧云本或作牆按石本原作廧磨改作牆也

縱有共其外共本亦作供下同大子將爲亂毛本自此句以下大子皆
作太子楚伍參與蔡大師子朝友毛本大亦作太其子伍舉
與聲子相善也毛本子誤作予君與大夫不善是也監本毛本
大夫誤作夫人今石經與此同晉楚遇於靡角之谷監本毛本並作晉遇楚於
楚晨壓晉軍而陳釋文壓作厭云本又作壓今又有甚於此石本
此下旁注者字後人所加也椒舉娶於申娶本又作取庶幾赦子監本
毛本作余涉于樂氏監本毛本于作於
經廿有七年冬十有二月乙亥朔監本毛本誤作乙卯疏述經及
今石經並與此同父子死餘矣夏免余復攻甯氏各本皆餘作余
余作餘石刻此文誤倒納我者死釋文納作內云本又作納不鄉衛國而

坐鄉本亦作嚮宋向戌如陳石本原如此後人磨改去宋字各本亦有之子
木使騂謁諸王監本毛本騂作驛釋文與此同陳孔奐毛本誤作渙其
祝史陳信於鬼神無愧辭釋文愧作媿公孫段賦桑扈
說文段作碫以誣道蔽諸侯服虔王肅董遇並作弊東郭姜以孤
入監本毛本姜誤作彊曰棠无咎无本亦作無監本毛本同必能養巳毛本
必誤作以
傳廿八年顴枵虛中也說文無中字枵秏名也監本毛本秏作
耗今石經與此同下仿此蔡侯其不免乎漢書侯作君乎作虖君使子展
廷勞於東門之外而傲漢書廷作往於作于傲作敖釋文於亦作于下惰傲
傲漢書亦作敖乃其心也漢書乃作迺君小國事大國古本及王肅注

皆無小字漢書及釋文並與此同將得死乎漢書乎亦作虖若不免漢書若上有君字如是者恒有子禍漢書恒作必禍作覠令吾子來各本令皆作今此補字之誤吾將使馹奔問諸晉而以告監本毛本馹作驛釋文與此同跋涉山川儀禮注跋作軷草舍不爲壇各本皆無草字按石本原無草字磨改如此服虔本壇作墠王肅作壇與此同使析歸父告宴平仲按宴當作晏此補字之誤乃使歸慶嗣問之慶嗣本或作慶嗣誤幸而獲在吳越毛本在誤作其以俎壺投殺人而後死石本原如此後人磨改人作之羣臣爲君故石本故下旁注也字監本毛本亦作爲君故也人必庠各本皆作痒此文疑誤本或作萃穆子弗說監本毛本弗作不釋文與此同子服惠伯謂孫叔曰各本皆作叔孫石本此文誤倒故鉏在魯故鉏本或作公鉏者

者非武王有亂十人監本毛本亂下並有臣字伯有廷勞於黃崖本又作涯鄭人弗討監本毛本弗作不以徵過也徵本或作懲誤經廿有九年閽弒吳子餘祭釋文弑作殺傳季武子取卞釋文作弁云本又作卞璽書追而予之監本毛本予作與今石經與此同公曰欲之而言石本言下旁注叛字各本亦有之祇見疏也祇本又作多晉宋杜本皆作多服虔與此同不皇啓處監本毛本皇作遑今石經與此同以蕃王室也釋文蕃作藩高子容與宋司徒見知伯各本高子容上俱有齊字按石本此文是後人磨改漢書亦作齊高子容侈將以其力斃漢書作儆下斃之同專將及矣今或作侈將及矣者非家臣展瑕展王父爲一耦各本皆作展玉父公臣公巫召伯仲顏莊叔爲一

耦釋文召作卲使工爲之歌周南召南召本或作卲其周之舊乎史記舊作東險而易行史記險作儉其有陶唐氏之遺民乎史記作遺風乎何其憂之遠也石本憂下旁注思字蹠迹經亦有之監本毛本脫其字曲而不屈邇而不偪史記屈作詘邇作近美哉猶有憾釋文作感云本亦作憾見舞韶濩者韶本又作招史記濩作護非禹其誰能脩之史記作及之見舞韶箾者史記韶作招如天之無不幬也史記幬作燾齊人立敬仲之曾孫酀董遇作偃裨諶曰漢書作卑湛釋文諶亦作湛云本亦作諶不然亾矣石本原如此後人磨改亾上增將字各本亦作將亡矣經卅年晉人齊人宋人衛人鄭人曹人莒人邾人

滕人薛人杞人小邾人會于澶淵宋災故石本故下有也字此後人補刻傳穆叔問王子之爲政何如釋文作問王子圖之爲政云一本無爲字服虔王肅本同按石本此文亦經後人磨改二月癸未監本毛本誤作三月今石經與此同吏走問諸朝釋文吏作使云服虔王肅本作吏然則二萬六千六百有六旬也監本毛本六千作二千單公子愆旗爲靈王御士各本愆旗作愆期烏呼必有此夫監本毛本烏呼作烏乎釋文作嗚呼云本又作烏乎不殺必爲害監本毛本無爲字今石經有成愆奔平時時本又作疇或叫于宋大廟說文作或訆于宋大廟譆譆出出說文譆譆作誒誒周禮注出出作詘詘鄭子產如鄭涖盟監本毛本涖誤作蒞大夫敖本亦作傲服本作放就直助彊監本彊誤作彊下彊直放

此四帶追之各本皆作驛帶此刻疑誤與子上盟用兩珪質于
河釋文無盟字云一本作與子上盟絶句用兩珪質于河別爲一句楚公子圍殺
大司馬薳掩而取其室漢書薳掩作蘧奄監本毛本薳作蔿今石經與此同
大夫之忠儉者石本原如此後人磨改大夫作大人釋文同云本或作大夫者非
傳卌一年人生幾何漢書人作民釋文同云本或作民生無幾何今石經亦作
民誰能無偷漢書無作毋將安用樹漢書安作焉逍竈消徐本作
省大誓云大本亦作泰納諸其懷從而取之石本原如此後人磨
改從而作而從各本同年鈞擇賢義鈞則卜監本毛本鈞並作均今石經與
此同非適嗣監本毛本適作嫡今石經與此同比及葬一本無及字三易
縗石本原如此後人磨改作衰釋文作䘒云本又作縗亦作衰子產使盡壞其

館之垣館字从食旁或作舍非高其閈閎爾疋注作閈閎寡君使匃
請命釋文匃作丐云本又作匃今傳本皆作此字或作丐字無觀臺榭本亦作謝
則恐燥濕之不時毛本濕作溼圬人以時塓館宮室釋文
圬作汙云本作圬今銅鞮之宮數里監本毛本鞮誤作鍉釋文與此同而
天癘不戒監本毛本癘作厲今石經與此同辭之釋矣釋本又作懌及
展輿本又作與弒之乃立釋文作殺之乃立云本或作乃自立者誤印段廷
勞于棐林棐本又作斐夫人夕退而游焉石本原如此後人磨改夕
上增朝字各本亦作夫人朝夕其傷實多釋文無實字云一本作其傷實多僑將
厭焉厭本又作壓如其面焉玉篇作猶若面焉令尹似君矣俗本
作以君將有他志漢書他作它不能終也漢書不作弗令闔長

世閒本亦作問威儀棣棣本又作逮逮
昭公經元年莒展輿出奔吳釋文無輿字云一本作莒展輿楚公
子比出奔晉監本毛本並脫楚字今石經與此同令尹命大宰伯州
犂對曰監本毛本大作太州作氏今石經與此同圍布几筵几本又作机而
有所壅塞不行是懼釋文壅作雍云本又作壅是藨是蓘石本原如
此後人磨改藨作穮各本同說文蓘作衮子其無憂乎漢書作虖吾代二子愍
矣漢書愍作閔雖憂何害漢書作不害子與子家持之持本或作
特誤大誓曰漢書大作泰三大夫兆憂憂能無至乎漢書作三
大夫兆憂矣能無至乎疆場之邑監本毛本場作埸商有姚邳玉篇作姺
子皮賦野有死麕之卒章釋文麕作麏吾與子弁冕端

委釋文無冕字云本亦作弁冕端委子盍亦遠續禹功釋文無功字云本或
作亦遠績禹功神怒民叛漢書作畔旣而囊甲以見子南囊本或作
櫜毛本南誤作男及衛說文作衞咨於大叔毛本大作太下大叔大宰並仿此
趙孟曰亡乎漢書作虖弗能斃也漢書斃作獘趙孟曰天乎
監本毛本誤作天乎今石經與此同漢書亦作天虖鍼闕之國無道而年穀
和熟漢書無之字熟作孰翫歲而愒日翫又作玩漢書同說文一引與此同一引
作忨歲而濊日所遇又阨本又作隘爲伍陳以相離監本毛本伍作五
公子召去疾於齊監本毛本於作于無競惟人監本毛本惟作維
方震大叔震大又作娠則水旱癘疫之災周禮注作之不時主
不能禦釋文作御云本亦作禦縊而弒之釋文弒作殺厎祿以德

監本毛本底誤作底疆禦巳甚監本毛本疆並作疆下同薳啓疆爲大宰
監本毛本疆作疆大作太釋文與此同
傳二年子尾見疆石本疆上旁注子字此後人所加其罪三也石本
原如此後人磨改其作而
傳三年而數於守適本或作嫡下同少齊有寵而死監本毛本
齊作美今石經與此同早世隕命釋文隕作殞徼福於大公丁公
說文作玎公以備嬪嬙說文嬙作廧云本又作嬙在縗絰之中釋文縗作
衰云本亦作縗豈唯寡君監本毛本唯作惟今石經與此同而三老凍餒
各本凍皆作凍幸而得免石本原如此磨改作得死各本同授之以策釋文
作筴伯石之汏也各本汏皆作汰二子曰石本二下旁注宣字後人所加余

髮如此種種徐本作董董彼其髮短而心甚長石本短上增刻
雖字後人所加也
傳四年使椒舉如晉求諸侯漢書作湫舉何鄉而不濟
鄉本又作嚮祭寒而藏之本或作祭司寒者非春無淒風監本毛本淒作
妻今石經與此同周武有孟津之誓釋文孟作盟禮吾所未見
者有六焉監本毛本並脫所字今石經與此同皆所以示諸侯汏也
監本毛本汏作汏下並同慶封唯逆命監本毛本唯作惟播於諸侯播字
或作幡禮義不愆何恤於人言後漢書注作禮儀不愆何恤乎人之言
君子作法於涼監本毛本誤作凉偪而無法各本皆作無禮葴尹
宜咎城鍾離監本葴作咸毛本作箴釋文今石經並與此同深目而猳喙

釋文猳作猳叔孫爲孟鍾監本毛本作鍾杜洩見釋文洩作泄告之
飢渴監本毛本飢作饑使寘饋于个而退寘本或作奠乙卯卒
監本毛本誤作己卯夫子受命於朝而聘於王監本毛本下於字作于
傳五年以書使杜洩告於殯毛本於作于殺適立庶適本
又作嫡是將行石本行下旁注乎字此後人所加卒以餒死毛本卒誤作足
楚子以屈申爲貳於吳監本毛本申誤作伸晉侯謂女叔齊
曰毛本晉誤作齊楚王汏侈巳甚監本毛本汏作汰下同吾亦得志
矣毛本亦誤作以薳啓彊曰監本毛本彊作彊六年傳同設机而不倚
監本机誤作機籍談廣韻籍作藉輔躒釋文躒作櫟云本又作躒越大夫常
壽過帥師會楚子于瑣釋文于作於吳子使其弟蹶由

犒師漢書作厥由若早脩完監本毛本脩作修釋文今石經並與此同薳射
帥繁陽之師各本陽作揚雖易有備各本雖皆作難此補字之誤
傳六年涖之以彊釋文涖作蒞而徼幸以成之徼本又作邀
藏爭辟焉漢書藏作臧火如象之漢書如作而宋寺人柳有
寵寺人本又作侍人公使左之各本皆作代之此補字之誤禁芻牧采
樵不入田監本毛本采作採釋文今石經並與此同不采蓺毛本作藝不強
匄本或作丐楚辟我衷釋文辟作僻下同徐儀楚聘于楚說文儀作
鄭使薳洩伐徐釋文洩作泄吳人敗其師於房鍾毛本於作
于士匄相士鞅逆諸河匄本或作丐今傳本皆作士匄相士鞅古本士匄或
作王正董遇王肅本同學者皆以士匄是范宣子卽士鞅之父不應取其父同姓名人以爲介今傳

本誤也依王正爲是

傳七年普天之下釋文普作溥云今左氏傳本或作普之僕臣臺玉篇作儓奉承以來毛本奉承誤作承奉日我先君共王董遇注無日字何

蜀之敢望毛本敢誤作告今夢黃熊入于寢門禮記注熊作能釋文同云亦作熊昔堯殛鯀于羽山殛本又作極其子弗克負荷本亦作何昔屬有疆場之言毛本場作埸子產立公孫洩釋文作泄則魂魄彊監本作强鵙鴒在原釋文鵙作鶺云本又作郎鴒本又作令

病不能相禮釋文無相字云本或作病不能相禮佐戴武宣各本左作佐此補字之誤單獻公弃親用羇監本作羈或燕燕居息或憔悴

事國石本燕燕下憔悴下並旁注以字後人所加也史朝亦夢康叔謂己

孟縶之足不良能行監本毛本並作弱行今石經與此同嗣漢書作史鼂吉何建本或作可建

傳八年莫保其性漢書保作信今石經同於是晉侯方築虒祁之宮虒本又作虒俾躬處休釋文俾作卑云本又作俾哀公有癈

疾監本毛本癈作廢若何弔也本或作若可弔也孺子長矣孺本亦作孺亦授甲將助之毛本授誤作受又數人告於道毛本於作于

臣必致死禮以息楚今石經監本毛本楚下並有國字疏述經與此同虞之廿數未也毛本數誤作文

傳九年王使詹桓伯辭於晉漢書詹作儋豈如弁髦釋文弁作卞云本又作弁以禦螭魅本又作彪而暴蔑宗周監本毛本蔑並作滅

今石經與此同妃以五成漢書作五陳使荀躒佐下軍以說焉躒本又作櫟

傳十年吾是以議之各本皆作譏之此補字之誤先伐諸一本無伐字欒施高彊來奔監本彊作彊毛本作强薀利生孽監本毛本薀作蘊說文今石經並與此同孽釋文作蘖曾無義石本義下旁注矣字叔孫婼齊

國弱宋華定衛北宮喜鄭罕虎許人曹人莒人邾

人滕人薛人杞人小邾人如晉監本毛本脫滕人二字今石經與此同孤斬焉在衰絰之中衰本又作縗大夫將若之何毛本若誤作知初元公惡寺人柳寺人又作侍人

經十有一年仲孫貜會邾子盟于祲祥服本無祲字季

孫意如會晉韓起齊國弱宋華亥衛北宮佗鄭罕

虎曹人杞人于厥憖國弱賈逵作國酌服本與此同佗釋文作他傳

三月丙申監本毛本誤作五月不可再也毛本誤作討也非祚之也釋文祚作胙云本又作祚夢以其帷幕孟氏之朝釋文無其字云一本作夢以其帷僖子使助薳氏之簉薳本又作蒍簉本又作造宿於薳氏監本毛本於作于單子其將死乎漢書作其死虖無將字不道不共漢書作恭叔向曰漢書向作嚮君無慼容漢書無作亡單成公卒按辛當作卒此補字之誤羇不在內監本毛本羇作羈今石經與此同

傳十二年毀之則朝而塴說文作堋吾軍帥彊禦毛本帥誤作師釋文彊作强日旰君勤說文作君勞外彊內溫監本毛本彊並作强

今石經與此同楚子狩于州來釋文狩作守云本亦作狩司馬督釋文作督
云本亦作督王皮冠秦復陶一本作楚子皮冠執鞭以出鞭或革旁
作更者非也與呂級本又作汲書疏今石經並作汲及篳路藍褸史記路作
露監本毛本藍作籃釋文今石經並與此同以爲鍼秘毛本誤作祕今與王
言如響本又作嚮是能讀三墳五典八索九丘索本又作素
傳十三年飢者食之各本飢作饑賚人無歸毛本誤作南歸蔡
公使須務牟與史猈先入猈本或作獐王沿夏說文沿作㳂
觀從謂子干本或作謂子干曰石本干下旁注曰字後人所加也臣之先佐
問卜各本作開卜子毋勤毛本毋誤作母投龜詬天而呼曰詬本
又作詢使五人齊而長入拜齊本又作齋棄禮違命毛本違作

韋爲羈終甘毛本羈作羈苛慝不作苛本或作荷賓須無漢書
作賓須亡盟以底信監本毛本底誤作底未之或失也毛本之誤作知懷
錦奉壺飲冰以蒲伏焉蒲本又作匍伏本又作匐子服湫從又作
子服椒樂旨君子監本毛本旨作只今石經與此同令尹子旗請伐
吳監本毛本旗作期
傳十四年僞癈疾監本毛本癈作廢簡上國之兵於宋丘
各本皆作宗丘此刻疑誤收个特石本原如此後人磨改个作介各本同欲立著
丘公之弟庚輿毛本輿作與釋文同云本亦作與與養氏比而求
無厭厭本又作饜乃施邢侯毛本邢誤作刑三數叔魚之惡不
爲末減曰義也夫服虔讀減爲咸下屬爲句家語作三數叔魚之罪不爲末咸曰

義
經十有五年吳子夷末卒史記漢書並作夷昧傳其在涖
事乎釋文涖作莅楚費無極害朝吳之在蔡也史記作費無忌
漢書作費亡極以鼓子鳶鞮歸鳶本又作鳶晉荀躒如周釋文作荀
櫟云本又作躒以文伯宴漢書作燕下並同樽以魯壺樽本或作尊又作罇
諸侯皆有以鎭撫王室漢書作塡[illegible]狄之與鄰漢書狄作
翟而忘諸乎漢書而作其其反無分乎漢書無作亡闕鞏之
甲說文作闕鞏以爲大政漢書作正以告叔向漢書作以語叔嚮宴
樂以早漢書作燕樂已早將焉用之漢書焉作安
傳十六年無有不共恪釋文共作恭何饜之有釋文今石經饜

並作厭旣成賈矣賈本或作價子齹賦野有蔓草說文齹作齹
孺子善哉釋文孺作孺
傳十七年大史曰監本毛本大作太君不舉辟移時後漢書作
天子避位移時鵙鳩氏鵙本又作睢天子失官官學在四夷各本
皆不疊官字家語注與此同乃警戒備毛本警誤作驚獻俘于文宮監本
毛本宮誤作公申須曰漢書作繻往年吾見之漢書無之字今茲
火出而章必火入而伏服虔注本作火出而章必火火入而伏重火劉向孫
毓云賈氏舊文無重火字在宋衛陳鄭乎石本在上旁注六物之占四字此後人所
加陳大皞之虛也漢書大皞作太昊星孛及漢監本毛本誤作天漢
傳十八年壬午大甚本或作火甚登大庭氏之庫以望

之庭監本毛本庭作廷將有大祥祥本或作火祥非也鄅人藉稻說文藉作
籍過期三日各本作二日此補字之誤乃毀於而向監本毛本並作鄉釋
文同云本亦作向小國忘守則危禮記注作必危荐爲敝邑不利
毛本荐作薦釋文與此同
傳十九年以持其世而已持如字本或作怙恃之恃非也鄅陽封
人之女奔之監本毛本鄅作郰釋文今石經並與此同而楚辟陋釋文辟作
僻莒子奔紀鄣監本毛本誤作障已爲嫠婦釋文嫠作釐云依字作嫠
城上之人亦譟釋文無城字云一本作城上之人亦譟駟氏聳說文聳作
愯懼墜宗主監本毛本墜作隊罷勞死轉罷本或作疲石本原如此後人
磨改罷勞作勞罷諺所謂室於怒市於色者石本原如此後人磨改作
怒於室而色於市
經廿年蔡侯廬卒監本毛本廬作盧釋文同云本又作盧傳汰侈
無禮已甚監本毛本汰作汏釋文與此同棠君尚謂其弟員君或作尹
昭臨敝邑今石經昭作照草莽之中毛本草作艸終夕與於燎
一本作終多與於燎郹甲監本毛本並作申今石經與此同余不忍其詢各本
皆作詢此補字之誤釋文云詢本或作詬公說告宴子按當作晏子此亦補字之誤
陳信不愧釋文作媿云本又作愧撞鐘舞女監本毛本鐘作鍾斬刈
民力釋文刈作艾云本又作刈澤之萑蒲舟鮫守之說文作澤之目籞
已責本或作債以亨魚肉監本毛本亨並作烹釋文今石經並與此同石本亨下後
人增刻烹非是以洩其過釋文洩作泄周疏釋文作周流云傳本皆作流然此五

句皆相對不應獨作周流古本有作疏者案注訓周爲密則與疏相對宜爲疏耳若琴瑟
之專壹董遇注專作摶禮記注後漢書壹並作一古若無死監本毛本若並作者
疏述經及今石經並與此同爽鳩氏之樂一本作樂之取人於藋苻
之澤文選注藋苻作藋蒲盡殺之釋文無殺字云本或作盡殺之殺衍字毋從
詭隨釋文毋作無云本又作毋
傳廿一年天王將鑄無射漢書作無射鍾泠洲鳩曰石本原如
此後人磨改洲作州監本亦作洲泠字或作伶或作泠字非也而鍾音之器也監本
毛本鍾作鐘大者不槬漢書作槬下同窕則不咸漢書作不感石本咸字之
左後人增刻氵字誤心是以憾憾實生疾石本原如此後人磨改憾作咸各本
作咸今鍾槬矣今石經鍾作鐘王心弗堪漢書作栽蔡其亡乎漢書
作虖張匄尤之匄本作亦丐豐愆本或作衍宋城舊鄘本或作墉公
子苦雒毛本誤作雉說文釋文今石經並與此同揚徽者公徒也說文徽作
徽公自揚門見之監本毛本揚作揚今石經與此同莊堇爲右莊堇
本或作莊堇父扶伏而擊之扶伏本或作匍匐
經廿有二年冬十月乙酉　子猛卒石本原如此後人磨改去
乙酉二字各本亦無之傳氏平出奔楚各本皆作士平此補字之誤王
子朝漢書作鼂王與賓孟說之漢書作賓猛樊頃子曰頃本或作
須字奔于平畤釋文無于字云一本作于平時下同本或作平壽誤次于皇水經
注皇作黃前城人敗陸渾于社社本或作杜下皆同十有一月乙
酉石本原如此後人磨改去有字各本亦無之毀其西南石本此下注子朝奔郊四

字後人所加也
傳廿三年魯將御我 釋文御作禦 叔孫旦而立期焉 期本又作碁 荀鑄劒必弒諸人 各本弒皆作試 光師右 各本師皆作帥此補字之誤 楚大子建之母在郥 監本毛本作郥釋文今石經並與此同下仿此
若敖蚡冒 釋文蚡作蚠
經廿有四年 毛本脫有字 杞柏郁釐卒 釋文釐作斄云本又作釐
傳余有亂十人 監本毛本亂下有臣字石本臣字旁注今石經與此同 晉侯使士景伯涖問周故 釋文涖作莅 𡙇不恤其緯 釋文𡙇作嫠云本又作𡙇 今王室實蠢蠢焉 說文作曰惷惷焉 餅之罄矣 釋文餅作瓶云本又作瓶 王子朝用成周之寶沈于河 石本原如此後人磨改沈作珪各本同釋文云本或作沈于河漢書作王子鼂以成周之寶圭湛于河 王定而獻之 本或作王定之
經廿有五年有鸜鵒來巢 鸜本又作鴝 公孫于齊 孫本又作遜
傳昭子賦車轄 本又作舝 明日宴 漢書作燕 今茲君與叔孫其皆死乎 毛本乎誤作兮 昏媾姻亞 本亦作婭 故人之能自曲直以赴禮者 赴或作從 吾聞文成之世 監本毛本文成作文武史記漢書文選注今石經並與此同 徵褰與襦 本又作襦 遠哉遙遙 漢書作搖搖 裯父喪勞 監本毛本裯誤作稠今石經與此同 宋父以驕 監本父誤作公 季公鳥娶妻於齊鮑文子生甲 毛本作生申 季公亥與公思展與公鳥之臣申夜姑相其室 夜本或作射 又

訴於公甫 釋文訴作愬云本又作訴 季氏介其雞 介本作芥 使侍人僚柤告公 侍人本亦作寺人 公執戈以懼之 監本毛本執誤作使 言若洩 釋文洩作泄 衆怒不可蓄也 釋文蓄作畜云本亦作蓄下並同 蓄而弗治將薀 本亦作蘊 陷西北隅以入 隅本或作堣 勠力壹心 監本毛本勠作戮釋文與此同 昭子齊於寢 齊本又作齋 宋元公將爲公故如晉 監本作宋公元公衍文 旦召六卿 監本毛本旦作且今石經與此同 獲保首領以沒 釋文監本毛本沒作歿 唯是楄柎所以藉幹者 說文作楄部薦幹 私降昵宴 說文作暱燕 弗敢失墜 監本毛本作隊
傳廿六年申豐從女賈 史記作汝賈 縳一如瑱 毛本縳誤作縛 釋文今石經並與此同 羣臣不盡力於魯君者 監本毛本於作于今石經與此同 不知天之棄魯邪 監本毛本作耶今石經與此同 抑魯君有罪於鬼神 毛本於作于下侍於曲棘仿此 請息肩於齊 監本毛本於亦作于 成人伐齊師之飲馬於淄者 監本於作于 齊子淵捷從洩聲子 釋文洩作泄 繇朐汰輈 朐本又作軥 白晳鬒鬚眉甚口 釋文鬒作須云本又作鬒 必子彊也 毛本彊作彊 鑿而乘於他車以歸 說文鑿作䥶無於字 使女寬守闕塞 女本亦作汝漢書同闕釋文監本並作闕今石經與此同 大子壬弱 監本毛本大作太 晉師使成公般戍周而還 監本毛本並脫使字今石經有 昔武王克殷 服虔王肅作文武克殷 以蕃屏周 釋文蕃作藩云亦作蕃 生穨禍心 監本毛本穨作頹 秦人

降妖本又作訞侵欲無厭釋文作猒云本又作厭規求無度服王孫規
並作玩貫瀆鬼神說文貫作摜玆不穀震盪播越說文又作蕩
未有攸底監本毛本底作底天道不謟本又作慆監本毛本誤作諂後
廿若少情本亦作憒工賈不變工賈本亦作商賈
傳廿七年工尹麇服本及監本毛本並作王尹釋文與此同與吳師遇
於窮石本窮下旁注谷字後人所加光伏甲於堀室而享王堀本又作
窟鈹交於匈石本原如此後人磨改作胷各本作胷無極譖郤宛焉
毛本極誤作及或取一秉秆說文作或投一秉稈晉陳之族呼於國
曰釋文於作于烏呼爲無望也各本烏皆作鳴疆場日駭監本毛本
場作場

傳廿八年晉祁勝與鄔臧通室石本原如此後人磨改鄔作鄔各本
作鄔下鄔大夫仿此巳之多辟釋文作僻云本又作辟無後而天毛本作而
天生伯封漢書作伯叔封貪惏無饜本又作厭忿纇無期纇本又作
類服本同其子之廢其本亦作恭是豺狼之聲也豺本又作犲傑
安爲楊氏大夫監本毛本楊誤作陳今石經與此同施于孫子毛本于作
於夫今子少不颺石本子下旁注貞字後人所加今女有力於王
室監本毛本力作功其長有後於晉國乎毛本於作于比置三
歎監本毛本置作至釋文今石經並與此同
傳廿九年齊卑君矣毛本誤作齊君卑矣乃以帷裹之監本毛本
帷作幃釋文今石經與此同請相與偕告毛本偕作皆在乾本亦作乾其

大有三三毛本誤作三三其夬三三毛本誤作三三其坤釋文作巛云本
又作坤
傳卅年且徵過也徵本或作懲若好吾邊疆釋文作吾好云一本
作若好吾監本毛本吾誤作吳吾又疆其讐以重怒之監本毛本疆作彊
徐子章禹斷其髮今石經禹作羽若爲三師以肄焉肄本又作
肆
傳卅一年請囚于費以待君之察也監本毛本于作於釋文與
此同趙簡子夢童子羸而轉以歌羸本又作裸
傳卅二年俾我兄弟俾本又作卑螫賊遠屏毛本賊誤作賤衛
彪傒曰毛本衛誤作魏仞溝洫仞本又作刃書餱糧釋文餱作糇云本又

作餱魯君世從其失從本亦作縱主所知也毛本主誤作王
定公經元年隕霜殺菽釋文作叔云本或作茇按石本原作叔磨改加艹
傳非義也讀書義作誼下同魏子其不免乎漢書作虖山川
鬼神儀禮注作山川神祇凡從君出監本毛本作公出榮駕鵞曰監本
毛本鴐作駕漢書今石經並與此同
傳二年奪之杖以敲之敲或作茅或作掣
經三年仲孫何忌及邾子盟于拔各本皆作拔此補字之誤臨
廷闇以缾水沃廷缾本又作瓶莊公卞急而好絜監本毛本
作潔今石經與此同
經四年蔡公孫姓帥師滅沈釋文作公孫生云又作姓傳言

於范宣子曰毛本於作于嘖有煩言監本嘖誤作頓以藩屏周
監本毛本蕃作藩釋文今石經並與此同分魯公以大路大旂釋文路作輅云本亦作路下皆同備物典策釋文作筴云本又作冊亦作策或作簎殷民七
族廣韻民作人饑氏廣韻作飢氏及圃田之北竟釋文圃作甫云本亦作圃宋王臣王本或作壬伯州犁之孫嚭爲吳大宰以謀
楚監本毛本大作太直轅冥阨本或作寘隘鄖公之弟懷將弒
王釋文弑作殺鑪金初宦於子期氏鑪本又作鑢各本同監本毛本宦誤作官越在草莽舊作茅今本多作莽下同彊場之患也監本毛本埸作場釋文與此同

傳五年矜無資石本資下旁增也字後人所加各本皆無之囚闉輿罷

金石萃編卷一百十一　唐七十一　十三

石本原如此後人磨改與作輿釋文同云又作與監本毛本亦作輿焉能定楚王之
奔隨也石本楚下旁注字此後人所加楚子西問高厚焉石本厚下旁增大小二字後人所加報觀虎之敗也監本毛本作役也今石經與此同
傳六年使彌子瑕追之大戴禮作迷子瑕定之鞶鑑釋文鞶作盤云又作鞶將以爲之贄釋文無之字獲潘子臣小惟子惟本又作帷
天王處于姑蕕又作猶
經七年冬十月毛本脫此三字
經八年陳侯柳卒柳本或作抑傳子姑使溷代子各本伐皆作代此誤晉師將盟衛侯于鄟澤鄟本亦作鱄及挩石本原如此後人磨改作挩桓子咋謂林楚石本原如此後人于乍旁增刻口字各本亦作

咋陽貨說甲如公宮說本又作稅
傳九年余何故舍鐘釋文作鍾書曰得得器用也各本皆不重得字茲陽虎所欲傾覆也釋文傾作頃云本又作傾仲尼曰毛本誤作仲氏曰如驂之靳本或作如驂之有靳非也晳幘而衣貍製說文幘作䯤
經十年齊人來歸鄆讙龜陰田說文讙作鄻傳吾子
何不聞焉毛本吾誤作君用秕稗也秕又作粃齊人來歸鄆讙
龜陰之田漢書來作郲城其西北而守之一本或作城其西北隅
在揚水卒章之四言矣本或作揚之水卒章侯犯將以郈易
於齊監本毛本於作于今石經與此同駟赤謂侯犯曰各本皆作駟赤此補

金石萃編卷一百十一　唐七十一　十四

字之誤侯犯謂駟赤曰監本毛本俱無侯字今石經有之公子地有
白馬四漢書作駟公取而朱其尾鬣以與之漢書作予之
傳十二年子僞不知今石經僞作爲釋文同云一本作僞
經十有三年秋晉趙鞅入于晉陽以叛監本毛本脫秋字
傳實郥氏監本毛本郥作鄖釋文今石經並與此同
經十有四年而告於知氏曰石本知氏下旁注范氏二字後人所加
天王使石尙來歸脤說文作祳周禮注作蜃傳夫差使人
立於庭釋文作廷云本又作庭謀救范中行氏也各本皆無也字析
成鮒小王桃甲桃本又作姚從我而朝少君本亦作小君
經十有五年日下昃監本毛本作昃傳其先亡乎漢書作虖

哀公傳元年去疾莫如盡去疾本又作去惡復禹之績一本作迹曰可俟也釋文俟作竢云本又作俟在國天有菑癘本或作天無菑癘親巡孤寡監本毛本巡下俱有其字今石經與此同宿有妃牆嬪御焉各本牆作嬙釋文同云本又作廧或作牆者非夫先自敗也已本或作夫差先自敗冬十月監本毛本誤作十一月

經二年晉趙鞅帥師及鄭罕達帥師戰于鐵服本罕達下無帥師二字卜戰龜焦說文作爇欲擅晉國而滅其君滅或作戕上大夫受縣說文作受郡無入於兆監本毛本於作于今石經與此同郵無恤御簡子漢書作郵亾恤斃于車中斃本亦作弊大子復伐之毛本大作太傅傁曰傁又作叟吾伏弢嘔血嘔本又作嗂冬蔡遷于州來監本毛本脫冬字

傳三年巾車脂轄本又作鎋百官百備各本皆作官備此補字之誤道還公宮還本又作環劉氏范氏世爲昏姻各本昏皆作婚

經四年盜弑蔡侯申各本弑皆作殺蔡殺其大夫公孫姓公孫霍姓本又作生傳而殺公孫姓公孫盱監本毛本誤作旴爲一昔之期監本昔誤作備

傳五年諸大夫恐其爲大子也服本無大字則有疾疢服作疾疹寘羣公子於萊羣或作諸師乎師乎何黨之乎石本之下增注乎字各本亦皆作何黨之乎變大夫也監本毛本脫也字民之攸墍監本毛本墍作暨今石經與此同

傳六年作而悔後亦無及也各本皆作作而後悔亦無及也五辭而後許辭本又作辤楚子使問諸周大史監本毛本大作太釋文與此同下仿此楚昭王知大道矣大道本或作天道非嘗獻馬於季孫監本毛本於作于下受命于鮑子同闞止知之國策史記作監止夫孺子何罪釋文孺作瓀

經七年公會吳于鄫釋文作繒云一本作鄫傳不與必疾於我各本疾上皆有棄字此補字誤脫大宰嚭召季康子監本毛本大作太下同嬴以爲飾嬴本又作倮曾聲柝聞於邾柝字又作欜

傳八年曹人詬之不行詬本又作詢執曹伯陽及司城彊以歸監本毛本並無陽字今石經與此同王問於子洩釋文作泄云又作洩

何故使吾水滋吾說文作我廣韻作君滋本又作茲說文廣韻並作茲獲叔子與析朱鉏毛本作組誤舍於庚宗監本毛本於作于今石經與此同析骸而爨骸本又作骨因諸樓臺栫之以棘釋文栫作荐云本又作栫

傳九年齊侯使孟公綽辭于吳綽本又作卓之需三三毛本誤作三三

傳十一年二子之不欲戰也宜石本宜下旁注哉字後人所加是謂我不成丈夫也丈夫本或作大夫非禮記注作是謂我非夫公叔務人監本叔務誤作孫務毛本誤作務務我不欲戰而能默本亦作嘿公爲與其嬖僮汪錡乘皆死釋文僮作童云本亦作僮腶脯焉腶字亦作

鐵 㡓如將右軍監本毛本展誤作辰陳子行命其徒具含玉
含本又作唅褻之以纁纁釋文無之字云一本作褻之以元纁纁本亦作勲初
晉悼公子慭亡在衛慭一作整
傳十二年昭公娶于吳釋文娶作取云本亦作娶若可𢦏也儀禮
注𢦏作𢦏子盍見大宰嚭監本毛本並無嚭字今石經有之彌作頭巳
玉暢嵒戈錫玉暢一本作玉暢
經十有三年許男成卒成本或作城　傳麤則有之麤本
又作麁殺其丈夫而囚其婦人丈夫本或作大夫誤
傳十四年侍人欒之釋文欒作御云本亦作禦子我歸帥徒屬
攻闈與大門監本毛本並脫帥字公使夫人驂請饗焉監本毛本

饗作享逢澤有介麇焉各本麇皆作麋釋文同云又作麇乃合之本合
皆作舍之此補字之誤孔丘三日齋本又作齋
傳十五年荐伐吳國毛本荐作薦事死如事生石本原
人磨改作事死如生監本毛本並有事字今石經無人皆臣人而有背人之
心石本而下旁注子字後人所加追孔悝於廁孔悝本又作叔悝
傳十六年遣竄于晉以王室之故各本晉下復有晉字石本亦旁
注晉字後人所加也俾屏余一人以在位漢書余作予煢煢余在
疚說文作㜲嬛在疚君其不沒於魯乎漢書沒作歿稱一人漢書
一作人稱予許公爲反祏釋文反作返云本亦作反期之子平見之
石本期上旁注子字各本亦作子期之子平市南有熊宜僚者本或作熊相宜

僚石本熊下亦注相字疑後人所加也後漢書注有相字不洩人言以求媚者
去之釋文洩作泄弒王不祥各本弒皆作殺日日以幾監本日日誤作
日月幾本或作冀而又掩面以絕民望毛本又誤作父使與國人
以攻白公釋文與作輿云一本作輿不言將亨各本作烹石本亨下增刻灬字
後人所加釋文今石經並與此同下兩亨字仿此此事也克則爲卿監本毛本
並無也字今石經有沈諸梁兼二事監本毛本皆無沈字
傳十七年吳子欒之笠澤釋文欒作御下同率賤率本又作帥下
同是以克州蔞本又作鄒天命不諂本又作謟令尹有憾於
陳憾本又作感沈尹朱曰吉毛本吉誤作言公閉門而請監本毛本
閉並作閩今石經與此同宋皇瑗之子麇監本子作于毛本作丕誤而奪

其兄酆般邑以與之監本毛本作酆釋文與此同後仿此皇瑗奔
晉監本毛本瑗誤作緩
傳十八年昆命于元龜釋文無元字云本或依尚書作昆命于元龜
傳廿年覲醮之極也釋文醮作𦣞先主與吳王有質監本
毛本先主誤作先王唯恐君志之不從監本毛本作君之志不從
傳廿三年其可以稱旌繁乎說文繁作緐高無平帥師
御之各本皆作高無丕此補字之誤君命瑤非敢耀武也石本瑤下旁注
瑤字後人所加監本毛本耀作燿
傳廿四年軍吏令繕將進石本繕下旁注甲字後人所加是躗言
也說文躗作譛此禮也則有石本有下旁注之字後人所加各本無

傳廿五年臣有疾（廣韻作臣有足疾）君將殼之（說文作瞉之玉篇作瞉焉）初衞人翦夏丁氏（監本毛本翦皆作剪）少畜於公宮（石本原如此後人磨改去宮字各本亦無之）以鉤越（鉤本或作拘）

傳廿六年叔孫舒帥師會皋如舌庸宋樂茷納衞侯（石本原如此後人磨改舌作后監本毛本亦作后庸國語今石經並與此同廿七年傳仿此）師侵外州（監本毛本師上並衍衞字）掘褚師定子之墓（掘本或作搰玉篇同）大尹興空澤之士千甲（興或作輿非）大尹惑蠱其君而專其利（毛本專誤作惠）今君無疾而死（監本毛本今並作令今石經與此同）已爲烏而集於其上（監本毛本烏並作鳥今石經與此同）昔成公孫於陳（孫本亦作遜按石本改刻亦作遜）獻公孫於齊（監本毛本齊上並衍衞字）四方其順之（監本毛本順作今石經與此同[illegible]）[illegible]之士（[illegible]皆作四方以爲主按石本之字亦後人磨改）多陵人者皆不在（石本[illegible]下旁注矣字亦後人所加）遇孟武伯於孟氏之衢（監本毛本孟氏誤作孟武）早下之則可行也（釋文早作卑云一本作早）後序（毛本無此篇）卽春秋所書天王狩于河陽（釋文狩作守云本亦作狩）

右春秋左氏傳

金石萃編卷一百十一終

金石萃編卷一百十二

賜進士出身　誥授光祿大夫刑部右侍郎加三級王昶譔

唐七十二

石刻十二經跋三　附五經文九經字樣跋

春秋公羊經傳解詁隱公元年經公及邾婁儀父盟于眛（父本亦作甫今石經眛作昧）傳何以不名（監本毛本無不字）

二年傳昉於此乎（周禮注疏昉並作放）婦人謂嫁曰歸（毛本謂誤作爲）

三年經武氏來求賻（石本原如此後人磨改作武氏子來各本亦俱有子字）

四年傳隱曰吾否（監本毛本誤作隱公曰否）石碏立之（漢石經殘字碏作踖）

五年傳登來之也（禮記注作登戾之）始祭仲子也（漢石經無也字）自陝而東者周公主之自陝而西者召公主之（釋文召作邵禮記注兩引並作自陝以東周公主之自陝以西召公主之）昉於此乎（漢石經昉作放）

六年傳吾與鄭人未有成也（監本毛本未作末漢石經作未有成無也字）

十有一年傳何隱爾弒也（漢石經弒作試下弒則同）子不復讐（監本毛本脫子字）以爲不繫乎臣子也（漢石經無以爲二字）

桓公元年經公及鄭伯盟于越（本亦作粵）

二年傳所見異辭所聞異辭所傳聞異辭漢石經有顏氏
有所見異辭所聞異䢅何以書紀災也一條蓋紀嚴顏異同之說與論語後記盍毛包周有無之字
同例漢石經後又有卄年顏氏言君出則已入䢅又顏氏無伐而不言圍者非取邑之辭也云云亦
辨諸本異同附記於此隱賢而桓賤也監本毛本賤誤作賊今石經與此同
三年傳胥命者何相命也爾雅注作胥盟者何相盟也經秋
七月壬辰朔毛本誤作壬申
四年傳秋曰蒐釋文作廋云本又作搜亦作蒐
五年經蝝本亦作蠡
六年傳簡車徒也文選注三引徒並作馬洷于蔡監本毛本于誤
作乎謂莊公也釋文作嚴公云本亦作莊後漢諱莊改爲嚴

八年傳夏曰礿本又作禴
十有一年傳鄭之相也釋文監本毛本並無之字後漢書注與此同先
鄭伯有善于鄶公者監本毛本鄶誤作鄶今石經與此同而野留周禮
注野作鄙經柔會宋公陳侯蔡叔盟于折一本作沂
十有五年傳祭仲存則存監本毛本則存下衍矣字今石經與此同
莊公元年傳春秋君弒子不言即位釋文弒作殺下皆同
夫人譖公於齊侯毛本於作乎搚幹而殺之釋文搚作拹云本又
作搚亦作拉玉篇兩引一作拉公幹一作拉公骭天子嫁女于諸侯監本
毛本于誤作乎今石經與此同
六年傳何以致伐毛本誤作致會

七年經夏四月辛卯夜一本無夜字傳則何以知夜之
中監本毛本脫則字今石經與此同
八年傳出曰祠兵詩箋作治兵
九年傳其言取之何監本毛本脫言字今石經與此同辭殺子
糾也監本毛本殺誤作役今石經與此同
十年傳𤚾者曰侵周禮注𤚾作粗
十有二年傳惟譖侯耳石本原如此後人磨改惟作唯各本亦作唯萬
臂摋仇牧臂本又作辟
十有四年經單伯會齊侯宋公衛侯鄭伯于鄄本亦
作甄

十有七年傳瀸漬也釋文漬作積云本又作漬
廿年傳大瘠也瘠本或作㾜一本作漬禮記注亦作漬痢也玉篇作大痢
廿有二年傳跌也跌本或作佚
廿有三年經祭叔來聘毛本祭誤作蔡今石經釋文監本並與此同
腶脩云乎釋文腶作斷云本又作腶毛本脩誤作絛
廿有五年傳以朱絲營社續漢書注營作縈釋文同云本亦作營故
營之續漢書注作故縈之也
廿有六年經公伐戎今石經公上有春字
廿有七年傳通季子之私行也監本毛本通下有乎字今石經與此
同

廿有八年傳曷爲先言築微而後言無麥禾 監本毛本後言誤作後書今石經與此同

廿有九年傳脩舊也 毛本脩作修下脩舊不脩並同

卅年經公及齊侯遇于魯濟 毛本脫濟字

卅有二年傳俄而牙弒械成 釋文弒作殺下親弒同 飲之無傫氏 無本又作巫

閔公第四 石本此下增注正書附莊公卷四字 元年傳盍弒之矣 釋文弒作殺

二年傳弒也 釋文弒作殺下同

僖公第五 石本此下增刻小注卷四二字按石刻公羊傳原分十二卷以後諸公首行標題下皆有增注卷尾標題亦悉依增注者鑿改皆後人所爲非原本也 元年傳救不言次 監本毛本救上衍救邢二字 桓公召而縊殺之 縊一本作搤

經獲莒挐 一本作茹 傳然則曷爲不於弒焉貶 監本毛本於誤作與釋文弒作殺 貶必於其重者 監本毛本脫其字今石經與此同

二年傳曷爲城衛滅也 石本原如此後人磨改曷爲下增不言二字各本亦皆有之 以取亡矣 石本原如此後人磨改矣作焉各本亦作焉 與垂棘之璧 棘一本作蕀 虞公抱寶牽馬而至 牽本又作擊

四年傳何言喜服楚 石本原如此後人磨改言下增乎字各本亦皆有之 無王者則先叛 監本毛本無上衍楚字今石經與此同 南夷與北夷交 各本作北狄 卒怗荆 怗一本作貼劉兆同一本作拓監本毛本並作帖釋文九經字樣今

石經並與此同 濤塗之罪奈何 石本原如此後人磨改無奈字各本亦無之

君既服南夷矣 毛本既誤作能今石經監本並與此同 桓公假塗于陳 監本毛本塗作途 不脩其師 毛本脩作修

七年經小邾婁子來朝 毛本邾誤作邦

八年經禘于大廟 毛本大作太

九年經晉李克弒其君之子奚齊 釋文弒作殺傳同

十有四年經沙鹿崩 漢書鹿作麓下同

十有五年經公會齊侯宋公陳侯衛侯鄭伯許男曹伯盟于牡丘 監本毛本丘誤作兵

十有六年 本或從此下別爲卷案七志七錄何注止十一卷公羊以閔附莊故也後人以僖卷大分之爾 經六鷁退飛過宋都 釋文鷁作鶂 聞其磌然 磌本或作砰

十有七年經冬十有二月 監本毛本脫冬字今石經有

十有九年經鄫子會盟于邾婁 監本脫盟字毛本誤作鄫人會于邾婁今石經與此同 傳其用之社奈何蓋叩其鼻以血社也 周禮注作用之者何蓋叩其鼻以衈社也

廿年傳何以書記災也 監本毛本災誤作異今石經與此同

廿有一年傳吾不從子之言以至乎此 監本毛本誤作至此乎今石經與此同 君雖不言國固子之國也 石本原如此後人磨改國下多一國字各本亦重出國字今石經與此同

廿有六年傳乞者何監本毛本乞下衍師字今石經與此同　廿有八年傳故爲是已立石本原如此後人磨改爲作於各本亦皆作於　卅年傳歸惡于元咺也監本毛本于誤作乎　卅有一年傳祭泰山監本毛本泰作大釋文同云本亦作泰下同　膚寸而合玉篇膚作扶　卅有三年傳必於殽之嶔巖嶔又本或作歐　匹馬隻輪無反者隻輪一本又作易輪　經取叢釋文作菆　文公二年經晉侯及秦師戰于彭衙本或作牙　躋僖公釋文躋作隮云本又作隮　傳譏喪娶也釋文娶作取云本亦作娶　三年傳死而墜也釋文墜作隊

金石萃編卷一百十二　唐七十二　六

四年傳其謂之逆婦姜于齊河各本皆作何此石本誤刻　六年傳何以謂之天無是月是月非常月也監本毛本脫是月二字　七年經晉先眛以師奔秦監本毛本眛誤作昧釋文今石經並與此同下倣此　傳眛晉大夫使與公盟也眣本又作眣本又作眹監本毛本作眣今石經與此同　經公子遂會伊雒戎盟于暴本又作曝　九年經楚子使椒來聘椒一本作菽　十年經及蘇子盟于女栗女本亦作汝　十有二年傳惟諓諓善竫言竫本或作諞本作誤　河曲疏矣河千里而一曲也爾雅注作河曲流河千里一曲一直

十有三年經邾婁子籧篨卒石本原如此與釋文同後人磨改作蘧蒢監本毛本蘧外艸篨外竹　傳周公用白牡監本毛本誤作牲今石經與此同　魯公燾一本作濤　經鄭伯會公于斐本又作棐　十有四年傳義實不爾克也毛本爾克誤作克爾　湆乎子叔姬監本毛本乎作于今石經與此同　十有五年傳脅我而歸之監本毛本我誤作物　十有六年傳毀之不如勿居而已矣石本原如此後人磨改毀上有巳字各本亦作巳毀之　十有七年經冬公子遂如齊監本毛本並脫冬字今石經有之　宣公六年傳此非弒君如何監本毛本如作而　有人荷畚

金石萃編卷一百十二　唐七十二　七

釋文荷作何云本又作荷　佗然從乎趙盾而入儀禮注作疑然從於趙盾　躇階而走躇一本作辵說文同　靈公有周狗宋本爾雅注作害狗　絕其頷玉篇作頜　八年經公至自會毛本誤作自齊　有事于大廟毛本大作太　十年傳未絕于我也監本毛本于作於下句于字毛本亦作於　十有二年傳是以君子篤於禮而薄于利監本毛本于作於　十有三年經楚子伐鄭石本原如此後人磨改鄭作宋各本亦作宋　十有五年傳乘堙而闚宋城毛本闚作窺　莊王曰如何石本原如此後人磨改作何如各本同　子曷爲告之毛本子誤作則　而來

能合于中國毛本于作於

十有六年經成周宣謝災監本毛本謝作榭釋文今石經並與此同

十有八年傳辟其號也禮記注號上有僭字

成公二年經曹公子手一本作午 及齊師戰于鞌石本原如此後人磨改師作侯各本亦作侯 傳佚獲也佚一本作失 同時而聘于齊毛本于誤作與 踊于棓而闚客闚本又作窺 於是使跛者逆跛者逆本又作御下句同注作訝禮記 相與踦閭而語釋文踦作倚 得壹貶焉爾監本毛本壹誤作一

御克眣魯衛之使監本毛本眣誤作昳釋文今石經並與此同

四年經鄭伯堅卒釋文堅作臤云本或作堅

五年傳河上之山也監本毛本河作江今石經與此同

六年經仲孫蔑叔孫僑如率師侵宋監本毛本脫率師二字今石經有之

十年經冬十月監本毛本無冬十月三字今石經有之

十有一年經晉侯使郤州來聘州本亦作犨

十有三年經曹伯廬卒于師廬本亦作盧

十有五年傳弑子赤釋文弑作殺 臧宣叔者相也監本毛本叔誤作公 經宋世子戍本或作成

十有六年傳成公將會晉厲公監本毛本脫晉字蹠迹經及今石經並有晉字

襄公五年經冬戍陳監本毛本戍誤作戌傳文及十年經戍鄭虎牢並同

七年傳何隱爾弑也釋文弑作殺下同

十有二年經春王三月監本毛本誤作正月今石經與此同

十有五年經晉侯周卒周本作雕

十有六年經公會晉侯宋公衛侯鄭伯曹伯莒子邾婁子薛伯杞伯小邾婁子于湨梁釋文湨作狊云本又作湨監本毛本誤作溴今石經與此同 傳君若贅旒然贅本又作綴旒本又作流

十有七年經春王三月石本原如此後人磨改三作二各本亦作二

廿有一年傳十有一月庚子孔子生釋文無十有一月云傳文上有十月庚辰此亦十月也一本作十一月庚子又本無此句

廿有四年經仲孫羯帥師侵齊釋文羯作偈云本又作曷亦作羯

陳鍼宜咎出奔楚今石經鍼作咸釋文同云本又作鍼

廿有五年傳傷而反未至乎舍而卒也毛本反未二字誤倒

廿有七年傳子苟欲納我監本毛本脫欲字今石經有之 黜我者非甯氏與孫氏也 凡在爾石本原如此後人磨改去也字各本亦無之

挈其妻子而去之今石經挈作攜 攜其妻子而與之盟毛本攜誤作挈

廿有九年傳近刑人輕死之道也石本原如此後人磨改輕上增則字各本亦有則字 僚惡得爲君乎監本毛本惡作焉釋文同云焉本又作惡今石經亦作惡 爾弑吾君監本毛本弑作殺釋文今石經並與此同

卅年經楚子使薳頗來聘（頗一本作跛）傳不見傳母不下堂（母本又作姆）

昭公元年經二月取運（毛本誤作三月）

四年經楚人執徐子（監本毛本楚人作楚子今石經與此同）

八年經蒐于紅（釋文蒐作廋云本亦作蒐）

九年傳其言火何（各本火上有陳字）

十有二年（毛本年誤作月）經公子憖出奔齊（憖或作愸）

十有五年經吳子夷眛卒（眛本亦作末）

十有九年傳不成于弒也（釋文弒作殺下于弒加弒並同）

廿年傳何賢乎公子喜時（毛本子誤作羊）

廿有一年經春王三月（監本毛本三誤作二今石經與此同）

廿有二年經大蒐于昌姦（釋文蒐作廋云本亦作蒐）

廿有三年（監本毛本脫有字）

廿有四年經杞伯鬱釐卒（釋文釐作氂云本亦作釐）

廿有五年傳昭公將弒季氏（釋文弒作殺下同）終弒之而敗焉（監本毛本脫之字今石經與此同）慶子免君於大難子家駒曰臣不佞（石本原如此後人磨改雖下增矣字各本亦有之）昭公於是噭然而哭（說文噭作叫）

廿有六年經公會齊侯莒子邾婁子杞伯盟于鄟陵（鄟本亦作專監本毛本誤作剸）

卅有一年經季孫意如會晉荀櫟于適歷（櫟本又作躒又作濼）辥獻公（監本毛本辥誤作晉今石經與此同）傳訴天子（監本毛本訴作愬釋文同云本亦作訴）叔術覺焉曰嘻誠爾國也夫（石本原如此後人磨改誠上增此字各本亦有之）

定公元年經晉人執宋仲幾于京師（幾本或作機）傳不衰城也（衰一或作蓑監本毛本亦作蓑釋文與此同）

二年傳主災者兩觀（監本毛本主誤作時今石經與此同）脩大也（毛本脩作修下脩舊同）

三年（監本誤作三月）

四年經公會劉子晉侯宋公蔡侯衛侯陳子鄭伯許男曹伯莒子邾婁子頓子胡子滕子薛伯杞伯小邾婁子齊國夏于召陵侵楚（釋文召作邵云本或作召）晉士鞅衛孔圄帥師伐鮮虞（虞本或作吳）傳用事乎河（毛本事誤作是）

八年經葬曹靖公（釋文靖作竫云本亦作靖）傳睋而鍰其板（鍰本又作鐵本或作鍛誤）將殺我于蒲圃（圃本又作甫）臨南投策而墜之（釋文墜作隊）臨南駷馬（駷本又作檄）矢著于莊門（莊本或作嚴）弒不成（釋文弒作殺）却反舍于郊（釋文却作卻云本又作却）皆說然息（說本又作稅）

九年經鄭伯蠆卒（毛本脫伯字）

十有一年經叔還如鄭莅盟監本毛本莅誤作蒞今石經與此同

十有三年經大蒐于比蒲釋文蒐作廋云本又作蒐

十有四年經晉趙陽出奔宋毛本陽誤作鞅釋文今石經監本並與此同

二月辛巳監本毛本二作三今石經與此同於越敗吳于醉李醉本又作檇

公會齊侯衛侯于堅本又作掔　傳熟曰燔本亦作膰又作繙

十有五年傳曼也釋文監本毛本曼並作漫　經齊侯衛侯次于籧篨監本毛本籧作蘧釋文今石經並與此同　傳日下昊監本毛本作昃

哀公二年經晉趙鞅帥師及鄭軒達帥師戰于栗栗一本作秩

四年經盜弑蔡侯申釋文監本毛本弑並作殺蒲社災賈逵左傳注蒲作薄

五年經城比本又作芘亦作庇

六年經齊國夏及齊高張來奔各本高張上皆無齊字疑此刻誤衍

傳陳乞使人逆陽生于諸其家石本原如此後人磨改逆作迎各本亦皆作迎於是使力士舁巨囊石本原如此後人磨改舁作舉各本亦作舉皆色然而駭色本又作垝又或作危開之則闖然說文作覘然

八年經歸邾婁子益于邾婁毛本于誤作子

十有二年經螺本亦作螽

十有三年經許男戌卒釋文戌作成云本亦作戌盜殺陳夏彄夫夏一本作兼彄一本作嫗

十有四年傳有麕而角者監本毛本麕作麐釋文同云本又作麇亦作麏漢石經及爾雅注今石經並與此同顏淵死孔子曰噫各本皆無孔字

右春秋公羊傳

春秋穀梁傳序弑逆篡盜者國有弑又作殺七曜為之盈縮釋文曜作燿云本又作曜鬼神為之疵厲又作癘則桑扈之諷興諷又作風增脩德政毛本脩作修拯頹綱以三五頹本又作頹監本毛本亦作頹下太山其頹仿此麟感化而來應麟本又作驎是神器可得而闕也闕本又作窺是嫡庶可得而齊也嫡本又作適據理以通經乎據亦作据瓌望碩儒毛本望作堅先君北

蕃迴軫蕃又作藩昊天不弔昊本又作旻嚴霜夏墜釋文作隊二子泯沒泯又作泯

隱公元年傳隱將讓而桓弑之弑又作殺後皆同父猶傳也監本誤作父者何傳也貝玉曰含含又作唅今石經作琀玉曰含左傳疏後漢書注並與此同不出竟場竟本或作境下同

二年傳夫人者隱公之妻也石本原如此後人磨改去公字各本亦無公字

三年經日有食之食本亦作蝕後倣此葬宋繆公繆本亦作穆

四年經衛祝吁弑其君完弑釋舊作殺下同　傳故貶也今石經作故貶之也祝吁之挈失嫌也挈本又作契

五年傳隱遜而脩之毛本脩作修

八年傳曰入惡入者也監本毛本惡下無入字今石經與此同而祭泰山之邑也監本毛本脫也字今石經有之

十年經宋人衛人伐載本或作戴

十一年傳考禮脩德毛本脩作修犆言同時也犆本或作特

桓公元年傳桓弟弒兄釋文弒作殺云本亦作弒下同而祭泰山之邑也釋文泰作大云本亦作泰

二年傳子既死父不忍稱其名臣既死君不忍稱其名監本毛本脫臣既死君不忍稱其名九字今石經有之桓內弒其君釋文弒作殺下同以是爲討之鼎也麋氏云討或作紏計數日以賂監本毛本計誤作討

三年監本毛本誤作二年傳諸母般申之曰般一本作磐

四年傳秋曰蒐麋氏本又作搜

五年傳螽災也石本原如此後人磨改螽上增螽字各本亦有之

六年傳脩教明諭監本毛本脩作修下脩戎事仿此陳侯喜獵釋文監本毛本喜作憙

九年經曹伯使其世子射姑來朝麋氏本射作亦傳使世子伉諸侯之禮而來朝伉本又作亢則是放命也監本毛本放誤作故

十有一年經公會宋公于夫鍾麋氏本鍾作童

十有四年經夏五本或作五月者非鄭伯使其弟禦來盟釋文禦作御云本亦作禦傳天子親耕以共粢盛共一本作供下同白甸粟而內之三宮麋氏本三宮作三官夫嘗必有兼甸之事焉甸一本作旬監本毛本亦作旬今石經與此同

十有七年經公及邾儀父盟于趡監本毛本脫公字今石經有之傳食既朔也漢書作食二日也

十有八年傳公夫人姜氏遂如齊監本毛本公下有與字以夫人之伉弗稱數也伉一本作亢君弒賊不討弒又作殺

莊公元年經夫人孫于齊孫本亦作遜傳躬君弒於齊弒又作殺爲之主者卒之也監本毛本脫主字今石經有之

三年經溺會齊師伐衛監本毛本師誤作侯今石經與此同

四年經夫人姜氏饗齊侯于祝丘饗本又作享

六年經春王三月監本毛本作二月今石經與此同傳以命絕之也石本原如此後人磨改命上增王字各本亦作王命

七年經夏四月辛卯昔本或作昔傳而曰夜中實著焉爾石本原如此後人磨改去貫字各本亦無之

八年傳善師者不陳詩箋兩引一作善用兵者不陳一作善戰者不陳

十有二年經宋萬弒其君捷左傳正義云穀梁傳捷作接傳宋萬宋之卑者也卑者以國氏及其大夫仇牧按宋萬至以國氏云云傳文也及其句經文也下以尊及卑云云即及其句之傳文今石經於宋萬弒其

君捷下有及其大夫仇牧六字而以此句及其大夫仇牧六字爲傳文

十有四年經單伯會齊侯宋公衛侯鄭伯于鄄監本毛本脫宋公衛侯四字今石經有之

十有七年傳鄭詹佞人也石本原如此後人磨改佞人上多鄭之二字各本並作鄭之佞人也　使人戍之監本毛本戍誤作戌下同

十有八年傳不使戎邇於我也邇一本作介　經有蜚本亦作蜮

十有九年傳本或分此以爲下莊公與閔公同卷　傳其遠之何也監本毛本脫之字今石經有之不以難邇我國也邇本又作介

廿一年各本作二十有一年石本脫有字

廿有二年經陳人殺其公子禦寇禦又作御

廿有三年經曹伯射姑卒射本或作亦

廿有五年經鼓用牲于社傳鼓禮也用牲非禮也監本毛本鼓用牲于社五字誤刻在上文日有食之之下今石經經文日食句下亦有鼓用牲于社五字而以此處五字爲傳文與十二年經傳例同

廿有七年經公會杞伯姬于洮本或作桃　傳未嘗有歃血之盟也玉篇及儀禮釋文歃並作呫

廿有八年傳言內之無外交也監本毛本外誤作我

廿有九年監本毛本作二十九年脫有字

卅年傳燕周之分子也分本或作介

卅有二年傳以齊終也齊本亦作齋

閔公元年經公及齊侯盟于洛姑一本作路姑

二年經夫人姜氏孫于邾孫本或作遜

僖公元年經齊侯宋師曹師次于聶北石本原如此後人磨改齊侯作齊師各本亦作齊師　傳是向之師也釋文向作鄉云本又作向　經齊人以歸傳不言以喪歸非以喪歸也監本毛本齊人以歸四字誤刻在上句夫人薨于夷之下　經公會齊侯宋公鄭伯曹伯邾人于檉一本作朾　公敗邾師于偃一本作堰　傳惡公子友之紿石本原如此後人磨改去友字各本亦無之

二年監本毛本誤作三年

四年傳諸侯死於國不地監本毛本於作于　經禘于大廟監本毛本大作太釋文今石經並與此同

八年傳以向之逃歸乞之也釋文向作鄉云本又作向

九年經宋公禦說卒禦本亦作御

十年傳吾若此而入自明則麗姬必死監本毛本脫吾字明下重衍一明字今石經與此同

十有二年經春王三月監本毛本誤作正月　傳管仲死楚人伐江石本原如此後人磨改去人字各本亦作楚伐江

十有四年經沙鹿崩漢書鹿作麓　傳林屬於山爲鹿漢書及後漢書注爲鹿作曰麓續漢書注作曰鹿　沙山名也漢書山名作其名

十有五年傳螽災也石本原如此後人磨改螽上增蝝字各本亦有之

十有六年經六鶂退飛過宋都監本毛本鶂誤作鷁下傳仿此釋文作今石經並與此同

十有七年傳桓嘗有存亡繼絕之功監本毛本桓下有公字

廿有一年經釋宋公傳外釋不志監本毛本釋宋公三字誤刻在上句公會諸侯盟于薄之下

廿有二年傳旌亂於上監本毛本脫亂字

廿有三年傳茲父之不葬何也監本毛本脫茲父之三字今石經有之

廿有五年監本毛本作二十五年脫有字

廿有六年傳使㠯以共死其本又作供毛本誤作其

廿有七年經齊侯昭卒昭或作照非

廿有八年經晉侯齊侯宋師秦師及楚人戰于城濮各本齊侯作齊師按此刻疑誤

卅有三年經晉人及姜戎敗秦于殽石本原如此後人磨改秦下增師字各本亦作秦師傳百里子百或作伯誤也必於殽之巖唫之石本奇旁增人作倚各本亦並作倚漢書作觭下唫本作崟匹馬奇輪無反者

文公二年經公孫敖會宋公陳侯鄭伯晉士穀盟于垂斂監本毛本穀作縠釋文同云本又作穀九年經仿此傳內大夫可以會諸侯監本毛本會下有外字

三年經王子虎卒各本皆作王子虎按此刻誤也

五年經王使榮叔歸含且賵含釋文作唅傳賵以早而含以晚監本毛本下以字作已

六年傳處父主竟上之事監本毛本脫之字今石經有

七年經宋公王臣卒監本毛本王作壬釋文同云本或作王臣

八年經公子遂會雒戎盟于暴雒戎本或作伊雒之戎誤公孫敖如京師不至復監本毛本至下有而字今石經無之

九年經楚子使荻來聘荻或作萩

十年經及蘇子盟于女栗監本毛本誤作粟今石經與此同

十有一年經楚子伐麇毛本誤作麋叔仲彭生會晉郤

缺于承匡石本原如此後人磨改去仲字各本亦無之傳兄弟三人石本原如此後人磨改兄弟作弟兄各本亦作弟兄佚害中國害本又作宕監本毛本同

身橫九畝漢書作晦

十有四年經公會宋公陳侯衛侯鄭伯許男曹伯晉趙盾監本毛本許男誤作許伯齊公子商人弒其君舍釋文弒作殺云本又作弒傳同

宣公元年傳由上致之也毛本由作繇

七年傳來盟者前定也監本毛本脫者字

八年傳以饑乎宣也各本饑皆作譏此刻誤經壬午猶繹監本毛本此下衍萬入去籥四字楚人滅舒鄝本又作蓼

九年經楚子伐鄭監本毛本楚子作楚人今石經與此同　傳亦通
于其家監本毛本脫于字今石經有之
十年傳齊由以爲兄弟今石經毛本由作繇反之監本毛本誤作友之
今石經與此同　經饑本或作飢
十有一年傳不言及外狄也監本毛本並脫也字今石經有之
十有三年經晉殺其大夫先穀一本作穀石刻原如此後人磨改作
穀監本同
十有五年傳其曰潞子嬰兒賢也今石經曰作日按石刻及監本
毛本並誤
十有六年經成周宣榭災榭本或作謝

十有七年傳終身不食宣公之食監本毛本終身誤作終日
十有八年經邾人戕繒子于繒本或作鄫毛本繒子誤作繪子　傳
捝殺也捝或作撲　經公薨于路寢傳路寢正寢也監本
毛本脫傳路寢二字　經歸父還自晉傳還者事未畢也監本
毛本經文還自晉下誤衍至檉遂奔齊五字　㠯亦奔父也監本毛本亦誤作以
成公元年傳季孫行父秃晉郤克眇衞孫良夫跛左傳疏云沈氏引穀梁傳曾行父秃晉郤克跛衞叔良父眇穀梁定本作晉郤克眇衞孫良夫跛
蕭同姪子處臺上而笑之毛本同誤作何
二年經叔孫僑如僑本亦作喬　傳壹戰緜地五百里
監本毛本壹作一下請壹戰壹戰不克並倣此　經公及楚人秦人宋人

陳人衞人鄭人齊人曹人邾人薛人繒人盟于蜀
監本毛本繒誤作繪
五年傳伯尊其無績乎績本或作績　經冬十有一月
監本毛本脫有字
七年經鼷鼠食郊牛角傳不言日急辭也監本毛本經文
牛角下誤衍改卜牛鼷鼠又食其角乃免牛十二字　斛角而知傷斛或本作筋非
十有三年經公至自京師今石經監本毛本並無至字　遂會晉
侯齊侯宋公衞侯鄭伯曹伯邾人滕人伐秦監本毛本
脫齊侯二字今石經有之
十有六年傳猶存公也監本毛本存誤作在疏述經及今石經並與此同

存意公亦存焉監本毛本焉誤作也疏述經及今石經並與此同
十有八年經晉侯使士匄來聘匄本又作丐
襄公元年經晉侯使荀罌來聘各本罌皆作罃二年三年經倣此
二年經六月庚辰監本毛本作庚寅今石經與此同　鄭伯睔卒監本
毛本並脫鄭字
三年經陳侯使袁僑如會各本皆作袁僑如會石刻衍一如字按此
條亦宋梁補刻非唐原本也　傳諸侯始失王矣各本王皆作正石刻誤也按此
條亦宋人補刻　經公至自會監本毛本誤作自晉
六年傳不立異姓以莅祭祀各本皆無非字石刻誤衍也按此條亦梁
人補刻

七年經公會晉侯宋公陳侯衛侯曹伯莒子邾子
于鄬本又作隖鄭伯髡原如會髡本又作郡或作頑
八年經獲蔡公子濕本又作隰毛本作溼釋文與此同
九年經宋灾監本毛本灾作災公會晉侯宋公衛侯曹伯
莒子邾子滕子薛伯小邾子齊世子光伐鄭監本毛本
脫杞伯二字
十年傳其曰遂何也監本毛本脫也字
十有二年經莒人伐東鄙圍郃本又作台
十有六年經公會晉侯宋公衛侯鄭伯曹伯莒子
邾子薛伯杞伯小邾子于湨梁監本毛本湨誤作溴

十有七年經宋華臣出奔陳毛本奔作犇
十有八年傳怨接於二也各本二皆作上石刻誤也按此文亦朱梁補刻
非大而足同與監本毛本與誤作焉釋文今石經並與此同
廿有四年傳五穀不升謂之大侵後漢書及玉篇升並作登
廿有五年傳門入射吳子有失創各本失皆作矢石刻誤也此文亦朱梁補刻
廿有九年傳寺人也寺人本又作侍人閽弒吾子餘祭各本吾作吳石刻誤也此亦梁人補刻
卅年經宋灾毛本灾作災下經傳諸灾字並仿此
昭公元年經宋向戌監本毛本誤作戍三月取鄆監本毛本誤作二月今石經與此同晉荀吳帥師敗狄于大原監本毛本大作太釋文今石經並與此同
四年傳為齊討也監本毛本討誤作封今石經與此同
五年傳以地來也監本毛本以下有其字今石經無之
六年經楚薳罷帥師伐吳監本毛本楚誤作冬
七年傳鄉曰衛齊惡鄉本亦作曏八年同君子不奪人名不
奪人名者不奪人親之所名也重其所以來也石本原如此後人磨改去不奪人名者五字所名下無也字今石經監本毛本並用改刻本
八年傳弟兄不得以屬通監本毛本弟兄作兄弟今石經與此同
經陳侯溺卒監本毛本脫侯字傳流旁握御轚者不得

入轚本或作擊擒禽旅擒本亦作掩不與楚滅閔之也監本毛本誤作閔公也
十有一年經楚子虔誘蔡侯般殺之于申虔或作乾
傳一事注乎志監本毛本注作註今石經與此同
十有八年經宋衛陳鄭灾監本毛本灾作災
十有九年傳羈貫成童羈又作羇不就師傅監本毛本誤作傅
許世子止不知嘗藥監本毛本脫止字
廿年經曹公孫會自夢出奔宋夢本或作鄸傳衛謂
之輒本亦作縶
廿有一年經宋華亥向寧華定自陳入于宋南里

以叛賈逵左傳注引穀梁南里作南郢
廿有三年經胡子髡沈子盈滅盈本亦作逞監本毛本此下衍獲陳
夏齧四字
廿有五年經有鸜鵒來巢鸜本又作鸛公孫于齊孫本亦作
遜下同
廿有七年經楚殺其大夫郤宛釋文郄作郤
卅有一年經季孫意如會晉荀櫟于適歷櫟舊作躒
卅有二年監本毛本誤作二十有二年經衛大叔申毛本大作太釋文監
本並與此同
定公元年傳此大夫監本毛本此下衍其字今石經無之傳秋大

雩之爲非正何也監本毛本雩下重衍雩字
四年傳一事而再會監本毛本誤作後而再會今石經與此同挾弓
持矢毛本誤作扶矢
六年經季孫斯仲孫何忌帥師圍鄆監本毛本並脫何字
十有二年傳非國不言圍監本毛本脫不字
十有四年傳熟曰膰本又作燔
十有五年經弋氏卒監本弋誤作戈
哀公元年傳此該郊之變而道之也監本毛本並脫郊字今石
經有之故卜免牛也監本毛本誤作故免卜牛也今石經與此同子不志
三月卜郊何也監本毛本志誤作忘今石經與此同一

二年經取漷東田傳漷東未盡也監本毛本漷東田下衍及沂西
田取漷東田入字
三年傳不繫戚於衛者監本毛本於作于
六年傳入者內不受也監本毛本不作弗今石經與此同下兩不受字並做
此可以言不受也毛本可誤作何
右春秋穀梁傳
孝經序皆糟粕之餘毛本糟誤作糠庶有補將來監本毛本補下
有於字石臺本與此同
開宗明義章仲尼居說文作凥鄭本同汝知之乎釋文汝作女云
本或作汝凡本女字皆仿此曾子避席曰釋文避作辟云本或作避參不敏

釋文參作參無念爾祖釋文無作毋云本亦作無
天子章刑於四海釋文刑作形云本又作刑
卿大夫章然後能守其宗廟本或作庿夙夜匪懈字或作解
庶人章故自天子至於庶人古文分此以下別爲一章
三才章導之以禮樂導本或作道
孝治章故得萬國之懽心釋文懽作歡云字亦作懽祭則鬼享之
監本毛本亨作享石臺本與此同後喪親章以鬼亨之仿此
聖治章父子之道天性也古文從此以下別爲一章
廣要道章莫善於悌釋文作弟云本亦作悌敬一人而千萬
人悅毛本而誤作則今石經及石臺本監本並與此同

廣至德章非家至而日見之也呂氏春秋注作而戶見之也愷

悌君子愷本又作豈悌本又作弟

廣揚名章事兄悌本作弟

諫爭章監本毛本爭作諍石臺本與此同是何言與釋文作歟云本今作與

不失其天下石臺本無其字釋文同云本或作不失其天下其衍字耳監本毛本亦有

其字

感應章本今作應感章神明彰矣釋文彰作章云本又作彰

事君章故上下能相親石本原如此後人磨改親下增也字各本同中

心藏之中本亦作忠

喪親章哭不偯說文作不悠言不文本或作聞非此哀慼之

情也監本毛本慼作戚釋文石臺本並與此同爲之棺椁衣衾而舉之

釋文椁作槨擗踊哭泣擗字亦作躃卜其宅兆而安措之儀禮

注措作厝釋文同云字亦作措爲之宗廟以鬼享之又作饗之

右孝經

論語序大子大傅夏侯勝監本毛本大並作太琅邪王卿琅本

或作瑯皆以教授皇侃本授下有之字按此書久佚不傳近時所得日本國論語集解

義疏題梁皇侃撰經注字句頗與中華舊傳邢昺疏本不同今條其異者記之下稱皇本皆倣此

共王時皇本共作恭古論唯博士孔安國爲之訓解皇本

作訓說至順帝時皇本作之時考之齊古爲之注本又作注之皇

本作以爲之注皆爲義說皇本爲下有之字下不爲訓解同前世傳授師

說皇本授作受今集諸家之善皇本善下有說字

學而不亦說乎皇本說作悅有朋自遠方來有或作友幷白虎通

有朋作朋友其爲人也孝弟本或作悌下同皇本及詩孝經正義並作悌孝

弟也者後漢書弟亦作悌鮮矣仁皇本矣下多一有字與朋友交而

不信乎皇本交下有言字傳不習乎鄭康成注云魯讀傳爲專今從古後凡言

魯讀某爲某云云皆鄭注文道千乘之國道本或作導皇本同出則弟弟本

亦作悌皇本同汎愛衆左傳正義汎作氾無友不如己者釋文無作毋云

本亦作無子禽問於子貢曰貢本亦作贛漢石經贛字同抑與之與

漢石經抑與作意異乎人之求之與史記與作也皇本與下有也字亦不

可行也漢石經無可字因不失其親說文繫傳因作姻亦可宗也

孔安國注及皇本宗下並有敬字君子食無求飽儀禮疏作者食不求飽學可

謂好學也已漢石經作好學已矣韓愈李翺論語筆解作好學也矣皇本作好學也已

矣子貢曰皇本作問曰貧而無諂富而無驕史記二句互倒未

若貧而樂史記作不如貧而樂道孔注皇本及文選注亦並作貧而樂道按石刻樂下旁

注道字後人據古本增也如琢如磨釋文磨作摩云一本作磨告諸往而知

來者皇本作來者也不患人之不己知患不知人也釋文無下

句人字云本或作患己不知人也俗本妄加字今本患不知人也皇本作不患人之不己知也患己

不知人也

爲政而衆星共之鄭本共作拱孟子注文選注並同道之以政史記

漢書道作導皇本同下道之以德倣此吾十有五而志于學皇本及白虎通

于並作於石經作乎漢六十而耳順筆解云耳當作爾孟懿子問孝
文選注作樊遲問孝我對曰無違漢石經無作毋生事之以禮死葬
之以禮祭之以禮孟子章指禮記正義並無祭之以禮句不敬何以
別乎漢石經無乎字先生饌鄭本作餕回也不愚皇本不愚下又有也字
人焉廋哉人焉廋哉漢石經無下句哉字子貢問君子漢石經貢
作贛學而不思則罔本又作冈斯害也已皇本作也已矣誨女知
之乎皇本女作汝後凡女字作汝解者皇本皆作汝不知爲不知皇本爲上有之
字子張學干祿史記作問干祿舉直錯諸枉鄭本錯作措後漢書注及
詩正義文選注並同則民服後漢書注民作人避諱改爾史記作舉直錯諸枉則枉者直
季康子問使民敬忠以勸文選注作使民以敬臨之以莊則

敬皇本作臨民之以莊則民敬舉善而教不能則勸皇本作則民勸書
云孝乎惟孝友于兄弟白虎通書云作書曰漢石經皇本孝乎並作孝于釋
文同云一本作孝乎施于有政後漢書子作之是亦爲政皇本作爲政也白虎
通後漢書並有也字亦奚其爲爲政釋文作奚其爲爲政也云一本無一爲字子
張問十世可知也一本作可知乎鄭本作可知周因於殷禮所
損益漢石經損作損雖百世可知也皇本亦作可知也
八佾三家者以雍徹釋文作撤云本或作徹天子穆穆皇本穆穆
下有矣字不如諸夏之亡也公羊傳注詩正義文選注並無也字女弗能
救與皇本女弗作汝不嗚呼本或作烏乎曾謂泰山筆解云謂當作爲
繪事後素繪本又作績周禮注文選注並同起予者商也漢石經無者字

寧媚於竈玉篇作寧媚於奧周監於二代漢書一引作三世一引作二代
郁郁乎文哉說文繫傳作戫戫子入大廟漢石經及監毛本大並作太
爾愛其羊石本原如此後人磨改爾作女皇本及漢書女皆作汝哀公問社
於宰我鄭張包周本及春秋正義社並作主使民戰栗皇本立下有也字管
仲之器小哉淮南子作莞仲焉得儉皇本儉下有乎字然則管仲
知禮乎皇本然則上有曰字邦君爲兩君之好漢石經邦作國孰不
知禮皇本禮下有也字子語魯大師樂監本毛本大作太樂其可
知也皇本作可知也已從之史記及後漢書注並作縱之以成皇本作以成矣
君子之至於斯也皇本也作者吾何以觀之哉漢石經諸篇末
缺者居多惟此篇及陽貨兩篇之後有凡廿六章一條學而篇末一行但存章字餘文皆殘泐盡亦

紀章數也
里仁擇不處仁後漢書文選注擇並作宅焉得知皇本作智後凡知字作智
解者並同唯仁者能好人監本毛本唯作惟皇本與此同苟志於仁矣
無惡也漢石經無也字我未見好仁者惡不仁者漢石經好仁下
無者字其爲仁矣三國志注矣作也有能一日用其力於仁
矣乎皇本仁下有者字我未見力不足者皇本者下有也字蓋有
之矣皇本矣作乎人之過也皇本人作民觀過斯知仁矣後漢
書仁作人夕死可矣漢石經矣作也無適也鄭本適作敵義之與比
皇本比下有也字能以禮讓爲國乎何有後漢書兩引並作能以禮讓爲
國於從政乎何有不患莫己知皇本知下有而字吾道一以貫之

皇本之下有哉字 又敬不違 皇本敬下有而字 不遠遊 皇本作子不遠遊 古者言之不出 皇本作古之者言之不妄出也 君子欲訥於言而敏於行 史記注云訥字多作詘玉篇云訥或作呐 公冶長雖在縲絏之中 釋文皇本監本毛本絏並作紲史記作累紲孔本作縲紲 邦有道不廢 史記邦作國下句同 君子哉若人 史記無若人二字 賜也何如 史記作賜何人也 不知其仁焉用佞 石刻原如此後人磨改仁作人皇本作不知其仁也焉用佞也 子使漆彫開仕 彫本或作琱監本毛本作雕史記漢書皇本釋文並與此同漢書又作漆雕啓 道不行乘桴浮于海 皇本于作於玉篇無浮字說文作道不行欲之九夷乘桴浮于海 其由與 皇本由下有也字漢書注亦作其由也歟 孟武伯問子路仁乎 史記作季康子問下問冉求同 可

使治其賦也 梁武帝魯論賦作傳 回也聞一以知十 聞本或作問字非 吾與女弗如也 釋文女作爾云本或作女三國志注亦作吾與爾不如也 宰予晝寢 梁武帝侯白並云晝當作畫字筆解亦云晝當爲畫字之誤也舊文作畫字 朽木不可彫也 釋文監本毛本彫作雕皇本及詩正義並與此同漢書作朽腐之木不可彫也 糞土之牆 糞本或作糞同 不可杇也 史記漢書皇本杇並作圬釋文同云本或作杇 申棖 史記作黨釋文引史記作棠 夫子之言性與天道不可得而聞也 皇本也下有已矣二字漢書注同漢書又作不可聞已矣史記作夫子言天道與性命弗可得聞也已 久而敬之 皇本敬上有人字 山節藻梲 本又作棳 何如 皇本作何如也 崔子弒齊君 弒本又作殺魯讀崔爲高今從古 之一邦 皇本作之至一邦 再思可矣 監本毛本思並作斯梁國志注與此同皇本作

再思斯可矣 邦有道則知 文選注作智 歸與歸與 史記作歸乎歸乎 不知所以裁之 史記不知上有吾字皇本之下有也字 孰謂微生高直 國策作尾生高 或乞醯焉 醯亦作醯 子曰巧言令色足恭 釋文無子曰云一本此章有子曰字恐非 願車馬衣裘 石本衣下旁注輕字後人所加各本亦衍輕字今石經與此同 敝之而無憾 皇本敝作弊 雍也 古論以此爲第三篇 無乃大簡乎 監本毛本大作太釋文與此同 哀公問弟子孰爲好學 皇本問下有曰字 有顏回者好學 文選注兩引並無好學字 今也則亡未聞好學者也 上句本或無亡字即連下句讀 曰賜也達 皇本作子曰下文曰求也藝上亦有子字 則吾必在汶上矣 一本無吾字鄭本無則吾二字史記同 伯牛有疾 史記作有惡疾 亡之 漢書作蔑之

命矣夫斯人也而有斯疾也斯人也而有斯疾也 史記作命也夫斯人也而有斯疾命也夫 女得人焉耳乎 監本毛本耳作爾今石經及玉篇後漢書注並與此同孔本皇本作焉耳乎哉 不有祝鮀之佞 漢書鮀作佗 誰能出不由戶 皇本戶下有者字 文質彬彬 說文作份份玉篇兩引一作彬彬一作份份 人之生也直 皇本無之字筆解云直當爲悳字之誤 曰仁者先難而後獲 石本原如此後人磨改難作勞皇本曰上有子字 知者樂水 文選注知作智下文知者動同 井有仁焉 皇本仁下有者字 其從之也 皇本也作與 君子博學於文 一本無君子字 子所否者 史記否作不 如有博施於民而能濟衆 皇本作如能博施於民而能濟衆者 述而 默而識之 默俗作嘿 德之不脩學之不講聞義不

能從不善不能改皇本脩下講下徙下改下並有也字子之燕居皇本
燕作宴後漢書注同申申如也漢書注作伸伸吾不復夢見周公或本
無復字非皇本周公下有也字遊於藝皇本監本毛本遊作游吾未嘗無誨
焉誨曾讀爲悔字今從古舉一隅文選注作舉一隅而示之則不復也皇本
則下有吾字子於是日哭則不歌皇本日下有也字用之則行
舍之則藏後漢書注無爾之字史記舍作捨唯我與爾監本毛本雅作惟史
記及後漢書文選爾注今石經並與此同暴虎馮河馮字亦作憑皇本同富而可
求也周禮注後漢書注並無也字史記作富貴如可求雖執鞭之士鞭或作𩌦
吾亦爲之一本作吾爲之矣如不可求皇本求下有者字齊本或作齋
子在齊聞韶三月不知肉味皇本韶下有樂字史記作與齊太史語樂
聞韶音學之三月不知肉味不圖爲樂之至於斯也王肅本斯作此吾
將問之一本無將字曰古之賢人也皇本曰上有子字鄭本人作仁又
何怨皇本及左傳正義文選注史記索隱怨下並有乎字飯疏食疏本或作蔬皇本同
不義而富且貴後漢書無且貴二字加我數年史記加作假五十
以學易曾讀易爲亦今從古文選注作可以學易子所雅言孔本作雅音筆解同
云音今作言字之誤也女奚不曰史記作由何不對曰發憤忘食樂以
忘憂史記二句上多學道不厭誨人不倦二句不知老之將至云爾皇本
作云也爾好古敏以求之者也皇本以上有而字我三人行監本
毛本無我字今石經皇本釋文穀梁傳注並與此同必得我師焉必得一本作必有今
石經與此同以我爲隱乎皇本隱下有子字吾無行而不與二

三子者皇本行上有所字多聞擇其善者而從之多見而
識之白虎通多聞作吾聞漢書作多見而志之人絜己以進與其絜也
不保其往也後漢書注作與其進不保其往我欲仁斯仁至矣後漢
書作我欲仁而仁斯至矣孔子曰皇本作孔子對曰揖巫馬期而進之
曰史記呂氏春秋並作巫馬旗君取於吳爲同姓皇本及公羊疏取並作娶史
釋文同云本今作取子與人歌而善必使反之而後和之史記
作使人歌善則使復之然後和之則吾未之有得皇本得下有也字正唯
弟子不能學也善曾讀正爲誠今從古子疾病釋文無病字云一本云子疾病
皇本同鄭本無病字誄曰周禮注兩引一作讄一作誄曰說文作讄曰丘之禱久
矣皇本禱下有之字奢則不孫皇本作遜下同兩漢書及後漢書注並作遜君

子坦蕩蕩曾讀蕩爲湯今從古子溫而厲一本子作子曰厲作冽皇本作君子
案今所見皇本無君字與釋文異威而不猛皇本無而字
泰伯泰伯其可謂至德也已矣漢書泰作太德作悳史記作太伯可
謂至德矣已無得而稱焉得本亦作德鄭本及後漢書並同啓予足說文
作䟕之足予可以託六尺之孤玉篇託作侂君子人也釋文無人
字云一本作君子人也使驕且吝本亦作悋皇本使上有設字其餘不足
觀也已皇本已下有矣字不易得也皇本也下有已字不謀其政
皇本政下有也字巍巍乎舜禹之有天下也而不與焉白虎
通漢書並無也字唯天爲大唯堯則之筆解及毛本唯並作惟煥乎
其有文章詩正義及淮南子注煥並作奐舜有臣五人而天下治

後漢書治作理予有亂十八本或作亂臣十八非監本毛本並作亂臣石刻亂下旁注臣字後人所加也今石經釋文並與此同才難不其然乎漢書兩引並作材難不其然與三分天下有其二後漢書及文選注三並作參以服事殷後漢書兩引以並作猶周之德皇本無之字可謂至德也已後漢書三國志文選三注並無也已二字菲飲食而致孝乎鬼神惡衣服而致美乎黻冕卑宮室而盡力乎溝洫史記作薄衣食致孝于鬼神卑宮室致費于溝減

子罕達巷黨人曰史記黨人下有童子二字毋意毋必毋固毋我儀禮疏毋作無天之將喪斯文也後漢書注天上有不知二字大宰知我乎皇本我下有者字有鄙夫問於我皇本問上有來字空空

如也鄭或作悾悾冕衣裳者冕鄭本作弁云魯讀弁爲絻今從古鄉黨篇亦然雖少必作皇本少下有者字史記作雖童子必變忽焉在後皇本監本毛本爲並作然今石經及後漢書與此同夫子循循然孟子章指及後漢書注兩引循循並作恂恂三國志亦作恂恂末由也已史記作蔑繇也已韞匵而藏諸匵本又作櫝後漢書及文選注四引並作櫝後漢書注又作韞櫝求善賈而沽諸後漢書注及文選注兩引賈並作價下待賈同玉篇沽作夃漢石經作賈下沽之哉同吾自衛反魯皇本作反於魯不舍晝夜文選注舍作捨譬如爲山未成一簣漢書譬作辟簣作匱下雖覆一簣後漢書注亦作匱後生可畏皇本畏下有也字斯亦不足畏也已皇本作也已矣說而不繹方言注作悅而不懌衣敝緼袍說文敝作弊釋文同云本今作敝與衣狐貉者立史記貉作狢

然後知松栢之後彫也皇本及史記漢書後漢書注文選注彫並作凋可與適道未可與立可與立未可與權詩正義三國志注並作可與適道未可與權筆解亦云正文傳寫錯倒當云可與共學未可與立可與適道未可與權唐棣之華文選注唐作棠未之思也未或作末者非夫何遠之有皇本有下有哉字

鄉黨古論以此爲第三篇便便言史記便便作辯辯君召使擯本又作賓史記作儐色勃如也說文兩引一作色字一作色艴左右手皇本作左右其手翼如也說文翼作趩攝齊升堂漢書齊作齋沒階趨進釋文無進字云一本作沒階趨進誤也禮記注與此同今石經亦無進字鞠躬如也鄭本作鞫躬下如授魯讀下爲趨今從古紾絺綌紾本又作袗監本毛本作袗皇本作縝釋文及文選注並與此同必表而出之皇本無之字素衣麑裘儀禮禮記兩注麑並作麛褻裘長說文作袺衣長狐貉之后以居說文貉作貈去喪無所不佩佩字或從王旁非齊必有明衣布齊或作齋膾不厭細膾又作鱠魚餧而肉敗餧本又作餒史記作餧臭惡不食皇本臭作臭不使勝食氣說文作食既唯酒無量監本唯作惟皇本毛本與此同沽酒市脯不食漢書作酤酒不食不撤薑食今石經撤作徹雖疏食菜羹瓜祭必齊如也魯讀瓜爲必今從古皇本疏作蔬瓜作苽鄉人儺儺魯讀爲獻今從古朝服而立於阼階釋文無階字云本或作於阼階拜而受之一本或無而之二字必孰而薦之監本毛本孰作熟君賜生魯讀生爲牲今從古加朝服拖紳拖本或作拕說文作袉監本毛本作拕釋文與

此同雖車馬非祭肉不拜禮記正義作非祭肉雖車馬不拜也居不容
容本或作容皇本監本毛本作容釋文與此同見齊衰者皇本見上有子字見晃
者晃鄭本作弁車中不內顧魯讀車中內顧今從古也曰山梁雌雉
文選注作子曰時哉時哉釋文不重時哉二字云一本作時哉時哉後漢書注亦無重文
子路共之共本又作拱皇本同三嗅而作玉篇嗅作齅筆解云當爲鳴鳴之鳴
先進皆不及門也皇本門下有者字南容三復白圭史記作容
三復白圭之玷季康子問弟子釋文無季字云一本作季康子鄭本同今也
則亡皇本亡下有未聞好學者五字顏路請子之車以爲之椁皇本
作槨下同才不才史記作材不材吾不徒行皇本不下有可字不可徒
行也皇本作吾以不可徒行天喪予漢書作余非夫人之爲慟而

誰爲皇本爲下又有慟字閔子侍側皇本作閔子騫子路行行如也
說文行行作侃侃冉子子貢侃侃如也各本冉子並作冉有說文繫傳作冉
有誾誾如也子樂若由也不得其死然文選注兩引樂並作曰皇本亦
漢書注並作子樂曰若由也仍舊貫魯讀仍爲仁今從古由之瑟皇本作由之鼓
瑟子貢問師與商也孰賢皇本問下有曰字賢下有乎子過猶不
及皇本及下有也字而求也爲之聚斂而附益之皇本作附益也
鳴鼓而攻之皇本無而字由也喭尚書正義作諺囘也其庶乎
虞翻易注作其庶幾乎而貨殖焉筆解云貨當爲資殖當爲權字之誤也億則
屢中皇本億作憶漢書作意不踐迹說文繫傳踐作衜迹本又作跡三國志注文選
注並同如之何其聞斯行之皇本及白虎通之下並有也字囘何敢

死筆解曰死當先字之誤也可謂大臣與釋文臣作悳云古文臣字本今作臣子
曰吾以子爲異之問文選注作孔子對曰子路使子羔爲費
宰家語作子睪釋文引家語作子羔後漢書注使上有將字史記作使子羔爲費郈宰毌吾
以也毌皇本作無以鄭本作已子路率爾而對曰皇本率作卒攝乎
大國之間漢書乎作虖因之以饑饉鄭本皇本饑作飢可使足
民皇本民下有也字鏗爾舍瑟而作玉篇作摼爾捨瑟而作異乎三
子者之撰鄭本撰作僎亦各言其志也釋文無也字云一本作亦各言
其志也莫春者莫本亦作暮後漢書注文選注並同冠者五六人皇本冠者
上有得字浴乎沂筆解云沿當爲浴字之誤風乎舞雩家語雩下有之下二字
詠而歸鄭本作饋云魯讀饋爲歸今從古夫子喟然歎曰吾與點

也史記作夫子喟爾嘆曰吾與蔵也夫子何哂由也皇本夫子作吾子曰
爲國以禮皇本作子曰宗廟會同非諸侯而何宗廟會同本或
作宗廟之事如會同非諸侯而何一本作非諸侯如之何皇本亦有之事如三字而何作如之何
赤也爲之小孰能爲之大皇本小下大下並有相字
顏淵顏淵問仁孟子注作問爲仁克己復禮爲仁皇本克作尅下
同仲弓問仁史記作問政仁者其言也訒字或作仞下同斯謂
之仁已乎皇本斯下有可字已下有矣字史記作斯可謂之仁乎爲之難公羊
傳注作其爲之也難斯謂之君子已乎史記作斯可謂之君子乎皇本作斯可謂
君子已乎皆兄弟也皇本皆下有爲字文選注作皆爲兄弟無也字膚受之愬
兩漢書注並作訴民信之矣皇本民上有令字去兵子貢曰皇本無子

貢二字巳無信不立皇本無作不棘子成漢書及三國志棘並作革皇本
成作城虎豹之鞹說文及皇本作鞟猶犬羊之鞹皇本鞹下有也字
年饑鄭本皇本並作飢盍徹乎周禮注乎作與君孰與足漢書與作子後
漢書孰作誰子張問崇德辨惑本亦作或崇德也皇本無也字愛
之欲其生惡之欲其死皇本生下死下並有也字下既欲其死又欲其生二
句同吾得而食諸史記漢書及皇本吾下有豈字釋文有焉字云吾焉得而食諸本亦
作焉得而食諸今本作吾得而食諸片言可以折獄者魯讀折爲制今從古居
之無倦亦作卷博學於文一本作君子博學於文皇本同子帥以正
皇本以作而儀禮疏同苟子之不欲皇本無之字君子之德風小
人之德草皇本風下草下並有也字漢書同草上之風必偃漢書草作

金石萃編卷一百十二　唐七十二　卅八

中皇本上作尚釋文同云本或作上在邦必聞史記漢書邦作國夫達也者
史記無也字皇本同下夫聞也者皇本亦無也字在邦必聞在家必聞史記
作在國及家必聞無攻人之惡皇本無作毋問知皇本作智下問知同舉
直錯諸枉錯或作措鄉也吾見於夫子而問知鄉又作嚮皇本
作嚮富哉言乎皇本言上有是字忠告而善道之不可則止
皇本作忠告而以善導之否則止毋自辱焉文選注毋作無
子路無倦釋文無作毋云本今作無舉賢才漢書作材子之迂也鄭本
迂作于奚其正史記作何其正也刑罰不中後漢書作衷則巳無
所錯手足錯本又作措毛本同後漢書作則人無所厝手足故君子名之
必可言也言之必可行也史記作夫君子爲之必可名言之必可行詩

學爲圃史記無爲字曰吾不如老圃皇本作子曰襁負其子
釋文襁作繦云又作繈誦詩三百荀子注作學詩三百不能專對漢書作顓
對雖令不從後漢書作不行兄弟也皇本無也字冉有僕皇本作冉
子期月而已可也史記作朞月而已無可也二字又一作朞月而已矣皇本期亦
作朞三年有成後漢書兩引一作三年乃有成功一作三年乃成功善人爲邦
百年史記漢書邦作國冉子退朝筆解作冉有如知爲君之難
也皇本無之字一言而喪邦有諸皇本而下有可以二字文選注作一言可
以喪邦乎唯其言而莫予違也皇本莫上有樂字葉公問政公羊
傳注作問政于孔子無欲速釋文無作毋云本今作無吾黨有直躬者躬鄭
本作弓斯可謂之士矣筆解謂之作以爲宗族稱孝焉筆解稱下

金石萃編卷一百十二　唐七十二　卅九

有其字下稱悌同鄉黨稱弟焉弟亦作悌皇本同筆解以此二句承子曰下以行己
有恥使於四方不辱君命十四字承敢問其次曰之下云舊本子曰行己有恥爲上文簡編差失也
硜硜然小人哉孟子注硜硜作悻悻筆解云小當爲之字古文小與之相類傳寫之
誤也何足算也漢書算作選不得中行而與之後漢書作與其不得
中庸無而與之二字不如鄉人之善者好之公羊傳注如作若好作善何
如斯可謂之士矣皇本無之字切切偲偲本文作偲偲兄弟
怡怡皇本怡怡下有如也二字文選注同以不教巳戰後漢書兩引並作不教人
戰無以字
憲問邦有道穀史記邦作國下句同危行言孫皇本孫作遜孟子章句淮
南子注後漢書注並同南宮适本又作括史記同羿善射說文羿作𢏚奡

德哉若人史記侗作上君子而不仁者有矣夫筆解云仁當爲備字之誤也愛之能勿勞乎忠焉能勿誨乎白虎通勿並作無裨諶草創之鄭本作卑諶漢書作卑湛彼哉彼哉廣韻彼作佊飯疏食皇本疏作蔬釋文同云本今作疏孟公綽本又作卓不可以爲滕薛大夫皇本大夫下有也字卞莊子之勇漢書作弁嚴子久要不忘平生之言文選注作久約人不厭其言皇本言下有也字下其笑其取下亦有也字齊桓公正而不譎漢書正作法不以兵車公羊疏車下有之力二字吾其被髮左衽矣文選注衽作袵若匹夫匹婦之爲諒也石本若上旁注豈字後人所加大夫僎本又作撰漢書作選子言衛靈公之無道也釋文作子曰云一本作子言鄭本同皇本作子曰衛靈公之無道久也奚

而不喪後漢書注而作其仲叔圉治賓客漢書仲作中後漢書注治作主下二句亦作主祝鮀治宗廟後漢書注鮀作宅則爲之也難後漢書則下有其字大戴禮注作其後爲之難皇本作則其爲之難陳成子弒簡公弒本又作殺皇本同下仿此告夫二三子各本無二字皇本與此同下告夫三子者之三子告皇本並作二三子之三子告本或作二三子告非也不敢不告也皇本無也字勿欺也而犯之皇本也作之君子恥其言而過其行皇本作恥其言之過其行也君子道者三孟子章句作君子之道三子貢方人方鄭本作謗賜也賢乎哉夫我則不暇皇本作賜也賢乎我夫哉我則不暇三國志引下句無夫字患其不能也皇本作患巳無能也微生畝漢書作尾生晦丘何爲是栖栖者與釋文無爲是二字云或作某何栖栖

鄭作某何是今作某何爲是孔子曰非敢爲佞也皇本作孔子對曰公伯寮愬子路於季孫史記寮作僚說文愬作訴夫子固有惑志於公伯寮皇本寮下有也字道之將行也與史記無也與二字賢者辟世三國志注文選注辟皆作避後漢書注作賢者辟代其次辟色呂氏春秋作辟人晨門曰皇本晨門上有石門二字有荷蕢而過孔氏之門者荷本又作何漢書同蕢說文作臾後漢書注門者作門首斯已而已矣監本毛本已亦作巳史記作夫而已矣深則厲說文作砅高宗諒陰公羊傳注作涼闇以聽於冢宰公羊傳注白虎通後漢書並無於字脩已以敬皇本脩作修下皆仿此幼而不孫弟皇本作遜悌是爲賊皇本賊下有也字以杖叩其脛筆解叩作扣云扣當作指闕黨童子將命漢書作厥黨童子皇本命下有矣字

衛靈公問陳於孔子釋文陳作陣云本今作陳史記作問兵陳孔子對曰筆解無孔子二字未之聞也石本原如此後人磨改聞作學在陳絕糧皇本作粮鄭本作粻小人窮斯濫矣說文九經字樣濫並作爁無爲而治者漢書無作亡其舜也與漢書作其舜虖恭己正南面而已矣詩箋恭作共雖蠻貊之邦行矣史記邦作國矣作也立則見其參於前也皇本參下有然字在輿則見其倚於衡也漢書輿作車夫然後行皇本行下有也字則可卷而懷之也石本原如此後人磨改刪之字各本並作而懷之後漢書作而懷也可與言而不與言各本不與下有之字皇本與此同無求生以害人各本皆作害仁疏述經及文選注與此同必

先利其器漢書利作厲友其士之仁者皇本者下有也字顏淵
問為邦文選注作顏同行夏之時後漢書時作正乘殷之輅輅本亦作
路後漢書同人無遠慮皇本人下有而字子曰已矣乎皇本無乎字君子義以為質
好行小慧魯讀慧為惠今從古皇本亦作惠文選注同
孝經疏無君子二字釋文同云一本作君子義以為質鄭本略同羣而不黨楚詞注羣
作朋有一言而可以終身行之者乎皇本無之字文選注無可以二
字勿施於人皇本人下有也字吾之於人也皇本及後漢書並無也字
如有所譽者皇本所作可吾猶及史闕文也各本史下有之字
今亡已夫漢書及釋文筆解今石經毛本已並作矣五經文字序作今亡矣皇本作今則
亡矣夫非道譽人皇本人下有也字不莊以涖之皇本涖作莅下同

未善也鄭本此下有父在觀其志父沒觀其行章君子貞而不諒筆解云諒
當為讓字誤有教無類漢志無作亡師冕見漢書注作師免與師言
之道與周禮注作相師之道與
季氏且在邦域之中矣邦或作封何以伐為皇本作何以為伐也
則將焉用彼相矣漢書焉作安虎兕出於柙皇本無於字下句同
漢書柙作匣釋文同云本今作柙龜玉毀於櫝中漢書及文選注櫝作匵後
世必為子孫憂釋文無後世二字云本或作後世必為子孫憂而必為之
辭皇本必下有更字蓋均無貧漢書無作亡下二句同則修文德以
來之監本毛本修作脩孟子章指作修文德以懷之而謀動干戈於邦內
鄭本作封內不在顓臾或作不在於顓臾而在蕭牆之內也漢石

經殘字後記諸家異文云而在於蕭墻之內盡毛包周無於祿之去公室五世
矣政逮於大夫四世矣漢書注作祿去公室五君矣政逮於大夫四君矣
友便辟後漢書注作便僻友便佞說文作諞佞公羊傳注釋文作諞佞樂佚
遊佚本亦作逸言未及之而言謂之躁魯讀躁為傲今從古言及
之而不言皇本無而字戒之在得或作德非侮聖人之言漢書
侮作侮生而知之者上也詩正義作天生知之上也見不善如探
湯後漢書大戴禮注見不善並作見惡民無德而稱焉皇本文選注德並作得
民到於今稱之文選注云稱或為祠陳亢問於伯魚曰說文作陳
伉不學詩皇本不上有日字無以言皇本言下有也字聞斯二者
皇本者下有矣字邦君之妻君稱之曰夫人白虎通作國君之妻稱之

曰夫人邦人稱之曰君夫人白虎通兩引邦並作國亦曰君夫
人皇本人下有也字
陽貨歸孔子豚孟子章句儀禮疏歸並作饋鄭本同云魯讀為歸今從古孔子
時其亡也筆解云時當為待唯上知與下愚不移皇本唯作惟書
正義作惟上智夫子莞爾而笑釋文莞作莧云本今作莞公山弗擾以
費畔皇本作不擾史記漢書並作不狃夫召我者而豈徒哉如有
用我者吾其為東周乎鄭本東周作成周佛肸召漢書作茀肸皇
本作胇肸下同不曰堅乎皇本不上有日字涅而不緇史記筆解文選注緇
並作淄吾豈匏瓜也哉史記吾作我由也女聞六言六蔽
矣乎皇本及文選注無也字女作汝下同居吾語女皇本居上有日字女為

周南召南矣乎皇本召作邵下同鍾鼓云乎哉監本毛本鍾作鐘
其猶穿窬之盜也與釋文窬作踰云本又作窬鄉原筆解云孔注內荏曰
內柔佞也古文原類柔而鄉爲向後人遂誤內柔爲向原可與事君也與哉本或
無哉古之矜也廉魯讀廉爲貶今從古古之愚也直今之愚也
詐而已矣後漢書注兩愚字並作狂各本此後皆重出子曰巧言令色鮮矣仁一章皇本
亦無之石刻旁注九字後人所加也惡利口之覆邦家者皇本者作也天
何言哉魯讀天爲夫今從古孺悲欲見孔子孺字亦作孺孔子辭
以疾皇本辭下有之字將命者出戶文選注兩引並無戶字期已久
矣期一本作其史記作不已久乎禮必壞史記作必廢樂必崩史記作必壞
食夫稻衣夫錦皇本稻下錦下並有也字於女安乎皇本女作汝下同

女安則爲之皇本汝上有曰字天下之通喪也史記作通義予
也有三年之愛於其父母乎漢石經無乎字君子義以爲
上史記以作之無君子二字君子有勇而無義爲亂小人有勇
而無義爲盜史記有作好爲作則漢書無義作亡誼誼下皆有則字子貢曰
皇本作子貢問曰君子亦有惡乎漢石經無亦字子曰有惡漢石經無
惡字惡居下流而訕上者漢石經無流字惡果敢而窒者魯讀
窒爲室今從古賜也亦有惡乎皇本乎作也近之則不孫後漢書三
國志文選三注孫皆作遜遠之則怨皇本怨上有有字年卌而見惡焉
漢石經無而字
微子箕子爲之奴陶潛集聖賢羣輔錄無之字殷有三人焉筆解

殷作商三黜文選注作三黜之子未可以去乎後漢書注作可以去矣
何必去父母之邦漢石經邦作國齊人歸女樂鄭本及後漢書文選
兩注歸作饋漢書注作餽何德之衰也各本皆無也字皇本與此同漢石經作何而德
之衰也往者不可諫來者猶可追漢石經皇本諫下追下並有也字史
記諫下有今字追下有也字漢書作往者不可及來者猶可待已而已而今之從
政者殆而魯讀期始已矣今之從政者殆今從古趨而辟之皇本辟作避
不得與之言皇本言下有也字夫執輿者爲誰史記夫作彼皇本誰
下有乎字漢石經作夫執車者爲誰子曰是也皇本作對曰漢石經無也字曰是
知津矣漢石經無曰字是魯孔丘之徒與釋文作孔子之徒與云一本作
子是本今作孔丘之徒與史記亦作子孔丘之徒與滔滔者史記及孔鄭本並作悠悠者

且而與其從辟人之士也豈若從辟世之士哉漢石
經辟世之辟作避上句闕皇本兩辟字並作避耰而不輟說文耰作櫌漢石經作櫌不輟
子路行以告史記漢石經並無行字夫子憮然曰漢石經無夫字廣韻
云憮或作憮鳥獸不可與同羣皇本羣下有也字三國志注作吾不與鳥獸同
羣吾非斯人之徒而誰與三國志注與下有哉字以杖荷蓧
本又作條又作莜說文玉篇並作莜皇本作篠植其杖而芸漢石經作置其杖而耘文
選注兩引芸亦作耘君臣之義漢石經作之禮如之何其廢之漢石經廢
下有也字皇本後漢書注並作如之何其可廢也欲絜其身監本毛本絜作潔漢石經
與此同道之不行皇本行下有也字朱張朱鄭作侏不辱其身皇本
身下有者字其斯而已矣漢石經作其斯以乎謂虞仲夷逸漢石經逸

作佚身中清史記身作行廢中權廢鄭作發三飯繚適蔡繚作
蔡入於河皇本於作于下於漢於海並同播鼗武漢書及釋文鼗作鞉皇本作鞀
入於海漢石經於作于君子不施其親釋文施作弛云本今作施筆解云施
當爲弛則不弃也漢書不下有可字禮記正義作則不相遺棄無求備於
一人漢書無作毋仲突仲忽漢書作中突中曶季騧廣韻云騧或作爪
子張子張曰士見危致命見得思義後漢書注士作君子文選
注作子張問士子曰見危授命見得思義其不可者拒之漢石經皇本拒作距釋文
同云距本今作拒下人將拒我如之何其拒人也同是以君子不爲也漢書不作
弗百工居肆以成其事虞翻易注無百字望之儼然儼本或作
嚴皇本同則以爲厲己也厲鄭讀爲賴子游曰漢石經游作斿子夏

之門人小子當洒埽應對進退則可矣監本毛本埽作掃釋
文同云今作埽周禮注無小子二字大戴禮注作子張曰子夏之門人洒埽應對進退出入則可也
抑末也末或作未非也焉可誣焉漢書誣作憮其唯聖人乎監本
毛本唯作惟漢石經與此同漢書作其惟聖人虖吾聞諸夫子漢石經無夫子人
未有自致者也漢石經作也者是難能也皇本無能字子貢曰
漢石經貢作贛下並同紂之不善皇本善下有也字不如是之甚也
漢石經之作其如日月之食焉皇本作蝕也衛公孫朝問於子
貢曰史記作陳子禽問子貢曰未墜於地漢石經墜作隧賢者識其大
者漢石經及漢書孟子章指識並作志下同譬之宮牆白虎通及皇本之作諸漢石經
作辟諸宮牆賜之牆也及肩漢石經牆亦作牆闚見室家之好

漢石經及監本毛本闚作窺皇本釋文與此同夫子之牆數仞皇本夫子上有夫子
不得其門而入皇本入下有者字夫子之云皇本無之字丘陵
也後漢書注作猶邱陵焉日月也後漢書注及皇本日月上並有如字人雖欲
自絕皇本絕下有也字文選注作人雖自絕也夫子之不可及也猶天
之不可階而升也後漢書注無兩也字道之斯行皇本道作導綏
之斯來漢書作徠
堯曰敢昭告于皇皇后帝白虎通兩引一作皇王后帝一作皇天上帝
無以萬方漢石經無作毋罪在朕躬漢石經及皇本此句並無罪字脩廢
官各本脩作修四方之政行焉漢書及皇本焉並作矣舉逸民天
下之民歸心焉漢書後漢書文選三注兩民字俱作人信則民任焉

漢石經及皇本無此句公則說皇本作公則民悅子張問於孔子曰
皇本問下有政字古論語此章以下别爲一篇擇可勞而勞之皇本擇下有政字
儼然人望而畏之公羊傳注釋文儼作嚴云本又作儼不教而殺謂
之虐漢書殺作誅猶之與人也筆解云猶之當爲猶上出內之吝
內本今作納皇本及釋文並與此同監本毛本亦作納子曰不知命無以爲
君子也魯論無此章今從古漢書及皇本釋文毛本並作孔子曰無漢書作亾又漢書及後
漢書注文選注筆解並無也字

右論語

爾雅序夫爾雅者爾字又作邇雅字亦作疋辯同實而殊号者
也監本毛本号作號六藝之鈐鍵字又作楗並多紛謬本或作繆會

粹舊說會本又作棆搴其蕭根搴字又作搜其所易了作[illegible]本[illegible]
輒復擁篲清道篲字又作彗企望塵躅若躅本又作蠋
爾雅卷上釋詁第一釋言第二釋訓第三釋親第
四此條總目各本皆無之卷中卷下仿此釋詁第一樊光李巡本詁作故初哉
首基肇祖元胎俶落權輿始也哉亦作栽胎本或作台俶字又作俶
林烝天帝皇王后辟公侯君也烝本又作蒸弘廓宏溥
介純夏幠厖墳嘏丕奕洪誕戎駿假京碩濯訏宇
穹壬路淫甫景廢壯冢簡劉昄晊將業席大也丕字
又作丕訏字本又作盱劉釋文作劉晊本又作至又作脛迄臻極到赴來弔艐
格戾懷摧詹至也格字或作佫賚貢錫畀予貺賜也貺本

或作況儀若祥淑鮮省臧嘉令類綝彀攻穀介徽善
也鮮本或作誓沈旋云古斯字郭音義云本或作尠非古斯字靖惟漠圖詢度
咨諏究如慮謨猷肇基訪謀也基本或作諅石本初刻漢圖作謨圖
慮謨作慮謀磨改謨爲漠謀爲謨典彝法則刑範矩庸恒律戛職
秩常也範字或作范黃髮齯齒鮐背耇老壽也齯釋文作兒云
本今皆作齯壽釋文作耇云本又作壽紹廱嗣續纂緌績武係繼也
文選注係作系忥謐溢蟄愼貉謐顗頠密寧靜也忥本或作氣
隕磒湮下降墜摽蘦落也釋文及今石經並與此同監本磒誤作殞命
令禧眕祈請謁訊誥告也各本禧皆作禧後漢書注訊作誶釋文同云本
作訊虧壞圮垝毀也虧字又作虧矢雉引延順薦劉繹尸

旅陳也釋文矢作屎云本作矢宗寮官也寮字又作僚績緒采業
服宜貫公事也服本或作服又作艆字永羕引延融駿長也
駿本或作俊又作峻犯奢果毅剋捷功肩堪勝也堪字又作戡孫炎本
同亹亹蠠沒孟敦勗釗茂劭勔勉也亹字或作斖蠠本或作
蠠敦文選注作惇茂字又作懋亦作忞勔字本作偭又作黽鶩務昏暋強也暋皆或
作旻監本此下有釋詁下標題一行非台朕賚畀卜陽予也陽字或作暘
肅延誘薦餤晉寅藎進也晉本又作晉藎本又作燼詔亮左右
相導也導本或作道下相導同劼鞏堅篤掔虔膠固也劼或作詰
疇孰誰也疇本又作嚋勰燮和也勰本又作協𢿝悉卒泯忽
滅罄空畢罊殲拔殄盡也卒字又作猝罊本或作罄字苞蕪茂

豐也後漢書注苞作蓄古本蕪作隸揫斂屈收戢蒐裒鳩樓聚也
裒古字作裦本或作捊釋文鳩作勼樓釋文作摟云本或作樓非詩疏作婁寁駿肅亟
遄速也寁本或作疌亟字又作急壑阬阬滕徵隍漮虛也壑本或作
叡漮字又作歑郭云本或作荒某本或有荒字廣韻作陳洋觀裒衆那多也那本
或作䎃流差柬擇也文選注柬作簡痛瘏虺頹玄黃劬勞咎
顇瘽瘉鰥戮癙癵痒疷疵閔逐疚痗瘥痱擅瘵
瘼癠病也顇字或作悴瘽字亦作懃疷本作疧釋文癠下又有瘣字今經注無此字恙
寫悝盱繇慘恤罹憂也盱本或作忏倫勩邛敕勤愉庸
癉勞也勩字或作勃亦作肄邛監本訛作卬釋文及今石經毛本並與此同敕本又作飭
本或作單勞來彊事謂翦篲勤也來本又作勑或作賚篲本又作彗石本[illegible]

字後人磨改作強各本同禋祀祠蒸嘗禴祭也嘗字又作常禴字又作礿頌
竢替屏厎止徯待也竢字又作俟亦作𠈁替毛本作朁厎或作底非也監本毛
本誤作底惇亶祜篤掔仍肶埤竺腹厚也惇字又作憞仍本或作扔
肶本或作脾竺字又作篤話猷載行訛言也猷字亦从犬訛字又作吪亦作譌
遘逢遇遻也遻字又作忤監瞻臨涖頫相視也監字又作䀸頫
監本毛本訛作頻釋文及今石經並與此同訖徽妥懷安按替屏底厎
尼定曷遏止也監本毛本厎誤作廢釋文及今石經並與此同豫射厭也
射字又作斁厭監本毛本作厭弛易也謝嶠本弛作施酬酢侑報也侑本或作
宥毗劉暴樂也毗樊本作庇暴本又作爆樂本又作𤏡舍人本作爆爍覭髳
茀離也說文茀作弗蟲諂貳疑也諂或作慆楨翰儀榦也釋文

翰作榦云本又作幹又作翰彊界邊衛圉垂也釋文彊作壃云字又作畺經典
作彊假借字昌敵彊應丁當也應本或作膺嗟咨𧪞也𧪞本或作
𧫶閑狎串貫習也釋文貫作慣云本又作貫又作遺揮盝歇涸竭
也釋文竭作渴云本或作竭挋拭刷清也刷字又作㕞饁饟饋也饋本或作
或作餽廞熙興也禮記疏廞熙作興喜廢稅赦舍也廢字亦作癈捿
遲憩休苦𢼸齂呬息也捿各本作棲憩本或作愒𢼸彖本作呹又作嘳契
滅殄絕也契字又作挈䵒秭算數也算字又作筭艾䵒覛胥
相也覛字又作脈文選注作脈胥相視也乂亂靖神弗淈治也乂字又作
嬖亦作刈淈某氏作屈緎槁獲也緎本又作緎槁本或作齊俾拼抨使也
抨字又作伻儴仍因也樊本儴作攘烈枿餘也枿本或作蘖又作不迓

迓也釋文迓作訝云又作迓郎尼也尼本亦作昵邇幾暱近也文選
注暱作昵貉嘆安定也嘆本亦作莫卒猷假輟已也卒又作碎下並
同求酋在卒就終也釋文求作逑云又作求就或作𡪆又作𩀌終釋文作殄云
本又作終崩薨無祿卒徂落殪死也徂本又作徂落釋文作殙云本又作
落
釋言第二宣徇徧也徇本又作侚樊本作徇馹遽傳也釋文馹作
驛郭音義云本或作遷格懷來也釋文來作徠云本今作來眕厎致也監本
毛本厎誤作底律遹述也詩疏律作聿遹作曰俞畣然也畣一本作荅敖
憮傲也監本毛本憮誤作憮釋文及今石經並與此同幼鞠稚也郭音義云鞠一
作毓釋文監本毛本稚並作穉悈褊急也悈本或作極又作亟貿賈市也貿字

又作貿屏陋隱也屏字又作陫荐原再也舍人本原作驫憮敉撫
也毛本敉誤作救臞脙瘠也臞字又作癯桄熲充也桄孫作光屢暱
亟也釋文屢作婁云本又作屢爽忒也忒或作忒饙餾稔也饙字又作餴稔
字又作飵鞫究窮也鞫字又作鞠滷矜鹹苦也釋文矜作矝云本又作矜
流覃也覃本又作潭字競逐彊也釋文彊作強云本又作彊禦圉禁也
禦本或作御黼黻彰也黼黻字或作黼黻蓋割裂也舍人本蓋作害邕
支載也邕字又作擁諈諉累也累本又作㬪字亦作絫庇庥廕也
庥字又作休舍人作茠廕字亦作蔭禖祥也舍人某氏及詩疏禖並作禖兆域也
兆本又作垗替廢也毛本替作朁下同淩慄也樊淩作夌慄慼也慼字
又作戚偁舉也文選注偁作稱坎律銓也坎字又作欿彊暴也暴字

又作䟫彊後人磨改作強宼肆也各本宼作宼瘗幽也瘗或作陸巷厲也
巷本作毳䡴駔也駔沈旋集注本作䡴孫樊二本並作將且而無䡴駔沈集衆本合爲一字是
舫洀也舫樊本作坊洀字或作䑻樊本作𦨢洵龕也龕字或作含本今作龕是
則也說文是作徥傃聲也傃字又作溸惄飢也惄本又作𢙐緆介
也李孫顧野王舍人本並云補羅也介別也也虢謼也謼又作呼逜寤也孫本逜字
作午莊子釋文作選忤也遉題也遉字作定又猷肯可也肯或作古肎字玉篇
同葵騅也葵字又作葂騅詩疏作騅粲餐也釋文餐作飱云本又作餐渝變
也舍人作穤渝夷悅也釋文夷作倎云本又作夷戎相也戎本或作拔穤
屬也釋文穤作穤云本今作穤熾盛也釋文作熾云本作盛也柢本也周禮
注柢作邸寃閒也舍人本寃作跳逜遯也遯字又作遁作遂孫作遁又僰踣

也釋文僰作敝云字亦作弊又作僰虹潰也虹顧作訌李本作降刴膠也刴字
又作翻愧慙也愧本亦作媿莊于釋文作作逡退也文選注逡作跧握具
也握李本作喔詩疏作屋作閫恨也閫監本閫誤作閫恨孫作很囊歸也囊本亦作
壞檣柱也監本毛本檣柱作檣柱今石經及說文廣韻並與此同崙紩也崙監
本作𦃃毛本作帶並誤跳刖也跳本亦作剕塊堛也塊本作凷開闔也
闢本亦作辟袍襺也襺本亦作繭障畛也障亦作鄣闢蘼也闢釋文監
本毛本並作翻驀字又作騶芼搴也郭音義云本又作毛搴逼迫也逼本又作
偪華皇也監本毛本誤作皇華也今石經及釋文並與此同
釋訓第三條條秩秩智也舍人本條作攸攸兢兢憴憴戒
也釋文憴憴作繩繩云本或作憴憴晏晏溫溫柔也後漢書注作晏晏溫和也

惴惴憢憢懼也憢本又作嘵嘵洸洸赳赳武也舍人本作洸洸釋文
儚儚薨薨增增衆也顧舍人本薨並作雄雄烝烝遂遂作也
烝烝作蒸蒸云本今作烝烝委委佗佗美也委委諸儒本並作禕禕佗佗本或作
宅宅後人磨改作佗釋文監本毛本並同舍人弘詩作禕禕宅宅怟怟惕惕愛也
毛本怟怟誤作低低偁偁格格舉也偁偁本亦作稱稱丕丕簡簡大
也丕丕本或作丕丕存存萌萌在也萌字或作萠萠玉篇亦作萠萠懋
懋慔慔勉也慔慔亦作慕慕赫赫躍躍迅也舍人本赫赫作奭奭樊本
躍躍作濯濯坎坎壿壿喜也壿壿本或作蹲蹲夢夢訰訰亂也
訰訰或作諄諄爆爆邈邈悶也爆爆本作㬥㬥邈邈舍人本作藐藐儚儚洄
洄惛惛也儚字或作懜懜音義云洄洄本或作㦖說文作䛿䛿𧦝𧦝版版盪盪

僻也盪盪李作蕩蕩釋文同云本或作盪盪爞爞炎炎薰也釋文薰作熏云
本亦作燻或作薰仇仇敖敖傲也敖敖本又作謷謷又作鷔鷔李舍人同傲也李
舍人作毀也佌佌瑣瑣小也瑣瑣亦作瑣瑣痯痯瘐瘐病也瘐本
今作庾殷殷惸惸忉忉慱慱欽欽京京忡忡惙惙怲
怲奕奕憂也殷殷釋文作慇慇云本今作殷殷惸惸本或作煢煢後漢書注引惙惙怛憂
也畇畇田也畇畇本或作畇畇畟畟耜也畟畟字或作稷稷或稃稃
烝也釋文作蒸也云本今作烝俅俅服也俅俅本亦作絿絿鍠鍠樂也
釋文鍠鍠作諻諻云又作鍠鍠穰穰福也釋文穰穰作穰云本今作穰穰噰噰
喈喈已協服也噰噰本或作雍雍又作廱廱佻佻契契愈遐急也
愈本或作瘉宴宴粲粲尼居息也釋文宴宴作燕燕云字又作宴宴哀

哀悽悽懷報德也悽悽郭本或作萋萋儵儵嘒嘒罹禍毒也
樊本儵儵作攸攸晏晏旦旦悔爽忒也旦旦本或作悬悬皋皋琄
琄刺素食也樊本皋皋作浩浩懽懽愮愮憂無告也懽懽釋文
作灌灌云本或作懽懽愮愮本或作搖搖樊本作遙遙又作恌恌恌恌速速蹙蹙惟
逑鞫也逑亦作求粤夆掣曳也掣本或作摩不俟不來也說文
俟作竢釋文同云本今作俟字來本或作倈逨每有雖也莊子釋文作每雖也饎酒
食也李舍人本饎作喜如琢如磨自修也琢本或作瑑非也瑟兮
僩兮恂慄也僩本或作撊赫兮烜兮威儀也監本毛本烜作亘釋
文與此同云今並作咺字既微且尰骭瘍為微尰足為尰尰本或作
尰骭郭作扦是刈是穫鑊煑之也刈釋文作乂云本亦作刈監本毛本穫鑊
並作濩釋文亦作穫鑊煑云又作濩履帝武敏武迹也敏拇也舍人本敏
作畝云古者姜嫄履天帝之迹於畎畝之中而生后稷禮裼肉袒也禮本或作袒
馮河徒涉也馮字又作憑籧篨口柔也籧本或作籧篨辟拊心
也辟字宜作擗監本毛本並作擗殿屎呻也殿屎或作欿吚又作唸脲幬謂之
帳幬本或作幮侜張誑也侜本或作倜几曲者為罶罶本或作罜毛本
為誤作謂
釋親第四　矖孫之子為來孫釋文作徠孫云本亦作來宗族監本
毛本此行標題與下母黨妻黨婚姻四條並誤在經前女子謂兄之妻為嫂
釋文作嫂云本今作嫂夫之兄為兄公釋文作妐云本今作公兩壻相
謂為亞又作婭

釋宮第五　西南隅謂之奧本或作隩東南隅謂之窔本或
作窔又作窔舍人作突漢書注作㝔玉篇作宧椙謂之梁椙或作楣落時謂之
戹本或作戹垝謂之坫垝本又作庋牆謂之墉墉或作鏞鏝謂之
杇鏝本或作槾又作墁杶謂之榩榩本或作砧榩本亦作虔雞棲於弋為
桀釋文桀作棲又作栖云下同傳謂之突本又作揬其上楹謂之梲
釋文作棳云本或作梲閞謂之槉閞本亦作弁槉謂之楶本或作楷舊本
皆作節說文亦作楷檐謂之樀郭又作樀兩階間謂之鄉本又作嚮廣韻
作嚮宮中之門謂之闈後漢書注作宮中小門所以止扉謂之
閎本亦作閣宮中衖謂之壼釋文作壼云本或作壼廟中路謂之
唐釋文作塘云本今作唐堂途謂之陳周禮注途作涂二達謂之岐
旁岐釋文作歧樊本作技九達謂之逵本或作馗室中謂之時玉篇
作跱陝而脩曲曰樓陝俗作狹或作狎字毛本脩作修
釋器第六　木豆謂之豆本又作梪瓦豆謂之登本又作鐙說文
繫傳同盎謂之缶左傳疏盎作甖康瓠謂之甈李本作康光斪斸
謂之定斪本或作拘非斸本或作斸定或作錠斫謂之鐯字又作楮𣃁謂
之疀說文𣃁作䦆釋文疀作䤬云或作疀文選注作鍬謂之鍤䙆婦之笱謂之
罶䙆亦作䉂籗謂之罩字又作篧槮謂之涔槮爾雅舊文并
參爾雅本作棧郭因改詩傳並米旁作糝米旁作糝李舍人並作糝兔罟謂之罝兔又作菟罝
謂之罦本或作䍖繴謂之罿本或作罠大版謂之業釋文作㸁
云本或作流衣裗謂之視裗本又作流作裗襋領謂之襮釋文領作紟云
作業

（本又作領）衣皆謂之襟（釋文及今石經並與此同監本毛本皆誤作背）扱衽謂
之襭（說文作扱謂之擷）衣蔽前謂之襜（釋文作幨云本或作襜）婦人
之褘謂之縭（褘釋文作幃云本或作褘又作褌縭本或作褵）轡首謂之革
（首本或作古首字）摶者謂之欄（釋文作欄）魚曰斮之（李本作作之）冰
脂也（孫本冰作凝）肉謂之羹（又作羮）有骨者謂之臡（本又作臇）
澱謂之垽（玉篇作沂）欵足者謂之鬲（欵本或作款）䰝謂之鬵
（䰝本或作甑）鉼金謂之鈑（本亦作版周禮注同）象謂之鵠（本亦作鵠）犀
謂之剒（本或作厝）木謂之剫（玉篇作柀）金謂之鏤（字又作鎪）骨謂
之切（本或作觸周禮注作珠謂之切）璆琳玉也（璆本或作球）簡謂之畢
（李本作韠）滅謂之點（李本作沾孫本作坫）璧大六寸謂之宣（本或作瑄）
（廣韻及漢書注並作荁）再染謂之赬（周禮注作竀）竿謂之箷（李本作簁）
革中絕謂之辨（玉篇廣韻並作辮）鏤鋟也（釋文鋟作鋟云字又作鏤）
釋樂第七大箎謂之沂（箎字又作鷈沂或作齗又作訢）大塤謂之
嘂（塤本或作壎嘂本或作叫）大簫謂之言（本或作管）小者謂之筊（本或
作筊字）小者謂之箹（監本毛本誤作篎）大籥謂之產（釋文作簅云字
又作產）其中謂之仲（或作䈺同）徒吹謂之和（吹本或作歙）徒擊
鼓謂之咢（本作鄂）徒鼓鐘謂之修（釋文作修云本作脩字監本毛本同）
徒鼓磬謂之寋（本或作蹇字同或作搴字非）大鼗謂之麻（鼗本或作
鞀）
釋天第八四氣和謂之玉燭（今石經及孫本文選注疏述經並與此同）

（監本毛本本作四時）夏爲長贏（本或作嬴今石經同）四時和爲通正謂
之景風（文選注作四氣論衡作四氣和爲景星）甘雨時降（論衡作甘露）穀
不熟爲饑（本亦作飢又作古餓字周禮注作饑監本毛本作飢下仍饑同）蔬不熟
爲饉（周禮注疏作蔬）果不熟爲荒（周禮注作蔬穀皆不熟則曰大荒）仍饑
爲荐（李本作薦字）大歲在甲曰閼逢（大本今作太下仿此今石經與此同）
（監本毛本並作太史記歷書閼逢作焉逢）在乙曰旃蒙（歷書作端蒙）在丙曰
柔兆（歷書作游兆徐廣曰一作游桃）在丁曰強圉（強本或作彊字歷書作彊梧）
在戊曰著雍（著本或作祝字雍釋文作廱云字又作雍本或作黎字歷書作徒維）在
己曰屠維（歷書作祝黎）在庚曰上章（歷書作商橫）在辛曰重
光（歷書作昭陽）在壬曰玄黓（歷書作橫艾）在癸曰昭陽（歷書作尚
章）在卯曰單閼（孫本作蟬焉淮南子作單遏）在巳曰大荒落（歷書
作大芒落天官書作大荒駱）在未曰協洽（歷書作汁洽）在申曰涒灘
（本或作灘禮器碑作涒歎）在酉曰作噩（本或作咢歷書及淮南志並作作鄂漢書作作
詻）在戌曰閹茂（歷書作淹茂淮南子漢書並作掩茂）在丑曰赤奮若
（歷書作汭漢）在丙曰修（本亦作脩）三月爲寎（本或作寎廣韻同）五月
爲皋（或作高）十月爲陽（本或作霷）南風謂之凱風（釋文作颽云又
作凱）北風謂之涼風（涼本或作古䬕字）焚輪謂之穨（焚釋文作棼云
本或作焚監本毛本作頹穨釋文同云本或作穨隤）風雨火爲庉（本或作炖）風而
雨土爲霾（釋文作霾云本作霾）天氣下地不應曰雺（或作霧）地
氣發天不應曰霧（本亦作霿）蝃蝀謂之雩（蝃本或作蝃蚚）蜺爲

挈貳釋文作霓云本或作蜺挈本或作契雨霓爲霄雪霓本或作霰霹析

木謂之津左傳疏無謂字營室謂之定釋文作題云本或作定營室

東壁也釋文作東辟云本又作壁大梁昴也昴本或作昴濁謂之畢

濁本作噣咮謂之柳咮本或作喙何鼓謂之牽牛石本原如此後人磨

改何作河今石經及釋文監本毛本並同原刻彗星爲欃槍釋文彗作篲云本今作彗

奔星爲彴約玉篇作彴約夏祭曰礿本或作禴祭地曰瘞薶

後漢書作埋祭山曰庪縣庪本或作庋又作攱周禮注作㨫繹又祭也

繹本或作襗夏曰復胙釋文作昨云本又作祚亦作胙各本無此句宵田爲

獠或作燎纁帛縿本或作䋎又作縿䄠衫下同注旄首曰旌本又作旍

旌旂本又作旗

釋地第九濟河間曰兖州濟本又作泲下同秦有楊陓本或

作紆非也續漢書注作楊紆楚有雲夢本或作夣齊有海隅本或作嵎廣韻

作澞燕有昭余祁孫本作底鄭有圃田圃本或作圃周有焦護

釋文作穫云又作護中陵朱滕釋文作縢云又作滕北陵西隃史記集解作俞

梁莫大於湨梁釋文及今石經毛本並與此同監本湨誤作溴有醫無閭

之珣玗琪焉李本醫作毉監本毛本玗誤作玗西方之美者續漢書注

作西南有昆侖虛之璆琳琅玕焉釋文琅作瑯云又作琅有幽

都之筋角焉筋本或作筋字非其名謂之鯀本或作鰯南方有

比翼鳥焉本或作比翌又作翼又作狘與邛邛岠虛比邛邛本或作蛩

蟨釋文岠虛作駏驉云駏本或作岠又作岠驉本或作虛又作獹爲邛邛岠虛齧

甘草齧本或作噬其名謂之蟨監本誤作蟨今石經釋文毛本並與此同中

有枳首蛇焉枳本或作贅監本毛本作軹今石經及釋文並與此同郊外謂

之牧李本牧作田字牧外謂之野本或作埜古字下溼曰隰溼俗作濕

隰釋文作隰云本或作隰廣平曰原高平曰陸左傳注作廣平曰陸陂者

曰阪阪又作坡田一歲曰菑本或作甾三歲曰畬本或作畭西至

於邠國邠本或作豳字說文玉篇作汃觚竹觚本又作孤北戶後漢書注作北

土西至日所入爲大蒙監本大作太

釋丘第十如乘者乘丘釋文乘作乘云本作椉水潦所止泥

丘泥依字作尼又作坭廣韻作屔當途梧丘今石經與此同監本毛本當作堂釋文途

作涂云字又作途水出其前消丘消本或作湍水出其左營丘

禮記疏史記集解並作水出其前左曰營邱邐迆沙丘釋文迆作迆云字或作迆史記云

集解邐迆作迆邐右陵泰丘史記集解作太邱如畝畝丘釋文畝作畞云

本或作畝望厓洒而高岸厓字又作涯隩隈本或作澳隈外爲隈

今石經及李本釋文詩疏並作爲鞫左傳疏及監本毛本與此同谷者溦本又作湄

釋山第十一一成坯或作伾釋文尚書正義水經注並同後漢書注作岯銳

而高嶠史記正義作橋卑而大扈釋文作嶋云或作扈小山岌大山

峘說文岌作駭崒者厜㕒本或作厜展又作嵳峩山如堂者密又作

峇重甗隒本或作嵰大山宮小山霍山海經注宮作繞水經注作大山曰

宮小山日霍小山別大山鮮或作嶰文選注作嶰多小石磝字或作磽

多大石礐字或作确又作礐又作埆山上有水埒字或作浖石戴土

謂之崔嵬戴本或作載下同陵夾水澞本又作虞
釋水第十二沃泉懸出懸出下出也釋文及今石經監本毛本
懸並作縣氿泉穴出後漢書注作氿泉仄出也仄本亦作側汃漢書注後漢書
注並作側過辨回川過本或作渦同又作洞歸異出同流肥水經注流
作日瀵出大尾下水經注引呂忱云爾雅異出同流為瀵尾字或作泥屃水醮
曰厬醮字或作潐厬字又作灂說文作氿水自河出為灉字又作灉水經注史
記正義並作河有雝汶為灛水經注作闡過為洵過又作渦或作過汝為
濆水經注史記集解並作汝有濆泉爾雅本濆亦作涓河水清且灡漪灡釋文作
灡云李依詩作漣猗本又作漪直波為徑釋文作俓云字或作經水草交為
湄本或作溜潛瀓濚四字深則厲本或作濿繇膝以下為揭膝字又作

厀下同紼縭維之紼本或作綍又作紱紼繂也繂本或作繂天子造
舟造或作阜大夫方舟方或作舫士特舟特又作犆小洲曰陼字又
作渚本或直云小洲曰渚說文亦作渚小陼曰沚本或作洔小沚曰坻本或
作墀本又作泜河出崑崙虛色白虛本又作墟大史釋文作太史云本今
作大鉤盤釋文作般云本又作盤李本作般
釋草第十三草亦作艸茖山蔥本又作蒸勤山䪥勤字又作蘍廣韻作
花蘢本又作薤椵木槿監本椵誤作椵釋文及今石經毛本並與此同槿釋文作堇云或作
槿櫬木槿櫬本又作藽朮山薊朮本或作茉葥王蔧說文葥作蒲廣
韻葥作篇蔧作篲菉王芻本又作蒭蒿菣本亦作藍薦黍蓬孫李本薦作藔
孟狼尾玉篇及今石經並與此同監本毛本孟誤作孟瓠棲瓣舍人本瓣作瓠茹

藘茅蒐茹字亦作藘石本藘字後人磨改作藘各本同果蠃之實栝樓本或
作苦蔞虉綬虉又作鷊戎叔謂之荏菽叔釋文作尗云本亦作菽蘬烏
蘺釋文及今石經毛本並與此同監本蘾誤作蘾蘾懷羊監本毛本蘾誤作蘾釋文與此
同蔆蘆葹後漢書注作葹鷊竹鷊本或作鷊莕接余莕本亦作荇說文作
荇接說文及顏氏家訓作菨余本或作荼非熒委萎釋文委作妥云本亦作委竹萹
蓄竹本又作筑葴寒漿釋文寒作蘾云本今作寒薢茩芵茪芵本亦作決芵
釋文作光云本或作茪芍鳧茈本又作䓙蘋薡蕫本或作董䔶芺蕛本又作
稊虋赤苗虋本亦作蘴臺夫須臺字又作薹須釋文作蒩云本今作須藆
𦮃藆本亦作藆𦮃本又作罰莔貝母監本莔誤作莔荍蚍衃本或作芣又作蚽
蕇亭藶字或作葶藶薜庚草庚字或作蓎蔜蕿蘰蔜釋文作蘐云本今

作蔽蕿字或作薽離南活莌離釋文作蘺云本今作離莌字或作莌須葑蓯
釋文須作蕵云本今作須蓾蔓于蔓或作曼杜夫搖車杜本或作拄蘄茝
蘪蕪釋文蘪作麋云本今作蘪茨蒺藜茨或作蕢監本毛本藜作蔾釋文與此同蕁
莐藩莐字或作芫蕎蔦本又作鳥莞苻蘺莞本或作蔙蘺本或作離荷芙
渠本又作蕖釋文今石經與此同廣韻及監本毛本並作蕖其葉蕸字或作葭眾家並無
此句惟郭有然就郭本或復脫此一句亦並闕讀其華菡萏釋文作窞云字又作萏本
今作苕其根藕字亦作蕅其中的或作菂薏皋實廣本或作蓄監本毛
本皋作皋非菲葸菜葸本又作息蕢赤莧莧字亦作蕢蘠蘼虋冬
蘼又作蘪虋本皆作門亦作蘴字苹蓱監本毛本苹誤作萍釋文及今石經並與此同蓱釋
文作蓱云本或作蓱藬牛蘈藬本又作蘈蕢牛脣釋文作蓐云本今作脣連

與翅字亦作翅澤烏蘋釋文及今石經並與此同監本毛本蘋誤作蘋傳擴目
石本原如此後人磨改擴作橫各本同蔆蔽攗蔆釋文作蔆云字又作菱本今作蔆大
菊蘧麥蘧字或作遽麥亦作麦蘜治蘠蘜字或作菊蘠廣韻作牆唐蒙女
蘿釋文唐作蓎云本今作唐蒿戎葵釋文戎作茙云本今作戎蘵盜庚本又作羹
莩麻母莩本又作字說文作芓釋文今石經並與此同監本毛本莩誤作莩倚商活
脫倚舍人作猗商釋文作蕳云本今作商脫字又作莌蘵黃蒢藏字作職又藒車
芞輿本多無車字輿字或作蕇惟郭謝及舍人本同衆家並作蒢蔠葵蘩露蔠釋
文作終云本亦作蔠今作終蒤委葉蒤釋文作荼云字亦作蒤委字或作萎鉤藈
姑蘱本或作睽姑釋文作菇云本今作姑望蘗車蘗本又作乘車釋文作居云本亦作
車困衱袶本今作絳攫烏階各本攫作櫻杜土鹵釋文作菌云本又作

鹵眯薞各本眯皆作蘇監本誤作蘇樊本作蘇薞麥中馗菌舍人本馗作鳩釋文
菌作蔨云本今作菌茈小葉茈字又作莪鄰堅中鄰字又作葬簢篬中
簢字或作慈仲無笐本又作笎釋文今石經並與此同釋文作笐篙箭萌釋文
箭作箭云本今作箭素華軌鬷素又作索蘻月爾釋文蘻作墓云字亦作蘻姚
莖涂薺釋文涂作蒤云本今作涂蒙王女今石經及廣韻並與此同監本毛本誤作
玉女藗牡茅釋文藗作蔌云本又作藗蕨蘢字亦作蘢繁由胡釋文繁作蘩云
字今作繁莣杜榮莣字亦作芒杜舍人作牡的薂釋文的作菂云本今作的薂字又作
敫葽繞蕀蒬蕀釋文作棘云字或作蕀茦刺字又作刺又作刺蕭萩監本
毛本誤作荻今石經釋文並與此同薚海藻本亦作藻長楚銚芅釋文長作萇云
本今作長銚字或作䖐芺字亦作弋芣苢馬舄苢字亦作苡舄釋文作舃云本今作舄

芫東蠡芫本亦作芫落麋舌釋文麋作麇云本或作麇其萌蘿本或作虇
非蕍芛葟華榮葟本亦作皇卷施草拔心不死施或作葹釋文
今石經並與此同監本毛本誤作施葯茭字又作茇攫橐含今石經釋文並與此同監本
本攫作櫻毛本作櫻並誤不榮而實者謂之秀衆家並無不字郭雖不注而音
義引不榮之物證之則郭本有不字
釋木第十四稻山榎舍人本又作櫝椵杝今石經釋文並與此同監本毛
本椵誤作椵柀煔字或作杉椋即來釋文作棶云本今作來栵栭釋文作檽
云字又作栭柚條柚或作櫾條字又作櫾楥柜柳又作柳味荎著監本
毛本味作咊釋文同云本今作味荎舍人本作柢著舍人本作都樊本作居櫙荎櫙本或作
蓲狄臧槔貢綦監本毛本臧誤作藏廣韻及釋文今石經並與此同舍人本槔作皋

樊本作㭬朹繫梅朹廣韻作杭又作朹繫本又作繫樊本作楄朻者聊釋文今石
經並與此同監本毛本朻誤作料魄榽橀本亦作醯棆無疵本又作榹諸慮
山櫐慮字又作櫖櫐字或作藟下同欇虎櫐欇本又作聶又作櫐杬魚毒杬本
又作芫監本毛本誤作杭釋文今石經並與此同檓大椒檓監本誤作檓椒字又作茮
無姑其實夷舍人本作桋休無實李休又作林痤椄慮李廣韻
作挫接櫖李又作座接慮李監本毛本亦作座接慮李駁赤李駁字亦作駮棗壺
壺或作榼邊要棗要字或作櫻楊徹齊棗徹本或作撤煮填棗
填本或作顛蹶洩苦棗蹶本亦作蹶廣韻同洩釋文作泄還味棯棗棯又
作橤監本誤作棯今石經作稔樸枹者樸字又作僕謂櫬采薪舍人引上櫬梧
來合此句以謂字作槷守宮槐葉晝聶宵炕樊本作抗玉篇作炕大而

皵釋文皵作𣘥云字揪或作𣘥今本作皵桋赤楝又作栜灌木叢木灌釋
文作貫云字又作灌叢本或作叢枹遒木魁瘣遒又作迺棫白桵本或作棲
梨山樆梨字亦作梨樆本亦作離非桑辨有葚梔辨各本皆作辨葚本或作
椹樕樸心釋文樸作樸云本今作樸詩疏作樸樕心棧木干木棧本干作杆釋
文今石經並與此同監本毛本作于誤木自斃柛斃字又作斃詩疏同立死椔
釋文作甾續漢注詩疏並作菑蔽者翳詩疏蔽作蘙下句曰科本又作樛如
竹箭曰苞本或作枹祝州木監本毛本祝作柷釋文同云柷本今作祝椒樧
醜菉釋文椒作茉云本今作椒棗李曰疐之疐亦作疐樝棃曰鑽之
樝字亦作查木族生為灌釋文作樌云或作灌
釋蟲第十五蟲本亦作虫螼天螻廣韻螼作𧉱蟦衘入耳衘本

又作蚻蠽茅蜩蠽釋文作蠽云本今作蠽茅本或作蠽蜓蚞螇螰蚞本或作
沐非諸慮奚相慮本或作蠦相舍人本作桑蜉蝣渠略蝣本又作蝣略或作
蟲蛂蟥蛢蟥本或作黃蠸輿父守瓜父字或作釜蝚蛖螻蛖或
作駹非不蜩王蚥監本作父姑蠪強蛘監本毛本姑作蛄蛘本或作羊不
過蟷蠰過本或作蝸蒺蔾蝍蛆蒺字亦作蝶蔾字亦作蛆毛本作蔾廣韻及釋
文監本並與此同蟋蟀蛬蟋本或作蟋蟀本或作蛩或作蛬文同蛗螽蠜蠜本或作
蠜蟼本或作蠜下並同草螽負蠜釋文負作蝜云字或作負蜇螽蜙蝑蜇本蛰
又作蟿蜙釋文作蜙云字亦作蜙蟿螽螇蚸蚸或作蛱廣韻作塴監本毛本並作蚸
土螽蠰谿作蠰字誤又螼蚓蜸蚕廣韻釋文並與此同監本毛本作蠶誤
莫貈蟷蜋蛑莫本或作蟚貈本又作貉下同蟷監本毛本誤作蟷釋文今石經並與此

同虰蛵負勞釋文作蟧云本今作勞螺蛅蟴螺字又作螺玉篇作螺蛅字或
作蛅蟠鼠負蟠字或作𧓍負本亦作蝜又作婦亦作婦蛾羅蛾本又作蛾螒天
雞釋文螒作翰傅負版版字亦作蝂蛶螪何本或作蚵蠪朾螘朾本又作
虰次蟗鼅鼄鼅鼄鼄蝥蝥本或作蟊監本上鼅字誤作鼄土蠭本又
作蠭字又作蜂蟦蠐螬蟦本又作齊蛜威委黍蛜本今作伊威委黍三字今爾
雅本旁或並加虫監本毛本蛜作蛜釋文今石經並與此同蠨蛸長踦蠨或作蕭監本
毛本並作蠨釋文今石經並與此同踦字从足虫旁作者非蠖蚇蠖蚇亦作尺果蠃
蒲盧果本又作蜾又作蝸蠃監本毛本作蠃釋文今石經並與此同熒火即炤釋文
作螢火云本今作熒密肌繼英繼字又作蠿蚅烏蠋烏釋文作蝸云本又作烏
王蛈蜴監本毛本王誤作玉雔由樗繭釋文雔作雔云本今作雔翥醜罅

釋文作䖃云本今作罅玉篇作蟳蠭醜螸亦作蝓施作蠭食葉蟘釋文作蟘云字
又作蟘又作蛍監本毛本並作蟘食節賊釋文作蠈云本今作賊食根蟊本亦
作蛑後漢書注作蝥
釋魚第十六魚字又作𩵋鮎舍人本無此字鱧字或作鱺又作鱻鯊鮀
鯊本又作魦鮂黑鰦莊子釋文鮂作鰌魾大鱯文選注魾作鯆鰝大鰕
監本毛本誤作鰕釋文今石經並與此同鱀是鱁鱀本或作鱁是本或作逐非鱦小
魚作鱦本或作鮥鮛鮪鱊作叔釋文鮛鮤鱴刀作字亦作魝鱊鮬鱖鯞
鱖本亦作鱖歸本或作帚魚有力者黴字或作黴𩵙作鰕魵鰕字亦作蝦鮅鱒廣韻
作鯛科斗活東科字或作蝌舍人本活東作顆東鼁鼀蟾諸鼀今石經
從說文作鼀諸釋文作𧔹云本今作諸蜌螷釋文作螷云本今作螷蚌含漿蚌本

BIBLIOTECA DA UNIVERSIDADE DA ÁSIA ORIENTAL
東亞大學圖書館
UNIVERSITY OF EAST ASIA LIBRARY

或作蛯鼈三足能鼈字又作鱉龜三足賁龜字又作鼅蠃小者
蜬本又作函蜃小者珧衆家本皆作濯仰者謝衆家本作射前弇諸
果衆家作裹左倪不類倪亦有本作睨下同貝居陸贆字亦作猋小者
鰿釋文作鱝云字又作鰿貽貝貽本又作胎餘貾黃白文釋文貾作蚳云
字或作貾餘泉白黃文泉本或作蟓蟦小而橢蟦本或作鰿又作資又作
鱝蠑螈蜥蜴蠑本或作榮蜥蜴蝘蜓字或作蝘螣螣蛇螣字又作
朕監本毛本作螣螣字又作騰又作螣蝮虺博三寸蝮釋文作蝮云字亦作蝮虺釋
文作虫云本今作虺
釋鳥第十七隹其鳺鴀隹如字旁或加鳥非也鳺鴀本亦作夫不鳲鳩
鴶鵴鵴字又作鳫鵙鳩王鴡鴡本又作雎鵅鵋鶀鵋本亦作忌鶀釋文

作鵋云本亦作斯下鵋老同本今作鵋鶅鵃軌鵵本亦作兔鵱鷜鵝字亦作鵞
鳽鵁鶄鵁本亦作交鶄本又作精輿鵛鷞輿釋文作輿孫本作鸒鵛本亦作徑鶾
天鷄鶾本又作翰鸒山鵲釋文作鸒云本亦作鵲鷣負雀負字或作鵤
桃蟲鷦其雌鴱雌字或作嶋鳩又作鴱廣韻同鷗鳳其雌皇本亦作凰
鶺鴒雝渠鶺釋文作鸎渠字或作鸎鷽斯鵯鶋本多無斯字案斯是詩人叶句
之言後人因將添此字也而俗本遂斯旁作鳥謬甚鶋本或作居燕白脰烏燕字或加
鳥旁者非鳥監本誤作鳥各本並與此同鴽鴾母鴾字或作牟母舍人本作無密肌
繫英釋文作鷄肌繫鷄云鶏本今作密鷄本今作英燕燕鳦鳦本或作乙鴟鴞鸋
鴂鴂或作鴃狂茅鴟狂本或作鵟茅本或作鶜鷚劉疾劉字或作留生噣
雉字或作鴙爰居雜縣爰本亦作鶢居本或作鶢雉字亦作𪂩春鳸鳻鶞

本亦作分遁鵖鴔戴鵀鵀本亦作鵀鶭澤虞鶭本或作鴋鸍鶚其雄
鶛牝庳監本毛本庳作痹釋文今石經並與此同鶝頭鵁頭字或作投鵁本或作鵁
萑老鵵本又作兔鵵鴽鳥鵵本亦作突鴽釋文作胡云字或作鴽狂鸏鳥
釋文狂作鵟云本今作狂山海經注鸏作夢晨風鸇晨本或作鷐鸉白鷢釋文
今石經並與此同監本毛本鸉字誤作楊鳥二字鷏蟁母蟁字或作䖟鷉須蠃
鷉字或作鷈鼯鼠夷由鼯或作鼯由字或作鼬倉庚商庚四字本或作皆
加鳥鴩餔敊釋文作鴩餔敊云鴩本今作鴩餔字或作鵏敊本今作枝鷹鶆鳩鶆釋
文作來云字或作鶆鶼鶼比翼鶼鶼衆家作兼兼鷺春鉏釋文作鋤云字又作
鉏秩秩海雉秩秩本又作失失鸐山雉釋文鸐作翟云本又作鸐韓雉
鵫雉雗字又作翰伊洛而南素質五采皆備成章曰翬

監本毛本采作彩釋文及今石經並與此同下句倣此南方曰𪄀本或作鷂鸛鷒
鶝鶔鸛玉篇作鸛鶝字亦作福鶔本亦作柔或作蹂鵲鵙醜釋文今石經並與此同監
本毛本鵙誤作鴂下文鵙伯勞也倣此鳶烏醜鳶字亦作鳶烏監本誤作烏鷹隼
醜鷹字或作應隼本或作鵻鳧雁醜其足蹼釋文作蹼云本又作蹼烏鵲
醜監本毛本誤作鳥鵲今石經與此同亢鳥嚨玉篇亢作吭鳥少美長醜
為鶹鷅本亦作栗詩釋文作少美而長醜為鶹鷅
釋獸第十八其跡躔跡字或作迹又作蹟其跡速釋文作邀云本又作
速麕牡麌麕本又作麋亦作麏麌一作麌其子麆本亦作麢絕有力豣
廣韻作豣兔子嬎兔字又作菟嬎釋文作婏云本或作嬎絕有力欣本或作忻
釋文貆作豬貆積云本今作貆奏者豱奏本或作奏下同豕生三豵周禮

注作貜所寢橧舊本多作橧帛字非四豴皆白豥釋文豴作蹢云本今作豴

虎竊毛謂之虦貓虦字作虥又虪黑虎釋文虪作儵云本今作虪貀

無前足貀本又作豽鼳鼠身長須而賊鼳本多作臭監本毛本誤作鼳

釋文今石經並與此同後鼠屬鼳鼠仿此廣韻無而賊二字其子狗本或作豿絕有

力麙本或作玁貍子隸衆家作肆又作隸舍人本作隸貈子貆貈本作貉貆周

禮疏作貆其子穀本又作㲉麔父麕足釋文麕作麇云本或作麕貙獌似

貍獌本亦作貓麠大麃麠本或作麖麐大麕麐本或作麃監本麕亦作麐誤

貗貐類貙貗字亦作猰或作獒貐字或作窫狻麑字又作猊驨如馬驨本

作鑴麐麕身牛尾麐本又作麟猶如麂舍人本猶作𤡔貄脩毫貄本

又作肆亦作肆脩毛本作修釋文與此同毫本或作豪貙似貍廣韻作狸兕似牛

兕本又作光彙毛刺彙本或作猬作蝟亦作䖶又狒狒如人狒字又作𥖨或

作萬說文作鸓鸓貍狐貒貈醜其足蹯說文作狐貍貛貉醜其足蹞蒙

頌猱狀猱本或作獶猱蝯善援釋文蝯作猨云本或作蝯貜父善顧

貜字亦作玃說文同麔麚短項說文麚作猳蜼卬鼻而短尾卬監本毛

本誤作卬廣韻作仰時善乘領乘本或作乘猩猩小而好啼釋文作嗁

云又作啼寓屬舍人本寓作麌周禮注作禺鼢鼠字亦作蚡鼶鼠鼶字或作鼶

麋鹿曰齸齸字或作嗌鳥曰狊監本毛本誤作臭今石經及釋文蜀石經並與此同

釋畜第十九駮如馬倨牙食虎豹倨字亦作居騉蹄趼

善陞甗騉漢書注作昆蹄字或作踠趼本或作研漢書注同陞本或作升漢書注同絕

有力駥駥本亦作戎膝上皆白惟馵馵字又作鄹前足皆白騱

舍人本作雞後足皆白翑舍人本作狗驪馬白腹騵騵字或作騮

尾白駺本多作狠白達素縣釋文監本毛本並作縣面毛在膺宜

乘釋文作椉云字又作乘在肘後減陽減本或作駭在背闋廣本或

作驤騋牝驪牡孫注改上騋牝爲牡讀與郭異駵白駁黃白騜監本兩白

字並誤作日騮馬黃脊騝本或作騫驪馬黃脊騽說文騽作驔今爾雅

本亦有作驔者青驪驎驒釋文驎作鄰云本或作驎青驪繁鬣騥本又作柔

白馬黑鬣駱鬣舍人本同衆家本並作髦詩釋文引樊孫本作黑馬白髦白馬

黑脣駩孫本作犉云與牛同稱本或作驎一目白瞯釋文作瞯云本又作瞯

二目白魚本又作瞗犣牛犣本或作鬣字犤牛釋文今石經並與此同監本毛

本犤誤作犤皆踊觢字或作挈黑脣犉釋文作犉云字亦作犉黑眥牰

本或作褏體長犕廣韻作犕羊牡羒又作粉犬生三猣毛本誤作猣

蜀子雛字或作餘馬八尺爲駥釋文作戎云本亦作駥後漢書注作龍羊

六尺爲羬本亦作麙雞三尺爲鶤字或作鵾今石經此後有標題六畜二字

按左傳疏兩見並云爾雅於馬牛羊豕犬雞之後題云六畜今驗石刻此處甚分明實無此題蓋刻

石時已不從唐初舊本矣

右爾雅

又按唐石經後附刻張參五經文字三卷唐元度

九經字樣一卷與唐藝文志所載同考劉禹錫修

五經壁記云張參詳定五經文字書于論堂東西

廂之壁自是諸生之師心曲學偏聽臆說咸束而

歸於大同參自序云幸承詔旨與二三儒者分經鉤考而共決之卒以所刊書于屋壁至其經典之文六十餘萬至當之餘但朱發其旁而已猶慮歲月滋久官曹代易儻復蕪汙失其本眞乃命孝廉生顏傳經收集疑文互體受法師儒以爲定例凡一百六十部三千二百三十五字分爲三卷則參所刊定五經文字既書于壁慮其歲久泯沒因撮其要領撰成此書非謂此書卽五經文字也石刻首題五經文字序例得之自元度稱其書略去二字而藝文志竟題爲五經文字三卷後代率仍其目實則非也又參序作於大歷十一年而文云□□書猶□□□□□□□□蕩而無□□十年夏六月有司以職事之病上言其狀詔委國子儒官校經本送尚書省參幸承詔旨得於二三儒者分經鉤考而共決之云云此十年謂天寶十載也封演聞見錄云天寶十年有司言經典不正取舍無準詔儒官校定經本送尚書省并令國子司業張參共相攷驗政與僔合石本十年之上矣字已泐其半而明人補字乃于無下缺處改爲貞觀補字自□□□書以下其十七字改爲轍有所書猶未闕文正體竟變蕩而無貞觀皆爲謬不成文理經

義攷遂謂石刻十年之上增貞觀二字疑石本非唐人之舊葢亦誤讀補字與石經連綴之本耳不然參于大歷中爲國子監司業距貞觀十年已及一百四十年安得有幸承詔旨之語且當時看書上石屢易儒臣豈有書石之人於國家紀元詔旨顚倒錯繆如此而無一人能爲審定者是又不待辨而知之者也是書分別部居詳考說文字林石經隷變經典相承同異以類分別爬羅剔抉使讀者開卷瞭如以視顏氏干祿字書尤爲精確覃等校定石經點畫偏旁多有根據參書非無功矣其書成於大歷中而開成以前並未聞有刻石之事驗石本筆迹與九經字様無殊當亦與石經同時所刻末有乾符三年參孫自牧并刻字人題名四行則又僖宗時自牧重校勘定所題其中如參字改叅之類皆自牧手筆斧鑿之迹甚明亦非刻於乾符中也今故類列于此九經字様者覆定字體官唐元度撰以補張書所略條例仍依張書之舊故題曰新加九經字様惟減百六十部爲七十六部又爲雜辨部附于其末因補遺字少不能各出子目減省繁冗創爲此例此變通之得其宜者也

又此書注音每以四聲之轉爲準與張書音某某
某反之例亦異元度自序云其聲韻謹依開元文
字避以反言但紐四聲定其音旨則元宗以後反
字已宜諱言因變而用此藝文志有元宗開元文
字音義三十卷卽元度所云開元文字者也其書
久佚不傳孫奭孟子音義中嘗引其說觀此書亦
可以知其大概實韻書之創見者顧自四聲旣分
不能音各一字卽求之轉聲亦揔難于適當則反
切之用豈可盡廢後世鄉曲之士昧于聲韻兎園
册子輒作音某云云使人易曉卒致音讀乖謬未

始非此書作之俑也通考經籍考載九經字樣一
卷引崇文總目唐元度撰又五經字樣一卷引陳
氏曰唐元度撰當爲一書歧出五經卽九經之誤
然玉海又有新定五經字樣之語與通攷所載正
同陳氏所見其卽重修本故有五經之目耶但陳
氏云往宰南城得此書乃古京本五代開運丙午
所刻遂爲家藏經籍之最古者開運本卽田敏所
進則又非重和中重修者宋史田敏傳稱敏所校
九經頗以獨見自任如改尚書爾雅諸條世頗非
之或此書標目亦敏所妄改歟疑未能明也宋元

以來二書並無刻本近揚州馬君曰璐曲阜孔君
繼涵始摹石本並雕於木然繕校粗率頗多以意
竄改處與原本有虎賁中郎之別學者不可不知
也

金石萃編卷一百十二終

據趙本校

金石萃編卷一百十三

賜進士出身　誥授光祿大夫禮部右侍郎加七級王昶譔

唐七十三

馮宿碑

碑連額高一丈八寸廣四尺三寸三分四十一行行八十三字正書篆額在西安府

大唐故銀青光祿大夫撿校禮部尚書使持節梓州諸軍事兼梓州刺史御史大夫充劍南東川節度副大使知節度事管内觀察處置靜戎軍等使上柱國長樂縣開國公食邑一千五百戶贈吏部尚書馮公神道碑銘并序

銀青光祿大夫守兵部尚書充　皇太子侍讀兼判太常卿事上柱國晉陽縣開國子食邑五百戶王起撰

翰林學士朝議大夫守諫議大夫知　制誥上柱國河東縣開國男食邑三百戶賜紫金魚袋柳公權書并篆額

惟唐開成元年歲在執徐十二月三日撿校禮部尚書東川節度使長樂公享年七十薨于位　天子不視朝一日贈以天官之秩是月　公之喪歸于西都其來也梓潼之人如亡顧復其至也京師之人咸嗟

趙無空格

嗞痒其親戚號于中唐而隣里感其朋友慟于外寢而搢紳弔咸以　公孝友忠信清廉正直寬仁偉度可以韜當世術諸遠畧可以經大邦而位不充量才屈於筭斯所以感人深矣其明年五月克葬于京兆萬年縣崇道鄉白鹿原從先人塋禮也既葬其孤纍然泣血以公勳伐德善之狀請被於文而刻此石云　公諱宿字栱之冀州長樂人漢光祿勳奉世廿五代孫也自光祿勳立功於漢其下十四葉立國王燕是謂昭□皇帝其下七葉生五代祖周烏氏侯諱早惠□隋爲□州司戶皇朝爲婺州長山令長山生高祖　皇婺州紀曹掾

諱文倹紀曹生曾祖茂才高第栝州松陽令諱道儀松陽生大父文林郎宋王府記室參軍贈禮部員外郎諱嗣員外生先府君南昌令新安郡長史贈尚書左僕射諱子華咸以茂德光耿史諜僕射天寶中明皇以四子列學官時與計偕一鳴上第藏器不耀以孝節聞享年八十累贈尚書左僕射先妣彭城劉氏皇成都府參軍沔之女嬪則母範惟家之肥累贈彭城郡太夫人　公即僕射之元子也奇偉倜儻與人誠直言無詭隨行不苟合望之也長戟森於武庫即之也大珪植於瓊田卯歲侍僕射府君廬于員外府君之墓左

有靈芝之産于埏隧白兎擾于松檟僕射惡其顯異抑而不言識者咸謂純孝殊祥又重之以陰德其門必大也弱冠以工文碩學稱年廿六舉進士是時明有司郎兵部侍郎陸公贄其人也又應宏詞科試百步穿揚葉賦雖□勢奪而其文至今諷之後生以爲楷已而有志於四方歷東諸侯爲彭門僕射張公建封所器異因表爲試太常寺奉禮郎充節度□官張公傑邁簡達尊賢禮能幕府始建羣彥翹首與　公同昇者李藩韓愈之□皆諸侯之選及　公曳裾之後有置醴之遇其書檄奏記　公皆專焉及張公寑疾　公常出入卧内獻□戎

事一軍感其□明追其虆落也武夫感義閭里懷慕蚩蚩洶洶無帥乃亂□其子愔稱留後焉未　王命也先是李師古之叛也其將李洧以徐方効順至是師古將伐有邑且復故地公内則警訓叛徒明利害之鄉外則移檄敵人□逆順之理卒能寢師古之謀遏徐方之亂衛監戎於鋒刃之上□闔境於磔裂之勢　公□力□而終身杜□不言定徐之功議者高其不伐及
　德宗以愔得衆因而善之表　公爲留後判官試金吾衛兵曹　公以危邦是惑倚門方切乞歸江左以奉色養已而起師濬章請□□幄授大理評事徐

之軍吏聞　公之去羣□　公職者害　公之能也合爲他誣貶泉州司戶　公得喪不形以詩書自娛歲餘移□州司戶太夫人終堂觿慕柴毁阽於滅性芭復常從事浙右徵拜憲府監察歷太常博士凡爲八家定□皆□善□惡不吐不茹時人偉其文而與其直遷虞部員外郎丁先府君艱欒棘在疚哀禮皆極既祥除都官員外郎　憲宗時吳元濟以淮西叛　詔相國裴公東征於是妙選廷臣爲幕中□由是□　公爲彰義軍節度判官於是有朱紱銀章之錫淮西平疇勞報功拜比部郎中爲持權者所忌會韓文公愈以京師

迎佛骨上疏切諫忌　公者因　上之怒也誣　公實爲之出刺歙州先是中書舍人鉠僉謂　公之述作動合謩訓　綸言之任旦夕待遷及一麾出守羣情大駭　公則神怡氣暢視虧若成此則老氏之齊寵辱令尹之無慍喜也在歙周歲鋤兼并活矜寡有襦袴誰嗣之謠徵拜□部郎中遷□部郎中知　制誥時問罪河朔書命疊委　公應□神速不能自休詞理典與文采煥逸大凡六百餘章爲染翰者程準
　大子以深州刺史□元□納忠効順　詔除襄州節度使時壷圍不□未□之□□江漢一游舟車四會人

憲丞以下至末趙本全缺

虛□沸施褰由之□思文武全德姑□其□

上曰侍臣有魁岸奇表珥貂蟬者爲誰丞相以

公對　　　上曰峴南留務斯人可矣爰命金

印紫綬宮相憲丞倅□以□□之□車則萃旅□□□

里□□□翼日□□□　詔□歸□□□或須借□

□上□一年或追送君□有逾百里其遺愛在去有如

此者郎日拜中書舍人妄爲飛語□中□改爲太常□

□□□□遷散騎常侍□□□□□直□□□之士

□□□□□□試第其上下得人之□□爲至公遷華

州刺史以州名犯先公諱固讓不拜復□□加集賢殿

學士□□□□同之阻　命於□□也王□典□□□

□□□□□□□□□□□□□□□□□以□□□

□□□□之臣有才者宣撫之擇使數輩□□□之事

　公以食君之祿危事不□急國之□□□盡心

遂□□政□□□□屬虐暑溽雨泥行谷宿□□險阻

□□□□□□□□□不言□由是出入□□□□□

□危者安之□者勇之棣城□□　公□□助其□□

事國有如此者矣三川浩穰尹正斯□時□之□□

公□理及□□必信賞必罰寬人急吏□□著無□兼

并□必□□□□□□部曲□□□□□有□□爲□

碑中上字皆空五格

吏□□□□□□於杖下□□□□□□□□□□□

□禁止再□報政行工部侍郎加□□□□□□□□

□□□□□□□曹郎議□□　公以□路□以誅□

□□□□□之□□□以爲得□□□□□□□□□

□□□□□後　勅五十□□百□□□□□□□兵

部侍郎進爵爲公會衆□□□□□□　上□□

□□之忠重推轂之□□撿按禮部尚書使持節梓州

諸軍事兼梓州刺史御史大夫□□□□□節度副

大使知節度事管內觀察處置靜戎軍□□□□公

□節□臨整□□紀外□□□內□□毗推赤心於三

軍之腹而□郡以六□□□禮樂修明苛□用去□□

□□□□□□人□□□□□□□□□□□□□□

□□□□□□□□□□□□□□□□□□□國人

□□心太和初□師□□南□入殺拒手□□大掠而

□　公以善□不□□□□□隨則無惠安必□□□

□□□□□□□□□□□□□□□□□□□□□

□□□□□□□□□□□□□□□□□□上問之

曰守土之臣當如是乎嵩□山鎭一方亦可波及他□

□　詔用□□□巫之□□□□　公□□□□□

□□□□□□□□□□□□□□□□□□□□□

□□□□□□□□□　□□□□□□嘗一旦天
助十万錢於我家故鄉人号爲孝馮家吾今壽登□□
位列方面陰德之□其可謚乎□□□□□□□□□
□□□□□□□□□□□□□□□□□□□□□
□□□□□□□□□□□□□□□□□重□家□
□□之以□□□□日命之短長天□□□之□□□
□□吾不□也□□□□□□□□□□□□□□□
□□□□□□□□□□□□□□□□□□□□□
□□□□□□□□□□□□□□□□□□□□天
下表其□□□□□□□□貞百以下七行漫漶不可摹

馮尚書碑今在陝西省下秦人王宏度酷嗜古墨余問如此妙跡近在省會何以不多見搨本王云碑已剝盡不可復搨每捫碑石輒欲涕流余亦爲之憮然

楊用脩曰誠懸馮尚書碑亞於廟堂碑庚子銷夏記

右碑自授華州刺史以父諱不拜徙左散騎常侍兼集賢殿學士而後皆殘泐其幸有者證之新舊二史多異如碑云冀州長樂人史云婺州東陽人豈宿之始祖漢光祿勳奉世立功于燕奉世之後文儉爲婺州禮曹掾遂家東陽耶文儉者宿之高祖也五代祖惠大父道儀皆史所遺碑云年廿六舉進士爲兵部

侍郎陸贄門人拜比部郎中時爲持權者忌以韓愈切諫迎佛骨表誣宿實爲之出爲劍州刺史舊書與碑同至碑題所謂梓州刺史及劍南東川副大使知節度事卽舊書亦未之詳也宿拜河南尹時洛苑使姚文壽縱部下侵欺百姓吏不敢捕宿于大會日過而杖之死新史尙不之載其闕畧亦云多矣子三人圖陶韜皆登進士揚歷淸顯新史止錄圖何也序之首云開成元年十二月三日宿薨于東川以明年五月歸葬于京兆萬年崇道鄉白鹿原之先塋則馮氏雖家婺州以宿之貴祖父俱葬咸陽其子孫或有存者豐碑巨碣磨滅殆盡矣金石錄補

觀韓昌黎與馮宿論文書時値唐文之衰馮公獨能力進乎古爲昌黎所推許生無愧秩宗之官死而柳公權爲之書碑今又列於泮宮馮公亦足以不朽矣第碑移竟失墓所惜哉來齋金石刻考畧

宿字拱之馮審之從兄也官終吏部尙書卒謚曰懿起字擧之終太尉卒謚曰文關中金石記

唐制諸王拜節度大使者皆留京師以副大使知節度事者寔正節度也碑稱充劍南東川節度副大使知節度事而新舊史但稱節度使者蓋以此舊史本

傳云韓愈論佛骨時宰疑宿草疏出爲歙州刺史新史疑其未必然而刪之然碑云公爲比部郎中爲持權者所忌會韓文公愈上疏切諫佛骨忌公者誣公寔爲之出刺歙州則固有此事矣昌黎之文自後世論之固非宿所能及在當時則猶夫人爾況出于忌者之口亦何所不至哉史稱婺州東陽人而碑云冀州長樂人蓋舉其族望然唐時冀州固無長樂縣劉知幾所譏諒哉潛研堂金石文跋尾

碑後文磨鉍垂盡今獨前文存者尚可辨案碑云宿冀州長樂人而新唐書本傳則稱婺州東陽人金石

續錄謂宜以碑爲正攷馮氏之所自出惟杜陵長樂二望碑因以宿爲長樂北史馮跋傳亦云代本出長樂宿北燕裔也今碑書其始望是也唐碑刻如池州刺史馮仁碑云長樂馮文王之允與此碑同則碑信非無據然驗其實宿之占籍當在婺州今文內所載乞歸江左以奉色養當時自宿祖父並居東陽又宜依新書爲是此固當兩存之不宜有所偏廢也張建封既殁宿以書說武俊使表建封子愔爲留後新唐書云爾而碑獨記德宗以愔得衆聞而善之則愔之得請亦不盡出自武俊碑載宿卅歲侍僕射府君廬於員外府之墓左則宿與父子華並守墓矣而傳文惟言子華廬親墓有靈芝白兎蓋史畧也新唐書牛元翼徙節山南東道爲王庭湊所圍以宿總留事碑云天子以深州判史牛元翼納忠效順詔除襄州節度時重圍不解未克之官下丞相以公對上曰峴南留務斯人可矣文較史爲悉又碑載開成元年十二月長樂公薨下文明年克葬云云碑之建立約亦在是時矣至碑又云其親戚號于中唐金石續錄云唐似是堂宇案詩中唐有甓傳堂塗也尔疋釋宮廟中路謂之唐此即碑依用所自後漢書延篤傳少從潁

川唐溪典司馬彪續漢書作堂谿典堂與唐亦古通用字何爲疑哉授堂金石跋

按此碑撰文者王起兩唐書傳起爲播弟字舉之大和七年由河中尹入爲兵部尚書八年檢校右僕射襄州刺史九年就加銀青光祿大夫文宗好文起僻于嗜學轉兵部尚書以莊恪太子登儲欲令儒者授經乃兼太子侍讀判太常卿碑結銜與傳同碑無建立年月以莊恪太子傳證之大和六年立爲皇太子開成三年詔宮臣詣崇明門謁朔望侍讀偶日入對起之兼太子侍讀當在是時則

碑立于開成二年亦一證也又据書碑之郁公權結銜翰林學士守諫議大夫知制誥稽之本傳亦在三年以前則又二年立碑之證也碑云開成元年歲在執徐者是年爲丙辰歲也云克葬于京兆萬年縣崇道鄉白鹿原元和郡縣志白鹿原在萬年縣東二十里長安志云在萬年縣東南二十里然崇道鄉名兩志所無也碑云公諱宿字栱之舊傳無新傳作拱之漢光祿勳奉世廿五代孫自光祿勳立功於漢其下十四葉立國王燕是謂昭□皇帝漢書馮奉世傳昭帝末西河屬國胡伊酋畔奉世輒持

節將兵追擊代爲右將軍典屬國數歲爲光祿勳晉書載記馮跋字文起以太元二十年僭稱天王於昌黎不徙舊號即國曰燕建元曰太元立十一年入宋至元嘉七年卒又見魏書海夷傳語亦畧同又据十三代孫馮元德撰昌黎馮王新廟碑稱王諱熙伯祖諱跋建國北燕傳位于昭成皇帝諱宏即王之烈祖也然則此碑所稱昭□皇帝者即昭成帝馮宏也碑云五代祖諱早惠隋爲□州司戶皇朝爲婺州長山令長山即金華縣在漢爲烏傷縣地後漢改爲長山歷代相因据唐書地理志

武德八年省長山縣入于金華縣屬婺州東陽郡則早惠爲令尚在武德八年以前也此下高祖文儉曾祖道儀大父嗣兩唐書俱無傳府君子華兩書附宿傳亦但載其廬墓有靈芝白兎之祥與碑合而不書其官南昌令新安郡長史此下碑敘宿事云年廿六舉進士是時明有司即兵部侍郎陸公贄其人也舊書陸贄傳德宗貞元七年正拜兵部侍郎知貢舉据昌黎文集與祠部陸員外書云往者陸相公司貢士考文章甚詳愈時亦幸在得中云云孫汝聽注曰貞元八年陸贄知舉賈稜等二十三人登第公與焉則是陸贄之知貢舉在貞元八年選士數年之內居臺省清近者十餘人

蓋以贄所舉號爲得人列贄門下者以爲榮故碑特書之也碑又書應宏詞科試百步穿楊葉賦其文至今諷之而兩傳不載昌黎集有與馮宿論文書云辱示初筮賦實有意思但力爲之古人不難到云云則宿之賦固爲昌黎所稱矣碑云彭門僕射張公建封表爲試太常寺奉禮郎充節度判官張公幕府始建羣彥翹首與公同昇者李藩韓愈之徒皆諸侯之選云云宿傳但云徐州節度張建封辟爲掌書記而不詳其餘唐書韓愈傳亦但云徐州張建封請爲其賓位檢昌黎文集有徐泗豪

三州節度掌書記廳壁記云南陽公鎮徐州歷十一年而掌書記三人曰高陽許孟容曰京兆杜兼曰隴西李博而不及宿然張建封開幕府禮賢下士人才衆多不勝悉數則宿與昌黎同登進士同在幕府碑傳叅攷自可徵信可知昌黎與宿相聚日久交情更深是以與宿論文極爲推挹而佛骨諫疏宜乎忌者誣爲出于宿手矣碑稱宿試金吾衛兵曹授大理評事兩傳皆不載而傳有從浙東觀察使賈全府辟碑亦不載碑于貶泉州司戸後云歲餘移□州司戸泐州名太夫人喪復常從事浙

右徵拜憲府監察傳皆畧之出刺歙州後徵拜□部郎中遷□部郎中知制誥泐二字以傳攷之乃刑部兵部也傳云太和二年拜河南尹在行工部侍郎之前而碑泐、見宿嘗有詩酬白樂天劉夢得云共稱洛邑難其選何幸天書用不才即此時作也碑雖泐尚存虐暑霶雨泥行谷宿三川浩穰尹正斯□信賞必罰寛人急吏等累二百言皆尹河南時事也碑于行工部侍郎之後有□□後勑五十卷据傳則修格後勑三十卷碑傳三五互異舊書經籍志不著録新書藝文志有云太和格後勑四十卷格後勑五十卷注云初前大理丞謝登纂凡六十卷詔刑部詳定去其繁覆太和七年上而不云馮宿同修以時攷之即碑所云格後勑五十卷也碑云兵部侍郎進爵爲公則必有初封縣侯之語而碑已泐于前舊傳不載新傳云累封長樂縣公亦不詳其初封也檢校禮部尚書之下碑有梓州刺史結銜四十餘字傳但以東川節度使一語括之此下舊傳已畢新傳則畧敘完城郭增兵械修利防庸等事而碑文全泐矣碑有云嘗一旦天助十万錢于我家故鄉人號爲孝馮家吾今

壽登□□位列方面陰德之□其可誣乎天助十萬錢兩傳俱不載宿卒年七十則壽登下是七十也孝馮家三字見新書宿傳云父子華廬親墓有靈芝白兎號孝馮家又見鄴中記云馮肅宿字之誤字拱之婺州人廬親墓有靈芝白兎之瑞一時號曰孝馮家而皆不及天助十萬錢之事碑已敘靈芝白兎於前而末乃述十萬錢事爲孝馮家之緣起惜碑上下文泐無從得其詳矣

大泉寺新三門記

碑高六尺三寸廣三尺四寸三分三十二行首行三十六字餘皆三十七字行書篆額在句容縣

據趙本校

大唐潤州句容縣大泉寺新三門記并序

鄉貢進士姚謩撰

當寺沙門齊操書

句曲之東寔曰崙峯居峯之陽厥生大泉寺因泉而題焉後劉宋開明二年有邑令顏纖祖捨宅移寺南去泉五里而遙年代寖遠碑記堙沒粗所詳者乃顏氏十三代孫今寺之惠誠也大和初監寺僧惠明與寺僧道琳等見三門破壞乃言於衆曰此教東流設象爲法牢落如是瞻仰何依乃請今寺主僧常誼昔旅于是者勠力誓心慕緣折化如響斯應人咸歸之遠近趍走投施委積箕財度費功用果足乃革舊制恢新謀延袤縱廣中闔無改自大和庚戌至于癸丑凡七年厥功告成崇軒峨峨三闔其門飛簷翼張丹栱霞焕矧茲寺以重崗疊嶺采入崖谷行樹蒸翠煙蘿蒙密雲收霧卷宛若仙闕俾得道者同指歸於覺路由徑者詎深着於迷途非我師之志誠其孰能逮於此今天下學佛道者多宗言於五臺靈聖蹤跡往往而在如吾黨之依於　丘門也誼本鄭人冠歲因往遊焉遂剃髮於五臺金閣寺元和再歲乃於潤州龍興寺依年具戒振錫經行見色相之皆空識衣珠之無價又六年始到江南初止於近寺蘭若

其明春又之嶺南詣禪訪道酌水步雲心契如期不遠千里十一年還至茲寺初寺每有僧俗大會五千餘衆號曰龍華常患錡釜之器不同於用物有所闕人多告勞誼乃發願鑄一大鑊求布金之長者得鎔範之良工歸依一念之間成就堅牢之質漫落有用碩大無朋使天人畢會於龍花香積普沾於法味由此故也寺衆僉曰誼實有力於寺者非宿習德本沾諸善緣豈能誘掖羣心終成喜捨大和初歲乃鬧諸府邑請錄名焉繇是三門荐興功致一貫則誼之行業前脩推可鏡矣人有語余於師爲文者誼因錄所事請識門焉寺之備新記詳矣辭曰

寺之興　大泉是生　觱沸猶在　既溫且靈　寺之移　顏氏之基　宋室舊邑　桒野離離　寺之終　誼實是工　大鼎渠渠　三門崇崇　煙霞棟梁　松桂香風　周迴巖壑　警迷其鍾　文若于石　播之無窮

開成三年歲次戊午十一月乙卯廿六日庚辰立

西河郡欒慶鐫并記

勾當功德主寺主僧常誼

按此碑沙門齊操書不云篆額卽盛時泰元牘記

載此碑亦不云有額據潛研堂跋謂額中泉字篆从日从水是有額而此本失搨也題稱潤州句容縣新唐書地理志句容縣注云武德三年以句容延陵二縣置茅州七年州廢隸蔣州九年隸潤州乾元元年屬昇州舊書地理志寶應元年昇州廢屬潤州據舊書則寶應元年後不復再屬昇州據新書則乾元元年後不復改屬潤州今此碑立于開成三年而句容屬潤州則舊書為有據也碑云句曲之東實曰崙峯江寧府志句容縣有崙山在縣東北五十里東連駒驪山四十二福地也金陵

志唐肅宗時謁者伍達靈在此山得道去云云此碑稱崙峯或即崙山也碑文此下載峯之陽有大泉寺因泉而題劉宋時有邑令顏繼祖捨宅為顏氏十三代孫又稱大泉寺僧俗大會五千餘衆號曰龍華寺僧常誼鑄一大鑊香積普沾大和初歲隸名府邑由是三門薦興功致一貫云云今細檢江南通志江寧府志凡山水寺觀古蹟名宦方外各門無一語載及者竟無從考證矣大抵句容縣之大泉寺荒廢已久此碑復淪落草莽修志乘者不及搜採金石以致紀載漏畧如此蓋金石文字

據原碑趙本校

趙無空格

有裨于輿圖考索者為功不細而修志乘筆者往往土苴棄之則亦無可如何矣碑本庸陋稱劉宋有開明之號書募緣作慕緣又大和庚戌至癸丑凡四年作七年又如稱孔門為邱門謬誤疊見蓋撰者姚謩雖進士而出于鄉貢不離乎鄉者也

符璘碑

碑高一丈廣四尺五寸三分三十一行行六十二字正書在富平縣學

唐故輔國大將軍行左神策軍將軍知軍事撿挍右散騎常侍兼御史大夫義陽郡王食實封二百戸贈越州都督刑部尚書符公神道碑銘并序

銀青光祿大夫守中書侍郎同中書門下平章事充集賢殿大學士上柱國襄武縣開國侯食邑一千戸李宗閔撰

翰林學士承　旨兼□侍書朝議大夫守尚書工部侍郎知　制誥上柱國河東縣開國男食邑三百戸賜紫金魚袋柳公權書并篆額

公諱璘字元亮其先瑯耶人曾祖諱□嬀州刺史大父諱暉游擊將軍潁王府左□事典軍贈青州刺史烈考諱令奇贈昭義軍節度副使試太常卿開府儀同三司瑯耶郡公□□部尚書左僕射公實僕射長子初公與先

公俱爲薊裨將會薊亂同奔於潞潞帥薛嵩署爲軍副
嵩卒其地分移隸于魏魏帥田承嗣知公父子有材畧
各以左右職處之承嗣死子悅代爲帥悅與李納輩隣
封通謀不軌引兵寇□東攻磁邢　天子命并
帥馬燧潞帥李抱眞督□軍合討之戰於洹水悅軍大
敗王師進逼魏城時公與先公在重圍中悅賊虐日□
衆心離折先公審語□□□□□十九年閱事多矣不
能遠引古自安曰以還亂臣賊子甚衆于今有噍類遺
種者乎今悅叛亂有狀覆滅無日吾豈能以黃耇之歲
陷赤族之誅□汝部下□□□騎勁卒若捨吾爲質率

屬歸降不唯□□心□足斷賊臂全家徇國吾死無恨
可不務乎公泣曰悅忍人也某苟脫去將不利於大人
奈方寸何先公曰不□□□□師四合吾與汝猶几上肉
待俎醢耳且汝不去能全吾乎是父子俱死於逆地汝
從吾吾死不朽汝不從吾吾亦死吾目不瞑死一也而
逆順禍福相去万里□何疑焉公俯伏不能對時燧知
公才畧勇敢使間以禍福諭公與先公之言略同繇是
公計遂决乃使家竪潛通其□燧因遺公犀帶以示要
約公於是率所部銳師降燧由是寇始弱而王師益壯
燧既納公署爲軍副以　聞詔授特進試太子詹事

兼御史中丞封義陽郡王實封百戶既而悅引責先公
先公讓曰公逆親背主亡在旦夕某教子効順殺身成
仁□之死□愈於公遠矣又何責焉悅大怒躍起先公
從容不撓視死如歸獲所之禍遂延於家屬俄公仰
天搏膺□□□絕泣血忍死竟終先公之志焉燧□就
撫勉復列上其事　德宗皇帝嘉而悼之　詔
公起復加左散騎常侍兼御史大夫賜晉陽第一□□
縣□五十□追贈先公戶部尚書貞元元年李懷光寇
蒲反　詔燧以河東之師討之公爲燧腹心之將將
五千先濟河與西師合勢據要同收長春宮降徐庭光

懷光平加賞封□戶二年西蕃寇邊攻逼鹽夏公□偏
師擊虜解圍而還三年從燧入　覲擢拜輔國大將
軍行左神策軍將軍知軍事復賜靖恭里第一所藍田
田十□□貞元初　德宗之幸梁還也懲神策
軍兵□將輕緩急非有益乃蒐卒謀帥以公充選時謂
得人禁暴戒嚴　上心倚賴□年丁鄧國太夫
人憂起復本職初先公之羅魏禍也太夫人潛匿以免
及悅死　詔迎于魏加號鄧國夫人賜宴於
別殿以示　寵異上又思先公之忠烈再贈
尚書左僕射公之弟琳授檢校太子賓客瑯琊郡公瑤

授忻州別駕瑯琊縣男皆号開府分領禁職賞與公同
忠勞也公居環衛凡十二年　上知其忠勤謹
董方將大用不幸寢疾以貞元十四年七月廿四日終
於靖恭里賜第享年六十有五贈越州都督其年黃鍾
月庚申日葬於京兆富平之薄臺從先僕射之兆也夫
人長樂馮氏封長樂郡夫人先公而殁至是祔焉有子
四人曰濟曰口曰口曰澤澈前爲邠寧節度使後爲河
東節度使太原尹北都留守撿校兵部尚書御史大夫
瑯琊郡開國侯食邑一千戸襲實封一百戸
今上元年再贈公刑部尚書贈夫人長樂郡太夫人從

子貴也按國典官至三品墓得立碑又按口葬令諸追
贈官品得同正經曰立身揚名以顯父母孝之終也禮
云銘者論譔其祖先德善功烈慶賞名聲明著後代所
以崇孝也順也今苻氏作率舊章碑于墓不亦宜乎今
瑯琊侯論譔先德銘于碑其可闕乎矧僕射之忠若彼
尚書之順如此舉而書之可以勸天下之爲人臣人父
者瑯琊公之顯揚又如此附而贊之可以勸天下之爲
人子人孫者將欲篤前烈垂後嗣俾永永有光重爲銘
云
國步將泰必有忠傑家聲將作必有孝節烈烈苻氏世
生才哲惟公先公越在叛戎相時度勢禍將及宗斡逆
杖順天誘其衷捐軀以義教子以忠遂秉大節客授於
公惟公桓桓千夫之雄違情寘令號泣旻穹天啟其初
神贊其終克繼先志卒成後功　天子嘉之
寵命有融乃膺任用乃著勳庸出領王師掃蕩關東入
統環衛肅清　禁中再加眞食大啟土封弄印珥貂焜
燿厥躬噫　寵非不隆秩非不崇不將不帥人望口
充善口慶流生瑯琊侯念祖顯父厥德聿修授鉞邠郊
移旆并州西壃北門克壯其猷文承詩禮武襲弓裘三
藂濟美時無與儔蒸蒸瑯琊揚名報恩告弟　三命

金石萃編卷一百三　唐七十三　三

貴靈九原　澤覃窀穸銘煥璵璠旣肥其家又大其門
貽燕之謀垂裕後昆褒榮之　渥自葉流根禕乎哉神
嶽有基靈河有源古人云非此父不生此子非此祖不
生此孫誠哉是言誠哉是言
中書省口口口官昭武校尉守京兆周城府折衝上
柱國郤建和鐫字
右唐符璘碑按唐書列傳璘姓符而碑作苻以姓氏
書考之琅邪符氏出于魯頃公之孫公雅爲秦符節
令因以爲氏而武都苻氏出于有扈之後爲啟所滅
犇西戎代爲氏酋本姓蒲至苻堅以背有文改焉今

此碑以璘爲苻氏又云其先瑯邪人皆不可知然按璘與弟瑤皆封邑于琅邪豈書碑者誤以苻爲符其家出於武吏不知是正乎金石錄

金石錄云題中書侍郎同平章事李宗閔撰宗閔大和七年爲此官　宋王楙野客叢書曰苻堅其先本姓蒲其祖以讖文改爲苻符融其先魯頃公孫仕秦爲符璽郎以符爲氏故苻堅之姓從草符融之姓從竹二姓固自不同而唐義陽郡王苻璘碑合從竹而書作苻而苻堅之苻又有書從竹者皆失於不契勘耳余考漢碑隸書率以竹爲艹少有從竹者如符節

字皆然今前漢書符瑞多從艹魏晉以下眞書碑亦有書符節爲苻郎者蓋古者皆通用故耳此又不可不知顏元孫干祿字書曰從草者爲姓從竹者爲印亦未之察也符融之符獨非姓乎金石文字記

碑云公諱璘字元亮沂州臨沂人傳云瑯邪人葢傳舉其郡而碑舉其州與縣也碑云璘在田悅軍中并州帥馬燧以犀帶遺公爲約而傳畧之傳云璘與父令奇嚙臂別而碑不載豈作史者欲形其父子之忠義而粉飾之也耶金石後錄

璘父令奇見唐書忠義傳碑所述與史多同璘兄弟三人同降弟琳檢校太子賓客琅琊郡公瑤忻州別駕琅琊縣男史皆失書其名令奇加贈左僕射璘加贈刑部尙書史亦失書璘子澈界官邠寧河東節度使檢校兵部尙書位甚顯而本傳不書何也潛研堂金石文跋尾

今額上並無字蹟應是勒碑時未及之也或謂後人磨去者非關中金石記

碑字亦有殘脫然繹其文皆可句璘初爲田悅將後以去逆効順屢從征著有功伐案新唐書璘附其父令奇傳後事多不備攷田悅傳悅以苻璘爲腹心馬

燧傳悅使苻璘李瑤衛還淄青殘兵璘等亦降今碑所稱燧知公才略開以禍福公計遂决乃使家豎潛通其誠燧因遺公犀帶以示要約公於是率所部下缺是其事也傳又言李懷光反河中賊將徐廷光守長春宮城燧諭廷光云云以碑證之璘亦同收長春宮降徐廷光而本傳惟錄先濟河與西師合而已璘之歸國由其父决計及璘降而父仍留賊營遂爲賊所害延於家屬其死忠之報宜福流其子也授堂金石跋

按此碑無建立歲月惟憑撰書人結銜考定之金石錄云碑題中書侍郎同平章事李宗閔撰金石

文字記云宗閔大和七年爲此官則碑文當爲大和七年撰矣新唐書宗閔傳拜罷無年月舊傳則云大和七年德裕作相六月罷宗閔知政事檢校禮部尚書同平章事與元尹山南西道節度使德裕秉政羣邪不悅文宗乃復召宗閔于興元爲中書侍郎平章事進封襄武侯食邑千戸此金石錄所云大和七年爲此官者是也及考之宰相表大和七年六月乙亥宗閔檢校禮部尚書平章事與元節度使八年十月庚寅李宗閔守中書侍郎同平章事則其再入政府乃八年事碑文宜以八年

撰也又攷之書篆者柳公權結銜云翰林學士承旨兼侍書朝議大夫守尚書工部侍郎知制誥兩唐書公權傳皆云穆宗即位拜右拾遺充翰林侍書學士累換司封兵部二郎中宏文館學士文宗復召侍書遷諫議大夫俄改中書舍人充翰林書詔學士開成三年轉工部侍郎傳惟諫議大夫碑作朝議不同据此則碑書于開成三年建立亦當在是年矣荷璘事蹟兩唐書俱入忠義傳舊書璘有專傳而附其父令奇于後新書則令奇有專傳而附璘于後兩傳皆詳于令奇而畧于璘其貞元元年以後璘從

據趙本
洪某本
校

馬燧收長春宮降徐庭光平李懷光解靈夏圍擢拜輔國神策將軍復賜田宅加贈令奇尚書左僕射璘弟琳瑤授官封爵皆兩傳所無者兩次賜田碑皆有泐字以新傳證之初賜郿縣田五十頃與碑合再賜藍田田四十頃碑于藍田田下有十字則當是十幾頃非四十頃也碑云公居環衛凡十二年新傳云十三年据碑璘以貞元三年爲輔國神策以十四年卒是居環衛正十二年傳誤也自貞元十四年卒後至開成三年距四十年之久而後立碑亦云遲矣碑有今上元年再贈公刑部尚

書之語文宗大和紀元之後稱元年者即開成則所稱今上仍是文宗然則此碑之立於開成三年可確信也

元奘塔銘

石高三尺四寸五分廣六尺八寸四分七十六行行四十二字行書在西安府

大唐三藏大遍覺法師塔銘并序

朝議郎撿校尚書屯田郎中使持節洺州諸軍事守洺州刺史兼侍御史上柱國賜緋魚袋劉軻撰

安國寺內供奉講論沙門建初書

歲丁巳開成紀元之明年有具壽沙門曰令撿自上京

抵洛師以縹囊盛三藏遺文傳記訪余柴門于行修里且曰聞夫子斧藻羣言舊矣詎直專聲於班馬能不爲釋氏董狐耶抑豈不聞貞觀初慈恩三藏之事乎敢矢厥來旨云　三藏事跡載國史及慈恩傳今塔在長安城南三十里初　高宗塔于白鹿原後徙於此　中宗製影贊謚大遍覺　肅宗賜塔額曰興教因爲興教寺寺在少陵原之陽年歲寖遠塔無主寺無僧荒凉殘委游者傷目長慶初有納衣僧曇景始葺之大和二年安國寺三教談論大德內供奉賜紫義林修三藏忌齋于寺齋衆方食見塔上有光圓如覆鏡道俗異之林乃

上聞乃與兩街三學人共修身塔兼礱一石於塔至三年修畢林乃化遺言於門人令撿曰尓必求文士銘之撿泣奉遺教且以銘爲請非法讎之家嫡誰何至此乎輒三讓不可乃略而銘之　三藏諱禕奘俗陳姓河南緱氏人曾父欽後魏上黨太守祖康北齊國子博士父惠英長八尺美鬚眉魁岸沉厚號通儒時人方漢郭林宗有子四人奘其季也年十三依兄捷出家於洛屬隋季失御乃從　高祖神堯於晉陽俄又入蜀學攝論毗曇於基暹二法師武德五年受具於成都精究篇□□學成實於趙州深學俱舍於長安岳於是西經前來者

無不貫綜矣初中國學者多以實相性空通貫羣說俾彖象蹄筍往往失魚兎於得意之路至於星羅棊布五法三性拆秋毫以矢名相界地生彙各有攸處曾未暇也大遍覺乃典言曰佛理圓極片言支說未足師決固是經來未盡吾當求所未聞俾跛眇兒覩履必使解行如函蓋始可爲具人矣且法顯智嚴何人也猶能孤遊天竺而我安能坐致耶初三藏之生母氏夢法師白衣西去母曰何去曰求法貞觀三年忽夢海中蘇迷盧山邃湊波而入乃見石蓮波外承足山險不可上試踴身騰踔颯然飈舉升中四望廓澈無際覺而自占曰我西

行決矣至京州都督李大亮防禁持切逼法師還京法師乃宵遁渡瓠蘆河出玉門經莫賀延磧艱難險阻仆而復起者何止百十耶自尓涉流沙次伊吾高昌王麴文泰遣貴臣以駝馬迓法師於白力城王與太妃及統師大臣等尊以師禮王親跪於座側俾法師躡履而上資贈甚厚送至葉護可汗衙又以廿四封書逼屈支等廿四國獻花繒五百疋於可汗稱法師是以弟欲求大法於婆羅門國願可汗憐師如憐奴其所歷諸國爲其王禮重多此類也自爾支提梵刹神奇靈跡往往而有法師皆歷誠盡敬耳目所得孕成多聞與夫世稱博物

者何相萬耶詳載如傳唯至中印度那爛陁寺等遣下座廿人明詳儀注者引叅正法藏卽戒賢法師也旣入謁肘胅著地嗚足已然後起法藏訊所從來曰自支那欲依師學瑜伽論法藏聞則涕泗曰解我三年前夢金人之說佇尒久矣遂館於幼日王院覺賢房第四重閣日供擔步羅菓一百廿枚大人米等稱是其尊敬如此法師旣名流五印三學之士仰之如天故大乘師號法師爲摩訶天小乘師號解脫天乃白大法藏請留之法師曰師等豈不欲支那之人開佛惠眼耶不數日東印度王拘摩遮法師戒日王聞法師在拘摩處遣使謂拘

摩曰急送支那僧來拘摩曰我頭可得僧不可得戒日神武雄勇名震諸國乃怒曰爾言頭可得可將頭來拘摩懼乃嚴兵二萬船三萬與法師同泝殑伽河築行宮于河北拘摩自迎戒日于河南戒日曰支那何不來拘摩曰大王可屈就王旣見法師接足盡敬且曰弟子聞支那國有秦王破陣樂乃問秦王是何人法師盛談　太宗應天順人事王曰不如此何以爲支那主因令法師出制惡見論然小乘外道禾卽推伏請於曲女城集五印沙門婆羅門等兼十八國王觀支那法師之論凡十八日無敢當其鋒者戒日知法師無留意厚以爲

馬橐裝餞法師又以素疊印書使達官送法師所經諸國令兵衛達漢境法師却次于闐因高昌商胡入朝附表奏自西域還　太宗特降天使迎勞仍制于闐等道送法師令燉煌迎於流沙鄯鄯迎於沮洙時　帝在洛陽　勑西京留守梁國公元齡備有司迎待是日宿于漕上十九年春三月景子留守自漕奉迎於都亭有司頒諸寺帳輿花幡送經於宏福翌日大會於朱雀街之南陳列法師於西域所得經像舍利等其梵文凡五百廿夾六百五十七部以廿馬負而至自朱雀至宏福十餘里傾都士女夾道鱗次若人非人曾不知幾俱胝矣

壬辰法師謁　文武聖皇帝於洛陽宫二月己亥對於儀鸞殿因廣問雪嶺已西諸國風俗法師皆備陳所歷若指諸掌　太宗大悅謂趙公無忌曰昔苻堅稱□安爲神器今法師出之更遠時　帝將征遼法師請於嵩之少林翻譯　太宗曰師西去後朕爲　穆太后於西京造宏福寺有禪院可就翻譯三月己巳從宏福夏五月丁卯法師方開貝葉廿年秋七月法師進新譯經論仍請製經序幷進奉　勑撰西域記十二卷　太宗美法師風儀又有公輔才俾法師褫緇褐襲金紫法師因以五義褒揚聖德乞不奪其志遂問瑜伽十七地義

太宗謂侍臣曰朕觀佛經猶瞻天望海法師能於異
域得是深法非唯法師願力亦朕與公等宿殖所會及
三藏聖教序成　神筆自寫　太宗居慶福殿百寮陪
位坐法師命宏文館學士上官儀對羣寮讀之廿二年
夏六月　天皇大帝居春宮又製述聖記及菩薩藏經
後序　太宗因問功德何最法師對以度人自隋季天
下祠宇殘毀緇伍殆絕　太宗自此　勑天下諸州寺
宜各度五人宏福寺度五十人戊申　皇太子宣令請
法師爲慈恩上座仍造翻經院脩儀禮自宏福迎法師
太宗與皇太子後宮等於安福門執香爐目而送之

至寺門　勑趙公英中書令褚引入於殿內奏九部樂
破陣舞及百戲於庭而還廿三年夏四月法師隨　駕
於翠微宮談賞終日　太宗前席攘袂曰恨相逢已晚
翌日　太宗崩於含風殿　高宗即位法師還慈恩專
務翻譯永徽三年春三月法師於寺端門之陽造石浮
圖　高宗恐功大難成令改用甎塔有七級凡一百八
十尺層層中心皆有舍利冬十月　中宮方娠請法師
加祐既誕神光滿院則　中宗孝和皇帝也請號爲佛
光王受三歸服袈裟度七人請法師爲王剃髮及滿月
法師進金字般若心經及道具等顯慶二年春二月

駕幸洛陽法師與佛光王發於　駕前既到館於積翠
宮終譯發智婆沙法師早喪所天因　扈從還訪故里
得張氏姉問塋壠已平矣乃捧遺柩改葬於西原　高
宗勑所司公給備喪禮盡飾終之道洛下道俗赴者萬
餘人釋氏榮之三年正月　駕還西京　勑法師徙居
西明寺　高宗以法師　先朝所重禮敬彌厚中使旁
午朝臣慰問及錫賚無虛日法師隨得隨散中國重於
般若前代雖翻譯猶未備衆請翻焉法師以功大恐難
就乃請于玉華宮翻譯四年十月法師如玉華館於肅
成院五年春正月一日始翻梵本惣廿萬偈法師汲汲

然常恐不得卒業每厲譯徒必當人百其心至龍朔三
年方絕筆法師翻般若後精力剋耗謂門人曰吾所事
畢矣吾瞑目後可以蘧蒢爲親身物門人雨泣且曰和
上何遽發此言法師曰吾知之矣麟德元年春正月八
日門人[illegible]覺夢一大浮圖倒法師曰此吾滅度之兆遂
命嘉尚法師具錄所翻經論合七十四部惣一千三百
卅八卷又造俱胝畫像彌勒像各一千幀又造素像十
俱胝供養悲敬二洫各萬人燒百千燈贖數萬生乃與
寺衆辭三稱慈尊願生內眷至二月五日夜弟子光□
問云和尚決定得生彌勒內衆否領云得生俄而去春

秋六十九矣初　高宗聞法師疾作　御醫相望於道
及坊州奏至　帝哀慟爲之罷　朝三日　勅坊州刺
史竇師倫令官給葬事又　勅宜聽京城僧尼送至塔
所門人奉柩於慈恩翻經堂道俗奔赴者日盈千萬以
四月十四日葬於滻東京畿五百里內送者百餘萬人
至總章二年四月八日有　勅徙於樊川北原傷　聖
情也法師長七尺眉目若畫直視不顧端巖若神自大
教東流翻譯之盛未有如法師者雖滕蘭澄什康會竺
護之流無等級以寄言其彬彬郁郁已布唐梵新經矣
自示疾至於昇神奇應不可殫紀蓋莫詳位次非上地

其孰能如此乎文曰
三藏之生本乘願來入自聖胎出於鳳堆大業之季龍
潛於并孺子謁　帝與兄偕行　神堯奇之善果度之
不爲人臣必爲人師師法未足自洛徂蜀學無常師烏
必擇木跡窮夷夏更討身毒寺入爛陁師遇尸羅王逢
戒日論得瑜伽瑜伽師地藏教泉府蛸蝶名數璽抽聖
緒我握其樞赤幡仍竪名高曲女歸我　眞主主當
文皇臣當蔡梁天下眞觀佛氏以光光光三藏是護是
付付得其人經論彬彬梵語華言胡漢相宣台臣筆受
御牀前席積翠飛花恩光奕奕　太宗序教　天皇述

聖揚於王庭百辟流詠三藏慰喜靈祇介祉籛彼滕什
口(曾)無此事我功成矣我名遂矣脫屣玉華昇神睹史發
棺開殮天香馥馥地位孰分神人是卜中南地高樊川
氣清修塔者誰林公是營門人令撿寶尸其事銘勒塔
旁撿眞法子
開成四年五月十六日馮翊沙門令撿修建
廣平宋宏度刻字
元奘久居西域廣釋佛言唐太宗極尊崇之據史卒
於顯慶六年卽龍朔元年銘則云卒於麟德元年之
二月史云年五十六銘云年六十九先葬滻東後移

徙樊川北原卽少陵原文宗開成四年劉軻篹文僧
建初書行草秀勁有法而文亦粗能言師事俱可存
也　石墨鐫華
元奘法師始出塞涼州都督李大亮留之不聽去且
奏聞邊臣之風紀凜然高祖勅放行崎嶇西域十七
載得番經六百五十七部而還詔譯於慈恩寺再譯
於洛中自佛法入中國至是始大行於世也按唐書
朝貞觀二十年命長史王元策往慰之蔣師仁爲副
未至尸羅逸多死其臣阿羅那順自立發兵拒元策

二元策時從騎纔數十戰不勝皆沒時吐番以尚主親中國元策挺身奔吐番西鄙檄召隣國兵吐番泥阿婆羅皆將騎士以來二十一年五月元策部分之攻和羅城三日破之婆羅那順委國走合散兵復陣師仁破擒之獲其妃王子萬二千人雜畜三萬降城五百八十獻俘告廟法師且親見之矣天竺居葱嶺南去長安萬里自古未有使至其國者法師以取經爲其王敬信其臣阿羅那順悖逆遂以召戎至於君臣係累萬里爲俘中國之威靈於佛法何有哉今阿羅那順刻石肖像於唐太宗昭陵列諸番君長十四石

人之末侍立北闕背刻曰婆羅門帝那伏帝國王阿羅那順云來齋金石刻考畧

塔銘稱曾祖爲曾父潘昂霄金石例所未聞也碑載永徽三年春三月造甎塔七級事其下即云冬十月中宮方娠請法師加祐既誕神光滿院則中宗孝和皇帝也請號爲佛光王受三歸服袈裟度七人請法師爲王剃髮按中宗以顯慶元年十一月生若永徽三年則其時武氏未爲后不得云中宮矣碑蓋失書其生之年爾潛研堂金石文跋尾

舊唐書本傳云師洛州偃師人此云緱氏人未知孰

據趙本校

基 即基字

是所稱東印度王拘摩者即尸鳩摩也戒日王者即中印度尸羅逸多也坊州刺史竇師倫倫史作綸中闕記金石記

基公塔銘

石高二尺二寸五分橫廣三尺四寸五分共四十一行行二十三字行書在咸寧縣

大慈恩寺大法師基公塔銘并序

朝散大夫撿校太子左庶子使持節金州諸軍事守金州刺史兼御史中丞輕車都尉賜紫金魚袋李宏慶撰

安國寺內供奉講論大德建初書

按吏部李侍郎乂碣文法師以 皇唐永淳元年仲冬壬寅日卒於慈恩寺翻譯院有生五十一歲也後十日陪葬於樊川元奘法師塔亦起塔焉塔有院大和二年二月五日異時門人安國寺三教大德賜紫法師義林見先師舊塔摧圮遂唱其首率東西街僧之右者奏發舊塔起新塔功未半而疾作會其徒千人盡出常所服玩洎向來箕斂金帛命高足僧令撿俾卒其事明年七月十三日令撿奉行師言啟其故塔得全軀依西國法焚而瘗之其上起塔焉又明年十月賫行狀請宏慶撰其銘予熟聞師之本末不能牢讓師姓尉遲諱基字

道其先朔州人累世以功名致爵祿先考宗松州都督
伯父鄂國公　國初有大勳力廟諱宏道身長六尺五寸性
敏悟能屬文尤善於句讀凡經史皆一覽無遺三藏法
師廟諱元奘者多聞第一見廟諱宏道頗加諫敬曰若得斯人傳
授釋教則流行不竭矣因請於鄂公鄂公感其言奏報
天子許之時年一十七既脫儒服披緇衣伏膺奘公
未幾而冰寒於水矣以師先有儒學詞藻　詔講譯佛
經論卅餘部草疏義一百本大行於時謂之慈恩疏其
餘崇飾佛像日持經戒瑞光感應者不可勝數嗟乎廟諱宏
道其家世在朔漠宜以茹毛飲血鬪爭煞戮背義妄信

爲事今慕浮屠教苦節希聖眾入其奧与夫鄂公佐聖
立國公成身退出于其類爲一代賢人實禀間氣習俗
不能染也明矣退爲銘曰
佳城之南兮面南山　廟諱元奘法師兮葬其間　基公既
歿兮陪其後甲子一百兮四十九碣文移入兮本寺中
曇景取信兮田舍翁義林高足兮曰令撿親承師言兮
精誠感試具畚鍤兮發廟諱元堂全身不朽兮滿異香銘誌
分明兮是廟諱宏道齒白骨鮮兮無銷耗瑞雲甘雨兮晝濛
濛神祇悉率兮羅壽宮依教荼毗兮得舍利金瓶盛之
兮理厚地建塔其上兮高巍巍銘勒貞石兮無媿辭深

谷爲岸兮田爲瀛此道寂然兮感則靈
左街僧録勝業寺沙門體虛　前安國上座沙門智
峯　右街僧録法海寺賜紫雲端
安國寺上座內供奉內外臨壇大德方璘
寺主內供奉灌頂　都維那內供奉懷津　院主曇
景
同勾當僧懷眞　德循　惠皐　惠革
興教寺上主座惠温　寺主超顏　都維那全契
僧道榮　僧道恩　僧瓊播　義方　巡官宋元義
開成四年五月十六日講論沙門令撿修建

基公者尉遲敬德之從子也度爲僧譯經于慈恩寺
卒于永淳中大和間始建塔李宏慶銘之書者亦建
初　石墨鐫華
奎基法師尉遲敬德之子年十八有絶力每出以三
車自隨一載醇酒精饌一載女樂十餘人一載兵器
而自與壯士錦袍花帽以騎從遇所欲留處縱飲至
酔擁女樂遍幸之而後與壯士運弓挺槊持刺自快
率以爲常元奘法師自西域取經回欲立賢首宗旨
而難其堪授者一日請于唐文皇曰大唐國中能承
我法嗣者尉遲子耳帝命敬德令依奘剃落奘爲開

示數語卽盡棄其習而精研宗乘今相宗諸秘奧皆其所披析也然性廓落不知有戒律饑則恣食飽則躺睡而已一日行鄽買牛肉啖之而挂其餘于錫端至一刹乃宣律師所住也留三宿别去宣律平日受天供不御人間食至是天供三日不至奎師行復來宣師曰日來爲粗行者腥穢所觸耶天人曰不然我輩岳瀆小聖耳兩日闘本刹有大乘菩薩四洲大力神王色欲界主咸在擁護故不敢唐突今幸其行始得展敬也宣律爲之三歎久之曰我不能也而奉律益嚴此段語記海上老僧號休如者與予夜談于龍井不知所據出藏何函何典爾時但覺雄邁歷落之氣可以壯人膽骨故特追而著之　紫桃軒雜綴

基公尉遲氏葢鄂公從子元裝請之而後披剔者鄂公晚節學延年效方士之所爲宜其陷是子于緇流也碑首按吏部李侍郎乂碣文乂唐書有傳爲吏部時請謁不行時人語曰李下無蹊徑風斯向矣銘題基缺畫下字凡兩見又不缺或以行書可權爲之耶

按堂金石跋

道士邢口等題名

石横廣一尺六寸七分高一尺八分七行行約五字隸書在錢塘縣吳山青衣洞

大唐開成五年六月十八日□□□□岳道士邢□□

錢唐縣令錢華記道士諸葛鑒元書

按杭州府志職官卷錢塘令錢華開成元年任据此題名則開成五年尚爲令也題名泐字周密癸辛雜志云閱古泉洪旁有開成元年南嶽道士邢令聞錢塘縣令錢華題名道士諸葛鑑元鐫之石上据石刻則錢華是記諸葛鑒元書之且是五年非元年癸辛雜志有小訛也而邢令聞之名則可補石刻之泐題名所在癸辛雜志云在閱古泉洪旁武林石刻記云在青衣洞葢吳山青衣洞有石洪石洪中有泉卽青衣泉也宋韓侂胄於此建閱古堂因更名閱古泉語見四朝聞見錄諸葛鑑元善八分書見書史會要

李光顏碑

碑高九尺九寸五分廣四尺九寸五分二十九行行六十字正書在榆次縣

唐故河東節度觀察處置等使開府儀同三司守司徒兼侍中太原尹北都留守贈太尉李公神道碑并序

河東節度觀察處置等使金紫光祿大夫撿挍吏部尚書同中書門下平章事兼太原尹北都留守上柱國彭原郡開國公食邑一千戸李程撰

夏綏銀宥等州觀察□官登仕郎監察御史裏行雲

騎尉郭虔書
□□大厦者實先榱棟利涉巨川者必具舟檝在
憲宗時淮夷阻　命歷選將師大興師戎始以
忠武軍節度使李公首膺注　意之選終成殄寇
之効策勳行賞公實居多故幅員千里盡成內地男女
万戶不爲匪人任土之貢歲入　王府誰其致之
知所自矣公諱光顏字光遠其先出軒轅因部爲姓号
阿□氏陰山貴種奕代勳華公生於將門早奉成訓忠
孝兩大文武全才學劍既成兼書不倦爰自裨將則有
盛名早與其兄靈武節度使光進其初同在戎府司徒

馬公鎮理河東置之麾下嘗所器異默而志之因間謂
公曰尔有□□終當光大但吾不得見其時耳授以所
執劍杖亦呂虔佩刀之義也其後手挈偏師以合羣帥
討楊惠琳於夏臺破劉闢於西蜀由是雄名赫赫冠曜
諸軍矣夫章述盛烈褒表元臣略其細而舉其大蓋春
秋之旨也挹洪流者豈覩濫觴仰層臺者不言累土如
至奉　國盡忠在家惟孝信著朋友愛均弟兄慈惠
以牧人恩威以撫士官修其業吏不敢欺章章焉著於
公論矣其在許昌也則慎固封略繕完兵甲居安不敢
忘戰臨敵而未嘗陵農是以農戰交務偶俱無闕有若

曹公師次學校是修祭遵軍中爼豆不廢得非刃有餘
地才可兼人者乎鄆人不龔命□討叛遂有義成之拜
公以所統者許師所處者東郡疏陳利害遂復其舊焉
連下諸城而齊寇殲殄旋師未幾移鎮邠土塞邊隳而
遏戎隧也會　穆宗踐祚寵綏勳賢以本官同中
書門下平章事復還歧下寄重股肱幽鎮拒灾輔車爲
□詢于羣議非公莫能促召不俟駕而至再揔忠武之
師兼魏博行營節度使方將盡敵復　命以報
渥恩屬　聖皇軫好生之念下班師之令公乃還
鎮休馬息人浚郊遂師李夰怙亂　帝用震怒俾

公問罪朝受　命而暮卽戎遂入其封軍聲大振叛
者恐懼悉銳而來未及成列公用奇擊敗旗靡轍亂投
戈弃甲追奔逐北如火燎原梟殺首惡遂納其帥微公
之力則不及此進撿挍司徒兼侍中策元勳而勸列鎮
也其後秉圭入　覲請代歸　朝伏奏青蒲瀝誠
至懇　上以許人佇望勉諭再三俾□旋止衆庶
相賀或抃或歌雜然歡呼勢不可遏其得人也如此之
深復歷半紀績用大就司徒爲真依前同平章事獎殊
勞而銘景鍾矣翌歲戀　闕誠切拜章聿來
上以太原公之故里晝錦而往孰不榮之拜河東節度

使北都留守太原尹公發跡并部人皆懷之及公之來如渴者得飲寒者挾纊陶陶焉熙熙焉自不知其所以然也吏不柭而□自息軍不刑而令無犯無小無大各附所安則公之才之量曷可涯也於戲邦國將瘁陰陽遘灾淚辰之□□魄俱逝享年六十有五寶曆二年九月三日薨于位并人罷市　天子撤懸廢

朝三日悼宗臣也冊贈太尉明年二月廿二日葬于太原縣孝敬原夫人隴西縣太君阿史那氏祔焉禮也嗣子昌元鄜坊丹延等州節度觀察處置等使撿挍戶部尚書兼御史大夫上柱國次子扶元守左龍武軍□將

軍知軍事兼御史中丞次繼元前行太常寺主簿次誠元守朔州司馬兼監察御史次建元前河東節度右都押衙撿挍國子祭酒兼殿中侍御史次興元前守衛王友兼監察御史次榮元守右羽林軍統軍撿挍左散騎常侍兼御史大夫次奉元前行太原府清源縣丞次播元前河東節度押衙左門□兵馬使兼監察御史次安元右軍先鋒兵馬使守右驍衛將軍咸稟義方各勤職業或秉旄於戎閫或翊衛於　禁營或連榮於

朝班或接武於賔護皆有令稱不隕家聲以程忝公深知備熟休烈豐碑見託□敢讓辭相國晉公文者宗匠書公盛績永誌鸞堂琬琰之詞傳於衆□故今之甄述得以略焉其辭曰

四時運行歲功聿成羣雄經□王度乃貞於赫太尉五世間生周之方邵漢之韓彭智叶蓍蔡心爲權衡撓之不濁澄之益清孝乎其親友于其兄六踐台席□□□□若□國□□長□□□□□□□□蒼生瞻戴

天子倚愛發跡并部知名當代危自我安否自我泰忠無我先功莫我大羣山蒼蒼□水湯湯□□□□握□□內□吏心外靖戎疆俗旣庶富人方樂康神理冥冥天道茫茫不臻期頤孰謂延長泉扃一掩千

載傳芳

開成五年八月十四日建

汝南翟文剬刻字

序云相國晉公之文書公盛績永誌元堂今之甄述得以略焉光顏之傳視其兄加詳功烈偉矣碑之所述其大凡耳雖有裴晉公文不應若是之略但傳云年六十六而碑則六十五金石錄補

右李光顏碑李程撰文甚簡略蓋有裴度之誌詳之則碑文可以從簡古人作文不相蹈襲雖宅人之文亦必回避如此據碑文與本傳光顏未嘗帥橫海軍

而宰相表云長慶四年横海節度使李光顔守司徒亦誤 潛研堂金石文跋尾

按此碑撰者李程書者郭虔丽唐書無郭虔傳李程全唐詩有其人小傳稱其在翰苑日過八磚乃至時號八磚學士此碑李程結銜以舊唐書傳考之封彭原郡公在敬宗即位之初其官河東節度檢校吏部尚書同中書門下平章事兼太原尹北都留守俱寶歷 傳誤作寶應 二年事唐書宰相表在寶歷二年九月惟吏部表傳作兵部爲不同光顔以寶歷二年九月三日薨 舊唐書敬宗紀作九月戊寅薨是月丁丑朔戊寅是

二日明年二月廿二日葬則李程之撰文正在薨後葬前而碑立於開成五年是葬後十五年也揄次縣李氏有三碑光顔父良臣兄光進二碑已見前舊唐書地理志范陽節度使臨制奚契丹統經畧威武清夷靜塞恒陽北平高陽唐興横海等九軍横海軍在滄州城是横海乃九軍之一而總隸於范陽節度使不云别置節度也方鎮表則云貞元三年置横海軍節度使領滄景二州治滄州光顔傳載長慶二年討王庭湊命兼深州行營諸軍節度使又以滄景德棣等州俾之兼管是滄州在兼管之内其本職是深州行營也或當時深州行營駐兵滄州兼領横海是以宰相表有光顔横海軍節度使守司徒之語而志傳及碑文俱畧之耳 舊書敬宗紀寶歷二年四月戊戌朔横海軍節度使李全畧卒此爲横海軍置節度之證

馬恒郝氏二夫人墓誌

石高廣皆一尺六寸十七行行二十一字行書在永濟縣

唐貝州永濟縣故馬公郝氏二夫人墓誌銘 并序

公諱恒父諱超其先扶風郡人也昔馬融注解累代欽崇風後裔因官徙居甘陵郡乃祖乃父遂爲永濟縣人焉公以禮爲度以德爲車衣著籍章飲食經藉謝家飽氏羞當章句之流恥也文學之列金石爲節松竹表貞

乱代遁名庸君隱跡懷寶不仕韞道迷邪於是逼德亙門仁者爲里鳴呼天不慭神莫見祐元和七年七月廿一日寢疾終於沙丘方私弟也享年卌十時也日月無光雲天慘色閭巷遏密行路傷嗟擢殯縣西一里先夫人松蘿靡託蔦蘿無依結誓指於柏舟空淚流於斑竹以開成六年正月十三日与二夫人遷葬於故塋礼也仲子□□盡□以竭家資因爲遷祔恐𡋯改易刻□爲紀

平生志貞松筠表節堅勁金石潔白冰雪□遍乾坤光

進子孫輝赫三代榮慶一門道善口宇名彰四海天何
奄禍於幽魂骨肉永閟於長夜何時再覩明昏
按墓銘舉例謂婦人從夫合葬不書某氏徐氏讀禮
通攷辨之謂金石文字記有垂拱四年澤王府主簿
梁府君并夫人唐氏墓誌銘大中十二年滎陽鄭府
君夫人博陵崔氏合祔墓誌銘今得此碑更足以證
梨洲之説未確而篆額止墓誌銘三字下刻刊祔志
二小字尤爲例之創者攷恒名不見于唐世載籍而
誌中述其死後輒以日月無光雲天慘色閭巷過客
行路傷嗟及道口口字名彰四海等語加之頗失載

筆之實又如亂代逃名肅君隱跡懷寶不仕韞道述
邦云云語多詈時更乖文體此必當時不學無術者
所爲故字畫草率且多脱誤之字如恥也文學之列
句誤也字三行累代欽崇風句七行天不憖句十三
行恐麦字疑陵改易句末行銘詞云何時再覩明昏六
字不與上叶並有脱字上石時蓋已如此故漢人立
碑貴有察書之人也　錢侗跋

重修大像寺記

碑高六尺六寸七分廣三尺六寸三十一行行六十字行書在隴州

重修大像寺記

口口沙門義叶書

大和乙卯歲　潁川郡陳公爲左神策將軍以其誅
暴息乱　宸衷親付之右地　公上酬天造忠奉
國恩内戢三軍外安百姓擁二州之地霧卷波澄寧
萬乘之心雲銷煙滅冀恢靈平至道寔佳贊
我有唐至開成戊午歲　公因覩地無遺利農則有
秋遂　謁靈元以告清慎拜大像以禱鴻福方歎鳩鴿
巢頂荆棘掩砌廊宇霖漏樓殿敧傾寺無居僧爰詰耆
舊曰頃者莊田典賣於鄉里林木摧毁於樵童頼　口
口口口口口口口口口口口舊地出清俸以收贖因兹請僧重

復其業然耕耘菑穫未有倫次焉　尚書乃命僧藏乂
爲赴知己者時不歷二祀裝慈尊以金口飾口殿以丹
雘而衆事云畢至於儲蓄車乘与生生之具兼頃畝年
代並錄之於寺記碑陰以示隣里鄉黨爲免侵棄不朽
之驗凡百君子敬而口之
都管地摠伍拾叁頃伍拾陸畝叁角荒熟并柴浪等　管莊大小共柒所
捌頃叁拾捌畝半坡側荒　肆拾伍頃壹拾捌畝口
口熟　口口瓦屋壹拾貳間　草舍貳拾間　果園壹
所東市善和坊店舍共六間半並瓦　鳳伯莊荒熟共壹
拾一頃伍拾畝東常烈西澗南歐陽北王歸口口口

第一垅連東莊居一段柒拾叁畝半東溝西道南自
至北寺墻一段連西莊居一頃貳拾叁畝東道西張用
南北自至一段貳畝東南自至西軍田北闕一段□畝
東自至西道南軍田北傅耳俊　第二垅地一段一十
八畝東張弼西張讓南邊昇北河　地一段九畝西河
南河東張進讓北張進讓　一段貳頃貳
拾肆畝東道西官田南北陌一段一頃東傅耳憲莊西
道南阡北陌一段十四畝東薛鳥暉西符義南北道三
垅一段四十畝東西符義南阡北陌一段十二畝東南
大女西北道一段十二畝東道西自至南馬寬北張德

成一段八十伍畝東符義西道南阡北陌四垅一段二
頃一十六畝東道西杜華南阡北陌一段九十五畝東
道西韓進玉南阡北陌五垅一段一頃一十四畝東渠
西杜元晸南阡北陌一段三十畝東張德成西鍾免南
杜華北道一段四十五畝東道西廣聖寺南阡北陌六
垅一段二十五畝東北阿趙西河南阡一段七十五畝
半東鍾興西阿趙南阡北陌信義村一段二十一畝東
張江西南道北垓七垅一段三十畝東鍾進通西晉三
娘南垓北陌一段十二畝東楊凊西比富悅南阡北陌
一段三十畝連莊居東董稱西河南阡北□一段二十

三畝連部落莊居東南河西至德寺地北道王杜村一
段三十五畝東嵋西道南荀華北陌一段二畝東北道
西官田南垓一段十六畝東王進平西安寧南道北闕
一段八畝東安寧西南北道一段四十五畝東符義西
盧僑南垓北道一段二十畝東北王進平西垓南阡野
仁城一段一頃七十畝東自至西古城南□□□□
一段八十畝東張德成西自至南符義北古城寺東北
荒一段三頃一十二畝東溝西施身坑南安敬忠北垓
寺墻北一段荒一頃□□□□□□□□□□□□□
□□□南熟一段三十二畝東垓西道南張德成北寶

志成槐樹谷北坡一段七十畝東道西邪王南張岸北
垓一段南坡□□□□□□□□□□□□□□□□
一段二頃一十二畝東道西澗南王翰北溝永壽鄉莊
一段一頃三十二畝東道西澗南劉英北官田一段一
十八□□□□□□□□□□□□□□□□□□□
□□□□北垅一段六十畝東道西水南自至北寶操
一段四畝東西南道北自至三陽鄉白藍平□地一□
□□□□□□□□□□□□□一段二十畝當谷東
西垓南水北自至一段五十畝東道西楊江南領北泉
一段四十畝東北水西南楊珪一段一十畝□□□□

口口口口口口口口口口口口口楊珪南北水一段二十畝東北水西楊珪南馬恭一段一十畝東西南楊珪北道一段聖明谷二十畝東道西楊珪南口口口口口口口口口口東西楊珪南水北楊江一段一十五畝東北自至西楊江南泉一段一十七畝東南北道西楊江一段三十五畝東堎西南北道一段口口口柴浪東西北水南李海一段三十五畝張家坡里仁鄉界東南北荒西道一段一十二畝排山西坡東西堎南北荒一段高九谷并柴浪九十畝東北封日榮西道南馬恭一段五十畝東堎西嶺道南嶺脚北封日榮一段二十畝東北溝

西嶺上道南馬恭　胡桃谷連莊地東至奢驪谷北嶺近北至閃電嶺及波羅嶺西至澗近北至神堰嶺南至奢驪谷口東西道北至張英內至侯漸與及泥谷四至內管熟地七段餘並荒坡柴浪

使請都撿挍修造上都淨住寺內供奉大德沙門藏口　都維那義奕　前寺住元誼典座惟釗　直歲懷章　沙門從龍

會昌元年伍月拾日記　秦鍔刻字

按大像寺今陝西通志隴州寺觀已不載蓋頹廢久矣碑云乙卯歲是大和九年戊午歲是開成三年碑載潁川郡陳公爲左神策將軍而不詳其名碑前刻寺記後刻庄地果園頃畝四至而記乃云頃畝年代並錄于寺記碑陰者何也所記園地數惟幾頃幾十幾畝至半而止不似後世有釐毫絲忽細數也地有荒熟則並載之地之段落曰垙曰堎地之四至曰南阡北陌垙字見廣韻垙陌也字書無堎字疑俗書或與棱陵通用也阡陌二字舊說不同說文云　南北爲阡史記秦本紀開阡陌注引風俗通曰南北曰阡東西曰陌河東以東西爲阡南北爲陌朱子曰陌之爲言百也遂洫從而

涇涂亦從則遂間百畝洫間百夫而涇涂爲陌阡之爲言千也溝澮衡而畛道亦衡則溝間千畝澮間千夫而畛道爲阡阡陌之名由此而得字典曰按陸機答張士然詩迴渠繞曲陌通波扶直阡此以南北爲阡柳宗元田家詩蓐食狗所務驅車向東阡此以東西爲阡也据此碑則云南阡北陌以阡陌分屬南北而東西不與焉要之阡陌亦無定義皆田間涂畛之名而已碑書四至之側近他人者著他人姓名近本寺地則曰自至亦㮊見也內有云東鍾進逼西晉三娘晉姓見廣韻唐叔虞之

後以晉為氏魏有晉鄙然絕無一人登史傳者此
晉三娘獨得列于碑碣以傳何其幸也寺中僧職
有典座又有直歲始見于此

元秘塔碑

碑高一丈五寸廣五尺一寸二十八行行五十四字正書在西安府學

唐故左街僧錄內供奉一教談論引　駕大德安國寺
上座賜紫大達法師玄秘塔碑銘并序
江南西道都團練觀察處置等使朝散大夫兼御史
中丞上柱國賜紫金魚袋裴休撰
正議大夫守右散騎常侍充集賢殿學士兼判院事

上柱國賜紫金魚袋柳公權書并篆額
玄秘塔者大法師端甫□骨之所歸也於戲為丈夫者
在家則張仁義禮樂輔　天子以扶世導俗
出家則運慈悲定慧佐　如來以闡教利生捨此□
以為丈夫也背此無以為達道也　和尚其出家之雄
乎天水趙氏世為秦人初母張夫人夢梵僧謂曰當生
貴子即出囊中舍利使吞之□誕所夢僧白晝入其室
摩其頂曰必當大弘法教言訖而滅既成人高顙深目
大頤方口長六尺五寸其音如鍾夫將欲荷　如來之
菩提□生靈之耳目固必有殊祥奇表歟始十歲依崇

福寺道悟禪師為沙弥十七正度為比丘隸安國寺具
威儀於西明寺照律師稟持犯於崇□□昇律師傳唯
識大義於安國寺素法師通涅槃大旨於福林寺崟法
師復夢梵僧以舍利滿琉璃器使吞之且曰三藏大教
盡貯汝腹矣□□經律論無敵於天下囊括川注逢源
會委滔滔然莫能濟其畔岸矣夫將欲伐株杌於情田
雨甘露於法種者固必有勇智宏辯歟無何□文殊於
清涼衆聖皆現演大經於太原傾都畢會
德宗皇帝聞其名徵之一見大悅常出入　禁中與儒
道議論賜紫方袍歲時錫施異於他等復　詔侍　皇

太子於東朝　順宗皇帝深仰其風親之若
昆弟相與臥起　恩禮特隆　憲宗皇帝數
幸其寺待之若賓友常承　顧問注納偏厚而
符彩超邁詞理響捷迎合　上旨皆契真乘雖造
次應對未嘗不以闡揚為務繇是　天子益
知　佛為大聖人其教有大不思議事當是時　朝廷
方削平區夏縛吳斡蜀瀦蔡蕩鄆而　天子
端拱無事　詔和□□緇屬迎　真骨於靈山開法場
於　秘殿為人請福　親奉香燈既而刑不殘兵
不黷赤子無愁聲蒼海無驚浪蓋參用真宗以毗□□

政之明効也夫將欲顯大不思議之道輔大有爲之君
固必有冥符玄契歟掌　內殿法儀錄左街僧事以摽
表淨衆者凡一十年講涅□□識經論處當仁傳授宗
主以開誘道俗者凡一百六十座運三密於瑜伽契無
生於悉地日持諸部十餘万遍指淨土爲息肩之地嚴
金□□報法之恩前後供施數十百万悉以崇飾殿宇
窮極雕繪而方丈𫇴床靜慮自得貴臣盛族皆所依慕
豪俠工賈莫不瞻嚮薦金寶以致誠□端嚴而氏足曰
有千數不可殫書而　和尚即衆生以觀　佛離四相
以修善心下如地坦無丘陵王公輿臺皆以誠接議者

以爲成就常□輕行者唯　和尚而已夫將欲駕橫海
之大航拯迷途於彼岸者固必有奇功妙道歟以開成
元年六月一日西向右脅而滅當暑而尊容□生竟夕
而異香猶欝其年七月六日遷於長樂之南原遺命荼
毗得舍利三百餘粒方熾而神光月皎既燼而靈骨珠
圓賜謚曰大達塔曰靈塔俗壽六十七僧臘卌八門弟
子比丘比丘尼約千餘輩或講論玄言或紀綱大寺脩
禪秉律分作人師五十其徒皆爲達者於戲　和尚□
出家之雄乎不然何至德殊祥如此其盛也承襲弟子
義均自政正言等克荷先業虔守遺風大懼徽猷有時

堙沒而今　閤門使劉公法□寂深道契弥固亦以爲
請願播清塵休嘗遊其藩備其事隨喜讚歎蓋無愧辭
銘曰
賢劫千佛第四能仁哀我生靈出經破塵教網高張孰
辯孰分　有大法師如從親聞經律論藏戒定慧學深
淺同源先後相覺異宗偏義孰正孰駮　有大法師爲
作霜雹趣眞則滯涉俗則流象狂猿輕鉤檻莫收柅制
刀斷尚生瘡疣　有大法師絶念而遊　巨唐啟
運　大雄垂教千載冥符三乘迭耀　寵重恩
顧顯闡讚導　有大法師逢時感召空門正闢法宇方

開崢嶸棟梁一旦而摧水月鏡像無心去來徒令後學
瞻仰徘徊
會昌元年十二月廿八日建
刻玉冊官邵建和并弟建初鐫
元祕塔銘裴觀察休撰又十二年休始以鹽鐵使入
相所著楞嚴義解諸所參會妙入元宗出彼法中居
士長者之流邪弇州山人藁
元秘塔故是誠懸極矜練之作此本與余所藏正同
皆是有明內庫宋本除斷鈍外鋒鍔纖毫不失今石
在關中雖猶如故然亦已甚頹矣碑文裴休所作休

於禪理最深此獨俊陳大達恩遇文亦方幅聊義味而唐文粹收之殊不可曉虛舟題跋

大達憲宗時奉詔與迎佛骨之僧正言是其弟子中闕金石記

右大達法師元祕塔碑裴休撰其署銜稱山南西道都團練觀察處置等使攷唐書方鎮表建中元年升山南西道觀察使爲節度使嗣後無降爲團練使事蓋史文有脫漏爾休傳不載觀察山南西道一節亦略也潛研堂金石文跋尾

按此碑世多搨本下截每行磨滅二字雖舊搨者

多同其餘則皆完好也碑題左街僧錄新唐書百官志貞元四年置左右街大功德使總僧尼之籍法師蓋充此職也撰者裴休舊唐書傳稱其善爲文長于書翰自成筆法家世奉佛休尤深于釋典太原鳳翔近名山多僧寺視事之隙遊踐山林與義學僧講求佛理云云新書畧同其歷官則舊傳但云會昌中自尚書郎歷典數郡新傳但云歷諸府辟署入爲監察御史更內外任此碑結銜云江南西道都團練觀察處置等使朝散大夫兼御史中丞皆兩傳所畧也潛研跋云方鎮表建中元年升山南西道觀察使爲節度使嗣後無降爲團練使事疑史有脫漏蓋以休結銜爲山南西道也此碑搨本南字上一字大半已泐然左旁下存點右旁下存短畫諦視之確是江字之下半非山字宋米芾書史云江南廬山多裴休題寺塔諸額皆眞率可愛是可爲江南西道之確據矣書篆者柳公權結銜云充集賢殿學士兼判院事新書傳作知院事百官志集賢殿書院開元十三年置初制宰相知院事常侍副知院事又置判院一人元和四年始以學士年高者判院事是知院與判院品秩不同

立碑之時公權年已逾七十宜乎判院而傳作知院疑傳訛也傳又稱公權嘗書京兆西明寺金剛經有鍾王歐虞褚陸諸家法當時大臣家碑誌非其書人以子孫爲不孝然則大達之門弟子亦以得公權書爲孝耶碑但稱大達天水趙氏世爲秦人而不詳其諱閤門使劉公亦不著其名皆文之畧也書大顚方口顚作顚別體字

薛行周題名

摩崖横廣六尺七寸高一尺四寸二十行行三字左行篆書在祈眞巖

河東薛行周　吳安素徐寅　[illegible]

據碑校過

[illegible]

[illegible]

[illegible]

釋文

河東薛行周　邑亢夫徐奧　進士朱忱進士張虔曾
有歲會昌二年二月十六日同遊玉礻巖忱　磊落辯
士曾攜孟八麗君四稗　禮謁僧道與眞曾書

處士包公夫人墓誌

石高一尺三寸五分廣一尺四寸十
五行行十八字正書在仁和趙氏

唐處士包公夫人墓誌銘 并序

夫人姓張其清河人也　皇父諱隣夫人生有妍姿長
終言行包君前娶義陽朱夫人而生四子不幸朱夫人
中年下世及終喪親迎口夫人爲繼室敬愛均乎長幼
周旋廣備親疎撫育前男恩逾己子嗚呼夫人行年六
十有六以會昌三年十月九日奄終錢唐縣方輿鄉之
私第包君以再傷齊體追悼何心盡禮居喪卜時將葬
前男女哀慕無容以其年癸亥十二月十二日丙申葬
于履泰鄉之高原禮也恐陵谷以變更託斯文之口詺
曰

噫夫人兮　倏口流年　口口口兮　寂寞荒原　慘
慘霜口　悠悠夜泉　未口口口　口於此焉

右處士包公夫人墓誌海寧陳仲魚所贈云頃歲杭
人掊土得之文字尚可辨攷咸淳臨安志錢唐縣十
三鄉有履泰南鄉履泰北鄉而未見方輿之名蓋宋
時諸縣鄉里之名多有更易不皆沿唐之舊也包君
名字不見於誌今杭城南有包家山潛氏臨安志已
載之是包亦杭之舊族矣其書銘作詺則它碑所未
有　潛研堂金石文跋尾

按此誌爲趙君晉齋所搨贈晉齋自言得于錢塘
西溪山中据誌稱葬于履泰鄉咸淳臨安志錢塘

鄉名履泰分南北二鄉南鄉管里三曰放馬縢脂
黃妣北鄉管里六曰黃山石塘埽帚西堰師姑青
枝又欽賢鄉管里六曰涇山西溪韓家蓧弄東木
上步若此誌石得從西溪則葬處當在欽賢鄉矣
細撿杭州府志所載武林西溪諸山所在核其鄉
名大抵欽賢與履泰中間只隔靈隱一山山南爲
履泰山北爲欽賢履泰鄉以有履泰將軍廟得名
廟在靈隱山之南似乎此誌得之于西堰青芝一
路而晉齋以爲西溪者約畧之詞也太平寰宇記
稱錢塘鄉里舊有二十五鄉今一十一鄉此是錢

氏初納上以後之語所謂舊有者必是唐時鄉里誌中所謂方典鄉當即在舊有二十五鄉數內至宋初已失傳矣銘曰作詺曰詺字見廣韻彌正切訓爲詺目揄韻云辨別物名皆與銘墓義別詺字之見于史文者字典引新唐書于志寧傳有之云昔陶宏景以神農經合雜家別錄註詺之（舊唐書傳無此語）今檢汲古閣本新唐書于傳詺直作銘字典字典所引不合蓋字典所据係善本唐書毛刻各史頗有妄改之病此其一斑也此誌以詺爲銘或詺本與名通猶解進墓誌刻須立名以名爲銘之例

耳誌又云恩逼己子逼當作過哀墓無容墓當作慕又其清河人也其字下當有先字皆脫誤也誌有包君之稱文非處士所自作而不著撰書人姓名且文中亦不敘包君名字事實皆疎也

王文幹墓誌

石高廣俱二尺五寸三十八行行三十字至三十二字不等正書在西安府

大唐故中大夫行內侍省內給事員外置同正員上柱國賜緋魚袋王公墓誌銘并序

通直郎試大理評事趙造撰

鄉貢進士蕭嶬書

公諱文幹字強之其先即秦將翦公之洪胤也自時厥後子孫衆多文能出羣武蘊異略貴則善慮其將義乃下筆成龍功業居高名施於後秦覇天下斯皆王氏之力也遂使高秋朗月瀚海澄波諸族難儔家世雄盛

皇朝中散大夫內侍省內侍賜紫金魚袋奉 詔和蕃使兼安西北庭使諱奉忠公之曾王父也德重名高情見義立西戎斂跡不敢東闚北狄戢羣不敢南牧內侍省內侍賜紫金魚袋內弓箭庫使奉天定難 南朝元從功臣諱英進公之祖王父也義勇冠時見危致命親承 聖旨獨步 中朝右神策軍散副將雲麾將軍

試殿中監奉天定難隨 駕南朝元從功臣諱臣端公之烈考也功高位下命不待時慶流有徵果有令子榮高處厚德抱雄圖公即雲麾將軍第三子也 憲宗踐祚時公年始童舞入趍 紫闥出踐 丹墀敷奏詳明譽爲俊彥遂拜供奉官恪居官次務謹去奢臨事無滯爲官不昧斯乃沖天逸翰出澗高松錫以朱紱之榮帶以銀璋之命改梨園判官奉八音之禮專五菓之名孽就日新功勤益著遷鷄坊使翦拂珎禽在閫自我羽翼奇特利用絕羣每藴能名誰之與疋轉宣和殿使載離寒暑日往月來每候 鑾輿晷刻無失金石磨而不磷

壁玉琢而弥堅改軍器監判官專任武庫奠體有程綠苛必時實謂戎備尋遷左神策軍宴設使庖廚有節饔饌無遺脩饌必善於精華宴飲實懸其醉飽鎮幕歌晼坊厨掩留拜同官鎮監軍地居畿甸鎮壓要衝路接塞垣命之監理虬龍豈與蚯蚓爲伍鸞鳳難可枳棘長栖時當用才俾之客侍依前充供奉官使於四方善能專對利於一事罔不克堪未幾息車改栽接使公墾園樹菓殖地生苗供億猶勤庶事無闕有司惜才戀德公乃布義行仁開成五年　詔遣充新羅使拜辞　龍闕指日首途巨海洪波浩浩萬里一葦濟涉不越五旬如烏斯飛届于東國王事斯畢廻檣累程潮退反風征帆阻駐未達本　國恐懼在舟夜耿耿而罔爲魂營營而至曙嗚呼險阻艱難備嘗之矣及其不測娠恠覺竟生波滉瀁而滔天雲靉靆而蔽日介副相失舟檝差池毒惡相仍疾從此起扶侍歸　國寢膳稍微藥石無功奄至殂謝享年五十有三會昌四年歲在甲子夏四月賁生五䓗日終于京地萬年廣化里私第雖違三月之期終遂九原之禮是歲冬十月十五日葬于鳳城東龍首原禮也嗟乎命之不偶李廣豈遂於封侯梟在官門士衡終鬪於歎鵬公婚于滎陽鄭氏克諧琴瑟相敬

如賓有子三人男曰義仙義立女適齊郡史氏孤子銜恤茹荼哀號罔極恐田成碧海谷變爲陵片石未鐫防墓何辯用憑不朽之石以誌永存之詞銘曰

猗嗟大夫短折不祿歷事五朝白珪三覆賈誼促齡士衡歎鵬許國一心居家可理善則稱君過則稱己君臣道合如魚如水嫉惡如讎見善必遷愛如冬日畏若夏天臨官廉平無黨無偏奉命出使汎海東夷洪流滉瀁陽烏攸危大波汨起天地變移王事斯畢車騎辞廻臨達本國魑魅爲灾幽魂何往遊岱不來聯綿經歲四體轉衰辞恩處順闔門銜悲吾將安仰哲人其萎羡玉永沉寶劍斯析聖心哀慟孤子泣血福祚長存恩光無歇

按誌敘自曾祖祖父及文幹之身蓋四世爲内官矣王父上又加祖字翔見于此唐書百官志閑廄使押五坊以供時狩一[illegible]鵰坊二曰鶻坊三曰鷂坊四曰鷹坊五曰狗坊而無鷄坊誌云遷鷄坊使翦拂珍禽在鬪自我是鬪鷄之職也又云未幾息車改栽接使唐六典尚寢局掌燕寢進御之次敘總司設司輿司苑司燈四司之官屬司苑掌園苑種植蔬果之事是栽接使即司苑所掌皆可廣唐書六典所未備也又云開成五年詔遣充新羅使

迴檣累程潮退反風恐懼在舟疾從此起云云舊唐書新羅傳開成四年又遣使朝貢以下無文新書傳載開成五年鴻臚寺籍質子及學生歲滿者一百五人皆還之不云遣使據誌所云恐是命文幹護送還國而史畧之也誌云有子三人而下文只義仙義立其一殆即適史氏之女也

尹府君朱夫人墓誌

石橫廣一尺五寸高一尺四寸二十行行十九字至二十五字不等正書在孟縣

唐故尹府君朱氏夫人墓誌銘并序

曾口祖從家狀官告墜失不敘　府君諱澄其先望在天水貫居秦州後子孫分散各處一方今權居孟州郎爲河陽縣人也　公爲人端耿量雅恬和与人結交千金不易一言道合鴨馬不追遠近欽風花城共美奈何積善無慶天降其禍去開成四年告終于私第春秋六十有七　夫人朱氏即世廣陵郡人也笄年秦晉疋配歸于尹氏之門婦道禮儀不虧晨夕之孝接事舅姑能善能柔和睦六親鄉閭傳亂奈何大運將至卧疾連綿千方無効万藥無徵啓託聖賢其疾不愈口會昌四年十月十九日終于私室春秋六十有三男女七人長子廟諱慶新婦王氏次子廟諱禮新婦戴氏次子廟諱簡新婦賈

據唐文百篇本、校其旁○者皆百篇本所同

氏次子廟諱雅新婦王氏小子廟諱瑕未婚長女十四娘夫張氏十五娘歸聞氏嗣子等非法不行非禮不動口口焉有丈夫之志兒女等叫天泣血五內分崩稱家有無將口葬事卜得會昌四年十一月十八日葬于孟州河陽縣安樂鄉口口村禮也恐年代口遠陵谷有遷刊石爲文乃申銘曰

嗟乎尹君　生爲哲人　言無過失　花城共聞　千金交結　恩義長存　招賢納士　禮法芳新　嗟乎尹君　沒爲異人　嗣子擇地　安厝神魂　千秋万載　口口子孫

右尹君妻朱氏墓誌銘其序稱權居孟州郎爲河陽縣人及記葬地亦然按河陽升爲孟州係會昌三年此會昌四年正其初升之後故有是稱也此石係十年前從縣城內鑿井所出居人以爲擣布石縣學生薛清輔買得之雖其中有俗字如鴨盐之類然可因序中所記葬處以知此城地在唐時之爲安樂鄉壖坎村則亦初非毫無所益也孟縣志

周文遂墓誌

石高廣俱一尺四寸十五行行約二十字正書在海寧州

唐故汝南周君墓誌銘并序

錢本長作伯

錢本穆作信能作諱

娶宏農楊氏

錢本悼作恨

空格錢本作紳弁

君諱文遂字道從祖諱嵒先父諱通君郎通之長子也幼讀儒書長而習禮弱冠之歲咸譽所知內孝親姻外穆僚友不能苦濫於琴酒乃縮職於監司三五年間榮譽可舉何期未申公表奄卒壯年嗚呼霜劍摧鋒鳴琴絕軫春秋卅有五大中二年三月十五日終于天長之私館也以其年十月廿九日祔于先祖妣王夫人列域以爲窀穸禮也娶宏農楊氏恭孝內諧譽案從禮一子三歲名曰小君令弟二八曰文遇文造悼鴒原而遷絕誰濟急難桐荆幹摧鴈行何續敢忘兄友銘誌弟恭卤請長詞用彰後絕者焉　銘曰

嗚呼周君廿命奚促三十五歲禍來衝福手劍摧鋒身□□玉欲濟舟傾風前失燭一旦帰冥百齡何贖千歲之中再生王國

按此誌不獨鈌撰書人即周氏里望周文遂所歷何官皆不敘及但云縮職監司終于天長私館而已可謂疎畧甚矣書多別字外穆僚友穆當作睦咸譽所知譽案從禮譽當作舉又娶宏農楊氏脫農氏內孝親姻親可言孝姻何以言內孝耶不能苦濫于琴酒苦濫二字不解此于上开府君誌大抵皆鄉里無識者所爲其措辭皆不可爲典要無

據洪纂本校

庸究詰祇以其爲唐蹟附錄於此

周公祠靈泉記

碑連額高九尺二寸八分廣三尺二寸二十四行行五十五字額題潤德泉記四字並正書在岐山縣

鳳翔府岐山縣鳳栖鄉周公祠靈泉□狀　題奏狀及

勅批答

當府岐山縣鳳栖鄉周公祠舊有泉水枯竭多年去十月□七日忽□大風其泉五處一時湧出各深一尺已來又有七處見出臣差府參軍郭鏌專就泉所檢驗得狀謹具泉水面方圓深淺分寸

五處泉面各方圓四尺已下各深一尺已來

七處小泉水面各方圓一尺已下各深三寸已來

右臣得縣鎮狀報有此靈泉差官勘覆事皆詣實詢諸故老傳訪里門咸稱此泉出必時泰歲豐者臣伏以周公□人爰正禮樂勤勞周室克佐成王載在詩書揚于風雅宜乎神用不測澤流無窮伏惟　陛下叶德坤乾侔功造化節宣四序綏懷萬方由是地理呈祥靈泉感應名標上善運屬和平不然何已涸之泉因風復有此蓋彰於　聖德發自神功事出尋常義尚圖諒豈特撓之不濁乃鑒妍蚩積以成川方勞舟檝也臣才非周邵時偶成康荷　恩渥而莫効涓塵

覩　休徵而空增喜躍謹具奏　聞伏請宣
付史官以光典冊無任歡賀悃欵之至其圖一面謹隨
狀奉進謹錄奏　聞謹奏
中書門下奏鳳翔觀察使奏當府岐山縣周公祠湧
泉出
右伏以川竭旣為時否泉生必表　政成况近
靈祠寔彰　聖德因風湧出當　風化
之所資口(遍)地澄清誠地經之載理近者栢樹復榮於
李觀裳泉亦發於　神州考其祥經皆合
理代臣等商量望付史館書為國華謹具如前奉十

二月八日
勑宜賜名潤德泉仍付所司
答詔
勑崔珙省所奏當府周公祠舊有泉水枯竭十口(月)中因
風泉水五處一時湧出又有七處見出并畫圖進上口(事)
具悉朕聞致理之代地出醴泉蓋以澤可濟時德推上
善徵諸傳記寔為休祥朕以虛庸敢膺(元)曆既披口(圖)見瑞
省表增懸豈惟菲德致之亦卿循良所感臨軒嘉歎至
于再三今賜名潤德泉想宜知悉冬寒卿比平安好遣
書指不多及

謝賜　手詔表
右臣伏裳　聖恩以臣當府所奏周公祠靈泉湧
出畫圖　進上示臣　手詔并賜名潤德泉者
紫泥緘啓　鴻澤光臨因　聖德以感通
詔徵臣而褒奬捧戴無措兢惶失圖臣伏以　若
有至德及於山川神降休祥見於祠宇功宣潤下道叶
流謙臣所以披圖按諜考往校今明　(元)靈化之式敷
彰　皇猷之無遠冀光　帝典用表祥經臣忝
守邦獲逢　理代不合裳蔽輒具奏　聞豈謂俯廻
天聰乃賜嘉名特降綸言垂於不朽与日月而明並豈

金石之能移臣見令刻石紀年置之泉側為一時標異
俾百代共觀無任屏營感抃之至謹奉狀陳謝以
聞謹奏
大中二年十一月廿日鳳翔隴州節度觀察處置等
使銀青光祿大夫檢校尚書右僕射兼鳳翔尹御史
大夫安平郡開國公食邑二千戶臣崔珙狀奏、
周公祠靈泉湧出大五小七凡十二處觀察崔珙奏
狀勅石事在大中間石前刻奏狀中間宣宗批答后
刻珙謝表文詞宛至有盛世風書亦遒健有法且其
敘列大似漢人碑例而遜其古質耳如此等碑宋以

后恐不能得也（石墨鐫華）

鳳翔府岐山縣鳳棲鄉周公祠舊有泉水久竭大中間泉忽湧出崔觀察珙奏狀亦水旱恒事耳宣宗手詔褒嘉猶見下壽而史尙以無復仁恩察察爲明短之今世何可得也碑勒奏及手詔謝表筆氣蕭散有褚河南意後書年月及銜復似柳如出兩手（金石史）

新唐書珙傳宣宗立以太子賓客分司東都起爲鳳翔節度使正在大中初年珙具奏靈泉之日何爲削其封邪食邑舊書所載與碑同（金石錄補）

蘇東坡云周公廟在岐山西北七八里廟後百許步有泉依山湧冽異常國史所謂潤德泉世亂則竭者也其名潤德者大中初因崔珙之奏而賜名也崔珙狀奏珙爲鳳翔節度使而中書門下奏內但稱觀察使者節度之職雖視觀察爲重然非軍旅之事陳奏止稱觀察唐人章奏之式多如此也（潛研堂金石文跋尾）

按陝西通志鳳翔府岐山縣周公廟有三一在縣西郭街北一在縣西北十五里鳳凰山麓一在岐山廟後舊有泉久竭唐德宗（宣宗之訛）大中間忽有五泉一時湧出賜名潤德泉即此碑所載是也然通志但云五泉而不及七泉亦畧也泉湧于十月□七日則狀進奉勅當在十一月八日奉勅之後崔珙表謝在十一月二十日今云奉十二月八日勅宣賜名潤德泉此十二月是十一月之訛也泉久竭復出且因大風而湧不可謂非祥異乃兩唐書紀傳及五行志皆不載

陸君夫人孫氏墓誌

（石高一尺三寸五分廣一尺五寸十七行行十九字正書在富陽縣）

唐陸君故夫人富春孫氏墓誌銘（并序）

夫人吳大　皇帝十九代孫德之女也令淑有聞名傳四德笄年歸于陸氏君名瑛有子三二男一女長男麟詵次曰麟諮並未有所娶女則初笄之歲未有所歸夫人以大中四年遇疾百藥無徵□霊靡究即是歲仲夏月三日而終春秋五十有七男女號踊泣洫摧咽親戚悲噫日月逾邁龜筮叶從於其年季秋月末旬八日而安厝富陽縣西廿里上黄山墓然而礼墓則南登極峭北達長衢東西即富春孫氏之山矣□慮年月將變故刻塼記其誌銘　銘曰

穆穆夫人　名傳四德　染疾不愈　殁歸泉路　蒼芑山谷　冥冥九泉　恐年月□　誌銘刻塼

唐大中四年九月廿八日記（此行字體特大）

按此誌杭州府志金石所未收誌云安厝富陽縣西廿里上黄山墓又云祔墓則南登極峭北達長衢東西卽富春孫氏之山矣檢杭州府志山川卷富陽縣無上黄山名其在縣西二十里者但有一靈巖山而已惟縣南一十五里有陽平山太平寰宇記引地理志云吳武烈孫氏之所居也其祖種瓜于此有二仙人示其葬地卽此太平御覽又作陽城山爲孫氏所葬處今玩誌文富春孫氏之山或卽指此其云上黄山者或係當時土名而南與西之别十五里與廿里之不同刋又記載之小異也附識以備攷

金石萃編卷一百十三終

金石萃編卷一百十四

賜進士出身　誥授光祿大夫刑部右侍郎加七級王昶譔

唐七十四

勅内莊宅使牒

石横廣四尺四寸五分高二尺二寸八分二十五行行十四字正書在西安府學元祕塔碑陰

勅内莊宅使牒

萬年縣滻川鄉陳村安國寺金經　□壹所計估價錢

壹伯叁拾捌貫伍伯壹□□文

舍叁拾玖間　□　雜樹其肆拾玖根　地壹□畝玖分

莊居東道并菜園　西李𣗥邨　南龍道　北至道

牒前件莊准　勅出賣勘案内　□正詞狀請買價錢

准數納訖其莊□　巡交割分付仍帖買人知任便

爲主　□要有廻改一任貨賣者奉　、　使判　□者

准判牒知任爲凖據者故牒

判官内僕局承彭　□

副使内府局令賜緋□□劉行宣

使兼鴻臚禮賓等使特進知□□田紹宗

其價錢并入門悉是僧正言衣□　出並不忓同學門

徒親情等事其正詞卽　□俗名從大中三年四月

一日創造堂内　□德壹拾叁事并綵畫兩壁及塼

座 □綵赤白兼上安鴟尾修贖經藏等 □陸
伯貫文內壹伯貫文外施餘並□ 自出又修塔及
碑堂北院塼堦隔□ 等計當錢貳伯貫文並是僧
正言□
又院內祖婆父并同學等□ 壹所
大中五年正月十五日承襲 記
同學淨真 同學常益
俗弟子李自遷 高行 方 正信

右牒題云敕內莊宅使牒按萬年爲京兆府畿縣長安志萬年有洪固龍首少陵白鹿薄陵東陵苑東七鄉而無滻川鄉安國寺在皇城外朱雀街東第一坊

爲睿宗藩邸舊宅景雲元年立爲寺以所封安國爲名原屬萬年治內此牒係安國寺僧正言出價承買後列俗弟子姓名若今之市券也當時十六宅各有莊地以內官主之所謂莊宅使也金石錄補

右勅內莊宅使牒一通牒尾列銜者曰判官內僕局丞彭□曰副使內府局令賜緋□□□行宣曰使兼鴻臚禮賓等使特進知□□□田紹宗攷唐書百官志內府局令正八品下內僕局丞正九品下皆屬內侍省而內莊宅使之名則百官志無之盖唐自中葉

據原碑校、

以後內侍用事所設曹局緐多史家不能悉載宋史職官志唐設內諸司使悉擬尙書省如京倉部也莊宅屯田也皇城司門也禮賓主客也雖名品可攷而事任不同王昶語然宋以如京莊宅爲武臣敘遷之銜與唐制又異矣牒後題僧正言出錢刱造堂內綵畫兩壁修贖經藏諸事凡九行大中五年正月十五日記金石文字記以爲六年四月者誤也此文刻于大達法師塔碑之陰正言卽大達之弟子也塔銘柳書行世而碑陰推拓者少予近始購得之潛研堂金石文跋尾

按文云不忏同學忏音干說文長箋云忏有迁進

之意故从干此與說文訓極也之義別新唐書萬壽公主傳無忏時事正與此同後人直作干字矣碑稱同從師出家者爲同學俗家爲俗弟子皆始見此碑至院內祖婆父其稱謂不可曉長安志滻水在萬年縣東北流四十里入渭稱滻川鄉陳村此鄉必以滻水所經得名長安志已不載此鄉則當在唐時四十五鄉之內舉制府長安志注歷引諸碑所載古鄉名村名而不及此亦可以廣所未備也

比邱尼正言疏

鈔本作比丘正言疏無𡰱字

石橫廣四尺八寸六分高一尺六寸十八行行十二字正書與前勅牒同刻元祕塔碑陰

比丘𡰱正言疏

正言自小入道謬烈緇倫陪行伍今緣身嬰風疾恐僧
務多有故用悞用三寶　聖言所有罪障不敢覆皆消
滅有少許䞋利充衆僧外請將自出錢買得廢安所在
萬年縣滻川鄉并先庄并院內家具什物兼庄內若外
若輕若重並囑授
內供奉報聖寺三教談論首座
荅　製賜紫大德兼當寺主有手下弟子李自遷並
付庄悉是自出錢物買得盡不忏[并]諸同學等事並皆無

分今　法師爲主一捨永捨生死經維和上老宿大德
徒明謹疏
大中六年四月廿五日疾病比丘正言疏
一　公
宏
法遷　正信
直歲賀遷
按此與勅牒連類而及牒是官須者此疏是正言
自立者爲永捨寺中之憑據李自遷俗家也不曰
俗弟子而曰手下弟子當是皈依正言者文云少

據原碑校、

許䞋利䞋音襯廣韻與嚫同嚫施也玉篇嚫錢也
皆與此䞋利同義碑書謬烈緇倫烈當作列

杜順和尚行記

碑高四尺四寸七分廣二尺八寸二分二十一行行二十七二十八字不等行書在西安府

大唐花嚴寺杜順和尚行記
鄉貢進士杜殷撰
朝議郎試左武衛長史上柱國董景仁書
釋雲範忍辱爲戒空寂爲體求而非真智而可識不遠
□[不]□□之□□□□[了]雪山　我佛當其諭道褱褁白
馬金字闡于　巨唐粤以有京兆人者堯之苗裔生

雩　國南門外村里簪□繼□□餝躬馨香內外逮
三千餘祀俄扇雩西方之盛降兹　吾師師□□□遣
人表未登十歲綏集同年生陟一基而以敷足嶷然旋
吐大乘□□□□□贍善男子善女人無間大小奔而
趍而虔心諦聽一演而伸衆闓道□□□舞之忘親愛
而自聳復次□機運巧指事成績洞然峕有祥瑞連縈
□[龍]□□力矻矻其異不一寔可繁詞弱䍐　師之兄有
軍旅之患欲赴跪而啓父兮母兮厥而賡去允斯所命
被甲鎧汪汪執戈慷慨逼至魚麗勝而多捷卓尔哉出
羣隱而靡究慈惠霑濡一師之卒渠百結　師補綴爲

渠有各酷答刑　師受笞焉負薪爨火汲水燃之渠豎
濯　師之躬焉渠役烽火遊外　師之當焉昔　魏禪
師師主也異日倍□之日臨流未濟杖之功登嶺有去
虎之妙共貧來婦人有一子求之□□昧擲□(投)□□(流)中
而復見(胡甸反)乃是宿根深債歷縣側因睹畋獵化蓑□
(龍)□盛與□□□土交會因勵承勵而息心歸依　師之
門人動意尋五臺靈境欲覺□菩薩給五銖道粮乃失
師事今有秦人王元順承家穆穆文武潤身在世有
濟拔之惠效　主懷歲寒之心殷　師之裔孫也已履
儒迹心□(遠)□岸每躭儒典之暇劇趣真心　師之聖寔

非翰墨之能鎸大中六年□月二十四日記
鎸玉冊官邵建初刻字　院主僧談□
此唐碣也字頗可收乃其文義晦澁破碎全不成說
使此和尚空有行記之石千年在世與草木同腐則
何益矣乃知言之不文行之不遠使再不得此字更
消滅久矣(墨林快事)
按神僧傳法順姓杜氏雍州萬年人碑云京兆人與
傳合僧冠以姓與裴大智碑相似而朱長文碑帖考
又有華嚴寺法順大師碑許康佐書此碑今在長安
縣開佛寺中(金石錄補)

校過 、

王圻續文獻通考法順姓杜氏萬年人爲隋文帝所
重月給俸供之有病者對之危坐少卽愈生而聾者
與言卽聰啞者與語卽能言狂顛者使人領往向之
禪定少選卽拜謝而去又嘗臨溪侍者懼不可濟順
率同涉水卽斷流其神迹類如此太宗素敬之嘗引
入宮禁妃主戚里諸貴奉之如天佛集華嚴法界觀
門弟子智嚴尊者傳其教(關中金石記)
碑記杜順云京兆人堯之苗裔生于國之南門外村
後又序師代兄從軍及爲兄補甲受笞負薪爨火諸
苦行若忘身以濟于衆者又稱擲于急流中而復見

見字旁註胡甸反惟孔紓墓誌銘出將字旁注去聲
他金石刻所希聞(授堂金石跋)
按杜順和尚者姓杜名法順唐初時人故撰記之
杜殷是其裔孫也記稱京兆人者堯之苗裔通志
氏族略杜氏亦曰唐杜氏帝堯之後爲陶唐氏裔
孫成王遷唐氏于杜是爲杜伯今永興長安縣南
十里有下杜有杜伯冢在焉碑書于作雩字青未
有以雩爲于者此殆意爲增加猶乎字之加虍作
虖也生陟一基當是一朞

姚婆墓誌

拓唐文百篇挍過

石高廣俱一尺二寸八分十四行行十五字至十八字不等正書在滎澤縣

唐姚婆墓誌

范陽盧鄴幼女姚婆年八歲生而穎悟髫而秀妙纔能言而知孝道纔能行而服規繩纔能誦而諷女儀纔能持而秉鍼組動有理致婉而聽順衣服飲食生知禮讓先意承志不學而能常期長成必有操行芳譽流于親戚之間何啚玉樹先秋蕣華早落斂而不壽痛可言耶以大中六年十月三日夭于襄州官舍以明年七月十三日葬于鄭州滎澤縣廣武原祔　　　州祖贈給事中府君之　松櫝與寘寘之內魂而知歸以其封樹不

廣懼年代未遠而丘壠夷平聊刊片石以敘其年月与事實與千載之後不至湮沉耳唐大中七年七月十三日前檢校禮部員外郎盧鄴記

右盧鄴幼女姚婆墓誌禮十六至十九爲長殤十二至十五爲中殤八歲至十一爲下殤七歲已下爲無服之殤下殤女子於法可以無誌然韓退之爲女挐銘壙世莫以爲非者父之于子不忍其遽湮沒而欲有所托以永其傳亦人之恒情乎噫自唐以來達官貴人豐碑大書不久而湮沒者何限而姚婆一弱女越千載後乃得傳姓名於士大夫之口事之有幸有不幸若此者可勝道哉潛研堂金石文跋尾

高元裕碑

碑連額高一丈一尺四寸廣四尺一寸三十三行行七十九字正書額題大唐故吏部尚書贈尚書右僕射渤海高公神道碑二十字篆書在洛陽

大唐銀青光祿大夫□吏部尚書上柱國渤海縣開國男食邑三百戶贈尚書右僕射闕下

□□□□　　□朝散大夫□□□□□□□□□

□□上□□□□□開國□食邑三百戶賜紫金魚袋□□□

金紫光祿大夫左散騎常侍上柱國□□□□國公食邑□□戶□□□書

公諱□裕字景圭六代祖申國公諱士廉　皇朝□□中尚書右僕射有仁儉之□□文□□□□□□□□□□□□□□□□□□□□□□在陶唐氏□□□□□以隱德起爲周文王師者号爲太公望始受封於呂子孫世仕於齊□世孫公子□□孫□與管敬仲俱爲齊上卿合□侯有功□□□□□□□□□□廿七世孫洪後□□爲渤海太守因家焉高氏故書□□□□□□平□□□後魏□□錄尚書事生岳北齊侍中封清河王生敬德開府儀同三司改封□安王

中公□□□之令□□□□□□□□□□□皇朝
□州長□□□之行□□　曾祖諱□□州餘杭
令贈尚書戶部員外郎　大父諱虒秘書省著作
郎贈右□□大夫　皇考諱□太原少尹兼御史
中丞□□□□□□□□□□□之少子也幼而頴
悟及長魁岸秀發弱冠博學工文擢進士上第調補秘
書省正字佐山南西道荊南二鎮爲掌書記轉試協律
郎大理評事攝監察御史入拜真御史轉右□□□
侍御史□□□□豪舉□拜司勳員外郎轉吏部員
外郎　公之佐山南西道也節度使崔公從以清

明藻鑒推重簪組洎　公抗揖上席雅望益洽及
登御史府好爲犖犖事自荊涉□□□□□□□□
□□急宣居常穠秣在櫪廄吏多□□□條制爭□
□客□呵□導者必恐遽惟迫授以驛馬不敢問積習
爲弊刺史不能治有道士趨歸真者長慶初用黃老私
言得恩倖□□旁□□言□倖在驛□□□□自給時
　公方□徵入過歸真於途連叱之謂曰汝妄入耳
天子置驛馬俾尔鼠輩疾驅耶且黃冠驛馳用何條
制顧左右牽□之歸真沮撓不敢仰視　□□□
□以□□□□歸真□□□聞者憚焉　公

之爲桂國也當寶曆初　天子年少新卽位
事多決於內或嗤　朝頗曠旬朔大臣罕得　□謁
　公上疏指斥極言□□中外之□以鎮□□□
□　公□□□之侶然　公之爲吏部郎也
精□簡峻肯徒□哉若踐刃戟未竟南曹事會與銓長
以公事爭短長剛憤不能下請急□□□□□道除
左司□□遷□□□□中書舍人　公之爲諫議
也屬　朝廷多故李訓鄭注貽禍□亂欲先立威定
事　公察其必變斂以勁□□其頭角章疏□上
　文宗知而不能用及爲中書舍人逆注益用

事注初以藥道進至是□然以才望自居會注遷秩□
□□□□揚其□□□狀注方倚　恩白大恚
不能堪遂出　公爲□州刺史注敗復入爲諫大
夫兼充　侍講學士尋兼太子賓客
文宗重儒術尊奉講席　公發揮教化之本依經
傅納　上傾心焉□□□□□□□筵□
□爲□□□□護之授□　公□□通經文雅任職
而操劃□濟素重　朝廷　上復欲□之未
幾擢拜御史中丞兼金章紫綬之錫　公正色立
朝百吏震肅□暑□□□□□□下□□僚吏率多

□□□擗體□不蔦濟辦□俔甚威邪朋自遠班行相
顧聳動屏息議者以爲風憲振職自元和以來惟
公爲稱首進尙書右丞改京兆尹未幾授左散騎常
侍遷兵部侍郎轉尙書左丞知吏部尙書銓事會
恭僖皇太后陵寢有日充禮儀使　公爲
左右轄也郎吏籍公岸谷之峻皆礪□□□事迎理
及銓綜衡鏡之務抉奸與善如見肝膈猾吏□□□□
□□□勿乂□□竄□記□爲防□□迷視聽　公
指摘□病是非立辨摽爲成憲迄今賴焉不拔一人九
流式□尋改宣歙池□□□□□使兼□□□□入拜吏

部尙書　□□□□□□懿□□□□□□□□□□
□□□□□□□□爲□□使□事遷檢校吏部尙書山
南西道節度觀察等使　公友睦淸約車服飲食比
寒士而□□吏□奉公□□汲汲如嗜慾居一室凝塵
積机擠如也於宛陵□二郡理於漢南□八郡化率用
□□□□□□□□□與利除害刋爲故實在漢南奏免□
內積年逋租七千八百餘万貫節用而已公私□□百
姓□□之初　公自　侍講爲御史中丞
文宗久□□□□□□內舉毋兄少逸
上嘉納而遂其志少逸果能□二帝三王之業發明

□□　上益敬重□□□者咸謂　公以
誠事君者也愛□不忘舉其親舉親不忘存其義眉壽
景福□□□歸　公爲□州之五歲慨然有懸車之
念累章陳懇故復有□□□□之□卽日渡江將休于
□□行□志□大中四年夏六月廿日次于鄧無疾暴
薨于南陽縣之官舍享年七十六　上聞撫
机震悼廢　朝□日□□□□□□年十一月十日
歸葬于□南府□□縣□□之南原以李夫人合窆從
祔于　□府君之兆次□□　公前娶隴西李□吉州刺
史宣之女也再娶京兆韋氏鄭國公孝寬七代孫□

□□□□□□□□□□　先考司徒府君□□衽席
□□國太夫人□氏陰教修備及　公貴□□□□
□服□□□□哀榮之禮渥縟矣□子□一人曰璩李
出也進士擢第試祕書省校書□文行□□□□□
記曰有大德者必得其祿其位其名其壽□　公始
終可謂全□□銘曰
烈山之□□□太古□□□□□□□□□□□
功錫姓申公嗣興□□佐命□□□赫□□秀令降□
公生□□□□□爲□師□爲世資□□□闕□
□二□行茂□□□高終賈霜□迴□□□□□□

□□政嚴官□□競躅□我敦德義時□□□□□□
□□□□□□大羙□味□□□□□□□□妄□□
□□□□□闕我堅豸□大方□□以□□□　禁林
寄侍講席陪升因經納誨承　問□能輔道□□□
闕□□以□□□□□□　□□□□□□□□□
□□□□□□□□□□□□多□□□□□□

大中七年十月立蕭鄴撰柳公權正書篆額在洛陽

碑鈌撰人名据金石錄書之篆額甚工而無人名碑稱元裕曾祖迴大父彪皇考集銜名皆與宰相世系表合惟世系表誤彪作虎劉昫唐書有高元裕傳亦

正作彪知碑是也碑載元裕官爵事實亦較史詳備云贈尚書右僕射劉昫書亦未及舉云歸葬于河南府伊闕縣白沙之南原今碑在縣南三官凹田間是其墓也中州金石記

碑過漫漶書撰人名氏尤缺蝕惟字體類柳誠懸今土人猶指爲河東書也案此碑稱元裕命氏世居之始與宰相世系表合但元裕九世祖翻表載爲後魏侍御中散孝宣公碑作太尉錄尚書事翻生岳表載爲北齊太保清河昭武王碑作侍中清河王岳生勵表載字敬德隋洮州刺史樂安侯碑直云敬德不言其名勵似亦以字行者而歷官則爲開府儀同三司畋封樂安王又碑載蒲州長史巳不見其名以表證之當爲峻於元裕爲高祖其下載迥杭州餘杭令贈尚書戸部員外郎彪秘書省著作郎贈右諫議大夫集太原少尹兼御史中丞並與表相符其少有異者碑言著作郎表云佐郎父諱集表作焦字形之似偶涉誤也元裕所歷官碑自其初擢進士上第調補秘書省正字佐山南西道荆南二鎮爲掌書記轉試協律郎大理評事攝監察御史入爲真御史右補闕復爲侍御史擢拜司勳員外郎轉吏部員外郎又除左

司缺二字遷諫議大夫中書舍人又出爲缺州刺史復入爲諫議大夫兼充侍講學士尋兼太子賓客擢拜御史中丞遷尚書右丞改京兆尹授左散騎常侍遷兵部侍郎尚書左丞吏部尚書充禮儀使尋改宜歙池觀察使入拜吏部尚書又遷檢校吏部尚書山南缺道節度觀察等使葢其詳如此而新舊書本傳惟云累辟節度府以右補闕召俄換侍御史内供奉擢諫議大夫進中書舍人復授諫議大夫翰林侍講學士兼賓客進御史中丞擢尚書左丞領吏部選出爲宣歙觀察使入授吏部尚書拜山南東道節度使于其

歷官葢未悉書也 授堂金石跋

按元裕初名允中碑與兩唐書傳皆不載惟宰相世系表有之此碑叙先世有與他碑不同者首行諱字之下卽叙六代祖士廉下乃叙其受姓之始源于太公望下又叙六代祖以上諸世而後及于曾祖以下其特提六代祖于前不知何義也碑云六代祖申國公諱士廉舊唐書高儉傳云儉字士廉新傳云以字顯世系表則云宗儉字士廉與碑傳俱不同其封申國公惟舊傳有之乃貞觀十二年事新傳不載其官終開府儀同三司同中書門

下三品而碑不書特書尚書右僕射者新傳稱士廉三世居此官世榮其貴 此齊書清河王岳傳顯祖時岳兼尚書左僕射 隋書高勱傳歷遷侍中尚書右僕射 故碑亦特書之碑云太公望子孫世仕于齊□世孫公子□□孫□與管敬仲俱爲齊上卿世系表云太公六世孫文公赤生公子高孫傒爲齊上卿與管仲合諸侯有功桓公命傒以王父字爲氏食采于盧謚曰敬仲是敬仲爲高傒之謚非管仲字碑云管敬仲者誤也碑云廿七世孫洪後□□□爲渤海太守因家焉据世系表洪之官渤海在後漢時也碑云後魏□□錄尚書

事生岳世系表云岳父翻字飛雀後魏侍御中散孝宣公舊唐書高儉傳曾祖飛雀 似以字行 後魏贈太尉北齊書岳傳亦云父翻魏朝贈太尉皆不載其官錄尚書事北齊書傳岳字洪略齊高祖從父弟也武定六年除侍中太尉天保初進封清河郡王五年加太保 世系表亦有之 而碑略焉碑云岳生敬德開府儀同三司□封□安王隋書高勱傳勱字敬德齊太尉清河王岳子七歲襲爵清河王十四爲青州刺史歷右衞將軍領軍大將軍祠部尚書開府儀同三司改封樂安王高祖時累拜洮州刺史舊

唐書高儉傳云父勱字敬德與隋書之諱勱者不同餘俱同隋傳 世系表亦同 碑葢以字行而官亦從略敬德之子卽士廉士廉第三子眞行官左驍衞將軍眞行次子峻官殿中丞蒲州長史碑皆不書峻之子迴餘杭令卽曾祖迴之子虒 世系表作彪 祕書省著作郎 表作著作佐郎 卽大父虒之子集 表誤作焦 太原少尹兼御史中丞卽皇考集生四子允恭少逸元裕允誠碑云元裕爲集少子据表是第三子元裕之歷官與事蹟兩傳舉其大槩不及此碑之詳其官山南西道節度觀察等使兩傳俱作山南東道其封

爵兩傳俱作渤海郡公碑文渤不見而標題則云
渤海縣男爲不同其贈尙書右僕射標題有之文
亦不見傳則惟新書有之舊從略也碑稱公之佐
山南西道也節度使崔公從以淸明藻鑒推重簪
組洎公抗揖上席雅望益洽新書崔從傳憲宗朝
從爲山南西道節度使碑載道士趙歸眞驛馳事
兩書無攷其官中書舍人日鄭注以藥道進會注
遷秩揚其狀注不能堪出公爲□州刺史舊書鄭
注傳注始以藥術游長安本姓魚冒姓鄭氏時號
魚鄭用事時人目之爲水族大和八年九月注進

藥方一卷文宗召對賜錦綵九年八月遷工部尙
書充翰林侍講學士元裕草制詞在此時也元裕
傳云草注制詞言注以醫藥奉君親注怒送宗閔
乃貶之出爲閬州刺史元裕兄少逸傳稱元裕爲
中丞少逸爲諫議大夫代元裕爲侍講學士兄弟
迭處禁密時人榮之據碑則少逸之官侍講由于
元裕之內舉碑所謂愛君不忘舉其親舉親不忘
存其義者是也碑云公前娶隴西李氏吉州刺史
宣之女李宣兩唐書無傳再娶京兆韋氏鄭國公
孝寬七代孫周書傳韋叔裕字孝寬少以字行故

据阮本校後記 阮本無、

碑直作孝寬天和五年進爵鄖國公與碑之作鄭
國者異碑云子一人曰璩表但稱其相懿宗傳稱
其大中朝由內外制歷丞郎碑則云試祕書省校
書郎

方山證明功德記

石高一尺八寸五分廣八尺七寸正書在長淸縣靈巖寺

修方山證明功德記

鄉貢進士牟瓚撰

此山前面有石龕龕有石像從彌勒佛并侍衛菩薩至
神獸等計九軀案寺記云唐初有一童兒名善子十歲

已下自相魏間來於此山捨身決求無上正眞之理□
啓首□四禮遂墮未及半虛五雲封之西去其音樂□
□天風錯□畢寺緇白無不瞻聽乃鑿此山成龕立像
旌之曰證明功德曁乎會昌五年毀去佛□天下大同
凡有額寺五千餘所蘭若三万餘所麗名僧尼廿六万
七百餘人所奉敺除畧無遺孑惟此龕佛像儼□微有
薰殘大中五年奉　旨許於舊蹤再啓精舍寺主僧
從恵聞於州縣起立此寺有杭州鹽官縣人僧子儒俗
姓董氏不遠江湖訪尋名跡至六年五月七日得度既
果前言□□懇誠金采裝餝方山證明功德兼□□山

神及師子各二隻□金采色手功價□□□五十貫文
施主二百餘人□□□一鐫姓名□□□左其山龕在寺之
艮直上可四里下思人□井以□屬星端旁琢　滄溟
有同蓬島□龕石□有泉不□來源從細竇滴□石盆
□□□□□□□□而已玉液金漿莫得□其甘美□□香
山□□質乎香爲予儔公明山巒之□□□固敬石之
像長年冀賢刧盡而同盡自□□外胡可傾移哉
大唐大中八年四月八日鐫記 以上凡二十七行後列施錢姓氏三十五行不具錄
寺主僧從惠大中五年奉　皇恩遠降許令

添飾舊基先度僧□□主持□月廿八日經長清縣陳
狀四月十三日□□□□□□來□六月廿日□□
□度獨□□□□祀□心□後□□北臨聖堂
□是此等□□□□□□一景界夜至三更先見二僧
一僧面西而立一僧面東而□□□□古妣入身著□
□□□□□□□□□□先□□□集隨□而已□
□□□□□去來□□有五□四□□赤□大袖□衣頭
上冠弁□執笏中有一女身□□□□□□□□頭
□雙鬟手中執□□老□□去□□□□□餘□忽
然不見明□□□至齊州□□□此□祥瑞□□七月廿
八日呈上　刺使劉將軍遂喚入見問其由八月一日
得度九月一日入□□□□尙住會□□節度使□□
□□侍□□官□□□□□□□□□□□□□□□
□□上聞　明勅所□□宜依□
大中八年四月廿日記 以上十六行在後段
長清玉燈登　證明上實珠元祐三年戊辰孟夏初
八日
蘇永叔李行父庚祐之游 文從左讀
永叔曾遊
潁水李顏子先廬山李憲秉夷丁巳三月十日同遊

齊幕仲績臣邑尉韓清彥同登焦伯祥後至丙子仲
春十四記 以上五段掩刻唐記之上
案新唐書武宗本紀會昌五年八月壬午大毀佛寺
復僧尼爲民不言毀有額寺至五千餘所蘭若至三
萬餘所驅僧尼至廿六萬七百餘人皆史略也大中
五年奉旨許於舊蹤再啓精舍亦史所未及 山左金石志

下邳郡林夫人墓誌

石連額高三尺二寸廣二尺四寸餘二十六行行二十八字正書篆額在閩縣

有唐故下邳郡林氏夫人墓誌 并序
河南褚符撰

據趙本校
据碑舊拓括
裘本校

夫人林氏其先下邳郡人也曾祖□皇任廣州參軍祖
景□□任潮州長史父□□□□□□□□□□□
□□□□□鄉里咸謂□高□□□□□□
夫人則　府君之仲女也未笄而柔和氷潔旣髮
惟□□蘭馥由親族□□黨□□以□□也□□□而
閨中□旋富春孫氏子以□□□□作□□婦□□媒
□□□□□□□□□　夫人□得以□□□□得□
配闕而闕慈□仁□繩闕也□糸闕奠闕三人長曰□
□娠闕以闕
□墳峨峨□山之旁懿德美行不隨□□高山有□雕

琢無妨□□□□之□□□□□□□陵谷改張此石
若出斯文□昌

定慧禪師碑

碑高八尺八寸廣四尺二寸三十六行行六十五字正書篆額在鄠縣

唐故圭峯定慧禪師傳法碑并序

金紫光祿大夫守中書侍郎兼戶部尚書同中書門
下平章事充集賢殿大學士裴休撰并書
金紫光祿大夫守工部尚書上柱國河東郡開國公
食邑二千戶柳公權篆額

圭峯禪師號宗密姓何氏果州西充縣人　釋迦如
來三十九代法孫也　釋迦如來在世八十年爲無
量人天聲聞菩薩說五戒八戒大小乘戒四諦十二緣
起六波羅密四無量心三明六通三十七品十力四無
畏十八不共法世諦第一義諦無量諸解脫三昧摠持
門菩提涅槃常住法性莊嚴佛土成就衆生度天人教
菩薩一切妙道可謂廣大周密廓法界於無疆徹性海
於無際權實頓漸無遺事矣寂後獨以法眼付大迦葉
令祖祖相傳別行於世非私於迦葉而外人天聲聞菩
薩也顧此法衆生之本源諸佛之所證超一切理離一
切相不可以言語智識有無隱顯推求而得但心心相

印印印相契使自證知光明受用而已自迦葉至達摩
凡二十八世達摩傳可可傳璨璨傳信信傳忍爲五祖
又傳融爲牛頭宗忍傳能爲六祖又傳秀爲北宗能傳
會爲荷澤宗荷澤於宗爲七祖又傳讓讓傳馬馬於其
法爲江西宗荷澤傳磁州如如傳荊南張張傳遂州圓
又傳東京照圓傳　大師大師於荷澤爲五世於達摩
爲十一世於迦葉爲三十八世其法宗之系也如此
大師本豪家少通儒書欲干世以活生靈偶謁遂州遂
州未與語退遊徒中見其儼然若思而無念朗然若照
而無覺欣然慕之遂削染教（受敎）受道成乃謁荊南荊南曰

傳教人也當盛於　帝都復謁東京照照曰菩薩人也誰能識之後謁上都花嚴觀觀曰　毗盧花藏能隨我遊者其汝乎初在蜀因齋次受經得圓覺十二章深遊義趣遂傳圓覺在漢上因病僧付花嚴句義未背聽受遂講花嚴自後乃著圓覺花嚴及涅槃金剛起信唯識盂蘭法界觀行願經等疏抄及法義類例禮懺脩證圖傳纂略又集諸宗禪言爲禪藏總而敘之并酬荅書偈議論等凡九十餘卷皆本一心而貫諸法顯真體而融事理超群有於對待冥物我而獨運矣議者以　大師不守禪行而廣講經論遊名邑大都以興建爲務乃爲多聞之所役乎豈聲利之所未忘乎噫議者焉知大道之所趣哉夫一心者万法之總也分而爲戒定慧開而爲六度散而爲万行万行未嘗非一心一心未嘗違万行禪者六度之一耳何能揔諸法哉且　如來以法眼付迦葉不以法行故自心而證者爲法隨願而起者爲行未必常同也然則一心者万法之所生而不屬於万法得之者則於法自在矣見之者則於教無礙矣本非法不可以法説本非教不可以教傳豈可以軌跡而尋哉自迦葉至富那奢凡十祖皆羅漢所度亦羅漢馬鳴龍樹提婆天親始開摩訶衍著論釋經摧滅

外道爲菩薩唱首而尊者闍夜獨以戒力爲威神尊者摩羅獨以苦行爲道跡其他諸祖或廣行法教或專心禪寂或蟬蛻而去或火化而滅或攀樹以示終或受害而償債是乃法必同而行不必同也且循轍跡者非善行守規墨者非善巧不迅疾無以爲大牛不超過無以爲大士故　大師之爲道也以知見爲妙門寂淨爲正味慈忍爲甲盾慧斷爲劍矛破内魔之高壘陷外賊之堅陣鎮撫邪雜解釋縲籠遇窮子則叱而使歸其家見貧女則訶而使照其室窮子不歸貧女不富　吾師耻之三乘不興四分不振　吾師耻之忠孝不並化荷擔不勝任　吾師耻之避名滯相匿我增慢　吾師耻之及遑遑於濟拔汲汲於開誘不以一行自高不以一德自聳人有依歸者不俟請則往矣有求益者不俟憤則啓矣雖童幼不簡於敬接雖驁很不怠於叩勵其以闡教度生助　國家之化也如此故親　大師之法者貪則施暴則斂剛則隨戾則順昏則開墮則奮自榮者慊自堅者化徇私者公溺情者義凡士俗有捨其家與妻子同入其法分寺而居者有變活業絶血食持戒法起家爲近住者有出而脩政理以救疾苦爲道者有退而奉父母以豐供養爲行者其餘憧憧而來欣欣而去揚

金石萃編卷一百一四　唐七十四　三

秩而至實腹而歸所在甚衆不可以紀真　如来
付囑之菩薩衆生不請之㒺友其四依之人乎其十地
之人乎吾不識其境界庭宇之廣狹深淺矣議者又爲
知大道之所趣㢤　大師以建中元年生於世元和二
年印心於圓和尚又受具於拯律師大和二年　慶成
節徵入　內殿問法要賜紫方袍爲大德尋請歸
山會昌元年正月六日坐滅於興福塔院儼然如生容
貌益悅七日而後遷於函而自證之力可知矣其月二
十二日道俗等奉全身于圭峯二月十三日茶毗初得
舍利數十粒明白潤大後門人泣而求諸煨中必得而

歸今悉斂而藏于石室其無緣之慈可知矣俗歲六十
二僧臘三十四遺戒深明形質不可以久駐而真靈永
劫以長存乃知化者無常存者是我死後舉施虫犬焚
其骨而散之勿墓勿塔勿悲慕以亂禪觀每清明上山
必講道七日而後去其餘住持法行皆有儀則違者非
我弟子今　皇帝再闡真宗追謚定慧禪師
青蓮之塔則塔不可以不建石不可以不號且使其教
自爲一宗而學者有所摽仰也門人達者甚衆皆明
如来知見而善説法要或巖穴而息念或都會而
傳教或斷臂以酬德或白衣以淪跡其餘一祇而悟道

上尉兼右街功德使驃騎大將軍行右驍衛上將軍知內侍省事上柱國□□公□□邑三□□王元寘施碑石

終身而守護者僧尼四衆數千百人得其氏族道行可
傳於後者紀於別傳休與　大師於法爲昆仲於
義爲交友於恩爲善知識於教爲內外護故得詳而敘
之他人則不詳銘曰
如来知見大事因緣祖祖相承燈燈相燃今光並照顯
孰與圭峯在爲甚大慈悲不捨周旋以引以翼恐迷恐
蕪直示心宗傍羅義筌廣收遠取無棄無捐金湯魔城
株杌情田銷竭蔓伐大道坦然功高覺場會盛法筵不
染而往淤泥青蓮性無去來運有推遷順世而歎衆生
可憐風號曉野□□夜□□□□而去溺者誰前巖虛欄

梯阻絕危懸軒錫而過踣者誰肩不有極慈孰能後先
吾師何處復建橋船法柏一壟徒餘三千無負法恩
永以乾乾
□□□□□□□□□□府兼右街功德使驃騎大將軍
行內侍省內謁者監□□□□□□□□□食邑三千戸王
元宥施碑石大中七年正月十五日兼　奏請塔額
謚號當日闕下
大中九年十月十三日建　鐫玉冊官邵建初刻字
右圭峯禪師碑唐相裴休撰并書其文辭事跡無足

右題銜與前題不同然同云王元賓施碑石舊拓本如此疑未能明也

探而其字法世所重也故錄之云集古錄

圭峯禪師宗密法門龍象第以多所游講著述一時不能無疑于達摩慧能之宗旨而裴丞相休獨能知之然至累千言而爲之辨則亦贅矣自心而證者爲法隨願而起者爲行行有殊法則一卽四語已盡之是時柳誠懸以書名天下僅以之篆額而自書文者欲有效于密也書法亦淸勁蕭灑大得率更筆意裴能知密爲四依十地人其自待當亦不薄而沒後爲于闐王子書姓名于背豈猶未能離輪迴耶抑亦所謂隨願而現者也記于此俟者宿質之弇州山人稿

柳書名噪一時視公美固在鴈行裴博綜教相通徹祖心手書藏經五百函序諸疏論固是宰官禪那其父中明肅越州觀察使又建龍興大佛殿先是越州沙門曇彥同許詢造塔未就詢亡彥師可百二十歲猶存岳陽王將撫越彥曰元度來也時詢亡已三十餘年弟子疑其耄忽岳陽果至以誌公密示先造彥彥遂召曰許元度來何暮昔日浮圖今如故岳陽曰弟子蕭詧何呼許元度彥曰未達宿命拉入室席地以三昧力加被岳陽忽悟前身造塔事宛若目前因重新二塔衆以殿事請彥曰吾緣力未至二百年後以待非衣刻石記之及裴至期應不爽遂爲建殿觀此則裴公再世皈依宿因故碑能爲其家言復無精詣何也金石史

金禮部尚書趙秉文自號閒閒遊草堂寺詩五首寺僧刻之石首篇云下馬來尋題壁字拂塵先讀草堂碑平生最愛圭峰老惟有裴公無媿辭五詩可頌字尤佳來齋金石刻考略

右圭峰碑在西安府西南八十里草堂寺後東向金石圖

自迦葉至達摩廿八世達摩傳可可傳璨璨傳信信

傳忍爲五祖忍傳能爲六祖可卽慧可信卽道信忍卽宏忍宏忍與道信并居蘄州雙峰山東山寺故謂其法爲東山法門贊寧高僧傳稱宏忍七歲至雙峰道信密付法衣號爲東山法門者是也六祖本住寶林寺後刺史韋據命出大梵寺辭往雙峰曹侯溪故六祖時亦稱爲雙峰和尚所謂曹溪宗者是也宏忍既傳能爲南宗又傳秀爲北宗其弟又各以其師爲六祖秀之弟子普寂爲七祖王縉大證禪師碑敘達摩歷傳及大通大通傳大照大通卽秀大照卽寂也後能宗衰而秀宗盛惟會以能門高弟直入東都與

北宗相抗獨孤及三祖碑所謂曹溪頓門孤行嶺南
秀公師弟兩京法主三帝門師帝王分坐后妃臨席
惟荷澤會公致普寂之門盈而復虛能祖宗風于斯
不振者以此秀宗盛于開元會乃復于天寶至貞元
十二年勅以會爲七祖北宗自是遂無所聞矣會亦
稱神會如卽法如如之弟子爲惟忠惟忠卽荊南張
也文又云師初謁遂州繼謁荊南謁東京後謁華嚴
觀觀卽澄觀唐時所稱清涼國師我
朝雍正十二年特封妙正眞乘禪師者也師本不識觀
後遣人持書以門人禮通之觀答書有云伯牙絕弦

仲尼傾蓋翃乎不面而傳意猶吾心其自作圓覺經
論序有云叨沐猶吾之納謬當眞子之印者卽指其
事文裴休撰其圓覺經論書前亦有休序傳次師事
與此略同（關中金石記）

右圭峰定慧禪師傳法碑禪宗自神秀慧能分南北
二支而曹溪之教但行於嶺外迨荷澤會公說法西
京而南宗始盛荷澤傳磁州如如傳荊南張張傳遂
州圓圓傳宗密密又得上都澄觀師華嚴疏而好之
遂兼通禪教爲人天師所著禪源諸詮集起信論起
信論鈔原人論圓覺經大小疏鈔具載唐書藝文志

據洪纂本校同者加○
據唐文百篇校同者加○

卽圭峰也碑敘六祖之傳惟荷澤江西二宗而不及
青原蓋其時青原之學尚未大行厥後曹洞雲門法
眼出乃尊青原與南嶽並而祧荷澤爲旁支緇流之
盛衰亦有數焉其云萬行未嘗非一心一心未嘗違
萬行與濂溪一實萬分是萬爲一之說頗相似（潛研堂金石文跋尾）

舊唐書裴休本傳累轉中書侍郎兼禮部尚書而不
載充集賢殿大學士按之此碑兼禮部當爲兼戶部
至於傳載十年罷相是年冬進階金紫光祿大夫致
碑之建立當大中九年已書此階然則史文繫於十

年冬者誤也休嗜浮屠講求其說演法附著數萬言
習歌唄以爲樂（新唐書本傳文）今碑稱定慧所著經旨書偈
議論皆謂本一心而貫諸法顯眞體而融事理其推
演禪趣亦云至矣碑書号不從虎避諱故也史稱休
書楷遒媚有體法觀此碑信然（授堂金石跋）

案末行有府兼右街功德使驃騎大將軍行右驍
衛上將軍知內侍省事上柱國施碑石三十字與
第三十五行重出疑是覆刻者

韓昶自爲墓誌

石高三尺廣三尺一寸二十七
行行二十六字正書在孟縣

據趙本校
有 洪本
性寡 洪本作要衆 唐文百篇作譜業
洪本奇上有大字 百篇本無
因 洪本

唐故朝議郎檢校尚書戸部郎中兼襄州别駕上柱國
韓昶自爲墓誌銘并序
昌黎韓昶字□之傳在國史生徐之符離小名曰符幼
而就學性寡言笑不爲兒戲不能□記書至年長不能
通誦得三五百字爲同學所笑至六七歲未解把筆書
字即是性好文字出言成文不同他人所爲張籍奇之
爲授詩時年十餘歲日通一卷籍大奇之試授諸童皆
不及之能以所聞曲問其義籍往往不能荅受詩未通
兩三卷便自爲詩及年十一二樊宗師大奇之宗師文
學爲人之師文體與常人不同昶讀慕之一旦爲文宗

師大奇其文中字或出於經史之外樊讀不能通稍長
愛進士及第見進士所爲之文與樊不同遂改體就之
欲中其彚年至二十五及第釋褐　柳公公綽鎮
邠辟之試弘文館校書郎　相國竇公易直辟爲襄
州從事校書如前旋除高陵尉集賢殿校理又遷度支
監察拜左拾遺好直言一日上疏或過二三文字之體
與官同異　文宗皇帝大用其言不通人事
氣直不樂者或終年不與之語固與俗乖不得官
相國牛公僧孺鎮襄陽以殿中加支使旋拜秘書省著
作郎遷國子博士因久寄襄陽以祿　養爲便除别

孟 洪本
紈 洪本
就 據洪本增 百篇同

駕檢校禮部郎中　丁艱服除再授襄陽别駕檢校
戸部郎中大中九年六月三日寢疾八日終于任年五
十七其年十二月十五日葬孟州河陽縣尹村娶
京兆韋放女有男五人曰緯前復州參軍次曰綰曰緹
曰綺曰紈舉進士女四人曰茱曰谿曰瑎曰蓄在室
曾祖叡素朝散大夫桂州長史　祖仲卿祕
書省祕書郎贈尚書左僕射　父愈吏部侍郎贈
禮部尚書謚曰文公銘曰
噫韓子　噫韓子　世以昧昧爲賢而白黑分
衆以委委爲道而曲直辨　生有志而卒不能

豈命也夫　豈命也夫　孤子□書并篆
劉昫唐書韓愈傳云子昶亦登進士第此昶自述其
爲張籍樊宗師所賞及爲柳公綽牛僧孺辟薦終于
襄陽别駕檢校戸部郎中也昶之孤陋至以金根車
爲金銀車爲時所譏碑中自云其文中字或出經史
之外樊讀不能通其誇甚矣又云稍長愛進士及第
見進士所爲之文與樊不同遂改就從之欲中其彚
年二十五及第豈唐時制舉之文已與著作家不同
邪碑刻三代名銜及後有孤子□書丹篆□其字漫
滅似是緄字云葬孟州河陽縣尹郙者今孟縣城西

五十里蘇家莊卽古尹郵莊南土山有塋周圍數里其東南有冢甚高餘諸冢稍卑俗呼尹丞相墳萬歷間盜掘一小墓得石棄荊棘中樵夫負去將爲砧或告于官驗之乃昶墓志也遂封其墓而置其石于韓愈祠壁中近人劉靑藜述喬騰鳳說如此因作孟縣韓文公墓考謂大塋卽愈墓也中州金石記

韓君誌舊傳爲盜發出之土中向置文公祠某年郡守移于府城賴馮魚山募役夫輦回俾還舊所亦一快也誌文云唐故昌黎韓昶字有之傳在國史生徐之符離小名曰符韓文考異符讀書城南詩樊注云

符公之子又公墓誌及登科記公子曰昶登進士第在長慶四年此云符則疑爲昶之小字今證以此誌小名曰符又知符因地取名其自爲紀寔益不可沒如此誌云張籍奇之爲授詩時年十餘歲曰通一卷文公贈張籍詩所云試將詩義授如以肉貫串又呂合吐所記解摘了瑟僩悉與隱合當爲五百家注所未及然則金石之裨益豈小補哉誌又云受詩未過兩三卷便自爲詩年十一二樊宗師大奇之攷東野集喜符郎詩有天縱于此益徵昶不獨爲孟生所奇矣而舊說謂公子不慧如李綽尚書故寔及韋詢所錄劉賓客佳話錄則多忌者之誤也文出之韓君自撰其敘事簡質信不負其家學故余悉著之以示來者勿爲君口實也授堂金石跋

右韓昶自爲墓誌銘四旁鐫鏤花紋石旣堅厚完好書亦工楷可觀按縣牘略云誌石於前明萬歷年間自孟縣北二十里蘇村卽古尹村韓王壠前出土當時韓文公裔孫得之藏於家至於 國朝雍正四年河南巡撫田文鏡以孟縣卽古河陽地爲韓文公故里因飭府縣查取後裔八 告請襲五經博士其時裔孫韓法祖以其七代以下宗圖呈閱并稱戸編

儒籍世耕祀田官支祭麥更有家藏別駕此誌石刻可據經田撫核實 題奏後經部議以引例失當未得准行至乾隆元年文公裔孫韓法祖再行呈請照周程張朱之例懇准襲五經博士經巡撫富某批飭府縣及學官再行核覆皆以家藏誌石可據申報遂得再 奏仰蒙
聖恩俞允
欽賜世襲五經博士奕葉昭垂光於今古誠千載一時之遭際也謹按韓文公新唐書以爲鄧州南陽人至朱文公始以爲河內之南陽而更引董逌說謂公爲

河内之河陽人又引公自言歸河陽省墳墓及女挐壙銘所云歸骨於河南之河陽及張籍祭公詩所謂舊塋盟津北者以辨之其論韙矣然朱文公此考末又云然則南陽之爲河内修武無可疑者是朱文公或以公所謂墳墓者爲在修武矣是以後人作修武志者皆載韓文公爲修武人與作昌黎縣志者據舊書載公爲昌黎人其說皆堅持而不下而不意千載之下此誌迺出於孟縣尹村韓氏祖塋之前因以知韓公所謂往河陽省墳墓者確在此地而公之爲唐河陽縣人今孟縣地灼然無疑即朱文公之考亦得

此誌出而更以補其未逮蓋修武與孟縣實近使非有誌石出於孟縣則謂公爲修武人亦已得其十之七八不似新書謂爲鄧州南陽人者去而千里也然究未若河陽之爲的茲則公之祖墓因此誌而得其實而公之爲河陽人又因祖墓而得其實是實皆因此誌而得也然其石雖出而未大顯於世至　本朝重道崇儒正學昌明之日而公之裔孫乃得抱其石而上邀

殊恩而垂麻千載則此誌之出其所關豈特尋常之末而已哉石今在城南内韓文公祠堂壁間雖稍有損剝然所謂葬孟州河陽縣尹村者其蹟固灼然共見云　又按此誌爲別駕次子綰書其名正當石損處搨觀幾不可辨幸石在左近就日細審乃辨得之尤足快也再洪興祖所作韓文公年譜謂公之孫袞字獻之咸通七年狀元及第者蓋即此誌所載綰之弟緄當以袞緄音同而後易其字體耳孟縣志

按此石題曰韓昶自爲墓誌銘而文中卒葬月日皆具殆預爲文于前而卒後孤子書石時增敘卒葬月日也誌于名某字某之下有傳在國史四字昶位不甚顯又無大事功國史未必爲立傳即或有傳安能自知之而預書于誌銘之首且于上下文氣亦不貫注顯係其子增入之語也誌云生徐之符離小名曰符元和郡縣志符離本秦舊縣漢屬沛縣漢書地理志沛郡領縣三十七符離莽曰符合高齊時屬睢南郡開皇三年罷符離縣屬徐州爾雅曰莞苻離也以地多此草故名据此則符當从艸今从竹太平寰宇記元和四年正月以徐州符離之地南臨汴河有埇橋爲舳艫之會乃以符離蘄州併泗州虹縣三邑立宿州大和四年正月宿州廢三縣各還本州七年復置即虹縣之地後復移理符離据此則符離縣元和

以後隷宿州以前正屬徐州也韓昶卒于大中九年年五十七推其生在貞元十五年新唐書韓愈傳汴軍亂乃依武寧軍節度使張建封建封辟府推官舊書張建封傳貞元四年以建封爲徐州刺史在彭城十年軍州稱理復又禮賢下士無賢不肖遊其門者皆禮遇之天下名士嚮風延頸其往如歸文人如許孟容韓愈諸公皆爲之從事十六年建封卒則是十五年昌黎尚在徐州而昶生也誌云至六七歲未解把筆書字把筆猶言握筆也把筆二字始見于此昌黎集石鼎聯句詩序又謂劉曰把筆來吾與汝就之此

別是一義與誌不同又云張籍奇之爲授詩時年十餘歲能以所聞曲問其義籍往往不能答年十一二樊宗師大奇之昶一旦爲文其文中字樊讀不能通云云蓋張樊二子爲昌黎所稱故韓昶並舉之以自譽其詩文也然如文苑英華唐音統籤之類皆不見其詩文則其佚久矣誌云年至二十五及第釋褐栁公綽鎮邠辟之舊書公綽傳寶歷二年授公綽邠寧慶節度使昶年二十五爲長慶三年明年居父喪故其就邠辟在釋褐後三年也誌云相國竇公易直辟爲襄州從事舊書易直傳大和二年

祿 趙本 唐文百篇校

十月易直罷相檢校左僕射平章事襄州刺史是又在就邠辟之後二年也誌云相國牛公僧孺鎮襄陽以殿中加支使舊書僧孺傳開成四年八月檢校司空兼平章事襄州刺史山南東道節度使是又在辟從事之後十二年矣誌云久寄襄陽以祿養爲便除別駕檢校禮部郎中丁艱服除再授襄陽別駕所謂祿養者養母也丁艱亦是母喪誌特未晰言耳誌云娶京兆韋放女放無傳惟世系表韋氏南皮公房光乘之孫儇之次子放當即其人而無官位也末云曾祖叡素祖仲卿父愈云云

敘先世于誌文之末亦一例也世系表載叡素仲卿官與誌同兩書愈傳不載叡素而于仲卿則新傳云爲武昌令舊傳云無名位皆與誌不同

霍夫人墓誌

石高廣俱三尺二寸三分三十行行三十餘字至四十一字不等行書在孟縣

唐故劉氏太原縣君霍夫人墓誌銘 并序

朝散大夫前守彭王府諮議參軍上柱國周遇撰

天地之大德曰生剛柔之毓質曰性盛衰相攻存亡夌替理達希夷之旨竟歸終撫之原至若生有令淑而顯茂則紀述而銘焉有唐故銀青光祿大夫行內侍省內

寺伯致仕彭城郡開國劉公夫人霍氏出系文之胄也
當周之興封建子弟因而氏焉其後代變時移今爲京
兆居人也皇父晟將仕郎守家令寺藏署丞公孝履資
身恪勤蒞事歴官秩而益著勤瘁之名奉　春儲
而出納之功無愆幸以慶鍾德門是生愛女　夫人
郎丞公之長女也　夫人幼聞詩禮早肅端姿齋潔
持心温柔飾性霜松比操寒竹孤貞閨門悅懌之儀晨
昏　問安之禮皆生之矣榛栗告脩將移他族遂適
　彭城公百兩之後一與之齊嚴奉舅姑敬恭戚族
服澣濯之衣儉而達禮遵婉娩之教婦道日新飾其德

而不飾其容嚴其家而不嚴其身名同　夫貴德与
家崇寵錫降封太原華邑　昔公謂曰我以代傳鍾
鼎門蔭蟬聯　先開府隸左廣之權　吾令
弟統右護之帥朱紫赫奕棣萼鱗敷者四人而忠忠於
國孝於家學大戴禮諷毛氏詩堅白自持秋毫無隱功
備史冊銘在景彛戒滿盈而慕沖謙弃軒冕而好疏逸
功与名皆全矣而思內則雍穆吾心至矣　夫人結褵
作配卅三年履正居中其道益彰洎浙右歸　闕累移
星歲頓攝乖宜寖成沉痼　夫人侍執湯藥鑑奉飲
膳所舉者無不親嘗不顧寒暄不離座隅日月迭居近

鼎即鼎字

于二載　夫人自此憂恚亦已成疾　先常侍奄從
薨逝祭祀蒸嘗不失如在之敬至於卜遠之日疾將就
枕諸孤曰違裕若是豈在力任　夫人曰吾逝生死
同塵何愛身命一閇泉壤永爲終天但無虧於節義豈
望苟自偷安躃哭而往畢遂其志尔來日造綿惙針醫
不減遷至弥留以大中九年十一月十八日終于来庭
里之私第享年五十七嗚呼人之所貴者福与壽積善
旣昧於徵應隙光難駐其簷楹青春路遥白日將謝粧
樓儼設玉匣漸見其塵封輕影忽飛夜臺已知其息處
有子三人嗣曰復禮威遠軍監軍使行內侍省內僕局

丞賜緋魚袋仲曰全禮內侍省內府局丞充內養季曰
仲禮皆才聞五美學贍三冬孝敬承家忠貞蘊志惣戎
而理遵約法專對而辯注懸河自鍾艱疚茹毒銜哀泣
血絕漿因顧晨夕因心之孝冀報其劬勞思　養之
情徒悲於風樹以明年正月廿九日祔葬于萬年縣龍
首鄉　先常侍塋西禮也遇奉　命述敘敬爲銘曰
夫人懿德　藴其明識　端姿絜朗　恵質柔直　工
脩內範　容無外飾　玉鏡孤光　玶瑤潤色　問名
成禮　作合君子　四德道隆　九族稱美　門崇鼎
列　功高嶽峙　澤及華封　輝光青史　雲路[illegible]

霜折瓊枝　其往如慕　其返如疑　龍首之堙　滻川之湄　魂遊九原　與　公同歸

誌文過爲溢美無實可紀惟以其書夫人之夫官行内侍省内侍伯有子三人其長復禮威遠將軍監軍使行内侍省内僕局丞仲全禮内侍省内府局丞充内養皆與百官志合而充内養不見志文又父子三人官同一内侍省必以宦者取婦而假子並領此局任耳誌文云霍文之韶也韶卽昭字轉訛 授堂金石跋

按誌書世字避諱作廿珉字避諱作珵至其父晟而加以皇字自稱其弟曰吾令弟皆謬也皆生之矣之當作知蓮裕者是裕當作豫皆誤字

鄭過夫人崔氏合祔墓誌

石高二尺五寸廣二尺四寸五分二十六行行二十六字正書在濬縣

唐故滎陽鄭府君　夫人博陵崔氏合祔墓誌銘并序

給事郎試太常寺奉禮郎攝衛州司法參軍秦貫譔

鄭之先自周皇封舅之地因而氏焉别派五流深源一至是以滎陽之望得爲首府其下公侯接武台衡結迹雕軒繡軸之榮羽盖朱幡之盛由曾史記迄予　唐春秋實鄭氏爲衣冠之泉藪也　高祖世斌　皇左司郎中磁隰二州刺史新鄭縣開國男食邑三百戶曾祖鸞嘉　皇新都長水縣令襲封新鄭縣開國男祖有常　皇吏部常選襲爵新鄭縣開國男　烈考探賢　皇衛州昌樂朝城革縣令　府君諱過字皇試太常寺協律郎文業著於當時禮義飾於儒行少有倜儻之志長膺懷奇之名不苟譽以求容每親仁以竭愛爲中外揆範爲友朋宗師樂善孜孜不愠知鮮量涵江瀆氣合風雲今之古人雖上士神不優德配壽胡羞先　夫人之亡盖世一霜也享年六十　夫人博陵崔氏令門淸族慶餘承善四德兼備六親雍和仁讓得於天真慈惠立於素尚母儀内則動靜可師禮行詩風進止成法雖婕好女史大家經敎承之於諷習推之於行源者亦異代殊人其歸一也未亡之歎孀齡沓然玉沒何先蘭凋遽至以大中九年正月十七日病終於淇陝之私第享年七十有六以大中十二年二月廿七日合祔於　先塋之側其鄉里原隰之号載於舊記此闕而不書女一人適范陽盧損之嗣子六人長曰頊攝汲縣丞知縣事早亡次曰珮早亡次曰　次曰珉次曰璿次曰琬或繼以遺芳克脩至行銜哀茹毒追攀罔極將營護　窆泣告於業文者爲之銘云

仕門雙美兮令德咸芳　甲族齊盛兮英華克彰　允

文武兮書銘名揚　蘊儀度兮閨門譽長　珠沉玉浸兮人誰靡傷　桂殞蘭凋兮口泣摧香　垂脩名兮允謂不亡　傳盛事兮多載弥光　聽悲風兮松韻連崗

刻貞石兮永志□堂

此即今世所傳崔鶯鶯者也年七十六有子六人與鄭合葬此銘得之魏縣土中足辨會眞記之誣而志墓之功於是爲不細矣（金石文字記）

按墓誌爲唐衡州司法參軍秦貫撰載古文品外錄陳眉公云得之黎人廢塚間且爲會眞記辨誣夫名娃偶合誣之固不可辨之亦枝指也（新鄭縣志）

碑云高祖世斌皇左司郎中磁隰二州刺史新鄭縣開國男曾祖元嘉皇新鄭長水縣令襲封新鄭縣開國男按宰相世系表鄭氏有世斌左司郎中子元嘉長水令頗與碑合碑下云祖有常烈考探賢府君諱恒子曰瓊曰璡曰玭曰璩曰琬此世系表所無世系又有恒爲守忠之子在前數十格不知何故又云鄭之先周皇封畀之地且至以皇爲王貝環奇之名以環爲壞大謬即後人僞爲之亦必有舊文可據何爲若此又一碑文字悉同府君諱恒恒字作遇悉後人得鄭遇碑改爲鄭恒以衒世者二碑俱在濬縣韻園

雜志云鄭恒暨夫人崔氏合葬墓在淇水之西北五十里成化間淇水橫溢土崩石出秦給事貫所纂志銘在焉犁人得之鬻諸崔氏爲中亭香案石久之尋得其家有胥吏名吉者識之遂白於縣令邢某置之邑治或傳此志銘又于康熙初年崔氏見夢于臨清州守守往學宮自穢土中清出据此則碑不識何時移至濬縣臨清之說尤屬傳謟不足信也（中州金石記）

賜進士出身　誥授光祿大夫刑部右侍郎加七級王昶譔

唐七十五

郎官石柱題名

柱七面高一丈二寸周圍廣九尺三寸每面各四截每截十行至二十一行止字數三十餘至四十餘不等正書在西安府學

吏部郎中

鄭元敏　牛方裕　劉□□　李廿規　張鋭□
甘神符　温彦博　胡　演　趙宏智　楊　纂
薛　述　李孝元　宇文節　長孫祥　劉祥道

蕭孝顗　于立政　陸敦信　趙仁本　裴明禮
王　儀　崔行功　獨孤元愷　温無隱　于敏同
裴　晧　韋　憬　□□□　魏元同　楊宏武
鄭元毅　李德穎　張希□　陳□方　王元壽
韋萬石　秦相如　劉應道　劉齊禮　元知敬
顔敬仲　崔文仲　□　□　□□□　□□□
□□□　王友方　□　□　高光□　路元□
王遺恕　張行禕　孟元忠　董敬元　張詢故
王方慶　□　仲　□　□　□
□　□　高□思　□□□　李　琯

李志遠　紀先知　皇甫鴬　孫彦高　顧　琮
□　□　□　崔□□　□□□
□　□　盧懐愼　岑　羲　楊降禮
鄭納言　韋　播　辛廣嗣　蕭　璿　韋　□
□　韋　抗　沈□□　李問政　崔　□
□□□　裴藏曜　李朝隱　馮　□　崔　瓌
張敬忠　慕容珣　趙昇卿　李元□　鄭齊嬰
靳　□　楊　□　薛兼金　張　昶　褚　璆
杜　暹　楊□□　蕭　識　員嘉靜　袁仁敬
徐元之　陳希烈　張　説　崔　□　鄭少微

崔希逸　皇甫翼　盧　旬　元彦冲　張　□
裴敦復　劉日政　李彭年　宋　詢　李　憕
苗晉卿　班景倩　韋　陟　徐　惲　李朝□
孫　逖　李　昂　韋　述　張季明　趙安貞
鄭　昉　楊仲昌　王　燾　李　麟　楊愼餘
李　暐　源　洧　鄭　審　李　伉　王　維
韋之晉　李　□　崔　奇　韋　侗　崔　灌
李季卿　蔣　涣　薛　邕　畢　宏　閻伯璵
韋　朋　蕭　直　崔　翰　盧　允　張重光
賀若察　崔　器　庾　準　韋少遊　王延昌

韓 滉 趙 縱 韋元曾 韋 謣 裴 綜
房□偃 杜 亞 盧 杞 李 承 齊 貢
李 竦 盧 翰 趙 贊 劉從一 郭 雄
崔 造 殷 亮 苗 丕 韋夏卿 柳 晃
李 玗 趙宗儒 劉執經 楊□□ 崔 溉
崔仲儒 韋執誼 李□□ 鄭利用 房 式
杜 兼 竇 羣 柳公綽 李 藩 崔 芃
張惟素 皇甫鎛 張 賈 李 □ □公□
韋□□ □ □ 盧 □ 盧 逢 韋宏景
崔 植 陳 諷 崔 □ 于 敖 陳仲師
盧元輔 嚴公衡 嚴休復 高允□ 殷 台
崔 □ □ □ 孔敏行
崔 戎 高 銖 □□□ □ 王 袞
李 石 孫 簡 盧 鈞 張 諷 薛 膺
崔 □ 薛 □ □ □宏宣 趙□齡
□ □ 崔□□ □ □ □
崔 球 盧 龜 崔 □ 柳仲□
吏部員外郎
裴元本 王 約 潘求仁 趙宏智 裴希仁
甘神符 宇文節 李公淹 封良客 韋 璲

韋叔謙 長孫祥 裴孝源 裴希仁 崔元覲
于立政 蕭孝顗 裴雅珪 辛茂將 崔行功
姜 □ 元懷簡 裴公緯 趙仁本 韓同慶
于敏同 梁行儀 王德眞 魏元同 姜元乂
劉祥道 李同福 裴大方 胡元範 房正則
梁仁義 李同福 姜 杲 裴大方 張仁禕
裴思義 韋萬石 姜元昇 劉處約 張詢古
蘇味道 韋志仁 辛希業 高光復 李志遠
劉夷道 章希業 樂思晦 李至道 裴 [illegible]
杜承志 蕭志忠 崔 漼 張栖貞 司馬銓
杜承志 杜知謙 李崇基 宋 璟 皇甫知常
岑 羲 李 傑 畢 搆 麴先冲 李尚隱
蘇 詵 鄧茂林 盧懷愼 李希仲 崔日用
盧從愿 楊 滔 房光庭 崔 湜 裴 涖
崔元同 陳希烈 張 鈞 宋 鼎 李朝隱
張庭珪 裴 漼 倪若水 崔 位 魏 恬
褚 璆 柳 澤 杜 暹 楊軏臣 徐元之
朱渭輔 楊降禮 徐 惲 源 洧 席建侯
劉宅相 韋 洽 元彥冲 李 憕 李彭年
源元緯 馬光淑 苗晉卿 盧 怡 張秀明

楊仲昌 李麟 李栖筠 鄭審 盧巽
裴遵慶 蔣渙 庾光先 崔寓 李廙
李洧 崔倫 崔翰 鄭炅之 韋之晉
盧僎 薛邕 韋少遊 裴覇 崔禕
元特 王鎣 韓滉 王佐 盧虛舟
賀若察 韋元曾 畢宏 杜亞 裴微
王鎣 元挹 崔祐甫 令狐峘 韋元
王定 鄭叔則 崔儒 劉灣 蔣鍊
殷亮 李舟 劉太眞 王銷 苗丕
裴綜 鄭珣瑜 于結 呂渭 盧挺

于□ 盧邁 劉執經 柳冕 李元素
韋夏卿 裴佶 楊於陵 鄭儋 李鄘
奚陟 王仲舒 張宏靖 裴次元 劉公濟
常仲儒 李藩 柳公綽 孟簡 韋貫之
皇甫鎛 韋纁 李建 崔從 韋宏景
王涯 崔郾 陳仲師 楊嗣復 席蘷
盧士玫 李宗閔 殷台 崔琯 王璠
鄭肅 羅讓 崔戎 王申伯 楊虞卿
李續 宇文鼎 敬昕 李珏 高元裕
劉寬夫 陳夷行 崔龜從 裴袞 劉端夫

李款 崔璪 柳璟 裴鐇 孔溫業
張文規 崔□ 周敬復 崔球 韋行貫
李行方 陳湘 韋絢 韋慤 李訥
盧簡求 崔眈 崔愼由 錢知進 崔□
盧罕 杜牧 馮圖 杜審□ 趙櫓
鄭路 皇甫□ 李朋 皇甫珪 獨孤雲
鄭從讜 裴衡 盧緘 崔瑑 于德晦
□□□ □□□ □仁裕 崔□□ □備人
□□ □□ 薛□ 高湘 于環
楊眞 崔瑾 崔厚 崔濆

司封郎中
楊思謙
豆盧欽望
徐堅 李彥□
姚弈 蔣挺
程休 韋之□
令狐峘 張蔵
韓日華 裴次元
鄭涵 羅讓
裴諤 張鷟

盧 [illegible]
盧 告 馮 顓
崔 濬 徐仁嗣
度支員外郎
崔□□ 李□□ 韋萬石 崔神基 裴□□
路元□ 皇甫文亮 崔□□ 李元同 楊□
杜從□ 張 慶 崔 □ 唐 紹 唐 □
鄭 勉 魏景倩 崔 崔 夏侯銛
苗晉卿 韋 恒 楊 王 崟 樊 晃
袁□蓋 王延昌 李 猗 嚴 郢 □

蘇 端 包 琳 崔 韋少華
楊 儁 李 衡 張 李 張季□
房 罟 元□□ 李 □ 李 素 董 溪
王□□ □ 高 重 李 續 盧 貞
陸
司勳郎中
狄孝□ 獨孤琪 裴□□ 楊 纂 辛 謂
薛 逑 竇孝鼎 宇文節 杜文□ 薛 逑
鄧 素 郎知年 王 儼 王仁□ 鄭 楨
鄭元□ 韋同慶 張松壽 李崇德 元知敬

謝 祐 王 欽 劉應道 路元叡 李範丘
岑勇倩 歐陽通 裴思義 李元慶 □懷敬
李至遠 張敬之 樊 忱 楊元政 戴師倩
祝欽明 楊承裕 趙 誼 田貞松 李元恭
楊禋本 張循憲 □ 嶠 崔日用 劉聞一
韋 瑗 傅黃中 李元璀 李崇敏 齊處仲
張敬忠 呂 絢 唐 曉 王 瑨 辛替否
劉 晃 吉 渾 韓朝宗 盧 翹 張 珦
劉日政 蕭 華 李知柔 盧重元 元元禕
姜 昂 韋虛舟 張 寂 郭愼微 裴士淹

韋 咸 崔 圓 蔡希寂 盧 允 薛 邕
盧 濟 劉 單 李 收 韋 鍔 庾 準
邵 說 王 紞 董 晉 丘 爲 韋 禎
劉 滋 韓 章 路季登 鄭南史 崔 彧
嚴 霆 權德輿 李直方 李 □ 崔 恭
盧公憲 韋 顗 陳 諷 李正封 沈傳師
路 隋 崔 護 李虞仲 侯 繼 孔敏行
王 袞 高 鍇 權 璩 韋 瓘 唐 扶
崔龜從 崔日□ 高少逸 陸 洿 紇干泉
盧 懿 敬 暭 劉 濛 韋 愽 周 復

崔黯 崔瑤 楊發 尔朱抗 李潘
蔣□ 薛蒙 孔温裕 王渢 任憲
裴紳 鄭洎 孟球 杜蔚 張復珪
趙隱 牛叢 吉鄘 侯備 崔朗
薛逵 張潛 崔厚 嚴都 □□
□範 趙蒙 李輝 蘇蘊 李迢
魏筥 盧紹 崔庾 盧坐 鄭軌
李輝 缺 杜庭堅 缺
李 缺
何敬之 缺 薛 缺

李 缺
許敬□ 缺
司勳員外郎
杜□□ 楊□本 郭知□ 齊景日 王德志
劉祥道 王儼 王仁贍 楊□ 王□旦
李問政 韓贍 李日高 許圍師 李乂
麻察 衛幾道 張敬忠 韓同慶 李□□
崔行成 齊澣 魏元同 鮑承慶 劉應道
薛自勸 李訥 源行守 袁仁敬 徐元之
裴大方 秦相如 斛律貽慶 鄭行實 王瑨

封崇正 薛偘偘 孟允忠 胡元範 王德志
裴瑾之 吉渾 李知柔 赫連梵 斑景倩
平貞睿 李擢 李彭年 鄭南金 王豫
韓大壽 李志遠 李承嘉 裴錫 蕭櫂
李元恭 李恒一 馮光嗣 元暕 盧萬碩
嚴杲 程鎮之 崔論 楊愼餘 張寂
鄭璲 周利貞 杜礭 吳道師 李堅
鄭審 王光輔 蔡希寂 王光大 薛兼金
王璵 蘇瞻 蕭嵩 李會 裴元質
田崇璧 蕭璿 李謹度 裴喁 李行正

韋陟 韋會 崔希喬 韋晉 員嘉靜
張九齡 徐尚 崔祐甫 程昌綿 蕭誠
王琇 元彥冲 宋遙 盧僎 王從敬
盧象 鄭□ 李嘉佑 孫成 蔣將明
楊歆 梁涉 李岫 唐堯臣 裴春卿
皇甫琳 朱巨川 竇申 李休□ 崔譚
畢炕 劉滋 苗粲 裴遵慶 韋元甫
能李武 韋多成 源少良 崔圓 李揖
韋叔將 沈東美 陸據 崔顥 李揆
裴 鮮于叔明 楊綰 辛昇之 裴徵

楊炎　杜位　許登　韋冗　獨孤愐
于頔　張鎰　錢起　孔述睿　殷亮
鄭叔矩　李竦　劉太真　張惟素　衛次公
李絳　裴樞　鄭利用　李元素　邢蕭
裴茝　鄭絪　李程　張仲素　趙宗儒
薛存誠　盧公憲　李□　盧士牧　蔣武
于敖　杜元穎　李正封　席聶　王起
路隋　李肇　趙元亮　李紳　崔郾
王申伯　姚向　孫簡　馮葯　李宏慶
楊漢公　竇鞏　高元裕　盧簡辭　裴袞

崔龜從　裴識　韋備　鄭涯　丁居晦
李中敏　黎埴　崔瓘　崔干　庾簡休
崔鉉　陳□　崔璵　崔駢　韋琮
崔黯　周復　裴寅　杜審權　楊發
盧宰　杜牧　韋澳　趙櫓　趙滂
李遠　崔鈞　李潘　苗恪　庾道蔚
韋用晦　鄭樞　王渢　皇甫珪　裴衛
牛叢　楊□　張復珪　楊知遠　杜蔚
穆仁裕　苗紳　源重　薛廷望　獨孤霖
高湜　鄭碣　崔殷夢　盧顗　趙蒙

崔厚　李嶽　楊希古　李昭　楊仁贍
蘇粹　李□　李渙　杜高休　盧渥
李瀆　路綱　李道　鄭逸　薛邁
周承矩　韋□　鄭就　鄭勤規　李晃
蔣□　崔昭符　崔序　姚荆　張□
蔣□　崔凝　鄭昌圖

孝功郎中

皇甫昇度　缺　□　□　于孝□
□　□　□□　□□長　□　□　□
韋素立　趙宏□　崔知機　楊忠謙　缺

□　崔起　韋□　李懷□　王元壽
朱延度　武志元　李思諒　楊德裔　劉處約
高　缺　房元基　韋敏　□守眞
魏克己　裴炎之　崔神福　李晉容　敬暉
李嗣眞　皇甫知常　缺　□　□
竇珣　盧齊卿　崔琮　崔宣道　宋庭瑜
竇崇嘉　王齊休　房光庭　缺　□
崔希喬　鄭禾　鄭浦　杜令昭　杜惟孝
蕭炅　李元祐　鄭長裕　崔翹　缺
□　戴休珽　薛□□　崔諒　李峘

馮用之 李粤 王夵 裴從 盧僧金
房寗 缺 □ 王 □ □崇□
陸□ 郭□ 杜枚 趙□ 孫成
□ 抗 趙聿 龐詧 李收 王□
缺 □ □ 陳諫 裴 芑
蓋□ 鄭權 李諒 □弁 元宗脩
談峯 栢耆 韓臯 趙宗□ 缺
□宏度 李仍叔 奚敬元 趙眞齡 陸問禮
鄭魴 崔瑝 崔瑁 邢翥 鄭涵
李德裕 缺 □ □ 李

□邁 □□□ 畢誠 胡德章 李俅
崔郢 錢方義 李蠙 盧言 魏扶
缺 □ □ □ □
□ □ 康僚 皇甫鎬 樊驤
高殷 韋岫 孫奭 崔璙 李蔚
缺 李景□
倉部員外郎
王□□ □□□ 李□□ 王□ 高□
王仁瞻 □ □ □ □
□ 薛志鳳 蕭志遠 謝祐 夏□

□□ 格輔元 陳崇□ □ □志遠
□□ 李□ □文顥 高□ 吳道師
王師順 閻知微 柳儒 馮光嗣 王齊□
韋糸 宋庭□ 何□ 韋□心 陳思滿
趙眘微 張懷□ 袁仁敬 吳太元 錢元敬
梁獻 張景明 劉彤 李元祐 陳惠滿
能□□ 李□□ 李昂 韋伯陽 鄭昉
裴藏暐 戴休琁 崔譚 趙良器 鄔元昌
張瑄 楊萬石 鄭章 崔鎮 張□
鄭粤 李憯 解賁 李高聿 鄭昃之

裴從 徐炅 崔復 皇甫鍩 鄭叔華
杜良輔 孫宿 □□ 梁乘 權自□
皇甫衡 徐縝 楊□ 韋□ 長孫鑄
張愬 盧安 李速 崔供佚 趙玗
皇甫□ 蕭存 李玗 王 閻濟美
王武陵 崔酆 孟簡 崔清 皇甫鑄
張寔 齊煚 陳諷 張士陵 張□方
于□ 蘇宏 薛存慶 曹慶 李景儉
范季睦 崔鄯 李宗何 宇文鼎 盧鈞
韋瓘 王會 韓壽 裴充 崔晤

李款　韋充　韋損　趙從約　薛重
楊魯士　馬曙　李行恭　羅劭權　李遵遵
崔鞏　盧近思　郭圓　張琮　郭圓
李詠　李蠙　魏鑣　裴思猷　褚薦□
□□　席鴻　李洮　張斯干　□
皇甫煒　盧肇　劉允章　令狐纁　李磵
樊□　張晶士　呂□　杜□符　李殊
竇璠　鄭寀　王鐐　柳告　崔嚴
李鉅　陳義甄　盧朋龜　□　□　張□
戶部郎中

□□□　□義惣　□山甫　□□□　□□□
□　□　□　崔　鄭□□
樂世□　盧承慶　裴元本　高季通　封
□　□　□　□　□
□　□　□　□　□
□　□　□　□　梁行儀
□　□　□　□　□
□　□　□　□　□
路□□　劉國□　韋泰眞　盧德師　薛克構
王智方　姚珽　□　□　□

□　□　□　□　□　唐從心
李嘉□　□錫　申屠錫　劉如玉　宇文敞
李綰　封思業　裴倦　溫眘微　吳道師
劉守□　□　□　□　趙□□　李無言
韋虛心　蔡秦客　梁務儉　張大安　張光輔
李同福　鄧元挺　騫味道　韋□元　劉延祐
于思言　劉基　段嗣元　石晷　孫元亨
唐奉一　房穎叔　韋瓊之　李思古　楊玉
紀處訥　路恒　趙履溫　狄光嗣　張昭令
李琇　韋維　柳儒　崔琳　嚴方嶷

魏奉古　李察　李邕　裴觀　司馬銓
張如珪　褚璆　王昱　獨孤冊　張敬與
張季璃　裴卓　郭潾　梁昇卿　楊志先
鄭少微　李元祐　韋拯　班景倩　徐惲
裴令臣　李朝弼　陽伯成　劉彥回　張奇
梁涉　王壽　鄭昉　魏方進　韋伯祥
韋虛舟　劉同昇　李常　鄭昭　王鉷
楊玘　張震　盧弈　李伉　張傳濟
吉溫　王銲　陳澗　崔諷　王翊
劉暹　呂延之　崔諷　張惟一　李齊運

李季卿 崔□ 李□ 崔浩 王延昌
來球 張參 杜濟 杜良輔 于傾
部說 李洞清 李規 許登 崔鼎
徐演 王縝 平曷 衛容 □
□ □ □良輔 蓋損 李巽
盧雲 竇彧 常魯 盧佋 王紹
崔從質 魏宏簡 韋武 張式 李元素
□ □ □ □ 于阜謩 潘孟陽 鄭敬
張正甫 崔清 李巨 陸渾 李應
崔植 武儒衡 陸亘 劉遵古 羊士諤

□ □ □ □ 韋處厚
崔護 王源中 王正雅 宋申錫 韋詞
王彥威 盧周仁 李固言 李石 盧貞
王質 □ 楊漢公 裴詢 楊敬之
竇宗直 裴識 韋力仁 姚合 韋紓
張鷺 鄭賓 崔瑨 盧言 潘存實
韋厚叔 趙 盧 李敬方 李繼
崔駢 杜憓 李禍 崔璵 路綰
鄭祔 韋有翼 竇洵直 鄭薰 苗愔
崔卓 溫璋 韓□ 盧□ □寶

趙格 趙滂 韋古 崔豸 李荀
楊假 任憲 孟穆 蕭峴 曹汾
孟球 馮緘 鄭確 侯恩 張道符
□□ 崔□□ 牛叢 李植 楊知至
王龜 竇紃 許璀 楊幹 崔璞
裴璩 劉允章 韋條 杜無逸 鄭碣
王緘 高□ 盧深 鄭□ 李禰
□秘 韋蟾 楊希古 庾崇 馮巖
柳陟 李晦 韋保乂 楊希古 □□
□□ 盧紹 豆盧瑑 劉蜕 崔彥融

楊知退 李節 鄭誠 李磎 張裕
周愼辭 鄭殷 李燭 張无逸 □□
□□ □□□ 李峭 李遡 李□□
鄭頊 李穀 崔鄴 孫緯
戶部員外郎
趙義綱 皇甫晟 封元素 劉翁勃 李友益
韋暕 元悰 李素立 原峴玉 劉燕客
王明 任行褒 許行本 樊元□ 劉慶道
裴行儉 崔禮庭 鄭元毅 朱延慶 崔知悌
韋惲 姜元乂 劉道 辛義感 蕭志遠

宋之順　崔元敬　辛宗敏　劉尙客　元令表
張仁約　鄭仁恭　鄧元挺　魏克己　裴　奐
張栖貞　張昌期　狄光嗣　薛克備　張光轉
杜元揆　董敬元　張巨源　孫尙客　鄭元敬
周允元　侯師仁　劉穆之　劉珽祐　房　昶
裴炎之　劉守敬　張行則　王先輝　藺嗣忠
王遺恕　鄭訥言　韋　維　張　錫　薛昭旦
房光庭　孫彥高　鄭仙官　蘇　詵　楊溫玉
賈友直　李　邑　王易從　賀知章　劉希逸
周履慶　盧元裕　獨孤郴　長孫慶　徐有功

辛元同　劉　叔　賀遂陟　楊　瑒　斑景倩
鄭　巖　沈萬石　張昭命　韓朝宗　嚴挺之
薛將茂　李義仲　田幹之　韋利涉　楊伯成
宋之問　董　珖　盧　諭　王　鉷　韋　迴
李　昂　韋　弼　裴子餘　寇　玭　王　昌
王　霨　嚴　杲　呂太一　李　巖　鄭　汞
張　楚　崔懷疑　張敬輿　竇　紹　楊　宗
裴　卓　楊　玘　裴博濟　程　烈　封希顏
司馬垂　吉　溫　李彭年　裴　系　李　常
鄭　平　杜　昱　韓　賞　呂延之　李　進

邢　宇　蕭隱之　徐　鍔　王　晦　王岳靈
張　賞　李　麟　路齊暉　高　砥　宇文審
王　佶　王光大　韋夏有　苗　丕　房　由
宋　說　田　灣　杜　亞　何昌裕　李　珝
盧執顏　楊　晉　范　倫　寇　鍨　王　渾
蔣　鍊　李　鈇　李彥超　王　翊　徐　閈
穆　賞　李　融　鄧元挺　竇　彧　裴　防
蕭　直　穆　寧　任　侗　盧　佋　劉　迥
韋延安　崔　稱　崔　溉　袁　瀚　潘孟陽
孟　逢　崔　融　裴　迺　獨孤邁　田南鷗

韋光褒　呂　溫　張　賈　王　縝　裴　澈
韋宗卿　盧常師　裴　郁　竇公衡　裴　損
李　隨　李　適　王　潤　于　頎　王　崟
寧　冑　路士則　韋　睦　韋　頌　買　全
史　牟　裴　向　崔　鄷　盧　坦　李夷簡
張正壹　張正甫　盧　逢　李宗衡　李　應
竇　楚　陳　岵　崔　韶　趙元亮　楊　滔
韋　詞　姚　向　崔　戎　崔　栯　鄭　逌
王　質　張　洪　李　石　馮　審　嚴　謩
崔　鑫　李景信　姚　合　杜　忱　姚　康

盧元中 房直温 李羣 李元皐 崔郾
裴鐇 陳商 韋行貫 潘存實 柳仲郢
周復 郭勤 李行方 白敏中 韋慤
鄭薫 邢羣 盧簡求 路縮 崔慎由
鄭禹 裴坦 畢諴 温璋 趙橹
趙滂 崔珦 趙格 李元 裴處權
權審 韋退之 薛誠 李鄴 盧潘
崔璘 崔隋 鄭彥宏 于德晦 李景温
崔瑄 丁居立 崔蕘 楊知至 陽塾
崔彥昭 盧鉟 權慎微 張禹謨 楊戴

崔朗 杜無逸 王緘 裴虔餘 任宇
李嶽 陳琉 薛遠 李韶 薛調
楊思立 張顏 鄭紹業 張同 崔禹
韋保乂 裴賔 裴宏 蕭騫 鄭綦
鄭虩 韋顏 盧莊 鄭棨 孔綸 口
韋昭度 張禥 盧禎 魏滑 盧自牧
獨孤損 李凝庶 王鸞 王深 陸威
韋承貽 崔汀
度支郎中
韋慶儉 皇甫文高 口 竇德明 高祐

袁朗 士義惣 史令卿 裴思莊 高履行
王仁表 杜文紀 張知謇 王 鄭文表
裴孝源 裴公緯 楊宏文 崔思約 元大士
李太冲 張宏濟 李安期 虞昶 孔仲思
田 鄭欽文 高正業 崔元譽 劉慶道
裴昭 唐嘉會 李守一 温瑜 閻元通
崔神基 錢元敬 宋 尉大亮 孔惠元
蘇瓌 周悰 楊再思 張元觀 魏詢
崔口嗣 鄭從簡 薛會 劉希逸 源光譽
董 韋銑 劉穆之 高崍 馮元淑

王景 杜元志 王詢 賀蘭務温 王易從
孔立言 李撝 杜佑 房由 口
劉昂 裴眺 李少康 魏啓心 崔倘
李融 呂周 王佶 李舒 司馬垂
張曉 崔芃 鄭 李逢年 李光烈
崔同 韋損 源休 崔漪 董晉
褚長撝 許鳴謙 王澣 裴乹貞 口
夏侯審 周渭 鄭膺甫 徐復 張正甫
錢徽 李纘 鄭羣 段文昌 元稹
高宏簡 口 崔公信 王長文 裴詡

令狐定 王孟堅 杜寶符 苗愔 李敬方
薛褎 蕭憲 口 杜陟 馮袞
崔罕 楊師復 張權 任憲 薛干
崔鐔 趙璘 王龜 李平 竇璠
陳口 張禓 曹鄴 李近仁
林滋 高澣 張无逸 裴徹 李羽
歸仁紹 杜致美
祠部員外郎
李叔良 盧文洽 裴宣機 尔朱義深 蕭仁思
張宏濟 李思遠 柳言思 梁寶意 李思諒
許偉 陳義方 魏叔琬 楊守訥 李範丘
鄭元懺 王守眞 高梁客 袁利貞 元令臣
周琮 閻叔子 薛頴 陳昭景 薛稷
裴懷古 韋翼 楊降禮 劉守悌 鄭休遠
李禺 康庭之 李恒 李察 崔沔
杜咸 陳惠滿 蕭暠 張昶 姚弈
鄭長裕 竇從之 梁昇卿 裴毗 鄭巖
馬光淑 趙賓 高遷 裴春卿 張楚
盧僎 裴積 陳光 李舒 司馬垂
李成式 盧鉉 張允 盧觱 豆盧友

楊日休 元載 韋少遊 樊晃 徐儀
辛昇之 韓滉 薛據 陸易 岑參
張鎰 王紞 田南口 趙薰 褚長孺
韋敘 錢起 元仲武 王後己 庾何
房由 房說 陸贄 竇申 趙計
李聽希 于公異 崔澂 李鄘 丘丹
薛展 韋成季 陸參 裴泰 田灣
周仲孫 穆賞 辛秘 裴汶 徐放
錢徽 劉公輿 李諒 段文昌 尉遲汾
豆盧署 斑肅 李虞仲 王彥威 馮定
張又新 吳思 蕭睦 嚴澗 李衢
蘇滌 錢可復 陸洿 韋諶 庾簡休
薛元龜 張口物 封敖 張忱 竇洵直
路綰 崔瑤 李騭 杜宣猷 韋尚敬
崔鈞 任憲 薛汧 張彥遠 趙璘
高綽 宇文鐐 崔勿言 令狐緘 劉瑱
薛廷傑 楊知退 崔鄘 盧口 蘇粹
張顏 馮巖 楊範 陳翬 薛洿
崔澾 韋顏 韋璉 蕭廩 崔道紀
李峭 鄭頎 盧蘊 王愔 鄒峻

金部郎中

長孫操　牛方裕　袁異度　于孝辯　唐　曉
宇　緯　王德表　崔知機　殷令名　柳子房
宇仲寂　劉公彥　竇　暉　韋師貫　王文濟
李同福　獨孤璡　裴重暉　蕭志遠　崔元敬
路勵行　韋　敏　韋德恭　張統師　崔神基
侯知一　傅神童　劉守敬　楊守節　盧師立
杜從則　柳秀誠　梁　晧　盧萬石　趙承恩
竇懷貞　韋嗣薰　侯令德　韋奉先　張思義
姜　晞　程行諶　衛守直　薛　紘　裴藏耀
周敏道　蔡泰客　薛　曦　魏　恬　陸景融
韋　口　蕭　識　劉體微　鄭　繇　裴　眺
鄭　愿　鄭楚客　姜　虔　劉　繹　李　峘
郭慎微　李彥允　張　萱　郭　粵　第五琦
竇　紹　盧　允　李　華　鄭　璲　崔　禕
鄭叔華　杜良輔　崔　浩　裴季通　王　邑
嚴　郢　楊　晉　崔夷甫　盧　杞　柳　建
杜黃裳　杜　佑　樊　澤　路季登　王　遘
李上公　元季方　李　玗　韋　頌　韋　顥
史　牟　韓　皐　裴　通　盧元輔　段平仲

蕭　曾　許季同　陳　諷　韋審規　樊宗師
裴　誼　楊　潛　蘇　宏　丘　紓　蕭　澣
張公儒　劉茂復　蕭　俶　李　續　鄭　澥
趙眞齡　嚴　澗　紇干泉　盧宏止　李　拭
王　含　孫　範　張　固　陸　紹　韋　傳
羅劭權　鄭　漳　劉　潼　高宏簡　崔　荊
杜宣猷　李景素　韋退之　張傑夫　崔　隋
穆栖梧　李　口　趙　璘　崔　惲　李　湯
鄭　畋　鄭　緊　李　磵　任　結　令狐纁
羅　洙　崔彥回　呂　熲　裴迟曾　林　滋
李　涪　口　亞　口　口　王　慥　盧　鄴
王　葆

金部員外郎

鄭　諒　尹文憲　秦叔懌　杜　超　王　昕
張　珪　殷令名　李太冲　裴行儉　韋　惲
權知本　李伯符　獨孤璡　房正則　裴克諧
唐不占　趙崇嗣　夏侯亮　齊　璿　王宏之
徐　昭　游　祥　盧師丘　宇文有意　楊傳物
紀先知　田貞松　李幾道　李仙意　李元恭
魏嗣萬　李　頻　趙金穀　崔先意　何敬之

紀全經　衡守直　劉庭璥　杜元志　李守直
齊澣　魏恬　陸遺逸　陸景融　盧廙
袁仁敬　宋珣　杜令昭　薛繼　鄭長裕
鄭少微　馮紹烈　李庭誨　孔眘言　姜昴
夏侯銛　馬元直　馮光嗣　張利貞　吕周
鄭昭　張琡　盧諭　陽潤　徐浩
王元瑾　馮用之　張漸　吳伋　邊承斐
盧允　沈震　盧簡金　姚沛　李澥
崔禕　裴阜　張之緒　裴覇　趙縱
裴冀　陳少遊　李昂　杜艮輔　王孚

韋寂　屈無易　鄭岑　崔縱　崔審
韋士模　吳郁　王緯　袁高　李舟
高參　侯嶠　吳通微　竇參　獨孤艮器
趙計　蕭存　韋顥　蕭曾　鄭敬
顏頵　陸則　許季同　崔從　元宗簡
張植　段鈞　崔珀　路異　路羣
段文通　蕭澣　李孝嗣　史備　吕鍇
李顧行　崔元式　李武　陸暢　杜愷
趙祝　韓益　陳元錫　李敬方　李播
李貽孫　李宏休　馬曙　馮韜　韋同靖

段覺　李潘　張特　馮緘　陳翰
于德晦　盧顗　孟球　李俶　鄭延休
王〻氷　趙隱　嚴都　李蘧　崔厚
張乂思　裴德符　敬相　趙秘　羅洙
楊範　源蔚　張无逸　張誰　竇□
李□彜　杜致美　周禹
倉部郎中
杜超　高季通　李行詮　□　裴世清
賀若蓍義　唐奉義　韋福英　蘇會昌　李方義重書
費宏覞　李鳳起　董敬元　□言　韋慶基

裴宏獻　李友益　盧承基　獨孤元愷　杜續
郝處俊　蘇艮嗣　張振　薛紘　李
王文濟　盧外師　高純行　劉元象　唐之奇
魏叔麟　獨孤元同　雲宏暕　王叔偲　李憕
徐峻　□□　于復業　郭元振　李頻
李光進　魏昭　李禹　郭奇　韋弼
張宗潔　薛紘　姚鷩　韋損　□右
賀遂陟　李仲康　鄭懐隱　徐立之　崔瑨
張列　李植　吕向　皇甫彬　雍維艮
苗粲　盧雲□　楊休烈　薛羽

獨孤允　張巡　姚沛　庾準　崔令欽
王為　薛恁　趙漣　王後己　斑肅
崔蔵　口何　高郢　任侗　閻濟美
周仲孫　裴蓓　盧汀　陸澠　吳士矩
白居易　崔珙　張籍　姚宏慶　蕭口
鄭復　張又新　嚴涸　高少逸　楊倞
蕭價　張嗣慶　柳仲郢　王纘　韋博
崔象　盧頍　裴思口　鄭濛　鄭茂休
張鐸　張潛　楊知退　任繕　薛能
楊思立　蘇蘊　崔福　王慥　張譙

裴穀　鄭口　周承矩　陳鞏
主客員外郎
楊玄業　丁貴寧　辛世良　趙德言　韓瑗
李無隱　郭義　口謙　李安斯　崔行功
于敏同　崔知悌　薛元撝　崔萬石　韋正己
韓處約　韋志仁　崔崇業　元知默　盧獻
李思一　祖元穎　崔敬仲　王思善　王元覽
李居士　獨孤守忠　周子敬　沈務本　孫佺
陳思齊　元希聲　孟溫禮　姜晞　韋抗
韋元旦　崔璿　賀蘭務溫　蘇晉　崔安儼

路愉　王上客　赫連欽若　崔珪　鄭懷隱
鄭溥　張季瑀　韋陟　李詢甫　魏季隨
張介　雍惟良　王璿　鄭昉　甘暉
韋仇兼瓊　韓休　柳元寂　李植　房琯
趙廣微　韋幼成　李翃　敬諲　賀蘭進明
任瑗　楊宗　獨孤允　吳豖之　崔同
李逢年　竇彦金　裴薦　王佐　李承義
趙惎　楊頔　崔漪　盧象　歸崇敬
董晉　陸海　蔣將明　鄭晧　王遂
褚望　袁高　崔儆　李萼　沈房

蕭遇　李鍌　韓佾　裴佶　李彝
夏侯審　崔邠　仲子陵　陳歸　劉伯芻
李藩　馬宇　李絳　陸澗　張諗
李正辭　韓衢　吳士矩　元稹　裴墉
韋公素　白行簡　權璩　韋曾　韋力仁
崔周　裴識　王迺　蕭傑　張正謇
劉三復　顔從覽　王纘　崔渠　李擢
劉潼　張毅夫　李當　胡德章　韓賓
裴諴　崔珦　蔣偕　宋球　裴紳
張彦遠　韓乂　張道符　薛廷望　夏侯曈

皇甫煒　庾崇□　崔鋋　高錫望　曹鄴
韋岫　蘇蘊　李返嗣　賈formData　蕭說
崔蘅　鄭蕘　李紃　□　盧自牧
裴顗　韋承貽　趙　龜此下一面皆無可辨識
左司郎中
缺　裴方產　段機　劉翁勃　王儼
缺　李守約　李守一　崔行功　崔承福
李思順　缺　侯味虛　張知泰　李守敬
徐有功　房昶　趙誼　陸餘慶　缺
閻脊止　夏侯崐　韋珍　孔仲思　馮思邕

全唐文補編卷二百三十五　唐七十五　至

唐紹　魏奉古　李誠　□　竇從之
張敬輿　夏侯宜　韋叔昂　高昇　鄭倩之
韋伯詳　□　劉彥回　韋元素　楊愼餘
韋虛舟　張具瞻　崔譚　陳□　蕭晉用
楊恂　鄭□　裴□　姚□□　裴諝
林琨　韋寂　張齊明　蔣將明　盧慧
□　呂頌　李巽　奚陟　陸淳
宇文邈　李元素　韋成季　苗粲　呂元膺
□　劉遵古　韋審規　樊宗師　殷台
豆盧署　獨孤朗　鄭肅　趙元亮　□□裕

BIBLIOTECA DA UNIVERSIDADE DA ÁSIA ORIENTAL
東亞大學圖書館
UNIVERSITY OF EAST ASIA LIBRARY

鄭居中　李讓夷　何耽　李師稷　崔復本
高少逸　崔瑨　□□　鄭亞　崔駢
崔璵　薛廷□　路綰　韋愽　柳□
裴寅　盧耽　□□之　李蟥　鄭彥宏
□□　鄭彥宏　薩廷望　李緘　崔瑑
張鐸　李□　李晦　李繪　李瞻
李嶽　崔寓　孫徽　王鐐　李𤄃
張无逸　夏侯□
左司員外郎
顧琮　侯味虛　唐奉一　戴師倩　宇文全志

全唐文補編卷二百三十五　唐七十五　三

元紹　鄭從簡　桓彥範　殷祚　楊元叔
韋元□　李乂　李行言　張思義　元懷景
李暠　魏奉古　裴藏曜　黃守禮　薛晞
柳渙　王旭　柳澤　宋宣遠　張涗
韋□　張均　劉昂　高庭芝　杜損
斑景倩　李朝弼　韋洽　韋恒　張倚
姜昂　趙安貞　楊仲昌　李知止　張震
畢炕　李成式　程休　祁順之　崔渙
李審　任瑗　孟匡朝　盧播　趙艮弼
韋有方　王□　姚高栵　盧虛舟　王崟

庾準 成賁 鄭寶 李仲雲 崔寬
蔣鍊 庾何 王蕭 崔造 趙臣
房說 姚南仲 鄭餘慶 張式 盧羣
盧從 薛貢 楊憑 韋成季 李直方
李藩 韋彭壽 裴汶 張正甫 韋纁
李正辭 韋審規 殷台 崔琯 獨孤朗
李行脩 李宏慶 孔敏行 宇文鼎 吳思
李道樞 劉寬夫 鄭居中 何戣 姚康
劉端夫 李款 裴夷直 趙柷 薛褒
李行方 封敖 蔣伸 鄭涑 柳喜

李當 裴坦 鄭路 崔巖 韋旭
楊知溫 李愗 崔璙 皇甫燠 盧緘
鄭礭 盧告 崔務言 張顥 盧鉟
孫瑝 崔朗 鄭繁 裴瓚 李琨
劉承雍 盧望 李繪 杜宣猷 鄭綦
杜廷堅 唐嶠 □ □ 張裕 裴墠
鄭珦 孫緯 狄歸昌 此下六行磨滅莫辨衹就末四人可識者書之
趙臣
張倚
張涚

元懷景
司封郎中
缺 崔寶德 韋挺 元務眞 韋季武
劉本立 榮九思 閻立本 蕭孝顗 缺
□恒 李崇□ 楊思正 賈敦實 郭應宇
韋萬石 蘇良嗣 李思□ 缺 □壽
胡元範 盧楷 劉奇 王美暢 李嶠
苗神福 張元一 趙讀 趙宏敏 裴懷古
缺 □□□ 田幹之 李湛 孟知禮
李猷 崔元童 王丘 慕容珣 □□從

鄭溫琦 缺 朱□ 張均 韋陟
宋詢 裴系 徐鍔 陳振鷺 李□
鄭昭 劉光謙 楊元章 缺 李□
顏允□ 張楚金 裴儆 崔浩 林琨
趙昂 竇林 王圓 郭□ 王縝
缺 □ □ 韋孚 李叔度 徐岱
盧偘 蕭遇 陳京 韋丹 崔□
韋成季 缺 □ □ 張惟素 裴度
錢□ 徐晦 張仲素 李汭 薛存慶
陳中師 嚴休復 張士階 缺 王申伯

王彥威 蘇景□ 盧載 敬昕 盧商
楊漢公 裴乹貞 裴泰章 丁君□ 鈌
□□ 張 逖 崔 鉉 □ 晦 張□□
李 □ 裴 □ 羅劭權 □ □ 裴 寅
□ 鈌 □ □ □
□ 鈌 □ 皇甫□ 鄭茂休
張復珪 張□符 王 □ 鈌
□ 崔□□ 李昌嗣 崔 鈌
□ □ 鄭□業 □ 鈌
□ 王 □ 鈌

司封員外郎
蕭 嵤 李壽德 竇季鼎 李友益 崔餘慶
崔 璲 楊思謙 王崇基 韋義元 柳言忠
李思遠 王德眞 路勵言 楊思正 李同福
陳義方 獨孤道節 李範丘 郭待舉 崔同業
杜易簡 柳行滿 崔懸黎 司馬希象 裴思義
盧 損 張詢古 雲宏善 樂思誨 王遺恕
張同和 孫元亨 盧光乘 朱前疑 張元一
沈介福 王仙齡 韋瓊之 于季子 徐 堅
張彥超 楊 嶠 皇甫□瓊 岑 獻 韋 玢

韋 瑗 蕭元嘉 劉令植 高 豫 慕容珣
韓 休 鄭溫琦 王執言 崔 琮 崔 翹
楊 □ □ 徐 峻 韋利涉
裴令臣 宋 渾 蕭 諒 李知正 薛江童
蔣 洌 郭 納 裴士淹 □ □
□ □ 程 休 裴 袞 閻伯輿
韋少遊 元 持 劉蔦之 韋元會 李國鈞
李 昂 邢 □ 李 □ 薛 頎 元 挹
李洞淸 □□卿 王 鍬 李 浮 殷 高
蔣 鎭 崔 縱 謝良輔 鄭南史 □

□ □ 鄭 儋 鄭 元 李 衆
韋 況 陸 震 封 亮 呂 溫 李逢吉
張正甫 裴 度 蕭 □ 武 □
□ 劉 □ 蔣 防 楊汝士
柳公權 王 會 陳夷行 崔復本 裴泰章
□ □ □ □ 盧
韋 絢 魏 扶 崔 耽 馮 韜 錢知進
裴 寅 韓 □ 鄭裔□ 蔣 □
□ □ □ □ 楊 嚴
李 植 趙 隱 李 漳 高 湘 □□□

崔□□□□□
□□ 張讀□ 鄭 皝 徐仁嗣
□□征 鄭 殷 鄭 穀 此下無可辨識
左司郎中
缺 □復 王遺恕 李元素 缺
韋□ 楊□昭 缺 王□ 李 迪
缺 杜元志 高 名 王
韋 洽
缺 王 儼 缺 元大士 孫處約
缺 王方慶 缺 賈大隱 □文偉

缺 于 缺 李 迥 缺
皇甫瑾 □ 銳 缺 郤 缺
王光庭 王 丘 楊 □ 缺 裴敬□
李彭年 缺 □ 袞 王 □ 李 □
褚□□ 王 收 缺 王仲□ 缺
裴 均 缺 李 襃 張次宗 裴
缺 王 □ 鄭延休 馮 顓 缺
蘇 冲 趙 匡 缺
大中十二年十一月十二日書□□石柱記
左司郎中唐技

尚書省郎官石記序陳九言撰張顛書記自開元二十九年郎官石名氏爲此序張顛草書見於世者其縱放奇怪近世未有而此序獨楷字精勁嚴重出于自然如動容周旋中禮非強爲者書一藝耳至于極者迺能如此其楷字葢罕見于世則此序猶爲可貴也 古今法書苑

按唐制二十四司以尚書左右丞領之左右司爲之副此皆左丞之屬也題名不及左丞者自五品以下也十二司司各百餘人後題大中十二年十一月書鐫上石柱故自唐初迄宣宗諸名臣多在焉唐諸司

官名或改或復或省或復置今不書所改者從舊制也書者不知爲何人筆法出歐陽率更兼永興河南雖骨力不逮而法度森然 石墨鐫華

今在西安府儒學按宋張舜民畫墁錄曰長安今府宇卽唐尚書省也府院卽吏部也府錄廳前石幢郎郎官題名石也不知何年移此 金石文字記

唐尚書省郎官石柱題名吳郡張長史旭撰記京兆許左丞孟容撰後序記出旭正書後序劉補闕寬夫隸書也二篇别勒于碑而題名鋟于柱自貞元後則令史續書故工拙大小不齊焉唐制尚書省都堂居

中東有吏部戶部禮部三行行四司左司統之西有兵部刑部工部三行行四司右司統之各掌十二司事舉正稽違省署符目定其程限吏分設司封司勳考功戶分設度支金部倉部禮分設祠部膳部主客兵分設職方駕部庫部刑分設都官比部司門工分設屯田虞部水部諸司均有壁記詳其改充遷轉之歲月而石柱第注姓名而已康熙戊子予始購得郎官題名三紙字已漫漶眼昏莫辨會桐城方生來自京師訪予梅會里坐曝書亭鎮以界尺審視之姓名可識察者三千一百餘人別錄諸格紙而同里曹生

復以所搨本贈予因言柱在西安府儒學孔子廟庭之右上有古柏覆之竊思六部旣分左右則當時立石必東西各一今右司暨兵刑工三部所屬郎官題名無一人者是左存而右已失也若禮部四司闕郎中考功膳部闕員外郎殆由椎拓者遺失爾方生名世舉字扶南曹生名日瑚字仲經俱受業予之門 曝書亭集

右郎官題名石柱八面如幢式自左司訖膳部皆先郎中次員外郎姓名按唐宋之制六部皆隸尚書有吏戶禮居左兵刑工居右其敘遷則以吏兵爲前行戶刑爲中行禮工爲後行每部各領四司司名與部同者爲頭司餘爲子司二十四司之外別有左右司各置郎中員外郎皆稱郎官此柱所刻則左司及左十二曹也歐趙所載張長史書石柱記有文無題名蓋別是一碑久已不存此柱雖有殘闕亦僅十之一二合之御史臺題名一代清流姓名略備未必非攷史之一助也 潛研堂金石文跋尾

金石萃編卷一百十六

賜進士出身 誥授光祿大夫刑部右侍郎加七級王昶譔

唐七十六

郎官石柱題名考

吏部郎中 唐六典吏部尚書郎中二人從五品上龍朔二年改吏部郎中爲司業大夫咸亨光宅神龍並隨曹改復郎中一人掌考天下文吏之班秩品命一人掌小選舊唐書職官志吏部郎中二員從五品上龍朔爲司列大夫咸亨光宅並隨曹改也新唐書百官志吏部郎中正五品上武德五年改選部曰吏部龍朔元年改吏部曰司列光宅元年改吏部曰天官天寶十一載改吏部曰文部至德二載復舊 按新唐書從五品誤作正五品唐六典司列誤作司業

鄭元敏兩書無傳下同 牛方裕 劉□□ 李廿規廿節世字 張

銳□ 甘神符 温彥博兩傳未任 胡演兩書無傳下同 趙宏

智兩傳未任 楊纂兩傳字續卿華陰人高祖初擢考功郎中未任此官 薛述兩書無傳下同 李

孝元 宇文節 長孫祥 劉祥道新傳字同壽觀城人顯慶中任 蕭

孝顗兩書無傳下同 于立政 陸敦信兩書附德明傳未任 趙仁本舊傳河北人未任 温無

隱舊書附大雅傳大雅子未任 于敏同兩書無傳下同 裴晧 韋憬

裴明禮兩書無傳 崔行功兩傳井陘人高宗時任 獨孤元愷兩書無傳

魏元同兩傳字和初鼓城人上元前任 楊宏武兩傳永徽中任 鄭元紹兩書無傳下同

李德頴 張希□ 陳□方 王元壽 韋萬石兩書附挺傳舊傳云上元中任

秦相如兩書無傳 劉應道兩書無傳宰相世系表任與傳同 劉齊禮兩傳無傳下同

元知敬 顏敬仲 崔文仲 王友方 高光

□ 路元□當是元叡宰相世系表敕吏二郎中 王遺恕兩書無傳下同 張行禕

孟元忠 董敬元 張詢故 王方慶舊傳永淳中由太子舍人累遷太僕少卿不言任鄭官

□ 仲□高 思兩書無傳下同 李琯 李志遠

紀先知 皇甫知常 孫彥高 顧琮兩書附令狐德棻傳長安中爲天官侍郎

未任此官 崔□□ 盧懷慎兩傳滑州人舊傳景龍前任吏部員外郎未任此官 岑羲兩傳字伯華長安中拜天官員外郎未任此官

楊降禮兩書無傳下同 鄭納言 韋播 辛

廣嗣 蕭璿 韋□ 韋抗兩書附安石傳景雲前任 沈□

□ 李問政兩書無傳下同 崔□ 裴藏曜 李朝隱新傳字光國三原人中宗時由聞喜令遷侍御史吏部員外未任此官

馮□ 崔璩兩書附元暐傳俱未任

張敬忠新書附仁愿傳開元初自監察御史遷 慕容珣兩書無傳下同 趙昇卿 李

元□ 鄭齊嬰 靳□ 楊□ 薛兼金 張

昶 褚璆新書附遂良傳遂良曾孫先天中遷侍御史拜禮部員外郎未任此官宰相世系表任與碑同 杜

暹兩傳字之昊濮陽人未任 楊□□ 蕭識兩書無傳下同 員嘉靜

袁仁敬 徐元之 陳希烈兩書有傳未任 張洸兩書無傳 崔

□ 鄭少微舊書附徐慶傳徐慶祖長裕之弟爲中書舍人刑部侍郎未任此官 崔希逸兩書無傳下同

皇甫翼 盧旬 元彥沖 張□ 裴敦復

劉日政 李彭年舊傳開元中歷考功員外郎新傳歷遷中書舍人吏部侍郎未任此官 宋

詢兩書無傳 李憕舊傳開元中遷監察御史任 苗晉卿舊傳開元二十三年由員外郎遷任 班

景倩兩書附宏傳俱未任 韋陟兩傳字殷卿安石子舊傳歷洛陽令任 徐惲兩書無傳 李

朝□ 孫逖舊傳開元二十一年由太原從事入爲考功員外郎未任此官 李昂兩書無傳

詩小傳開元中考功員外郎未任此官 韋 述舊傳開元十八年由起居舍人轉屯田員外職方吏部二郎中 張季
明兩書無傳 趙安貞新傳冬曦弟官給事中未任此官 鄭 昉兩書無傳 楊仲昌新傳字蔓
元宗朝由下邽令任 王 燾新書附珪傳歷給事中未任此官 李 麟舊傳天寶元年由吏部員外郎遷 楊
慎餘兩書無傳下同 李 暐 源 洧新書附乾曜傳光裕子天寶中爲給事中未任此官 鄭
審兩書無傳下同 李 伉 王 維舊傳開元九年進士歷庫部郎中毋喪服闋任 韋
之晉兩書無傳下同 李 口 崔 奇 韋 侗 崔 灌
李季卿 蔣 渙 薛 邕 畢 宏新書附構傳未任 閻
伯璵兩書無傳下同 韋 覇 蕭 直 崔 翰 盧 允
張重光 賀若察 崔 器舊傳天寶十三年由京兆府司錄轉都官員外郎未任此官
庾 準舊傳王縉引至職方郎中未任此官 韋少遊兩書無傳下同 王延昌 韓

滉舊傳字太冲休子大歷中由員外郎任 趙 縱兩書無傳下同 韋元曾 韋
諤兩傳見褒子位至給事中未任此官 裴 綜兩書無傳 房口 偃 杜 亞舊傳字次公京
兆人永泰末爲山劍副元帥判官使還任 盧 杞舊傳歷刑部員外郎金部吏部二郎中 李 承舊傳由考功郎
中兼江州刺史徵任 · 齊 貢兩書無傳下同 李 竦 盧 翰 趙
贊 劉從一舊傳建中末晉王爲元帥選任 郭 雄兩書無傳 崔 造舊傳字元宰安
平人德宗朝京師徵任 殷 亮新傳附踐猷傳踐猷孫終給事中未任此官 苗 丕兩書無傳 韋
夏卿舊傳字雲客杜陵人大歷中由長安令改吏部員外郎轉任 柳 冕兩傳貞元六年任 李 玗
兩書無傳 趙宗儒舊傳貞元六年遷考功郎中毋憂終喪任此官 劉執經兩書無傳宰相世系表字長儒任與禕同
楊口口 崔 澥兩書無傳下同 崔仲儒 韋執誼新傳德宗時任
李口口 鄭利用兩書無傳 房 式兩傳俱附琯傳舊傳琯姪新傳琯族孫舊傳由雲南安撫

使除兵部郎中再除此官新傳由蜀州刺史除 杜 兼新傳元和初由刑部郎中遷 竇 羣舊傳字丹列平
陵人憲宗卽位由山南東道節度副使召入任 柳公綽舊傳字起之華原人貞元中與裴度同爲劍南節度判官召入任此官度以詩
餞別有兩人同日事征西今日君先捧紫泥之句 李 蕃舊傳字叔翰趙郡人元和初由吏部員外郎遷 崔 芃
兩書無傳下同 張惟素 皇甫鎛兩傳貞元中由吏部員外郎遷 張 賈兩書無傳下同
李口 口公口 韋口口 盧口 盧 逢
韋宏景舊傳元和中由左司郎中改任 崔 植兩傳字公修祐甫嗣子歷清要爲給事中未任此官 陳
諷兩書無傳 崔口 于 敖舊傳字蹈中長慶四年由商州刺史任 陳仲師
兩書無傳 盧元輔舊傳杞子德宗時由刺史徵 嚴公衡兩書無傳下同 嚴休復
口 殷 台 崔 孔敏行舊書附述睿傳字至之長慶中由集賢殿
崔 戎舊傳由殿中侍御史任 高 銖舊傳穆宗卽位由員外郎遷 王 袞

新傳 李 石新傳字中玉襄邑恭王五世孫文宗時擢工部郎中舊傳大和五年改刑部兵部郎中未任此官 孫
簡新傳字樞中元和初進士由左司郎中遷 盧 鈞新傳由監察御史遷 張 諷兩書無傳 薛
膺新書附苹傳苹子寶鼎人大和初爲右補闕內供奉未任此官 崔口 薛口 口宏
一宣 趙口齡 崔口口 崔 球舊書附珙傳珙弟字叔休會昌中爲鳳翔節度判官入朝
爲尚書郎不云任此官 盧 龜兩書無傳 崔口 柳仲口
吏部員外郎唐六典吏部員外郎二人從六品上兩唐書同六典又云員外郎一人掌選院謂之
南曹一人掌曹務凡當曹之事無巨細皆與郎中分掌焉
裴元本兩書無傳下同 王 紹 潘求仁 趙宏智再見兩傳未任
裴希仁兩書無傳下同 甘神符再見 宇文節再見 李公淹
封良容 韋 璲 韋叔謙 長孫祥再見 裴孝源

裴希仁再見 崔元覲 于立政再見 蕭孝顗再見 裴
雅珪 辛茂將 崔行功再見兩傳未任 姜口 元懷簡
兩書無傳下同 裴公緯 趙仁本再見舊傳貞觀中任 韓同慶兩書無傳下同 于
敏同再見 梁行儀 王德眞 魏元同再見兩傳未任 姜元
乂兩書無傳 劉祥道再見新傳未任 李同福兩書無傳下同 裴大方 胡
元範 房正則 梁仁義 李同福再見 姜杲
裴大方再見 張仁禕 裴思義 韋萬石再見兩傳未任 姜
元昇兩書無傳下同 劉處約 張詢古 蘇味道兩傳未任 韋志
仁兩書無傳下同 辛希業 高光復 李志遠再見 劉夷道
章希業 樂思晦 李至道 裴咸 杜承志

金石萃編卷一百十六 唐七十六 五

蕭志忠兩傳無志忠有至忠舊傳至忠德言曾孫神龍初任 崔滌兩書無傳下同 張栖貞
司馬鍠舊書附劉憲傳洛州溫人神龍中卒于黃門侍郎未任此官 杜承志再見 杜知
謙 李崇基 宋璟兩傳未任 皇甫知常再見兩書無傳 岑義再見
兩傳長安中任 李傑兩傳本名務光舉明經任 畢構兩傳神龍初累遷中書舍人未任此官 魏
先冲兩書無傳 李尙隱新傳元宗時由定州司馬轉任 蘇詵兩書附瓌傳瓌子字廷言歷右司郎中給
事中未任此官 鄧茂林兩書無傳 盧懷愼再見舊傳景龍前任 李希仲兩書無傳 崔
日用兩傳神龍中由秘書監躁遷兵部侍郎未任此官 盧從愿兩傳舉制科拜右拾遺睿宗立拜吏部侍郎未任此官 楊
滔舊書附恭仁傳執柔子開元中官至吏部侍郎未任此官 房光庭兩書無傳 崔湜新傳字澄瀾第
進士累遷左補闕遷考功員外郎未任此官 裴湆兩書無傳下同 崔元同 陳希烈再見
兩傳未任 張鈞兩書無傳下同 宋鼎 李朝隱再見新傳中宗時任 張庭

珪兩傳作廷珪應制舉長安中累遷監察御史景龍末爲中書舍人未任此官 裴漼舊傳初應大禮舉累遷監察御史三遷中
書舍人未任此官 倪若水舊書良吏傳開元初歷遷中書舍人尙書右丞未任此官 崔位兩書無傳 魏
恬新書附元同傳元同子字安禮第進士爲御史主簿開元中至穎王傳未任此官 褚璆再見新傳未任 柳
澤舊書附亨傳景雲中爲右率府鎧曹參軍擢拜監察御史累遷太子右庶子未任此官 杜暹再見兩傳未任 一
楊軌臣兩書無傳下同 徐元之再見 朱渭輔 楊降禮再見
徐惲再見 源洧再見新傳未任 席建侯兩書無傳 劉宅相兩書無傳
宅相世系表任吏部郎中不書員外 韋洽兩書無傳下同 元彥冲再見 李憕再見
兩傳未任 李彭年再見兩傳未任 源元緯兩書無傳下同 馬光淑 苗晉
卿再見舊傳由萬年縣尉遷侍御史歷度支兵吏部三員外郎 盧怡兩書無傳下同 張秀明 李
楊仲昌再見新傳未任 李麟再見舊傳開元二十二年轉殿中侍御史歷戸部考功吏部三員外郎 李

金石萃編卷一百十六 唐七十六 六

栖筠新傳字貞一趙人舉進士累擢殿中侍御史三遷任 鄭審再見兩書無傳 盧僎新書附趙冬曦
傳開元時自聞喜尉爲集賢學士終此官 裴遵慶舊傳字少良聞喜人由司門員外遷 蔣渙再見兩書無傳
庾光先新傳附敬休傳敬休叔祖官終吏部侍郎未任此官 崔寓兩書無傳下同 李廙
李洧兩書有洧附正已傳正已從父兄署徐州刺史未任此官疑碑所載別一人 崔倫舊書附衍傳衍父由進士第任
崔翰再見兩書無傳下同 鄭炅之 韋之晉再見 盧僎再見新傳
無再任 薛邕再見兩書無傳下同 韋少遊再見 裴冕兩書無傳宰相世系表與碑同
崔禕兩書無傳下同 元特 王鉴 韓滉再見舊傳累遷
祠部考功吏部三員外郎 王佐兩書無傳下同 盧虛舟 賀若察再見 韋
元晉 畢宏新傳未任 杜亞再見舊傳至德初由河西節度從事入朝歷工戸兵吏四員外郎 一
裴儆兩書無傳下同 王鉴再見 元挹 崔祐甫舊傳字貽孫由

起居舍人司勳員外郎遷 令狐峘舊傳德棻元孫大歷八年由刑部員外郎判吏部南曹事 韋一元兩書無傳下同
王定 鄭叔則 崔儒兩書無傳宰相世系表任戶部郎中未任此官 劉
灣兩書無傳 蔣鍊舊書附鎮傳鎮兄義興人受朱泚僞職未任此官 殷亮再見新傳未任
李舟兩書無傳 劉太眞舊傳天寶末進士大歷中淮南掌書記徵拜起居郎累歷臺閣未任此官 王一
銷新書附方翼傳方翼孫珣子天寶中歷右補闕殿中侍御史未任此官 苗丕再見兩書無傳下同 裴綜再見
鄭珣瑜 于結 呂渭舊傳字君載河中人由舒州刺史遷 盧挺
兩書無傳 于口 盧邁兩傳由右補闕遷 劉執經再見兩書無傳 柳
冕再見兩傳未任 李元素新傳附敬元傳敬元弟延載初由文昌左丞遷鳳閣侍郎未任此官兩傳又一元素容孫由侍御史遷給
事中亦未任此官碑載未詳何人 韋夏卿再見舊傳由長安令改任 裴佶新書附耀卿傳耀卿孫第進士由藍田尉
歷遷諫議大夫未任此官 楊於陵舊傳字達夫宏農人貞元八年由考功員外郎遷 鄭儋兩書無傳 李

鄘兩傳字建侯邕從孫德宗時由殿中侍御史遷 奚陟兩傳字殷卿亳州人由金部員外郎遷 王仲
舒新傳元和初由荆南節度參謀召任 張宏靖舊書附延賞傳延賞子字元理德宗時由禮部員外郎遷兵部郎中未任此官
裴次元兩書無傳下同 劉公濟 常仲儒 李蕃 柳公
綽再見兩傳由侍御史遷 孟簡舊傳字幾道平昌人由倉部員外郎遷司封郎中未任此官碑於司封亦不載 韋
貫之舊傳元和中由禮部員外郎改任 皇甫鎛再見兩傳貞元中由詹事府司直遷 韋纁舊傳附貫之傳
貫之弟累官太常少卿未任此官 李建舊書附遜傳遜弟元和中由殿中侍御史遷兵部郎中未任此官 崔從
新書附融傳融曾孫由殿中侍御史遷 韋宏景再見舊傳元和中由司門員外郎轉 王涯舊傳字廣津太原人元和
五年由虢州司馬內擢 崔鄘舊書附邠傳邠弟歷刑部員外郎內憂釋服任再遷左司郎中碑于左司不載全唐詩傳中進士補集賢
校書郎累遷吏部員外與碑同 陳中師兩書無傳 楊嗣復舊傳於陵子元和十年累遷刑部員外郎改禮部再遷兵
部郎中未任此官 席蘷當即席夔兩書無傳全唐詩傳貞元十二年宏詞及第不言其歷官 盧士玫舊傳山東右族

始任補闕轉郎中碑於吏部郎中未見 李宗閔兩傳字損之宗室由監察御史禮部員外郎遷駕部郎中未任此官 殷
台再見兩書無傳 崔琯新書附珙傳珙兄舉進士賢良方正辟諸使府入朝歷此任 王璠舊傳字魯
玉長慶中累歷員外郎不言吏部 鄭肅舊傳元和三年進士歷佐使府太和初入朝爲尚書郎不言吏部 羅讓
舊書孝友傳字景宣珦子由殿中侍御史歷尚書郎不言吏部 崔戎再見兩傳未任 王申伯兩書無傳 一
楊虞卿舊傳字師皋宏農人長慶四年由禮部員外郎改任 李續兩書無傳下同 宇文鼎 一
敬昕 李珏舊傳字待價趙郡人穆宗初由右拾遺遷 高元裕舊傳本名允中大和初爲侍御
史累遷左司郎中未任此官碑于左司亦未見 劉寬夫新書附伯芻傳伯芻子寶歷中爲監察御史未任此官 陳夷
行兩傳大和五年由司封員外遷吏部郎中未任此官碑于司封員外吏部郎中均未見 崔龜從舊傳云大和二年由太常博士
累轉考功司勳郎中未任此官 裴袞兩書無傳 劉端夫舊書附迺傳迺次孫寬夫弟爲太常博士不言爲此官宰
相世系表與碑同 李款新書附李中敏傳長慶初進士爲侍御史後歷倉部員外郎未任此官 崔璪舊書附珙

傳珙弟開成初爲吏部郎中不言爲員外 柳璟新書附芳傳芳子寶歷初進士由監察御史遷任 裴鐇兩書無傳
孔溫業新書附巢父傳巢父從子戡之子大中時爲吏部侍郎未任此官 張文規新書附嘉貞傳嘉貞曾孫宏靖
子由溫令累轉 崔口 周敬復兩書無傳 崔球再見舊傳未晰 韋行
貫兩書無傳下同 李行方 陳湘 韋絢 韋愨
李訥新書附遜傳進士第累遷中書舍人未任此官 盧簡求舊書附簡辭傳簡辭弟由忠武供軍使入爲此官
崔耽兩書無傳 崔愼由舊傳字敬止武城人元和初任 錢知進兩書無傳下同 崔
口 盧罕 杜牧兩書附佑傳佑孫舊傳由司勳員外郎轉任 馮圖
新書附涵傳涵子字昌之中進士宏辭科大中時終戶部侍郎未任此官 杜審口 趙櫓兩書無傳下同
鄭路 皇甫口 李朋 皇甫珪 獨孤雲
鄭從讜舊書附餘慶傳餘慶孫澣子字正求會昌二年進士第歷尚書郎不言任此官 裴衡兩書無傳下同

盧緘 崔琢 于德晦 □仁裕 崔□□

□備人 薛□ 高湘新書附鈛傳鈛弟鍇之子進士第歷長安令右諫議大夫未任此官

于瓌兩書無傳下同 楊眞 崔瑾 崔厚 崔

濆舊書附珙傳珙弟球子大中末進士登第未任

司封郎中唐六典吏部尚書其屬有四二曰司封郎中一人從五品上員外郎一人從六品上掌邦之封爵武德初爲主爵郎中龍朔二年改爲司封大夫咸亨元年復故光宅元年改爲司封郎中神龍元年復故開元二十四年復爲司封兩唐書同

楊思謙兩書無傳 盧欽望兩傳萬年人則天時累遷司賓卿未任此官 徐堅舊傳齊聃子累遷司封員外不云任郎中 李彥□ 姚奕新書附崇傳崇子由太子舍人爲睢陽太守未任此官 蔣挺兩書無傳 程休新書附元德秀傳德秀門弟子字士美廣平人不言其歷官 韋之□

令狐峘再見新傳大歷中由刑部員外郎遷 張蔇兩書無傳下同 韓日華 裴次元再見 鄭涵兩書附餘慶傳餘慶子本名涵避文宗諱改澣長慶中任 羅讓再見諸前

裴諶兩書無傳下同 張鷺 盧迼 盧告新書附循吏宏宣傳宏宣子字子有進士第終給事中未任此官

馮顓舊書附徇傳徇弟定之子進士第咸通中歷任臺省不言爲此官 崔澹舊書附琪傳琪弟輿子大中十三年進士累遷禮部員外郎未任此官 徐仁嗣兩書無傳

度支員外郎唐六典戶部尚書屬有四二曰度支郎中一人從五品員外一人從六品掌司支度國用租賦少多之數物產豐約之宜水陸道路之利自漢魏以來皆度支尚書領度支郎武德三年加中字龍朔二年改爲司度大夫咸亨元年復故兩唐書同惟從五品從六品俱有上字以下俱同

崔□□ 李□□ 韋萬石三見兩傳未任 崔神基新書附義元傳義元子長壽中爲司賓卿中宗用爲大理卿未任此官 裴□□ 路元□ 皇甫文亮兩書無傳 崔□□ 李元同兩書無傳宰相世系表任與碑同 楊□ 杜從□ 張慶兩書無傳 崔□ 唐紹新書附臨傳臨孫神龍時由左臺侍御史任 唐□ 鄭勉兩書無傳下同 魏景倩 崔 崔

夏侯銛 苗晉卿三見舊傳由侍御史遷任 韋恒新書附思謙傳思謙孫開元初由碭山令擢殿中侍御史累轉給事中未任此官 楊 王崟三見兩書無傳下同 樊晃 袁□盈 王延昌再見 李猗 嚴郢新傳字叔敖華陰人代宗初由江陵判官名爲監察御史未任郎官 蘇端兩書無傳下同 包 斑 崔

韋少華 楊偁 李衡新書附劉晏傳晏所辟用掌財利歷戶部侍郎未任此官

張 李 張季□ 房署兩書無傳下同 元□□ 李□ 李素 董溪新書附晉傳晉子字惟深由萬年令擢度支郎中不言爲員外

王□□ 高重新書附儉傳儉五世孫字文明明經中第累司門郎中未任此官 李續再見兩書無傳下同 盧貞 陸

司勳郎中唐六典吏部尚書其屬有四三曰司勳郎中一人員外郎二人掌邦國官人之勳級武德初爲司勳郎中龍朔元年改爲司勳大夫咸亨二年復故兩唐書同

狄孝□ 獨孤琨兩書無傳 裴□□ 楊纂再見兩傳未任 辛諤兩書無傳 薛逃再見兩書無傳下同 竇孝鼎 宇文節三見 杜文□ 薛逃三見兩書無傳下同 鄧素 郎知年 王儼

王仁□ 鄭植 鄭元□ 韋同慶 張松壽

李崇德 元知敬再見 謝祐 王廞 劉應道再見 路元叡兩書無傳宰相世系表勳吏二郎中 李範邱兩書無傳下同 岑曼倩

歐陽通兩書附詢傳詢子儀鳳中累遷中書舍人未任此官 裴思義再見兩書無傳下同 李元廖
口懷敬 李至遠新書附素立傳素立孫高宗時歷司勳吏部員外郎未任此官 張敬之
兩書無傳下同 樊忱 楊元政兩書無傳宰相世系表任與碑同 戴師倩兩書無傳
祝欽明新傳拜著作郎爲太子率更令不言爲郎官 楊承裕兩書無傳下同 趙誼
田貞松 李元恭 楊祖本 張循憲 口嶠
崔日用再見兩傳未任 劉聞一兩書無傳下同 韋瑗 傅黃中
李元璀 李崇敏 齊處仲 張敬忠再見新書未任 呂
炯兩書無傳 唐曉兩書無傳宰相世系表任與碑同 王瑨新書附方翼傳方翼子由中書舍人至秘書少
監不言爲郎官 辛替否新傳字協時萬年人景龍中爲左拾遺不言爲郎官 劉晃新書附仁軌傳仁軌孫濬子開
元中爲給事中未任此官 吉渾兩書無傳 韓朝宗新書附思復傳思復子睿宗朝歷左拾遺未任此官 盧

翹兩書無傳 張珣兩書無傳宰相世系表任吏部郎中未任司勳 劉日政再見兩書無傳
蕭華舊書附嵩傳新書附瑀傳皆言天寶末轉兵部侍郎不言任郎官 李知柔兩書無傳下同 盧重
元 元元禕 姜昂兩書無傳宰相世系表任與碑同 韋虛舟舊書附湊傳虛心弟自御
史累戶部郎中改任 張寂兩書無傳宰相世系表任與碑同 郭愼微兩書無傳下同 裴士淹
韋咸 崔圓舊書傳開元中由薦爲會昌丞累遷司勳員外郎未任郎中 蔡希寂兩書
無傳下同 盧允再見 薛邕三見 盧游 劉單
李收 韋鍔 庾準再見舊傳未任 郤說兩傳累授長安令祕書少
監不言爲郎官 王紞兩書無傳 董晉舊傳大歷中李涵使回紇爲判官使還遷任 邱
爲兩書無傳下同 韋禎 劉滋舊傳字公茂由司勳員外郎遷 韓章兩書無傳
路季登舊書附巖傳巖祖大歷六年進士由諸侯府升朝爲尚書郎不言任此官 鄭南史兩書無傳下同

崔彧 嚴霆 權德輿兩傳德宗時由江西觀察判官徵爲太常博士轉左補闕貞元九年
自司農少卿除戶部侍郎未任郎官 李眞方兩書無傳下同 李糸 崔恭 盧
公憲 韋顗舊書附見素傳見素孫由萬年尉歷御史補闕尚書郎未任此官 陳諷再見兩書無傳
下同 李正封 沈傳師舊傳擢進士登制科由司門員外郎翰林學士遷任 路隋舊傳
作隨穆宗朝任由司勳員外郎遷任 崔護兩書無傳 李虞仲舊傳元和初進士第由太常博士兵部員外遷
侯繼兩書無傳 孔敏行再見舊傳長慶中由左司員外郎遷 王衮再見兩書無傳
高鍇舊傳元和九年進士第由吏部員外遷任碑于吏部未見 權璩新書附德輿傳德輿子字大圭元和初進士歷
監察御史爲中書舍人不言爲郎官 韋瓘新書附夏卿傳字茂宏進士第累中書舍人未任此官 唐扶新書附儉
傳儉爲族父之子字雲翔歷屯田郎中未任此官 崔龜從再見舊傳由考功郎中史館修撰轉 崔曰口
高少逸舊書長慶末爲侍御史累遷左司郎中未任此官 陸洿兩書無傳下同 紇干泉

盧懿 敬暭新書附晦傳晦兄第進士官右散騎常侍不言任郎官 劉濛新書附晏傳晏
子字仁澤舉進士累官度支郎中未任此官 韋博新傳字大業萬年人開成中由河東節度判官進主客郎中未任此官
周復兩書無傳 崔黷兩書附寧傳寧弟密之孫字直卿開成初爲監察御史擢尚書郎不言司勳 崔
瑤新書附義元傳義元孫神慶子開元中光祿卿不言任此官 楊發舊書附收傳收兄字至之大和四年進士第累
遷禮部郎中大中三年改左司郎中未任此官 尒朱抗兩書無傳下同 李潘 蔣口
薛蒙兩書無傳全唐詩傳云考功郎未任此官 孔溫裕新書附巢父傳巢父從子戣之子仕爲天平節度使未任
此官 王渢兩書無傳下同 任憲 裴紳 鄭洎
孟球 杜蔚 張復珪 趙隱舊傳大中三年進士第累遷郡守尚
書郎未任此官 牛叢新書附僧孺傳僧孺子字表齡宣宗時以司勳員外郎爲睦州刺史不言任郎中 吉鄘
兩書無傳下同 侯備 崔朗 薛途 張潛 崔

厚再見 嚴 都 口 範 趙 蒙 李 輝
蘇 蘊 李 迨 魏 管 盧 紹 崔 庾
盧 堅 鄭 軌 李 輝再見 杜庭堅 李
何敬之 薛 李 許敬口
司勳員外郎詳見前
杜口口 楊口本 郭知口 齊景日兩書無傳下同 王德
志 劉祥道三見新傳未任 王 儼再見兩書無傳下同 王仁瞻 楊
口 王口旦 李問政再見 韓 瞻 李日高 許
圉師新書附紹傳紹子進士第累遷給事中不言任此官 李 乂新傳長安三年擢監察御史景龍初遷中書舍人未任此官
庥 察兩書無傳下同 衛幾道 張敬忠三見新書未任 韓同慶

再見兩書無傳宰相世系表任與碑同 李口口 崔行成兩書無傳 齊 澣兩傳開元初爲
給事中中書舍人未任此官 魏元同三見兩傳未任 鮑承慶兩書無傳下同 劉應道
三見 薛自勸 李 訥再見新傳未任 源行守兩書無傳下同 袁仁
敬再見 徐元之三見 裴大方三見 秦相如再見 斛律貽
慶 鄭行實 王 瑨再見新傳未任 封崇正兩書無傳下同 薛悰
悰 孟允忠舊書附文苑利貞傳利貞兄垂拱中爲天官侍郎不言爲此官 胡元範再見兩書無傳下同
王德志再見 裴瑾之 吉 渾再見 李知柔再見 赫
連莌 斑景倩再見兩傳未任 平貞眘兩書無傳下同 李 擢 李
彭年三見兩傳未任 鄭南金兩書無傳下同 王 豫 韓大壽兩書無傳宰相
世系表任吏部郎中未任此官 李志遠三見兩書無傳下同 李承嘉 裴 錫 蕭

權 李元恭再見 李恒一 馮光嗣 元 暕
盧萬頃 嚴 杲 程鎮之 崔 論舊書附仁師傳仁師孫液之子天寶
中自櫟陽令遷 楊慎餘再見兩書無傳下同 張 寂再見 鄭 璲 周利
貞兩書酷吏傳神龍初擢累侍御史出爲嘉州司馬不言任郎官 杜 確兩書無傳下同 吳道師
李 堅 鄭 審三見 王光輔 蔡希寂再見 王光
大兩書無傳宰相世系表任司勳郎中未任員外 薛兼金再見兩書無傳 王 璵新舊有兩王璵一爲方翼
子瑨子不言歷官一爲方慶六世孫肅宗時累遷太常卿不言爲郎官 蘇 瞻兩書無傳 蕭 嵩舊書傳開元初擢
中書舍人歷宋州刺史不言任郎官 李 畬新書附素立傳素立曾孫壬遠子字玉田授監察御史累轉國子司業未任此官 裴
元䳒兩書無傳下同 田崇璧 蕭 璿 李謹度 裴 嵒
疑是曙字 李行正 韋 肇新書附貫之傳貫之父大歷中爲中書舍人累除吏部侍郎未任此官 韋

倚兩書無傳下同 崔希高 韋 晉 員嘉靜再見 張九
齡兩傳由左補闕二遷任 徐 尚兩書無傳 崔祐甫再見舊傳由起居舍人遷 程昌緒
兩書無傳 蕭 誠兩書無傳宰相世系表任與碑同 王 琇兩書無傳下同 元彥沖三見
朱 遙 盧 僎三見新傳未任 王從敬兩書無傳 盧 象兩書無傳
全唐詩傳字緯卿汝水人開元中進士由左補闕歷任 鄭 口 李嘉佑兩書無傳 孫 成
舊書附文苑逖傳逖子字思退由屯田員外郎遷 蔣將明舊書附父傳父累遷至左司郎中未任此官 楊 獻
兩書無傳下同 梁 涉 李 岫舊書附林甫傳林甫子爲將作監未任此官 唐堯臣
兩書無傳下同 裴春卿 皇甫琳 朱巨川兩書無傳見告身建中三年遷守中書舍人不言郎官
竇 申兩書附參傳參族子累遷京兆少尹給事中未爲郎官 李休口 崔 譚兩書無傳
竇 炕新書附構傳構子天寶末爲廣平太守不言任郎官 劉 滋再見舊傳由屯田員外遷 苗

綮兩書無傳下同 裴導慶 韋元甫舊傳大歷初官尚書右丞未任此官 能季武兩書
無傳下同 韋多成 源少良兩書無傳宰相世系表任與碑同 崔圓再見舊傳由會昌丞遷
李楫兩書無傳下同 韋叔將 沈東美 陸據舊書文苑傳舉
進士歷從事累任 崔顥舊傳登進士第任 李揆舊傳開元末舉進士由起居郎遷任 裴綜兩
三見兩書無傳下同 鮮于叔明 楊綰舊傳肅宗即位拜起居舍人知制誥遷任 辛昇之兩書
無傳下同 裴儆再見 楊炎兩傳拜起居舍人丁憂服闋任 杜位兩書無傳宰相
世系表任考功郎中未任此官 許登兩書無傳下同 韋冗 獨孤愐兩書無傳宰相
世系表任左司郎中未任此官 于頔舊傳遷司門員外郎歷長安令駕部郎中未任此官 張鎰舊傳由殿中侍
御史歷屯田祠部右司員外母憂免喪除任 錢起新書附盧綸傳吳興人天寶中進士終考功郎中不言任此官碑下考功亦未見
孔述睿兩書隱逸傳山陰人代宗時以太常寺協律郎徵轉國子博士遷任 殷亮三見新傳未任 鄭

叔矩兩書無傳下同 李竦再見 劉太真再見兩傳未任 張惟素再見
兩書無傳 衛次公舊傳字從周河東人順宗初由左補闕轉任 李絳舊傳元和中由主客員外郎轉任
裴樞舊書附遵慶傳遵慶曾孫中和初檢校司封郎中歷兵吏二員外郎未任此官 鄭利用再見兩書無傳
李元素再見兩傳未任詳見前 邢 肅兩書無傳下同 裴茝 鄭絪
舊傳大歷中進士第由翰林轉任 李程新書宗室宰相傳擢進士由翰林學士遷任 張仲素兩書無傳
趙宗儒再見兩傳未任 薛存誠舊傳字資明進士第元和中由起居郎遷任 盧公憲再見
兩書無傳 李口 盧士玫再見舊傳未任 蔣武兩書無傳 于敖
再見舊傳元和中由倉部員外遷 杜元穎新書附如晦傳如晦五世孫憲宗時由翰林學士遷任 李正封再見
兩書無傳 席夔再見詳前 王起舊書附播傳播弟子舉之貞元十四年進士第由起居郎遷任 路
隋再見舊傳憲宗時由起居郎遷任 李肇兩書無傳下同 趙元亮 李紳

舊傳元和初進士長慶元年由右補闕改任 崔鄲兩書俱附邠傳邠弟進士第新傳累除刑部郎中舊傳三遷考功郎中俱未任此官
王申伯再見兩書無傳下同 姚向 孫簡再見新傳由鎮國判南幕府遷左司郎中未任司勳
馮藥兩書無傳下同 李宏慶 楊漢公兩傳大和八年進士第由戶部郎中遷司封未任此官
竇鞏舊傳附羣傳羣弟字友封元和二年進士第由侍御史歷任 高元裕再見兩傳未任 盧
簡辭舊傳字子策綸子由侍御史轉考功員外郎遷郎中未任此官 裴袞再見兩書無傳 崔龜從
三見兩書傳未任 裴識兩書附度傳度子舊傳以蔭授官襲晉國公新傳蔭補京兆參軍累大理少卿皆未任此官 韋
磻兩書無傳下同 鄭涯 丁居晦 李中敏兩傳大和六年為司門員外郎
以病告歸年召任 黎埴兩書無傳 崔瓘兩傳博陵人累遷澧州刺史未任此官 崔干
兩書無傳 庾簡休新書附敬休傳敬休弟官至工部侍郎不言為郎官 崔鉉舊書附元略傳元略子由荊南賓佐任
陳口 崔璵舊書附珙傳珙弟字朗士開成末累遷禮部員外郎會昌初以考功郎中知制誥未任此官

崔 駢兩書無傳 韋琮新傳字禮玉進士第進殿中侍御史累戶部侍郎未任此官 崔
黯再見詳前 周復再見兩書無傳 裴寅兩書附遵慶傳遵慶孫累官御史大夫未任此官 杜
審權舊傳元穎弟元絳子大中初由左補闕遷任 楊發再見舊傳未任 盧罕再見兩書無傳
杜牧再見舊傳由出牧黃池睦三郡遷任 韋澳兩書俱附貫之傳貫之子擢考功員外郎未任此官 趙
璘再見兩書無傳下同 趙滂 李遠 崔鈞 李潘
再見 苗恪 庾道蔚 韋用晦 鄭樞 王
渢再見 皇甫珪再見 裴衡再見 牛叢再見新傳宣宗時由諫員任
楊口 張復珪再見兩書無傳下同 楊知遠 杜蔚再見
穆仁裕 苗紳 源重 薛廷望 獨孤霖
高湜兩書附釴傳釴子字澄之第進士咸通十二年為禮部侍郎未任此官 鄭碣兩書無傳下同 崔殷

夢盧顗　趙　棠再見　崔　厚三見　李　嶽
楊希古　李　昭　楊仁贍　蘇　粹　李□
李　渙　杜高休　盧　渥　李　瀆　路　綱
李　迢　鄭　逸　薛　邁　周承矩　韋□
鄭　就　鄭勤規　李　晃　蔣□　崔昭符
崔　序　姚　荆　張□　蔣□　崔　凝
鄭昌圖
考功郎中　唐六典吏部尚書其屬有四四曰考功郎中一人員外郎一人郎中掌內外文武官吏之考課員外郎掌天下貢舉之職至開元二十四年專令禮部侍郎一人知貢舉考功郎中龍朔二年改爲司績大夫咸亨元年復故兩唐書同

皇甫昇度兩書無傳下同　于孝□　□□長　韋素立　趙　宏
□　崔知機　楊思謙再見　崔　起　韋□　李　懷
□　王元壽再見　朱延度　武志元　李思諒
湯德裔　劉處約再見　高　房元基　韋　敏
□守眞　魏克己　裴炎之兩傳附灌傳灌父歷倉部郎中未任此官　崔　神
福兩書無傳下同　李晉容　敬　暉新書附桓彥範傳聖歷初爲衛州刺史遷夏官侍郎未任郎官
李嗣眞舊傳調露中爲始平令徵拜司禮丞永昌中拜右御史中丞未任此官　皇甫知常三見兩書無傳下同　竇
珣　盧齊卿兩傳長安初爲雍州參軍開元初爲幽州刺史未任此官　崔　琮兩書無傳下同　崔　宣
道　宋庭瑜舊書列女傳庭瑜先天中自司農少卿左遷涪州別駕不言爲郎官　竇崇嘉兩書無傳下同　一
王齊休　房光庭　崔希喬再見　鄭　求　鄭　浦

杜令昭　杜惟孝　蕭　炅　李元祐　鄭長裕
舊書附餘慶傳餘慶祖官至國子司業未任此官　崔　翹兩書無傳下同　戴休延　薛□□
崔　諒　李　峘兩書無傳舊書李齊運傳有云江淮都統李峘未任此官　馮用之兩書無傳
李　萼兩書附休甫傳休甫子官司儲郎中未任此官又一李萼新書附卓行元德秀傳德秀門弟子南華令盧州刺史當是別一人
王　介兩書無傳下同　裴　從　盧簡金　房　啓　王
□　□崇□　陸□　郭□　杜　牧三見舊傳由湖
州刺史入拜　趙□　孫　成再見兩傳未任　□　抗　趙　聿
兩書無傳下同　龐　晉　李　收再見　王□　陳　諫新書
附王叔文傳叔文死友不言其歷官　裴　甚　董□　鄭　權舊傳德宗時由行軍司馬入朝
爲倉部郎中未任此官　李　諒兩書無傳下同　□　弁　元宗簡　談

峯　柏　耆新傳穆宗時由起居舍人轉兵部郎中未任考功　韓　皐舊書附滉傳滉子字仲聞由考功員
外郎丁艱免喪任　趙宗□疑是宗儒舊傳貞元六年任　□宏度　李仍叔兩書無傳下同
奚敬元　趙眞齡　陸問禮　鄭　魴　崔　瑝
崔　瑨舊書附珙傳珙弟開成中累遷刑部郎中未任此官　邢　翥兩書無傳　鄭　涵再見舊傳
母憂除喪任　李德裕舊傳字文饒吉甫子長慶元年由屯田員外郎轉任　李□　邁
畢　諴舊傳字存之構弟栩之曾孫大和中進士歷戶部駕部員外倉部職方郎中未任考功　胡德章兩書無傳下同
李　俅　崔　郢　錢方義新書附徽傳起孫徽子終太子賓客未任此官　李
蠙兩書無傳下同　盧　言　魏　扶　康　僚　皇甫鎬
樊　驤　高　殷　韋　岫新書附丹傳丹子宙弟自泗州刺史擢福建觀察使未任此官
孫　爽兩書無傳下同　崔　璙　李　蔚舊傳大中七年以員外郎知臺雜不言任此官

李景□
倉部員外郎唐六典戸部尚書其屬有四四曰倉部郎中一人員外郎二人舊唐書職官志郎中員外之職掌判天下倉儲受納租稅出給祿廪之事龍朔改郎中爲司庾大夫咸亨復新書同按舊書志郎中二員員外郎一員新書志郎中員外郎各一人俱與六典異
王□□ 李□□ 王□ 高□ 王仁瞻再見
兩書無傳下同 薛志鳳 蕭志遠 謝祐再見 夏□
格輔元新書附岑文本傳擢明經累遷殿中侍御史歷御史中丞不言任郎官 陳崇□ □志遠
李□ □文顯 高□ 吳道師再見署籍下同 王
師順 閻知微 柳儒 馮光嗣再見 王齊□
韋糸 宋庭□ 何□ 韋□心 陳惠滿

金石萃編卷一百十六 唐七十六 九

趙昚微 張懷□ 袁仁敬三見 吳太元 錢元敬
梁獻 張景明 劉彤 李元祐再見 陳惠
滿再見 能□□ 李□□ 李昂再見詳前 韋伯陽兩書
無傳下同 鄭昉再見 裴藏暐 戴休琁 崔譚再見
趙良器兩書無傳全唐詩傳官兵部員外不言任倉部 鄔元昌兩書無傳下同 張瑄
楊萬石 鄭章 崔鎮 張□ 鄭粤
李憺 解賁 李高聿 鄭炅之再見 裴從
再見 徐炅 崔復 皇甫銛 鄭叔華 杜良
輔 孫宿舊書附逖傳逖子代宗朝歷刑部郎中未任此官 梁乘兩書無傳下同 權自
□ 皇甫衡 徐顉 楊□ 韋□ 長孫

鑄 張惣 盧安 李速 崔供佚 趙
玗 皇甫□一 蕭存□ 李玗再見 王 閻
濟美兩傳第進士歷刺史入爲秘書監不言任郎官 王武陵兩書無傳全唐詩傳字晦伯太原人官尚書郎不言任倉部
崔鄷兩書無傳 孟簡再見舊傳由宏辭科累遷任 崔清兩書無傳惟新書忠義高
沐傳中有崔清抗節忤賊李文會指爲沐黨殺因似非即此人 皇甫鏄三見兩傳未任 張寔兩書無傳下同
齊 裴陳 諷三見 張士陵 張□方 于
□ 蘇宏 薛存慶新書附珏傳珏子字嗣德進士第歷御史尚書郎不言任此官 曹
慶兩書無傳下同 李景儉 范季睦 崔鄯兩書俱附邠傳邠弟元和中監察御史累
拜左金吾衛大將軍未任此官 李宗何兩書無傳下同 宇文鼎再見 盧鈞再見
兩傳未任 韋瓘再見新傳未任 王會兩書無傳下同 韓壽 裴

金石萃編卷一百十六 唐七十六 十

充 崔瑤再見詳前 李款再見新傳長慶初進士由侍御史任 韋充兩書無傳下同
韋損 趙從約 薛重 楊曾士 馬曙
李行恭 羅劭權 李遵 崔翬 盧近思
郭圓兩書無傳全唐詩傳會昌中爲李固言從事檢校司門員外郎未任此官 張琮兩書無傳下同
郭囿 李詠 李蟦再見 魏鐎 裴思猷
褚薦 席鴻 李洮 張斯干 皇甫煒
盧肇兩書無傳全唐詩傳字子發袁州人會昌三年登第由著作郎遷任 劉允章舊書附迺傳迺曾孫寬夫子登
進士累官至翰林學士承旨未嘗任此官 令狐纁兩書無傳下同 李磵 樊□
張昷 士 呂 杜□符 李殊 賓璠
鄭察舊傳進士第由監察殿中任 王鐐新書附鐸傳鐸弟累官汝州刺史不言爲郎官 柳

告兩書無傳下同 崔 嚴 李 鉅 陳義範 盧朋龜

戶部郎中唐六典戶部尚書其屬有四一曰戶部郎中二人員外郎二人初爲郎中貞觀二十三年改爲戶部明慶爲度支龍朔爲司元大夫咸亨復其員外郎初爲民部員外郎貞觀後改戶部郎中員外郎掌領天下州縣戶口之事舊唐書職官志戶部郎中員外之職掌分理戶口井田之事新書志掌戶口土田賦役貢獻蠲免優復婣婚繼嗣之事

□義惣 □山甫 崔 鄭□□ 樂世□

盧承慶兩傳貞觀初由秦州參軍擢考功員外郎未任此官 裴元本再見兩書無傳下同 高季通

封 梁行儀再見 路□□ 劉國□ 韋泰眞

盧德師 薛克搆新書附循吏大鼎傳大鼎子來遷初任 王智方兩書無傳下同

姚珽 唐從心 李嘉□ □錫 申屠錫

劉如玉 宇文敞 李綰新書附義琛傳義琛子官柏人令未任此官宰相世系表任吏部郎中亦未任戶部

封思業兩書無傳下同 裴惓 温督微 吳道師

三見 劉守□ 趙□□ 李無言 韋虛心兩書附湊傳累至大理丞

侍御史景龍中遷御史中丞未任此官 蔡秦客兩書無傳下同 梁務儉 張大安兩書附公

謹傳公謹子上元中歷太子庶子同中書門下三品未任此官 張光輔舊書附豆盧欽望傳累遷司農少卿文昌右丞未任此官

李同福三見兩書無傳 鄧元挺舊傳由頓邱令累授中書舍人不言爲郎官 鸞味道兩書無傳

韋□元 劉延祐舊書附允之傳允之弟之子舉進士歷右司郎中未任此官 于思言

兩書無傳下同 劉基 段嗣元 石、晷 孫元亨 唐

奉一 房頴叔 韋瓊之 李思古 楊玉 紀

處約兩傳神龍中由太府卿拜侍中不言任郎官 路恒兩書無傳下同 趙履溫 狄

光嗣新書附仁傑傳仁傑子聖歷初爲司府丞由仁傑薦任地官員外郎不言郎中宰相世系表任與碑同 張昭令兩書

無傳下同 李琇 韋維新書附湊傳由內江令遷任 柳儒再見兩書無傳

崔琳新書附義元傳義元孫神慶子由中書舍人累遷太子少保未任此官 嚴方疑舊書附挺之傳挺之叔父景雲中任

魏奉古兩書無傳下同 李瘵 李邑兩傳開元三年由舍城丞貶所名任 裴

觀兩書無傳下同 司馬銓 張如珪 褚璆再見新傳未任 王

昱兩書無傳下同 獨孤冊 張敬輿 張季瑀 裴卓

郭濳 梁昇卿 楊志先 鄭少微再見舊傳未任 李

元祐三見兩書無傳下同 韋拯 班景倩三見兩傳未任 徐惲三見兩書無傳下同

裴令臣 李朝鄰 陽伯成 劉彥回 張奇

梁涉再見 王壽新書附見君奠傳君奠父拜少府監壽不事當是別一人 鄭昉

再見兩書無傳下同 魏方進 韋伯祥 韋虛舟再見舊傳舉孝廉自御史任 劉

同昇兩書無傳下同 李常 鄭昭 王鉷舊傳天寶三年由戶部員外郎遷任

楊玘兩書無傳下同 張震 盧奕舊書忠義傳天寶初由鄠縣令擢兵部郎中未

任此官 李伉再見兩書無傳 張博濟新書附李林甫傳林甫瑁任此官 吉溫兩書

酷吏傳天寶中由京兆府士曹任 王、銲兩書無傳下同 陳澗 崔諷 王

翃舊書附翃傳翃兄乾元中累官京兆少尹不言爲郎官 劉遲新書附晏傳晏兄爲汾州刺史建中末名爲御史大夫未任此官

呂延之兩書無傳下同 崔諷再見 張惟一 李齊運舊傳由江淮都

統幕府累轉工部郎中未任此官 李季卿再見兩書無傳下同 崔□ 李□ 崔

浩 王延昌 來球 張參兩書無傳五經文字序稱大歷十一年國子司

業顥書亭集稱張參開元天寶間舉明經大歷初佐司封郎未言任戶部碑于司封亦未見 杜濟 杜良輔

于　頎舊傳由鳳翔少尹遷度支郎中未任此官　邵　説再見詳前　李泂清兩書無傳宰相
世系表兵部郎中與此異　李　規兩書無傳下同　許　登再見　崔　鼎　徐
演　王　縯　平　昺　衛　審　口　艮輔　蓋
損　李　弨兩傳字令叔越州人由臺省累左司郎中未任此官　盧　雲兩書無傳下同　竇
彧　常　爵　盧　佋　王　紹舊傳貞元中由倉部員外郎遷　崔
從質兩書無傳下同　魏宏簡　韋　武新書附挺傳挺曾孫累遷長安丞德宗時除殿中侍御史未任此官
張　式舊書附正甫傳正甫兄大歷中進士登第未任此官　李元素三見兩傳未任詳見前　于　皐
謩兩書無傳　潘孟陽兩傳由殿中侍御史累至兵部郎中未任此官　鄭　敬兩書無傳　張　正
甫舊傳字踐方南陽人由侍御史知雜事遷任　崔　清再見詳前　李　巨兩書無傳宰相世系表任司勲
員外郎未任此官　陸　湮兩書無傳全唐詩傳貞元元年進士第官給事中不言任郎官　李　應兩書無傳

崔　植再見兩書未任　武儒衡舊書附元衡傳元衡從父弟字庭碩累遷任　陸　亘舊傳
由鄧州刺史入任此官　劉遵古兩書無傳　羊士諤兩書無傳全唐詩小傳泰山人貞元元年進士第累至宣歙巡
官元和初拜監察御史不言任郎官　韋處厚兩傳字德載萬年人由開州刺史入拜此官　崔　護再見兩書無傳
王源中新書附盧景亮傳字正蒙擢進士宏辭由左補闕遷任　王正雅舊傳元和中由萬年縣令遷任
宋申錫舊傳文宗即位由禮部員外郎遷任　韋　詞舊傳有韋辭疑即詞長慶初擢戶部員外轉刑部郎中出充京西北和糴
使尋任此官　王彥威舊傳穆宗初累轉司封員外郎新傳累擢司封郎中皆不言戶部　盧周仁兩書無傳
李固言新傳字仲樞趙人進士甲科由幕府累任　李　石再見兩傳未任　盧　貞再見兩書無傳
王　質舊傳字華卿文中子通五世孫由興元節度副使遷任　楊漢公再見舊傳由興元從事遷任
裴　訥兩書無傳　楊敬之新書附憑傳憑弟凝之子元和初進士第由屯田郎中遷任　竇宗直
兩書無傳　裴　識再見兩傳未任　韋力仁兩書無傳　姚　合新書附崇傳崇曾孫元和中進

士由武功尉遷監察御史未任此官　韋　紆兩書無傳下同　張　鷺再見　鄭　賞
崔　瑨再見舊傳未任　盧　言再見兩書無傳下同　潘存實　韋厚叔
趙　盧　口　李敬方　李　繼　崔　駢再見
杜　總　李　福新書附李石傳石弟字能之大和中第進士由監察御史遷任　崔　璵
再見兩傳未任　路　綰兩書無傳下同　鄭　冠　韋有異　竇洵直
鄭　薰新傳進士第歷考功郎中未任此官　苗　愔兩書無傳下同　崔　卓　温
璋兩書附造傳造子舊傳以蔭入仕歷三郡刺史新傳擢侍御史歷婺廬宋三州刺史皆不言爲郎中　韓　口　盧
口　口　竇　趙　格兩書無傳下同　趙　滂再見　韋
岳新書附丹傳丹子由侍御史三遷度支郎中累拜吏部郎中未任此官　崔　豸兩書無傳下同　李　荀
楊　假舊書附收傳收兄字仁之進士第轉侍御史由司封郎中知雜事未任此官　任　憲再見兩書無傳下同

孟穆　蕭　峴　曹　汾新書附確傳確弟以忠武節度入爲戶部侍郎不言任郎官
孟　球再見兩書無傳下同　馮　緘　鄭　確　侯　恩　張
道符　崔　口　口　牛　叢三見新傳未任　李　植新書附逢吉傳逢吉從弟子逢
吉無子以植嗣不言其歷官　楊知至兩書無傳　王　龜兩書附播傳播弟起之子字大年舊傳遷侍御史尚書郎
新傳擢屯田員外郎皆不言戶部　竇　紃兩書無傳下同　許　瓘　楊　輅　崔
璞　裴　璩　劉允章再見舊傳未任　韋　條兩書無傳下同　杜
無逸　鄭　碣再見　王　緘　高　口　盧　深
鄭　口　李　磵再見　口　祕　韋　蟾舊書附表微傳表微子進士第
咸通末爲尚書左丞未任此官　楊希古兩書無傳下同　庾　崇　馮　嚴舊書附宿傳宿
弟定之子進士第咸通中歷任臺省不言任此官　柳　陟兩書無傳下同　李　晦　韋保乂

楊希古再見 盧紹 豆盧瑑新書附劉鄴傳字希真河南人舊傳河東人大中十三年
進士咸通末由兵部員外郎轉任 劉蛻兩書無傳下同 崔彥融 楊知退舊書附虞卿傳
虞卿子由都官郎中歷任 李節兩書無傳下同 鄭誠 李磎新書附鄘傳鄘孫拭子字
景望大中末進士累遷任 張裕兩書無傳下同 周慎辭 鄭殷 李
燭 張无逸 李峭、李邈 李□□ 鄭
頊 李穀 崔鄴 孫、緯
戶部員外郎詳見前
趙義綱兩書無傳下同 皇甫昪度再見 封元素 劉翁勃 李
友益 韋諫 元悰 李素立兩傳武德中授侍御史不言任此官 原
崐玉兩書無傳下同 劉燕客 王明 任行褒 許行本

樊元□ 劉慶道 裴行儉新傳字守約聞喜人麟德二年擢累安西都護名爲司文少卿未任此官
崔禮庭兩書無傳下同 鄭元毅再見 李延慶 崔知悌新書
附知溫傳知溫兄官至中書侍郎不言爲此官 韋惲兩書無傳下同 姜元乂 劉道
辛義感 蕭志遠再見 宋之順 崔元敬 辛宗
敏 劉尙客 元令表 張仁約 鄭仁恭 鄧元
挺再見詳前 魏克己再見兩書無傳下同 裴奐 張栖貞再見 張昌
期 狄光嗣再見新傳由司府丞薦任 薛克備兩書無傳下同 張光轉 杜
元揆兩書無傳宰相世系表任天官員外郎未任此官碑于吏部亦未見 董敬元再見兩書無傳下同 張巨源
孫尙客 鄭元敬 周允元新書附豆盧欽望傳自右肅政御史中丞拜檢校鳳閣侍郎不言任郎官
侯師仁兩書無傳下同 劉穆之 劉珽祐 房袓 裴

□炎之再見兩傳未任 劉守敬兩書無傳下同 張行則 王先輝 蘭
嗣忠 王遺怨再見 鄭訥言 韋維再見新傳由內江令遷戶部郎
中不言官員外 張錫新書附文瓘傳文瓘兄文琮子久視初爲鳳閣侍郎未任此官 薛昭旦兩書無傳下同
房光庭再見 孫彥高再見 鄭仙官 蘇詵兩見兩傳未任 一
楊溫玉兩書無傳下同 裴友直 李邕再見兩傳由侍御史改任 王易從
兩書無傳 賀知章兩傳證聖初擢進士累遷太常博士不言爲郎官 劉希逸兩書無傳下同 周履
慶 盧元裕 獨孤那 長孫處仁 徐有功舊傳則天時由司刑丞累
轉秋官員外轉郎中未任戶部 辛元同兩書無傳宰相世系表任與碑同 劉叔兩書無傳下同 賀
遂陟 楊瑒舊傳開元初由殿中侍御史遷侍御史未任此官 班景倩四見兩傳未任 鄭
巖兩書無傳下同 沈萬石 張昭命 韓朝宗再見新傳未任 嚴

挺之兩傳華陰人舉進士開元中爲考功員外郎未任此官 蔣將茂兩書無傳 李義仲新書附白藥傳白藥子安
期之孫官中書舍人未任此官 田幹之兩書無傳下同 韋利涉 楊伯成 宋
之問兩傳景龍中由鴻臚主簿擢任 董琬兩書無傳 盧諭兩書無傳宰相世系表任比部員外
郎未任此官 王鉷再見舊傳開元二十九年由監察御史遷任 韋迴兩書無傳下同 李
昂三見 韋弼 裴子餘新書附守眞傳守眞曾孫由明經補鄠尉景龍中爲左臺監察御史未任此官
冠 玭兩書無傳下同 王昌 王燾新書附珪傳珪孫歷給事中未任此官
嚴 杲再見兩書無傳下同 呂太一 李巖新書附素立傳素立孫至遠之從弟從遠子中宗時遷兵
部郎未任此官 鄭永再見兩書無傳下同 張楚 崔懷嶷 張敬興
再見 竇紹 楊宗 裴卓再見 楊玘再見
裴博濟 程烈 封希顏 司馬垂 吉溫再見兩傳

侶攝戶部郎中不言員外　李彭年四見兩傳未任　裴系兩書無傳下同　李常再見
鄭平　杜昱　韓賞　呂延之再見　李
進　邢宇新書附卓行元德秀傳德秀門弟子字絡宗河間人不言其歷官　蕭隱之兩書無傳下同
徐鍔　王晦　王岳靈　張賞　李麟三見
舊傳開元二十二年由殿中侍御史任　路齊暉兩書無傳下同　高益　宇文審
王佶兩書無傳宰相世系表任祠部郎中未任此官　王光大再見兩書無傳宰相世系表亦未任　韋夏
有兩書無傳下同　苗丕三見　房由　宋說　田灣
杜亞三見舊傳至德初　何昌裕兩書無傳下同　李翃　盧執顏
楊晉　范倫新書附傳正傳傳正父未任此官　寇鍰兩書無傳下同　王
渾蔣　鍊舊書鎮傳有鍊云與弟鎮並受朱泚偽職恐是別一人　李鉞兩書無傳下同

李彥超　王翊再見詳前　徐閑兩書無傳　穆賞舊書附寧傳寧第四子不
言其歷官　李融兩書無傳　鄧元挺三見詳前　竇或再見兩書無傳下同　裴
陟　蕭直再見　穆寧舊傳寶應初由侍御史遷任　任侗兩書無傳下同
盧佋　劉迥兩書附子元傳子元之子舊傳官諫議大夫給事中新傳第進士歷殿中侍御史皆未任此官
韋延安兩書無傳下同　崔稱　崔漑再見　袁滸
潘孟陽再見兩傳未任　孟逵兩書無傳　崔融舊傳聖歷二年除著作郎四年遷鳳閣舍人未
任此官　裴通兩書無傳下同　獨孤邁　田南鷗　韋光褒
呂溫舊書附渭傳渭子順宗即位使吐蕃還由侍御史轉任　張賈再見兩書無傳下同　王縝再見
裴澈　韋宗卿　盧常師　裴郁　竇公衡
裴損　李隨　李適新書文藝傳字子至萬年人舉進士武后時修三教珠英書成遷任

王潤兩書無傳　于頎再見舊傳未任　王崟四見兩書無傳下同　李
胄　路士則　韋睦　韋頌　賈全　史
牟　裴向舊書附遵慶傳遵慶子德宗時由渭南令擢任　崔鄯再見兩書無傳　盧
坦舊傳由壽安令累遷庫部員外郎新傳累爲刑部郎中未任此官　李夷簡新書宗室宰相傳字易之德宗時進士第遷監察御
史未任此官　張正壹兩書無傳　張正甫再見舊傳由殿中侍御史遷　盧逢兩書
無傳宰相世系表任戶部郎中未任此官　李宗衡兩書無傳下同　李應再見　竇楚
陳岵　崔韶　趙元亮再見　楊潛　韋
詞再見舊傳辭長慶初任　姚向再見兩書無傳　崔戎舊傳字可大累拜吏部郎中尋爲東西兩川宣
慰使還拜給事中未任此官　崔栯兩書無傳下同　鄭逌　王質再見舊傳未任
張洪兩書無傳　李石三見兩傳未任　馮審舊書附宿傳宿從弟貞元十二年進士第

由監察御史累遷兵部郎中未任此官　嚴謩兩書無傳　崔蠡兩書附寧傳寧弟寄孫大和初爲侍御史三遷
戶部郎中不言任員外　李景信兩書無傳　姚合再見新傳未任全唐詩傳任與碑同　杜忱
兩書無傳下同　姚康　盧元中　房直溫　李羣　李
元阜新書附訓傳訓弟不詳其歷官　崔殷兩書無傳下同　裴鍇　陳商
韋行貫再見　潘存實再見　柳仲郢舊書附公綽傳公綽子元和十三年進士第會
昌中三遷吏部郎中未任此官　周復三見兩書無傳下同　郭勤　李行方再見
白敏中舊書附居易傳居易從父弟長慶初進士第會昌初由殿中侍御史遷　韋愨再見兩書無傳　鄭
薰再見新傳未任　邢羣兩書無傳　盧簡求再見舊傳未任　路綰再見
兩書無傳　崔慎由再見舊傳未任　鄭禺　裴坦新傳字知進由楚州刺史薦爲職方郎中
未任此官　畢誠再見舊傳由磁州刺史徵任　溫璋再見詳前　趙橧三見兩書無傳下同

趙　滂三見　崔　珦　趙　格　李　元　裴處
權　權　審　韋退之　薛　誠　李　鄴兩書無傳全唐詩傳
云戶部郎　盧　潘兩書無傳下同　崔　璙再見　崔　隋　鄭彥宏
于德晦再見　李景溫新書附景讓傳景讓弟字德己歷福建觀察華州刺史未任郎官　崔
瑄兩書無傳下同　丁居立　崔　蕘舊書附寧傳寧弟寀之曾孫蕘子大中二年進士官至尚書郎不言
任此官　楊知至再見兩書無傳下同　陽　塈　崔彥昭舊傳咸通初累遷兵部員外郎轉郎中不
言任戶部　盧　鉟兩書無傳下同　權愼微　張禹謨　楊　戴
崔　朗　杜無逸再見　王　緘再見　裴虔餘　任
宇　李　嶽再見　陳　琉　薛　遠　李　韶　薛
調　楊思立　張　顏　鄭紹業　張　同　崔

寓再見同寓　韋保乂再見　裴　質　裴　宏　蕭
鶱　鄭　綦　鄭　就再見　韋　顏　盧　莊　鄭
綮再見舊傳由監察殿中倉部員外任　孔綸口　韋昭度舊傳字正紀京兆人乾符中累遷尚書郎不言
任此官　張　禕兩書無傳下同　盧　頎　魏　潛　盧自牧
獨孤損　李凝庶　王　鸞　王　深　陸　威
韋承貽　崔　汀
度支郎中說見前
韋慶儉兩書無傳下同　皇甫文高　竇德明舊書外戚傳太穆順聖皇后兄之孫武德初拜考功
郎中未任此官　高　祐兩書無傳　袁　朗舊書文苑傳由陳隋入唐武德初授齊王文學祠部郎中不言爲此官
士義惣兩書無傳下同　史令卿　裴思莊　高履行舊書附士廉傳士廉子貞

觀初歷祠部郎中未任此官　王仁表兩書無傳宰相世系表任祠部郎中未任此官　杜文紀兩書無傳
張知謇新傳調露時監察御史裏行歷十一州刺史未任此官　王　鄭文表兩書無傳下同
裴孝源　裴公緯　楊宏文　崔思約　元大士
李太冲新書附知本傳知本父孝端之族弟不詳其歷官　張宏濟兩書無傳　李安期兩書
附百藥傳百藥子貞觀初累除主客員外郎未任此官　虞　昶新書附世南傳世南子終工部侍郎不言任此官　孔仲
思兩書無傳下同　田　鄭欽文　高正業　崔元譽
劉慶道　裴　昭　唐嘉會　李守一新書附敬元傳敬元子官郎令不言任此官
溫　瑜兩書無傳宰相世系表任祠部郎中未任度支　閻元通兩書無傳　崔神基再見
新傳存　錢元敬再見兩書無傳下同　宋　尉大亮　孔惠元新書
附頴達傳頴達孫志玄由司業擢累太子諭德未任此官　蘇　瓌新傳神龍初由同州刺史入爲尚書右丞未任此官　周

悰兩書無傳　楊再思兩傳由元武尉累擢天官員外郎未任此官　張元觀兩書無傳下同　魏
詢　崔口嗣　鄭從簡　薛　會　劉希逸再見
源光譽新書無光譽有光裕未敢謂即一人　董　韋　銑兩書無傳下同　劉穆
之再見　高　嵘　馮元淑兩書附元常傳元常從父弟由縣令終祠部郎中未任此官　王
景兩書無傳　杜元志兩書無傳宰相世系表考功郎中未任此官碑於考功亦未見　王　詢兩書
無傳下同　賀蘭務溫　王易從再見　孔立言兩書無傳宰相世系表任祠部郎中不言任度支
李　撝兩書無傳　杜　佑舊傳由水陸轉運使改任　房　由兩書無傳下同　劉
昇　表　眺　李少康　魏啟心　崔　尚　李
融再見　○呂　周　王　倚再見兩書無傳宰相世系表未任　李　舒兩書
無傳下同　司馬垂再見　張　曉新書附巡傳巡兄位監察御史未任此官　崔　芃再見

兩書無傳下同　鄭　李逢年　李光烈　崔同　韋
損再見　源休舊傳臨漳人京兆尹光輿子由潭州刺史入爲主客郎中未任度支　崔漪兩書無傳
董晉再見舊傳由主客員外郎遷祠部郎中未任此官　褚長孺兩書無傳下同　許鳴謙
王㯳　裴乾貞　夏侯審新書附盧綸傳大歷十才子之一官侍御史不言任郎官
周渭兩書無傳下同　鄭膺甫　徐復　張正甫三見舊傳未任
錢徽舊傳起子貞元進士從事戎幕三遷祠部員外郎六年轉郎中八年改司封郎中未任此官　李纘兩書
無傳下同　鄭羣　段文昌舊傳由補闕改祠部員外郎轉祠部郎中未任此官　元稹舊傳
字微之穆宗時由膳部員外郎轉祠部郎中未任此官　高宏簡兩書無傳下同　崔公信　王長
文　裴詡　令狐定兩書附楚傳楚弟字履常舊傳進士第大和九年累遷至職方員外郎新傳大和末
爲駕部郎中皆不言任此官　王孟堅兩書無傳下同　杜寶符　苗愔再見

李敬方再見　薛褒　蕭寔　杜陟　馮袞
舊書附裕傳裕弟定之子進士第咸通中歷任臺省不言此官　崔罕兩書無傳下同　楊師復　張
權任憲三見　薛干　崔鐔　趙璘
王龜再見兩傳未任　李平兩書無傳下同　竇璠再見　陳
張裼　曹鄴兩書無傳全唐詩傳字業之桂州人大中進士第由太常博士歷祠部郎中未任此官　李
近仁兩書無傳　林滋兩書無傳全唐詩傳字後象閩人會昌三年進士官終金部郎中未任此官　高
澣兩書無傳下同　張无逸再見　裴徹　李羽　歸仁紹
杜致美

祠部員外　唐六典禮部尚書其屬有四二曰祠部郎外中一人員外郎一人掌祠祀享祭天文漏刻國忌廟諱卜筮醫藥道佛之事龍朔二年改郎中爲司禋大夫咸亨復兩唐書同

李叔艮兩書無傳下同　盧文洽　裴宣機舊書附矩傳矩子高宗時官至太子左中護未任此官
尒朱義深兩書無傳下同　蕭仁思　張宏濟再見　李思遠
柳言思　梁寶意　李思諒再見　許偉　陳義方
魏叔琬新書徵傳有其名徵第二子不言其歷官　楊守訥兩書無傳下同　李範邱再見
鄭元敞　王守貞　高梁客　袁利貞新書附朗傳朗從祖弟高宗時
爲太常博士擢任　元令臣兩書無傳下同　周琮　閻叔子　薛頲
陳昭景　薛稷新書附收傳字嗣通道衡曾孫進士第累遷禮部郎中未任此官　裴懷古
舊傳聖歷中自突厥監軍歸任　韋翼兩書無傳下同　楊降禮三見　劉守悌
鄭休遠　李冉新書附知本傳知本弟知隱之孫官至太常少卿未任此官　康庭之兩書
無傳下同　李恒　李察再見　崔沔舊傳長安人則天時由左補闕遷任

杜咸新書附正倫傳正倫從孫顯名不言任此官　陳惠滿三見兩書無傳下同　蕭昺
張昶再見　姚奕再見新傳未任　鄭長裕再見舊傳未任　竇從之
兩書無傳下同　梁昇卿再見　裴朓再見　鄭巖再見　馬光
淑再見　趙賓　高遷　裴春卿再見　張楚再見
盧僎四見新傳未任　裴稹新書附行儉子光庭傳光庭子開元末任　陳光新書
附子昂傳子昂子終商州刺史不言任郎官　李舒再見兩書無傳下同　司馬垂三見　李成
式　盧鉉舊書附酷吏吉溫傳官御史未任此官　張允兩書無傳下同　盧霸
豆盧友　楊日休　元載舊傳肅宗朝位徵任全唐詩傳歷度支郎中碑于度支未見
韋少遊三見兩書無傳下同　樊晃　徐儀　辛昇之[illegible]一
韓滉三見詳前　薛據兩書無傳全唐詩傳寶鼎人開元十九年登第官水部郎中未任此官　陸一

易兩書無傳 岑 參兩書無傳全唐詩小傳天寶三載進士右補闕改起居郎代宗時爲庫部郎未任此官 張
鎰再見舊傳由屯田員外遷 王 紞兩書無傳下同 田南口 趙 薰 褚
長 薦再見 韋 敘 錢 起再見新傳未任 元仲武兩書無傳下同
王後已 庾 何新書附敬休傳敬休父官兵部郎中不言任此官 房 由再見兩書無傳下同 趙
房 說 陸 贄舊傳德宗時由監察御史翰林學士轉任 竇 申再見兩傳未任 趙
許兩書無傳下同 李聽希 于公異舊傳進士第貞元中任 崔 漑三見
兩書無傳 李 鄘再見兩傳由吏部員外遷郎中未任此官 邱 丹兩書無傳全唐詩載其經湛長史韋嘗詩貞元六年檢校戶部
員外郎兼侍御史未任此官 薛 展兩書無傳下同 韋成季 陸 忝 裴
衆 田 灣再見 周仲孫 穆 賞再見詳前 辛 秘
舊書附貞元中登五經開元禮科由太常博士遷任 裴 汶兩書無傳 徐 放兩書無傳全唐詩傳字達夫元和九年爲

金石萃編卷二百六 唐七十六 三三

衢州刺史不言任郎官 錢 徽再見詳前 劉公輿兩書無傳下同 李 諒再見
段文昌再見舊傳元和中由補闕遷任 尉遲汾兩書無傳下同 豆盧署 班
肅 李虞仲再見舊傳寶歷中由司勳郎中轉兵部郎中未任此官 王彥威再見舊書未任 馮
定舊書附宿傳宿弟貞元中進士由太常博士轉任 張又新新傳字孔昭薦子由補闕轉任 吳 思
兩書無傳下同 蕭 瞻 嚴 澗 李 衢 蘇 滌 錢
可復舊傳徽子累官禮部郎中大和九年檢校兵部郎中未任此官 陸 洿再見兩書無傳下同 韋 諶
庾簡休再見詳前 薛元龜兩書無傳 張口物 封 敖新傳元和中進
士第會昌初以左司員外郎召爲翰林學士不言任祠部 張 忱兩書無傳下同 竇洵直再見 路
緒三見 崔 瑤再見詳前 李 騭兩書無傳下同 杜宣猷 韋
尚敬 崔 鈞再見 任 憲四見 薛 洴 張彥

遠兩書無傳宰相世系表任與傳同 趙 璘再見兩書無傳下同 高 緯 宇文鐐
崔嗣言 令狐緘 劉 項 薛廷傑 楊知退再見
舊傳不任 崔 鄘兩書無傳下同 盧 卞 蘇 粹 張 顏再見
馮 巖再見詳前 楊 範新書附虞卿傳虞卿弟漢公子但云任亦顯不著官名 陳 翬
兩書無傳下同 薛 洿 崔 潼 韋 顏再見 韋 璉
蕭 稟新書附瑀傳字富侯咸通三年第進士遷尚書郎不言祠部 崔道紀兩書無傳下同 李
峭 鄭 頎 盧 藴 王 愔 鄭 峻
金部郎中 唐六典戶部尚書其屬有四三日金部郎中一人員外郎一人掌庫藏出納之節金寶財
貨之用權衡度量之制龍朔改郎中爲司珍大夫咸亨復兩唐書同
長孫操新書附無忌傳無忌從父弟字元節高祖時署金曹參軍 牛方裕再見兩書無傳下同 袁異度

金石萃編卷二百六 唐七十六 三四

于孝辯 唐 曉再見 李 緯 王德表 崔知
機再見 殷令名 柳子房 李仲寂 劉公彥 竇
璋 韋師貫 王文濟 李同福四見 獨孤璉
裴重暉 蕭志遠三見 崔元敬再見 路勵行 韋
敏 韋德恭 張統師新書附儒學蕭德言傳官博士未任此官宰相世系表任與碑同 崔神
基再見兩書無傳下同 侯知一 傅神童 劉守敬再見 楊守節
盧師立 杜從則 柳秀誠 梁 晧 盧萬石
蘇同萬頃 趙承恩 竇懷貞兩傳由清河令神龍中累遷左御史大夫不言爲郎官 韋嗣萬
兩書無傳下同 侯令德 韋奉先 張思義 姜 晞舊書附姜皎傳皎弟
孫行本子開元初左散騎常侍不言爲郎官 程行諶兩書無傳下同 衛守直 薛 紘

裴𢘑耀 周敏道 蔡秦客再見 薛曦 魏
恬由見新傳未任 陸景融新書附元方傳元方子由新鄭令累遷工部尚書不言任郎官 韋口
蕭識兩書無傳下同 劉體微 鄭繇 裴眺三見 鄭
愿 鄭楚客 姜虔 劉繹 李峘再見詳前
郭愼微再見兩書無傳下同 李彥允 張萱 郭謇 第五
琦新傳元宗時由司虞員外郎河南等五道支度使遷任 竇紹再見兩書無傳下同 盧允三見
李華 鄭璲再見 崔韡再見 鄭叔華 杜昆
轄再見 崔浩三見詳前 裴季通兩書無傳下同 王邑 嚴
郢再見新傳未任 楊晉再見兩書無傳下同 崔夷甫 盧杞再見詳前 郴
坤兩書無傳 杜黃裳新傳貞元末拜太子賓客遷太常卿未任此官 杜佑再見舊傳由工部郎中遷

樊八 澤舊傳由御史中丞遷任 路季登再見詳前 王遘兩書無傳下同 李
上公 元季方新書附萬頃傳萬頃曾孫由度支員外郎遷任 李玕三見兩書無傳下同 韋
頲 韋顒 史牟再見 韓臯再見舊傳未任 裴
通再見 盧元輔再見兩傳未任舊傳初由左拾遺遷左司員外郎碑亦無 段平仲舊傳除屯田膳部二員外
累拜右司郎中未任此官 蕭曾兩書無傳 許季同新書附孟容傳孟容弟由長安令遷兵部郎中未任金部
陳諷四見兩書無傳下同 韋審規 樊宗師新書附澤傳澤子字紹述元和中由著作佐郎歷任
裴誼兩書無傳下同 楊潛再見 蘇宏 邱紓 蕭
澣 張公儒 劉茂復 蕭俶舊書附俛傳俛弟以蔭授官大和中累遷至河
南少尹未任此官 李續三見兩書無傳下同 鄭澥 趙眞齡再見 嚴
澗再見 紇干泉再見 盧宏止新傳宏止舊傳作宏正元和末進士第由侍御史三遷兵部郎中未

任此官 李拭新書附鄘傳鄘子歷任宗正卿未任此官 王含兩書無傳 孫範新書
附遂傳遂曾孫簡弟官淄青節度使不言任郎官 張固兩書無傳下同 陸紹 韋博
再見新傳未任 羅劭權再見兩書無傳下同 鄭漳 劉潼新書附晏傳晏孫字子固
進士第累遷祠部郎中未任此官 高宏簡再見兩書無傳下同 崔荆 杜宣猷再見
李景素 韋退之再見 張傑夫 崔隋再見 穆栖
梧 李口 趙璘三見 崔惲 李湯新書附李宗閔
傳宗閔弟宗冉之子累官京兆尹未任此官 鄭畋舊傳咸通九年由翰林學士轉戶部郎中未任此官 鄭繁
兩書無傳下同 李磵三見 任一 結 令狐纁再見 羅洙
崔彥回 呂熀 裴延魯 林滋再見兩書無傳全唐詩傳官終此任
李浛兩書無傳下同 口亞 王慥 盧鄴 王

蓀
金部員外郎詳見前
鄭遐諒兩書無傳下同 尹文憲 秦叔惲 杜超 王
昕 張珪 殷令名再見 李太沖再見詳前 裴行儉再見
兩傳未任 韋惲兩書無傳下同 權知本 李伯符 獨孤璡再見
房正則再見 裴克諾 唐不占 趙崇嗣 夏侯
亮 齊璹 王宏之 徐昭 游祥 盧師
邱 宇文肴意 楊傅物 紀先知再見 田貞松再見
李幾通 李仙童 李元恭三見 魏嗣萬 李頲
趙金轂 崔先意 何敬之再見 紀全經 衛守

直再見 劉庭璬 杜元志再見 李守直 齊 澣再見
兩傳未任 魏 恬三見新傳未任 陸遺逸兩書無傳 陸景融再見詳前 盧
廙兩書無傳下同 袁仁敬四見 宋 珣 杜令昭再見 薛
縑兩書無傳宰相世系表任與碑同 鄭長裕再見兩書無傳 鄭少微三見舊傳未任 馮紹
烈兩書無傳下同 李庭誨 孔脊言 姜 昂再見 夏侯銛
再見 馬元直 馮光嗣三見 張利貞 呂 周再見
鄭 昭再見 張 瑊 盧 諭再見 陽 潤 徐
浩舊傳字季海越州人由太子司議郎遷任 王元瑾兩書無傳下同 馮用之再見 張
漸新書附蘇珦子晉傳後云張仲之之子不言任此官 吳 仮兩書無傳下同 邊承斐 盧
允四見 沈 震 盧簡金再見 姚 沛 李 澥

崔 禕三見 裴 皐 張之緒 裴 霸再見 趙
縱 裴 冀 陳少遊舊傳寶應元年由節度判官擢任 李 昇四見兩書無傳下同
杜良輔三見 王 孚 韋 寂 屈無易 鄭 岑
崔 縱 崔 寄 韋士模 吳 郁 王 緯
袁 高兩傳字公頤進士第代宗初累官給事中御史中丞不言任郎官 李 舟兩書無傳下同 高
參 侯 嶠 吳通微新書附竇參傳云通元弟舊書附通元傳云通元兄建中四年自壽安縣令擢任
竇 參舊傳由殿中侍御史改任 獨孤良器兩書無傳全唐詩傳貞元中官右司郎中不云任此官 趙
計再見兩書無傳 蕭 存新書附穎士傳穎士子字伯誠建中初由殿中侍御史四遷比部郎中未言任此官 韋 顥
再見兩書無傳下同 蕭 曾再見 鄭 敬 顏 頫 陸 則兩書
無傳宰相世系表由杭州刺史任左司郎中未任此官 許季同再見新傳未任 崔 從再見新傳未任

元宗簡兩書無傳下同 張 植 段 鈞 崔 瑄再見兩傳未任
路 巽兩書無傳 路 羣兩書附嚴傳嚴父新傳咸通初官屯田員外郎舊傳穆宗初加兵部郎中皆未任此官
段文通兩書無傳下同 蕭 澣再見 李孝嗣 史 備 呂
鎛 李顧行 崔元式 李 武 陸 暢新書附韋皐傳
字達夫皐所厚禮不言其歷官 杜 慥兩書無傳下同 趙 梲 韓 益兩書無傳宰相
世系表任與碑同 陳元錫兩書無傳下同 李敬方三見 李 播兩書有李播附淳
風父仕隋高唐尉別一人全唐詩傳李播元和進士第以郎中典蘄州未言任此官 李貽孫兩書無傳下同 李宏休
馬 曙再見 馮 韜 韋同靖 段 覺 李
潘三見 張 特 馮 緘再見 陳 瀚 于德晦三見
盧 頵 孟 球三見 李 俶 鄭延休 王

冰 趙 隱再見舊傳未任 嚴 都再見兩書無傳下同 李 瀍 崔
厚四見 張乂思 裴德符 敬 相 趙 祕 羅
洙再見 楊 範再見詳前 源 蔚兩書無傳下同 張无逸三見
張 譙 竇 口 李辶彝 杜致美再見 周 禹
倉部郎中說見前
杜 超再見兩書無傳下同 高季通 李行詮 裴世清 賀若孝
義 唐奉義 韋福英 蘇會昌 李方義重書按元刻云重書今
碑以前未見兩書亦無傳 費宏規兩書無傳下同 李鳳起 董敬元三見 口
言 韋慶基 裴宏獻 李友益再見 盧承基
獨孤元愷再見 杜 續兩書無傳宰相世系表任主客郎中未任倉部 郝處俊兩傳安陸人貞

觀中進士舉由太子司議郎五遷吏部侍郎不言任郎官　蘇良嗣 兩書附世長傳世長子高宗時遷周王府司馬荆州長史未任郎官

張　振 兩書無傳下同　薛　紘 再見　李　王文濟 再見

盧外師　高純行 舊書附士廉傳士廉第三子不言歷官　劉元象 兩書無傳下同　唐

之奇　魏叔麟　獨孤元同　雲宏暕　王叔偲　李

憕 三見兩傳未任　徐　峻 兩書無傳下同　于復業　郭元振　李

頠 再見　李光進 舊傳至德中授代州刺史新傳歷前後軍牙門將兼御史大夫均未任此官　魏

昭 兩書無傳　李　禺 再見新傳未任　郭　奇 兩書無傳下同　韋　弼 再見

張宗潔　薛　紘 三見　姚　顥　韋　損 三見　口

右　賀遂陟 再見　李仲康　鄭懷隱　徐立之　崔

瑨 三見舊傳未任　張　冽 兩書無傳　李　植 再見詳前　呂　向 新傳開元中由

起居舍人遷主客郎中未任倉部　皇甫彬 兩書無傳下同　雍維良　苗　粲 再見

盧　雲 再見　楊休烈　薛　羽　獨孤允　張　巡

兩傳由宜源令授主客郎中兼御史中丞不言爲倉部　姚　沛 再見兩書無傳　庾　準 三見舊傳未任

崔令欽 兩書無傳下同　邱　爲 再見　薛　怸　趙　漣　王

後已 再見　班　肅 再見　崔　蔵　口　何　高　郢

舊傳字公楚登進士又登博學宏辭書記徵拜主客員外郎遷刑部郎中未任此官　任　侗 兩書無傳下同　闞濟美

再見詳前　周仲孫 再見兩書無傳　裴　蒞 再見涖郎蒞　盧　汀　陸

涯 再見詳前　吳士矩 新書附湊傳湊兄澈之子開成初爲江西觀察使不言爲郎官　白居易 新傳元和中由

忠州刺史入爲司門員外郎以主客郎中知制誥不言任倉部　崔　珙 兩傳珙子琯弟以書判拔萃高等大和初累官泗州刺史入爲

大府卿未任此官　張　籍 舊傳由水部員外郎轉水部郎中新傳歷主客郎中皆不言爲倉部　姚宏慶 兩書無傳下同

蕭　口　鄭　復　張文新 再見新傳由汀州刺史遷刑部郎中未任此官　嚴

澗 三見兩書無傳　高少逸 再見舊傳未任　楊　倞 兩書無傳下同　蕭　儹

張嗣慶　柳仲郢 再見舊傳未任　王　纘 兩書無傳　韋　博 三見

新傳未任　崔　彖 再見兩書無傳下同　盧　頲　裴思口　鄭　滌

鄭茂休 舊書附餘慶傳餘慶孫澣子本名茂諶避國諱改茂休開成二年進士第累遷兵部員外郎吏部郎中未任此官　張

鐸 兩書無傳下同　張　潛 再見　楊知退 三見舊傳未任　任　緒 兩書無傳

薛　能 兩書無傳新書文藝傳序有其人不言歷官全唐詩傳字太拙汾州人會昌六年進士第咸通中遷主客度支刑部郎中不言任此官

楊思立 兩書無傳下同　蘇　蘊 再見　崔　福　王　慥 再見

張　譙 再見　裴　穀　鄭　口　周承矩 再見　陳

翬 再見

主客員外郎 唐六典禮部尚書其屬有四四曰主客郎中一人員外郎一人掌二王後及諸蕃朝聘之事龍朔二年改郎中爲司藩大夫咸亨復兩唐書同

楊宏業 兩書無傳下同　丁貴寧　辛世良　趙德言 兩書無傳宰相世系表任

與碑同　韓　瑗 新傳字伯玉父仲良潁川縣公貞觀中以兵部侍郎襲爵未任郎官疑別一人　溫無隱 舊書

附大雅傳大雅子官至工部侍郎不言任郎官　郭　義 兩書無傳下同　口　謙　李安斯

崔行功 三見兩傳未任　于敏同 三見兩書無傳　崔知悌 再見新傳未任　薛

元攜 兩書無傳下同　崔萬石　韋正已　韓處約　韋志仁

崔崇業　元知默　盧　獻　李思一　祖元穎

崔敬仲　王思善　王元覽　李居士　獨孤守忠

周子敬　沈務本　孫　佺 新書附處約傳處約子延和初爲羽林將軍幽州都督未任郎官

陳思齊兩書無傳下同　元希聲　孟温禮　姜晞再見詳前　韋
抗再見兩傳未任　韋元旦新書附文藝李適傳萬年人進士第由感義尉召任　崔璿兩書無傳下同
賀蘭務温再見　蘇晉兩書附珦傳珦子先天中累遷中書舍人出爲泗州刺史未任郎官　崔安
儼兩書無傳下同　路愉　王上客　赫連鍞若　崔珪新書
附義元傳義元孫神慶子琳弟開元時官太子詹事未任此官　鄭懷隱兩書無傳下同　鄭溥　張
季瑀　韋昉再見兩傳未任　李詢甫兩書無傳下同　魏季隨　張
夯　雍惟良再見　王璿　鄭昉三見　甘暉
章仇兼瓊兩書無傳濟寧州有章仇府君碑兼瓊結銜爲益州大都督府長史持節劍南節度使又李白答杜秀才詩章仇尚書倒屣迎
則兼瓊又歷官尚書且爲郎官皆無攷　韓休兩傳元宗時由左補闕判主爵員外郎歷遷中書舍人不言任此官　柳元
寂兩書無傳　李植三見詳前　房琯舊傳天寶元年由濟源縣令擢任　趙廣微兩書

無傳下同　韋幼成　李翊　敬諲兩書無傳宰相世系表任與碑同　賀蘭進
明兩書無傳惟見張巡傳祿山亂御史大夫賀蘭進明代嗣虢王巨爲河南節度使守臨淮又全唐詩傳云開元十六年進士餘與張巡傳同俱不言任郎
官　任瑗兩書無傳下同　楊宗　獨孤允再見　吳象之
崔同　李逢年　竇彥金　裴薦　王佐
再見　李承義　趙慧　楊頔　崔滴再見　盧
象再見兩書無傳全唐詩傳由永州司戶貶所起任　歸崇敬舊傳由潤州長史遷任　董晉三見
舊傳侍御史遷任　陸海兩書無傳　蔣將明再見舊傳未任　鄭晧兩書無傳　王
遂兩傳遷鄧州刺史太府卿不言爲郎官　褚望兩書無傳　袁高再見詳前　崔
儆兩書無傳下同　李碧　沈房　蕭遇　李鋈
韓佾　裴佶再見新傳未任　李彝兩書無傳　夏侯審再見詳前

崔邠舊傳字處仁武城人貞元中以兵部員外郎知制誥未任此官　仲子陵新書附儒學啖助傳蜀人舉賢良方正擢
太常博士終司門員外郎不言任此官　陳歸兩書無傳　劉伯芻兩傳迺子字素之由右補闕遷任　李
藩再見舊傳由秘書郎遷任　馬宇兩書無傳　李絳再見舊傳元和中由翰林學士改任　陸
潤兩書無傳下同　張諗　李正辭　韓衢　吳士矩
再見詳前　元藇兩書無傳下同　裴墉　韋公素　白行簡兩書
附居易傳居易弟字知退貞元中進士第由左拾遺遷任　權璩再見詳前　韋會再見兩書無傳下同　韋
力仁再見　崔同再見　裴識三見兩傳未任　王迺兩書無傳
蕭傑舊書附俛傳俛弟字豪士元和十二年進士第由侍御史遷任　張正謩兩書無傳　劉三復
新書劉鄴傳鄴父會昌時擢刑部侍郎未任此官　顏從覽兩書無傳下同　王績再見　崔
渠　李權　劉潼再見新傳未任　張毅夫舊書附正甫傳登進士第位至戶部侍郎

未任此官　李當兩書無傳下同　胡德章再見　韓賓　裴誠
崔珦再見　蔣偕新書附乂傳乂子由補闕轉主客郎中未任員外　宋球兩書
無傳下同　裴紳再見　張彥遠再見　韓乂　張道符再見
薛廷望再見　夏侯曈　皇甫煒　庾崇口　崔
鍵　高錫望　曹鄴再見兩書無傳全唐詩傳未任　韋岫再見新書未任
蘇蘊三見兩書無傳下同　李延嗣　賈儵　蕭說　崔
藕　鄭蕘　李紃　盧自牧再見　裴頲　韋
承貽再見　趙龜
左司郎中唐六典尚書都省其屬有左司郎中一人右司郎中一人並從五品上龍朔二年改爲左
右承務咸亨元年復舊唐書職官志尚書都省其屬有左右丞各一員左右司郎中各一員左司郎中副左丞

所管諸司事省署鈔目勘稽失知省內宿直之事若右司郎中闕則併行之新書略同

裴方産兩書無傳下同 段機 劉翁勃再見 王儼三見

李守約 李守一再見新傳未任 崔行功四見兩傳未任 崔承福兩書

無傳下同 李思順 侯味虛 張知泰舊書附知謇傳通天中爲洛州司馬尋爲夏官地官

侍郎未任此官 李守敬兩書無傳 徐有功再見舊傳則天時由除名庶人起任 房昶再見

兩書無傳下同 趙誼 陸餘慶新書附元方傳元方從父武后時由鳳閣舍人降任 閻脊止

兩書無傳下同 夏侯崐 韋珍 孔仲思再見 馮思邕

唐紹再見新傳未任 魏奉古再見兩書無傳下同 李誠 竇從之

張敬輿 夏侯宜 韋叔昂 高昇 鄭倩之

韋伯詳 劉彥回 韋元素再見 楊慎餘三見 韋虛

舟三見舊傳由司勳郎中任 張具瞻兩書無傳下同 崔譚三見 陳口

蕭晉用 楊恂 鄭口 裴口 姚口

裴諝舊傳代宗時由河東道租庸鹽鐵使擢任 林現兩書無傳下同 韋寂再見

張齊明 蔣將明三見舊傳累遷任 盧惎舊傳作惎字書無惎字疑惎誤惎由金州刺史召任

呂頌兩書無傳 李巽再見兩傳由臺省累任 奚陟再見兩傳由太子司議郎歷金部吏部員

外郎未任此官碑子金部未見 陸淳兩書無傳下同 宇文邈 李元素四見諱前

韋成季再見兩書無傳下同 苗粲三見 呂元膺舊傳由右司員外郎出爲蘄州刺史元和初徵

拜右司郎中不云左司 劉遵古再見兩書無傳下同 韋審規 樊宗師再見新傳未任

殷台兩書無傳下同 豆盧署再見 獨孤朗舊書附郁傳郁弟長慶中由澧州刺史入爲左

司員外郎未任郎中 鄭肅再見諱前 趙元亮三見兩書無傳下同 口口裕 鄭居

中 李讓夷舊傳大和三年由職方員外郎遷任 何眈兩書無傳下同 李師稷

崔復本 高少逸三見舊傳長慶末由侍御史遷任 崔瑨四見舊傳未任 鄭

亞舊書附畋傳畋父字子佐會昌中爲監察御史累遷刑部郎中未任此官 崔駢三見兩書無傳 崔璵三見

兩傳未任 薛廷口 路綰四見兩書無傳 韋博四見新傳未任 柳

口 裴寅再見兩傳未任 盧眈兩書無傳下同 口口之 李

蠙三見 鄭彥宏再見 鄭彥宏三見 薛廷望三見 李

緘新書附抱玉傳抱玉從父弟抱眞之子官殿中侍御史未任此官 崔瑑再見兩書無傳下同 張鐸再見

李口 李晦再見 李繪 李瞻 李

嶽三見 崔寓三見 孫徽舊書附遜傳遜元孫進士第不言歷官 王鐐

再見新傳未任 李燭再見兩書無傳下同 張无逸四見 夏侯口

左司員外郎唐六典左司員外郎一人右司員外郎一人並從六品上天后永昌元年置神龍元年省二年又置其職務與郎中分掌舊唐書職官志左右司郎中員外郎各掌副十有二司之事以舉正稽違省置符目焉新書略同

顧琮再見六典注永昌元年自侍御史除兩傳未任 侯味虛再見兩書無傳下同 唐奉一再見

戴師倩再見 宇文全志 元紹 鄭從簡 桓彥

範兩傳以門蔭補官由監察御史遷御史中丞不言任郎官 殷祚兩書無傳下同 楊元叔 韋

元口 李乂再見新傳未任 李行言兩書無傳下同 張思義再見

元懷景六典注元懷貞以洛州司戶遷兗郎此元懷景兩書無傳 李昺三見新傳未任 魏奉古

三見兩書無傳下同 裴藏曜當即藏耀再見 黃守禮 薛璘 柳渙

舊書附亭傳亭孫開元初爲中書舍人未任此官 王旭舊書酷吏傳開元五年由衢州刺史遷左司郎中不言員外郎碑于員外亦未見

柳澤再見舊傳未任 宋宣遠兩書無傳下同 張滉再見 韋
口張均新書附說傳自太子通事舍人累遷主爵郎中未任此官 劉昂再見兩書無傳下同 高
庭芝 杜損 班景倩五見兩傳未任 李朝弼兩書無傳下同 韋
洽 韋恒再見新傳未任 張倚兩書無傳下同 姜昂三見
趙安貞再見新傳未任 楊仲昌三見新傳未任 李知止兩書無傳下同 張
震 畢炕再見詳前 李成式再見兩書無傳 程休再見新書未任 祁
順之兩書無傳 崔渙舊傳累遷尚書司門員外郎未任此官 李審兩書無傳下同 任
瑗再見 孟匡朝 盧播兩書無傳宰相世系表任戶部郎中未任此官 趙良
弼兩書無傳下同 韋有方 王 姚喬桐 盧虛舟再見
王崟五見 庾準四見舊傳未任 成賁兩書無傳下同 鄭

竇 李仲雲 崔寬兩書附寧傳寧弟爲寧守成都不言爲郎官疑別一人 蔣鍊
再見詳前 庾何再見新傳詳前 王蕭兩書無傳 崔造再見永泰中任 趙
匡新書附儒學啖助傳助門人字伯循河東人歷洋州刺史未任此官 房說再見兩書無傳 姚南仲
舊傳由殿中侍御史遷任 鄭餘慶舊傳字居業榮陽人大歷中進士貞元初由殿中侍御史任 張式舊書
附正甫傳正甫兄大歷中進士第不言歷官 盧羣舊傳貞元中由侍御史累轉 盧從兩書無傳下同
薛貢 楊憑舊傳字虛受宏農人舉進士由起居舍人遷任 韋成季三見兩書無傳
下同 李直方 李藩三見舊傳由主客員外換任 韋彭壽兩書無傳下同
裴汶再見 張正甫四見舊傳未任 韋纁再見舊傳未任 李正辭
再見兩書無傳下同 韋審規再見 殷台再見 崔琯三見兩傳未任 獨
孤朗再見舊傳由漳州刺史任 李行脩兩書無傳下同 李宏慶再見 孔敏行

三見舊傳長慶中由起居郎改 宇文鼎三見兩書無傳下同 吳思再見 李道樞
劉寬夫再見新傳未任 鄭居中再見兩書無傳下同 何眈再見 姚康
再見 劉端夫再見舊傳未任 李欵三見新傳未任 裴夷直新書附張孝忠傳孝忠甥
官吏部員外郎進中書舍人未任此官 趙梲再見兩書無傳下同 薛褒再見 李行方
三見 封敖再見新舊傳會昌任 蔣伸新書附父傳父子字大直第進士由右補闕轉駕部郎中不言任此官
鄭涑兩書無傳下同 柳喜 李當再見 裴坦再見新傳未任
鄭路再見兩書無傳下同 崔巖 韋旭 楊知溫 李
愨 崔璙三見 皇甫煥 盧緘再見 鄭確
再見 盧告再見新傳未任 崔錫言再見兩書無傳下同 張黯 盧
鈺 孫瑝 崔郾再見 鄭繁再見 裴瓚

李琨新書附宗閔傳宗閔子擢進士不言歷官 劉承雍兩書無傳下同 盧望 李
繪再見 杜貞符 鄭棊 杜廷堅 唐嶠
張裕 裴墠 鄭珣 徐緯再見 狄歸昌
趙匡再見新傳未任 張倚再見兩書無傳下同 張滉三見 元懷景再見
司封郎中已見前
崔寶德兩書無傳 韋挺兩傳萬年人太宗在東宮自越巂流所召任 元務眞兩書無傳
韋季武新書附湊傳湊祖叔諧見貞觀中任 劉本立兩書無傳下同 榮九思 閻立
本兩書附立德傳顯慶中累遷將作大匠代立德爲工部尚書不言任郎官 蕭孝顗兩書無傳下同 口恒
李崇口 楊思正 賈敦實兩書附循吏敦頤傳敦頤弟貞觀中爲饒陽令咸亨元年轉洛
州長史不言爲郎官 郭應宇兩書無傳 韋萬石四見兩傳未任 蘇良嗣再見詳前 李

思□ □ 壽 胡元範三見兩書無傳下同 盧 楫 劉 奇
新書附政會傳政會次子長壽中爲天官侍郎未任此官 王美暢兩書無傳 李 嶠新傳進士第由長安尉授監察
御史累遷給事中未任此官 苗神福兩書無傳下同 張元一 趙 誼再見
趙宏敏 裴懷古再見舊傳由祠部員外郎轉任 田幹之再見 李 湛
新書附多祚傳多祚子叉別有湛者義府子字興宗皆不言歷郎官此湛疑別一人 孟知禮兩書無傳下同 李 猷
崔元童 王 邱兩傳開元初由考功員外郎二遷紫微舍人不言任此官 慕容珣再見
□□從 鄭温琦 朱□ 張 均再見新傳自太子通事舍人遷
韋 防三見兩傳未任 宋 詢再見兩書無傳下同 裴 系再見 徐
鍔再見 陳振露 李 禾 鄭 昭三見 劉光謙
楊元章 李 □ 顏允□ 張楚金兩書附道源傳舊作道源族子新作族孫

鄉貢進士累遷刑部侍郎未任此官 裴 儆兩書無傳 崔 浩四見詳前 林 琨再見兩書無傳下同
趙昂 賔 林 王 圓 郭 □ 王 縝
三見 韋 孚 李叔度 徐 岱舊傳字處仁嘉興人貞元初由水部郎中改任
盧 侶再見兩書無傳下同 蕭 遇再見 陳 京新傳進士第遷累太常博士德宗時自考功員
外再遷給事中未任此官 韋 丹新傳字文明萬年人順宗時新羅國君死以舍人拜此官往弔 崔 □
韋成季四見兩書無傳下同 張惟素三見 裴 度舊傳元和六年由司封員外郎轉任 錢
□ 徐 晦舊傳由殿中侍御史爲尚書郎不言司封 張仲素再見兩書無傳下同 李
泐 薛存慶再見詳前 陳中師再見兩書無傳下同 嚴休復再見 張士
階 王申伯三見 王彥威三見新傳累擢任 蘇景□ 盧 載
兩書無傳 敬 昕新書附晦傳晦兄弟進士爲河陽節度使不言任郎官 盧 商兩書無傳 楊漢

公三見舊傳大和七年由戶部郎中遷任 裴乾貞再見兩書無傳下同 裴泰章 丁居□
張 述 崔 鉉再見新傳未任 □ 晦 張□□ 李
□ 裴 誩 羅劭權三見兩書無傳 裴 寅三見兩傳未任 皇
甫□ 鄭茂休再見舊傳未任 張復珪三見兩書無傳下同 張□符 王
崔□□ 李昌嗣 崔 鄭□業
司封員外郎已見前
蕭 毖兩書無傳下同 李壽德 竇孝鼎再見 李友益三見
崔餘慶兩書附敦禮傳官定襄都督府司馬累至兵部尚書未任此官 崔 璲兩書無傳下同 楊思
謙三見 王崇基 韋義元 柳言忠 李思遠再見
王德眞再見 路勵言 楊思正再見 李同福四見 陳

義方再見 獨孤道節 李範邱三見 郭待舉 崔同業
杜易簡兩傳審言從兄咸亨中由殿中侍御史爲考功員外郎未任司封 柳行滿兩書無傳下同 崔
懸黎 司馬希象 裴思義三見 盧 揖再見 張詢古
再見 雲宏善 樂思誨 王遺怨三見 張同和 孫
元亨再見 盧光乘 朱前疑 張元一 沈介福
王仙齡 韋瓊之 于季子兩書無傳全唐詩傳咸亨中進士則天時任此官 徐
堅再見舊傳則天時修三教珠英成遷任 張彥超兩書無傳下同 楊 嶠 皇甫□瓊
岑 獻 韋 玢 韋 瑗 蕭元嘉 劉令植
高 豫 慕容珣三見 韓 休再見兩傳元宗時由補闕判任 鄭温
琦再見兩書無傳下同 王執言 崔 琮 崔 翘再見 楊

徐峻 韋利涉 裴令臣 宋渾兩書附璟傳璟第三子歷諫議
大夫平原太守御史中丞東京採訪使未任郎官 蕭諒兩書無傳下同 李知正 薛江童
蔣列舊書鎮傳有其名鎮父官尚書左丞不言任此官 郭納兩書無傳下同 裴士淹
再見 程休三見新傳未任 裴袞三見兩書無傳下同 閻伯輿 韋少
遊三見 元持再見 劉鶚之 韋元曾 李國鈞
李昂五見 邢□ 李□ 薛頎 元挹
再見 李洞清再見 □□卿 王翺 李浮 殷
高蔣 鎮舊傳天寶末由左拾遺遷任 崔縱新書附元暐傳元暐曾孫渙子由藍田令官金
部員外郎未任此官 謝良輔兩書無傳下同 鄭南史再見 鄭儋 鄭
元舊傳舉進士第累遷御史中丞未任此官 李衆兩書無傳 韋況舊書目標爲寃石子斌斌子況傳中不載

陸震兩書無傳下同 封亮 呂温再見舊傳元和三年由戶部員外郎轉任
李逢吉舊傳進士第累改侍御史爲工部員外郎元和四年拜祠部郎中轉右司未任此官 張正甫五見舊傳由戶部員外郎轉
裴度舊傳元和六年由起居舍人遷 蕭□ 武 劉
蔣防兩書無傳 楊汝士舊書附虞卿傳虞卿弟漢公從兄子由戶部員外遷職方郎中未任此官 栁
公權兩傳附公綽傳公綽弟字誠懸元和初進士由右拾遺侍書學士遷任 王會再見兩書無傳 陳夷
行舊傳大和四年由起居郎轉任 崔復本兩書無傳下同 裴泰章再見 盧
韋絢再見 魏扶再見 崔耽再見 馮韜再見
錢知進再見 裴寅四見兩傳未任 韓□ 鄭裔□
蔣楊 嚴舊書附收傳收弟字濮之會昌四年進士咸通中累遷吏郎員外轉郎中未任此官 李
植四見兩書無傳 趙隱三見舊傳未任 李漳兩書無傳 高湘舊書附釴傳釴

弟鍇之子進士第自員外郎知制誥不言官司封 翟 張讀□ 鄭就三見兩書無傳下同
徐仁嗣再見 □□征 鄭殷 鄭穀新書附畋傳畋秉政擢給
事中至侍郎不言任郎官
左司郎中前已見
□復 王遺恕四見兩書無傳 李元素再見舊書 韋□ 楊
□昭 王□ 李迴兩書無傳下同 杜元志三見 高
名 王 韋洽再見 王儼四見 元大士再見
孫處約兩傳貞觀中爲齊王祐記室擢中書舍人不言任郎官 王方慶再見舊書 賈大隱
新書附儒學張士衡傳公彥子儀鳳中爲太常博士不言爲郎官 □文偉 于 李迥
兩書無傳下同 皇甫瑾 □ 銳 郜 王光庭 王

邱再見兩傳未任 楊 楊□ 裴敬□ 李彭年五見兩傳未任 □
袞 王 □ 李 □ 褚□□ 王 收兩書無傳
王仲□ 裴 均新書附行儉傳行儉元孫遷膳部郎中未任此官 李 褒兩書無傳 張
次宗新書附嘉貞傳嘉貞曾孫宋靖子開成初爲起居舍人改國子博士遷考功員外郎未任此官 裴 王
鄭延休兩書無傳 馮 韻再見舊書 蘇 沖兩書無傳 趙
匡三見新傳未任

尚書省郎官石記序

朝散大夫行右司員外郎陳九言撰

吳郡張旭書

夫上天垂象北極著於文昌先王建邦南宮列爲會

之年

府六官既辯四方是則大總其綱小持其要禮樂刑政於是乎達而王道備矣聖上至德光被睿謀廣運提大象以祐生人躬無爲以風天下三台淳曜百辟承寧動必有成舉無遺策年和俗厚千載一時而猶搜擇茂異網羅俊逸野罄蘭芳林殫松秀盡在於周行矣夫尚書郎廿四司凡六十一人上應星緯中比神仙咸擅國華以成臺妙修詞致天一之議伏奏爲朝廷之容信杞梓之藪澤衣冠之領袖項朝榮初拜或省美中遷昇降年名各書廳壁訛誤多矣揔載闕而非所以傳故實示不朽者矣今諸公六聯同事三

署並時排金門轔華戰鸞蹌鳳跱肩隨武接而不因僉謀補其闕典其於義也無乃太簡乎左司郎中楊公愼餘於是台淸論創新規徵追琢之良工伐口藍之美石刊刻爲記建於都省之南檠斷自開元廿九年咸列名于次且往者不可及來者不可遺非貴自我蓋取隨時班位以序昭其度也豊約從宜昭其儉也偉夫金石長固英華靡絕不編斑固口口自然成表未識馬卿之賦已辯同時不其偉歟

開元廿九年歲次辛巳十月戊寅朔二日己卯建　一

長史郎官壁記世無別本唯王奉常敬美有之陳仲醇摹以寄余知學草必自眞人也董其昌帖跋

按郎官石刻有前記有後序有題名前記爲陳九言撰張旭正書曝書亭集跋爲張旭撰書後序爲許孟容撰劉寬夫隸書皆別勒于碑題名不著書人刻于石柱記序立于都省廳壁題名石柱立于左右丞東廡記序碑石久亡戲鴻堂帖但得舊搨前記重摹上石董跋已云世無別本惟王奉常家有之則搨本之存亦廑矣今所存題名祇左丞一柱搨亦不全存者祇七面內多泐字計其姓名可見者凡三千一百九十二人除去姓名不全者二百七十七人

其全者有二千九百十五人內姓名再見者五百四十七人三見者一百四十八人四見者二十六人五見者六人通其重見者七百十九人蓋一人兼歷別司則前後複出亦有在本司再任而複載者其姓名之在新舊兩唐書有傳者攷其歷官與碑合否又參以唐書宰相世系表及全唐詩小傳補兩書所未備凡有可攷者得五百七十六人餘一千六百廿四人則無攷矣大率兩傳語略多書其人最後之官故碑載歷官往往不見於傳然亦有傳載歷某郎而碑反不見者亦有傳載官某司而

碑反在别司者又有傳載官郎中而碑反在員外者諸如此類或皆傳有紀載之訛也今悉詳註於姓名之下無可攷者闕之所存搨本七面綜其官名若郎中員外全者曰吏部曰司封曰度支曰司勳曰倉部曰戸部曰金部曰左司若考功主客但有郎中而無員外若祠部但有員外而無郎中若司封左司郎中皆兩見參錯若此碑立于大中十二年所題姓名亦當終于是時溯其始則有在武德貞觀年者亦有起於高宗則天時者其各司所載人數多寡不齊其中最多者戸部員外有三百

十二人郎中亦二百六十四人其次則吏部郎中員外俱二百餘人其餘率不過百餘人計自唐初以至大中立柱幾及二百四十年而各司姓名秖此可知當時亦未全載也据前記斷斷自開元廿九年始往者不可及來者不可遺今題名則開元以前皆已追書當由大中立柱之年追攷開元以前之有姓名可紀者裒集之故與前記之語不合所謂别是一碑者確矣攷諸司遷擢之制在京或由侍御史在外或由縣令或由掌書記内擢先員外而後郎中其由郎中升遷或給事中或中書舍人知制誥或外任刺史此遷轉之大凡也唐之設官以郎官爲清要一代名卿賢相未有不荐歷郎官者此所攷雖秖五百餘人而已可得其槩矣檢全唐詩有鄭谷者袁州人光啓三年擢第歷都官郎中嘗作中臺五題詩其一石柱即謂此題名也詩云暴亂免遺折森羅賢達名末郎何所取叨繼外門榮自注云外祖在南宫七轉名曹鐫記皆在谷之爲都官郎中當在昭宗時距立柱已四十年其時正當四方兵戈俶擾之時而石柱無恙其都官鐫記皆在是其亡在唐以後矣今此碑著錄家

不多見即著錄者皆不加詳攷則但存其姓名殊無裨于考訂之用也兹編雖未能詳備然可以廣史傳所不載而稽其異同則亦未爲無補云前記雖不與石柱同列然爲題名之緣起因附錄其文陳九言兩書無傳張旭則兩傳但稱其善草書此記正書徑寸餘歐公稱其真楷可愛而歴代名畫記又言其小楷樂毅虞褚之流則其工書非沾沾一體者矣傳不言其歷官是無官位者故記但署其貫吳郡

金石萃編卷一百十六終

賜進士出身誥授光祿大夫刑部右侍郎加七級王昶譔

唐七十七

湯華墓誌

石橫廣二尺一寸五分高一尺五寸四分二十三行字數十九或十七至二十一不等正書在鄞縣

唐故福州候官縣丞湯府君墓誌銘并序

鄉貢進士林挺述

湯有大德於天下戴之如日仰之如春其後也君諱華字知新曾祖備祖賓考岳皆簪組相繼官烈當時頗有功於國以載於譜諜此略而不書公幼躭墳藉將欲振

於時立大來之器以　晨昏是切仕不擇祿釋褐衡州参軍珪璋美璞州縣良才記室之芳袟罷猶在再調授福州候官丞口惣威口場人不告勞征賦皆集口馴雉之化致象雷之聲謀而有方簡以莅事授亮而庶務皆決正色而羣吏瞻風公之器用未盡鑒遠袟滿寓居南方以口風有殊瘴癘所染沉痾旣搆天壽不遐以大中十一年六月五日終于嶺中連江邑之客第春秋五十八道路巨慟風雲助悲先殯于竹林原夫人瑯琊郡王氏故衡陽縣明宰之女以禮節奉君子以慈和訓閨門感形影之未亡歎梧桐之半死望故鄉以泣血泛滄溟以護喪蓬首逝波沒身徇義艱險不憚旌旐之口今古罕及男二人長曰宗鋐次曰宗鎬女五人咸匍匐口地哀號訴天以日月有時宅兆斯議以大中十二年十一月廿八日歸葬于明州鄮縣龍山鄉江上里庚向之原禮也銘曰

脩兮短兮胡可知　聖與賢兮莫能窺　器未展兮誠足悲　口口有限兮淚如絲　哭丹旐兮一家隨　風九原兮滿松枝

按湯華兩唐書無傳誌不詳華之里居据後云歸葬于明州鄮縣則當是明州人也唐書地理志鄮

縣開元二十六年以前屬越州以後新置明州鄮縣屬焉其官候官丞其卒在連江客第並福州屬邑誌云先殯于竹林原殯字見集韻音卒殘敗也與下文殯字不合疑爲權字之譌誌又云泛滄溟以護喪蓬首誌譌逢首逝波沒身徇義艱險不憚云云是浮海護喪而歸也又云葬于龍山鄉江上里庚向之原葬用某向是今堪輿家羅經之術始見于此

柱國告石刻

褒本高廣行字皆不詳正書

將仕郎權知幽州良鄉縣主薄范隋
右可柱國
勑朝散大夫尚書水部郎中穆栖梧等渙汗鴻恩必乘
其雷雨頒宣爵賞用振其簪纓以尓等列我盛朝累霑
霈澤各有勞効許其叙錄行慶策勳於是乎在可依前
件
咸通二年六月十一日
撿校司徒兼中書令使
中書侍郎兼工部尚書平章事臣杜審權宣奉
駕部郎中知制誥臣王鐸行

奉　勑如右　到奉行
咸通二年六月十二日
檢校司徒兼侍中使
右僕射兼門下侍郎平章事悰
給事中溉
告將仕郎前權知幽州良鄉縣主簿柱國范隋奉　勑
如右符到奉行
員外郎　主事吳亮
令史楊鴻
書令史

咸通二年六月　日下
右六世祖所受懿宗告也先世文書自經喪亂十亡
八九此書獨存於三百年干戈之後子孫保之當何
如耶紹興三年八月朔裝褙于廣州官舍右朝奉郎
權發遣廣東路轉運判官正國謹書
右子儀六世祖柱國告以其時考之檢校司徒兼中
書令使者白敏中以是官爲鳳翔節度使也左僕射
兼門下侍郎平章事悰者杜相也以檢校司徒出使
有崔鉉鎮襄陽令狐綯使河中而兼侍中則未之考
焉當俟博雅君子紹興己巳三月晦日贛川曾幾書

按唐書百官志官吏勳級凡十有二轉爲上柱國
視正二品十有一轉爲柱國視從二品此告范隋
以良鄉縣主簿而告曰可柱國不知其勞効居何
等也勑首云水部郎中穆栖梧等當時同奉此勑
而叙錄者不知凡若干人范隋特其一耳勑奉于
咸通二年六月其時朝廷無事本紀不載有行慶
策勳之特典不知勑所謂渙汗鴻恩必乘雷雨者
果何事也告中列銜檢校司徒兼中書令使曾幾
云是白敏中以是官爲鳳翔節度使稽之宰相表
及兩書白敏中傳皆同又中書侍郎兼工部尚書

平章事杜審權宰相表乃咸通元年九月所加而舊傳云懿宗卽位名拜吏部尚書新傳云懿宗立進同中書門下平章事再遷門下侍郞各不同王鐸爲駕部郞中知制誥兩傳同又檢校司徒兼侍中使曾幾云以檢校司徒出使有崔鉉鎭襄陽令狐綯使河中而兼侍中則未之考焉崔鉉傳宣宗時檢校司空咸通初徙山南東道荆南二鎭未嘗檢校司徒兼侍中則非崔鉉明矣令狐綯舊傳大中十三年罷相檢校司空同中書門下平章事河中晉絳等節度使咸通二年改汴州刺史宣武軍

節度使亦未嘗檢校司徒惟新傳云未幾檢校司徒爲河中節度徙宣武而未嘗兼侍中則非令狐綯亦明矣惟白敏中舊傳云懿宗卽位徵拜司徒門下侍郞平章事復輔政尋加侍中（新傳及表皆不云加侍中）新傳云南蠻擾邊乃出爲鳳翔節度使兩傳參攷則司徒兼侍中而出使者仍是白敏中也右僕射兼門下侍郞平章事悰者曾幾云杜悰也但表及悰傳俱作左僕射與碑異

福田寺三門記

（表本高廣行字皆不計行書在雩都縣）

據阮本校

據唐文百篇校 同者加。

㲉 阮本作設

唐虔州雩都縣福田寺三門記

鄉貢進士楊知新述

夫立有爲之績卽無爲也始于毫髮旋彙成大因茫性起入法空海蕩蕩而稱焉莫曰構梵刹貯像生□巍巍如星中月發輝晦惔且教西騰出鎭中國自姬垂代迄今聖朝頗□□紀經歷戡滌瑕緇更弥取鍛清流甚者黙奉禁儀如農夫之望歲洎乎我上踐極鴻□西化天下熾焉且福田寺者梁天監年中之建號比雖暫墜前蹤今進后跡有洛山離塵禪□師之門人性常早傳師印致遠深旨目睹葦㲉數异浮榮斗藪塵機得

獲三昧寒灰毳縷不味馨羞善引三車昏徒盡悟發翔臺榭似箭從弦悟卽色而空達有作而無作於茲寺造長廊三十餘間又建弥勒院未經重序朱軒素壁周迴奪目有邑沸騰艾稚咸詠闔寺僧徒與檀越話議殿廊旣成三門未立誰能爲𢦏若弗斯人荏苒甲子同辭啓白師納來心頊刻之間千里早應車騎爭至緇紈上服異器名珎將投起阜遂俾市材礎擇良工日繫其績可分二秋工人告畢峩峩然且門闢三道梵典彰然刼終如來以禦邪祲今飾殊常卽師之新意启綴珠網籠隝栱之聯飛瓦作翠鴛接清風之迅翼丹楹刻桷藻暈開

扉地蜺瑠璃四垂金鐸挂風箏而動韻稟律呂與天籟
之齊音鳴鐸琤摐響震非非之想且德化遐分狀秋天
之朗人思仰晬豈異大鑒之化行夙夜讚揚聲走寰瀛
之外遂邑之信士迨乎前績窅想歲更寒暑遷迭若弗
繕錄湮没其由今盡庀略使深於代厥有徒衆僧之佳
号及一境檀郍師今咸列姓字於虹梁之上知新學劣
詞荒確乎不抜利之不利俟時而進有命爲文迺持筆
書之將刻於石咸通壬午之三年九月十有一日記

南嶽李少鴻書并篆兼鐫

前寺主僧會增今從

寺主僧從約

上座僧德賛

都維郍僧惟貞

都勾當立碑僧惠圓

按雩都縣唐書地理志屬江南西道虔州南康郡福田寺今謂之明覺寺江西通志明覺寺在贛州府雩都縣西門外卽福田舊在大昌村梁天監中建唐開元遷今所碑云天鑒建號鑒監通用也而開元遷今所碑未叙及碑云斗藪塵機斗藪與抖藪抖擻通用揚子方言東齊曰鋪頒猶秦晉言抖藪也郭璞注謂抖藪舉索物也集韻亦云抖擻舉索物也碑云僧之佳號及一境檀郍師咸列姓字于虹梁之上此卽後世題梁之所昉記作于咸通三年壬午然云咸通壬午之三年則倒置而冗矣

龍華寺窣堵波塔銘

石高一尺六寸五分廣一尺九寸五分
二十二行行十八字正書在咸陽縣

窣堵波塔銘并序

布衣高墉述并書

夫性本聰敏執心謙沖推善讓人曾不自伐事鄉曲乃
鄉曲欽承理家道而家道篤睦者厥有周文王毛公苗

裔國汭國崇之昆季也仁孝並舉義讓克修雖古高柴
田眞難可將比焉 祖立職轅門妙閑弓矢正直在己
匡救邦家吾 君賞其勳勞延及後嗣 父敬承先祀
相紹無差上令下從罔墜基緒書曰功加于時德垂後
裔斯之謂歟暇日昆季議曰 阿翁遺意保厥孫謀
衣食粗充心思上報旣而上下協睦同望勝因乃召匠
選石施功琢削磨礱旣就崇窣堵波是日功終立于營
所其地則北視横山南鄰畢陌東西逾遠故号洪川意
望將此勝因資及 七代先靈并亡兄姊妹等願神
識不昧得覩眞容弥勒佛前親承 聖旨現存孫息

原錢本作厚

眢屬等福樂無窮壽等青山福同滄海願法界衆生普霑此福乃爲銘曰

天雖高兮尺寸可知地雖原兮里數可期海水深兮毛渧記之大地廣兮微塵无遺烏兎交兮四時有盡立窣堵兮福布无涯

時咸通五年歲次甲申八月乙卯朔廿六日庚辰建立

右窣堵波塔銘布衣高墉述并書案釋元應一切經音義云寶塔諸經論中或作藪斗波或作塔婆或云兜婆或言偷婆或言蘇偷婆或言脂帝浮都亦言文

提浮圖皆譌略也正言窣覩波此譯云廟或云方墳此義翻也案元應以窣覩波爲正此又作堵譯音元無定字也窣堵波與塔卽非二物此題云窣堵波塔重複無當葢唐人不知梵義者爲之耳予嘗謂古無塔字唯葛洪字苑有之云佛堂也音它合反見一切經音義據元應所述諸文斗也兜也帝也覩也皆與荅聲相近釋教初入中國塔婆字本當爲荅後人增加土旁而稚川承之其音爲他合切者又卽偷婆之轉聲也潛研堂金石文跋尾

按碑云周文王毛公苗裔通志氏族略毛氏周文

據偃師金石記校

王之子毛伯明之所封世爲周卿士食采于毛子孫因以爲氏又云漢有毛公治詩趙人也此碑所稱毛公卽謂毛伯明泛言公耳碑叙國汭國祟之祖父不著其諱祖立職轅門立職當是列職妙閑弓矢是武職也而不詳何官云父敬承先祀相紹無差是無官者矣碑云其地則北視橫山南瞻畢陌太平寰宇記畢原亦謂之畢陌長安志畢原在咸陽縣北三輔故事曰文王武王周公皆葬畢陌南北闕中記曰高陵北有畢原陌元和郡縣志畢原無山川陂湖亦謂之畢陌陝西通志咸陽縣寺觀無龍

華寺所謂窣堵波者已無攷矣碑云福樂無窮福樂二字剏見下云壽等青山福同滄海亦後世善頌之詞所昉也銘云毛渧記之毛渧二字見地藏經云一毛一渧一塵一沙葢毛同毫渧同滴也

後魏昌黎馮王新廟碑

碑連額高四尺五寸廣二尺四寸五分二十四行行三十二字正書額題後魏昌黎馮王新廟碑九字篆書在偃師縣西三十里緱北

後魏洛州刺史侍中兼太師昌黎馮王新廟碑

十二代孫鄉貢進士廱元德述

弟進士廱元度篆額

偃師記無前後二字

弟進士[廟諱]錫書

王諱熙字晉國冀州長樂人也伯祖諱跋建國北燕傳位於昭成皇帝諱[廟諱]卽　王之烈祖也魏太武帝滅北燕徙其家屬於代　王以帝者子孫遂交婚於魏室魏文成帝納　王妹爲后卽文明太后是也

王尚博陵長公主以敦慎博愛歷事三朝累拜冠軍將軍侍中中書監太傅太師之任進爵昌黎王及魏孝文帝卽位前後取　王三女其二爲后一爲昭儀文明太后臨朝　王以師傅之重寵極禁臺內不自安求外任爲洛州刺史侍中太師如故洛陽經永嘉大亂之

後宮寺毀廢　王爲政仁恕而酷信釋教凡出俸祿於諸州鎮建佛圖精舍合七十二處今之廟地舊建北邙寺乃其一也今佛圖基址尚存其寺碑文中書侍郎賈元壽所製孝文每登寺讀碑佳歎不已後徵歸代遇疾而薨屬遷居洛京遽詔有司爲辦喪事公主先薨命開其墓併二柩俱向伊洛皇太子赴代迎吊將葬贈假黃鉞侍中督十州諸軍事大司馬太尉冀州刺史加黃屋左纛備九錫前後羽葆鼓吹有司奏謚曰武孝文爲撰誌銘縗服親臨墓所以前魏書備載其事但不言封樹之處及廟立之由墓與廟當不相遠也其廟豈州人

偃師記無代字　無民心二字

思　王之德衆所建乎不然寺沙門所置也至今爲洛北之望祀年代寖遠雖牲牢日享而室壁陊頹大中六年六月洛之豪族孟州長史焦宗美特捨家財大新厥宇兵衛儼列廟貌益崇愚別墅寄溫谷川東走十里直　王之廟每見遠近里社坎鼓簫管以趍之及問莫識何從退尋家諜考於魏史是知卽愚之　十二代祖也伏念甘棠勿翦郤德實思若非績化深洽民心卽何能五百年之後而血祀不絕乎恐盛烈沉翳無復彰明不敢多文遂斲石重紀

大唐咸通八年歲次丁亥十一月壬子九日甲辰刻

十二代孫[廟諱]甥　[廟諱]晛　[廟諱]範　[廟諱]質　[廟諱]靜并前八人同建立　　孫璋鐫

按廟碑爲馮熙十二代孫元德等八人斲石重紀以好事者搨摹不及石幸得完好其文序列馮熙事跡並依魏書然攷熙本傳熙長樂信都人今碑則云冀州長樂人元德所述蓋以唐地里爲據非其實也又碑言洛陽經永嘉大亂之後宫寺毀廢質之傳文洛陽雖經破亂而舊三字石經宛然猶在熙與常伯夫

相繼爲州廢毀分用大至頹落則石經敗沒熈實爲
首俑而碑惟以永嘉之亂歸於兵火焚棄嗚呼此豈
足以葢厥愆與傳載熈爲政不能仁厚而信佛法碑
反言爲政仁恕其過爲曲諱尤不可掩者余故備著
之以見子孫溢美之詞非其實也（偃師金石遺文記）
右碑大略云王之名位爵邑皆失其傳碑板埋滅莫
識何從退尋家牒攷於魏史知卽愚之十二代祖是
則神之名字本無可攷特出於元德輩之傳會耳熈
以外戚貴盛本無才能其在洛取人子女爲奴婢有
容色者幸之爲妾另爲貪縱營塔寺多在高山秀阜

傷殺人牛有沙門勸止之熈曰成就後人唯見佛圖
焉知殺人牛也此其爲政豈有功德及人而能廟食
百世者馮君之名不傳後代要當疑而闕之若執此
誣妄之詞以爲左證非勸善之義矣碑末題十一月
壬子九日甲辰尤爲舛謬若壬子爲月朔日則九日
是庚申非甲辰若甲辰是月之九日則朔日當是丙
申且壬子在甲辰之後不應倒置若此攷温公通鑑
目錄推是歲十一月果是丙申朔可據以正碑之誤
（潛研堂金石文跋尾）
按偃師縣志有寺有廟皆稱馮王寺在北邙山洛
陽伽藍記北邙山上有馮王寺北史馮熈傳北芒
寺碑文中書侍郎賈元壽詞孝文頻登北芒寺親
讀碑文稱爲佳作云云今碑亦有此語碑又云今
之廟地舊建北邙寺是北邙寺乃馮熈所建佛圖
精舍七十二處之一而其後乃建馮王廟也縣志
云廟在縣之義井鋪俗曰馬王廟卽北魏平等寺
也寺重修于北齊太宰馮翊王高潤土人誤稱馮
翊爲馮異遂呼爲馮王廟又去兩點旁曰馬王廟
是馬王爲馮王之訛而此馮王是指馮翊與馮熈
之稱馮王者别且廟是平等寺基與馮熈建北邙

寺基者又别碑云熈卒孝文爲撰誌銘魏書備載
其事但不言封樹之處及廟立之由墓與廟當不
相遠也稽之偃師縣志載馮熈墓在縣西三十里
舊志在鳳凰山上劉家坡保内今有碑人以爲馮
異非也熈三世后戚以功封昌黎王爲洛州刺史
有功德于民故廟祀之是馮王廟在馮熈墓前墓
在鳳凰山與邙山相近此廟正卽北芒寺基與平
等寺之馮王廟誤以馮翊爲馮異者别据志語則
偃師人不獨誤以馮翊之馮王爲馮異且誤以馮
熈墓亦爲馮異矣碑云王諱熈字晉國（北史傳同魏書作晉）

據碑校道無誤
據趙本校

昌冀州長樂人魏書北史傳皆作長樂信都人蓋冀州在漢爲信都國在魏晉爲長樂國後魏齊周皆爲冀州長樂郡治信都縣故冀州長樂與長樂信都異而同也唐書地理志但有冀州信都郡信都縣之名而無長樂偃師金石遺文記謂爲元德所述以唐地理爲據者亦未然也碑所叙熙事大都本之魏書北史故語多與兩傳合碑云愚別墅寄温谷川東走十里直王之廟檢偃師縣志山川卷內無温谷川之名惟有鄩水一名鄩谷水在縣東北十一里一曰温泉括地志温泉即鄩谿出洛

州鞏縣西南四十里明一統志鄩谿其源有二俱在邙山之麓似即碑所謂温谷川也碑書壺作壼别體字其自稱曰愚亦始見于此末云歲次丁亥十一月壬子九日甲辰据碑壬子無朔字則壬子非朔也唐碑曾有書月建而不書朔者丁亥歲十一月是建壬子也

劉遵禮墓誌

石高廣俱三尺九寸二分四十行行四十字正書蓋題唐故彭城劉公墓誌銘九字篆書在西安府

唐故內莊宅使銀青光祿大夫行內侍省內侍員外置同正員上柱國彭城縣開國子食邑五百戸賜紫金魚袋贈左監門衛大將軍劉公墓誌銘并序

翰林承　旨學士將仕郎守尚書戸部侍郎知　制誥賜紫金魚袋劉瞻撰

中散大夫前左金吾衛長史兼監察御史崔銙書并篆蓋

公諱遵禮字魯卿帝堯垂裔賓分受姓之初隆漢敎興更表昌宗之盛靈源弥遠瑞慶斯長史不絕書代稱其德　曾祖諱英皇任游擊將軍守左武衛翊府中郎將韜鈐奥術倜儻奇材運阨當年位不及量僖伯有後累生　英賢烈祖諱宏規皇任左神策軍護軍中尉特進

行左武衛上將軍知內侍省事贈開府儀同三司揚州大都督沛國公佐佑　累朝出入貴仕文經武略茂績嘉庸誓著山河勲銘金石　訓傳令嗣慶集　德門即今　開府儀同三司內侍監致仕徐國公名行深也公即　開府第五子穎悟於齠齓温克於童蒙孝敬自稟於生知忠恪允符於夙習爰當妙齒即履宦途以寶曆二年入仕重位要權爭用爲寮寀資鴻漸之勢俟麟角之成雍容令圖遜讓美秩開成五年方賜緑授將仕郎掖庭局宮教博士充宣徽庫家地客務殿選清材稱舉止有裕階資漸登會昌元年授登仕郎

四年授承務郎常在　禁闈日奉　宸扆皆貴游之
子弟爲顯仕之梯媒清切無倫親近少比特加命服仍
領太醫六年賜服銀朱加供奉官轉徵仕郎內僕局令
充監暨官院使親承　顧問莫厚於宣徽榮耀服章無
加於紫綬其年六月授宣義郎改充宣徽北院使十一
月賜紫金魚袋階秩表仕進之績爵邑列　恩寵之
榮旣屬上材因降　優命大中二年授朝散大夫彭城
縣開國子食邑五百戶寄侍右遷樞軸備選邊防經制
才略所先公論咸推　帝命惟允五年改充宣徽
南院使尋兼充京西京北制置堡戍使疆埸設備今古

重難俾無奔突之虞用歿煙塵之息凡所更作大叶機
宜與能疇勞換職進秩其年使迴改大盈庫使旋授宮
闈局令夫艮弓勁矢武衛戎裝器号魚文名掩繁弱帑
藏之貯　進御是須多資峻嚴以綰要重七年改內弓
箭庫使又以上田甲第職豁吏繁　禁省之中号爲難
理苟非利刃寧恕劇權八年改內莊宅使出護戎機實
爲重寄受歷試之選膺貞律之求爰以周通遂俞推擇
九年改兗海監軍使共綏武旅旁協帥臣儻非其材亦
罕濟用雅聞懿績更莅雄藩十二年改鄆州監軍使出
入之宜勞逸是繫履踐之美重沓爲優十三年赴　闕

明年授營幕使其年再領弓箭庫使咸通元年十二月
轉掖庭令雲礴洼產驥子龍孫當星馳電逸之場列中
皂內閑之藉寶韉玉勒足踈首驤繫於伯樂之知懸在
伏波之式鑒精事重匪易其人三年遂授內飛龍使休
聲益暢　睿渥弥敷進於崇班示以懋賞四年授
內侍省內侍地控西陲任當戎事思得妙略冀絕邊虞
五年改邠寧監軍外展殊勳內鈇要務人思舊政
主治新恩七年復拜內庄宅使　顧遇益隆兢謹愈
至將申大用先　命崇階八年授銀青光祿大夫嗚呼
得君逢時材長數促性命之際賢哲莫窮咸通九年孟

夏遘疾　優旨許歸就暨藥鍼砭無及湯劑徒施莫逢
西域之靈香遽歎東流之逝水以其年六月十四日薨
於來庭里私第享年五十三八月五日　詔贈左監門
衛大將軍竊惟　開府以仁誼承　家用忠貞事
主德齊嵩華量廣滄溟便蕃顯榮洋溢功業掌鈞軸則
弥縫　大政綰戎務則訓齊全師勤以奉公寬而濟衆
書于史冊播在　朝庭故得朱紫盈門輝光滿目　公
之仲季時少比倫並以出人之材各奉趍庭之訓優秩
佳職後弟前兄而　公不享遐齡豈神之孤衆望也是
以　開府怏惜軫極悲懷　夫人咸陽縣君田氏四

德咸臻六姻共仰婦道克順母儀聿修有子四人長曰重易給事郎內侍省內府局丞次曰重允宣徽庫家登仕郎內侍省奚官局丞又其次曰重益曰重則並已賜緑皆以孝愛由己明敏居心在公處私克守　訓範以似以續家肥國華今則喪過乎哀慘焉在疚宅兆旣卜日月有時十一月八日銜哀奉　喪窆于萬年縣崇義鄉滻川西原禮也隹城末闕　昭代長違生也有涯前距百齡纔及半死如可作後游九原當與歸瞻叨職內廷特承　宗顧刊刻期於不朽敘述罔以無私銘曰

積德之孫　大勳之嗣　允文允武　有材有位　旣遇　明時　將膺　寵寄　樞機之任　咫尺而至命不副才　期而奭遂　祟崇德門　侁侁令子　垂裕後昆　流千萬祀

鐫玉冊官邵建初刻

誌近出土完具無缺劉君諱遵禮字曾卿自筮仕至終沒皆兼使職撰文者劉瞻新唐書有傳云劉瑑執政薦爲翰林學士拜中書舍人進承旨出爲河東節度使咸通十一年以中書侍郎同中書門下平章事宰相世系表作咸通十年今誌瞻題銜翰林學士承旨守尚書戶

據道光本原碑阮本校

部侍郎與世系表合而守尚書戶部侍郎傳未之及得此則詳略足備也書方勁似柳誠懸授堂金石跋

按碑云開成五年方賜緑六年賜服銀朱重益重則並已賜緑唐書車服志唐初服色之制一命以黃再命以黑三命以纁四命以緑五命以紫腰帶之制五品以上服小科綾羅色用朱飾以金六品七品服用緑飾以銀文獻通考引畢仲衍中書備對晃服條下袴褶注云紫緋緑各從本服所謂紫緋緑卽後來之公服而非祭服朝服也唐制衣服之色可攷者祇此碑稱賜緑大約是賜四命之緑

而云銀朱者似卽前李輔光朱孝誠等碑所謂朱紱銀章之賜其等蓋亞於金紫銀青者也然銀朱二字連用摡見此碑

曲阜文宣王廟記

碑連額高五尺九寸五分廣三尺七分二十六行行四十四字額題新修廟記四字並正書在曲阜孔廟

新修曲阜縣　文宣王廟記

攝鄆曹濮等州館驛巡官鄉貢進士賈防撰

皇帝御寓之十年歲在己丑　夫子三十九代孫曾國公節鎮汶陽之三載秋霜共凜冬日均和里閭無桴鼓之聲耆艾有袴襦之詠道已清矣政已成矣於是

瞻故鄉以徘徊想　廟貌而惆悵乃謂僚佐曰伊
予　聖祖寔另儒宗英靈始謝於衰周德教方隆
於大漢爰因舊宅是構　靈祠粵自　國朝屢加崇
飾文榱繡桷雖畫藻繪之功日往月來頗有傾摧之勢
故老動凄凉之思諸生興嗟嘆之音今忝鎮東平幸迩
鄉里雖無由展敬而敢忘修營既而飛章　上陳請以
私俸葺飾由是命工庀事飾舊加新浹旬之間其功乃
就門連歸德先分數仞之形殿接靈光重見獨存之狀
晬容穆若更表溫恭列侍儼然如將請益丹楹對聳
還疑夢奠之時素壁□標宛是藏書之後槐影疎而市

晚杏枝墻而壇孤不假大夫幽蘭自滿無煩太守剗草
全除稷門之舊業俄興闕里之清風再起既可以傳芳
萬古亦可以作範一時且開闢以來覇王之道言其德
也莫踰於湯武語其功也無尚於桓文墳土未乾而丘
壠已平子孫縱存而蒸嘗悉絕　夫子無尺寸之
地微一旅之衆修仁義者取爲規矩肆强梁者莫不欽
崇生有厄於棲遲殁居尊於南面而樵蘇莫採廟貌長
存道德相承簪裾不絕則　夫子之道既可章於
積善　魯公之德寔無愧於聿修防目覩　靈蹤躬
尋　盛績仰　聖姿而如在歎　休烈而難名承

命紀功讓不獲已刻諸貞石深愧菲才謹記
請修兖州曲阜縣文宣王廟
右鄆曹濮等州觀察使孔溫裕奏伏以禮樂儒學教
化根本百王取則千古傳風國朝龐闡文明遵尚祀
典不違古制大振皇猷今曲阜縣乃魯國故都文宣
廟即素王舊宅興儒之地孕聖之邦所宜廟宇精嚴
禮物具舉近者以兖州頻年災歉都廢修營徒瞻數
仞之牆纔識兩楹之位雖春秋無闕於釋奠而揖讓
頗紊於彝章遂使金石之音靡聞於肸蠁俎豆之設
嘗列於荒蕪聖域儒門豈宜堙墜臣忝爲遠裔叨領

重藩咫尺家鄉拘限戎鎮望闕里而無由展敬瞻廟
貌而有願興功臣今差人賫持料錢就兖州據廟宇
傾毀處悉令修葺皆自支費不擾州縣所□獲遂幽
懇克申私誠伏緣兖州非臣本界須有申奏伏乞
天恩允臣所請無任悃迫屏營之至謹具如前
中書門下　牒鄆曹濮觀察使
牒奉　勑鄒魯故鄉俎豆遺教文武之道未墜
於地溫裕雖持戎律宛有家風屬兵車之方殷飾丘
門以龐教牆新數仞廟設兩楹盡出私財不煩公用
緯有餘裕益見器能已賜嘉獎餘宜依仍付所司牒

至准　勑故牒

咸通十年九月廿八日牒

咸通十一年三月十日建

碑側

咸通十年九月十四日鄆州勾當重修廟院同散將

畢叔建

四十六代孫宗亮舊名淘宗翰俱策進士第嘗奠謁

祖聖謹志其時皇祐五年六月日宗翰題

温裕孔子三十九代孫能以私俸奏請葺廟宜蒙嘉奬矣碑賈防撰文聊略未稱書者無名氏而亦有顔

清臣柳誠懸遺意不作惡札石墨鐫華

案孔温裕奏請修廟事在咸通十年九月廿八日勑牒准行至十一年三月始建此碑兩側先有咸通十年九月畢叔題名何邪温裕坿舊唐書父戣傳位京兆天平軍節度使又見孔紓墓誌載父温裕節制天平軍徵拜司戎貳卿今碑述温裕自云忝鎮東平唐書地里志鄆州貞元四年曰東平大和四年曰天平史就現名書之徵其實碑以舊名書之存其跡義皆可通也碑側四十六代孫宗亮宗翰題名宗翰乃道輔之次子宋史坿道輔傳但云登進士第以此碑攷

據鈔本校　據唐文百篇校

之當是皇祐五年也山左金石志

按新唐書孔温裕傳大中四年官補闕時党項爲邊患發兵討之連歲無功温裕上疏切諫帝怒貶柳州司馬累遷尚書左丞天平軍節度使鄆曹濮等州觀察使傳不載其爵曾國公碑不詳其官尚書左丞皆可取以互證也碑側四十六代孫宗亮宗翰題名宋史附道輔傳稱宗翰登第後知仙源縣爲治有條理今碑不言知縣事殆題碑之時猶未到官也宗亮先以慶歷五年知仙源縣事八年孔彦輔代之皆碑所未詳及者碑云槐影疎而杏

晚杏枝暗而壇孤唐宋諸碑從未有及槐杏者惟見此碑今曲阜孔廟詩禮堂庭中有唐槐一本枯槎一片庋木架之槐之右有大杏樹一本二樹皆可千年物或卽碑所云也奏狀云金石之音靡聞於盼蠁碑借作盼響牒勑云飾邱門以宏教蓋卽孔門此二字已見大泉寺新三門記此勑亦云然當時習用之語也

孔紓墓誌

石高廣皆三尺二寸六分三十九行行四十字正書在滎澤縣

唐故左拾遺曾國孔府君墓誌銘并序

鎮海軍節度掌書記將仕郎殿中侍御史内供奉賜
緋魚袋鄭仁表撰并書
咸通十五年三月　侍講學士右僕射太常孔公
以疾薨　内署職其元子左拾遺養疾亦病逾二旬
太常公疾少間　拾遺疾亦間又旬日
太常公薨　拾遺哭無時後七十六日亦終嗚
呼求諸古未聞也仁表與　拾遺同歲爲東府鄉
薦棨第不中等再罷去明年偕宴於東堂宴之日
博陵崔公蕘出紫微直䚕風甘棠下表爲支使按芸
閣書　拾遺始及第乞假拜慶新進士得意歸去

多不伏拘束假限往往闕試不恭集貢曹久未畢公事
故地遠迫二千里例不給告時　僕射太常公節
制天平軍以是勤不得請　拾遺曰人之多言必
以我爲宴安訖春不宴年少乘喜氣赤春頭竟不對狎
客持一盃酒人以爲難闕試日都堂中指别同年徑出
靑門外經所爲從事州入院判案十日東去府適罷賢
諸侯爭走羔鴈馳弓旌竟不能致　徵爲渭南尉直䆠
文館久之會大學士出將去聲竟不就　僕射太
常公罷鎮居洛中　拾遺伏安　定省不嘗言仕
宦旋以萬年尉復怙文職無西笑意　僕射徵拜

司戎貳卿　拾遺由　侍行乃赴職越一月今許
昌太傅相國襄陽公爲河中奏署觀察判官假監察御
史故事亦尉從相府得朱紱殿中　公昆仲間有
未至者求裏行官不改服色人人美譚之俄轉節度判
官從知之道皎然明白和而不柔守而通内盡匡補而
外若不知　相君待之異禮俄拜左拾遺内供奉嗚
呼止於是何也春秋始卅三矣惜哉　公至性自生
知雖欲全其禮傳於後開强忍抑不能俯就始得疾不
言於人因哺哭若絶左右始知有病旬甚矣旬卧至室
中不復進饘餌疾益亟方肯歸常所居舍恭名骨肉迫

僕使唯言　僕射公葬時事指揮制度必以古禮
戒誨約束委曲備恭左右皆泣　公曰吾平生無
纖小不是事天報我甚厚使亟得歸　侍地下尔盍
賀而返以泣耶吾自遂性不能無傷生全大孝送終設
祀宜益儉削無以金銯織華爲殉無以不時之服爲殮
吾幼苦學尤嗜左氏傳所習本多自讎理宜置吾左右
友人鄭休範多知我所執守相視若親弟兄我亦常以
所爲恭道之請以誌我彼不能文必盡其實言竟撫弟
妹若將千百里爲别者視妻子若將一兩夕不面者而
怡然其容如有失而復得已而終嗚呼其喜歸　侍

再 百篇同本

王 百篇本

世 百篇本

乎　公謝世之月餘日前與二季處闇室中忽援毫書
廿八字於室內東辰之上若隱語而加韻焉曰許下無
言棄少年震而不雨月當弦風濤渭逆艅艎没從此無
舟濟大川初玉季載考其義莫究指歸既痛絶手足若
洗然而悟曰許無言是午字今歲在午也震不雨是辰
字其哀瘵至甚移歸院就醫是辰日及　奄然之日驗
於宮讎是上弦日又應月當弦之讖也吁似有所潛受
於冥昧間何懸知之若是也憶於洛陽里第始相與定
交　公曰何以契我余曰死患難先祿位託孤寄
命同休共感此義交也見善相勉也見利相遠也言之

而必行守之而必固一旦離此則攻而絶之使處世爲
匪人殺身無怨言斯益友也余將與吾子契之自是過
必相攻善必相激相成如恐失相畏若臨敵雖朝夕共
行止人不以爲朋比亦君子之能賢善誘也嗚呼
公之文之學之精明道行如雷聲日光無耳目者則
不知也　公之訃始聞人人如有亡碩生鉅賢心
死氣脫道之不行也天何心焉　公諱紆字持卿
曾司寇四十代孫繼繼承承世濟不墜間生傑出
磊落相望　曾祖岑父皇任秘書省著作佐郎贈
司空　祖㦤皇任禮部尚書致仕贈司徒　父溫

裕皇任撿挍右僕射兼太常卿充翰林　侍講學士冊
贈司空　皇妣河東薛氏族大而顯先　司
空公廿八年即世　公娶京兆韋氏山東淸甲家
也有二子男曰鐵婢始十歲甚肖似憶與　公約
生子命名必如兄弟愚之子曰後曾他日鐵婢當以還
曾字之易云積善之家必有餘慶善之教必闡於道儒
繹繹固無嗣　皇家　公家道儒之餘慶也
公又賢而無祿其後益大以昌女少於男銘曰
嗟嗟　夫君　嗟嗟　夫君　孔聖遺讎　顏
回後身　高高者天　幽幽者神　幽幽不見

高高不聞　不見不聞　又何足以云云
右左拾遺孔紓墓誌紓曾祖岑父贈司空祖㦤贈司
徒父溫裕檢校右僕射兼太常卿充翰林侍講學士
贈司空皆史所未載紓字持卿而宰相世系表作特
卿刻本之訛也紓嘗爲左拾遺有子小字鐵婢表亦
不載紓未没前月餘書二十八字於東辰上若隱語
者唐人小說未有及此事者僖宗以咸通十四年七
月即位至明年十一月始改元乾符故咸通得有十
五年也潛研堂金石文跋尾
碑中出將下傍注去聲二字金石未有其例又云公

謝世忽援毫書廿八字其事甚奇異紓爲左拾遺而稱公孔融稱康成爲鄭公漢書亦多稱人爲公是相重之詞近人作碑志執非三公不得公之論嫌其太拘也韓愈撰有正議大夫尚書左丞孔戣墓志銘云葬公於河南河陰廣武原先公僕射墓之左是紓數世皆葬于此撰人鄭仁表滎陽人有贈妓僊哥及洛眞詩又有經過滄浪峽長亭走筆題句俱見全唐詩 中州金石記

誌爲鄭仁表撰書仁表附舊唐書鄭肅傳云仁表擢第後從杜審權趙隲爲華州河中掌書記入爲起居

郎以此誌推之尚帶殿中侍御史內供奉及誌後叙孔紓囑友人鄭休範爲誌休範卽仁表字也史並缺書誌載仁表自叙與孔君同歲爲東府鄉薦策第不中等罷去明年宴于口室宴之日博陵崔公蕘出紫薇直觀風甘棠下蕘本傳拜中書舍人後出爲陝州觀察使卽記云觀風甘棠下也又叙新進士得意歸去多不伏拘束假限往往闕試不悉集貢曹久未畢公事故地遠迫一千里例不給口假唐摭言載唐一代進士之制未錄及此也又載故事赤尉從相府得去夜□中此縣尉得侍御史之由史志並缺錄誌內

出將句旁注去聲始知有病旁注句字甚矣旁注句字皆金石例所無 授堂金石跋

按此碑撰書者鄭仁表書譜不列其名兩唐書皆附見鄭肅傳肅之次子新傳稱其累擢起居郎舊傳稱其擢第後從杜審權趙隲爲華州河中掌書記入爲起居郎誌結銜云鎭海軍節度掌書記將仕郎殿中侍御史百官志起居郎從六品上節度使掌書記一人未詳品數將仕郎從九品下殿中侍御史從七品下蓋仁表撰誌之年階從九品下官從七品下而充掌書記其入爲起居郎則升階

從六品上矣舊書杜審權傳咸通十一年制授檢校司徒同平章事河中尹充河中晉絳節度觀察等使趙隲附見趙隱傳隱弟隲咸通七年拜禮部侍郎御史中丞累遷華州刺史潼關防禦鎭國軍等使皆在咸通十一年以前之事至誌所結銜爲兩傳所不書鎭海軍節度掌書記不詳爲何人所辟方鎭表鎭海軍隸浙江西道始置于元和二年其後屢經廢置至咸通十一年廢而復置仁表之掌書記在鎭海軍初復之時蓋由河中而遷也據宰相表十五年二月癸丑趙隱檢校兵部尚書鎭

海軍節度使仁表嘗爲趙隱所辟矣仁表字休範兩傳不書而全唐詩有之孔紓則兩書皆無傳誌云公娶京兆韋氏山東清甲家也清甲二字未詳紓只一子鐵婢而云二子者女亦爲子也此誌撰者自稱或余或愚不一葢漸有不署其名者矣

魏公先廟碑

碑上下殘缺現存者高五尺五寸五分廣四尺三寸六分三十六行字數無考正書

上缺判戶部事上柱國賜紫金魚袋魏公先廟碑銘并序

上缺國傅陵縣開國子食邑五百戶賜紫金魚袋崔璵篡

上缺柱國河東郡開國公食邑二千戶柳公權書并篆額

上缺特進侍中贈太尉鄭國文貞公魏氏在貞□立家廟于長安昌樂里後二百廿五年有來□□缺歲既協于　帝道化光洽前此　詔贈先□□□侍御史□君爲吏部侍郎先夫人南陽□□□缺姓曰吾惟聖訓祭器不假宗廟爲先今吾□□德愆前人而□位卿相歲時尚祭寢鞅然祟祀□□缺廟而新之則流光歸列祖雖然吾非達禮必稽于有司□□太常順考禮令酌貴前文□勳勞□□缺考公於是鑄端虛中列上感疚既獲　俞命□□□□□□□□書練時日□工興事陶甄築□堅□□缺物宿設助祭夜鼓四通公祗祓夙興纓冠鳴玉入進于位賓覿就□祝史贊導虔奉祖考鄭公□□□□缺部府君諱馬□神主第升于室室上□□以　祖考妣鄭國夫人□東裴氏皇考妣河東裴氏王考妣□亅缺□之事既成而退他日使門吏左補闕鄭愚□謂璵曰其滌慮虔思□教以移忠竭忠以致位因位以□□□缺詳求能敵予之重託者宜莫如子璵聞命震悚郎走相君之門固辭不獲歸次其廿昔德行官業垂承烈休□缺文候能師聖門人而不好

古樂故風頹而不得□五伯至無忌不□□而封信陵與齊趙楚公子相矜奮□□缺泒緒滋廣因自別爲西祖曁諸戎盜華晉鼎凌□□□□□遷廿仕□□顛丘四廿之孫曰釗樹勳捍難爲□□缺懷忠亂朝直封詎政侵轢奸倖不容於時出長屯甾□無愠色或有□詞致諸者方激發慷吒志氣擴厲□□缺厲時濁昏勖勳西東懷奇含耀濡足□晦竟逢　大晨助　日□□龍攄鳳鳴爲祥輔昌□　我缺□見國書爲臣克配於　國享爲祖不遷於家祀雖童子婦人亦□□□□□□□□□□府君諱□琬而訓缺□濬於廿次爲

顯者以　相國位猶滯於三品室未備數尙□孝思司
業□穎州府君是爲第□室缺□之跡□□□□□宜
孰歸第三室河西府君天資恢□拖器卓邁□無不通
而以先德實嘗□□□□□□缺司成師儒道光教
源益□□□□殘躪狠藉牛空於犒耕無以力乃用古
□□□犂作爲區□歲大有□倆秉□□缺積慮洽
聞業履無忝命塞不□□蔽罪無頗邑長獲申剛中
特操前無□□□□是舉出爲□□猗氏令人咸爲□
缺於時爲邑南陽當希烈猖獗之餘邑□□機難□□
中□□立德無方而□□□□蘊之華藻當時賢□遯

聽風□□缺長有爲中貴人干政者違言交肆
□□□□　名拜大理司直□□□□小大時當性
不苟合□□□當官□缺四室即吏部府君渾粹秀發識
洞元□□□□□□□□□北四廿無□□□□沒
振謂天道□□　相□永之□缺遷始以大理評事兼
監察換殿中侍缺鄭公忘勞大伐爲缺可朝聞夕拜疏
視□缺文宗益欲寘於側即□缺終始一德命求昆裔
期肖前人以缺上書草充溢囊篋使好事者得之皆缺
索將勇□整易干城之不材者蚤缺故會昌中權倖惡
忌擠之出郡閒□缺材以成之厥後緜歷祀棻爲他人

□□　征兼領邦憲門歲進陟公台仍專缺中祓衮朝
天又嘗故廟奉時□□□缺之舊宅永與里肇卜貞
觀缺猗猗後爲右補闕至公恭守□缺□爰操璧□
皇□廓端□□缺銘石於麗牲其烝夷之志歟缺
□居第奉祠不敢□爲衮職舊官□　缺孔昭厥緒益
遂人爵或替缺□綏嘏錫□□□□考祉□□報缺
魏還祖居旌直　恩購缺
缺□闡躬潔祼羞俎折缺
缺□□□□□
缺□□□□□　□陵□□

缺　□□□□□□□□
缺□猶在□□言之□□□
缺右史入　侍未嘗不□之
缺　□□□□□□□
缺征繕是圖□□□府大體
缺□
缺□維忠與孝可謂大備
右碑石裂爲五其四石可次序末十行文不接續故
附于後王濤記
按此碑殘缺標題但存判戶部事上柱國賜紫金

爲表魏公先廟碑考其文則鄭國公魏徵之廟而判戶部事不知何人唐書宰相世系表徵之子孫中未有判戶部事者兩唐書徵之後惟五世孫謩相宣宗傳甚詳而其子亦不言判戶部事然魏公先廟始建爲祀鄭公而重修則爲祀謩碑云鄭國文貞公魏氏在貞觀立家廟於長安昌樂里檢長安志昌樂坊在京城朱雀街東第二街有太子太師鄭國魏徵家廟大中中來孫謩爲相再新舊廟以元成爲封祖元成者鄭公之字也則似廟爲謩所重修謩之新廟在大中中則碑亦當立于大中

年然以碑文證之文云貞觀立家廟後二百卅五年又云顯考相國位猶滯于三品室未備數顯考相國卽謂謩也謩官平章事在大中十年其卒在十二年廟之始建不知在貞觀何年据鄭公卒于貞觀十六年卽以是年爲始至二百卅五年爲僖宗乾符三年則長安志以爲大中中新廟者未覈也碑文撰者崔璵結銜存博陵縣開國子璵傳載封博陵子在大中七年碑書鄭公爲祖考其下云皇考妣王考妣玩其文稱祖考妣者始封之祖也皇考妣者曾祖考妣也王考妣者祖考妣也其後

偃師金石記斯作是

所叙世次頗詳而文多缺泐不得見其全矣碑不能確定其歲月姑附咸通之末

謁昇仙太子廟詩刻

石橫廣二尺九寸六分高二尺廿五行行十七字正書在偃師縣南緱山下仙君觀

謁昇仙太子廟

在昔靈王子吹笙遡泬寥六宮攀不住三島耳相招亡國原陵古賓天歲月遙無蹊窺海曲有廟訪山椒石帳龍虵拱雲樓彩翠銷露壇裝琬饗眞像寫松喬珠館靑童宴琳宮阿母朝氣輿仙女侍天馬吏兵調湘妓紅絲瑟秦郎白管簫西城邀綽約南嶽命嬌嬈句曲鶴金洞

天台嘯石橋曉花珠弄蘂春茹玉生苗二景神光秘三元寶籙饒霧垂鴉翅髮氷束虎章腰鶴馭爭御箭龍妃各獻綃衣從星渚浣丹就日宮燒物外花常滿人間葉自凋望臺悲漢戾閟水笑梁昭古殿香殘灺荒堦柳長條幾曾期七日無復降重霄嵩嶺絙天漢伊瀾入海潮何由得眞訣使我珮環飄

余大中八年爲前渭南縣尉閑居伊洛常好娛遊春夏之交獨登嵩少路由緱嶺謁　昇仙太子廟雲霞之志於斯浩然遂搆詩一章用申凝慕今者謬塵樞務已及四年忽覩　成庶大夫奏牋請以

廟諱元廟李尊師配侘賓天觀則知緱巖靈宇 儀像
重新輒寫舊詩寄 王公請標題於廟內乾符四
年閏二月三日開府儀同三司行門下侍郎兼兵部
尚書平章事監修國史鄭畋記
朱長文墨池編有此詩詩爲五排字似石經體後有
序云余大中八年爲前渭南縣尉又自署云開府儀
同三司行門下侍郎兼兵部尚書平章事監修國史
按劉昫唐書鄭畋傳云畋字台文滎陽人也以書判
拔萃授渭南尉又云乾符四年遷吏部侍郎尋降制
曰可本官同平章事僖宗上尊號禮畢進授中書侍

郎進階特進轉門下侍郎兼禮部尚書集賢殿大學
士頗與碑合惟史誤兵部爲禮部當以石刻正之傳
又稱畋文學優深器量宏恕美風儀神采如玉尤能
賦詩與人結交榮悴如一然則當益貴其詞翰矣中州
金石記
按鄭畋詩一首附記云余大中八年爲前渭南縣尉
閒居伊洛常好娛遊按新唐書畋本傳以書判拔萃
擢渭南尉父喪免宣宗時白敏中令狐綯繼當國皆
怨德裕其賓客並廢斥故畋不調幾十年然則畋自
謂閒居伊洛蓋由此也又云今者謬塵樞務已及四

年宰相表乾符元年鄭畋爲兵部侍郎翰林學士承
旨計此時標題之歲正在四年與史悉合畋崎嶇危
難忠以濟主故得其詩記尤可喜也畋名殘其半然
推證悉顯據而金石攷謂無姓名豈未見末幅耶詩
在（刊本在作有）昔靈王子三島互（刊本互作去）相招（縣志誤作却）曉花
珠弄蘂（刊本曉作晚）龍妃（刊本妃誤作紀各作合說嵩妃誤作飛）各獻綃物
外花長（刊本長作嘗）滿嵩嶺緪（刊本緪作連）天漢今悉依石本
爲正偃師金石遺文記
按鄭畋詩後記云余大中八年爲前渭南縣尉舊
唐書傳畋年十八登進士第二十二又以書判拔

萃科授渭南尉則其作尉時年僅二十二矣以畋
之卒年攷之舊傳云中和三年薨年五十九新傳
云卒年六十三若從新傳年六十三則生于長慶
元年當大中元年作尉時年三十四即從舊傳作
五十九其作尉時年亦三十皆與年二十二之語
不合又記後結銜云乾符四年閏二月三日開府
儀同三司行門下侍郎兼兵部尚書平章事監修
國史宰相表乾符二年六月鄭畋爲門下侍郎四
年正月兼兵部尚書與碑合而兩傳則各不同舊
傳云乾符四年遷吏部侍郎同平章事僖宗上尊

號禮畢進加中書侍郎進階特進轉門下侍郎兼
禮部尚書集賢殿大學士上尊號事舊僖宗紀不
載新紀則在乾符元年十一月新傳云僖宗立以
兵部侍郎進同中書門下平章事再遷門下侍郎
無四年兼兵部尚書之事盖紀傳碑表互異若此
不能定其孰是也

武安君白公廟記

裘本高廣行字皆不許正書在咸陽縣

唐宣徽修造使准　勑重□秦將武安君白公廟記
竊以武安君威靈振古術略超時播千載之英風當六

雄之鯨敵廟貌雖存於近縣詹　聖上思亹已甚於荒
凉念道蹤□□□令當司見菁蕪存□美不泥歲時寂
寰□□劍珮嚴整倬尔　□跡感發　宸聰剏
纔施堂宇光粲興功□畢禋祀備周刊石貞珉用貲不
朽其所添置物色具列於後
舍大小共五十二間並□□□堂三間五架　覆增三
間　三面行牆舍廿五間　獨間門屋一□　南行虵
子舍一十間　盖頂木帳一所并堂前面沙子三間及
散博□□並創置
武安君揑塑重修裝飾及創置舉一頭并紫衣一□四
事□銅　腰帶魚袋并□裙襦一副生銅香爐一枚
木合一具
夫人揑塑重修裝飾及創置錦衣一幅四事并朝花
侍從二人揑塑並重修裝飾壁畫武安君及夫人并侍
從兩面音樂引隊軍將鞍馬等並重修飾　南面創
畫土番蠻奴各一人□堂門外揑塑軍將二人□畫捉
生官健及戟架弓箭器械並創置南廊下石押□影并
□□並重修畫堂兩面栽竹各一叢并□創置□西水
巷道創置零星門并鏁鑰八株舊有□□十三株新栽
廟內柏樹九十一株□

乾符五年歲次戊戌十二月一日記
監修承旨文林郎行內侍省掖□局丞員外置同正
員上柱國張師厚
使太中大夫行內侍省內侍員外置同正員上柱國
賜紫金魚袋田獻銖
廟在今咸陽東古杜郵起修刻獨有將略耳亦祀至
今何也壁間記唐乾符五年重修事正書遒勁亦有
歐法知唐世官牒無不佳書也記中所列添置物
色有䠷子舍一十間沙子三間舉一頭石押衙影等
皆不可曉　石墨鐫華

據趙本校

趙無廿一日三字

李克用題名

石高四尺四寸廣二尺四寸九行行十九字正書在曲陽縣北岳廟

河東節度使撿挍太保同中書門下平章事隴西郡王李克用以幽鎮侵擾中山領蕃漢步騎五十萬衆親來救援與易定　司空同申　祈禱翌日過常山問罪時中和五年二月廿一日克用記

易定節度使撿挍司空王處存看題

至三月十七日以幽州請就和斷遂却班師再謁睟容兼申　賽謝便取飛狐路却歸河東廿一日克用重記

天會十二年七月六日尚書都官員外郎知曲陽縣事高君陳撲刊

按舊唐書云時天子播越中原大亂幽州節度使李可舉鎮州節度使王鎔以河朔三鎮休戚事同惟易定二郡爲朝廷所有乃同議攻處存以分其地又云幽鎮兩籓兵甲强盛易定於其間疲於侵寇賴與太原姻好每爲之援即其事也又按宋沈括筆談云嶽祠在曲陽祠中多唐人故碑殿前一亭中有李克用題名則知此字乃當時所刻或毀於靖康之兵火而金人重刻之今石也然克用將門之子何能工於筆法乃爾豈亦如宣和書譜謂後梁太祖批答賀表當是筆吏所書之類與　金石文字記

曲陽縣北嶽廟有唐李克用題名一百二十八字文稱中和五年二月者即光啟元年僖宗以是年二月至鳳翔三月還京改元之詔猶未下也克用與義成節度使王處存同破黄巢以功封隴西郡王而盧龍節度使李可舉成德節度使王鎔惡處存約共滅之分其地通鑑載克用遣將康君立救之而碑文則云領蕃漢步騎五十萬衆親來救援與通鑑異又云至三月幽州請就和斷遂班師取飛狐路却歸河東

則又史所不及載者皆唐之季藩鎮連兵境上各事爭鬬職方不錄其地朝廷號令所及僅河西山南嶺南劒南十數州上下不交以至于無邦生斯世者其聞見已不能悉眞況百世之下寧免傳聞異詞哉惟金石之文久而未泐往往出風霜兵火之餘可以補舊史之闕此好古之士窮搜于荒厓破冢之間而不憚也克用本武人未嘗以知書名而碑文楷畫端勁詞亦簡質可誦英雄之不可量如是夫嗚呼益以見金石之文爲可寶也　曝書亭集

知曲陽縣孫君陛陞於縣北安天廟掘地得唐中和

五年碑一按舊唐書中和五年三月丙辰朔丁卯車駕至京師己巳御宣政殿大赦改元是三月之十四日已改光啓曲陽去京師遠故未知耳又克用親援處存與通鑑遣將康君立事異曝書亭集謂可補舊史之闕然克用史無太保之稱處存以檢校司空遣大將張公慶率勁兵三千合諸軍滅賊巢于泰山以功檢校司徒事在救中山前則救中山時不宜仍稱司空又金史百官志六部尚書皆有員外郎而無尚書都官員外縣有令判縣事而無知縣事皆事之待考者 拓跋集

右河東節度使李克用題名沈存中筆談載其文云太原河東節度使李克用親領步騎五十万問罪幽陵回師自飛狐路卽歸雁門雖槩括其詞然以石刻校之殊未盡合蓋存中記憶偶誤爾唐書沙陀傳光啓元年 卽中和五年 幽州李可舉鎭州王景崇言易定故燕趙境請取分之於是可舉攻易州下之景崇攻無極易定節度使王處存請救于克用克用自將救無極敗鎭人攻馬頭固新城鎭兵走處存復取易州此克用題名卽自將救處存時也克用以二月廿一日與處存同禱嶽廟至三月十七日以幽州請和班師復謁廟賽謝然則克用之破鎭兵當在二月之末三月之初矣通鑑于是年三月書克用遣將康君立救處存又于五月書克用自將救無極敗成德兵皆未得其眞沙陀傳稱進檢校太傅而此作檢校太保亦當以石刻爲正 潛研堂金石文跋尾

晉王題名攷新唐書李茂勳傳中和末太原李克用始强大與定州王處存厚相結可舉惡其窺山東爲已患云云乃遣票將李全忠率衆六萬圍易州鎔以兵攻無極處存求援太原克用自將赴之今以題名推數中和五年二月以後卽改元光啓故史云中和末史又云克用自將赴之亦與此親來救援合惟通鑑謂遣將康君立救處存或克用爲主帥以君立佐之遂以異文也與左傳正義云僖二十三年晉侯親自敗狄而郤缺爲將或十六年楚子親戰鄢陵而子反爲主類如此者不可更僕數故例舉以見其非誤也題名下小字天會十二年一行則此題至金已重刻然不知原刻何以見毀也 授堂金石跋

按中和五年李克用與王處存同禱于嶽廟克用題記而處存看題看題二字獨見于此

撫州寶應寺鐘款

鐘不知高幾許其中一層上圍一丈六寸下圍一丈一尺五寸五分界爲八區內四區區又界作四棱以間之其第一區九行其八行刻記每行字數十四十六十五不等第二區四棱無字第三區另刻宋淳化年陀羅尼十五行行二十四二十五二十六字不等餘第四第六兩區皆四棱七行第五區十一行第七區五行第八區四棱八行皆書官銜及助緣人名字數自十八至三十不等正書

節度討擊使兼監察御史朱袞并書

維唐大順元年歲次庚戌拾月癸未朔拾壹日癸巳撫州寶應寺募衆緣於洪州南冶鑄銅鍾壹口重叁阡斤上爲　國王大臣當府　司空郡王　尚書次及州縣文武官寮將士軍人什方信男信女師僧父母然願國界安寧法輪常轉有識含靈同霑此福永充

供養

金紫光祿大夫檢校工部尚書使持節撫州諸軍事□撫州刺史兼御史大夫上柱國危全諷以上第一區

攝洪州別駕銀青光祿大夫檢校國子祭酒兼御史大夫上柱國危亘

軍事判官將仕郎試太常寺恊律郎孫可璠

攝長史銀青光祿大夫檢校太子賓客雲麾將軍試殿中監兼御史中丞朱□立

攝司馬兼御史中丞周璵　攝錄事參軍李知中晢

節度先鋒兵馬使充都押衙銀青光祿大夫檢校國子祭酒兼御史中丞曾可徒

押衙充右直將兼侍御史曾宏立

押衙充左直將兼侍御史陳玗

押衙充右廂都虞候兼侍御史丘盈

押衙充左廂都虞候兼侍御史李宣

押衙充衙官將兼侍御史丘禬

押衙充衙官將兼侍御史謝君注以上第五區

軍事衙推攝臨川縣令將仕郎試太常寺奉禮□黃□

節度左押衙銀青光祿大夫檢校國子祭酒兼御史

中丞危堯

助緣押衙兼侍御史吳奏　押衙兼侍御史吳堯

押衙曾□　押衙許懷　押衙謝□福　押衙湯俊

押衙李耿　押衙徐殷　押衙席湘　押衙康貢

押衙姚扶

孔目院助緣子錄事蕭恭　□押衙黃緒　糧料官傳□以上第六區

衙直官王雋　表奏官胥元藻郭玩黃諶黃□

□□□衙□孔目官□□　□

節度討擊使軍事押衙知修造將黃□

押衙充孔目官兼監察御史劉濆
押衙兼監察御史黄肇以上第七區
前鄂岳館驛巡官朝議郎試大理評事黄涉　前商
州上洛縣令蘇□
攝功曹參軍夏侯徵　前潭州長沙縣丞黄名
女弟子吳氏　蕭氏
助緣　盧玭　曾儒　金孜　鄭遇　饒璠　王閏
傳恭　劉勍　鄭□　饒意　許縱　虞瓌　查
京　許遠　李詡　熊立　謝展　張遵　范運
鄒炬　劉素　鄒約　舒慶　周智　楊珠　胡戍
伍□　章玖　王存　毛法修　彭贇　宗東上
第四區
監寺大德僧有章　法主律大德僧知夢
尊宿大德僧惠修　道滿　令交　藏主僧敬撰　都
准□僧懷閏
寺主僧知遠　上座僧元暢　助緣僧行哲　景璋
頭陀僧德□
勾當鑄鍾僧敬倫　都料節度散將桂宏師　節度
子將胡璋鑄
徒衆僧元珦　師達　行求　雲守　靈□　師徵

知儼　□□龜
了源　乹顥　岦一　守言　可遷　元暉　雲賓
師□　□□
敬儁　從本　令□　敬遷　德昭　師怛
道成　宏愿以上第八區
□聖觀自在菩薩甘露陁羅尼呪不錄
淳化元年歲在庚寅十二月　寶應寺觀音院行持
水陸法事惣持大德敬□記以上第三區
延福鑄

右□□□鐘□其云當府司空者鎮南軍節度
使□　郡□尚書　撫州刺史危全諷也列名石
百餘人首一行云金紫光祿大夫檢校工部尚書使
持節撫州諸軍事守撫州刺史兼御史大夫上柱國
危全諷攷全諷以中和二年壬寅歲據撫州至梁開
平三年已巳爲楊氏所併在州二十八年唐五代二
史僅附見鍾傳傳其檢校工部尚書亦可裨二史之
闕潛研堂金石文跋尾

金石萃編卷一百十七終

金石萃編卷一百十八

賜進士出身　誥授光祿大夫刑部右侍郎加七級王昶譔

唐七十八

萬壽寺記

石高二尺二寸八分廣一尺二寸八分十五行行二十九字正書在岐州

大唐萬壽寺記

刺史柳玭撰

□漢長安城本秦離宮也高帝七年長樂宮成自櫟陽徙□帝之惠帝視其窄狹乃發長安六百里內男女十四萬六千人及諸侯王列侯從□□人城長安成賜民爵戶一級長安城方三十里□□九百七十三頃八街九陌九市周回六十五里十二城門皆有侯蕭望之爲東門侯東有三門一宣平門外郭東都門一清明門外郭□東平門一覇城門外郭青門覇城門外一里許有萬壽寺焉萬壽寺本梁太尉吳王蕭岑宅隋開皇四年文帝爲沙門曇延立爲延興寺東院莒公蕭琮之堂隋亡捨入寺神龍中中宗爲永泰公主追福改爲永泰寺大中六年請改名僧寺五所化度寺改爲崇福寺永泰寺改爲萬壽寺溫國寺改爲崇聖寺經行寺改爲龍興寺奉恩寺改爲興福寺而寺各異其額也然萬壽一寺

宣帝親幸賜額命官造理殿宇廊廡方丈山門其二百九十七間左右院林二所香地二頃六十餘畝石佛一尊娑羅樹六株勅度一百二十僧受牒免差入寺焚修祝延聖壽後淨覺住持能守淸規迴出於衆懼寺年久莫識其端請余爲記俾後人有所據云

景福元年八月一日

按記爲刺史柳玭撰新唐書柳玭傳玭仲郢第四子官至御史大夫昭宗欲倚以相中官譖玭煩碎非廊廟器乃止坐事貶瀘州刺史卒則其撰此碑距卒年不遠矣碑但署刺史而不言瀘州者何也記云漢長安城本秦離宮也高帝七年長樂宮成自櫟陽徙都之漢書高帝紀七年二月至長安蕭何治未央宮立東闕北闕前殿武庫大倉上自櫟陽徙都長安未央宮碑作長樂宮者本史記語也記又云惠帝視其窄狹發長安男女城長安云云語亦見漢書惠帝紀五年春正月復發長安六百里內男女十四萬五千人城長安三十日罷碑不言三十日罷而以五千作六千則異也長安志秦孝公始都咸陽及并天下置內史以領關中項籍滅秦分其地爲三封章邯爲雍王都廢邱司馬欣

爲塞王都櫟陽董翳爲翟王都高奴高祖五年在
洛陽從婁敬說始都之此語又與漢書小異又据
西京雜記曰未央宮周匝二十二里九十五步街
道周四十七里潘岳關中記未央宮周旋三十一
里街道十七里諸說又與碑不同碑稱霸城門外
一里許有萬壽寺檢陝西通志載此寺語與碑同
而云寺有劉枇撰記誤以柳玭作劉枇也碑又云
改僧寺名化度寺改崇福寺溫國寺改崇聖寺經
行寺改龍興寺奉恩寺改興福寺今通志所載洪
福寺舊在西關貞觀間太宗爲穆王后追福立爲

宏福寺神龍間改爲興福寺溫國寺在城南四十
里隋名實際寺開元十五年改爲溫國寺不云改崇聖寺
頒政坊龍興寺貞觀五年太子承乾立寺不云經行寺改名
崇福寺在城東北五十里宣義里則天后建時諱
經多于寺不云化度寺改此所載不知卽碑所稱各寺否
也碑云萬壽一寺宣帝親幸賜額此宣帝謂宣宗
也

憫忠寺重藏舍利記

石橫廣四尺高二尺一分四十一行行二十一字至二十三字不等正書在順天府憫忠寺

重藏舍利記

口古街內殿講論兼應□制大德沙門南叙述
僧知常書
茲舍利者昔隋文帝潛龍日有梵僧自印土至授舍利
一瓶曰此釋迦佛遺形耳檀越可爲主洎登寶位年號
開皇至廿年改仁壽至仁壽二年壬戌正月勅天下大
州一百處□建舍利塔時幽州節制寶抗創造五層大木
塔飾以金碧扃舍利於其下至□□大唐文宗皇帝大
和八年甲寅經二百卅三年天火焚塔迹後五六年閒
武皇廼□釋教至□宣宗初登寶位歲在丙寅
廢藍將興畚□得石函於故基下時□旌麾

河公曉示人天傳令供施遷藏於憫忠寺多寶塔下復
經卅三載中和□年歲在壬寅又值火災延憫忠寺樓
臺俱燼旋遇□燕日陶汰空侶不朞年
隴西令公大王大庇生靈巨崇像設捨已祿俸造觀音
閣橫壯妙麗逾於舊貫寺僧復嚴陳力化導塑觀音像
當景福壬子年僉欲遷舍利於閣內乃陳辭上瀆
請發封壤□上許之卽是年六月徒侶雲萃各竭其
誠塵壇曜靈香空人手未淹食頃俄逢巨函縫印香泥
記鐫貞石繇是撤其葢發其緘舍利光苣異香郁裂牟
錄狀捧金函詣子東門上獻□旌幢中權後營皆

澡□沐心廻向瞻禮重沓儭施復還本寺顯示城隍道
俗□黄金瓶如麰麥量内藏一粒佛壽舍利也二粒在
塔□内又二十粒在小金合子内又九十粒如銀粟狀在
琉璃缾内玉環二髮七綜金銅棺槨異香釵訓等今又
丁二粒舍利光彩甚瑩在銀結絲琉璃缾内即故臨壇
大德明鑒平昔隨身供養臨終授弟子栖忍今同收函
内㓕夫瞻聖日久殁遺形倘留爲福人天堅固不壞幸遇
王臣信重正法與隆同於寶坊載祇金骨而今
而後何年更逢匪獨人心澆醨抑亦時侵末法重閟于
此觀音像前谷變陵摧猶憑刊石記曰

大燕城内　地東南隅　有憫忠寺　門臨康衢　中
有寶閣　横雲業虚　閣有巨象　觀音聖軀　當象
之前　緘于舍利　外石函封　内金函閟　瘞以異
香　雜以珎器　用記歲年　景福壬子　葬舍利僧復嚴
景福元年十二月十八日記僧守因鐫
寺衆僧等
□□□濬　念誦大德義盈　律大德公弁　律大
德宏紹　僧宗楚　僧鴻徹　僧行信　僧行約
僧□秦　僧元之　僧元爽　僧思賢　□□□

僧慶賓　僧公信　僧可誠　僧□□
上座僧殷裕　都維那僧□誠

舍利塔一燔於大和八年一爐於中和二年至是僧
復嚴葬舍利於憫忠寺觀音像前碑中所云隴西令
公大王者李匡威也匡威欲遷舍利於閣内至拜疏
於朝請發封瘞詔可而後行當時崇重法寶如是金石文字記

右唐景福元年僧復嚴葬舍利于憫忠寺是歲李克
用王處存合兵攻王鎔李匡威救之有詔和解河東
及鎮定幽四鎮碑稱欲遷舍利于閣内陳辭請發封

瘞上許之蓋匡威方恃燕薊勁旅有雄天下意宜有
請無不許者碑文侈陳發緘時舍利光芒異香郁烈
外石函封内金函閟其崇奉像教至矣迨明年匡威
復出師救鎔其弟匡儔據軍府自稱留後匡威進退
無所之鎔迎于鎮登城西大悲浮圖顧望流涕未幾
以圖鎔見殺今匡威所建之閣遺跡已不可問其碑
僅存已踣佛脚俾工搜而出之搨以藏諸笥曝書亭集

右碑還云唐重藏舍利記按此即前會昌六年重藏
之舍利而遷于閣内也聞舍利爲高僧荼毘後所遺
光彩熒耀其質如石崇禎末先大夫觀阿育王舍利

其色微黄大如小豆客皆稱賀蓋舍利神異各隨其人之福量而爲之大小紅白無一定之形色先兄亦至阿育王寺觀舍利色微暈而卒于亂中先大夫年八十有六無病預知時至坐而遷化亦足見其神異已金石錄補

碑云隴西令公大王者朱錫鬯以爲李匡威以予攷之匡威之立在光啓二年八月歲在丙午而碑稱中和二年歲在壬寅值火災延慣忠寺樓臺俱燼又云不朞年隴西令公大王舍俸造觀音閣則造閣之時匡威尚未建節所云令公者當是李可舉耳唐書藩鎮傳載可舉所授官甚略其稱令公而封王眘史未之及也可舉以光啓元年乙巳被殺李全忠代之明年全忠卒子匡威爲留後距壬寅已四年餘矣不當云未朞年也碑于大唐文宗及武皇及宣宗及上皆空二格其云旌麾淸河公者張仲武也亦空二格書之獨于隴西令公跳行書之當時河朔之俗知有節使不知有天子久矣其云大燕者沿安史之僭稱也潛研堂金石文跋尾

吳承泌墓誌

褎本石高廣行字皆不計行書在咸寧縣

大唐故內樞密使特進左領軍衛上將軍知內侍省事上國柱濮陽郡□□侯食邑一千戸食實封一百戸吳公墓誌并序

翰林學士朝議郎守尚書司封郎中知　制誥柱國賜紫金魚袋裴廷裕撰

翰林待詔朝散大夫檢校右散騎常侍守蜀□傅□御史大夫柱國賜紫金魚袋□□書

昔周文以聖德受命太伯以□仁□王錫封于吳因國□氏公□□泌字希白即裔孫也曾祖□□贈金紫光祿大夫內給事祖德□□□□□□上將軍□□□□□宣□□朝□□特異出則綰兵符而臨巨鎮入則□□□騎以□□皇猷□□□□□宗皇帝將奉□□丞□□□公時爲弓箭庫使送□□□□□居□□□□□□□□□□□組之侍皆參□□□金□贈朝散大夫內侍省內侍□公則□子之□□□□王□□□天仙河中府軍事次河北傳檄諸道□□□之歲頴悟過人□始經□□□成□□□□□足用□□乃□於書淫百氏九□□□□□□破曹劉之堅□□光未仕流無不□又□高作賦紙□□之□甚高名學□王右軍妙傳其法受□□處士□□其師□韓□府□擇賓□□□

趙本命下無空格

□(鳳)庚元□(閱)之招殷浩□(辟)鎮西之辟袁宏千載論交一時
□(歸)美乎(尊)□(以)□□昇之□(班)□(行)乾符末〓□(先)皇帝以鄭瑕
之封筦□(榷)遺利命〓公以本官充解□(縣)□□(鹽)□(催)□(勘)副使
□(明)如夏日洞察秋毫每□(辭)□(神)嵩之□(全)□(常)□(遠)□(劉)□(興)之藏潔
白無玷課最有聞搜考句□□(盡)□黠吏青□赤庂充於
□(水)衡以叨賜(緋魚袋)□(充)解□(縣)□(催)□(勘)使□(尋)屬□(閬)河失守盜
賊驚奔□(銅)□(駝)□(既)□(臥)□(於)□(九)□(衢)〓金根去□(狩)□(於)三□(蜀)〓〓公
則以□(權)□(利)□(錢)□(寄)中(河中府)八度(單車)清□(往)愁(河北傳檄)夜眞風(諸道)塵(言)外物(氏)仔
庭(蒙)□(塵之)期□(辱)□(責)國(官)遂(司)與(秦)易(問之)定(義)節(召)度(彼)使(草)王(車)處(期)存(復)同天(上)子(國)蒙(遂)塵(與)
之□(定)責(節)官(度)司(使)□(王)□(處)□(存)□(同)□(領)□(甲)□兵二万屯東渭(衛)橋〓〓

公奔赴　行□(朝)□(面)奏奉(本末)先□(帝)□(感)其忠□(果)錫以
金章依前充□(解)縣榷稅使□(會)□(蒲)□(帥)□(王)〓榮書(盡)□(古)□(鹽)□(相)□(請)
□(瞻)□(軍)伍〓〓公復歸　朝闕後改充南詔禮□(儀)副使
以(中)□(輟)不行中和三年充許蔡通和□(慰)□(諭)□(使)下齊之□(辭)□(素)
優方集事吠之大正衆不克前院(征)朝(彬)廷(彬)下旨(罪)之(却)奪章(我)
(金)經(紫)□(朝)□(先)帝(寶)集(辛)地未辨□(竟)之證(搜)訪朝(材)廷(能)□(名)之公□(充)□(西)金(院)□(承)旨(復)却
復先帝幸□(以)□(趄)□(蛇)□(未)搜訪□(曦)能召□(遂)□(辭)公請充西□(班)方中
中中中切中中夫樂林園之趣馬相如彈□(琴)之拙揚執
戟草(元)之亭自有高情寧□(拘)□(美)爵　帝□(重)□(違)□(其)請便
充□(西)川宣□(諭)使不□(到)　闕者數歲　聖上虔

承　大寶振起頹□(綱)歷□(訪)□(舊)□(臣)□(以)□(歸)□(至)埋尋加內寺
伯判內侍省內給事綜領省務領袖廷臣張□(華)則□(該)博
舊章黃瓊則練達故事加內侍充學士使□(嚴)徐□(論)□(思)□(之)
□(地)□(故)□(馬)□(視)□(草)□(之)□(司)□(公)□(以)□(精)□(識)通才光膺是□(選)絲綸夜出
得□(以)講陳□(鴛)鳥(鷺)會□(同)□(靡)不宴□(給)改宣徽北院使守右監
門衛將軍濮陽郡開國伯食邑七百戶□(公)□(酷)□(好)〓〓〓
氏不□(茹)□(膻)□(飲)□(酒)〓宥□(密)□(之)地非所願也□(懇)讓者再三
上許不奪素志方拜□(恩)□(爲)□(景)□(福)〓〓二年改內
樞密使加特進左領軍衛上將軍知內侍省事濮陽郡
開國侯食邑一千戶食實封一百戶〓〓公素懷遠畝(略)

常切致　君大用□(之)辰納忠不一其他扼制□(萬)務條
緝百司□□(在)□(簡)書□(不)□(可)□(備)□(載)乾寧二年春正月二十日
薨于□(滻)水年四十五稟　君命也冬十月一日
上御札示中書門□(下)許〓〓公昭雪十一月二十日葬
于京兆府萬□(年)縣滻川鄉北姚村禮□(也)長男修□次男
修(睦)皆南遷未復小男修□(禮)□(葬)□(有)□(日)□公之季知象猶子恕
已以書寓門□(僧)請銘于裴廷裕時爲□(天)□(子)□(詞)□(詔)□(之)□(臣)□(不)
論(得辭乃結而銘曰)思之地校馬□草之司□□□公以精識(下闕)
泗磬豐鍾　其聲不羣　鸞翎鳳翼　其□
□□　公之苦學　公之好文　果於盛日

口注聖道口口　明君　一言闕口百闕道闕是忠胃百僚口口弘恩曲宣下以是忠骨
藏之下泉藏之下泉　口祐　家國闕祐式家國德萬斯年
翰林待詔正議大夫檢校右散騎常侍上
御史大夫柱國賜紫金魚袋董瓌篆蓋

按吳承泌是內官兩唐書無傳撰人裴廷裕僅見全唐詩小傳云廷裕字膺餘昭宗時翰林學士左散騎常侍後貶湖南卒而不詳其里貫其詩有蜀中登第荅李搏云何勞問我成都事又高捲絳紗楊氏宅自註云時主文寓楊子巷則是蜀人也其歷官惟翰林學士與此誌結銜合餘俱互異也書

者不見其姓名寰宇訪碑錄謂是閻湘書當必有據也誌云遂與易定節度使王處存同天子蒙塵之口口兵一万屯東渭橋云云此是中和元年四月事舊書王處存傳涇原行軍唐宏夫敗賊將林言倘讓軍乘勝進偪京師處存自渭北親選驍卒五千皆以白繻為號夜入京城即其事也誌云後改充南詔禮口副使以口不行新書南詔傳中和元年遣使者來迎公主帝以方議車服為解後二年又遣布燮楊奇肱來迎詔檢校國子祭酒張譙為禮會五禮使徐雲虔副之亦即此事也疑誌所泐字乃禮會副使以疾不行因別遣徐雲虔也中和三年充許蔡通和口昭宗本紀是年十一月蔡賊秦宗權圍許州十二月詔河東李克用赴援時蔡州秦宗權許州周岌構兵故昭宗遣使通和也誌云葬于滻川鄉北姚村此古村名可補長安志所未備

賜錢鏐鐵券

鐫鐵嵌金文二十六行行十四字正書在臨海縣

維乾寧四年歲次丁巳八月甲辰朔四日丁未皇帝若曰咨爾鎮海鎮東等軍節度浙江東西等道觀察處置

營田招討等使兼兩浙鹽鐵制置發運等使開府儀同三司檢校太尉兼中書令使持節潤越等州諸軍事兼潤越等州刺史上柱國彭城郡王食邑五千戶食實封壹百戶錢鏐朕聞銘鄧隲之勳言垂漢典載孔悝之德事美魯經則知褒德策勳古今一致頃者董昌僭偽為昏鏡水狂謀惡貫滐染齊人而爾披攘兇渠盪定江表忠以衛　社稷惠以福生靈其機也氛祲清其化也疲羸泰拯於粵於塗炭之上師無私焉保錢塘成金湯之固政有經矣志奬王室續冠侯藩溢於旂常流在丹素雖鍾繇刊五熟之釜竇憲勒燕然之山未足顯功抑

有異數是用錫其金板申以誓詞長河有倡帶之期泰
華有如拳之日維我念功之旨永將延祚子孫使卿長
襲寵榮克保富貴卿恕九死子孫三死或犯常刑有司
不得加責承我信誓往維欽哉宜付史館頒示天下
中書侍郎兼戸部尚書平章事臣崔胤宣奉
附謝表
恩旨賜臣金書鐵券一道臣恕九死子孫三死者出
于睿眷形此綸言錄臣以絲髮之勞錫臣以山河之
誓鐫金作字指日成文震動神祇飛揚肝膽伏念臣
爰從筮仕逮及秉麾每自揣量是何叨忝所以行如

履薄動若持盈惟憂福過禍生敢忘慎初護末豈期
此志上感宸聰憂臣以處極多危慮臣以防微不至
遂開聖澤永保私門屈以常刑宥其必死雖君親屬
念皆云必恕必容而臣子爲心豈敢傷慈傷愛謹當
日愼一日戒子戒孫不敢因此而累恩不敢乘此而
賈禍聖主萬歲愚臣一心臣鏐誠惶誠恐稽首頓首
游按唐昭宗乾寧四年遣中使焦楚鍠賜吳越武肅
王鐵券以八月壬子至國是歲武肅始兼領鎮東節
鉞出師大敗淮南兵十八營定婺睦蘇湖等州而鐵
券適至蓋其國始盛時也及忠懿王入廟以其先王

所藏玉冊鐵券置之祖廟不以自隨淳化元年杭州
守臣以鐵券竹冊玉冊并詔誥等悉上之子朝時忠
懿王已薨太宗皇帝復以冊券賜王之子安僖王惟
濬安僖王薨券歸文僖公惟演文僖公薨券傳仲子
覇州防禦使晦覇州侍仁宗皇帝燕閒帝問先世所
賜鐵券欲見之覇州并三朝御書以進帝爲親識御
書之末復賜焉文僖之孫開府公景臻尚秦魯國大
長公主游年十二三時嘗侍先太夫人得謁見大公
主鐵券實藏臥內狀如箭瓦今七十餘年乃得見錄
本于武肅諸孫櫄家後十字蓋文僖手書游家舊藏

文僖書帖亦有押字皆與此同武勝軍節度使印則
文僖尹洛時所領鄧州節鉞也放翁文集
吾鄉錢叔琛氏贊乃武肅王之諸孫也其家在郡城
外東北隅亭臺沼沚聯絡映帶猶是先朝賜第與余
相友善嘗出示所藏鐵券形宛如瓦高尺餘濶二尺
許券詞黃金商嵌一角有斧痕蓋至元丙子天兵南
下時其家人竊負以逃而死于難券亦莫知所在越
再丙子漁者偶網得之乃在黃岩州南地名澤庫深
水內漁意寶物試以斧擊之則鐵焉因棄諸幽一郵
學究與漁鄰頗聞賜券之說買以鐵價然二人皆不

悟其字乃金也有報于叔琛之兄者用十斛穀易得靑璮復還誠爲異事時余就錄劵詞一通叔琛又出武肅當日謝表稿併錄之昨晚檢閱經笥偶得于故紙中轉首已三十餘年矣人生能幾何哉漫志于此

按史唐僖宗乾符五年王仙芝餘黨曹師雄寇掠二浙杭州募兵使石鏡都將董昌等以討之臨安人錢鏐以驍勇事昌爲兵馬使中和元年昌爲杭州刺史光啓二年昌謂鏐曰汝能取越州吾以杭授汝鏐攻克之昌遂徙越以鏐知杭州事三年昌爲越州觀察使鏐爲杭州刺史昭宗景福元年爲威勝軍防禦使

二年爲鎮海節度使乾寧二年昌僭號鏐遺書曰與其閉門作天子與九族百姓俱陷塗炭豈若開門作節度使終身富貴邪昌不聽鏐以狀聞削奪昌官爵委鏐討之三年昌伏誅鏐令吏民上表請兼領浙東朝廷不得已以爲鎮海鎮東節度使改威勝曰鎮海天復二年進爵越王天祐元年更封吳王梁太祖開平九年以爲吳越王乾化二年加尙父末帝貞明二年以爲諸邑兵馬元帥二年以爲天下兵馬元帥龍德三年以爲吳越王鏐始建國儀衛名稱多如天子之制惟不改元置百官有丞相侍郎客省等使唐明宗天成四年削鏐官爵初鏐嘗遺安重誨書詞禮甚倨及朝廷遣奉使烏昭遇韓玫使鏐還玫奏昭遇見鏐稱臣拜舞重誨奏賜昭遇死鏐以太師致仕自餘官爵皆削之長興二年鏐卒鏐寢疾出印鑰授子元瓘曰子孫善事中國勿以易姓廢事大之禮卒年八十一史稱乾寧三年秋九月以鏐爲鎮海鎮東節度使而劵詞乃四年秋八月何邪史稱儀衛名稱如天子之制惟不改元程大昌演繁露云寶正六年歲在辛卯見封落星石制書辛卯乃唐明宗長興二年寶大元年羅隱新城縣記云癸未歲癸未乃唐莊宗同

光元年以此知吳越雖稟中原正朔旣長興同光年號與其寶正寶大同歲而名不同知吳越自嘗改元審矣又僧文瑩湘山野錄云唐昭宗以錢武肅王平董昌拜爲鎮海鎮東節度使中書令賜鐵劵羅隱爲譔謝表追莊宗入洛又遣使貢奉懇請玉冊金劵有司定議非天子不得用後竟賜之鏐即以節鉞授其子元瓘自稱吳越國王名其居曰殿官屬悉稱臣又于衣錦軍大建玉冊金劵詔書三樓遣使冊東夷諸國封拜其君長幾極其勢與向之謝表所陳虛極殊徵纍恩賈禍之誠殊相戾矣禪月貫休嘗以詩投者

有滿堂花醉三千客一劍霜寒十四州之句鏐愛其詩遣客吏諭之曰教和尚改十四爲四十方與見休性褊介謂吏曰州亦難添詩亦不改然閑雲野隺何天而不飛邪遂飄然入蜀鏐後果爲安重誨奏削王爵以太師致仕重誨死明宗乃復鏐爵位錢受徵吳越備史鐵券考鐵券之制其形如瓦方廣約一尺五寸許錽鎔鐵而成又鏤金其上者也唐昭宗乾寧四年八月遣使焦楚鍠賫券以賜彭城郡王鏐券文三百三十三字晶光閃爍天語溫純櫝而藏之家廟久矣宋太宗淳化元年杭州守臣以前券及竹册玉册

各三副詔誥百餘函進呈詔賜還忠懿王嗣子惟濬收貯比仁宗登極覇州防禦使晦侍燕閒及鐵券進呈錄本及先朝御書元豐四年特令朝奉大夫權知開封府事藻進呈鐵券仍降付本家永傳後裔宋末元兵破台城沉之深水中者五十六年至順二年漁人獲而售之宗人世珪家國朝洪武二年太祖大封功臣下禮官議鐵券制學士危素奏唐和陵時賜武肅鐵券見在上遣使卽家訪焉世珪子尚德奉詔券及五王遺像以進上御外朝與宣國公李善長等觀之賜宴中書省命鏤本爲式給還券像二十一年孫

克邦以大臣薦赴闕吏部引見因以錢氏納土至今子孫尚存諭北方歸降者已見東宮殿下亦問到今幾代除授江西建昌府知府二十三年卒于官都察院查勘任內稅糧鈔劄到京予汝賢供係吳越王嫡派有鐵券爲照本院官引見掌聖旨着孩子靠前來遂於奉天殿丹陛前欽奉玉音云五代時天下大亂各據偏方爾祖能使兩浙之民不識兵革到宋朝來知道宋太祖是箇眞主便將土地歸附券與你保守田產家財都給還一時縉紳士夫爭爲詩文贈送歸台州卽今藏於宗子鳳墀家雖券文稍有剝落而千

千年故物世守弗墜云陶宗儀輟耕錄

吳越武肅王錢鏐唐昭宗乾寧四年賜鐵券其事史載頗詳宋末兵亂券沒水凡五十六年爲漁者所獲其十四世孫世珪始購得之時元至順二年推券之失當是景炎元年也明洪武二年上將封勳勞之臣遣使者訪其家尚德負券及五王像來詣闕下上特御朝與羣臣共觀命工仿其制不盡肖上乃還券禮遣東歸其後台州亂其二十五世孫琇負櫝匿山中乃免辛卯四月予遊台州與顧子赤方得其觀券券字金色爛然因沒水久後半多剝蝕獨首行朔字爲

明高皇帝引佩刀劃去以觀刻畫之深淺者世守垂八百年失而復得豈非鬼物護持之力哉（陶澂鐵券詩序）

謹按鐵券之制其形如瓦長一尺八寸三分濶一尺一寸厚一分五釐重一百三十二兩文三百三十三字其畫皆外狹中寬晶光閃鑠詞語温純忠懿王入朝詔賜藏之汴京昭化坊賜第神宗時駙馬都尉景尚主宗器屬焉券遂安于都尉之第靖康元年金人入寇詔公主子榮國公忱奉母出居于江南以券行因避地湖湘間紹興元年還台高宗遂即台城崇和門内賜公主第由是券世藏於台之美德坊德祐二

年丙子元兵南下破台時其家人竊負以逃莫知所在迨至順二年辛未漁者偶網得之宗子叔琛之兄世珪用十斛穀易得之明太祖洪武二年其十五世孫尚德字允一號存齋天台人元末官青田教諭實寶藏之尚德者即世珪子也奉詔以進陛辭日命還券像劉基宋濂王褘等咸贈以詩永樂五年正月差行人曹閏馳驛至台十七世孫廣西糸政汝性同行人奉券進呈覽畢以禮敦遣藏于宗子鳳墀家前後數百年中其間或顯或晦皆若先靈式憑台郡邑志俱以是券爲古蹟召南少時即嘗觀表忠譜畧知始末今幸恭逢

聖駕南巡其裔孫嘉禾尚書陳羣率台族子遐等進呈

御製歌詩垂訓萬古是券遭遇夫豈鼎彝敦卣徒以世遠得名者所可比並也哉（齊召南鐵券攷）

唐昭宗賜吳越王錢鏐鐵券計三百三十二字字畫全者一百四十七第十四行社稷自起一行書之第十九行未足頗功諸書皆作顯功此字尚宜審也鏐景福二年拜潤州刺史故云潤越等州十國春秋輟耕錄諸書作閩越者誤也陶宗儀又謂鏐拜鎮海鎮東節度使在乾寧三年九月而以券詞四年八月爲

疑然鏐拜爵後至次年始賜券自是兩事無足疑者鏐之稱天寶元年在唐天祐五年戊辰而輟耕錄亦未之詳考也（翁方綱跋）

舊唐書昭宗紀乾寧四年九月癸酉朔制以鎮海軍節度使錢鏐爲鎮海軍節度浙江東西道觀察處置等使杭州越州刺史上柱國吳王攷其時鏐實兼鎮海鎮東兩鎮而紀祗書鎮海軍所領者潤州刺史而紀書杭州皆其脫誤（潛研堂金石文跋尾）

王審知德政碑

碑高一丈六尺九寸廣七尺三十三行行八十一字正書在閩縣

大唐威武軍節度福建管內觀察處置三司發運等使
特進撿校太保同中書門下平章事使持節都督福州
諸軍事兼福州刺史上柱□瑯琊郡王食邑□□戶食
實封壹伯戶王審知
德政碑銘并序
銀青光祿大夫行尚書禮部侍郎上柱國臣于兢奉
勅撰
粵自範金合土之制雲師火紀之名禹别九州堯咨四
岳莫不柬求良輔釐濟兆人彰克勤克儉之能垂可久
可大之業嗣太叔寬猛之政循仲尼富庶之言既茂勲

勞宜標篆刻公名審知姓王氏瑯琊人也其胙土命氏
疏源演泒代濟其美史不絕書後以大祖就祿光州因
家于是郡焉曾祖友　贈光祿卿王父蘊玉　贈秘書
少監父恁　贈光州刺史繼贈太尉公即太尉之季子
也初公兄潮志尚謙恭譽藹鄉曲善於和衆士多歸之
福建節度使陳巖既糴其名又以所屬泉州求牧乃遣
禮而請之及到任頗著嘉聲後巖在軍病甚不能視事
軍士等懼無統御皆願有所依從泉牧遂以郡委於仲
弟審邽而與公皆赴至則積惡者屏去爲善者獲安因
詔授節度使累加撿校右僕射於是刻其訛弊整其

章條三軍無譁萬姓有奉乾寧三年僕射遘疾且付公
以戎旅仍具表　奏尋加刑部尚書威武軍留後
俄授金紫光祿大夫右僕射本軍節度使公器局端雅
識理融明稟嵩嶠之眞精得圯橋之妙略及膺
帝命寵陟齋壇細柳連營旌旗動色蒲盧莅政草樹逢
春一年而足食足兵再歲而知禮知義方隅之內仰止
攸同　曩以運屬艱虞人罹昏墊農夫釋耒工女下機公
既統藩垣勵精爲理强者抑而弱者撫老者安而少者
懷使之以時齊之以禮故得汚萊盡闢雞犬相聞時和
年豐家給人足版圖既倍井賦孔殷處以由庚取之盡

徹夫述職之道庭貢爲先九丘爰序於厥苞伍伯是徵
於縮酒雖甸服之近江漢之中或遇阻艱亦絕輸賦唯
公益堅尊奬愼守規程松栢後凋風雨如晦地征旁午
天庫充盈共仰勤劬咸知直戴常以學校之設是爲教
化之源乃令誘掖童蒙興行敬讓幼已佩於師訓長皆
賔於國庠俊造相望廉秀特盛閩　川以南地惟設險人
尙爭雄或因饑饉荐臻或以剽剝爲苦萑蒲易聚巢穴
難探公感之以恩綏之以德且曰吏實爲虐爾復何辜
示以寬仁俾之柔服遂數十年之氛祲遽致鄣清一千
里之封疆旋觀昭泰張綱以　單車入壘虞詡用繂縷擒

姧以古兄今彼猶懷愧爰自天寶艱難之後經費寔繁
聚斂之臣名額滋廣鄣山鳩利任土庀財峻設隄防頗
聞賙贍洎纏烽燧仍患崎嶇三司之職務空存四海之
輸蹄鮮至公按其程課令以權衡盡叶舊規尤彰宏業
而又奉大雄之教崇上善之因象法重興道導師如在虹
梁雕棋重新忉利之宫鈿軸牙籤更演毗尼之藏而又
成寶塔多捨淨財日麗飛甍霞攢綵檻頹藍廻向遠
済節依用俾群緣皆同妙果佛齊國雖同臨照靡襲冠
裳爲車罕通賝賮罔獻口者亦踰滄海來集鴻臚此乃
公示以中孚致其内附雖云異類亦慕華風宛土

龍媒寧獨稱於往史條支雀卵諒可繼於前聞自燎熾
西秦煙飛東觀嘗璧之遺編莫拯周陵之墜簡寧存丞
命訪尋精於繕寫遠貢劉歆之闕不假陳農之求次第
籤題森羅卷軸夫四隣其守藎當偃草之期七德方修
必設禦衡之備是以恢張制度固護基扃程功而莫匪
子來作事而適當農隙立崇墉之百雉表巨屏於一方
巖邑湯池曾何足數折筯縈帶固不可窮若暫勞致
慈永逸兵戈荐起帑庾多虚凡列土疆悉重征税商旅
以之而壅滯工賈以之而殫貧公則盡去繁苛縱其交
易開譏鄽市匪絶往來衡麓舟鮫皆除守禦故得塡郛

溢郭擊轂摩肩覚敦廉讓之風驟覩樂康之俗閩越之
境江海通津帆檣蕩漾以隨波篙櫓崩騰而激水途經
巨浸山号黄崎怪石驚濤覆舟害物公乃具馨香黍稷
薦祀神祇有感必通其應如響祭罷一夕震雷暴雨若
有冥助達旦則移其艱險別注平流雖畫鷁爭馳而長
鯨漭浪遠近聞而異之優詔獎飾仍以公之德
化所及賜名其水爲甘棠港神曰顯靈侯與夫召神人
以鞭石駈力士以鑿山不同年而語矣於戲辨貞金於
大冶認勁草於疾風不有良田誰康澤國爰就加平章
事檢校右僕射如故晉懋相印手握兵符益壯軍聲彌

新殊渥又改光祿大夫檢校司空轉特進檢校
司徒然而物議輿詞功厚賞薄以爲爵祿未稱疇庸於
是異姓分封仍加井邑轉檢校太保瑯琊郡王食邑四
千戸食實封壹伯戸公之仲兄審邽自守泉郡一紀于
茲黠馬皆調疲人盡泰公性惟雍睦氣稟溫和韻契塤
篪政侔魯衛可謂高明輝映超絶一時者也公以
天下兵馬元帥太尉中書令梁王勳格穹昊德服華
夷奉大國之歡盟爲列藩之表率今節度都押衙程贇
及軍州將吏百姓耆老等久懷化育願紀功庸列狀
上聞請議刊勒元帥梁王以公如河誓著

石情堅累貢表章顯陳保謚　朝廷龔爵誘勸
特示褒揚將建龜趺合徵鴻藻兢謀居淸列曾乏雄文
頭歲嘗詠皇華往宣　宸旨已於視聽親餞徽猷
今之紈簡濡毫得以研精覃思備陳懿績實無愧詞乃
作銘曰
日月麗天　舟檝濟川　內外克乂　股肱惟賢　淮
水長淸　緱嶺方寧　慶隨祚遠　材爲時生　伯氏
雄特　梟人仰德　求瘼斯勤　碩條有則　冠軍被
疾　付以師律　政教翕張　士庶寧謐　懿彼閩越
師寶英傑　地列周封　心馳　魏闕　聖澤汪洋

元戎啓行　有典有則　爲龍爲光　高懸秦鏡
壍道自靜　比屋懷仁　連營稟令　航海梯山　貢
奉循環　務其輸委　無憚險艱　周征之術　公田
什一　約以有程　守而勿失　輕傜薄賦　謳歌載
路　高掩龔黃　遐追邵杜　鄉挍皆遊　童蒙來求
雅道靡靡　儒風優優　惟虺吹毒　久依山谷
國逖陸梁　竟欣柔服　法寶梵宇　勝因所主　崇
搆斯精　福慶攸聚　佛齊之國　綏之以德　架浪
自東　驟山拱北　墜簡遺編　繕寫精研　麟臺蠹
武觀森然　春銹其勤　雉堞連雲　永制不敵

用壯我軍　關譏不稅　水陸無滯　遐迩懷來
商旅相繼　黃崎之勞　神改驚濤　役靈祇力　保
千万艘　劉驥荀龍　塤篪雍雍　惟邦惟翰　以侯
以公　元帥梁王　武步龍驤　挺彼七德　削平四
方　公能事大　推心斯在　風雨無踰　歲寒不改
殊勳茂績　盡瘁宣力　國之丹青　邦之柱石
位冠台鼎　任隆兵柄　重以徽章　寵分異姓　優
詔銘功　万古英風　貞珉是勒　垂之無窮
天祐三年丙寅歲閏十二月一日准　勅建
將任郎前守京兆府鄠縣尉直讓文館王倜書□□

按碑有鈌字吳任臣十國春秋載此文今据以增
注撰文者于兢書者王倜皆無攷碑云公名審知
姓王氏瑯琊人也後以大祖就祿光州因家于是
郡焉兩五代史皆云王審知字信通光州固始人
十國春秋云五代祖曄爲固始令民愛其仁留之
因家焉然則碑云大祖者卽五代祖曄也碑云兄
潮士多歸之福建節度使陳巖請牧泉州巖病軍
士無統御泉牧遂以郡委于仲弟審邽而與公皆
赴云云歐五代史王審知傳稱唐末羣盜起壽州
人王緒攻陷固始緒聞潮兄弟材勇召置軍中以

潮爲軍校（薛史云時潮爲縣佐緒署爲軍政）是時蔡州秦宗權募
士益兵以緒爲光州刺史召其兵會擊黃巢緒遲
留不行宗權發兵攻緒緒率衆南奔自南康入臨
汀陷漳浦緒性猜忌潮頗自懼說其前鋒將擒緒
推潮爲主（薛史云緒衆求帥乃刑牲歃血爲盟植劍于前祝曰拜此劍動者爲將至潮拜
劍躍于地衆以爲神異即奉潮爲帥）時泉州刺史廖彥若貪暴潮略
地至其境耆老留之潮圍彥若逾年克之光啓二
年福建觀察使陳巖表潮泉州刺史景福元年巖
卒（薛史作大順中巖卒）其壻范暉自稱留後潮遣審知攻暉
破之唐即以潮爲福建觀察使以審知爲副使十

國春秋云王緒取光州時潮爲縣佐史與弟審邽
審知以材氣知名邑人號曰三龍緒署潮爲軍正
主廩庾緒南奔陷漳浦初以糧少故兼道馳約軍
中曰以老孺從者斬潮與二弟時奉母行緒切責
潮欲斬其母潮等請先母死會諸將士皆爲請遂
舍之有術士望軍氣言軍中當有暴興者緒益猜
忌前鋒將擒緒推潮爲主潮[illegible]地剚劍祝曰拜
而劍三動者我以爲主至審知劍躍于地衆以爲
神皆拜之審知讓潮自爲副（餘與兩史同）此審知與兄
入閩之緣起也碑云乾寧三年僕射遘疾付公以

戎旅仍具表奏辭加刑部尚書云云僕射者潮也
十國春秋從通鑑作四年冬潮有疾十二月丁未
潮薨與碑差一年十國春秋又云天祐元年夏四
月唐遣右拾遺翁承贊加審知檢校太保封琅邪
王食邑四千戸食實封一百戸（碑載此語無年月）又云是
歲建報恩定光多寶塔于福州天祐二年夏四月
王藏佛經于壽山凡五百四十一函總五千四十
八卷三年七月鑄金銅佛像高丈有六尺鑄菩薩
像二高丈有三尺即碑所云奉大雄之教崇上善
之因虹梁雕栱重新忉利之宮鈿軸牙籤更演毗

尼之藏盛興寶塔多捨淨財日麗飛甍霞攢彩檻
者是也又云海上黃崎波濤爲阻審知禱于海神
一夕風雨雷震擊開爲港封其神曰靈顯侯（原注一作
顯應侯）碑載此事大略相同惟靈顯侯作顯靈侯爲
異十國春秋又云天祐二年築南北夾城謂之南
北月城合大城而爲三周二十六里四千八百丈
即碑所云恢張制度固護基扃立崇墉之百雉表
巨屏于一方者是也十國春秋又云是時命管內
軍州搜寫遺書以上即碑云亟命訪辭精于繕寫
遠貢劉歆之國不假陳農之求次第籤題森羅卷

據唐文百篇校

軸者是也十國春秋又云佛齊諸國來賓即碑云佛齊國舟車罕通踝賷罔獻亦踰滄海來集鴻臚者是也佛齊即三佛齊兩唐書及兩五代史皆不載惟宋史云三佛齊南蠻別種與占城爲鄰其王號詹卑人多蒲姓可知在唐時未通職貢王審知又係僭僞之國故其來賓不列史傳也十國春秋又云唐以梁王全忠奏賜王建祠福州勤功於石即謂此碑也梁王全忠即碑所謂天下兵馬元帥太尉中書梁王是時昭宗遇弑哀帝嗣位本紀書天祐三年閏十二月己酉朔福建百姓僧道詣闕

請爲節度使王審知立德政碑從之是時朝廷命令多出梁王秉筆者尚存大體故本紀特書哀宗之從碑文特書梁王之請其實皆具文也然玩碑文但頌功德不及祠祀之事則十國春秋所謂建祠福州者又不知何所本也碑文書檢校太保標題作摽校他碑未見撰人于兢稱臣書者王倜不稱臣蓋書非奉勅也

尒朱遠墓碣

碣高廣俱一尺七寸五分二十五
行行二十四字正書在郃陽縣

唐故銀青光祿大夫撿校太子賓客兼監察御史柱國

河南尒朱府君墓碣并銘

廣平程彥矩撰

府君其先河南郡人也曾祖祐任主客郎中祖澤同州韓城令厥考弁歷左金吾引駕仗押衙銀青光祿大夫撿校太子賓客俱積德行簪紱車服　府君諱遠字正道少倜儻有氣不謹小節雖家藏巨萬視之篾然輕玉帛若糞土重然諾不顧千金議者曰斯亦豪傑人耳初職縶懷州軍事押衙後改授山南東道節度散兵馬使始銀青光祿大夫撿校太子賓客兼監察御史由山南授東都留守押衙其階與撿校官賓客□監察仍舊勳加柱國以　府君之用心磊落蔚有才智觀其□必可

捍難□敵揣其義必可赴湯蹈火則其位殆不稱□□□□然□□□度有規將搆第洛宮豈止於榱桷宏壯賁棟膠□□□□□□云□岳卑□縣結峻宇以踈氣鑿巨沼以潴流□竹樹森羅□□□□□郡內□將絕冈有□隣比世居馮翊慈親在焉　□□□□□□遥不克迎養同氣八人更迭定省悉著行□□□十四□□□公事閑連計司輓運之勞咸稱幹蠱每休□□□□家屬□□□間有愛睦如也里巷益多　府君之□□以卸止□□□□未嘗不應人由是歸塋乎未及下壽以其年五

月六日□□□□卒于江陵府無覺里私第享年卌有九
娶河南□□□□男一人春郎六歲歲女相相六歲歲
用當年十一月□□□□叶歸葬同州澄城縣武安鄉
永平營親第遂□□□□□□特以哀命見請銘于貞石
文曰
彼蒼者天禍福茫然欲問其緣杳漠寞無言俄□□□曰苟
有後先積善何爲報應元元孰云有後□□□□□□期
慶延在□于他年
府君名逵字正道云云號年殘泐不可得朱家河本
名大谷河世傳爾朱之後改爲朱氏居于河濱因建

逵廟砌此碣于廟內近世陝人某作彼縣志訛名此
爲廟碑誤矣 關中金石記
右尒朱逵墓碣廣平程彦矩撰攷其歷官始爲懷州
軍事押衙改授山南東道節度散兵馬使改東都留
守押衙洪容齋續筆云唐自肅代以後賞人以官爵
久而浸濫下至州郡胥吏軍班校伍一命便帶銀青
光祿大夫階殆與無官者等明宗長興二年詔不得
薦銀青階爲州縣官賤之至矣此尒朱逵正以軍校
而帶銀青階者也逵卒於江陵府無覺里私第 覺即覺字
歸葬同州澄城縣武安鄉碣已損一角有年月而不
得其紀年大約在中葉以後矣江寧嚴侍讀道甫遊
秦中搨以見貽云石在郃陽縣西卌里朱家河自來
收金石家所未見也 潛研堂金石文跋尾

眞空塔銘殘石

石後殘缺僅存前六行高一尺五寸廣五寸五分每行十七字正書

唐崇業寺故大德禪師尼眞空塔銘 并序
禪師諱眞空俗姓申氏馮翊郡朝邑人也植性明悟天
姿卓越六度□□稟自齠年□戒深仁行諸早歲旣而
□□宿善童子出家訪道□□与波□而無異練心 下闕

大德禪師碑額

額高一尺五寸九分廣一尺二寸五分九字作三行正書在咸寧縣薦福寺

皇唐三階大德禪師碑
此不知何碑之額今存寺中碑猶存半截却無一字
可見 關中金石記

長樂鏡銘

徑七寸八分銘三十三字篆書

湅治銅華清而明以之爲鏡因宜文章
延年益壽去不羊與天無亟而日月光
光長樂
湅治銅華清而明以之爲鏡因宜文章延年益壽去不

羊與天无極而日月之光長樂

水星鏡銘

徑九寸五分銘二十字篆書

永保命水銀星陰精百鍊得鏡八卦壽象倫衛神

永保命水銀星陰精百鍊得爲鏡八卦壽象倫衛神

水光鏡銘

徑六寸五分銘二十字正書

玉匣邪開葢輕灰拭夜塵光如一片水影照兩邊人

寫衣鏡銘

絕照覽心圓運屬面藏寶匣口口掩掛玉臺而影見鑒

徑六寸銘三十二字正書

羅綺于後庭寫衣簪乎前口

元卿鏡銘

徑三寸八分銘二十六字篆書藏余家

日初升月初盈纖翳不生肖茲萬形是曰攖寧瑩乎太清闕卿

日初升月初盈纖翳不生肖茲萬形是曰攖寧瑩乎太清元卿

青鸞鏡銘

徑三寸八分銘二十八字正書藏余家

月樣團圓水樣清好將香閣伴閑身青鸞不用羞孤影開匣當如見故人

按山左金石志跋此銘謂首句清字與身人同韻補段若膺四聲音均表所未備然七言律絕起句晚唐五代多有借韻者且眞文庚青自古閒有通用顧氏寧人毛氏大可於唐韻正及古今通韻已詳載之不足異也

已詳載之不足異也
用顧氏寧人毛氏大可於唐韻正及古今通韻
晚唐五代多有借韻者且眞文庚青自古閒有通
補段若膺四聲音均表所未備然七言律絕起句
按山左金石志跋此銘謂首句清字與身人同韻
開匣當如見故人
月樣團圓水樣清好將香閣伴閑身青鸞不用羞孤影
徑三寸八分銘二十八字正書藏余家

金石萃編卷一百十九

賜進士出身　誥授光祿大夫刑部右侍郎加七級王昶譔

五代一　梁

匡國節度使馮行襲德政碑

碑甚殘缺高廣俱無攷其前文失下截僅存二十七行行止四十六字後文失上截僅存三十行行約五十六字正書在許州

□林學士奉　□□□工部侍郎□　制下缺

上缺字不可紀後倣此　九五山川□□之□□□□風水下缺

字不可紀後倣此　聖□神武雪五老□星□□負鼎之缺

懿□□□□□耿賈政邁黃韓□若匡國□□度陳許

汝□□州缺食菜□□□□氏雖系出長樂□家遷

□當世緒紛綸□□□飛□相缺而平□□正色以威

巖光郎□應於□□□嬡□□□猛獸□□□□□□

□□□□□□□□□石羽林缺江漢氣貫斗牛騰夌

追千里之蹤嘯傲負四方之心□□□□□□□□□

□□□□翁知功名缺吐□□□□有孫喜者聚徒數

千人□□莫遏將□□□□□□□□□□大驚怖無

可奈何公乃白缺於南□□□□軍吏迎謁公在側擊

之□□□□□□□□□□□□□□□之盡□□□

兵□□□□□臣缺咸秦山山□□崢嶸繚□□□臨

□□□□□□□□□□□□雜前孝子迎□而□進

缺郡以□□□□□□□□□□□□□□□□□列

□□者缺閑閑歲收租□□□□□□□□□□□倍

兵強食□□□□□□□□□□□□□□□□□□

□□□□才誓缺鼓旗之令南山霧□□觀豹□之文

西陸□清始見鷹揚之缺又二行全缺洛邑古僻四戰之地今

□□□□□粵自艱難久罹瘡痏□□無□□□□□

□□□□□冦儉□去缺者雖大必去便於□者雖□

□作嘗□□□□□政□要□□□□□□□□□□

□□□□□不□□□□其律缺觀焉先是□猾□張

□□□虐□□□□□□□□□二万衆□□□□□

□□□□□□□□□□□□□□缺拔郡邑常

虞其蹂躪□□□□□□竊連□□□□□□□□□

□□□□□□□□□大兵誡其壃缺盡伏其神明□

□□□其情僞□□□□□□□□□□□□□□□

□□□□□量罔欺於圭□□薪蒭缺韓浩屯□之□

猲□腴盡在梗槩□□□□耒□□□匯遠□□□□

□□□□□□□□□□王乃□□而缺而□許□□

□獨□若遐僻之地□乃□□□課民□□□□□□

□□□□□□□□□□□之缺夜以□馳□館□□

□宿□□□□□□□□□□□□□□□□□□縣
界內曾缺母疾病割股奉養□□□痛願□□□□□
□□□□□□□□□□□□□□載揚孝治之缺之
問俗觀風阜財迯職焉可得稱□□□□□□□□□
□□□□□□□蘭智缺梟絳侯之□處不缺以上前文
後文前十五六行全缺從缺介遂鎭華陽缺□□□□缺秔稻
莫□桒缺之容□武下缺又二行全缺上□□許名區易菂凰
□景□□何□□□□□□□□□□□□□□□□
□□□□□□□□□□□□□□□□襟帶□郊輔
車缺之來時不有更張何期俾乂□□賢□□□□□
□□公□□□節度□□□□□□□□□□□□□
□□□□□□本尋源提綱振領害於缺食者民之命
也不可以不勤其□穡兵者□□器也□□以□肅其
號令□□□□□□□□□□□□□□□□□□□
刑□□吾□之矣爾第缺儒者歡悅□□頴悟剛斷□
□□者又□□□素□□命□□□冬聚舊□□□□
□□□□□□□□□□□□□□□□□□□夋來
而復缺艱□□□□□之威龔遂去□□之患□□冈
倦蕩折咸歸□□民寬□□□□□□□□□□□□
夜□□□□□□□□□□□□恤惟刑缺麻麥之宜

治彼□□□□□□推□□堤之□□慙功自□□□
□□□□□□□□仰稽前□□瞰遺蹤□□祏□□
之謀味缺果癒於收入滯穗□□□□□□寡婦□年
內□□□四千三百□□□□□□□□□□□□□
□□□□奏□連□□□□□□地而缺咸知□物之
方向者公□□□軍衙□□□□再□□□□□覡模
廳□□□門□□□□□□□□□□□□雄廣厦翬
□□□□□□色路缺類忽有烏鵲羣萃啄食無□□
□□□□□□□東□□□孤勸瘁南□□□□□呑
螟□□□□□□□□□□□□却□□□□□□□
縣百缺年□縣麥秀兩岐□□□□觀□□□□□長
社縣□□一莖四穗□□□□□不□□□□□□□
□□□□□之□蹈□□仁□□不足合缺鉤距運籌
史□□□□□□□平仗鉞稜威謝□□□□方□□
□□□□□□□□□□□□□□藝軍□講學馬上
注書揮□□立覩飛缺飯帳下之犀渠□□皆感吮癰
樓中之□首蛾眉□□□□閨□□□組□譚董□
□□□□煙□□之□□常□□□□偃草功著分
缺
缺高飛將□　□洞靈妹　榦□□章　刃□□□

□韃入仕　勇敵万□　□□□□　□□當路　□

□風生　桓桓虎□　智□□强　缺　送昏掾　劍斬

頑嚚　帝念馮公　忠□□□　朝稱□□　左提右

□　□□□□　□□瑞節　望塵肖悅　公至若何

缺　類赤眉　□同白額　乃芟乃夷　乃梟乃磔

外戶不□　下民□□　□□□□　□食爲天　□

號翟□　□□□田　耒耜接肘　缺　保豐穰　取之

盡徹　巨害旣去　纖慝皆除　須宣□□　慎恤刑

書　□□□□　囹圄常虛　□傜薄□　政叶□盧

老□□懷　缺　□交映　朱扉洞開　□優馬□

□燕臺　惠洽□里　□飛九陔　□□□□　和氣

充塞　麥秀兩歧　禽吞□螣　□□□　缺　人頌

德

缺　八月甲午朔十八日辛亥建

朝議大夫前光祿□卿上柱國李龔懿書

將仕郎守　缺

碑字摩滅可辨者云有孫喜者聚徒數千又云軍吏迎謁公在側擊之其事具薛居正五代史列傳云僖宗在蜀有賊首孫喜者聚徒數千人欲入武當刺史吕曄惶駭無策畧行襲伏勇士于江南乘小舟送喜謂喜曰郡人得良牧衆心歸矣但緣兵民多懼擄畧若駐軍江北領肘掖以赴之某前導以慰安士民可立定也喜然之旣渡江軍吏迎謁伏甲奮起行襲擊喜仆地仗劍斬之卽其事也又云忽有烏鵲羣萃啄食無□又云年□縣麥秀兩岐薛史云境內有大蝗尋有羣烏啄食不爲害民或艱食必有穭穀出于隴畝亦其事也撰碑人殘缺惟前一行存翰林學士奉數字薛史云遷匡國軍節度使在許三年上供外別追助軍羡糧二十萬石及太祖郊禮行襲請入覲貢獻巨萬恩詔殊厚尋詔翰林學士杜曉撰德政碑以

賜之則此正其德政碑曉所撰也碑應建于天祐中今僅存八月甲午朔十八日辛亥建云云而已舊惟見篆額在州治前民舍中人稱長樂王德政碑頭屬知州李君煒掘土出因移置學宮中州金石記

碑殘剝前列翰林學士奉旨及工部侍郎案翰林學士者卽杜曉也歐史梁紀開平三年春正月辛卯有事於南郊後書九月翰林學士充承旨工部侍郎杜曉同中書門下平章事據是則碑之賜立有工部侍郎字必當正月後及曉九月前未轉戶部時矣傳紀並言承旨碑作奉旨以避梁祖嫌名故也又題朝議

據古碑證文 金石續鈔 校

大夫前光祿□卿上柱國(缺)李宏懿書體勢規步率
更深入其奧然當時不聞以書名何哉行襲傳薛史
云武當人歐史云均州人証之碑所書家遷武當世
緒紛綸是薛史据其遷時占籍言之而唐書僖宗紀
光啓元年四月武當賊馮行襲陷均州逐其刺史呂
煜並與碑稱武當合矣然則歐史爲非實也 授堂金石跋

鎮東軍牆隍廟記

碑連額高六尺一寸廣三尺九寸二分共大小字二十五行大字行十九字小字前十行行三十八字後八行行四十字正書 在紹興府卧龍山

重修牆隍神廟兼奏 進封崇福侯記

若夫冥陽共理之覩人神相贊之道傳於史冊今昔同
符切以浙東地号奥區古之越國當舟車輻湊之會是
江湖衝要之津自隋末移築子牆□(闕)遷公署據卧龍之
高昇雉堞穹崇對鏡水之清波風煙爽朗緬惟深固宜
叶冥扶 故唐右衛將軍惣管龐公諱玉頃握
圭符首臨戎政披榛建府吐哺綏民仁施則冬日均和
威肅則秋霜布令屬牆雯戴黔庶謳謡等而龍市興嗟
餘芳不泯衆情追仰其立嚴祠鎮百雉之肖衛宰軍民
之禍福殿堂隆邃儀衛精嚴式修如在之儀仰託儲靈
之廕往載豐生劉氏妖起羅平(余)子弟禀 睿謀恭

行 天討數年撰甲兩復越牆皆資肦蠁之功以
兢戡平之業特爲重增儀像嚴潔牲牢迩來四野無塵
重門罷柝丁卯歲揚旌東渡巡撫軍民躬奠椒漿目瞻
靈像每暢吳風越俗其歌道泰人安昔爲兩鎮之疆今
作一家之慶遂馳牋表請降封崇所冀 朝恩与
漢牧齊標美稱其奏蕃對聳縈黨 天澤果
賜允俞須崇福之嘉名昇五等之尊爵其所奏
勅命具列如左
勅鎮東軍牆隍神龐玉前朝名將劇郡良材傾因剖竹
之辰實有披榛之績刱修府署綏緝吏民豈獨遺愛在
人抑亦垂名終古児錢鏐任隆三鎮功顯十臣能求福
而不回致效靈而必應願加懿号以表冥符宜旌戾業
之功用顯優隆之澤宜賜号崇福侯仍付所司滌至准
勅者
噫乎人惟神祐神實人依爰自始建金湯肅陳祠宇奠
兹中壘三百來年雖享非馨未登列爵今則值予佐
國連統藩維啓吳越之雙封爲東南之盟主児遇
金行應籙 梁德克昌道既泰於
君臣澤遂加於幽顯獲申奏薦遽降 徽章今則
鼎軸與新 龍綸遠至表勳名於万代昭靈感

於千秋圓當亦荷　皇私長垂幽賛保我藩宣
之地遐清灾沴之源共泰斯民又安吾士烜矣赫矣永
作輝華今當吳越雙封一王㙇事亦仗土地陰騭冥力
護持神既助今日之光榮予亦報幽靈之焕耀但慮炎
凉改易星歲徂遷不記修崇莫源事始聊刊貞石以示
後來時大梁開平二年歲在武辰　月　　啓　聖匡
運同德功臣淮南鎮海鎮東等軍節度使撿挍太師守
侍中兼中書令吳越王鏐記

此碑以城爲牆以戊爲武按舊唐書哀帝紀天祐二
年七月辛巳勅全忠請鑄河中晉絳諸縣印縣名內

有城字並落下如溶鄭絳蒲例單名爲文九月已巳
勅武成王廟宜改爲武明王十月癸丑勅改成德軍
曰武順管內稾城縣曰稾平信都曰堯都欒城曰欒
氏阜城曰漢阜臨城曰房子避全忠祖父名也全忠祖信父誠十一月甲申勅改潞州潞城縣曰潞子黎城曰黎
亭又勅改河南告成縣曰陽邑蔡州襄城縣曰苞孚
同州韓城縣曰韓元絳州翼城縣曰澮川鄆州鄆城
縣曰萬安慈州文成縣曰屆邑澤州晉城縣曰高都
陽城縣曰濩澤安州應城縣曰應陽淇州豊城縣曰
吳高又按五代史滑州唐故曰義成軍以避梁王父
諱故曰武順又册府元龜開平元年五月甲午改城
門郎爲門局郎曾子固跋韓公井記襄州南楚故城
有昭王井故城今謂之故牆即鄀也由梁太祖父名
城避之然則城者誠之嫌名也册府元龜言帝曾祖
諱茂琳開平元年六月癸卯司天監上言請改日辰
內戊字爲武從之然則戊者茂之嫌名也容齋續筆謂戊類成字故改之者非然戊本音茂不知何以爲武音而鄭樵謂十
辰十二日皆爲假借甲本戈乙本魚腸丙本魚尾丁
本蠆尾戊本武已本几又不知其說何所本也又如
後漢執金吾丞武榮碑云天降雄彥資才卓茂仰高

鑽堅允文允武則弁茂字亦讀爲武其來久矣唐白居易詩有木名櫻桃得地早滋茂與露去住顧妒樹賦爲韻　金石文字記
按碑前載表奏次列勅旨最後記文乃吳越武肅
王錢鏐所作城隍廟神舊祀唐右衛將軍摠管龎
玉嵆玉都督越州有善政士人立廟奉爲城隍至
是鏐又具表請降崇封五代會要云開平元年封
鎮東軍神祠爲崇福侯從吳越請者是也李陽冰
縉雲縣城隍廟碑云城隍神祀典無之吳越有此
風俗是城隍神雖未得列于祀典而建祠立廟之
事所在皆有此碑云等而罷市興嗟餘芳不泯衆

情追仰其立嚴祠卽于龐玉身後其事當在唐初
又記云爰自始建金湯肅陳祠宇奠茲中壘三百
年來雖享非馨未登列爵則前此鎮東軍城隍亦
祀典所無陽冰之言爲不誣矣玉京兆涇陽人堅
四世祖新唐書附堅傳稱玉事隋爲監門直閣李
密據洛口玉以關中銳兵屬王世充擊之百戰不
衂世充歸東都秦王東徇洛玉率萬騎降高祖以
隋臣禮之玉魁梧有力明軍法久宿衛習知朝廷
制度帝顧諸將多不閑儀檢故授玉領軍武衛二
大將軍使衆觀以爲模矱出爲梁州總管巴山獠

叛玉梟其首餘黨四奔屬縣獠與反者州里親戚
爲賊游說言不可窮躡玉不聽下令曰穀熟吾盡
收以饋軍非盡賊吾不反聞者懼相謂曰軍不止
吾穀盡且餓死乃共入賊營與所親相結斬渠長
以降衆遂潰徙越州都督召爲監門大將軍太宗
以耆厚令主東宮兵雖老不怠小大之務無不親
及卒帝爲廢朝贈幽州都督工部尚書史載玉歷
官行事如此碑紀土人立祠之由但叙其在越州
時事

重修北岳廟碑

碑上殘缺僅存高九尺六寸五分廣四尺六寸二十七行字數無考行書在曲陽縣

重修北岳廟碑

觀察巡官朝請郎撿挍尚書禮部員外郎兼侍御史
賜緋魚袋劉端奉　命撰
定州文學王知新書
上缺明覆載以稱功浩淼百川崚嶒五嶽顯陰陽而自
異呈動靜以爲徵莫不隱靈祇彰聖化欲見而非見示
威而不威福善禍淫有今古無差之理聰明正直豈鴻
纖偏照缺妙難窮之跡蘊幽靈罕測之基昭[illegible]𤋮然奢
矣大矣駈至道而牢籠萬彙啓範圍而埏埴羣倫敬之

遠之寒暑不僭于四序恭也禮也扎瘥口適於千門況
缺還當夏氏之興且特修王母之祠未盡善也迥致高
禖之祭胡可比焉豈若恒岳霞峯　安天疊廟鎮
撫堯分之所輯寧禹別之方口氣勻鋪壯口缺勢巍巍
藏雲龍而均風雨如生肅肅將魚水而睦君臣遠迩垂
恩公私布惠解濟黔黎之苦能蠲　皇闕之憂魑
魅亡魂奸回縮脰怖盤挐口黃鉞逃粉碎缺春秋祇若
興五侯懇薦於蘋蘩黍稷非馨唯於饗德備脂咸有但
以依人伏又河朔名區海西樂土雖富魚鹽之利九多
耕織之資齊迩斥燕絕六狄七戎之口交居趙魏招缺

一境是諸華之則三軍爲[illegible]代之規整頓朝綱獨立功
臣之貴平除國難孤摽氘亂之勳況　大唐二十
餘帝乾坤三百年間社稷龍魚數見□□頻生聲振　缺
萬方之禮樂無雙堯舜芳猷既叅差於竊比商周政柄
徒覂凰於揚名宇宙昇平煙塵帖泰汎　宸恩於草
木鍾　睿澤於惸嫠屬以失味□□輕漂舟檝　缺
王輅東西豈爲春蒐之故銀鈎南北唯論秋煞之因
荏苒九州依係六國運偶二三之變時遭百六之艱伏
以　缺　歸於神授英通盡出於天生昴宿光玆契
叶　賢王之瑞金精照灼潛符　霸主之徵

執禮宏仁廉刑薄斂徧沐　怡顏之既□遵難犯
之威　缺　彰形影於冰壺不意小瑕　酉心大節賽
桓文之令望超周邵之嘉音謀始要終理煩去惑皎潔
三秋之月泓澄万頃之陂而又世襲　缺　五孝從
五帝而至如今加以武庫規繩儒門綱紀著述五兵之
藥研精万卷之書稼穡徧知但見啓期之樂刑罰獨斷
旋除庶女之風惻隱肥家忠貞活國勳　缺　大展謨謀深
行理治每設補天之術恒修縮地之方由是訪沉淪求
疾瘼祟佛理重神明廢置伽藍捻就增修之命傾頹廨
宇與當造化之功□嶽廟以天寶　缺　洎乎舜禪頻移秦

正屢改將新舊而分巧拙方彼此而日古今屬以山盜
歙傾丹楹朽腐只取於素來基址特興於此際規模遂
命押衙充都□修造使檢校工　缺　畚梮藉磬竭於心匠
惟臻至於忠勤百役子來三時農隙遙攘莞於異木佺
柱石於幽巘杞梓鸞椽璢璃鴛瓦想楚宮之枉設誇漢
殿以虛詞斤斧奇能再偶　缺　長巖千千似禀銜枚之命
驌驦万万疑聞聳轡之聲福壽要津神祇會府閶菀亘
瑤林之茂銀扉衡朱檻而開未既十旬其庸一旅勞而
不怨告厥成功實爲陰　缺　嶝凌空展梯□□莫蓬清波
忽泛浮梁棟以旋來顯顯坤元踊一攢之勝檠明明星

紀聯百雉之清虛佛土裝嚴猶虧鳳髓蓬瀛景致只欠
鼇頭豈省亡機疾　缺　北討南征蓋□□神之助人安俗
阜深憑　陰德之功而又巨夏多艱中原盡蠢大
厲久離於四表太平永在於三州　缺　絶
□圖貽厥孫謀宏宣　祖業社稷類金湯之固山
河齊日月之榮端頁笺徵人食魚末客少琢磨於焉學
深□□於斯文謬歷煙霞媿　缺　異披砂□□拾芥有濡
毫而稽顙無香桂以甘心進思盡忠煦育之　缺
荒蕪冀□　寵命叙虛襟而寧極修實錄以何窮但
以厲如誠非作者雖乖雅頌輙縱賡歌

缺國泰寧□年豊一人肅敬八表欽崇諸神際會闔境和同公私唯孝左右純忠威降巨祲力制羣戎實裝廟宇山是屛風其一精專建造巧竭靈微高攢缺觜日光暉龍挐虛噴師從兵圍前壇後菀左驂右騑尊卑森森去就依依俄興木鐸待整璿璣其二匡時舟檝問代公侯洪橋架海皓月當秋恢廓至道以缺巍巍清廟岌岌危樓家財己俸制置增修行藏實錄今古難儔其三名超八凱鑒若三辰忠貞輔國禮樂親隣始終霸道左右賢臣一方受煦万物逢春缺奉命文不驚人微書盛事永載貞珉

缺同三司撿挍太師兼中書令使持節定州諸軍事上柱國北平王食邑五千戶食實封五百戶王處直

缺歲在丙子十月癸未朔□□日建

□籍王允刻字

右重修北嶽廟碑劉端撰王知新書已失其半年月僅存歲在丙子數字諸家收藏僅列唐碑中郎亭林亦未深考也案碑記王處直修廟事而文云大唐二十餘帝乾坤三百年則已非唐時可知也撿五代史雜傳王處直爲唐金吾大將軍領興元節度使宗善子義武軍節度處存之弟也乾寧二年處存卒于鎮三軍推處存子郜爲畱後處直爲後院中軍都知兵馬使光化三年梁兵攻定州郜遣處直率兵拒之兵敗入城逐郜亂兵推處直爲畱後梁兵圍之遂絕晉而事梁梁太祖表處直義武軍節度使累封太原王太祖卽位封處直北平王其後梁兵攻王鎔鎔求救于晉處直亦遣人至晉願絕梁以自效晉兵救鎔處直以兵五千從破梁軍于柏鄉其後晉北破燕南取魏博與梁戰河上十餘年處直未嘗不以兵從又案梁太祖本紀光化三年進攻定州王郜奔于晉其將王處直以定州降開平四年北平王王處直叛附

于晉是碑處直列銜已稱北平王歲次丙子應爲梁末帝貞明二年無疑又以五代史考之處直已於開平四年附晉通鑑稱唐之亡也惟河東鳳翔淮南稱天祐則此碑所紀必天祐十三年又無疑矣銜中撿校太師兼中書令使持節定州諸軍事食邑五千戶等歐史不書似亦未見此碑也 竹崦盦金石目錄

贈太尉葛從周神道碑

碑高八尺七寸八分廣四尺二寸三十八行行約七十字行書在偃師縣

梁故招義軍節度□□□□□□□置等使開府儀同三司撿挍太師兼侍中守潞州大都督府長史□□□

據偃師金石記校
偃師記所錄剝落大半兹就其僅存者校異同如左

□□□□□□□□□□□□葛公神道碑銘并序

銀青光神大夫禮部尙書權知貢舉□上柱國臣薛

廷珪奉　勅撰

翰林待　詔中大夫撿挍刑部尙書□左□□衛大

將軍□□□□□□□□□□□□□□臣張璉奉

勅書

□議郎守殿中□□□奉御□□□□□徽奉　勅

篆額

□□包犧設教畫卦□□□□□□□□弧矢於焉利

用□□二□□□□□葢殷周之前將相其柄洎秦漢

之後文武殊途至若綱紀彝倫範圍庶品闡揚至理崇

樹鴻猷則用武之□□□獨濟若夫撥亂反正□□□

□□衛□□勳濟王□則□□□□□□諸至於大

義至公闘物蠹務感召和氣庇育羣生其揆一也夫物

窮則變否極則通時雖類於循環事□□合□□雖

虎□□□□□□□□而□□□□理□□□□□

□□□方摲定遂生翦起韓彭扶丕□以淩霄翼眞人

而御極風雲之會影響無殊　□□□□□之

期□□□□　□帝應□□□□□□□□□□

□□□□豕於大田斷術虵於廣陌則有故昭義軍節

度澤潞等州觀察處置等使開府儀同三司撿挍太師

兼□□□潞州大都□□□□□□□□□□□□□

□□□□□□□□□□□焉公諱從周字通美其先

濮州鄄縣秦丘里人也禮也曾祖阮祖遇賢父簡贈兵

部尙書惟公世方管晏緒接神仙負山□□□□□

□□□□□□□□□□□□□□□□□□□□□

□□勵越石著鞭之志生知韜略時合孫吳韋弦淡爾

而酌中文武居然而兼備素業唯觀於大略壯圖潛□

□□□□□□□□□□□□□□□□□□□□□

□□□□□□□□□□以騰驤鵬鶚在天而□□□自

家刑國鵲文兆忠孝之名原始要終血字表公侯之分

寔爲天縱□□□□□□□自　太祖□□□□

□□□□□□□□□□□□□□□□□之鋒於是

附　鳳攀　龍築名委質伐蔡之役戰酣

太祖皇帝□□□之變時□□□公奮□□□

□□□□□□□□□□□□□□□□□□□谷之

隻輪不返而又靑兗三寨鯨鯢萬人剿戮無遺輜重皆

弃翬約面縛而授首□唐魄□□□□赤□□□

□濮□□□□□□□□□□□□□□□□□□□

□□□□□齊山僵尸蔽野以功□撿□□部尙書時

偃師記無下落字脫
文也上行落作洛亦
誤

溥復繚全師碭山下寨康村接戰全軍□□□□□□
□□□返又轉撿挍刑部尚□□□□□□□□□□
□□□□□□□□□□□□□過（通）上黨蕃戎喪膽□
□□□□改授懷州刺史屢立殊勳繼膺賞典又假吏
部尚□□累遷□□□州刺□□□□□使□□□□
□□□□□□□□□□□□□□□□□□□□□
落落（洛）領二千騎□□□□□馬步二千殺戮殆盡生擒
落落奪馬三千又殺蕃□□汙□□□□□自□□□
□□□□□□□□□□□□□□□□□□□□□
□□□□□□□後犇援節旄假□□□□□昭義兩

使酉務蕃軍周揚（楊）五之衆結寨連營去□□□□□□
□□□□□□□俄而□□□□□□□□□□□□
□□□□□□□□□□□□□□而身先幽滄克□
□□□乃授宣義軍行軍司馬俄代丁會入潞州俘
戮□□□□□□□□□□□□□□□□□□□□
□□□□□□□□□□□□□□□□□□□□□
□下凡經入日納□□□□□加撿挍司徒又入井陘
攻討并部降李淇範巳□□□□□□兼加徐州□□
□氏□□□□□□□□□□□□□□□□□□□
□□□□□□□□□致力□□□□□□□□□中

遺沉痾於邊上明年青齊之衆復陷兖州□□□戎捐
軀濟難　　太□□□□□□□□□□□□□□□
□□□□□□□□□□□□□□□□□□□□□
□□□□加太子太師食邑二千戶　　　　□□之
念勳勞乃瞻疾恙爰降優禮□□□□□□□□□□
□□□□□□旌須之□□□剔墅□□□□□□山
恩異□□□□□□□代未之有也俄而美疢滋深醫
和弗療天□□遺人之云亡恨狼（狠）□之□尚存指馬□
□□□□□□□□□□□□江淹之筆□□□□□
□□□□□□勒□□□卽以□□□□□十月三日

此處偃師所録与此小
異然偃師所録殘闕
尤甚無從按定矣

歸葬于偃師縣亳邑鄉林南里之別駕（墅）賵賻贈哈
　君恩□□□□□□□□□□□□□□尉有子五
人□□□□□□□□□夫撿挍□部尚書□□□□
將軍同正不仕次曰彥勳金紫光祿大夫撿挍兵部尚
書前守洪州別駕不□次□□□□□□□□□□□
□尚書刑部員□□□□□□□□□□□□□□□
□□□□尚書守左驍衛將軍次曰彥浦殿前受旨
銀青光祿大夫撿挍太子賓客鸞□□□□□□□□
□□□□□□□克□□□□□□□□□□□□□
□□□□□□□□□□□英飛龍使充西京都監銀

偃師記無裏字

偃師所録銘詞舛錯尤多不可從也

青光祿大夫撿挍尚書左僕射守左武衛將軍□□□
□□□□□□□□□□□□□□□□□□□□□
□□乳循□□□□□□□□□□□□司徒左威衛
上將軍連榮　　　貴戚迭照閶門玉鏡臺前匪獨推
於□□□□□□□□□□□□□□□□□□□□
□□□□□□□兼□□□□□□□□□□□□禮
以竭情臨襄事而銜恤始終部分董灼一時斯又見天
□昭荅之重沓也　　　皇帝臨軒輟悼撤□廢朝□
□□□□□□□□□□□□
伊昔皇唐運終百六兵草□□□□□□□□□□□

□□□□□□□□□□□其一□□　我梁　授
天明命間生材傑克靖災眚武德孔昭和□□□□□
□□□□□□□其二□□□□□□□□□□□□□
□戰酣馬逸士失銜勒下車策之傷面克敵其三青兗三
寨鯨□□□□□□□□□□□□□□□□□□□
□□□□□□□其四凡茲大勳傑出十亂炳若丹青著
於史傳□外畏威□□□□□□□□□□其五□□
□□□□□□□□□□增□□□飛蝗越境猛獸遁
去軍食衲服盈羨廂庚其六統衆出師寛猛相濟□□
□□□照□□□□□□□□□□□□□□□□其七

悠悠丹旐軋軋轜車万人之敵六尺之軀晳如石火去
似隟駒□□□□詎其問諸其八□□□□□□□秋露
如珠灑君□□平生氣豪命世功夫金瘡猶在脾肉永
枯其九邱山之隅□□之裔許國壯心磨天逸勢威聲□
□昏衢迢遞長辭魏闕永謝明世其十
貞明二年歲次丙子十一月壬子朔十二日丁卯建
　　　　　　　　　　　　　鑴字沈□
從周歐史有傳其檢校太師兼侍中則史未之載耶
義者潞州軍號也唐季潞爲河東所有不在朱梁管
內從周以疾致仕遥授節度令食其俸于家非眞節

度也宋世節鎭在家支俸之例實昉于此周德威小
字陽五此碑作揚五文云歸葬于偃師縣亳邑鄉黃
叔璥中州金石表所載偃師碑甚夥而獨遺此吾友
武君虛谷始搨以遺予文雖殘損猶足爲攷史之助
于思容齊乘謂茌平縣有五代葛從周墓土人名曰
葛塊讀是碑始知土俗相傳之誤潛研堂金石文跋尾
碑字可辨者皆與薛居正五代史不甚異疑薛據此
碑而爲傳攷之歐陽修史所載甚與碑異此碑奉勅
書撰斷無冒列功狀是歐陽史爲失實也歐陽史所
載歷官晉秩亦多疏略賴有此証之碑云偃師縣亳

邑鄉今之淮廟郗卽古西亳湯都也中州金石記

按葛太尉殘碑余乙巳二月始過其墓碑石舊爲雨風激射間有存者惟下二尺餘埋於土中尚完好急爲翦剔出之碑內題云故昭義軍節度澤潞等州觀察處置等使開府儀同三司檢校太師下缺數字其所載歷官爵秩皆與傳略同五代史從周濮州鄄城人今碑云鄄縣當時載筆者爲梁太祖父嫌名避之據禮不諱嫌名而唐之諸帝與其士大夫競相規易至其末季尚欲持是區區虛崇無益之數冀以籠制冥悍跋扈如温之至無賴者又豈遽爲之動與史言從周從太祖攻蔡州太祖墜馬從周扶太祖復騎與敵步鬬傷面身被數瘡攷此碑伐蔡之役戰酣云云文缺證以銘詞所謂戰酣馬逸上失銜勒下車策之傷面克敵碑說悉與傳符而從周功績初已可見如此又本書晉王怒自將擊從周從周雖大敗而梁兵擒其子落落送於魏斬之羅紹威傳梁兵擒晉王子落落送於魏宏信斬之與此同此碑竟云馬步二千殺戮殆盡生擒落落奪馬三千則從周竟未大敗矣落落亦屬自擒而歐陽乃歸之梁兵反覆推之知史誣也碑奉勅書撰從周子孫斷無敢於冒列功狀虛誣溢美以耀從世者歐陽或

得之舊聞而從周戰績幾於湮沒不張非是碑後世其孰從而知之碑後文又有入井陘攻討并部降李淇範傳亦失載從周爲宣義行軍司馬傳書於旣敗燕兵之後依碑又在代丁會之前叅錯乖迕並宜依碑爲據至所書末帝卽位拜昭義軍節度使封陳留郡王食其俸於家卒贈太尉從周嘗致仕日已居偃師未聞再召用及後卒也亦當居於偃師而碑云以十月十三日歸葬於偃師縣亳邑鄉然則從周又非終沒於家者錄之其亦俟考也從周曾祖父阮祖遇賢父簡贈兵部尚書從周諸子碑尚可見者次曰彥勳次曰彥滿史並略不書獨余爲暴出之使幸有聞而碑亦於從周祖父列名獨不爲少蝕疑亦有待於後人與偃師金石遺文記

碑紀從周戰功有云落落領二千騎缺馬步二千殺戮殆盡生擒落落奪馬三千歐史本傳書晉王怒自將擊從周從周雖大敗而梁兵擒其子落落送于魏斬之子向跋此深以見歐史之誤今案舊唐書羅宏信傳太原怒舉兵攻魏營于觀音門外汴將葛從周援之屯于洹水李克用之子落落時爲鐵林軍使爲從周所擒唐書宏信傳從周爲鬬賁每克用兵至輒

出精卒薄戰必捷克用踰洹西北挑戰從周大破之禽其子落落乃引去舊五代史從周傳乾寧三年五月并帥以大軍侵魏遣其子落落帥二千騎屯洹水從周以馬步二千人擊之殺戮殆盡擒落落于陣并帥號泣而去紹威傳太祖遣葛從周援之戰于洹水擒克用男落落以獻太祖令送于宏信斬之晉軍乃還推斯數証舉足以見永叔曲說非信史矣 授堂金石跋

按從周薛歐二史皆有傳惟薛史與碑多合具見諸家跋中碑有云犨約面縛而授首□唐魄□□□□據舊史傳兗州齊克讓軍於任城從周敗之

擒其將呂全眞淄人不受制復與之戰獲其驍將犨約會青州以步騎萬餘人列三寨於金嶺以扼要害從周與朱珍大𢧐其衆擄其將楊昭範五人而還至大梁不解甲徑至板橋擊蔡賊破盧瑭寨瑭自溺而死碑下句似謂盧瑭魄喪自溺與上犨約面縛爲對瑭字作唐與史微異傳又稱李罕之引并人圍張全于河陽從周率兵赴援大破并軍殺蕃漢二萬人解河陽之圍以功表授撿校工部尚書碑云□□齊山僵尸蔽野以功□撿□□部尚書正敘此事盖以功授撿校工部尚書也碑文

爲薛廷珪奉敕撰攷舊唐書薛逢傳子廷珪中和中進士第光化中官刑部吏部二侍郎權知禮部貢舉拜尚書左丞入梁至禮部尚書舊五代史廷珪本傳又云唐莊宗平定河南以廷珪年老除太子少師致仕同光三年九月卒今碑題禮部尚書權知貢舉□上柱國正與傳合新唐書稱廷珪光化中累尚書左丞朱全忠兼四鎭廷珪以官告使見全忠卒不肯加禮其入梁以後歷官皆畧不載似廷珪以唐臣終者賴有此碑足見舊書有据古人碑志諸文於卒葬之處每書禮也以見其舉喪

行事無悖于禮是碑敘其先世爲濮州人亦加禮也二字殊無意義廷珪爲當時能文之士不應乖謬乃爾疑書丹者筆誤或刻上鉤摹舛錯所致也

剌史折嗣祚碑

碑高九尺廣三尺七寸前面已缺僅存二十八行正書字數剝泐無可考在府谷縣

上闕人爲之受命瑞影搖彩嶽瀆所以降神昔周文王

有大明嗣太王季　祖諱華雲中人也永西伯之苗裔

大魏之後宇文之別緒以金城　俞自　武德中　詔

府谷鎭遏使不改善政永　子孫黼黻　之榮　能不

施勞於民不伐善於己慷慨　以魏孝文皇帝廿七代

之孫也世襲家聲勳庸不　昔先王之顧命　巨唐
之芳某爰因忠烈爲唐龔隴西氏焉所謂　若作席上
琳瑯人間柱石鹽梅麴蘗　不謂臨危致命不顧其死
見義有勇無懾於　獎式義方　不可奪也　可稱也
不以私誣義罔以虛眩眞守金石　爲府谷鎮　持戎
醜壃境之內民無雜居杜烽戍之虞　尚書兼御史大
夫考績　庶政增以厥貢艮驥可千乘與部族歸樅蘴
之地黔黎有豐年之詠　昔先王求枚嗣祚也以前
乾符歷數　元兇　不敢以懸河之口辨無不對當
進賢任重爲黎先行　欲移勳列爵未足稱　吾懷何

如　其德不同馳驛　於雲口之然將明命於　王覩
之奐然曰虜延深邃口口危　雖鑿中利刃　當今晋
王感　公有大忠才　王室有大　駕爲　溪上氏
口祖陵之禮也而乃衣錦桑榆顯榮也　先世　聖唐
之端泒子子孫孫引無替之道也俾乎黻冕金　行勳
業惟新敷五教以在寬闡六條而弥政稼穡有通歧之
詠庶民無聚斂之怨　公下車之日觀人多　弊褰帷
撫問愛如己育遂乃布駈鷄之善牧馬之政聆風嚮化
繼至　累降名綬加口陰功　冈効口靈山岳其年冬末
有二口享齡五十終祿於麟郡焉噫　永有　爲州

之譽　趙　宣子郭　役　有子五人長曰從　軍使次曰
軍使次曰從遠動合楷模　府府州副使　次曰從依
攝麟州司馬檢校尚書祭酒兼御史中丞次曰從　祖
瑩之左右授機應符契運叶瑞來儀清風朗月孤高不
羣口無擇言哲中尤哲賢中又賢巖谷歸神峴嶋熾熖
玉石俱焚　矚俯眺　封樹諸子昇
文云有子五人三曰從遠從遠即從阮以後唐莊宗
鎮太原時領府州刺史文內又有當今晋王感公有
大忠云云則是碑梁時所建也　文云大魏之苗裔
宇文之別緒又云爰因忠烈爲唐裔隴西氏子克行

碑云折出河西折屈五代史從阮父嗣倫與此異闕中
金石記
按碑殘缺無年月諱字可見但據文中有昔先王
求枚嗣祚之語知折君名嗣祚耳凡碑叙事皆稱
爲公此語直言嗣祚蓋承先王爲言明尊君也嗣
祚有子五人次曰從遠五代史有折從阮傳云從
阮字可久本名從遠避漢高祖舊名故改下字即
此人也傳稱父嗣倫爲麟州刺史今作嗣祚與史
異然云享齡五十終祿於麟郡是嗣祚終麟州刺
史與傳合即嗣倫無疑矣舊史從阮傳唐莊宗初

有河朔之地以代兆諸郡屢爲邊患起從阮爲河
東牙將領府州副使同光中始授府州刺史碑稱
從阮動合楷模缺府府州副使又云當今晉王感
公有大忠於王室是碑之立當在同光改元以前
故尙稱晉王耳碑叙嗣祚世系行事頗詳而剥蝕
過甚無從據以補史惜哉

唐

重修法門寺塔廟記

碑高七尺一寸八分廣三尺八寸三十行行五十二字至五十四字不等正書在扶風縣

大唐秦王重修　法門寺塔廟記

朝請大夫守尙書禮部郎中柱國賜紫金魚袋薛昌
序撰
承　旨王仁恭書
夫　大聖示其不滅證以無生燃慧炬以燭幽泛慈航
而拯溺在三千界分八万門誘捨愛河勸離苦海香山
月殿長侍睟容鷲嶺龍宮時開半偈与消塵劫令出昏
衢按後魏誌阿育王役使鬼神於閻浮提造八万四千
塔華夏之中有五　秦國岐山得其一焉又按神
州三寶感通錄華夏有塔一十九所岐陽
跡復載其中朝觀光相夕覩聖燈究異草之西來驗　聖
靈蹤之所止供盈香積鑪馥旃檀面太白而千
疊雲屛枕清渭而一條翠帶而又　文皇遷寢
殿而修花塔冀拔羣迷天后開明堂而俟
眞身庶康万彙編於史冊傳以古今粤自有周洎乎大
漢至于晉魏□及齊梁隋文則誓志焚修　我唐
則　累朝迴向莫不歸依　聖教恭敬
眞宗募善行於阿育王結慈緣於金龍子嘉
徵迭變靈應無窮或顯譚鶴飛翔不離於紺宇或卿雲搖
曳靡捨於金繩分　舍利於五十三州增福田於
千万億祀間生芝草頻現雨花眞形試火而火不焚因

其異主　寶塔居水而水不近彰自荊門禮懺
者沈痼自痊瞻虔者宿殃皆滅　金僊入夢白馬
戒途傳經旣□於西天演法俄流於中土今則
王天潢禀異　帝冑承榮立　鴻猷於
多難之秋彰　盛烈於阽危之際徧數歷代曾
無兩人增美　儲闈傳芳　玉諜將
中興於　十九葉纂　大業於三百年
竭力　邦家推誠　君父身先万振屢掃
攙搶血戰中原兩收宮闕故得諸侯景仰八表風隨當
□踞於山河郎　龍騰於區宇

朝萬國而無慙伯禹叶五星而不讓高皇惡殺好生泣
辜罪己然而早欽大口風尙口門捨口口口口口口口
口口禪林之嚴鎊天復元年施相輪塔心橑柱方一條
天復十二年以舊寺主寶眞大師賜紫沙門筠
口口口口口口口口口口口口口口口口爰命大師遂塔
修覆塔舍二十八間至十三年迄契至誠果諧
鑒感迅雷驟起大雨口口口口口口口口口口口口口
口口口口口口口吹沙涌出寶堦化成金像移山拔海
未足稱奇　聖力神功咸驚不測天復十四年
口口口口口口口口口口口口口十八間及兩　天

王兩鋪及塑四十二尊賢聖菩薩及畫西天二十口祖
兼題傳法記及諸功德皆彩繪畢天復十七年口口口
口口口并口造八面鈫鈫塔內外塑畫功德八龍王天
復十九年至二十年盍造護藍精舍四百餘間及甃塔
庭兩廊講口口口及口口口口堦天復十九年二十年
四月八日遣功德使特進守左衛上將軍上柱國隴西
縣開國伯食邑七百戶李繼潛僧錄明口大師賜紫沙
門彦文首座普勝大師賜紫沙門宗辭宣奉絲言敷傳
聖恐兩件施梵夾金剛經一万卷盍自　王晝夜
精勤　躬親繕寫不墜祇園之教普傳貝葉之文

塔前佚施十方僧衆受持兼香油蠟燭相繼路歧至天
復二十年庚辰至壬午歲修塔上層綠琉璃瓴瓦窮華
極麗盡妙罄能斧斤不輟於斯須繩墨無虧於分寸法
雲廣布　佛日高懸不殊兜率天中靡異菩提樹
下悟其實相了彼眞空金口巍峩福護於鳳鳴之境神
光煜爚照臨於鶉首之郊必使玉轝長新　瑤
圖永煥紹　高祖　太宗之丕搆邁三皇五帝之
口猷　王子天孫光承　運祚　大君
聖后冈墜花香口修寺主安遠大師賜紫沙門紹
恩戒行圓明精持堅慇稟先師之遺訓成　大國之

艮因放鶴掌中降龍口下護珠內絜世垢莫侵虔奉
宸嚴退禪勝果希傳永永爰刻礱礱昌序藝愧彩
毫詞非黃絹謬承　睿旨俾抒斯文殊匪研精難
逃荒鄙天祐十九年歲次壬午二月壬子朔二十六日
丁丑記
玉冊官孫福鐫字

碑稱天祐十九年是時唐亡已久李茂貞尙稱唐年
號又二年而莊宗取梁茂貞稱臣又一年而茂貞死
戰爭之時得作此佛事者以梁晉搆兵茂貞偷安故
也按傳茂貞先稱岐王莊宗改封秦王據碑則已先

BIBLIOTECA DA UNIVERSIDADE DA ÁSIA ORIENTAL
東亞大學圖書館
UNIVERSITY OF EAST ASIA LIBRARY

稱秦王矣碑王仁恭書亦精勁有法石墨鐫華

通鑑後唐莊宗同光二年封岐王李茂貞爲秦王今此碑天祐十九年建而其文稱巳秦王則在同光之前二年矣蓋必茂貞所自稱又史言茂貞奉天祐年號此碑之末亦書天祐十九年而篇中歷述前事則竝以天復紀年至天復二十年止亦與史不合金石文字記

文云秦王者李茂貞也金石文字記据通鑑後唐同光二年封岐王李茂貞爲秦王此文在同光之前以爲必茂貞所自稱以予攷之殊不然舊唐書昭帝本

紀景福二年十一月制以鳳翔節度使李茂貞守中書令進封秦王蓋茂貞之稱秦王自此始茂貞自岐王封秦王故云進封其後天復三年除茂貞檢校太師守中書令史仍稱秦王不云岐王也通鑑同光二年進岐王爵爲秦王考異云茂貞改封秦王薛史無的確年月實錄同光元年巳稱秦王茂貞遣使賀收復自後皆稱秦王至二年辛巳制秦王李茂貞可封秦王豈有秦王封秦王之理必是至是時始自岐王封秦王也据此則莊宗實錄本書秦王溫公以意改之耳茂貞唐之舊藩與河東均附屬籍稱兄弟行至

是始稱臣於莊宗故因其舊封授之錫以册命實錄所載本不誤通鑑改之失其寔矣五代史茂貞傳書封岐王于昭宗幸華之後通鑑則書于天復元年不知茂貞封岐王乃在景福元年以前舊唐書景福元年以故王李茂貞爲興元尹山南西道節度等使傳又稱梁祖即位茂貞稱岐王開府置官屬又稱茂貞聞莊宗入洛乃上表稱臣遣其子入朝改封秦王詔書不名不知茂貞在昭宗之世稱秦王巳久矣岐者一州之名秦者大國之號茂貞巳受命建國曰秦必不舍秦而仍稱岐此夫人而能知者也通鑑稱唐之亡也惟河東鳳翔淮南稱天祐

西川稱天復年號此碑叙述前事俱用天復紀年至二十年止碑末乃書天祐十九年與史不合五季土宇瓜分各帝其國紀元之令朝更暮改史家得于傳聞不若碑碣之可信當全忠刼昭宗遷洛改元天祐河東西川謂天祐非唐號不可稱仍稱天復岐介晉蜀之間與梁爲深讐必仍以天復紀年及唐既亡河東改稱天祐西川仍稱天復茂貞與西川爲鄰亦必仍稱天復也久之晉日盛強滅梁之形巳久茂貞乃改稱天祐以自同于晉此事之想當然者惜乎史文缺漏賴有此碑立于當日可證紀元之異同此金石

文字之有功于史學也寺在鳳翔之岐山縣唐憲宗元和十三年功德使上言鳳翔法門寺有護國眞身塔塔內有釋迦牟尼佛指骨一節上遣中使帥僧衆迎之者卽此塔也潛研堂金石文跋尾

天祐十九年卽梁主瑱之龍德二年也秦王卽李茂貞唐亡梁稱帝改元開平日茂貞與李克用並襲天祐蜀王建稱天復七年以明年改元武成吳楊渥稱天祐十五年以明年改元武義並是也茂貞踞有鳳翔等二十州于梁主瑱貞明乙亥丙子之間鳳翔爲蜀所克史不言復爲茂貞所有據碑可見其脫誤碑

又稱天復十二年十九年二十年天復之十二年卽天祐九年其十九二十年則天祐十六十七兩年也是茂貞稱天復天祐號年之限克用專稱天祐茂貞兼用天復天祐此其所異者也茂貞本姓宋僖宗賜姓爲李氏或云茂貞封秦王在同光初天祐十九年不得有是稱案天祐十九年卽梁亡之年明年則爲同光元年也豈茂貞自稱爲秦王莊宗因是封之耶蓋不獨武都楊盛不改義熙年號比志于陶靖節矣關中金石記

茂貞本姓宋僖宗賜姓李氏記所稱天潢禀異帝裔承榮益指其事法門寺見韓愈傳云鳳翔法門寺有護國眞身塔此所重修塔意卽其遺跡與記稱天祐十九年歲次壬午前又以天復紀年至二十年參差無統唐之正朔亡矣歷代紀元彙攷于梁開平元年書岐王天祐四年証之此碑仍稱自天復元年及十二十三十四十九廿年皆以天復紀號是當梁之篡唐未嘗以天祐紀推其誤益沿于通鑑謂唐之亡惟河東鳳翔淮南稱天祐也授堂金石跋

重修定晉禪院碑

碑高九尺八寸廣四尺九寸五分三十六行行七十二字正書在武安縣

磁州武安縣定晉山重修古定晉禪院千佛邑碑

邢州開元下缺

原夫佛理志大意微有德而風靡三皇無位而生乎八表化跡隱顯利用投機□□□□□□□□□□□□□□□□□□□□□□□□□□□□□□宣戒善日用日新道證無生不的不莫有相不惮於理執空恐滯於魔昔在千人志居中□□荷□□□□□□□□□□□□□□□□□□□□□□□□□□□□□□□□□□□也生知罪福□□猛列出家志氣異於常徒頓捨親孤然山峪

暑風寒雪已辯春秋葉落花生方知冬夏紀□□□□
□□□□□□□□□□□□□□□□□□□
□□□□□□東魏黃初三年高歡帝所造也又雜集
異記云魏時有大乘僧不知生族諸天降食以供其齋
忽夜夢二豎凭□□□□□□□□□□□□□
□□□□□□□俗服於山石邊有大榻樹本堅枝密
其僧將法衣往樹欲掛其樹忽爾開而售之儼然掩合
神力弥縫乃婚媾長於二子後一十二年却至樹邊樹
開而□□□□□□□□□□□□有虎鬪菴前
師乃以手約杖駈而皆耳伏後之人因其樹号榻禪師

之寺焉又改爲定晉禪院禪室山巖雅高雅邃龍池虎
穴左之右之上至天宮下窮於地獄乃爲師之□□道
清以考此凡志求□□蹤撿度古基持興葢造從大唐
同光元年歲次癸未七月起功至天成元年歲次丙戌
九月院成法堂僧堂厨庫□屋並在巖谿之下禪棚石
室佛糸□像安於峭壁之中木秀山巍巓□□□□禽
□獸崗畔成羣洞□祥風泉源細水花芳艷翠香逐雲
濃散雨龍寒飛霜石冷幽閑異境大聖所居古跡金田
遂重修昔昔日禪定石室一所□塞無蹤忽然自開收
得道具數件乃是榻禪□僧所用之物也有闡梯一條

隣高百□倚於巖下莫知年載有坐禪棚一所出於峻
壁之中下去地一十五丈於同光三年九月十□特然
修換材木皆新棚上有阿彌陁佛一尊聖僧一坐倚子
一隻葢一頂道情覩此聖事乃全枯意馬苦楚心猿又
磬勤忠焚香發願别化千八之邑同修一刼之緣葢造
高樓安排佛像玆願已集碑紀微功所住山中素無青
石求之莫有於天成二年歲次丁亥七月二日有二龍
鬪於寺前峪内雷訇電耀水溢溝穿現出青石一條長
一丈七尺琢之如珉磨之瑩然龜頭贔屓皆獲足矣建
玆福事際會　明朝立□之功上歸

皇化君聖臣賢之代民康鼓腹之年收藪謌而樂
乎哉風雨時而禮何有三郡　潛龍之地九州一
統之時　帝孟堯風皇宗舜海金枝黃鉞掌
鉅鏕之山河　帝子親王秉邢臺之旌節□
□樂業豊稔田疇民義於　君君賢於德罰
惡勸善刑法無差寮直退私人滋壽富　皇天后
上翼肋山河湮毁困窮皆霑霈澤浩浩　九圍之
道民無德而稱滔滔六合　禹無間然矣
　塗陽西面古跡重興雲嶺巖前金園再建巍峩突
矶插霄漢以廷廷聳峻崚嶒掩蓮宮之欝欝榻禪解鬪

之虎窠穴仍多賢良造化之基器用不少凡施功力哨
叶神聰永彼元規如掌聖肋無私善事衆慕如歸利物
深緣易爲成就千門万戸自捨家財伐木窮山人心不
憚有邑首都維那三人次維那十人悟身若幻生務生
口其構良因耳相勉導逐處鄉邑次立維那舉其万法
之門結會千人之數各有名氏鑴之碑餘基秋家邦雷
諸善則鄉口稟命動靜咸宜化名信心從風集事繼千
佛之大行踵百福之遐功克荷僧徒捐情聖業筠篁志
氣山岳心田重義輕金守公奉　　法歲寒如一運
順始終建碑勒名以彰成事邑主沙門口口口心化利

上報　　　　　皇恩錄彼聖蹤請叙文也沙門
宗仁僧門無藝僑教荒踈自度鈆刀難鑴寶玉豈將瓦
礫連布瓊瑤頻番雅命堅令撰修覓之旣難實錄前志
徦之　　　　口口口口所冀殊禎絕瑞万代長存
巨福良因千年不泯更顯前事章勾頌焉　　日月遞
照　乾覆坤維　四時列序　万衆咸宜　去彼取此
　昭德塞違　天地之心　聖人則口　口口口口
東魏仁君　一匡天下　八表咸賓　憫禪是敬　悟
法情忻　金田刱造　寶輦勤勤　二化緣有盡　聖道
多門　或隱或顯　有去有存　酉眞設像　資福濟

口　口口口口　福利徦口　三一僧堅操　二利俱陳
　深山守道　古寺求眞　心猿息慮　苦節於身
巖巒作伴　虎豹爲隣　四三業障重　六賊爲親　勸
修十善　遠刧良口　口口口口　口出沉輪　巨善
邑會　日用日新　五
大唐天成四年歲次己丑九月九日建
竭忠建策興復功臣安國軍節度使邢洺磁等州觀
察處置使金紫光祿大夫檢校司徒使持節邢州諸
軍事守邢州刺史兼御史大夫上柱下缺
安國軍節度行軍司馬金紫光祿大夫檢校尚書左

僕射兼御史大夫上柱國李從信
安國軍節度副使銀青光祿大夫撿挍工部尚書下缺
金紫光祿大夫撿挍工部尚書守磁州剌史兼御口
口上柱國安口
安國軍節度押衙充三州諸軍馬步使銀下缺
口紫光祿大夫撿挍司徒前守河東左右廂步軍指
揮使二州都招圾使澶州防禦使楊劉鎭馬步軍都
指揮使瓦橋關指揮使瀛下缺
安國軍節度判官朝議郎撿挍尚書金部員外郎賜
紫金魚袋李瓊

邢洺磁等州觀察判官朝議郎檢校缺下

節度掌書記將仕郎試大理評事兼察御史張琲

節度押衙知客銀青光祿大夫檢校工部尚書兼御

史大夫柱國杜□

□州軍事判官將仕郎試大理評事徐處凝

登仕郎守磁州錄事參軍劉寧丘

朝散大夫□磁州武定縣令試缺下

□□□□□□當武安鎮務馬賓

節度押衙前守武安鎮使銀青光祿大夫檢校工部

尚書兼御史缺下

□□□□□□左忠順指揮使銀青光祿大夫檢校

工部尚書兼御史大夫柱國馮□

□義軍節度押缺下

□□□□□□□轉受捉生指揮使銀青光祿大

夫檢校太子賓客殿中侍御柱國缺下

□□□□□□□使銀青光祿大夫檢校左散騎

常侍兼殿中侍御上柱國缺下

□□□□□□□兵馬使銀青大夫檢校太子

賓客監察柱國張□

□□□□□□□銀青光祿大夫檢校工部尚書

兼御史大夫缺下

重修古定晉禪院千佛邑碑天成四年九月立釋道清撰俗名透影碑下半毀損有云東魏黃初三年高歡帝所造也以曹魏年號爲元魏未審何以謬誤至此又云雜集異記云云按太平御覽引談藪曰北齊高祖多殺戮有稠禪師者以業行著稱云云豈即其人與中山經云虎首之山多苴稠椐郭璞注稠未詳也說文稠木也而見于此終不知何木 中州金石記

碑下截已斷缺中言定晉禪院以同光元年七月起功至天成元年九月落成又言收得道具數件乃是

椆禪師□儈所用之物有單梯一條坐禪棚一所椅子一隻蓋一頂案陔餘叢攷引丁晉公談錄竇儀雕起花椅子二以備右丞及太夫人同坐王銍默記李後主入宋後徐鉉見李取椅子相待以爲始自宋初不知後唐時已有此坐具矣 授堂金石跋

按碑前半稍有剝落不可盡讀有云東魏黃初三年高歡帝所造也黃初乃魏文帝年號東魏亦無以黃初紀元者釋藏之書所紀事蹟往往得諸傳聞故舛謬頗衆碑又引雜集異記云云檢唐書藝文志雜家類有集異記三卷薛用弱撰用弱字中

勝長慶中光州刺史碑所引疑即此書碑後半詳記修造始末繼以銘詞年月後題名者二十人首行稱竭忠建策興復功臣安國軍節度使邢洺磁等州觀察處置使金紫光祿大夫撿挍司徒使持節邢州諸軍事守邢州刺史兼御史大夫上柱國下其名已缺以史攷之乃符存審也舊史存審傳天祐九年以功遙領邢洺磁團練使十三年二月劉鄩自莘悉衆來襲我魏州存審以大軍躡其後戰於故元城大敗汴人從收澶衛磁洺等州秋邢州閻寶降授存審安國軍節度使邢洺磁等州觀察

使其歷官皆與碑合是年十月授存審檢校太傅橫海軍節度使兼領魏博馬步軍都指揮使明年就加平章事以後歷官內外蕃漢馬步摠管又以功加檢校太傅兼侍中又以本官充幽州盧龍節度使同光初加開府儀同三司檢校太師中書令碑皆不及則知所載銜名皆在天祐十三年以前碑立于天成四年九月而云同光元年起功至天成元年院成同光元年距天祐十三年尚隔七年葢其時創議修建地方達官已與聞其事至院成立碑方追題其姓氏不書現官者從其朔耳又存審傳稱同光初賜號忠烈扶天啓運功臣碑題竭忠建策興復功臣則亦天祐中先賜之號足補兩史所略存審之後題名可見者李從信李瓊徐處凝劉宏邱馬賓五人皆無史傳可攷餘十四人或僅存其姓或并姓名俱蝕爲可惜也

賜長興萬壽禪院牒

石高四尺廣三尺十行行十字十一字不等正書在鳳翔府

中書門下　牒鳳翔觀察使

興元節度使張虔釗奏薦青峯禪院乞賜院額

牒奉

勑宜賜長興萬壽禪院爲額

牒至准

勑故牒

長興三年九月三日　牒

門下侍郎平章事李

右僕射兼門下侍郎平章事

按是牒須于長興三年九月刻宋鳳翔府停廢寺院牒之下載張虔釗遼州人舊五代史本傳云長興中爲山南西道節度使兼西面馬部軍都部署碑稱興元節度使則虔釗奏薦青峯禪院乞賜院

額郎在長興初癸未題門下侍郎平章事李愚者李愚也愚以是年八月丙寅由宰臣爲門下侍郎同平章事監修國史見明宗本紀

張希崇華嶽題名

題名四行字數不等正書左行在華嶽廟

張希崇〔下闕〕春歸闕時淸泰二年歲次乙未十月二十三日回謁　淸廟乃留是題

按是題在崔伯恭題名之右首行張希崇以下殘闕舊史希崇傳云希崇少通左氏春秋復癖於吟咏天祐中依劉守光爲裨將後隸周德威麾下守平州爲案巴堅所略詢希崇知爲儒人因授元帥府判官後遷盧龍軍行軍司馬繼改蕃漢都提舉使天成初爲平州節度使等以管內生口二萬餘南歸唐明宗嘉之授汝州防禦使歷二年遷靈州兩使留後告諭邊士廣務屯田歲餘軍食大濟璽書褒之因正授旄節淸泰中希崇厭其雜俗頻表請覲詔許之云云此刻稱歸闕時淸泰二年十月回謁淸廟乃留是題必由靈州歸闕時所題也

贈張繼祚勑

碑高五尺八寸廣三尺六寸九行行九字行書在偃師縣

勑張繼祚朕以故齊王早推德望備著勳庸久綏河洛之人再造凋瘵之地遍兼近鎭咸播休聲存旣誓於山河沒宜刊於金石今差翰林待詔張璡宣賜神道碑銘便令書石故茲示諭想宜知悉春暄汝□□否

按碑石舊有拓本近埋淤土中始命役夫出之已斷爲二矣全義守河南三十年史稱其披荆棘勸耕殖躬載酒食勞民畎畆之間築南北二城以居之數年人物完盛民甚頼之今勑所云久綏河洛再造凋瘵信非誣也勑以賜全義子繼祚蓋宣示神道碑銘而通志遂以碑額即爲繼祚故具錄以正訛偃師金石遺文記

賜進士出身　誥授光祿大夫刑部右侍郎加七級王昶譔

五代二　晉

贈太傅羅周敬墓誌銘

碑高三尺五分廣二尺九寸四分四十五行行四十四字正書在洛陽縣

晉故竭誠佐定保乂功臣特進撿挍太保右金吾衛上將軍兼御史大夫上柱國長沙郡開國公食邑一千八百戶食實封一百戶贈太傅羅公墓誌銘并序

朝請大夫行起居郎充史館修撰柱國殷鵬撰并書

夫天地肅物松柏猶或後凋郊藪呈芳芝蘭焉能長秀

故老氏有必摧之歎仲尼興不實之悲衆木伍而梁棟傾嚴霜重而祥瑞去物之有矣可得喻焉　公諱周敬字尚素其先顓頊之廟諱也封於羅以國爲氏地連長沙因家焉　公即長沙之後也　曾祖讓皇撿挍司空累贈太師封南陽王娶宋氏封越國太夫人祖諱廟諱信皇天雄軍節度使撿挍太師兼中書令長沙王累贈守太師累封趙王謚曰莊肅娶趙國夫人呂氏先薨又娶吳國夫人王氏爲時之瑞命世而生倜儻不群英雄自許有唐之末大盜助興鎭守一方廓淸千里上則忠於　社稷下則施及子孫　烈考諱紹威

皇天雄軍節度使守太師兼中書令鄴王贈守尚書令謚曰貞莊　天地鍾秀山河孕靈下筆則泉湧其文橫戈則雷震其武惠惟及物明可照姦曠古已來罕有其比　貞莊有子四人長廷規天雄軍節度副大使撿挍太傅駙馬都尉少薨贈侍中次周翰義成軍節度使撿挍太傅駙馬都尉亦少薨贈侍中次周廟諱前保大軍行軍司馬撿挍兵部郎中兼御史大夫柱國賜紫金魚袋早歷通班繼爲上介綽有器業可奉箕裘公即貞莊公弟三子也性稟淳和生知禮樂早失天蔭幼奉母儀秦國夫人劉氏即故兖州節度使太師公之弟三女也

肅雍無比柔順有聞示以愛慈加之訓導遂令諸子悉著美名時　梁乾化初　公之次兄方鎭南燕　公時年九歲　秦國夫人歸寧於　兖州太師之宅遂命侍行至　闕下梁口主宣召入內對敭　明庭進退有度上甚器重之遂授撿挍尚書禮部員外郎仍賜紫金魚袋自此恒在　宮禁出入扈從　乘輿與　皇親無間侍立　晁旒多備顧問無非辯對深恰　宸衷上尤奇之其年秋七月歸南燕甲戌秋七月　公之次兄薨於滑州之公府上聞訃奏乃謂近臣曰羅氏大勳之後宜賞延遂命公權知滑州軍州事撿挍禮部尚書冬

十月上表乞入　覲十一月至　京師朝謝畢翌日有
制授宣義軍節度使撿校尚書右僕射年方十歲位冠
五侯甘羅佩印之初未為少達王儉登壇之日已是老
成十二月至自京師乙亥春三月鄴中搆乱河上屯兵
况處要衝屬兹征伐事無巨細　公必躬親道路有頌
聲軍民無撓政丙子春二月移鎮許田加撿校尚書左
僕射是歲　公年始十二作事可法好謀而成政絕煩
苛人臻富壽忽下徵黄之詔俄諧會尸之朞戊寅秋七
月朝于京師有　詔尚主公拜表數四辭不獲免遂授
撿校司空守殿中監駙馬都尉壬午冬十月出降普安

公主傅粉何郎晨趍月殿吹簫秦女夜渡星橋一時之
盛事難儔千古之清風盡在癸未春三月除光祿卿冬
十月　唐莊宗收復梁園中興唐祚屬當郊祀無失職
司遂封開國侯加食邑三百戶至　明宗纂紹之初除
右金吾衛大將軍充街使秋九月轉左金吾衛大將軍
充街使執金在彤庭之前佩玉向丹墀之上仕宦之貴
無出於斯上以　公久居環衛之班頗著警巡之効至
戊子二月有制授匡國軍節度使加撿校司徒仍賜耀
忠匡定保節功臣下車之後布政惟新福星爰照於左
馮暖律又來於沙苑庚寅夏四月上以圜丘禮畢慶澤

溥行就加撿校太保仍降　璽書其年冬十一月朝于
京師除左監門衛上將軍九月轉左領衛上將軍辛卯
夏六月轉左武衛上將軍癸巳五月除左羽林統軍甲
午春加特進階封開國公食邑二百戶改賜竭誠匡定
保乂功臣丙申九月　唐廢主以汴師北征命公以所
部禁旅巡警夷門公英断不回至仁有勇當危疑之際
立鎮靜之功浚郊之民于今受賜　今皇帝并門鳳舉
洛水龍飛力顛摧祟首來入覲上嘉其懿効旌被殊庸
遂除右金吾上將軍萎拔出揔藩宣入居嚴衛外則作
疲民之藥石內則為　天子之爪牙文武兩班踐楊將

遍物禁太盛古之有言壽年未高染疾不起以天福二
年七月二十七日薨於汴州道德坊之私第享年三十
有三嗚呼皇天莫問徒云輔德之言大夜何長其有殲
良之歎　上聞所奏惻怛哀慟輟視朝兩日亭加賵幣
贈太傅　君臣之義終始克全公以己丑歲五月　梁
晉安公主薨於同州後再娶東海郡徐氏夫人即故東
川節度使太師弟五女也蕙質蘭姿懿德令範孰念孤
鸞之歎自傷黃鵠之歌　公有姪延□見任閑廄副使
即魏博□大將軍侍中之子也朴玉其儀渾金其器度
評□□相貌□□□□□人□□□　公亦三子四女

長子延賞守太子舍人次延緒次延宗皆稟庭訓悉紹
家聲龍駒鳳雛得非天性良金瑞玉自是國楨終天懷
風樹之悲踣地有蓼莪之痛長女適郝氏次適婁氏二
女方幼諸子皆普安公主之出也　公主靜惟閑雅動
有規儀休聲首冠於　皇□　淑德克彰於婦道帝王
之女無以過焉　公性不好弄幼善屬文嚴毅而至和
溫恭而難犯言惟合道動不違仁張充一變之年已功
成名遂□□□□之日乃善始令終以丁酉歲冬十月
六日安葬於洛陽縣之原禮也孤子延賞等泣告鵬曰
公之履行爲衆所知　公之勲庸歷代罕比若非故

舊孰能纏陳鵬列親表之間受　顧念尤最難避狂簡
輙勒貞珉序不盡言乃爲　銘曰
積慶之門　挺生奇傑　入覲堯庭　出持漢節
十乘啓行　万夫觀政　宵旰無憂　袴襦入詠
英華發外　清明在躬　惟忠惟孝　立事立功
滑臺去思　璧田來暮　藹然休光　綽有餘裕
摛繡文翰　傅粉容儀　承顏紫禁　飛步丹墀
門盛七葉　祿逾万石　外冠時英　內光　帝戚
歷事累朝　荐逢多難　動有成功　舉無遺筭
秋敗芳蘭　地埋良玉　山雲晚愁　林風夜哭

王孫一去兮不復還　陵園草色兮秋黃春綠
洛陽縣　清封鄉　積閏村
誌石出土當庚戌歲七月洛水北溢沖激崖岸墓陷於
水惟石爲土人移置僅存予案誌文稱周敬曾祖讓皇
檢校司空累贈太師封南陽王薛史失其名歐史亦不
著其官階祖宏信皇天雄軍節度使檢校太師兼中書
令長沙王累贈守太師累封趙王謚曰莊肅薛史載宏
信累官至檢校太尉封臨清王歐史僅書爲節度使唐新
書宏信傳徙臨清郡王又追封北平王誌言紹威有子四人長廷規次周
翰次周允書官並較史爲詳然周翰史載爲宣義軍節

度使誌稱爲義成職方攷滑在梁稱宣義唐改爲義成
周翰官於梁而誌以唐代遷易之鎮名書之於事爲失
實次卽周敬字尚素初授檢校尚書禮部員外郎仍賜
紫金魚袋權知滑州軍州事檢校禮部尚書尋授宣義
軍節度檢校尚書右僕射薛史所云命爲兩使留後尋
正授旄鉞正指其事而檢校尚書右僕射則無此文又
移鎮許田加檢校尚書左僕射又授檢校司空守殿中
監駙馬都尉薛史授祕書監與殿中監文亦小異入唐
當莊宗時封開國侯加食邑三百戶明宗除右金吾大
將軍充街使遂轉左充使如故授匡國軍節度使加檢校

司徒仍賜耀忠匡定保節功臣加檢校太保除左監門衛上將軍轉左領門衛上將軍轉左武衛上將軍入晉除右金吾上將軍薛史載莊宗卽位歷左右金吾大將軍据誌文則莊宗但封侯加邑明宗始除右金吾又轉左耳周敬在梁移鎮許田史言忠武此亦唐改軍號而史以加於梁臣蓋錯紀也史載長興中入爲左監門衛上將軍四遷諸衛上將軍當以始除及入晉凡四遷而功臣賜號史不及之周敬兄弟四人竟脫周允不錄皆宜依誌文爲据誌前列朝請大夫行起居郎充史館修撰柱國殷鵬撰并書薛史鵬

字大舉大名人爲右拾遺歷左補闕考功員外郎充史館修撰與此題合其階勲失書也又誌言周敬之葬在洛陽清封鄉積潤村今誌石所出直石嘴之西數十步蓋於墓地猶可攷而五代壚聚之名亦以附傳於後金石豈惟補史闕文哉授堂金石跋

按碑文其二千餘字皆明白可誦周敬薛史有傳碑稱周敬曾祖讓祖宏信父紹威兩唐書皆有宏信傳薛歐兩史皆有紹威傳其書官與碑詳略具著授堂跋中惟謚曰貞莊薛史所無歐史作貞壯又微異耳碑叙周敬于梁時代周翰權知滑州軍州事至末帝末除光祿卿與史多合歐史紹威傳稱周敬唐莊宗時爲金吾大將軍明宗以爲匡國軍節度使罷爲上將軍薛史稱莊宗卽位歷左右金吾大將軍明宗卽位授同州節度使加檢校太保長興中入爲左監門上將軍四遷諸衛上將軍碑則云癸未十月莊宗封開國侯加食邑三百戸明宗初除右金吾衛大將軍充街使九月轉左戊子二月授匡國軍節度使加撿挍司徒仍賜耀忠匡定保節功臣庚寅夏四月加撿挍太保十一月除左監門衛上將軍九月轉左領衛上將軍辛卯

六月又轉左武衛上將軍癸巳五月除左羽林統軍甲午春加特進階封開國公食邑二百戸改賜竭誠匡定保乂功臣入晉除右金吾上將軍是周敬封侯加邑在莊宗時而其除右金吾轉左皆明宗時事其授匡國軍節度使亦在明宗卽位後二年加撿挍太保除左監門衛上將軍則又長興元年之事皆史氏紀載之外至長興四年以後及入晉歷官史亦未之詳也碑又云以天福二年薨享年三十有三史則云年三十二按周敬以梁末帝乾化初從母秦國夫人至闕下始授撿挍尚書禮

部員外郎時年九歲明年代周翰節制滑臺時年
正十歲與史傳合則至天福二年實三十三歲兩
史皆誤歐史又云周敬娶末帝女曰晉安公主薛
史作普安公主以碑證之則舊史是也五代會要
載梁少帝公主長壽春次壽昌獨無普安封號何
歟碑敘所葬地但云洛陽之原而碑末别書洛陽
縣清封鄉積潤村一行向來碑刻未見此例然河
南通志陵墓類河南府下失載羅周敬墓正當據
碑俾後人知其所在補之可見書碑不得過略矣

溪州銅柱記

記八面高六尺八寸四分面廣六寸五分四十二行行五十七字正書在辰州府

天策上將軍江南諸道都統楚王希範
金紫光祿大夫檢校兵部尚書使持節溪州諸軍事
溪州刺史兼御史大夫上柱国長沙縣開國伯食邑
九伯戶五溪口團練使彭　下有押字不可識
天策府學士江南諸道都統掌書記通議大夫檢校
尚書左僕射兼御史大夫上柱國賜紫金魚袋李宏
臯撰
粵以天福五年歲在庚子夏五月　楚王召天策
府學士李宏臯謂曰　我烈祖昭靈王漢建武十
八年平徵側於龍編樹銅柱於象浦其銘曰金人汗出
鐵馬蹄堅子孫相連九九百年是知吾　祖宗之
慶靈緒綿遠則九九百年之運昌于南夏者乎今五溪
初寧羣帥內附古者天子銘德諸侯計功大夫稱伐必
有刊勒垂諸簡編將立標題式昭恩信敢繼　前
烈爲吾紀焉宏臯承　教濡毫載敘厥事蓋聞牂
牁接境盤瓠遺風因六子以分居入五溪而聚族上古
以之要服中古漸爾羈縻洎師号精夫相名姎氏漢則
宋均置吏稍靜溪山唐則楊思興師遂開辰錦迩來豪
右時恣陸梁去就在心否臧由己溪州彭士愁世傳郡

印家總州兵布惠立威識恩知勸故能歷三四代長千
萬夫非德教之所加豈簡書而可畏亦無辜於大國亦
不虐於小民多自生知因而善處無何忽承間隙俄至
動搖　我王每示　含宏嘗加姑息漸爲邊
患深入郊圻剽掠耕桑侵暴辰澧壃吏告逼郡人失寧
非萌作孽之心偶昧戢兵之法焉知縱火果至自焚時
　晉天子肇創　丕基　倚注
雄德以　文皇帝之徽号繼　武穆王之令
謨　縟命　我王開天策府　天人降
止備物在庭方振　聲明又當昭泰眷言僻陋可

侯綏懷而邊鄙上言各請効命　王乃以靜江軍
指揮使劉勍率諸部將付以偏師鉦皷之聲震動谿谷
彼乃弃州保嶮結寨斗高唯有鳥飛謂無人到而劉勍
虔遵　廟算密運神機跨壑披崖臨危下瞰梯衝
既合水泉無汲引之門樵採莫通糧饋乏轉輸之路固
甘矜甲豈暇投戈彭師杲爲父輸誠束身納款
我王愍其通變爰降　招攜崇侯感德以歸周孟
獲畏威而事蜀　王曰古者叛而伐之服而柔之
不奪其財不貪其土前王典故後代著龜吾伐叛懷柔
敢無師古奪財貪地實所不爲乃依前奏授彭士愁溪

州刺史就加檢挍太保諸子將吏咸復職員　錫
賚有差俾安其土仍頒廩粟大賑貧民乃遷州城下于
平岸溪之將佐銜　恩向　化請立柱以誓焉
於戲　王者之師貴謀賤戰兵不染鍔士無告勞
肅清五溪震讋百越底平疆理保乂　邦家尔宜
無擾耕桑無焚廬舍無害樵牧無阻川塗勿矜激瀨飛
湍勿恃懸崖絶壁荷君親之厚施我不徵求感
天地之至仁尔懷寧撫苟違誠誓是昧神祇垂于子孫
庇尔族類鐵碑可立敢忘賢哲之蹤銅柱堪銘願奉
祖宗之德宏泉仰遵　王命謹作頌焉其詞

曰
昭靈鑄柱垂英烈手執干戈征百越我王鑄柱庇黔黎
指畫風雷開五溪五溪之險不足恃我旅爭登若平地
五溪之衆不足憑我師輕蹈如春冰溪人畏威仍感惠
納質歸明求立誓誓山川兮告鬼神保子孫兮千萬春
推誠奉節宏義功臣天策府都尉武安軍節度副使
判內外諸司事永州團練使光祿大夫檢校太傅使
持節永州諸軍事行永州刺史兼御史大夫上柱國
扶風縣開國侯食邑一千戶馬希廣奉　敎監臨鑄
造

天福五年正月十九日溪州刺史彭士愁與五姓歸
明衆具件狀歃血求誓　楚王略其詞鐫于柱
之一隅
右據狀溪州靜邊都自古已來代無違背天福四年
九月蒙　王庭發軍收討不順之人當都願將
本管諸團百姓軍人及父祖本分田場土產歸明王
化當州太鄉三亭兩縣苦無稅課歸順之後請祇依
舊額供輸不許管界團保軍人百姓乱入諸州四界
劫掠詃盜逃走戶人凡是王庭差綱收買溪貨并都
募採伐土產不許輙有庇占其五姓主首州縣職掌

有罪本都申　上科懲如别無罪名請不降官
軍攻討若有違誓約甘請准前差發大軍誅伐一心
歸順　王化永事　明庭上對三十三天
明神下將宣祇爲證者　王曰尔能恭順我無
科徭本州賦租自爲供贍本都兵士亦不抽差永無
金革之虞克保耕桑之業皇天后上山川鬼神吾之
推誠可以　元鑒
大晉天福五年歲次庚子七月甲子朔十八日辛巳
鑄八月甲午朔九日壬寅鐫十二月壬辰朔二十日
辛亥立

靜邊都指揮使金紫光祿大夫撿挍太保使持節溪
州諸軍事守溪州刺史兼御史大夫上柱國隴西縣
開國男食邑三百戸彭士愁
武安軍節度左押衙金紫光祿大夫檢挍司徒前溪
州諸軍事守溪州刺史兼御史大夫上柱國彭師佐
武安軍節度左押衙前砂井鎮遏使三井都管使銀
青光祿大夫撿校尚書左僕射兼御史大夫上柱國
龔明芝
武安軍節度左押衙銀青光祿大夫檢挍尚書左僕
射兼御史大夫上柱國田宏贇

武安軍節度衙前兵馬使前溪州左廂都押衙銀青
光祿大夫撿挍太子賓客兼御史大夫上柱國向宗
彥
武安軍同節度副使攝溪州司馬銀青光祿大夫撿
挍左散騎常侍兼御史大夫上柱國覃彥仙
武安軍節度副將充溪州知後官銀青光祿大夫撿
挍國子祭酒兼御史大夫上柱國朱彥臨
武安軍節度左押衙口都指揮使知使防邊營金紫
光祿大夫撿挍司徒前溪州諸軍事守溪州刺史兼
御史大夫上柱國彭允瑫

武安軍節度左押衙金紫光祿大夫撿挍司徒前溪
州諸軍事守溪州刺史兼御史大夫上柱國田倖暉
武安軍節度左押衙充溪州副使銀青光祿大夫撿
挍尚書左僕射守溪州三亭縣令兼御史大夫上柱
國彭師佫
武安軍節度左押衙左義勝第三都都將銀青光祿
大夫撿挍刑部尚書前守富州别駕兼御史大夫上
柱國彭師杲
武安軍節度同十將前溪州左廂都虞候銀青光祿
大夫撿挍太子賓客兼監察御史上柱國龔貴

武安軍同節度副使前攝大鄉縣令銀青光祿大夫
撿校左散騎常侍兼御史大夫上柱國覃彥富
武安軍節度左押衙充靜冦都指揮使金紫光祿大
夫撿校司徒前溪州諸軍事守溪州刺史兼御史大
夫上柱國田宏祐
武安軍節度左押衙充砂井鎮遏使銀青光祿大夫
撿校尚書左僕射兼御史大夫上柱國彭師梴
武安軍節度左押衙充金灣里指揮使銀青光祿大
夫撿校尚書左僕射兼御史大夫上柱國覃彥勝
武安軍節度討擊副使左歸義第三都都將銀青光
祿大夫撿校左散騎常侍兼御史大夫上柱國彭師
晃

前溪州大鄉縣令將仕郎試大理評事兼監察御史
賜緋魚袋彭允臻
武安軍節度攝押衙充靜冦都副兵馬使銀青光祿
大夫撿校右散騎常侍兼御史大夫上柱國田思道
銀青光祿大夫撿校國子祭酒知溶州軍州事兼監
察御史武騎尉彭□□（以下題名皆羼入文字中故附列于後）
知猿州軍州事彭君庸
知忠彭州軍州事彭文綰

知南州軍州事彭光明
知州彭文儦
團練彭如遷
前三亭縣令彭如喜
三亭縣令彭文雅
都監彭文威
溪州都監彭如興
溶州都監彭仕明
統軍使彭如武
都揮指使彭文仙

知萬州軍州事田彥存
高州巡撿使彭如聰
巡撿使彭如品
十洞彭如意
統軍彭仕進
排軍指揮使陳文綰
巡撿朱繼顯
教練使屈思
靜邊都指揮使彭文勝
溪州軍事推官辛白

湘州羅文贍
史軍羅万能
巡撿羅万貴
錄事叅軍廖保詡
水南都指揮使羅文彦
金唐縣田成益
敎練使彭進
溪州知州彭君善
鈐轄覃万寅
五都彭如亮

五溪巡撿使知向化州彭如會
知保靜州軍州事彭光陵
知來化州軍州事彭允會
知感化州軍州事覃文縮
團練向行仙
古州覃万貴
五溪都招安巡撿使田思滿
左衙龔貴朋
知永州軍州事彭君昌
溪洞巡撿使知武寧州軍州事彭□□

知富州軍州事覃文勇
知謂州軍州事覃允贇
知州朱進通
知州苻彦貴
鈐轄彭如權
鈐轄覃文見
知州田彦勝
通判田彦强
知州田思超
施酉知州彭允師

銅柱高壹丈貳尺內入地陸尺重伍阡斤并石蓮花臺及下有石頼

維天禧元年十一月十五日移到至十六日竪立記

此行在第一行復溪州銅柱記之下宋人題字

馬希範晉天福中授江南諸道都統又加天策上將軍谿州洞蠻彭士愁冦辰澧二州希範討平之士愁以五州乞盟乃銘于銅柱希範自言漢伏波將軍援之後故鑄銅柱以繼之 舊五代史

銅柱在會溪城晉天福五年溪州剌史彭士愁納土求盟楚王馬希範請于朝以立之學士李皋爲之銘

五代史謂之彭士然者字之訛也當以銅柱銘爲正天下輿地碑記
溪州銅柱重五千斤并石蓮花臺予按陸游南唐書謂彭師暠不知其世家希萼與弟希崇爭國希萼敗見執希崇避殺兄名於是命師暠幽希萼於衡山使甘心焉師暠歎曰留後欲使我弑君耶吾豈爲是哉至衡山與廖偃護視甚謹遂築行府奉希萼爲衡山王請命金陵元宗爲出師定楚亂希萼遂入朝偃師暠俱從行馬令南唐書云希崇遣彭師暠廖偃囚希萼於衡山師暠奉希萼爲衡山王臣於南唐十國春

秋云希萼入府視事吳宏彭師暠見希萼皆釋不殺賜希廣死彭師暠葬之瀏陽門外師暠疑即師杲也然則彭氏雖溪蠻乃馬氏之忠臣與周行逢據湖南時有謠云滿天太保滿地司空觀此碑所書蓋自馬氏時已然矣池北偶談

右銅柱記楚王馬希範與溪州刺史彭士愁立誓范金爲柱命掌書記天策府學士李宏皋作記柱高一丈二尺入地六尺重五千斤環以石蓮花臺在今辰州溪蠻境上去府治百餘里以是罕有摹拓本流傳于世即好古如翟趙曾洪諸家亦未之著錄也予年三十讀歐陽子五代史愛其文辭及覽觀司馬公通鑑編年叙事反詳于國史之紀傳心竊未安因與鍾秀才淵映約分注歐陽子書旣而予從雲中轉客太原訪沙陀北漢故蹟殘碑斷碣摩挲抄撮淵映亦多所攷證不幸客死于燕遺稾盡失從此予無相助者興轉闌珊矣康熙戊午崑山葉徵士奕苞相聚京師語及金石文自言家有銅柱記拓本乃託其郵致其錄記文審定楚世家之誤 溪州銅柱記卷還葉氏求之三十年不得歲在己丑七月忽獲之西吳書估舟中文字完好出于意表檢視曩時跋尾于宏皋本

本末未之詳乃命裝潢手作册綴舊題于前續書其末馬希範之喪天策府都尉希廣其同母弟武陵帥希萼其庶兄宏皋主立希廣而大校張少敵憂之謂曰希萼次長負氣必不爲都尉下且與九溪蠻通好若不得立勢將引蠻軍爲亂幸熟思之宏皋不從少敵遂辭去希廣立未幾希萼果以武陵反合九洞溪蠻分路齊進遂至長沙縊希廣于郊外而支解宏皋此事歐陽子亦略而不書溪州靜邊都向化立誓狀具于天福五年正月記撰于是年五月柱鑄于七月字鐫于八月立于十二月宋天禧元年十一月移竪

今所曝書亭集

希範馬殷子也殷由梁而唐而晉奄有南夏希範以次襲爵楚王唐廢帝清泰三年賜弓矢冠劍晉高祖天福四年加天策上將軍開府如殷故事溪州卽今湖廣永順軍民府西接牂牁兩林南通桂林象郡五溪諸蠻彭氏最大史稱希範遣劉勍劉全明以步卒五千攻彭士然士然遣子師暠降于勍乃立銅柱爲表命學士李皐記之按碑曰士愁而非士然曰宏皐而非皐曰師杲而非師暠有勍而無全明史云南寧莫彥殊都雲尹懷昌牂牁張萬濬率其本部其三十

七州附于希範合彭氏爲四而碑云五姓歸明碑中具彭氏誓詞及希範答語後列彭氏子姓從臣之名字殊醜惡以其與史互異錄之吳任臣十國春秋云通鑑作彭仕愁五代史作彭仕然而以此銅柱作仕然爲可信予所得拓本爲士愁字畫顯著爲無可疑未知志伊所見又與予異何也金石錄補

銅柱記李宏皐撰宏皐卽馬希範依其父殷所置學士十八人之一也宏皐史皆作皐避宣祖諱刪之舊五代史希範傳晉天福中授江南諸道都統又加天策上將軍溪州洞蠻彭士愁寇辰澧二州希範討平之士愁以五州乞盟乃銘于銅柱希範自言漢伏波將軍援之後故鑄銅柱以繼之歐史溪州刺史彭士然率錦獎諸蠻攻澧州希範遣劉勍劉全明等以步卒五千擊之士然大敗勍等攻溪州士然走獎州遣其子師暠率諸蠻酋降于勍溪州西接牂牁兩林南通桂林象郡希範乃立銅柱爲表命學士李皐銘之今記文稱我烈祖昭靈王漢建武十八年平徵側于龍編樹銅柱于象浦是其事也記文吳任臣十國春秋全見宏皐傳案記文五溪初寧傳作初輯式昭恩信傳作或昭恩德載敘厥事傳作撇載厥事盍聞牂牁接境盤瓠遺風因六子以分居入五溪而聚族傳作牂牁接境五溪遺風洎師號精天傳作師號滑服漢則宋均

置吏稍靜溪山唐則楊思興師遂開辰錦傳作宋均甫肇靖溪山楊興師遂開展境溪州彭士愁傳作彭士然故能歷三四代長千萬夫傳歷作立千作百亦不虐于小民記亦作必剽掠耕桑傳剽作擾肇創丕基傳肇作大方振聲明傳明作名各請効命傳作各効命土付以偏師傳付作士結寨焉高傳寨作阻固甘衿甲豈暇投戈傳脫豈暇投戈惟作四甘矜恤彭師杲作暠崇侯感德以歸周傳作崇虎虓加檢校太保傳無虓字庇平疆理傳作居平荷君親之厚施傳作厚德垂于子孫傳于作予敢忘賢哲之蹤傳敢作

可我王鑄柱庇黔黎傳我王作誕今五溪之衆不足
馮傳馮作平溪人畏威仍感惠傳作思納賨納賨歸
明求立誓傳作棄汚歸口求立誓案任臣依記文爲
傳蓋未收銅柱元文所据名山記及廖道南楚紀或
近方志所載是以脫謬至此也記後勒誓詞與彭氏
官屬銜名任臣亦未收　案題名中馬希廣彭師杲
二人並見歐史希廣字德丕希範同母弟師杲即士
愁子史以愁爲然杲爲暠非也十國春秋廢王世家
書希廣當文昭王時不著其官師杲傳官亦畧詎之
此碑題銜皆足補遺又州名溪州忠彭州南州高州

湘州向化州保靜州來化州感化州古州謂州縣名
如金唐官制其職事者大理評事錄事叅軍知軍州
事別駕鈐轄團鍊都監巡檢司馬左義勝第三都都
將左歸義第三都都將靜寇都指揮使副兵馬使靜
邊都指揮使節度副將知後官知使防遏營節度衙
前兵馬使節度左押衙溪州左廂都押衙左廂都虞
候金澗里指揮使砂井鎭遏使三井都管使巡檢使
排軍指揮使教練使討擊副使都招安巡檢使統軍
使同十將知軍州諸名地里表百官表未收　授堂金石跋
按五代馬氏王楚時彭士愁引錦溪州蠻人寇在

天福四年八月及其子師杲納印請降在五年正
月銅柱之立卽當是時此事正史所書頗略薛史
及通鑑僅較歐史爲詳然此記文共千餘字又誓
狀二百餘字於搆亂歸化始末斑斑可見其中如
士愁作士然師杲作師暠李宏臯作李宏皆足以
正諸史之誤詳前人跋中吳任臣撰十國春秋據
名山記及廖道南楚記得有銅柱記文錄入李宏
臯傳實則未見拓本故所載譌漏頗多且以彭士
然銅柱亦作仕然斷從歐史而辨通鑑之誤不知
記文愁字顯然正與薛氏史合是非倒置殊未然

也是刻前後題名者七十四人彭氏適居其半惟
士愁師杲二人稍可攷見餘皆不得而知矣記述
希範之言曰我烈祖昭靈王漢建武十八年平徵
側于龍編樹銅柱于象浦昭靈王卽漢伏波將軍
馬援也希範自以爲援後故因伏波故事仿鑄銅
柱耳後漢書及通鑑皆不載鑄柱之事據寰宇記
嶺南道九德縣古越裳國後漢遣馬融討林邑蠻
自交阯循海隅隨山刋木開陸路至日南郡又南
行四百餘里至林邑國又南行二千餘里有西屠
夷國援至其國鑄二銅柱於象林日南界與居夷

分境以紀漢德之盛後漢書但云緣海而進隨山
刊道千餘里而已郎西南夷傳亦未之詳也此記
并載銅柱銘金人汗出四語尤足以裨史鑑之鈌
再攷唐武德初諸蠻歸附始置巫錦溪富叙等州
旋置麻陽縣錦州大姓彭氏舒氏向氏因彭氏處
以上下溪及保靖等州至楚衡陽王時彭師暠以
錦溪奬三州歸附立銅柱於下溪州爲界在今辰
州府西北一百十里至宋建隆三年慕容延釗平
湖湘知溪州彭允殊偕前溪州刺史田宏斌郎題名中
田宏贇等列狀歸順乾德五年溪酋彭允足入朝授

濮州牢城都指揮使以其據險持兩端因置內地
羈之景德三年辰州蠻攻下溪州刺史彭儒猛擊
走之溪州刺史彭文慶率溪峒蠻來朝大中祥符
六年辰州溪峒都指揮使彭進武數寇邊降詔招
諭進武詣吏請罪復勞之天禧元年辰州都巡檢
使李守元攻白霧團斬蠻級降其酋三百人而彭
儒猛叛知辰州錢繹等斬降千餘人儒猛亡執其
子仕漢歸京師未幾儒猛降詔至明灘歃血盟而
遣之授仕漢殿直處之西京後遁歸引羣蠻爲亂
儒猛以聞詔嘉其忠天聖七年下溪州刺史彭仕

端使其弟仕義貢方物明道初仕端死命仕義爲
刺史仕義有子師寶景祐中知忠順州後以罪絕
其貢自咸平後始聽二十州納貢歲有常賜蠻人
以爲利有罪則絕之後師寶數自訴請知上溪州
皇祐二年始從之朝貢如故寶元二年辰州猺獠
三千款附彭仕義邀擊之有其地自號如意大王
補置官屬將爲亂其子師寶携妻至辰訴父不法
知辰州宋守信率兵深入仕義遁其官軍戰死者
十六七守信坐貶蠻遂數寇邊吏不能制朝廷遣
吏諭許改過裁省五六七州貢奉久之仕義仍歸

所掠兵丁率蠻七百歃血就降郎辰州界喏溪據
守其姪師晏攻殺之納誓表於朝歸喏溪地并獻
皮白洞地界詔以爲下溪州刺史熙寧初湖北提
刑趙鼎言蠻衆欲內附辰州辰州布衣張翹亦上
書　先招下富峽二州敗餘州皆可郡縣詔下知
辰州府商度請如翹言因遣章惇爲察訪河北經
制諸蠻事以石鑑爲湖北鈐轄兼知辰州助惇經
制乃置羈縻州三十六而下溪州大彭氏居之時
江北提點刑獄李平招納彭師晏誓下州峒諸蠻
各以其地歸版籍詔修築下溪城并置砦於茶灘

南岸名曰黔安戍以兵隸辰州出租賦如漢民遣師晏詣闕授京東州都監彭氏於五代後反覆不靖如此至元初下溪州彭萬潛改其州爲永順軍民安撫司及明嘉靖中苗大叛永順宣慰彭宗舜保靖宣慰彭藎臣尙助官兵征討悉土愁之後至今猶爲土司焉蠻人極重銅柱故太平興國七年詔辰州不得移馬氏銅柱而　本朝辰州府知府王某以銅柱立千有餘年其文可攷今各尙土司不遵前約妄搆難端或焚廬舍或擾耕桑或掠人民或行竊盜並非其祖歸命定盟垂示永久之意

請將墨揭記文飭示各土司官苗俾各如約遵行永安邊土督撫從之具著辰州府志蓋是記之重於蠻陬又如此百餘年來尙蠻反側不時屢有鈔掠致勞軍旅故詳載其始末以告大吏之善爲撫馭者嶺表錄稱伏波銅柱舊有刺史韋公幹刺愛州其柱在境公幹利其財欲椎鎔之土人不知援所鑄以爲神物訴于都督都督移書辱之公幹乃止然則援鑄之柱久已不顯而五季所鑄猶能使苗民懾服金石傳流蓋非偶然而官知府者尙知拓文示衆其視公幹賢不肖相去何如也記文乃遷州城

于平岸溪之下作乃遷州城下于平岸溪之題名都指揮使彭文仙作都揮指使皆鑄造時錯誤

義成軍節度使贈太保史匡翰碑

碑高一丈七寸二分廣五尺四寸二十八行行七十字上截殘缺正書在太原

上缺功臣義成軍節度□濮等州觀察處置管內河隄等使起復冠軍大將軍右金吾衛大將軍員外置尙正員撿校司徒兼御史大夫駙馬都尉上□□□□□□

□缺贈太保史公神道碑銘并序

朝議郎尙書虞部員外郎知　制誥臣陶穀奉　勅撰

待　詔朝散大夫太府卿賜紫金魚袋臣閻光遠奉

勅書

上缺輔蜀望帝之洪苗楚倚相之厥聾迨于戰國世爲史官周崇江漢之祠已疏王爵漢重金張之族遂寵侯封令望不衰奇才間出長江激浪下嶓冢以方舟寶劍騰晶發□□□□　□積善所宜於有後享富貴者累朝大勳不可以中微啓茅土者數世事詳圖諜功備鼎彝大王父諱懷清皇任安慶九府都督王父諱徹思皇任安慶九府都督顯考諱建□□□□□□兼九府都督贈太保　公卽太保長子也分太白之精禀峒山之英笑竊儒之老一經拜神姝而學五兵懷鼓篋之心行有餘

力蘊飛箝之辨似不能言天祐中王室寖□□□□□
□陸之龍虵競鬬生郊之戎馬成羣時　　□
宗已合樂□將啚義舉定玉帳一匡之略提金壇百勝
之師戰於兩河决平多壘以　公人才地望宜副須祭
起家□□□□□□代州副使以勞加銀青光祿大夫
檢校太子賓客兼監察御史改遼州副使兼領九府都
督同光初　　莊皇受命梁祚告終騏驎鬬於
東陵熒惑入於南斗頁□□□□□□□雖曰一家橫戈
而猛士守方未安四鄙將寧邊徼特委警巡以九府都
督充嵐憲朔等州都遊弈使解職授天雄軍牢城都指

揮使遷檢校刑部尚書兼御史大夫上柱□□□□□
□恩遽降時議爲輕遥領百城仍兼九府轉檢校戶部
尚書濘州刺史未幾改天雄軍步軍都指揮使刺史如
故明年遷侍衛彰聖馬軍都指揮使兼九府都督
□□□□□□□也八□大定萬國來朝將寶憲於騎
軍巳平敵國牧寇恂於河內俾惠一方授檢校司空懷
州刺史政成轉控鶴都指揮使加金紫階兼和州刺史
駙馬都尉虎賁三百□□□□□魏闕九重譁門闞
於清禁圃田待理漢殿掄材功臣旌佐國之名出牧奉
專城之寄渤海守布解繩之政化治下車淮陰侯有援

鉞之才□膺推轂謀於亙師屬在舊勲□□□□□
鷹揚之勞軾前熊伏寧淹豹變之期齋壇峻而金鼓嚴
麻案宣而油幢出漢壘接平陽之第禹河連沁水之封
控梁苑之西郊駿乎威望撫國僑之遺俗綽有政聲當
四□□□□□□命之爲伯加食邑通前五百戶方司
外禦俄迫內艱居喪爰疾於塊苫有司不避於金革
大君有命難違轟士之恩開國承家遂奉墨
縗之制授起復冠軍□□□□□吾衛大將軍員外置
同正員依前充節度使列旌旗於衛幕再勵分憂泣風
雨於梁山難勝永慕海運方遠峯摧若何遺封章而不

忘戴君對符印而猶思擇帥三陽莫辯□□□□□之
鍼六合至寬無處問迴生之草啻軫慊與才之歎仲尼
興有命之言名不遂而功不成生何足貴令其終而善
其始煞且奚寃以天福七年三月十六日寢疾薨于鎮
享年四十□□□□□八罷市年光似箭訝天道於張
弓日遽高春輟時情於相杵有　　詔贈太保喪葬
之儀並從加等越明年太歲在癸卯孟夏四月二十有
三日庚午歸葬于北京太原□□□□也銘旌前導
鹵簿分行何須陶氏牛眠方爲吉地不待滕公馬立自
得佳城載惟積慶之家須及莫京之釁向

魯國大長公主車服有容實殿帝之歸妹穠華□□□
□□之王姬半枯旋歎於未亡一慟俄閧於晝夾風飄
寶匣飜成別鶴之悲塵暗粧臺永結孤鸞之恨嗣子四
人長曰彥容宮苑使湊州刺史次曰彥澄彥琪並西頭
供奉官豹□□□□州別駕以于公之陰騭門合容
車以鄧氏之舊親家宜藏窠寵既隆於弃世榮豈讓於
重侯近朝以來莫之比也噫以　公之忠肅恭懿宣慈
惠和求福罔回見義有勇秉□□□□違招延無間
於後生不積財而□務藏書不憂家而唯思報國求諸
時彥我無□焉宜乎享大年躋極品上擊九萬里直聳

一千尋而陽報無徵天賦有限極公侯伯子男□□□
□□□生而無成守溫良恭儉讓之言得以謂歿而不
朽將傳來裔期播徽音合從魯國之褒方盡延陵之美
臣才非日地職在□□仰　□□□□□功閧□
家□之□德虔遵　睿旨強綴斯文屬詞而
徒磬揄揚序事而多慙漏□鞠躬抒思再拜銘勳將招
岱岳之魂輙効楚詞之意銘曰
□□□□□惠且貞事　明君兮信而誠藏
築書於周廟□征載於漢營年既謝兮時正來河方誓
兮山告頽訝陰騭而已矣歎陽報而哀哉□□□□□

□□□　帝鄉　丹旐悠悠兮下山陽隔
兩鄉之明月陟千里之宏崖龜告吉兮蓍言臧年惟利
兮日其良縈薜草於原上揭豐碑於路旁缺□兆鶴且
白兮來翔傳千□兮萬代播蘭杜之芬芳
天福八年歲次癸卯六月丁未朔十四日
□威楊稠鐫字
史駙馬匡翰墓在太原縣東北三十里黃陵村墓碑
深陷于地村民語予土不可搰搰之尺則更深尺予
强令搰之以畚去土至一尋龜趺始露驗之則陶學
士穀所撰文也辭多駢儷其先後歷官詳矣然史稱

其歷鄭州刺史而碑不書何歟又傳美其好讀書尤
喜春秋三傳與學者講論不倦碑辭亦云懷鼓篋之
心行有餘力蘊飛箝之辨似不能言不積財而但富
藏書不憂家而惟思報國求諸時彥罕有倫焉則與
史傳合矣曝書亭集
匡翰石敬塘之壻也尚魯國大長公主而不見于史
大王父懷清王父敬思父建闕皆任九府都督翰以
駙馬歷官通顯並無功績可紀穹碑巨碣止署官階
而已金石錄補
右碑文尚完好惟每行之首損去五字匡翰建瑭之

長子也碑於建字下空文以避晉諱而建瑭父敬思獨不避蓋當時著令止避下一字也建瑭死贈太保其祖懷清任安慶九府都督皆五代史所不載而敬思爲九府都督亦當有安慶字史省文爾朱錫鬯云史稱歷鄭州刺史而碑不書按五代史本云鄭州防禦使不云刺史此朱氏記憶之誤予讀碑文有云國困待理漢殿掄才功臣旌佐國之名出守奉專城之寄又云齋壇竣而金鼓嚴麻案宣而油幢出控梁苑之西郊殷乎咸望撫國僑之遺倸綽有政聲蓋匡翰由鄭州防禦使拜義成節度而鄭州元在義成軍管

內碑固未嘗不書也陶穀之文排比鋪張頗爲親切而闊光遠書法圓美五季石刻如此者亦罕矣（潛研堂金石文跋尾）

按匡翰建瑭之子薛史有傳歐史附建瑭傳是碑所載匡翰歷官行事頗詳惟首行功臣之上是當時賜號碑既缺蝕而史亦未及卒莫知其何號也碑叙歷官多與薛史合惟匡翰由天雄軍牢城都指揮使遷撿挍刑部兼御史大夫上柱國及起復冠軍□□□□吾衛大將軍員外置同正員傳所不載而其授撿挍司徒以下諸職鄭州防禦使遷義成軍節度滑濮等州觀察處置管內河隄等使丁母憂起復本鎮碑未及傳述爲異耳至歐史則僅云歷天雄軍步軍都指揮使彰聖馬軍都指揮使事晉爲懷和二州刺史鄭州防禦使義成軍節度使不及薛史之詳也碑于梁唐晉三朝除授各官皆歷歷叙出而自檢校司徒以下諸職但以漢壘接平陽之第禹河連泌水之封云云括之似與通篇文例不合况後文有云依前充節度使而前此實未見節度使字樣當是撰碑時偶爾脫漏不必曲爲之說也匡翰尚晉國大長公主歐史以

爲高祖之女薛史以爲高祖之妹碑云車服有容實殷帝之歸妹穠華□□□□之王姬亦未能定其孰是攷高祖本紀天福七年帝崩年五十一徐無黨注云五十二而匡翰之卒亦在是年年巳四十公主之齒當與匡翰相若疑從舊史爲長五代會要晉公主不載晉國公主可據此以補其缺而金石錄補乃云匡翰尚主不見於史何其疎歟碑爲陶穀奉勅撰書丹者閻光遠宋史穀傳稱在晉時以李崧和凝奏爲著作郎集賢挍理改監察御史遷虞部員外郎知制誥碑題朝議郎尚書虞

部員外郎知制誥臣陶穀正其時所居之官穀傳
又云晉祖廢翰林學士兼掌內外制詞目繁委穀
言多委愜爲當時最今讀碑文叙事有體華實旣
備宋史之言爲不誣矣

移文宣王廟記

碑高四尺五寸廣二尺九寸七分二十七行每行十八字至二十字不等行書在大荔縣

勾官楊思進書

清泰中道初領鎮之時徧謁　廟之際再拜
宣聖久立荒祠後臨街而地位窮前逼城而日光少羊
豜簫而來者衆豕負塗而去者多雨信納汙風知蓬臭

顧以濫爲弟子忝作公侯得富貴而因詩書擁旌旄而
輕俎豆何以爲漢相何以見魯人遂申如在之誠別卜
惟新之所乃移於通衢之北在馮翊縣之西龜筮相從
官吏相合不煩隧正不擾里胥不妨農不害物畚鍤者
楨幹者斧斤者繪者一無闕垣墉棟宇榱桷階序門屛
一無闕自山龍巳降至絺繡一無闕河目海口堯頭舜
項之相亦依然其文也布在四方其教也傳於万代依
其教者順而正違其教者逆而邪德与天地齊明与日
月等昔賢云自生人巳來未有如
夫子者也非此心此口而可稱讚時以拙於爲政昧於

立功民未蘇而責躬　廟纔成而赴
闕別離七縣倏忽十年今又此來固非所望手持龍節
顯奉　新恩目覩
象環虔瞻舊制於漆沮之地有洙泗之風念伯魚之學
時可知家法想祖龍之焚處自墜皇圖今逢下武之時
無失上丁之節公卿愬睦侯伯皆忠將戢干戈永安
宗社文武之道邦家之基其分
宵旰之憂同保車書之運老夫之幸明神所知謹以崇
儒移廟之懇紀於公門南之左時開運三年正月十五
日記

守正宏德保邦致理功臣匡國軍節度管內觀察處
置等使開府儀同三司撿挍太師兼侍中使持節同
諸軍事行同州刺史上柱國秦國公食邑八千五百
戶食實封一千二百戶馮道

按碑馮道撰記其再鎮同州時移建文宣王廟始
末僅四百餘字文云清泰中道初領鎮之時徧謁
廟之際又云民未蘇而責躬廟纔成而赴闕別離
七縣倏忽十年今又此來固非所望攷舊史道本
傳云唐末帝嗣位以道爲山陵使禮畢出鎮同州
未幾入爲司空又晉少帝卽位出道同州節度使

歲餘移鎮南陽歐史作移鎮威勝據碑所稱移建孔廟適當是時而其移鎮南陽當在開運三年正月以後自清泰二年乙未至開運三年丙午中隔十載所謂別離七縣倏忽十年也陶岳五代史補載道鎮同州有酒務吏乞以家財修夫子廟道以狀付判官忝詳其事判官素滑稽因以一絕書判後云荆棘森森繞杏壇儒官高貴盡偷安若教酒務修夫子覺我慚惶也大難道覽之有愧色因出俸重創之今碑文自敘移廟之事其言似出至誠且云濫爲弟子忝作公矦得富貴而因詩書擁旄施而輕

俎豆何以爲漢相何以見魯人云云詞甚悱惻自非有激而爲此舉者酒務出財判官滑稽之說恐未必確抑道旣出俸重修欲雪前憾故作此誠敬語耶碑末題銜稱守正宏德保邦致理功臣匡國軍節度管内觀察處置等使開府儀同三司檢校太師兼侍中使持節同州諸軍事行同州刺史上柱國秦國公食邑八千五百戸食實封一千二百戸自匡國軍節度使外歐史皆略不載薛史述其長樂老自敘一篇所記生平仕履甚詳云特進開府儀同三司再授匡國軍節度同州管内觀察處置等使檢校太師兼侍中再封秦國公上柱國守正崇德保邦致理功臣皆與碑合惟宏德作崇德彼此不同疑傳寫之誤當據碑正之

賜進士出身　誥授光祿大夫刑部右侍郎加七級王昶譔

五代三　漢

景福寺重修思道和尚塔銘

碑高二尺一寸廣二尺三寸二十六行行二十六字至三十三字不等正書左行

陝府夏縣景福寺故思道和尚重修塔銘并序

左街講論大德守澄撰

將仕郎試秘書省正字崔虛已書

竊以理智凝然眞空淸淨三常妙用十号圓明㸃惠燭於昏衢起慈心於苦海兗親普攝凡聖齊收五乘旣貫

於羣生三藏統包於教理宏張覺路大啟靈門金文演解脫之音玉偈讚無爲之法人天共仰道俗同遵咸知生死之源頗喻無爲之本卽我和尚俗姓師瑯琊氏生丱角出家三十成道夏縣人和尚道高安遠德邁琳生爲檀越之福田作如來之法眼深達了義久證菩提自然變易之身曠劫超凡之德同塵不染悲濟有情現大神通無妨自在山中採木風雨送來寺內看經龍神護助崢嶸鹿苑巍峩鷲峯一方之瑞色長新四野之風光景麗名聞寰宇譽滿　帝都去□德二年十二月二日示滅其時也祥雲貫日天樂橫空異香遍於蓮宮甘露盈於衆木靈禽噪樹異獸啼凷悲風飄凡聖之衣血淚洒人天之目盡歎無生無滅皆嗟有去有來門徒弟子哀慟難攀如喪考妣空深歲月幾歷星霜寶塔隳殘無人再葺比丘志德出家當寺學業諸方持念法華經聽習中觀論覩師遺跡遂發志誠勸化羣賢重興祖塔一言道合盡自廻心擺脫塵機同覩盛事捨財而三事體空施物而三輪淸淨非上智無以發深誠非哲人無以崇斯善日月昏而復朗林巒變而再榮可以添川境之殊祥可以壯法門之嘉瑞平觀禹國坐眺鹽池千株之寒柏侵雲万嶺之嵐峯掛月幾多英信歸心玉石之堅

數縣艮能懇意給孤之行殊因告滿郢伎休工與靈聖之照明顧神祇之鑒祐況守澄也謬爲釋子深昧儒功因閑暇於禪關偶苦辛於螢牖披書積學雖無閱市之名揣拙成文粗有奪袍之志今則旣承懇□難議堅辭遂罄荒蕪聊爲記述誠有慚於漏落實無俻於微猷乃敘銘曰

先師聖德　神通自然　逈超三界　而出四禪　慈悲願廣　覆廕鄉川　恒爲燈燭　永作舟舡　重修寶塔　勢聳雲烟　如山不動　似海深㘣　恩霑沙界　福利人天　遐邇歸依　万歲千年

乾祐二年正月二日建

景福寺重建思道和尚塔衆邑人記

碑高一尺四寸廣一尺五寸二十二行行字數不等正書

大漢陝州夏縣陽公鄉景福寺重建故思道和尚塔衆
邑人記

承務郎前守夏縣主簿權知縣事張廷煦　將仕郎守
夏縣主簿朱光輅　隨使右教使充夏縣鎮遏使鞏信
銀青光祿大夫前衛州司馬吴光權　將仕郎試大
理評事薛延希　前定州司馬康守信　將仕郎試秘
書省挍書郎吴□□

修塔邑維那頭趙宏進副維那趙宏遇都維那布衣三
命王文通南吴村維那謝景瑭李頊程彦暉張行實張
逢傺温張仁遇吕彦柔薛温楊思厚曹延寄許思厚王
温吴仁謙吴仁緒張延義趙思柔陳稹王思温吴淇武
牛行思韓彦球紐延遇張思益牛贇楊思蘊周温馬延
昭史延寄張思厚賈延寄張逢張思柔蘇詮李彦暉張
延福劉温劉文遇王敬思郭瓊郭達郭彦温裴彦柔尉
延寄郭思柔衛思温張知柔馮澄張思玫趙彦暉李寶
吕頊張審楊延義楊詡李志成張重遇張普進楊文鋭
張詧尉思進傅審朱達張柔王禮趙遷王彦瑭介行恭
張暉楊行周楊暉張彦暉張重張儒吕温張景厚劉瑭
劉思厚馮行實馮暉牛重遷張遇張宏進楊温陳祐常
延徽李行存陳敬思吕敬思陳延福張雅王彦温劉達
張仁寄曹遇劉彦温孫藎孫延支賈文瑞張文禮韓詧
史延通趙延福藥彦思
邑外施主閻詮等五十人女弟子武氏崔氏李氏薛氏
陳氏謝氏李氏張氏孫漸能牛暉
修塔都料張紹榮　弟知遠　鐫字馬延義　畫人張
宏信
寺主右街講經大德守嚴　左衛講論大德守澄　塔

院主重辯　匡因　僧詞超　修塔主業法華經僧志
德

乾祐二年歲次己酉正月乙巳朔二日丙午建

周

羅漢□陁羅尼幢

幢八面每面高五尺二寸五分廣七寸二分八行行六十八九七十字不等正書在修武縣

佛頂尊勝陁羅尼經　經呪不錄下仿此

伏以景儒等生居塵網長在牢籠汨没愛河豈有涯
□□身是幻假四大以成刑悟性空時莫不憑善道
如電露似石火而難停若□□坊衆□等

不悟以去湼津樑無
准景儒等自□年前遂見當院精藍寳地是皈依作
福之田結□善緣乃爲衆會名羅漢邑□景儒等遂
又不改善果眞誠年五十敬造尊勝陁羅尼經幢一
尊奉供
圓就所修上善功德各各□脩早立勝緣巳□
俟他歲畧述其宗不可具載奉爲　國皇萬□歲帝
祚遐昌文武官寮常居祿位□祈□坊長幼永保清
貞過去先亡俱登清淨之境一切時□沾□利□□
□□□□□□□□□□□

特廣順三年歲次癸丑十二月丁未朔二日戊申□
立羅漢邑衆壹拾陸人維那田景儒□□□　邑錄
事谷□　邑人張□　邑人王全德　邑人李□□
邑人□□　邑人□□　邑人張□　邑人□□
本師和尚智明　殁故院主僧紹□　院主僧□
□　寄住僧□□　小師□□　匠人馮□　邑人
劉□□□□　邑人馬　思　邑人張□　邑人賈
□　邑人□□　邑人□□　邑人□□　同學僧
紹宗　□□□□□

虎邱陁羅尼經幢

幢高五尺三分八面每面廣七寸七分各八行行五十八字正書在吳縣

佛頂陀羅尼經
佛說大佛頂陁羅尼
下元甲子顯德五載龍集戊午日躔南斗高陽許氏
建

右幢在吾郡之虎邱一小石柱立于劍池之東千人
石水灘上鏤佛像兩層爲蓋按吳越于丁卯開寳雖
有寳正天寳寳大等號而奉周正朔故此幢稱顯德
也然不直書大周而云下元甲子豈非有碍于國主
而隱之也吾郡古碑甚少雖虎邱爲日涉之地而失

于摹拓庚申閏八月征閩簪旗官兵北上軸艫橫江
予自東洞庭山歸問道登千人座適大水跣足至幢
下病後目眊不能仰視兒子汝濟從游拂苔蘚錄建
幢年月姓氏見者莫不目笑之而予之迂癖爲難療
矣金石錄補

五代之際蘇州在吳越錢氏管内吳越奉周正朔故
以顯德紀年實吳越忠懿王嗣位之十一年也予二
十年前寓居吳門徧游伽藍古刹訪唐以前石刻皆
無有此幢建於吳越有國時楷書猶有唐人筆法雖
無書人姓名亦堪寳愛攷王象之輿地碑目未載此

幢近人修虎邱志亦遺之虎邱近在郭外游人日肩摩其側莫有過而問者椎拓著錄自予始其書蹏爲蹏與王居士塔銘蕭思亮墓誌銘纏作纏同潛研堂金石文跋尾

廣慈禪院殘牒

碑上下殘缺高二尺七寸廣二尺六寸五分兩截書行數字數無攷行書在咸寧縣

牒永興軍

上缺院使判永興軍事袁口口

上缺香城禪院僧道淸住持

上缺禪院爲名牒至准

上缺順三年八月　日牒

上缺口李

上缺口

上缺令

使帖口下缺

右准

勑令如前所爲當府下缺

道淸住持宜賜廣慈禪下缺

事須俻錄帖本院切准

勑命指揮勒牌懸掛者口下缺

九月三日

判官張

副使口口

宣徽南院使判軍府事袁

天福四年二月二十日買得安口界菜市南壁上韓勳

口壹所准作價錢肆口缺口如後北至官街東至草場

南至通城巷西至太廟院

賣宅人殿前丞旨韓勳年二十五　同賣宅人弟

口下缺同賣宅人母吳氏年五十八　保人前內侍省

內常下缺保人銀靑光祿大夫撿挍工部尚書康口庄

宅牙下缺

按碑殘缺第四行順上一字不可見牒尾署銜有宣徽南院使判軍府事袁者袁義也義於廣順二年十月由宣徽南院使權知永興軍府事見舊史周太祖紀此碑後列天福四年賣宅人姓氏天福爲晉高祖建元葢刻碑時追書其事猶顯德二年永興軍牒附書廣順二年重修水磨寺僧名也

衛州刺史郭進屏盜碑

碑高九尺六寸廣四尺五寸二十九行行六十三五六字不等行書在汲縣

大唐推誠翊戴功臣金紫光祿大夫撿挍司徒使持節

衛州諸軍事衛州刺史兼御史大夫上柱國太原縣開
國男食邑三百戶郭公屏□□□
朝請大夫行右補闕柱國臣杜韡奉　勅撰
翰林待　詔登仕郎守司農寺丞臣孫崇望奉
勅書
臣聞　宣宗知民間之事則曰共理者其臣惟良
唐太宗為天下之君且云刺史乃我當自擇是
知雖　皇王□統馭□□□□□□子之□□
□于士有美有惡難將一馬同歸或隆或污實類九□
相遠失人則苛政踰於猛虎得士則善吏□□良□可

不慎乎可不重乎　皇帝纂丕圖臨万有以授
受難乎選以理治急乎才漸行　日月之□輾成
古道終扇陰陽之炭銷盡兵鋒一日□承□曰衛州士
庶列狀以　聞述去盜之由稱守臣之美宜乎旌
其長□其□命之刊勒□其□光乃　勅朝請大
夫行右補闕柱國臣杜韡□乃銘之臣虔奉　□
□□□□□□□□式□□□固□仁者安人斯其
至矣盜亦有道其可尙乎矧乃抱奇□之□□昻蔵之
□奮迅於平陂綿亘於數□誠大丈夫號□太守□□
□□□□□□回□□竹□□□□□□□□□□

□□卦豈同亡□□□□□麟經□契奔奏之事□□
汾陽公其人也公名進□州□□人也　皇
帝卽位之年自登而牧衛維彼商墟□□□□任俠自
尙剛壯相沿□□□而□疾成風横綠波而流惡不盡
公至止未幾□□而思且□□求中靜乎內而勸乎外
□身率下儉于己而便于人未有澄其沙而水之不清
去其□而木之不茂先之以力制次之以德攻化俗于
斯何盜之有公集□地□□于天府一度量□□□謹
出納□間審重輕之數拔規求之□塞□□之源□□
□先去其□廩之□乎夫馬寒則毛縮魚勞則尾赬物

之生也豈有異哉公能□□□□□之附益□□羊之
□□□□□□得不謂先去其杼軸之盜乎□之□邑
□乃有經□苻令則削煩省督責則息費得不謂先去
其簿書之盜乎□□於日中貨來於天下鸁羊適至不
韋未歸法前□□通同抑有司之侵利得不謂先去其
闤闠之盜乎公人臨事以自懲貪吏因時而變態於是
乎卜要衝之所布□諭之文既革面以□□或洗心而
尙暁俄乃付之逮□□以刑章夏虫適性以疑冰夜蛾
舞空而赴火或巢摧而梟散或穴□以兎奔雖沿波之
時固討源而是切且拔茅之後恐連茹以靡多迴思碩

壑之徒□設并容之術□□化之兔之撫之安之曰爾
胡不盜天時地利以耕鑿超衣食之源爾胡不盜毛羣
介蟲以捕獵求山澤之産或剖石採玉或披沙汰金取
之不爲貪得之不爲竊□□□□粱上偷生草中始務
匿藏終貽勤絕明申□甲休拘趙禮之兄盡滌瑕非不
問展禽之弟於是衆相謂曰嫉惡如讎公於　國
□視民若子私於我□聞其美言何□酬於布帛服其
異政何以荅於袴襦由是□其□知其禁强粱者遷善
返側者銷憂弃戟捐矛却問農耕之早晚帶牛佩犢遂
勤稼穡之艱難□所謂□乎内而勸乎外儉於己而便

於人者也自然山□□□□清里閈藏若思之投劒誰
預客舡陶士衡之駐車不言官柳室家相慶上下咸和
爾乃□□□□□□□集醯酸而蚋至肉亶□□□適
槖土而長謠登春臺而眥□可以□乎孟可以召乎江
山下火而爲賁丘園雲上天而□需酒食政既成矣樊
□至矣　公神□□□□沉□□□□□□□□□
□見風雲之氣洞達□機命□而□藉時而□蛟龍遇
水□□□□鵰鶚乘□□□　□刺于坊磁又遷于
□登衛□□之才聲華迭□□□□錬轉見晶熒樂至
九□益聞清越□編青史□紀□□□□□赴童子□

□源流□爾□卿賜三公　□□千載交輝美矣
盛矣論者曰□之藏用在乎　□□□□□猛於
□□自□熊之後善□□民垂畏愛於□門流忠孝於
　昭代闕庭稱□風俗自新□□　周有亂
臣麟使衛多君子　皇帝下□書□□□□□
□□□必□傚側帽之□□□効墊巾之□其則不遠
見賢思齊引而伸之則□知矣紀太□而有□□明府
以居多未若當鈴閣之前於□門之□□之琬琰傳之
子孫臣幸□近□曾□□□鏤□而見諸□□瓦以
非工謬承　聖主之恩用播賢臣之美凝神握管

空成科斗之書拭目披文不稱□□之□強抽秘思謹
作銘云
□□□□　□□□□　連珠有爛　合璧無□　固
本維何　在民者矣　其理□□　擇人而已　倬彼
郭侯　系我成周　□□□李　事異□劉　鄉曲□
□　□煙□擊　劒引□□　弓開霹靂　皷隨畫角
□逐朱輪　誰□□□　自樂行春　始刺于坊
今牧于衛　□海便宜　□川煩碎　方圓並□　畏
愛齊□　□□□□　盜散萑蒲　帝王兮念功　□
□兮愛賜　他山兮□□　□蓮兮贔屓　□之兮二

天　勅之兮八字　剖竹兮有光　操觚兮無媿

顯德二年歲次乙卯五月戊辰朔十一日戊寅題

碑今在衛輝府治郭進爲衛州刺史羣盜屏跡世宗勅右補闕杜韓序其事金石文字記宋史郭進傳云周廣順二年秋遷登州刺史會羣盜攻劫居民進率鎮兵平之郡內清肅民吏千餘人詣闕請立屏盜碑許之顯德初移衛州衛趙洺間多亾命者以汲郡依山帶河易爲出沒伺閒椎剽吏捕之輒遁去故累歲不能絕其黨類進備知其情狀因設計發擿之數月閒剪滅無餘郡民又請立碑記其事卽此碑也据史則登州宜亦有屏盜碑未之見也中州金石記

碑多刓缺予撮其事迹葢由衛州士庶列狀以聞述去盜之由稱守臣之美上可其奏命之刋勒乃勅杜韓序而銘之郭進見東都事畧進仕周改登州刺史郡多寇盜進悉爲竊除吏民願紀其事命近臣撰文賜之改刺衛州河朔盜匿汲郡山間者稍衆開出攘奪久不能滅進往攻剿絶之民以安居於是郡民又請立碑紀其事改洺州團練使有善政郡民又請立碑詔左拾遺鄭起爲文以賜宋史本傳同此碑所云士庶列狀以聞正與相符又碑云初刺予坊磁又遷於淄登衛今東都事畧及宋史惟言由登刺衛而前此之爲坊磁淄三州皆不詳也碑首題大周推誠翊戴功臣金紫光祿大夫檢校司徒使持節衛州諸軍事衛州刺史兼御史大夫上柱國太原縣開國男食邑三百戶亦史所未詳碑待詔登仕郎守司農寺丞孫崇望書字爲行體金石文字記以爲正書亦誣授堂金石跋

永興軍牒

碑高三尺二寸五分廣一尺四寸二十三行行十五字不等行書在西安府

中書門下　牒永興軍

永興軍中除見有勅額巳存留寺院外

勅通勘到在城應管無勅額□有名額及近置寺院其

計伍拾肆處內肆拾壹□□停廢外餘有壹拾叁處無

勅額從來□□院建置年深准宣分□到條指揮事

開元寺　勝果寺　太□尼院　西臺尼院　□□禪

院　□王護國禪院　資聖禪院　清涼建福禪院

經塔院　上□院

巳□壹拾□□宜令依舊□□

□□院　泗州院　文殊院

□□處□並令准勅停廢

牒奉

勑宜令各依前項指揮牒至准

勑故牒

顯德二年七月三十日牒

中書侍郎平章事景

中書侍郎兼禮部尚書平章事王

守司空兼門下侍郎平章事

守司徒兼門下侍郎平章事

寺東北四里已來　常住水磨壹動廣順二年院主

僧　修

寺稻田兩頃水磨一動亦充常住供養

按牒須於顯德二年七月蓋顯德初詔并天下寺觀有敕額者存無敕額者停廢（見後大山寺碑）此牒所列應存者十處應廢者十處皆就永興軍言之然長安志惟載開元清涼二寺知其餘八處宋時亦不存矣後題中書侍郎平章事景中書侍郎兼禮部尚書平章事王者景範王溥也是時兩人正居此職與史皆合

廣慈禪院記

碑上下皆缺連額現存高四尺一寸三分廣二尺八寸三分二十五行字數無攷額僅存敕賜廣慈三字並

正書在咸寧縣

大周廣慈禪院記

節度掌書記朝議郎試大理司直劉從乂撰

原夫了無相之因乃歸寂默現有爲之教卽示莊嚴攝□（闕）生浮想於是□無相而詮眞諦以有爲而誘鈍根嗟乎劫□（闕）動地但漲情□□負寬而不能堙苦海之波驗有術而不能（闕）以指迷津而□彼岸開惠日而破昏衢未廣度於能仁應機誤（闕）隨業化緣質□□難信之疑立像法相沿之理不有開士孰匡□□（闕）故思遠禪師之經始也　禪師本王氏子回中人也道性

元通□（闕）調象馬能降慵□之情體化蒲盧盡作如來之種微言殆絕景行彌高扣□（闕）無階駕眞乘而長往詳僧傳則於是乎在搦佛宮則可得而言　禪（闕）化南昌教□□□時洪州廉使侍中彭城公請住香城禪院□□二紀有志四方乃振錫浮江□徒登路念三輔五陵之豪族想現天矩地□□□思□鷲峯遂歸（闕）崧柄未揮歸依者擔裳連袂而來擅施者接足駕肩而至咸優曇（闕）之良緣莫不童子摽花神人獻柱競施布金之地□投果璧之錢（闕）材朽宅之頹基聳搆正殿中蹲而□起長廊四注以雲舒簷蟠絅（闕）□葩於藻井

據原碑校 今碑下半截殘泐不可讀

文楫憐亂晝拱攢羅達法堂以悟空設眞教以陶智闕
定布經行之地以豫遊無里閈之囂塵□□泉之爽氣
聿成佛闕我皇祖在宥之二載也　太尉袁公罷
侍　闕玉節次宗結社潛懷出俗之心靈運居官
已熟生天之業拜封闕□□牓以斯題遂
勅賜熵廣慈禪院以廣□慈闕等苦節攢霜高名跨世
精進而身田自潤住持而眼界常空闕□而下蔭欲於
寶剎思勒貞珉託敘美於非才庶傳芳於不闕存擴寶
之舜時歲在單闕月㧜季秋記
闕僧道清□維那僧道遂　典座僧道□　供養主

僧師□
顯德二年十月十□日建立　安彥闕

中書侍郎景範碑

碑下截殘缺高一丈四尺廣六尺一寸三十一行字數無攷正書在鄒平縣

大周故銀靑光祿大夫中書侍郎同中書門下平章事
上柱國晉陽縣開國伯食邑三百戶贈侍中景公神道
碑銘并序
翰林學士朝議郎尙書水部員外郎知　制誥柱國
賜緋魚袋臣扈載奉　勅撰
翰林待　詔朝議郎守司農寺丞臣孫崇望奉　勅
書
帝軒轅乘土德之運其臣曰叅[奢]龍祝融能辨方域以制
區夏帝嬀氏禪陶唐之基其臣曰伯夷后夔能典禮樂
以和人神上古佐命之道□□□□□爲三政嗣興圖
史寖盛彌綸輔翊代有其人皆金策丹書絢績功業垂
其訓聚而爲墳典形其美流而爲歌頌陋象籀之質略
我則潤之以□□□□□之淪朽我則鏤之以貞珉銘
以紀功碑以誌行千載之下粲然可觀者其惟神道之
表乎故中書侍郎平章事景公諱範□□□□　皇朝

元佐顯德二祀冬十一月薨於淄川郡之私第
天子廢視朝軫殲奪之令制贈侍中遣使賻奠飾終之
典優而厚□□詔詞臣□文□罄盛矣□□□孔悝彝
鼎不出廟門杜預豐碑空沈漢水姑自矜於名氏誠未
顯於邦家與夫輝煌　帝恩導揚休烈□□□□
□□□□□者可同日而語也□□□□□□綸言直而
敘之用丕顯　我大君之命臣聞景氏之先出於
芊姓從楚王於夢澤差□侍臣書漢□於雲臺丹推名
將濟美垂□□□□□□生偉人維周之輔長山之下
淄濟爲川地勝氣淸惟公故里夫嘉遁絕世高臥於是

者足以□顯氣而為□□□□□□生於□者足以
□□□所為世傑故公之先由烈考太僕府君之上曰
王父賓大王父閎皆貞晦不仕介享天爵而巢許□□
□□□□□□□□□□□仲日篆公□□□□世
□□聿登相位而申甫之祥著矣昔者聖人之教天下
也本之以仁義制之以經籍是謂人文是謂人□□□
□□□以□開物成務者□□□□所於此□□以公
輔之位必由稽古升廊廟之才必以經術顯而公以明
經擢第於春官氏則賢哲之□□□□□爲吏於清
陽□□□□□□□□□掾於高密郡秩滿而□

授范縣令大鵬之翼鎩北溟以未舒蟄雷之聲殷南山
而不起然則□□□□□□于之□□□□□□□
□□□□□□□通人之才變而順則方圓之量不
能局故公之佐縣政也人謂其勤且潔矣典刑書也人
謂其□□□□□□□邑俗□以□□□□□□
□使□政□而從之者則人謂其賢且能矣粵若日月
之彩得天而大明風雲之期遇屯而勃起□□□□□□□
□□□□磻谿□壙□□□□□□我大
周聖神恭肅文武孝皇帝建大功於漢室爲北藩於魏
邦初筵既開得賢斯盛於是我公□□□□□□□

□而君臣之□□□□□□□□□龍飛在天躬載曜
靈至於霄極之□皇業肇建制以公爲秋曹郎
進階至朝散大夫而□□□□□□□□萬□□□
□□□□□□□□之樞惟聖人執左契臨萬邦經
久制大命日政之機國之大柄總於樞務者可謂重矣
而公□□□□□□□□忠而賢□□□□□□
□□□□公爲左司郎中充樞密直學士尋轉諫議大
夫充職今皇帝嗣位之始登用舊臣而并人乘我
大喪擁衆南冠親征之舉迅若奔雷分命大臣保釐□
□□□□□□於公仍拜貳卿□□□□□□□

振帝代戎張黃鉞白旄殪羣兇而皆盡參旗河鼓導清蹕
以言旋大被既巳平九服又巳定□□□□時惟輔臣
而公昌言可□□□□□□□□□□聖謨碩望可
以鎮流俗爰立之命帝心允孚六府肇脩兵
賦充大邦之調用□□□□□公自立不回信而有守
□□□□□□□□□□□哉大運逢時洪鈞在手資忠
孝於君父享富貴之崇高而盡悴之勞因
成恙疢封章疊上優詔褒稱聽解利權□專□
□□□□□□□以刻卿歸第懸車故鄉嗟風樹之忽驚
訴昊天兮何極見星而往夕露方多泣血以居晨將展

鄉下空格非缺字蓋銘本三首每首末空一格此則下文山有頹坂以下六是一首其上應有空格

絕哀與性盡臥疾而終享年五十有二□□□□□□
□觀夫公之行事則其道也淳而粹充充焉無能稱其
言也直而肆謇謇焉無所忌耿介以自安勁直以自□
故其仕也□一命之卑□三□□□□□無悔吝古
人之操何以尚也秉筆者得無愧於詞矣許國夫人李
氏嗣子太廟齋郎儼信等□□□靈□光□□丞嘗翼
翼賢人□□□□□□□子事終之禮佳城閉日
長楸篲雲勒銘垂休以示千古其詞曰
長山蒼蒼淄水湯湯哲人之生逢時會昌哲人之逝魂
遊舊鄉　高山兮峩峩逝水兮驚波□而□死□□□

□□□□□□□□□□□□□□□山有頹坂水
有高岸人何世而弗新善有名兮獨遠猗歟公兮時用
丕顯
顯德三年歲次丙辰十二月己未朔越十日戊辰□
鄒平縣南五里有景相公墓通鑑五代周顯德元年
七月癸巳以樞密院直學士工部侍郎長山景範爲
中書侍郎同平章事此地唐時屬長山也景氏之裔
自淇武年間有兩舉人今亦尚有諸生不能記其祖
矣不知何年謬傳爲晉之景延廣而邑志載之以後
山東通志等書襲舛承譌無不以爲延廣墓後有令
於此者謂延廣于晉爲誤國之臣遂至詬其後人而
毀其祠昔年邑之士大夫頗有能知五代間事以爲
非是予至其邑有諸生二人來稱景氏之孫請問其
祖因取通鑑及五代史世宗紀示之又示以景延廣
傳曰延廣字航川陝州人也乃謝而去及寫碑文以
來其文爲翰林學士朝議郎尚書水部員外郎知制
誥柱國扈載撰雖剝落者五之一其曰故中書侍郎
平章事景公諱範字甚明白且生封上柱國晉陽縣
開國伯没贈侍中其文有曰我大周聖神恭肅文武
孝皇帝建大功于漢室爲北藩于魏郡又曰今皇帝

嗣位登用舊臣又曰冬十一月薨於淄川郡之私第
其末曰顯德三年歲次丙辰十二月己未朔越十日
戊申因嘆近日士人之不學以本邑之人書本邑之
事而猶不可信以明白易見之碑而不之視以子孫
而不識其先人推之天下郡邑之志如此者多矣
又按通鑑顯德二年八月丁未中書侍郎同平章事
景範罷判三司尋以父憂罷政事今碑文有云以列
卿歸第懸車故鄉嗟風樹之忽警訴昊天兮何極則
是罷官歸里而後遭父喪與史不同顧炎武山東考古錄
鄒平縣西南五十八里有小山曰相公山山前有景相

公墓墓上有碑雖闕文尚可讀近于奕正作天下金石志亦未之載池北偶談

案舊五代史景範傳云官爲立碑即此是也碑載故中書侍郎平章事景公諱範又載上柱國晉陽縣開國伯及贈侍中字後載今皇帝嗣位登用舊臣及以列卿歸第懸車故鄉嗟風樹之忽驚字又載冬十一月薨于淄川郡之私第下缺周太祖紀廣順三年春三月以左司郎中充樞密直學士景範爲左諫議大夫充職世宗紀顯德元年七月癸巳以樞密院學士工部侍郎景範爲中書侍郎平章事碑謂登用舊臣蓋

範當太祖時已爲諫議矣碑言晉陽縣開國伯冊府元龜載世宗即位七月制詔範爲晉陽縣開國男當依碑作伯又碑言以列卿歸第案本傳云範理繁治劇非其所長雖恚心盡瘁終無稱職之譽世宗知之因其有疾乃罷司計尋以父喪罷相東歸並與碑相符授堂金石跋

按碑今在鄒平縣印臺山左其地別有小阜因範墓所在遂呼爲景相公山土人向誤景相公爲景延廣山東攷古錄辨之以爲志乘之誤今撿程素期所修鄒平縣志則已改爲景範墓并載邑人成和徵之言曰嘗讀五代史故周中書平章事景公範即吾邑城南景家莊景氏之先人有墓在城西南五里許相公山側山以公得名也公生平履歷詳載墓碑碑原刻公諱範前輩作縣志乃譌爲景延廣考之通志及王元美龔昜妻景氏志並吾邑都御史仁軒張公作儒學記率皆從譌亦二公相去年代未遠同姓同官故致魚亥其後裔多朴魯知考縣志而不知據墓碑家廟中復刻石爲誌亦誤之甚矣此說正與顧氏相同竊謂範仕後周雖無大節表見而薛史本傳稱其爲人厚重剛正無

所撓屈較之延廣營私誤國者殆不可同日語乃數百年以來流俗傳譌茫無別白使範地下有知亦當含忿所幸墓碑尚存儒者得攷而辨之而邑志亦從而訂正蓋碑碣流傳有補于世道人心如此歐史不爲範立傳薛史傳見于永樂大典者寥寥數語此外別無可攷僅賴墓碑得見大概然碑下截已殘蝕不完存字甚少亦不能定其每行若干字向汪明經輅從他處錄得全文闕者十纔二三以之旁注碑文闕處知全碑實每行五十八字而景公生平出處略可攷見矣景氏本齊景公之

後見廣韻戰國時楚有屈景昭三大姓碑云景氏之先出於芊氏則其後也碑又敘先世云從楚王於夢澤差□侍臣書漢□於靈臺冊推名將景丹後漢書有傳景差見史記屈原傳贊與宋玉唐勒同時皆以辭賦稱揚子法言吾子篇及漢書古今人表皆作景瑳史記索隱云作差者字省徐裴鄒三家無音是讀如字攷李商隱宋玉詩黃庭堅答任仲微詩景差與家花同叶是讀爲初牙切碑書作差當亦讀本音也碑又云公之先自烈考太僕府君之上曰王父賓大王父閏史並不載惟世宗

紀稱顯德元年八月丁巳以戶部郎中致仕景初爲太僕卿致仕宰臣景範之父則太僕府君名初本任戶部郎中以子貴加太僕卿故碑但稱其加贈之官也傳云世宗北征命爲東京副留守車駕迴自河東世宗以艱于國用乃以範爲中書侍郎平章事判三司因其有疾乃罷司計尋以父喪罷相東歸順德三年冬以疾卒于鄉里優詔贈侍中碑則云公以明經擢第春官爲清陽吏高密掾授范縣令周初以公爲秋曹郎進階至朝散大夫左司郎中充樞密直學士尋轉諫議大夫皆史所略

可據碑補之也又世宗紀顯德元年正月壬辰太祖崩丙申帝卽位二月潞州奏河東劉崇與契丹大將軍楊兖舉兵南指河東賊將張暉率前鋒自團柏谷入寇帝召群臣議親征嗣於三月癸未詔車駕取今月十一日親征卽碑所云并人乘我大喪擁衆南寇親征之舉迅若奔雷而云分命大臣保釐闕七字於公仍拜貳卿卽傳載命爲東京副留守也是時帝以樞密使鄭仁誨爲東京留守因命範爲之副冊府元龜載世宗制詞所謂戎輅親征皇都是守贊勳賢於留府副徵發於行營者是矣

山東攷古錄據碑歸里而遭父喪與通鑑以父憂罷政事之語不同今玩碑云盡瘁之勞因成恙疾封章疊上優詔俄稱聽解利權□專闕七字以列卿歸第縣車故鄉嗟風樹之忽驚訴昊天兮何極見星而往夕露方多泣血以居晨猋屢絕云云知範初以告疾歸第但罷判三司將欲縣車適嗟風樹然後見星而往罷相東歸與通鑑及薛史語正合顧氏以爲不同非也碑末年月一行越十日戊辰顛釋作戊申亦誤是碑扈載奉敕撰兩史載傳云載游相國寺作碧鮮賦題壁世宗遣小黃門就壁

錄之覽而稱善因拜水部員外郎知制誥遷翰林學士賜緋而載已病不能謝居百餘日乃力疾入直學士院世宗憐之賜告還第碑題翰林學士朝議郎尙書水部員外郎知制誥柱國賜緋魚袋臣扈載當爲力疾入直時所撰也書碑者孫楚望題翰林待詔朝議郎守司農寺丞與郭進屏盗碑同惟朝議郎彼作登仕郎爲異耳楚望書頗雅飭而賞鑑家無道其名者亦賴兩碑知之

大岯山寺准勑不停廢記

碑高六尺七寸五分廣三尺四寸十六行行三十四字其末行三十七字後又小字六行並正書在濬縣

黎陽大岯山寺准　勑不停廢記

節度掌書記馬去非撰

大岯山者上摩乹象下壓坤牛左巨浸而右太行誠爲壯觀南夷門而北大魏最擅繁華遐重昔人能擢勝境以兹山之足爲佛足矣以兹山之頂爲佛頂焉寺內有缺口碑銘載相續日月儼三十二相亦四五百年首蔟連珠肩限合璧或孤鴻夜至移雁塔而自口方六出朝飛拔雪山而歸此處神功捧護巨靈措手以難開佛力昭彰秦后着鞭而不動傍臨逈漢顯超岸於當時俯瞰危峯類投崖於今日不待龍吟深谷我有法雨而濟[illegible]根何須虎嘯幽巖我有惠風而吹昏垢潛施殊福溥及群生雖日用不知且人何以鄙　今皇帝君臨區宇子視黎元慮一夫不耕天下有餒者一婦不織天下有寒者向乃頒行天命條貫僧居有　勑額者存無　勑額者廢非輕釋氏用誡游民勞哲后以去華使空王之保大兹寺也詢諸耆老唯曰大岯蓋前古之寺名非近年之　勑額如斯敷列胡免廢停我主公都尉指命僧徒繕錄銘記閱其狀跡頗歷光陰遽爲奏陳邱獲仍舊寺主僧從超住持最久焚禮甚精初議毁除儻有白氍之歎及聞存惜爲刋黃絹之辭去夫碑謝洩鷄文慚吐鳳旣高僧之固請乃下筆以直書庶紀厥由終無革故時大周顯德五年

大周顯德五年歲次戊午大周顯德六年歲次己未七月末日寅時建立

前黎陽發運使銀青光祿大夫撿挍工部尙書兼御史大夫上柱國孫郃

大岯山寺主業行願經大德賜紫老從　小師靈志

靈進　靈琛　靈懿　靈真　靈通　靈美　靈[illegible]

義　口口　住僧萬均

前儒林郎試大理評事守令兼監察御史賜緋魚

孫昭□
前承務郎中主簿王守正
前坊州軍事判官將仕郎□大理評事王□
前義成軍隨使押衙□鎮遏使□□王□
鎮將陳緯
將仕郎試大理司直□□□□□□□□令兼殿中侍
御史郎光□
登仕郎□□□□□□□□□祚
前□青州別駕知稅侯紹□
義成軍隨使押衙□□稅王繼勳

水軍指揮使銀青光祿大夫檢校太子賓客兼上柱
國□□□
三司押衙□□州倉張琪
三司押衙□□州倉□□
德軍押衙寄倉專官劉□　□奴張素　楊□
王琪　李貞
□軍押衙寄倉□□□□□□□□□□蔡□
都料匠人李柔
勑文附刻碑首十二行行七字後列院主名二行共十四行
□□□□□析到在州及□城有　勑及無勑勑并

年深寺院共肆伯陸拾叁所內叁所舊有多亥年
深失墜文牒□指揮者黎陽縣大伾山寺昨城縣夫
心禪院在州東城內□□□已上叁所宜並令依舊
住持者
大佛院主□□察小師□□
□□院主左街傳經大□□□
碑上爲勑下爲記云大伾山者上摩乾象下壓坤牛
左巨浸而右大行以黎山爲大伾亦承唐以來相傳
之誤中州金石記
按衛輝府志大伾山在濬縣東南二里山高四十

丈周圍五里禹貢導河至于大伾卽此一名黎陽
山又名青壇山碑云茲寺也詢諸耆老惟曰大伾
而首題黎陽大伾山寺蓋已誤合黎陽大伾爲一
矣舊史周世宗紀顯德二年四月詔諸道州府縣
鎮村坊應有勑額寺院一切仍舊其無勑額者並
抑停廢是歲諸道供到帳籍所存寺院凡二千六
百九十四所廢寺院凡三萬三百三十六碑所云
頒行天命條貫僧居者卽此事也據碑蓋大伾山
寺向無勑額賴主公都尉之請得不停廢寺僧因
刻此碑並勒勑文於上耳所謂主公都尉者亦不

知為何人也記末時大周顯德五年六字當是撰
文之年次行紀立石年月而云大周顯德五年又
云大周顯德六年殆出寺僧手筆石刻中所僅見
者

金石萃編卷一百二十二

賜進士出身誥授光祿大夫刑部右侍郎加七級王昶譔

五代四 吳以下十國附

大安寺鐵香爐欵識

鑪未詳其高大若干尺共六層上一層三面有字北面十四行行十字至十四字西南面七行東南面十一行行十字或十一二字第二層惟南面有字三十六行第三層足下有二人名第四層無字第五層蓮花瓣上通著王字又東北面有人名二行下一層八面皆人名今逐一依次注明如左在南昌府

維吳大和五年歲次癸巳七月乙亥朔十五日己丑鑄
此香爐重一万二千斤於大安寺大殿永充供養上為
國王□□府尊令□□縣□□官寮三吳百姓師僧父
母□方□□法界有□四恩三有同沾福利
都勾當□□鑄香爐□師立
都維□僧美琮
上座僧□暉
寺主□□□
□□僧 緣遂
監寺□□德 □香□□僧□願
明□ □ □□□ 楊彥思
□ □□ □□思 劉 詮 楊
徐 □ □ □ 楊 脅 楊鄴□

從 釗 □
□ □ 威 □□弟子□□□
禮
右上一層北面
檀越主都膏六王
證因僧智元
唐延佫 朱彦瑫 吴少乹 余一娘
郭可瑗 習 拯 朱衙女 習衙娘
吕從賨 羅六娘 袁十娘 熊 超
戴十三娘 施 太 周宏傑 趙 從

金石苑 第六冊 二 五七四 二

黄祐 張五娘 施 超 涂 從 徐十一娘
李 從 藍敬鍏 胡二娘 徐 禄 周 雅
楊 理 徐 璠 李 進 王彦思
章 章 吴 暉 陶晉頌 曾師德
右上一層東南面
同用工胡德蕭道□丁從富等造大殿上用釘二万
□與香爐上共緣化得鐵及錢收買共計用鐵一千
四伯斤打造上殿使用並足永充供養
都勾當釘□師立
右上一層西南面

賈彦琮 李三娘 賈宏□ 共捨鐵二百
楊 権 丘五□ 朱延浩 丘 □ 陳虔 益
李 劉彦宏 蔡 鄭宗本 宋
趙 文 熊 超 □ 魏 宗 朱景約
魏 榮 周 榮 劉賓敖 師進 王□ 如
劉可□ □□ 俞 華 □□福 □承□
□ □ 楊延□ □ 劉 □ 暉
金師□ □□ □ □□ □ □
□ □ 三妻□一娘 □彦□ 杜 □
鄭彦□ 張安瑫 鄒 太 李訓福 李 厚

金石苑 第六冊 二 五七四 三

周 本 連道成 弟子吴靖如妻陳二娘
張延瑾 羅 □ 丁知進 杜 珠 盧 福
李延福 冷□ 趙 再 榮 進 吕 仲
劉彦超
右第二層南面
劉 臣
□ □ □
右第三層
□者王師□
冷漢琮 李□

右第五層東北面荷花瓣上
□□□ 謹錄□□捨鐵□□□□如□
錢□□ 劉 □
□□□ 田□□ □ 倪可知 □
□□□ □ 袁
□ 李□□ □彥□ □ 黃 □
□□□
□ 珪□元□ □ 超 李 □
□ □ □ □ □□女
□□□ 鄭□□ □仁□ 黃 □ □ □

金石萃編卷一百二十三　五代四　四

右下層北面
吳彥 韋六□ □□□ □ 趙 言
權 王彥□
曹 斂 祁 □ □ □ 李 □ 張□□
□三娘 二娘 金 娘 魏四娘 唐 郭
□妙□ 汪 杲 □ 張五娘 雷三□
□ □ □□□
□□作
閔公錫 馬 曙 □ □
□ □ □ □ □ □□思 丁 □

□□娘 徐延壽 庾 □ □ 火 庾 母
閔□彥
□斂六 孫六娘 □ □ 丁□三娘
右下層東北面
孫廿娘 王□譜 殷彥暉
汪 超 丘六十娘 □ 浩 □ 顧承蘊 □□娘
□一娘 □ 賓 陶 影 熊彥卿 龔
□謙益 □□娘 劉 □ 何敬新 熊
右下層東面
周 訓 祝 遷 王□□ □師簡 劉 □

金石萃編卷一百二十三　五代四　五

董□□ 楊 □ □□ 魏 □ □十□娘
劉彥輝 朱 禾 張五十娘 王 □ 鍾一娘
何君武 馬四十娘 李十一娘 □ 崇 羅八十娘
潘從靄 潘 厚十娘 呂一□
藍敬辞 □ 李彥思 □ 黃從約
□□ 徐彥薇 □ □ 徐延専 張
習 □ 朱 □ 喬娘 甯十二□ 王十五娘
以下闕九行
右下層東南面
萬師□ 仇暉□ □□娘 姚□□ 鄭□□

魏師□ □ 和五□ □ □

□勾當□□□ 都□□□□

右下層南面

□看□□□□□ □ □

以下闕九行

周 □ 胡

勸首楊□ 李 進 □ □ □ □

□宏進 □ □二娘

徐□□ □□娘

□艮玉 □ 馬

勸首□楊□ □□□ □ □ 福

龔□ □謹 □ 名 張延福

□□ 萬全尚□□ 趙 訁 曾 □

□超 魏師□ □ □ 萬令 □□僧

□ □ □□世 □娘子

右下層西南面

勸首□□ □□ 劉□□ 劉 □ □ 進

陳□□ □

勸首張彥□ 房□□ 胡彥 徐 □

□□ 李 □ 阝□□ 徐 超

陳彥□ □□□

勸首□ □ □□□ □□□ □ □

周 □ 胡思□ □

勸首□□佐 王 □ 楊 泰 □ □

□ □ 曹延□ □ 和

勸首□ □ □ □ □ □□□

勸首楊□□ □ □ 李可復 吳 □

□永□ □ □ □ □ □虞□ □□□

□ □ □

勸首□□□ 周 彥 劉 □ □ □

李□□ 劉 □

右下層西北面

曹生曰瑚好集金石文字從上元燈市購得鐵香鑪識十紙以示余文稱吳太和五年歲次癸巳七月己丑鑄此香鑪收買鐵爪錢打造計重一万二千斤安大安寺大殿上爲國王吳主府尊令公十方萬姓永充供養證因僧智元鑄鑪匠丑師立所云國王吳主者唐亡十二年吳猶不改天祐年号至楊行密次子隆演乃始建元第四子溥踐御文明殿即帝位國人猶稱曰王而以主代帝也府尊令公者太和三年以

中書令徐知誥爲金陵尹也十國之主率多佞佛楊
氏所有二十九州往往鑄金刊石若昇之興化院江
之開福院安國寺均有鐘鐘有銘見于王象之碑目
若大安有寺金陵梵刹志不載然銘旣有拓本則茲
器尚存無疑題名百人中有金一娘段二娘雷三娘
魏四娘張五娘孫六娘金七娘戴十三娘王六十娘
雜之都勾當工人姓名中混冠衣于巾幗何也曝書亭集
按鑪在南昌府大安寺江西通志寺在省城北有
鐵香鑪高六尺許識云吳赤烏元年造其鑪不知
亡於何代今寺中惟此鑪巋然尚存而志獨不載

何也志稱大安寺初名東寺晉時有西域僧安世
高本安息王太子避位來止於此遂名大安寺唐
武德間改爲宣明寺大中間又改普濟寺明初重
建復今額鑪造於楊溥大和五年欵云於大安寺
大殿永充供養或吳時卽復大安之名矣

龍壽院光化大師碑銘

碑連額高五尺八寸廣三尺一寸五分三十行行五十字正書在南昌府

洪州雲蓋山龍壽院　光化大師實錄碑銘
前守武昌縣尉歐陽凞述
北海郡滕茂成書

大師俗姓劉氏法諱懷溢本無諸侯郭閩縣人也郎
巨唐相國彭城劉公瞻之次子也童年慕道不習
儒宗時齠齔之歲厥父携同詣　京師國辭寺往謁
登九歲俄自發心弃捐俗務投立磨山普賢院杜禪師
門下求爲弟子彪　侍巾瓶禪師立性孤僻抱直嚴難
末許昇堂不容入室且堅苦節每厲勞形涉歷年華經
逾炎冷身齊槁木心類寒灰一自入山久淹出谷十年
精□午夜志疲　師長念及功勳知爲志器于年十
九方與落綠披　結束法衣遣求和合恭承　嚴旨高
別林泉星夜登途望風取路遙山獨步峻嶺孤征時往

日來俄之中嶽會善寺瑠璃壇欣逢法侶　勑啟霜
壇大扇律風高懸戒月夙緣諸偶曩善冥符不上牛車
便探衣寶併三衣而爲一衲弃五事而埶一盂松下塚
間行頭陁行雖行是行參問匪忘遍歷遐方訪尋知識
無道塲不逢古德有請皆遇　宗師其奈不契廟諱機情
源擁塞如渠聚土狀棘當衢須議芟薙終期決抉而乃
直抛衡嶽專詣灌溪函杖而誓扣廟諱關摳衣而立融堦
雪　澧源和尚一覩奇特許厠門墻久而彌方漸昇
堂室況乎居猶學地道未博通仍於異時侍立左右和
尚演于法頌云五蘊山中古佛堂毗盧晝夜放圓光大

師纔聆妙說頓入淸凉悟卽剎那迷流沙劫一言契合
万慮情亡谿若雲開晈同月朗旣除㳄滯不慕遊方遣
韻傳燈嗣何宗禰卽曹溪六祖付法讓大師讓大師授
馬祖馬祖傳百丈百丈分黃蘗黃蘗之林際得林際審
旨者唯灌溪焉入灌溪室續焰挑燈者誰卽　雲葢
大師矣　大師然以鼙天月白覺海波淸眞燈未燭於
祖堂雷振停開於蟄戶維廣明初之　上都值黃戎
犯闕　僖宗皇帝駕幸三峯暫避狂徒　勑選十員
禪律經論詩賦文章大德駕前供奉　和尚禪宗一位
也　勑賜福田禪師止三峯再賜大自在禪師爾後狠

煙息爇草孽停爭時屬太平寰宇寧靜光宅四海慶洽
万邦特軫　睿毫更于歲號爲光化元年實謂山呼海
蹈舜日堯雲百辟稱慶於龍廷三寶丕歡於　帝澤悉
銜雨露丕被沾濡　和尚特　光化大師仍頒　命服
禪袍改爲椹色　僧誥迴錫　皇恩旋闡海晏河淸
遠播民舒物泰鑾駕將迴於万乘寶位却復於九重
帝績丕昌龜圖鼇負　皇帝昇于大內慶叶千靈金
鷄纔樹於瑱玗瑞渥霶流於遐邇遂抽　御槧揮當玉
扆之前袞發金言綴向霜牋之上遂改光化爲天復元
年當年秋上表乞養疾以歸南剔　天顏而出北闕遙

鳳闕堅駐龍沙山一年時有　唐鎭南軍節度使中
書令南平王鍾公作鎭秉時虛襟抑寂位崇列土心仰
禪門一禮慈悲三申延請淇鍾頎抑難藏衆耳之音幽
谷傳聲已播多人之口　和尚弗能違命遂許宣揚
志出池隍深奇水石　府主鍾公捐淸俸讙白源立
山雲口爲稱伐材搆院奏額龍壽彰名旣畢莊嚴遂陳
延請開堂演法垂手度人蟻聚禪徒蜂來道侶於茲三
十餘載問法千万數人於　吳大和六年甲午歲杪夏
十一日示疾松堂迨于中秋二十八日夜子時歸眞丈
室俗齡八十八僧臈六十七當年冬十月二十口日移

龕瘞乎眞塔去院法堂東北隅二十步之外初終覼覶
罄樹豐碑事集一時爾流永古上足小師充院主道歸
典座小師道環維那僧紹微直歲小師道聰堂中上座
僧照照徒衆僧師蕩等並禪河舟楫柰苑芝蘭咸佇分
燈續開籌室慮以　先師歲華迢遠莫紀芳猷故鏤貞
珉命爲斯記凞儒宗後泒學菀微材恨闕侍於　指南
嗟未親於　丈室恭承　來命合掌虔誠頂想
慈悲敢爲銘曰
開士垂儀　覺皇眞子　洞究禪微　達乎志理　不
受毫釐　寧容彼此　法嗣灌溪　燈分林際　水上

皇靴　長安駿驟　挾杖京師　皈崇明帝　師號紫
衣　僖宗恩賜　處世界兮　如把虛空　若蓮華兮
真不著水　故演慈悲　強云出世　南平鍾公
虔迎駐止　群生緣盡　化終已矣　出沒難拘　浮
沉自在　月隱靈天　龍潛覺海　師示來兮　混四
生中　師歸去兮　超三界外　勞生戀兮　謾自悲
傷　若彈說兮　有何憎愛
吳天祚二年歲次丙申七月丁亥朔二十七日壬子
立　侍者僧神達　住持院主僧道歸　太原王文通刻字

按碑前題前守武昌縣尉歐陽熙述北海郡漆茂
成書兩人名無可攷熙文甚繁冗然敘事無次用
筆艱澀幾於辭不達意茂成書亦庸劣半皆委巷
俗體大類工匠所為書攄如出一手宜其不傳也
碑稱大師俗姓劉氏巨唐相國彭城劉公瞻之次
子劉瞻字幾之其先彭城人後徙桂陽大和初擢
第四年又登博學宏詞科累官戶部侍郎翰林學
士同平章事加中書侍郎兼刑部尚書集賢殿大
學士十一年以上疏請釋醫官韓宗召等忤帝意
罷相位見南唐書本傳碑云遵襲傳燈嗣何宗禰

云云攷南岳懷讓得法於曹溪六祖讓傳道一即
馬祖一傳懷海即百丈海傳希運即黃蘗希傳義
元即林際元傳志閑即灌溪碑敘世系與傳燈錄
續文獻通攷諸書悉合惟書臨濟作林際為異耳
碑又云維廣明初之上都值黃戎犯闕僖宗皇帝
駕幸三峯暫避狂徒勑選十員禪律經論詩賦文
章大德駕前供奉攷黃巢冦京師帝夜趨駱谷事
在廣明元年十二月即所謂黃戎犯闕駕幸三峯
而云敕選駕前供奉十員通鑑及本紀皆未之及
也淇州本漢豫章郡唐武德五年置州至南唐交

泰元年始改南昌故是時猶稱淇州耳碑云有唐
鎮南軍節度使中書令南平王鍾公者鍾傳也新
唐書鍾傳傳淇州高安人僖宗時拜鎮南軍節度
使中書令爵南平郡王與碑符碑首行標題光化
大師空四格文中遇大師和尚字又空一格或空
二格而巨唐空三格僖宗皇帝皆空二格府主鍾
公亦空二格益足見書碑者不學無術自亂其例
也

南唐

謙公安公構造殘碑記

三尺二寸八分三十行字數無考正書
石已斷上下俱失去僅存高三尺三寸廣

晉水齊雲山末釋缺
缺虎踞小之則鳳峙鸞翔皆崇以　佛宮盡立缺形尙
在靈泉洶湧灌千頃之田園異樹婆娑口缺生草茅漸
沒　國家祈禱口瞻瓦礫之塲缺四民樂矣五教
隆焉咸謌堯舜之風盡詠禹湯缺人多舉意則有檀那
衆戸同連欵狀共詣　府門缺口崇作今來之金地仍
口　威嚴怙㨾差遝公幹主缺　上人之謂歟　謙大
德道行清高心懷澹寂雄經口缺副僉諳已斯主綰公
卿仰慕緇素傾瞻　安口上人神缺無意遊行精舍伽

藍有心建立於是　師長委之匠搆缺口緣言論逐分
注題口斂資金留易材木尋其巧匠召以缺口桷爰從
保大三年起首迄于四載興功變此口口成斯蓮缺口
枅向夕陽而似哈雲霞當朝旦而如㗊霧露　口口
日缺口之猿聲響亮泉池寫漢時時之月色晶明疑從
口口口移口缺自諧住止適以精勤廣召信人深嚴
佛事修生口口福善結缺口莫委元由之事須礱貞石
以鏤　淸名契恩內典口虛莫口缺詣以蕭宮纔申攀
口之儀便沐　周隆之禮尋垂　口口弗可口缺乃爲
銘曰

大哉皇覺廣應人天教敷妙旨法口口闡化口缺然不
傾各變形質爲石堅貞四方祈雨八表揚名口口宋代
有此缺唐昇元歲末保大惟新地欲興發果得其人安
公竭口謙德擴身告其缺
缺李口李琛李勤李宙李賓李瓌李寵李珏李從口
陳口陳口陳暉李口口口口侯程唐口唐缺惲彭合
安杜彥徽李彥暉彭偉孟誠李口楊澄潘居實張宏
陳進李惲李口口誠陳緒栢口呂威俞缺規張紹朱
德戴惲沈琮耿實耿信耿言耿昶耿遇耿瑕耿昉許
玘謝曾張五娘張五娘陳二娘易六娘李十娘缺張

忠韋綰嚴二娘張十五娘戴五娘張八娘嚴四娘吳
口娘陴口娘張口娘會首口口口焦可焦侃焦霸
缺呂二娘葛三娘會首劉五娘吳奉匡度于洪姚審
匡暉吳威丁鍔陳惲口章吳口吳惲陳口口口口
口張大娘吳口娘陳缺口口詮易駢易詡駱匡顥許
四娘焦十娘會首成聕成口成侃宋敬宋口宋泰成
口口口口口娘會首馮詮缺口倪洪嚴三娘會首龔
大娘李宏奭李師炬李師宥王十二娘徐大娘朱大
娘成大娘口二娘孟大娘戴大缺倚畢容呂暉孔瑫
呂佐賈强欒亶葛四娘魏七娘會首李延修李福李

安李虔德李□缺衛贊紀紹紀誨劉四娘會首魏遠
朱十娘衛大娘嚴八娘周□娘會首王容王璟王賽
會首萬二娘缺
缺泰正之月二十八日慶懺畢建立
寺主僧德謙　勾當僧智安　都料鑴
碑已碎裂僅存中間一段有云保大三年起首迄於
四載與功又云昇元歲末保大惟新知其爲南唐碑
也予初見碑中有宋代字疑爲宋初刻及讀元僧伯
元所撰記云寺建於宋營陽王義符景平元年始悟
碑云宋代乃追敘之詞謂劉宋非趙宋也觀碑文匡

字竝未廻避其爲南唐石刻無疑碑載會首姓名有
嚴二娘張十六娘夏八娘戴五娘張八娘嚴四娘吳
四娘薛六娘等錯列于男子之中與大安寺鐵香爐
題名正同使秀水朱氏見之又當譏爲丁口無別矣
潛研堂金石文跋尾

大明寺殘碑

石高一尺六寸廣一尺八寸七分二十四行行約二十六字正書

唐東都江都府江都　下缺
界曰娑婆劫名賢善釋□□□□□□□□□
□□□□□晉儒風大扇文動闔中之□□□□□□

□□□□□□□□紫文皆戛玉武盡□金爲□
□□□□□□□□□□□□□□書堂師之高□
也師有弟諱道□□□□□□□□□□□□□投
師龍與巾瓶執事苦心幹節諷誦□□□□□□□
□□爾後住寺法雲緇徒覺觀名揚上國位極□
□□□□□□□當其弟一補以科名□錄奏
閫□□□崇□□□□□□□衣盂好行惠施甲
辰光啟□□飢民□□□屢□□□□□之功
師捨壹伯伍拾萬金於寺西南隅主公莊□國□□□
□□□作窀窆之所朝昏夜月春來而松櫝颼颼□□

□□□起□□□晨鍾夜角課誦無闕漏永更闡
心□十利□□□濟□□□□月比高墻塹緇門筌箕
柱礎師孫五人義□義修義澄義□義□節操氷霜終
而復始師之法靡也化無有盡穢境潛拋俗年九十有
□不寧迴入禪扉凭於机案止於申後淨土栗圓俄爾
緣終□□異□□於茲山淚掩門人心摧徒衆同悲增
信共泣人神是以表旌方□□師之終也方陳刻石用
記紀綱奉命直書□爲銘曰
出俗愛纏永拋業緣不住□宅便弃蓮綿旋歸舊址請
住法雲院号大悲止今有文吳祖建寺遷名秤平奏聞

金闕請在大明性便布施不顧衣盂未省愛憎豐盈四衢有爲不住遟速何苦故立往生圖畱今古浮圖巧妙地久天長稜層顯㠎崢嶸難量

唐保大七年歲次己酉四月廿一日記

按大明寺碑近因修寺得于土中前半已蝕缺銘文尚完好可誦前書唐東都府江都縣後書保大七年歲次己酉四月廿一日攷寶祐志云大明寺爲古栖靈寺在縣北五里以其在隋宮西故又名西寺寺有浮圖九級即大觀圖經所載隋仁壽元年詔海內立塔三十所之一又高僧傳云會昌三

年欲滅教法劉隱之夢見是塔東渡海後塔遂燬于火然碑銘云吳祖建寺遷名秤平奏聞金闕請在大明又云浮圖巧妙地久天長則楊行密時寺曾易名秤平而自保大七年上距會昌三年一百六年中塔蓋已復建矣唐初以江都郡爲南兗州一改爲邗州再改爲揚州淮南道至行密僭位吳王都揚州始號江都府南唐徙都金陵置東都于揚州而揚州爲江都府如故江都縣名亦不改碑題江都府江都縣正與史合至碑文駢體字迹雅潤可喜頗似香積寺碑云

龍興寺鍾欵識

欵識凡兩層四區區高二尺六寸五分廣二尺二寸五分共第一區十五行行二十二至二十三字共第二區止三行鑄鍾人姓名第三區刻此鍾云云六行行十二字下層亦四區橫廣三尺高六寸五分三十行行八字正書在南昌府

安邊忠武切臣宣猛將軍前守池州刺史池州團練使寧化軍節度副使在城馬步都軍使知楊州軍府事武信軍節度使鎮海軍節度使寧國軍節度使建武軍節度使守左神衛軍統軍本軍都軍使國城都城修開城濠都檢校使武昌軍節度使兼營屯使靜江軍節度使知南都留守檢校太尉兼侍中南昌尹開國侯食邑一千戶林仁肇捨俸錢重鑄龍興寺銅鍾一口永充供養

觀夫善人宏願治氏畢功範鑄高懸蒲牢迭應無閑始息奪震響於春雷羣動初驚壯雄聲於曉鼓結界之地布金之園設此堅牢同爲壯觀伏願上窮碧落歷淨方而聽必咸歡下徹泥犂遍業趣而聞皆離苦觸類聞此俱聆羽鱗然後軍庶之間城隍之外具耳俱登於善道正心長叶於妙因　宗社興隆　皇王福履以上仁肇身宮克固祿位恒延保眷屬之利貞踐歲華而安吉所有信心衆士福利同增仗此良因永爲不朽時唐乾德五年太歲丁卯二月庚申朔二十五日甲申

記

勾當鑄鐘講經論僧文機僧惠徵臨壇僧洪節□
左街首座申報左右街僧錄司公事長講經論大德
賜紫洪義
鑄鐘匠人王思王昭王洪郭德
此鍾是先南平大王捨於保大十一年內因外莚火
入寺燒損今來　留守林侍中奉　聞自捨俸料
錢雇匠人重鑄過得聲相圓滿願先南平　鍾大王
同霑福利
□□□□□□□□□□乾德五年南唐南昌尹

林仁肇捨鑄中更兵火寺以焚毀惟鍾獨存普□浴
室尊聖諸院相約□葺因得中建鍾樓逮乾道八年
歲當壬辰府郎寺舊基刱造仰山二王行祠鍾適在
南夾牆中朝暮叩擊聲不遠聞守端竊念佛垂教法
設大聲音發悟品類功德無量況此寶鍾餘二百年
不可使□默不彰遂發己財得一百緡又幸諸檀信
叶助餘力相地爽塏徙建樓宇於普賢院之左以□
舊鍾曾不閱月復振鴻音普願四方上下凡在聽聞
沉氵幽□獲解脫□□□滯悉得警省□□□□
□□□□

院僧守端謹識

右龍興寺鐘銘在南昌府城內百花洲西鐘樓蓋林仁肇在南昌所鑄結銜并叙前所歷官與他刻異陸氏南唐書本傳但云爲潤州節度使徙鄂州又徙南都留守而已鎮海軍潤州也武昌軍鄂州也寧國軍宣州也建武軍揚州也皆在南唐管內若武信軍之爲遂州靜江軍之爲桂州則非江南所有意者遥借其名以寵勲臣乎或曾別置鎮於境內而史失載乎寧化軍則史傳別無可攷意亦李氏所置也　潛研堂金石文跋尾

林仁肇南唐偉人馬陸書皆有傳歐文忠五代史僅于李景世家載其浮橋一戰案南唐自周顯德以後疆宇日蹙景謀遷都于洪州建南都至宋建隆二年留太子從嘉監國遂遷南都俄而悔之六月景卒煜復嗣位于金陵文云知南都留守南昌尹皆與史合又有國城都城修開城濠都撿挍使諸衙則肇實與營建之役也紀元稱唐乾德五年實宋太祖八年違命侯之七年南唐自顯德後削僞號奉正朔是時煜雖歸命而仁肇猶屬守土之臣故徐楚金周處廟碑稱唐乾德四年王秉文小篆于文書題大唐庚申一

時習尚不獨此文為然宋帝寛大之量守臣惓戀之思皆可想已書體遠紹永興不作孫崇望白崇矩輩濫觴所宜亟錄也竹崦盦金石目錄

按龍興寺本晉禪居寺唐神龍間改名隆興後黄蘗山希運禪師居此鐘重一萬六千四斤高七尺圍一丈四尺八寸有奇文在一面銘居上截之左其右亦有文云此鍾是先南平大王捨又云今來酉守林侍中奉聞自捨俸料錢雇匠人重鑄又云願先南平鍾大王同霑福利南平大王卽前光化大師碑所稱有唐鎮南節度使中書令南平王鍾

公按鍾傳見新唐書列傳五代史雜傳舊五代史附杜洪傳僖宗朝由撫州刺史擢江西團練使俄拜鎮南軍節度使檢校大保中書令爵潁川郡王又徙南平天祐三年卒葢寺鐘本傳所捨後燬于保大十一年閏十二年酉守林仁肇復鑄之故銘謂之重鑄重鑄之後五年仁肇卽以疑見誅又三年而南唐亦亡所謂福利者安在哉新唐書傳傳又云傳凡出軍攻戰必禱佛祠積餅餌為犀象高數爭觀此鐘及五代史補載上藍和尚事光化碑位崇列土心仰元門一禮慈悲三申延請諸語其佞佛之心槪可想見知新書之言非誣矣仁肇事實具詳馬令陸游南唐書本傳其故居在今南昌府治東南宋太平興國中卽其地作新建縣署距鐘樓不遠也銘下一截亦有文內有兕此寶鐘餘二百年及仰山語葢以中更兵火鐘在南夾牆中宋僧守端建樓於普賢寺左徙鐘其上樓以乾道十年建而刻文卽在十年仰山爲希運三傳弟子或曾居是寺故及之歟此二段字漫漶不可辨搨者多遺之并著於此銘中以止仁肇止疑至字之譌觸類聞此觸疑畜字之譌功臣作切蒲牢作蒱

皆別體字

本業寺記

碑連額高四尺五分廣二尺五寸三分二十行行三十四字正書篆額在上元縣

僧契撫撰

東山任德鈞書

夫以星池布彩扶烈宿於靈穹鶴樹收光運眞風於像教遠則摩騰入漢近乃達磨來梁傳三乘一性之宗古今恒不指見智無生之忍人我自除所以佛依法住法假人彌道本無心卽心悟道未證斯理體解如然喧寂之居故非常㝷依　王水土事佛餅盂設戒防身藏

名遠悳剋修三業不止六塵稟奉四儀方歸八正其本
業寺者梁天監九年有釋淨口捨宅爲寺累代廢興石
像既存鄉人崇信凡經亢潦衆聚祈求唯奉　國而
事家實遵堯而慕舜其民戚戚其化堂堂既偶　主
上垂衣裳中舉首山河秀實日月光輪遐迩奔趍車航
輻湊三教齊興於　聖代一乘別紀於　明朝非頻婆
王而再出如何非須達多而重生弗口於保大五年有
上元縣近寺衆多檀信口義開學兩鄉周俊周裼等雲
集口圀奏請開善寺僧令安歸寺整葺焚修掌　先元
宗皇帝御批奉　功德使齊王旨承省司給牒重賜開

基再修此寺江月沉而猶出塞雁去而還來唯酬
帝祚之恩永感　乘時之德爾後召慕四方檀信共剏
伽藍紺殿光鮮晨夜之香燈馥郁青龍進邏寒暄之蒼
翠聯環寺主安上人俗姓口當門人事開善出家順義
六年　武皇戒品習筵經論罷好雲閑擬易高蹤應
來衆請佪居名跡獨賢劬勞執火拾薪猶希弟子有上
足門人道新道昇道通道暹道圓等相次出家口承旨
訓如子奉親及至經業該通昇元受具甘露之香壇灌
頂如來之戒制持心戴日銜恩口山捧國師資之義恭
劾無疲侍膳之心始終曷已次教化造得正堂厨庫其

有廊屋僧堂必口圓就良時已偶星宇重興東接文園
昔是　儲君之主西連[illegible]嶠今兹簫帝之蹤幾百年而
金梵泠音流傳佛事一千載之　龍圖闡化普遍　皇
恩願戈鋋無討伐之心願稼穡有豐登之序九功樂業
三界同安長開十善之門共續五天之教金言可顯磐
石恒堅名籍有圖遺蹤莫朽年移事往紀德難勝繼踵
宏揚刻鐫銘石謹記　時唐乾德五年歲次丁卯七月
十九日建　鍾廓刊字
右本業寺碑僧契撫撰東山任德筠書石已中斷而
文義猶連屬可讀李氏三世好文學金陵又其都會

之地石刻見於陳思所錄者甚夥今惟存此爾寺在
麒麟門外以僻左人蹟罕到嚴公子子進募工搨數
本以其一遺予其書梁天監爲鑒輻湊爲輻蔣嶠爲
[illegible]蔣山也闕作闘恩作㤙皆它碑所未有潛研堂金石文跋尾
按本業寺在江寧府麒麟門外此碑立于乾德五
年七月前題僧契撫撰東山任德筠書二行撫字
任字石本已泐明周輝金陵瑣事稱此碑契撫撰
任德筠書盖當時所見如此兩人名不見志乘瑣
事但云德筠前蜀人其字號亦不詳也攷許嵩建
康實錄云本業寺梁天監九年建碑云本業寺者

梁天監九年有釋淨口捨宅爲寺其說正同碑多別體字潛研跋所未舉者如年作年再作再翠作翠虛作霊之類至既偶聖主頁時巳偶以偶爲遇寒喧之蒼翠聯環以喧爲暄又皆借用字

前蜀

停空鏡銘

徑一尺銘三十二字篆書

鍊形神冶瑩質良工如珠出匣佀月亭空當眉寫翠對臉傳紅綺窗繡櫎俱函景中

鍊形神冶瑩質良工如珠出匣佀月亭空當眉寫翠對臉傳紅綺窗繡櫎俱函景中

余購得一鏡縱橫俱三寸餘色淳黑如漆鈕亦不甚凋背作忘憂花葉四旁古錦文中有銘三十二字銘曰煉形神冶瑩質良工如珠出匣似月停空當眉寫翠對臉傳紅綺窗繡幌俱含影中形神兩字半爲土蝕結字極奇古韞藉微帶八分對字臉字創體尤詭語亦娟娟深秀的爲徐庾手筆非唐諸家所逮魏晉俾板灰冷烟飛寒山片石空聞其語卽今六代風流不盡如王謝堂前燕者賴此一照子猶可想像百分一耳 吹景集

學齋佔畢載鳳州有道赤山景德中軍人入一洞穴中有石鏡臺一鏡圍五寸背鑄水族同環有銘三十二字云煉形神冶瑩質良工當眉寫翠對臉傳紅如珠出匣似月停空綺窗繡幌俱涵影中方取鏡閫洞後有風雨聲此鏡萬歷中膠州趙氏自汴京得之海鑒翁完璧自爲記按張君房麗情集載王蜀時天雄軍節度使王承休妻嚴氏有美色王衍愛幸之賜以粧鏡其銘同 按此銘又見博古圖丹鉛錄特傳作傳字不合臉字從目幌字作櫎頗協篆體 池北偶談

右鏡徑五寸鼻鈕內作海馬蒲萄外正書銘三十二字按此鏡與學齋佔畢及太平廣記鳳州道跡山郭家崖景德二年軍人楊起所得之鏡銘詞并同惟易幌爲晃涵爲含與博古圖所載瑩質第二鏡但末句俱照秦宮爲稍異耳吳江陸繩購于濟南 山左金石志

按是鏡銘詞具載十國春秋前蜀王承休傳後主東巡以賜承休妻者吹影編以爲六朝鏡丹鉛摠錄墨林快事以爲唐鏡皆攷之未審耳向日所見有徑七寸餘者又有正書者銘詞皆與此同惟其中花紋諸品各異蓋鑄造時模範不一也此鏡得

自關中古澤可愛字迹亦極秀媚銘詞工麗旖旎酷似徐庾之文稱爲香奩清玩史稱後主頗知學問能爲淫靡之辭是銘當眉對驗諸語詞甚褻呢足與艷情詩相配其後主自製者歟前蜀金石流傳絕少此銘可備一種且其事亦足垂鑒戒云

後蜀

毛詩石經殘本（裘本高廣尺寸行字多寡皆不詳正書）

經文起鵲巢之子于歸百兩御之訖二子乘舟願言思子不瑕不害毛傳鄭箋起爵位故以與焉訖有何不可而不去乎（全文不錄今取經序傳箋之與明北監本注疏有異者條列于後）

鵲巢維鳩居之箋鳲鳩因鵲成巢而居之（監本作而居有之）論猶國君夫人來嫁（監本無論字）百兩御之傳送迎之車皆百乘（監本作送御）箋是子如鳲鳩之子（監本是下無子字）

采蘩序箋其祭祀者（監本其作奉）于沼于沚傳于於也沼沚也（監本無也字此下凡傳箋中也字監本無者皆倣此無關文義故不備錄）公侯夫人執蘩采以助祭祀（監本采作菜箋同又祭下無祀字）夙夜在公箋早夜在於公事（監本無於公二字）禮記曰（今本無日字）被之祁祁薄言還歸傳舒遲貌也（監本無貌字）言事有儀（監本作去事）箋夫人釋祭服而去其髮髢（監本無其字）無疲倦之失（監本疲作罷）

金石萃編卷一百二十三　五代四

草蟲序注卿大夫之妻待禮而行隨從君子也（監本此序無箋此三句乃經文首章首二句之傳）喓喓草蟲趯趯阜螽傳趯趯跳躍也（監本無跳字）阜螽蠜螽也（監本作蠜也無螽字）箋草蟲鳴而阜螽躍而從之（監本鳴下無而字）猶男女嫁時（監本作嘉時）未見君子憂心忡忡傳猶有歸宗之義（監本無猶字）箋謂在塗之時也（監本無之字）在塗之時（監本無之時二字）亦既覯止箋既覯謂已婚禮也（監本婚作昏後凡婚字皆倣此下無禮字）言采其蕨箋猶今之行嫁者（監本猶下有已字行下無嫁字）

采蘋序注（全用箋語此下凡序注皆倣此）十有五年而笄（監本無年字）今既嫁而爲大夫妻（監本無而字）能循其所爲女子之時（監本無所字）所學可觀之事（監本作所觀）于以采蘋南澗之濱于以采藻于彼行潦傳蘋大萍也（監本作大蓱）沈曰蘋浮曰藻（監本傳無此六字惟篇首序下引陸氏經典釋文韓詩云沈者曰蘋浮者曰藻）箋芼之以蘋藻（監本作芼用蘋藻）此祭祭女所出祖也（監本祭字不重）婦人行尚柔順（監本婦人下有之字）維筐及筥于以湘之傳員曰筥（監本員作圓）湘烹也（監本烹作亨下箋亦同）箋是鈃羹之芼也（監本鈃作鉶）宗室牖下傳宗室太宗之廟也（監本作大宗）箋此祭禮唯君使有司爲之（監本無禮字）誰其尸之有齊季女傳必先醴之於宗室（監本醴作禮下箋云非醴也父醴之二醴字並同）箋主婦設羹者（監本無婦字）祭禮主婦設羹教成祭之（監本祭禮作祭事祭之作之祭）

更使季女者成婦禮監本成下有其字其齊盛蓋以黍稷監本作粢盛甘棠序注食菜於召監本菜作采後封於燕監本於作于召伯所茇箋茇草舍也監本此四字是傳非箋重煩勞百姓監本重上有不字國人被其德而說其化監本無而字行露序注此殷之末世世監本作世此避唐諱缺筆後凡世字皆仿此豈不夙夜箋夙夜早暮也監本無夜暮二字謂道中心之露太多監本無心字太作大故不早早行耳監本無早早二字彊暴之男監本彊暴上有今字仲春行事必以昏昕之時監本無仲春之時四字誰謂女無家何以速我獄傳獄訟也監本作埆也箋云汝汝彊暴

之男變異也監本汝作女後凡汝皆仿此作女物有相似而不同者監本無者字物有與事有似而非者監本物下無有字士師當審也監本士師下有所字室家不足箋云幣可以備也監本無以字室家之道不足謂不以媒妁之言監本無之道不以四字不知六禮之來監本作不和何以穿我墉傳視墉之穿監本墉作牆推其物類監本無物字亦不女從傳不女從監本無女字羔羊素絲五紽傳古者素絲以黃裘不失其制監本黃作英退食自公委蛇委蛇箋於公謂正直順於事也監本於公下有從字故可自得公食也監本無公食二字羔羊之縫傳言縫殺之大之與小監本無之與二字得其殺也監本作得其制無也字

殷其靁傳殷殷靁聲也監本不重殷字靁作雷下凡傳箋靁皆作雷箋又喻其在外監本外下有也字召南之大夫監本無之字猶雷之殷殷然而發聲於南山之陽也監本無之而南也四字何斯違斯莫敢或遑傳何何此君子也監本不重何字箋所命之四方監本無四字無敢或閑暇之時監本無之字振振君子歸哉歸哉箋為君使功業未成監本無業字歸哉歸哉者監本無者字在南山之下箋云下謂山足下也監本無下也二字摽有梅其實七分箋謂女年二十監本無年字求我庶士迨其吉兮箋嫁者衆士也監本嫁者下有之字衆士下無也字善時謂女年二十雖夏末太大衰也監本無女末二字摽有梅其實

三兮箋此夏向晚梅之墮落若多在者餘三也監本向作鄉墮作隋若作差也作耳迨及今兮監本及作其頃筐塈之箋謂夏之已晚以頃筐取之於地也監本夏下之字脫下以字末也字俱無迨其謂之傳則不待禮會而行之監本行之下有者字所以蕃育人民也監本作人民此避唐諱缺筆後凡民字皆仿此不待禮會而行監本而行下有之者二字時雖不備監本時下有禮字相奔亦不禁也監本無亦也二字小星序注謂禮有貴賤監本有作命嘒彼小星三五在東傳嘒微貌也監本作微貌無也字則列宿更見之監本無則之二字寔命不同箋不敢當夕監本無敢字維參與昴傳昴畱也監本作留也箋亦同箋猶諸妾雖賤與夫人亦進御於君也監本無此

二語抱衾與裯寔命不猶傳裯單被也監本作襌被箋以待
進御之序也監本無也字不若亦言尊卑異數也監本無數字
江有汜序嫡亦自悔者也監本無者字序注而不得心望
也監本作心望之江有汜傳江水決而復入爲汜監本無江水而三字
箋然而並流似嫡媵宜俱行之監本而作得無之字之子于歸
監本無于字三章同箋云之子是子謂嫡也監本之子下有是子也三字江
有渚傳水岐成曰渚監本作水岐成渚無曰字箋江水流而渚水
畱監本渚下無水字使已獨畱而不行監本無而字其後也處箋
嫡亦悔過自止監本無亦字江有沱傳沱江水之別者監本
無水字箋岻山導江監本作岷山此避唐諱改岷從氏其嘯也歌箋嘯

金石萃編卷一百二十二　五代四　三二

者感口而出聲也監本無者也二字嫡有所思而說爲之監本
無說字以自解說之也監本無之字
野有死麕序注無禮謂不由媒妁鴈幣不至刧脅以
成婚謂紂時之丗也監本無禮下有者字謂作爲脅作脅婚作昏無時字丗作世無
也字野有死麕白茅包之傳羣畋之所獲監本畋作田無所字箋
裹野中者所分麕肉監本野中下有田字吉士誘之傳誘導也
監本作道也下箋同箋欲吉士使媒人導成之監本無欲字野有死
鹿白茅純束箋及野若有死鹿監本無若字非獨麕肉也
監本無肉字純讀爲屯也監本爲作如無也字舒而脫脫兮傳脫脫
舒貌也監本作舒遲箋又疾時彊暴之男相刧脅也監本疾時

下有無禮字脅作脅二無感我帨兮箋奔走節則動其佩飾也
帨音稅也監本奔走上有箋云二字下有失字節下無則字帨音稅也四字全無
何彼襛矣序以成肅雝之德也監本雍作雝下並同注綌總監本
綌作襛何彼襛矣唐棣之華傳襛由戎戎也監本由作猶箋
王姬往乘之車監本無之字車下有也字言嫁時始乘車監本言下有其
字則已敬和矣監本無矣字維絲伊緡監本緡作緍此避唐諱改昬從昏傳
同箋何以爲之子乎監本無子字以絲爲之綸監本作之爲以
善道相求之監本無之字
騶虞序則人倫既正監本無則字一發五豝監本作壹發下章同箋
君則一發而翼五豝監本則作射五豝下有者字戰禽獸之命也

金石萃編卷一百二十二　五代四　三三

監本無也字于嗟乎騶虞箋于嗟者美也監本作美之也一發五
豵箋豕生三歲曰豵監本無歲字
柏舟序仁而不遇監本作仁人不遇注近小人則賢者見侵
害監本近小人上有君字汎彼柏舟亦汎其流傳亦汎汎其流不
以濟渡也監本作亦汎汎其流重汎字箋舟濟渡物監本濟作載物下有者字
今不見用監本無見字與羣小竝列監本作而與羣小人竝列耿耿不
寐傳由儆儆也監本由作猶箋言仁人既不遇監本無言字以
遨以遊監本遨作敖傳同我心匪鑒傳鑒所以察形也監本察作
察此缺筆避孟知祥祖諱箋同後仿此箋我心匪如是鑒也監本匪作非無也字
亦有兄弟不可以據箋以爲是也希耳監本也作者責之

不以兄弟之道監本無不字逢彼之怒傳彼之兄弟監本作彼
彼兄弟我心匪石箋言己心至堅平監本至作志威儀棣棣
傳各有威儀爾監本爾作耳箋言德備而不遇監本言下有己字
憂心悄悄慍于羣小傳慍怨也監本作怒也箋云悄悄憂
也監本無此四字羣衆小人在君側也監本羣下有小字也作者寤辟有
摽傳摽亦拊心貌監本無亦字曰居月諸箋君道常明如
月監本作如日而有虧盈監本而下有月字今君失道而任用小
人監本無用字臣下專恣監本臣下作大臣如匪澣衣箋衣之不
澣則憒亂垢辱監本作衣之不澣則憒辱
綠衣序注綠當爲褖監本有故作褖三字今轉作綠監本無今字綠

兮衣兮綠衣黃裏箋綠兮衣兮者監本綠作褖下綠衣次之今綠衣反
以黃爲裏綠皆作褖諸侯夫人祭服爲之下監本無爲字女所治兮
箋亦喻其亂嫡妾之禮也監本無其也二字我思古人箋我
思此定尊卑監本此下有人字故心善之監本無故字末有也字絺兮
綌兮淒其以風箋絺綌所以當暑服也監本無服也二字喻
失所也監本喻下有其字我思古人實獲我心箋妻妾貴賤
有序也監本作各有次序也
燕燕序注莊姜遠送于野監本送下有之字燕燕于飛差池
其羽傳燕燕乙也監本乙作鳦燕之將飛監本作于飛箋于往
也監本無此三字遠送于野傳遠送過禮也監本無也字野郊外

也監本作坰外曰野箋乃至於野監本野下有者字舒己之憤盡己
之情監本無兩之字頡之頏之傳飛上曰頡飛下曰頏監本兩飛
字下皆有而字箋頡之興戴嬀監本頡之作頡頏遠送于南傳陳口
衛南陳下闕一字監本云陳在衛南也實勞我也監本作實勞我心此似筆誤實
是也監本無此三字本經典釋文語非毛傳其心塞淵監本作淵此避唐諱缺筆作淵
傳同傳仲氏戴嬀字也監本無氏字箋任者以恩深相親信
也監本無深字孝友睦姻任恤也監本姻作婣
日月序以至困窮而作是詩也監本無而作是三字日居月諸
箋以治國之常道也監本之作者逝不古處箋甚爲其初
時也監本爲作違寧不我顧箋云寧猶曾也複云字衍監本無

是其所以不能定貌也監本貌作完逝不相好傳不及我
以恩相好也監本無恩字寧不我報傳我盡婦道而不得
相報監本無我相二字父兮母兮畜我不卒箋親之如母監本
親上有又字乃及養遇我而不終也監本無而字報我不述箋
不循者不循禮也監本作不述不循禮也
終風序見侮慢而不能正也監本脫而字唐石經與此同終風且
暴顧我則笑傳笑侮慢也監本作侮之也箋云既競日風矣
監本競作竟而又有暴疾之風監本無有字末無之風二字喻州吁之
不爲監本作爲不善如終日風之無休息監本無日字休息作休止而其
間又甚惡監本作又有甚惡視莊姜則反笑也監本作笑之是無

敬之甚也（監本敬下有字末無也字）中心是悼箋云悼傷也（監本悼下有者字無傷也二字）傷其如是然而已（監本而已下有不能得而止之六字）不惠然肯來箋云惠順也（監本無此三字）不欲見其詭也（監本其下有戲字）終風且曀不日有曀箋既竸日風（監本竸作竟）且復曀不見日（監本日下有矣字）而又曀也（監本也作者）喻州吁之闇亂甚也（監本無之字）願言則嚏箋我則嚏矣（監本矣作也）此古之遺言也（監本言作語）

擊鼓序注將兵伐鄭先告陳與宋（監本無兵字）宋殤公之即位（監本位下有也字）弊邑以賦（監本弊作敝）則衛國之願（監本願下有也字）伐鄭在魯隱公四年也（監本無公也二字）踴躍用兵傳

使衆踴躍用兵也（監本衆下有皆字）箋謂始治兵也（監本謂治兵時也）土國城漕箋或修土功於國或修治漕城（監本修土功修作役治作理）從孫子仲平陳與宋傳從孫子仲（監本無從字）公孫文仲也（監本公孫上有謂字）平陳與宋也（監本無也字）箋子仲字也（監本無子也字）平陳與宋（監本與作於）弊邑以賦（監本弊作敝）不我以歸憂心有忡箋不與我歸者（監本者作期）豫憂也（監本也作之）爰居爰處爰喪其馬傳有亡其馬（監本馬下有者字）箋今於何居也（監本也作乎）于林之下箋當於林下（監本作當於山林之下）軍行必依山川（監本作山林）死生契闊與子成說箋生也死也（監本作死也生也）我與子成說愛之恩（監本成下有相字）志

在相救者（監本作相存救也）志在不我活兮傳不我生活也（監本不下有與字）箋軍事弃其伍約（監本弃作棄棄字從世此避唐諱改作弃後棄字皆倣此下無伍字）離散而相遠（監本無而字）于嗟洵兮不我信兮傳信亟也（監本作極也）箋嗟其弃約（監本作嘆其棄約）

凱風序注成孝子自責之意也（監本成下有言字）凱風自南傳凱風樂夏之長養也（監本無凱風二字末無也字）箋云凱風喻寬仁之母也（監本凱風上有興者以三字）棘心夭夭母氏劬勞傳夭夭盛貌也劬勞病苦（監本貌下無也字苦下有也字）箋夭夭喻七子（監本夭夭下有以字）吹彼棘薪傳棘薪言其盛就（監本作言其成就者）母氏聖善我無令人箋母乃有叡智之善德（監本智作知）

我七子無善人而能報之（監本無而字）故母氏不安我室（監本無氏字）故去嫁也（監本故作欲）在浚之下傳言有益於浚人也（監本無人也二字）載好其音箋興辭令順也（監本興下有其字）

雄雉序故作是詩也（監本無故也二字）洩洩其羽（監本洩洩作泄泄避唐諱改傳同）我之懷矣自詒伊阻箋繫由是也（監本由作猶）君子行如是（監本子作之）我安在其朝而不去（監本無在字）下上其音箋喻宣公小大其聲（監本喻作興）展矣君子箋訴於君也（監本作愬於君子也）瞻彼日月箋視日月之行（監本無視字）迭往而迭來（監本無而字）百爾君子不知德行箋可謂為有德行而君子（監本作可謂為德行事君）或有所遺（監本無此四字）女怨之

故問此監本作女怨故問此焉
匏有苦葉監本葉作葉中從世避唐諱作菜下傳箋同傳匏謂之匏葉苦
監本作匏謂之瓠瓠葉苦箋匏葉苦監本匏作瓠謂八月之時陰陽
交始可婚禮監本時字不重交字下有會字可字下有以爲二字深則厲淺則
揭傳由帶以上爲厲監本由上有謂字上字下有也字無爲厲二字由膝以
下爲揭監本無此六字揭者揭衣也監本作揭褰衣也淺則揭以男
女之際監本以作矣屬上句箋既以深涉記時監本作深淺喻男女
才性監本男女下有之字爲之求妃偶監本偶作耦有瀰濟盈傳水
人之所難也監本水上有深字箋喻犯禮深矣監本矣作也濟盈
不濡軌雉鳴求其牡傳違禮義不由於道監本連作違於作其

由雉鳴而求其牡矣監本由作猶鳴下有而字箋渡深水者必濡
軌監本濡下有其字雌鳴反求其牡監本雌作雉雍雍鳴鴈旭日
始旦監本雍雍作雝雝傳同傳旭日白始出監本無白字大昕之時
也監本大字上有謂字末無也字似婦人之從夫監本無之字故昏禮用
鴈監本鴈作焉迨冰未泮箋謂正月中以前監本無謂字末有也字
二月中可以昏監本無中字末有矣字招招舟子人涉卬否傳
舟人之子主濟渡者也監本無之子二字箋舟人子號召當
濟渡者監本舟人下有之字當下無濟字由媒人之會男女之無夫
家者監本由作猶男女下無之字使爲配匹也監本使下有之字配作妃而我
獨否之監本無而之二字人涉卬否卬須我友傳我猶待之

而不涉監本猶作獨貞女不行已知之監本無已知之三字
谷風序注新昏新爲昏禮監本作新昏者新所與爲昏禮習習谷風
傳習習和舒之貌也監本無也二字之室家成則繼嗣生監本
則作而黽勉同心傳言黽勉思與君子同心也監本黽勉下有
者字非夫婦之所宜也監本無也二字所采葑采菲無以下體
箋然而根莖有美時監本根上有其字下無莖字采之者不可以
根莖惡之時并弃葉也監本無莖之二字弃下有其字喻夫婦禮義
合監本夫婦下有以字顏色親監本顏色下有相字弃其相與室家之道
也監本無室家二字道作埋末無也字行道遲遲中心有違傳遲遲舒
行貌也離也監本貌下無也字有違字箋云違猶徘徊也監本無違猶二

字俳佪作徘徊下同不遠伊邇箋不能遠唯近耳監本唯作維誰謂
荼苦箋而君子遇於己薄之苦毒監本無遇薄二字以比方
之監本無以字燕爾新昏監本燕作宴傳同經下同涇以渭濁箋涇水
有渭監本水下有以字特正貌也監本特作持無也字己之持心監本作持
正因取以自喻也監本也作焉不我屑以箋當家之室也
監本作當室家也無逝我梁監本無作毋下同箋同遑恤我後箋皇暇
也監本皇作遑後世所生子孫監本孫下有也字方之舟之箋方
柎也監本柎作泭何有何亡黽勉求之箋亡求有之監本無之
字凡已有喪箋凡已有凶禍之事監本凡字下有於字况我於
君子之家事難易監本難易下有乎字不以我能慉監本無以字箋

君子不能以見驕樂我監本見作恩賈用不售箋我脩婦
道以事之監本以作而如賣物不售者也監本物下有之字無者也二字
昔育恐鞫監本鞫作鞠上有育字箋昔我幼穉時恐至老窮匱
監本穉下有之字至下有長字無所避也監本避作辟既生既育箋既有
其財業監本無其字末有矣字又既長老監本末有矣字言惡之甚也
監本之作己我有旨蓄傳貌美也監本貌作旨以我御窮箋言
君子亦但以我禦窮苦之時監本無言字禦作御有洸有潰箋
而無溫潤之色監本無而字不念昔者箋不念往者年穉
監本作往昔年稚
式微胡爲乎泥中傳泥中衛下邑也監本無下字

金石萃編卷一百三十二　五代四　四一

旄丘序注今稱伯者監本作今日旄丘之葛兮何誕之節
兮傳如葛延蔓相連也監本作如葛之蔓延相連及也箋土氣暖監本
暖作緩何多日也箋可以來而不來監本無以字汝曰數何
一多監本作女日數何其多也何其處也必有與也箋我君何以
處此乎監本處下有於字必以衛有仁義之道故監本故下有也字
責衛今不行仁義也監本無也字必有以也傳必以功德
也監本作必以有功德必以衛有功德也監本德下有故字又責衛今
不務功德監本末有也字匪車不東箋汝非無戎車乎監本無作
有流離之子傳流離鳥名也監本無名字始於愉樂監本於作
而褎如充耳箋無所聞知如人之耳聾監本知字下有也字無如

字
簡兮序仕於泠官監本泠作伶注同方將萬舞傳用之於宗
廟山川監本無於字箋萬舞干舞監本作干羽下有也字在前上處
箋周禮太胥監本作大胥以待教諸子監本教作致舍菜合舞
也監本菜作采無也字碩人俁俁傳碩大德也監本碩下有人字有力
如虎傳有文章也監本無也字成於遠監本末有也字赫如渥赭
傳祭有畀煇監本畀作畁箋碩人顏色赫然監本顏作容
泉水靡日不思箋無一日不思也監本作我無日不思聊與之
謀箋聊且畧之辭也監本畧作略下同末無也字飲餞于禰箋通
衛之道所經監本通作適遄臻于衛箋疾至於衛而反監本

金石萃編卷一百三十二　五代四　四二

反作返我思肥泉傳所歸異於肥泉監本於作爲思須與漕
箋故又思也監本作思之
出門監本作北門此蓋筆誤出自北門傳背明向陰也監本向作鄉末
無也字謂之何哉箋謂人事君無二志監本作詩人我入自
外箋我從外入監本外下有而字
北風北風其涼箋使已散亂去也監本無去也二字惠而好
我箋性仁愛人監本無人字其虛其邪箋其政威儀監本作其
故今皆以爲急刻之行也監本也作矣莫赤匪狐莫黑匪
烏箋猶今之君臣相承爲惡則如一監本無之則二字
靜女序注遺我以彤管之法監本法作灋後皆仿此愛而不見

傳言志往而行止監本作行正箋亦仿此　貽我彤管傳女史書
日月監本書下有其字　則以之金環退之監本以下無之字　悅懌女
美監本作說懌　箋云悅懌監本作說懌　女史以之說懌監本作說釋
自牧歸荑傳荑之所生也監本所作始　箋荑潔白之物也
監本潔作絜後仿此可以共祭祀也監本共作供末無也字
新臺鴻則離之箋鴻乃鳥而反離焉監本而作也
二子乘舟序傳二子伋也壽也監本作伋壽也　宣公爲伋取
於齊齊女而美監本齊字不重　汎汎然迅疾而不礙危也監本
無危字　中心養養傳養養愁憂監本愁作然　不瑕不害監本作不
瑕有害　箋我念思此二子之事監本作思念

偽蜀孟昶有國其相毋昭裔刻孝經論語爾雅周易
尚書周禮毛詩儀禮禮記左傳凡十經于石其書丹
則張德釗楊鈞張紹文孫逢吉朋吉周德貞也石凡
千數盡依太和舊本歷八年乃成公穀則有宋田元
均所刻古文尚書則晁公武所補也胡元質宗愈作
堂以貯之名石經堂在府學成都記
蜀石經周易後書廣政十四年歲次辛亥五月二十
日公羊傳後書大宋皇祐元年歲次己丑九月辛卯
朔十五日乙巳工畢偽蜀相毋昭裔取唐太和本刻
石於成都學宮與後唐板本不無小異乾道中晁公

武參校二本取經文不同者三百二科著石經考異
亦刻於石張㚟又校注文同異爲石經注文考異四
十卷玉海
鴻都石經自鄴遷雍遂茫昧于人間唐太和中復刻
十二經立石國學後唐長興中詔國子博士田敏與
其僚校諸經鏤之板故今世太學之傳獨此二本爾
按趙清獻公成都記偽蜀相毋昭裔捐俸金取九經
琢石於學宮依太和舊本令張德釗書皇祐中田元
均補刻公羊穀梁二傳然後十二經始全至宣和間
席升獻又刻孟子參焉今考之孝經論語爾雅廣政

甲辰歲張德釗書周易辛亥歲楊鈞孫逢吉書尚書
周德貞書周禮孫朋吉書毛詩禮記儀禮張紹文書
左氏傳不誌何人書而祥字闕其畫亦必爲蜀人所
書然則蜀人之立石蓋十經其書者不獨德釗而能
盡用太和本固已可嘉凡歷八年其石千數昭裔獨
辦之尤偉然也公武異時守三營嘗對國子監所摹
長興板本讀之其差誤蓋多矣昔議者謂太和石本
校寫非精時人弗之許而世以長興板本爲便國初
遂頒布天下收向日民間寫本不用然有訛舛無由
參校判知其謬猶以爲官既刊定難於獨改由是而

觀石經固脫錯而監本亦難盡從公武至少城寀署
一再易節暇日因命學官讎校之石本周易說卦乾
健也以下有韓康伯注略例有邢璹注禮記月令從
唐李林甫改定者監本皆不取外周易經文不同者
五科尚書十科毛詩四十七科周禮四十二科儀禮
三十一科禮記三十二科春秋左氏傳四十六科公
羊傳二十一科穀梁傳一十三科孝經四科論語八
科爾雅五科孟子二十七科其傳注不同者尤多不
可勝紀獨計經文猶三百二科迹其文理雖石本多
誤然如尚書禹貢篇夢土作乂毛詩日月篇以至困

窮而佳是詩也左氏傳昭公十七年六物之占在宋
衛陳鄭乎論語述而篇舉一隅示之衛靈公篇敬其
事而後食其祿之類未知孰是先儒有改尚書無頗
爲無陂改春秋郭公爲郭亡者世皆譏之此不取決
之以臆姑兩存焉亦鐫諸樂石附于經後不誣方將
必有能考而正之者 晁公武石經考異序
孟蜀所刻石經其書淵世民三字皆闕畫蓋避唐高
祖太宗諱也 洪邁容齋隨筆
呂陶曰五代之亂疆宇割裂孟氏有劍南百度草創
猶能取易書詩春秋禮記周禮刻於石以資學者國

朝皇祐中樞密直學士京兆田公加意文治附以儀
禮公羊穀梁傳所謂九經者備焉 席益記略曰蜀
儒文章冠天下其學校之盛漢稱石室禮殿近世則
石壁九經今皆存焉廣政七年其相毋昭裔按雍都
舊本九經命平泉令張德釗書而刻諸石本朝因禮
殿以祀孔子爲宫其旁置學官弟子講習傳授故蜀
帥尚書右丞胡公宗愈作堂於殿之東南隅以貯石
經蓋自東漢興平元年歲在甲戌始作禮殿逮我宋
紹興六年丙辰歷年六百七十有三其間僞蜀刻石
經之歲是爲晉開運甲辰至是一百九十有二年

趙希弁曰石經毛詩二十卷經注一十四萬六千七
百四十字將仕郎試秘書省校書郎張紹文書蓋孟
昶時所鐫 曾宏父曰益郡石經肇於孟蜀廣政悉
選士大夫善書者模丹入石七年甲辰孝經論語爾
雅先成時晉出帝改元開運至十四年辛亥周易繼
之實周太祖廣順元年詩書三禮不書歲月逮春秋
三傳則皇祐元年九月訖工時我宋有天下已九十
九年矣通蜀廣政元年肇始之日凡一百一十二禩
成之若是其艱又七十五年宣和五年癸卯益帥席
貢始奏鐫孟子運判彭慥繼其成凡十二卷乾道六

年庚寅三月且東里晁公武又鐫古文尚書暨諸經考略洪文敏公邁謂孟蜀所鐫字體精謹有正觀遺風續補經傳殊不逮前已上皆經義考所引諸刻今皆不存所存者孔門七十二子像石經禮記有數段在合州賓館中曹學佺四川名勝志

母昭裔河中龍門人蜀左僕射以太子太師致仕常按雍都舊本九經命張德釗書之刻石於成都學宮孫逢吉成都人廣政中累官國子毛詩博士校定石經分刻蜀中逢吉與句中正之功尤多吳任臣十國春秋

宋人所稱引皆以蜀石經為証並不及唐陝本石經其故有二一則唐石經無注蜀石經有注故從其詳者一則南渡後唐石經阻于陝不至江左故當時學官頒行之本皆蜀石經不知五百年以來蜀石經何以澌滅殆盡予畱心搜訪二十餘年仁和趙徵士谷林始得其毛詩二卷自周南至衛風耳如以朝饑為輖饑蓋異文也唐石經雖非故物然近來顧先生亭林考證之至詳世頗知畱心者而蜀本則絕無矣程克齋譏蜀石經謂其春秋以甲午為申午以癸卯為葵卯然其書既多自不無舛錯要之有足資考證者惜乎所見止此鮚埼亭集

按蜀石經始刻於廣政七年迄南宋乾道年經凡十三毛詩其一也詩經本二十卷此二南邶風祇二卷据卷末題第一經二千八百六字注五千四百七十一字第二經二千二此數疑誤今計連卷首標題及各篇章句總數共大字二千九十五字注五千九百九十三字合二卷經注共一萬六千二百七十二字今此本佚卷一之前半周南起至召南鵲巢首章鄭箋之半止祇存卷一之後半及卷二共存經注一萬二千五百四十一字是佚者三千七百三十一字矣鵲巢注鄭箋起於爵位故以興焉今本鄭箋云鵲之作巢冬至架之至春乃成猶國君積行累功故以興焉是此上箋無爵位二字此二字攙用序語也石刻皆正書經文大字徑六七分毛傳鄭箋小字雙行分注於各篇章句中間每注文三字占大字二格凡注祇取毛傳鄭箋並不兼及孔疏及陸氏釋文凡傳不加傳字箋則有箋云二字凡篇首先載小序下用鄭箋作注惟草蟲篇鄭氏無箋用經文首章首二句之傳提行別起或接小序空一格寫經文傳箋章句連貫不復離析篇末大字題云某篇幾章章幾句或在本篇經注之下空一格或別起行上空一格卷首首行題毛詩卷第二空一格毛詩國風空一格鄭氏箋次行云

邶柏舟詁訓傳第三並大字又次爲柏卅序注据
卷二如此卷一雖佚想亦同也卷末章句一行之
次卽題云毛詩卷第一大字下小字雙行云經若干
字注若干字卷二亦同別無號年歲月書刻姓氏
題識書法精謹與唐石經相埒現在摹本依爽本
式每行十四字共高尺許未見石本不能確定也
石久散佚拓本流傳者僅見此本卷二首有小木
印長一寸五分寬一寸正書四行云此書義助於
浙江杭州府武林門外廣仁義學永遠爲有志之
士公讀者凡廿八字首一行祇一敬字皆朱色廣

仁義學者黃同知易之父諱樹穀號松石其家在
杭州武林門外東馬塍之北前明少叅貞父先生
故第松石卽所居開廣仁義學聚羣書其中四方
來學者供其閱誦其書率爲海內交游諸藏書家
所助凡卷冊薄小者用此印卷帙厚者用墨色長
印大書廣仁義學四字斜鈐於全部板心折縫處
使人不能竊取松石殁後義學旣廢長子庭季子
易餬口四方塾中藏書無人主守皆散佚矣此本
嘗於乾隆壬戌臘月之望從廣仁義學攜至城中
趙氏小山堂主人谷林招集厲樊榭丁龍泓全謝

山諸人共觀賦詩題跋並見各人本集据谷林詩
自注云此本僅存二南邶風則在當時首卷本全
故厲詩全跋皆舉調饑作輖饑爲異文正在卷一
之前半今不可見不知佚於何時也此本新從吳
中摹得武林王溥家藏拓本溥字容大家於湖墅
與松石居鄰近蓋松石殁後遺書散失此本歸于
其家也但原本二卷全跋趙詩注皆言存二南邶
風而諸詩則趙云千劫灰餘祇一卷厲云孟蜀石
經僅一卷丁云一卷毛詩出鐫勒皆作一卷者詩
家約畧之詞非確數也諸詩但以輖饑爲典實不

及其餘是未暇細檢之故朱晁公武石經考異計
經文不同者毛詩有四十七科序但舉日月篇以
至困窮而作是詩也一條玉海載張奭校注文同
異爲石經注文考異四十卷而未詳詩經注文之
異者有若干卷全謝山跋引程克齋語亦但舉春
秋二條不及詩經今惟取家塾中舊藏明北監注
疏本所刊行者以校此本互異之處甚多已條列
於前更撮舉其大者重申論之經文之異者標有
梅篇迨及今兮監本及作其上章迨其吉兮下章
迨其謂之皆作其不應此章獨作及江有汜篇之

子于歸監本無于字三章並同此無他義衹以桃天鵲巢等篇皆作之子于歸此處亦依例增之柏舟篇以遨以遊監本遨作敖說文敖遊也本作敖陸氏釋文敖亦作遨是此本與釋文同矣燕燕篇實勞我也監本作實勞我心心與南叶韻萬無作也之理此以心也字形相近傳寫致譌谷風篇燕爾新昏監本燕作宴集韻燕與宴通安也息也無逝我梁無發我笱兩無字監本皆作毋是亦通用字不以我能慉監本無以字此與下反以我為讎句法相類玩箋意則此句衍以字昔育恐鞫監本

鞫上有育字此句兩育字皆育之育稚也育鞫之育長老也下文既生既育箋云育謂長老也即與此育鞫之育同義此句箋云昔幼稚之時恐至長老窮匱若無此育字則至長老義無著矣是脫育字也鞫監本作鞠鞫鞠二字皆訓為窮爾雅釋言鞠究窮也書盤庚爾惟自鞠自苦傳鞠窮也二字可通用北門篇作出門此因經文出自北門致此筆誤靜女篇悅懌女美監本作說懌陸氏釋文云說本又作悅毛王上音悅下音亦鄭說音始悅反懌作釋始亦反則鄭氏本作說此引箋而作悅懌

誤也二子乘舟篇不瑕不害監本作有害玩箋元有何不可而不去正與有害之義合此作不者誤也凡此皆經文之異也序之異者日月篇以至困窮而作是詩也監本無而作是三字此句晁氏已言其異陸氏釋文云舊本皆爾俗本誤此有而作是三字是仍俗本之誤矣終風篇見侮慢而不能正也監本無而字唐石經本有而字此與唐同則今本脫也簡兮篇仕於泠官今本泠作伶唐石經本作泠陸氏釋文云泠音零字從水亦作伶此與唐同則監本乃亦作之本矣凡此皆序之異也傳

之異者草蟲篇阜螽蠜螽也監本作蠜也無螽字爾雅釋蟲蟲螽蠜下無螽字是此本衍文采蘋篇蘋大萍也監本作大蓱說文云蘋本作蕒大萍也此作大萍者本之說文爾雅釋草萍蓱其大者蘋注總訓水中浮萍則監本作大蓱者本之爾雅皆非無據也下文沈曰蘋浮曰藻監本傳無此六字据陸氏釋文引韓詩云沈者曰蘋浮者曰藻則此六字以釋文攙入毛傳矣宗室太宗之廟也監本作大宗大夫士不得有太宗廟箋云宗子主此祭禮正指大宗此本譌也古之將嫁女者必先禮之

于宗室監本醴作禮按正義明言今毛傳作禮儀之禮者司儀注云上於下曰禮故聘禮用醴酒禮賓作禮儀之禮定本禮作醴今此本直作醴是與定本同而非毛傳之舊矣行露篇獄訟也監本云埆也經文此章速獄下章速訟明獄訟是二事不得云獄訟也周禮地官有獄訟者注爭罪曰獄爭財曰訟又爲獄訟兩事之證孔氏正義引鄭云獄者埆也囚證於角核之處集韻埆字下引詩行露注獄埆也可見唐宋所行之傳皆作埆則此作訟者譌矣正字通又謂埆爲獄周制無此名說文埍

訓女牢埆卽埍之譌按說文云埍徒隸所居也一曰女牢則以埆爲埍之譌說亦有據附識之小星篇昴畱也監本作罶也罶但訓魚笱未嘗與畱通用五音集韻云昴星別名史記索隱畱卽卯也毛傳亦以畱爲卯正謂此也孔氏正義引元命苞云昴六星昴之爲言畱言物成就繫畱是也則作畱者爲是此蓋以罶畱同音力久切致譌稠單被監本作禪被單與禪其音旣同又說文禪衣不重也單者複之對也單與禪義亦相通此因是致異江有汜篇水歧成曰渚監本作水岐成渚岐不成字

當作歧同岐字曰卽成字之意似係衍文皆傳寫之譌匏有苦葉篇匏謂之瓠監本作匏謂之瓠此本顯然筆誤又由帶以上爲厲由膝以下爲揭監本但云謂由帶以上也無由膝以下爲揭六字孔氏正義曰今定本如此爾雅釋水云以衣涉水爲厲由膝以上爲涉由帶以上爲厲孫炎曰爾雅引此詩因揭在下自人體以上釋之故先揭次涉次厲也傳依此經先後故引爾雅不次然傳不引爾雅由膝以下爲揭者畧耳可知唐時定本原無此六字此必蜀人因正義以傳爲畧而增之也凡此

皆傳之異也箋之異者甘棠篇茇草舍也監本此四字是傳非箋此誤攙入者行露篇夙夜早暮也監本但云夙早也無夜暮二字下文行事必以昏昕正與早暮合則或是監本脫也周禮仲春行事必以昏昕之時監本無仲春之時四字又行事必以昏昕六字本儀禮非周禮此本疑譌維參與昴箋猶諸妾雖賤與夫人亦進御於君也監本無此二句按上章三五在東箋已云猶諸妾隨夫人以次序進御於君也則此章似可不必複由此本疑衍野有死麕篇劫脅以成婚監本脅作脅此字改

從刀從貝字書不收王彥超修文宣王廟記建隆三年立碑中有貪字蓋是五代宋初所行之俗體也奔走節則動其佩飾也監本作奔走失節動其佩飾也二語是箋此脫箋云二字下云帨音稅也四字監本無非箋非疏并非釋文此誤衍也騶虞篇君則一發監本則作射此本傳譌豕生三歲曰豵監本無歲字爾雅釋獸豕生三豵二豕一特本無歲字此誤衍柏舟篇悄悄憂也監本無此四字傳有云悄悄憂貌此似誤以傳爲箋君道常明如月而有虧盈監本如月作如日虧盈上有月字君

道不可言如月虧盈正言月此本脫誤顯然燕燕篇實是也監本無此三字本陸氏釋文語此以釋文攙入箋觀此可知釋文之夾入傳箋五代已然不自宋始矣日月篇是其所以不能定貌也監本貌作完定貌無此文理完卽莊姜之子載媯所生孔氏正義引左傳石碏諫曰將立州吁乃定之矣杜預云完雖爲莊姜子然太子之位未定是完不爲太子也卽此箋所云不能定完也推其故完字形近皃此又寫皃爲貌也終風篇惠順也監本無此三字或監本脫谷風篇方柎也監本柎作泭說

文云編木以渡曰泭爾雅釋言舫泭也樊光本作柎此之作柎是其所本也泉水篇聊且畧之辭也監本畧作畧字書無畧字此是傳寫譌凡此皆箋之異也其餘無關義理者不復深論晁氏石經考異稱左傳祥字闕筆知爲蜀人書洪氏容齋隨筆稱其書淵世民三字皆闕畫爲避唐高祖太宗諱今左傳未見此本又無祥字惟淵世民三字皆闕畫與洪氏合然不第此也如葉字中從世改作弃泄泄從世改作洩洩葉字中從世改作茉孟蜀時唐諱可不避蓋皆從開成本之原文又察字闕筆

作寀是避孟昶曾祖諱據五代史昶父知祥知祥祖察父道今察字闕筆而道字不避卷中用道字者甚多十國春秋高祖本紀考道注云蜀檮杌作巇今不諱道字或者先名道後改名巇蜀檮杌似有可據歟又凡避諱字皆闕一畫此察字闕三畫猶唐石經儀禮有朱梁補刻者避梁祖諱成皆作丆校勘刻石由蜀相毋昭裔兩五代史皆不書其事且春秋三傳至宋皇祐元年始訖工宜乎歐公及見之而集古錄亦不載毋昭裔附見宋史西蜀世家毋守素傳昭裔乃守素之父但事蹟無多惟

十國春秋有傳頗詳載刻石經之事至書詩經者
張紹文十國春秋無傳讀書附志僅稱其官別無
可攷校定上石者有孫逢吉爲國子毛詩博士而
譌舛竟至如許今蜀石無存拓本字不多見而此
本僅存亦未經人深考爰詳校同異而論列之

南漢

西鐵塔銘

塔四面刻銘各七行行八字至十字不等外一行官名文皆同其上下皆有佛號正書在番禺縣

盧迦那佛 此東上面
釋迦佛 此東下面

玉清宮使德□□□□宮使開府儀同三□□內侍監
□□國龔□□同女弟子□□□□□□以大寶六年
□□□亥五月壬子朔□□□□□鑄造□□□
入緣弟子內給事都監韶州梁□鄴 以上東面

盧舍那佛 此南上面
弥 佛 此南下面

玉清宮使德陵使□□宮使□府儀同三□□內侍□
□□國□□□同女弟子□□三十二□以大寶□□
歲次癸□五月壬子朔□□□□辰鑄造□□□□
入緣弟子內給事都監韶州梁延鄴 以上南面

毗□□佛 此北上面
藥師佛 此北下面

玉清宮使德陵使龍□宮使開府儀同三司□內侍監
上柱國龔□□同女弟子□氏三十二□以大寶六年
歲次□亥五月壬子朔十七日□辰鑄造永□□□
入緣弟子內給事都監□州梁延鄴 以上北面

□□佛 此西上面
弥勒佛 此西下面

玉清宮使德陵使龍德宮使開府儀同三司行內侍監
上柱國龔澄樞同女弟子鄧氏三十二娘以大寶六年

歲次癸亥五月壬子朔十七日戊辰鑄造永充供養
入緣弟子內□□□□□□□□□延鄴
□弟子劉軍□ 以上西面

歲在壬申重游嶺表改歲正月南海陳元孝飯予光
孝寺南漢之興王寺也寺僧導主客詣劉鋹所鑄鐵
塔所在見二塔並立一屋中修短不齊一作記一題
名始悟曩時拓本合二爲一記之不詳元孝語予南
漢主劉龑葬番禺縣治東二十里北亭明崇禎丙子
秋九月穴中有雞鳴土人發其墓隧道崇五尺深三
尺有金像十二一冕而坐一笄而坐殆馬后也亥侍

十八疑是諸子又學士十八以白金鎔鑄其他珍異物甚夥有碑一具書翰林學士知制誥正議大夫尚書右丞上紫金俗臣盧應奉勅撰文曰維大有十五年歲次壬寅四月甲寅朔念四日丁丑高祖天皇大帝崩于正寢越光天元年五月癸未朔十四日丙申遷神于康陵禮也云云予方注五代史裒年健忘遂牽連書于前册亡友仁和吳志伊撰十國春秋盧應更作膺謂事龔為工部侍郎大有中加太尉中宗時拜中書侍郎同平章事銜名不合惜其已逝未得此異聞也 曝書亭集

右龔澄樞造鐵塔記塔在廣州光孝寺文凡七行世所傳者惟西一面文乾隆甲午夏益都李文藻素伯諦觀東南北三面鐵繡中隱現有字募人錐出搨之文皆與西面同而每行字數有多寡葢非一笵也素伯又為文記塔之形製云塔自石趺以上高丈有九尺六寸石趺四重刻獅獸鐵趺四重一作瓦檐形二作龍戲五珠縮其地廉外為四人首戴第三重如鼎鬲狀三重亦刻花紋四重周作蓮花四面各濶四尺六寸為瓣九中瓣刻文於上自蓮花瓣以上凡七層以次而狹皆鑄佛像最上濶不過二尺又上為蓮花

BIBLIOTECA DA UNIVERSIDADE DA ÁSIA ORIENTAL
東亞大學圖書館
UNIVERSITY OF EAST ASIA LIBRARY

頂每層大佛一衆小佛環之每面七層計二百五十佛四之則千佛矣下二層佛旁有字梯而視之第一層東曰釋迦佛西曰彌勒佛南曰彌陀佛北曰藥師佛藥師佛者釋家謂之功德佛其造塔者自況乎第二層東盧遮那佛南盧舍那佛西牟尼佛北毗舍浮佛它佛名皆刻佛左而此獨刻佛右塔頂似有字勢甚危不可梯也 潛研堂金石文跋尾

按十國春秋南漢世家龔澄樞傳云廣州南海人事高祖為內供奉官累遷內給事中宗襲位以林延遇薦累官至上將軍左龍虎軍觀軍容內太師

是塔所署官階悉與傳合澄樞由宦官致位通顯與女巫樊胡子內外作奸後主惑之卒以亡國可為深慨謝中丞啓昆粵西金石略載蒼梧縣感報寺銅鍾亦南漢乾和十六年行內侍吳懷恩所鑄其題銜皆吳任臣所未及惜不得見其拓本然五季宦官之禍莫甚於南漢可想見矣大寶六年宋太祖建隆四年也

東鐵塔記

塔西面刻記八行行十字至十二字餘五角或二行或三行行或十五六字至二十餘字不等皆列沙門官銜 正書

大漢皇帝以大寶十年丁□歲勅有司用烏金鑄造□
十佛寶塔壹所七層并相□蓮花座高二丈二尺保龍
□有慶祈鳳曆無疆萬方咸□於淸平八表永承於交
泰然後善資三有福被四恩以四□乾德節設齋慶讚
謹記（此西面）
□□□□□□□□□□□□□□□□使秀
□□□□□□□□□□□□□宮□□□□
□點檢□□□將軍行□□□□□□□□
開國伯食邑七百戶□□□（此南面西角）
教中大法師內□□監□□□□□□□大夫撿挍
工部尙書□法□師沙□□□□（此南面東角）
□中大□□□□□□□□□□□□□（缺）□撿挍
□部尙書□□□□門□□□（此東面南角）
教中大法師內供奉講經首座金紫□□□夫撿挍
工部尙書寶法大師沙門臣□□（此北面東角）
內殿大僧錄教中大法師金紫光祿□□撿挍工部
尙書曉眞大師法門臣道□（此北面西角）

鐵墖建自大寶十年凡七層合相輪蓮花座崇二丈有二尺觀其列名皆宦者也當其時鋹又範銅爲巳像并肖諸子列于天慶觀而今已亡之蓋金石刻之

傳于世金之用博故其鑠也易以予所見自唐以來惟景雲觀法性寺二鐘銘及是墖記而已若晉祠鐵人鑄自宋建中靖國年則其文在胸突出難以摹搨蓋欽議不同變前人之舊矣（曝書亭集）

廣州光孝寺有二鐵塔其在東院者以黃金塗之南漢主劉鋹所造寺西院又有千佛鐵塔兩塔高大略相等東塔較高朱竹垞謂見二塔並立一屋中修短不齊一作記一題名始悟曩時拓本合二爲一記之不詳疑未得其實也又謂其列名皆宦者今觀其列名皆沙門監造而宦者惟龔澄樞一人且其塔乃澄樞自造又在鋹所造之前亦不得合爲一也　又按竹垞書鐵塔銘後記劉龑塚碑事與王文簡皇華紀聞所載頗有錯互余甲申秋將出都時錢辛楣學士首以此託爲攷訂比抵粵訪諸官吏與士人問其所謂兆亭者在番禺城東二十里許而劉龑之塚與碑則竟無知者蓋二先生亦皆非得自親睹所以傳寫或有訛失即如竹垞所記係光天元年而文簡則疑光天無五年而所據載者乃作五年（廣東新語亦作元年）又盧應下文簡所記是初字廣東新語所記是勅字俱無奉字而竹垞所記則多一奉字安知初字非即勅字

之誤乎竹垞稱陳元孝語予云云則是竹垞既得自口傳而元孝復出自記憶無怪乎王朱兩先生之傳聞異詞矣翁方綱粵東金石略

右造千佛寶塔記在光孝寺之東院寺僧以灰填其文而塗金于外謂之金塔記在塔之西面凡八行其北面西隅題名二行東隅題名二行南面東隅題名二行西隅題名三行東面南隅題名二行西面兩隅及東面之北隅皆無刻文予所藏者李素伯手搨之本視他家特爲完善寺之西院有龔澄樞所造鐵塔先於此塔四年亦非奉勅所造朱錫鬯謂劉鋹所鑄

二塔並立一屋中一作記一題名者誤也此塔題名六人惟所謂宮使者似是內侍之職餘皆沙門爾朱以爲皆宦者亦誤潛研堂金石文跋尾

吳越

金塗塔記

塔高七寸四面面廣三寸平列佛像四層爲數共一十有三下一層像七中間一層像三上一層兩邊各一其最上一層四隅各一統四面計之共像五十有二其塔下四面一面無字兩面僅各一保字惟一面保字上有字四行一行四字三行行五字正書

吳越國王錢弘俶敬造八万四千寶塔乙卯歲記

寺塔之建吳越武肅王倍于九國按咸淳臨安志九廂四壁諸縣境中一王所建已盈八十八所合一十四州悉數之且不能舉其目矣當日嘗於宮中冶烏金爲瓦繪梵夾故事塗之以金合以成塔鄱陽姜堯章得其一版乃如來舍身相陽穀周晉仙文璞賦長歌紀其事有云錢王本自英雄人白蓮花現國主身蛇郷虎落狗脚朕何如錦袍玉帶稱功臣考羅平僭號王遺董昌書曰與其閉門作天子九族塗炭不若開門作節度終身富貴無憂晉仙即演其辭使聞者足戒此詩人之善於取材者已鄉人蔣爾齡亦得一版作放下屠刀立地成佛相以施城東白蓮寺僧吾

友周青士所目擊曾以語余及余歸田則爾齡青士皆逝詢之寺僧堅不肯承眞跡不可復覩遂書其事附錄晉仙詩冀此瓦未爍好古君子或一遇焉曝書亭集

右吳越國王造塔記文云吳越國王錢宏俶敬造八万四千寶塔乙卯歲記即周晉仙所謂金塗塔也晉仙詩云錢王納土歸京師流落多在西湖寺納土本忠懿王事惟詩中太師尚父尚書令一語偶誤蓋忠懿未嘗有尚父之稱也竹垞檢討直以爲武肅王造由於未見拓本故爾宋史吳越世家忠懿單名俶蓋避宋諱去上一字塔造於乙卯歲在宋受禪之前周

無所避也潛研堂金石文跋尾
五代吳越國王錢宏俶金塗塔自四角至底高今營
造尺四寸二分據表忠譜圖上有塔頂高三寸相輪
七級除四角亦與塔身同高三寸故彼圖統計高六
寸也以今天平等之重三十五兩塔分四面第一面
佛像坐左右各一人前有二虎佛作割肉飼虎狀按
周文璞詩言飢鷹餓虎紛相向釋德清記言前則尸
毘王割肉飼鷹救鴿此數版內皆無鷹鴿像此一面
與張芑堂金石契所載人字編號者無少異此面之
內鑄楷字云吳越國王錢宏俶敬造八萬四千寶塔

乙卯歲記十九字下別有一保字編號第二面一佛
坐右旁二人一立一坐左旁二人立持杵此面之內
無文字第三面一佛曲膝俯首一人持刃加其首一
人承其下一人掎其後後有寶樹一株此當是月光
王捐舍寶首事此面之內有保字編號第四面佛立
像左右各一人前有二虎佛作割肉飼虎狀此面內
亦有保字編號四面下層皆有佛像三龕鐙形二上
層其出四角角三稜稜上外八面面一經剛持杵像
內成四面面一佛坐像其上頂平秃據表忠譜尚有
相輪七級今拆去也塔底四角有銅汁黏合故世有

散成一片者考錢宏俶字文德武肅王鏐之孫元瓘
之子佐之弟薛居正五代史漢乾祐元年胡進思廢
琮迎俶立之是爲戊申歲玆塔造於乙卯爲俶嗣立
之八年周之顯德二年也俶造塔云八萬四千者南
史云阿育王塔卽鐵輪王王閻浮提一天下佛滅度
後一日一夜役鬼神造八萬四千塔此卽其一又雜
阿含經曰阿育王問大布施於諸比邱尊者云欲于
一日一念之中起八萬四千寶塔一時俱成又談苑
載錢鏐說曰釋伽眞身舍利塔見於明州鄞縣阿育
王所造八萬四千而此震旦得十九之一也太宗命

取舍利禁中度寶寺地造浮屠十一級以藏舍利據
此三說則俶所造不過刺取梵典成語且以闡發先
志未必當時實有此數此塔與南宋江堯章所藏及
釋德清所記之二塔不同亦與周靑士所見之一版
作放下屠刀立地成佛者不合當別是一塔矣此塔
完好工緻宏俶名字顯然一望知爲忠懿之物使朱
竹垞見此必無武肅之誤乾隆五十七年海寧陳騎
尉廣寧以贈安徽巡撫朱石君師師於次年寄至京
師命元攷之如右阮元跋
右金塗塔卽朱氏曝書亭集所載錢武肅王金塗塔

是也按錢氏表忠譜塔高六寸重三十五兩陰有文吳越國王錢宏俶敬造八萬四千寶塔乙卯歲記凡一十九字下有一保字外畫象作飢鷹餓虎狀今燕昌觀於桐鄉金鄂巖氏部家題識畫象與表忠譜俱同惟保字今所見作人字按紹定閒程珌龍山勝相寺記吳越忠懿王用五金鑄十萬寶塔以五百遣使頒日本據此則武肅未聞鑄塔而竹垞以爲武肅王何邪云八萬四千者水經注阿育王欲破塔作八萬四千寶塔葢佛家言三千大千者奇數之極八萬四千者耦數之極耳又按慜山記則表忠譜與今所見

僅塔之一面近日山陰陳默齋得一座四面畫像俱全及吳越國王一十九字又一保字與前人所記大畧相同益知武肅未嘗鑄塔也竹垞之說殆承周青士之訛耳張燕昌金石契

右吳越忠懿王金塗塔向藏吾鄉壽量寺中作香爐供奉後爲徐竹濤所得余以定武蘭亭及青藤道人畫卷易之高今工部尺四寸三分上有頂作浮圖七級狀已缺中欵有吳越國王錢宏俶敬造八萬四千寶塔乙卯歲記十九字凡四行考歐史宏俶爲武肅孫乙卯歲當是周顯德二年其塔多埋土中宋時美白石得其一周文璞爲作歌紀之程嘉燧破山寺志曹勛松隱集周篔采山堂集及錢氏表忠譜載塔本末甚詳朱竹垞靜志居詩話以塔爲武肅王物殊誤一云宏俶納土後造此塔八萬四千報趙氏不殺恩亦謬攷錢氏納土在宋太平興國三年戊寅歲如在納土後則乙卯歲當是眞宗之大中祥符八年時俶卒已久安得復有造塔事耶陳廣寧跋

按錢宏俶鑄塔之事不書於史嘉泰會稽志稱紹興初善法院掊地得金塗銅塔是南宋時始見於世後姜夔曾獲其一以示周文璞爲賦長歌紀之

其詩存方泉集中程嘉燧破山寺志又云中憲大夫顧玉柱墓在寺東今遷於墓門東偏營墓時掘得吳越錢忠懿王所造阿育王銅塔今尊藏寺中據釋德清記亦與今所見不同葢當時鑄造不一其製故流傳於後形狀各異如此此本拓自海寧陳氏其畫像已詳諸家跋中昶驗其文前面與鮑復奉表忠譜所圖適合當是一范所出惟譜所圖塔頂尚有相輪七級是塔無之則已缺損矣乾隆中陳氏以塔遺今相國大興朱公公箸進諸內府入閒傳拓日少此本尤寶貴也

北漢

天龍寺千佛樓碑

碑高八尺八寸三分廣四尺一寸五分二十五行行六十七至七十二字不等正書在太原縣

口漢英武皇帝新建天龍寺千佛樓之碑銘并序

推誠佐命保祚功臣特進守尚書左僕射兼中書侍郎平章事上柱國隴西郡開國公食邑三千戸臣李惲奉　勑撰

帝宅之西五里而遠羣山邃谷延袤縈擁北自乾坎南距申酉蒼崖峭壁怪石靈泉薜蘿蔭乳竇以夏寒蒙桂欝晴暘而冬綠澗瀰清泚自激輕音蔓草芃茸本無毒

螫洞穴窈窕煙嵐問虧隔雲閭雞犬之聲度嶺接樵蘇之徑大哉氣通斗極崚嶒帶多武之鄉地劃叅墟普野樂深思之俗况乎刑政之經不紊霸王之器具存紀都邑郎天下之浩穰養士馬郎域中之精勇往者北齊啓國後魏興邦雖未臻偃伯之稱且咸正事天之位時或倦重城之宴處遥面勝之畏游各營避暑之宫用懸鳴鑾之駕亦猶秦之阿旁晉之虒祁楚之章華漢之未央古基摧構往往存焉年釁籓遥率多改作葢以翼翼都會豪右富民因舊圖新增制惟錯於是乎金人塔廟老氏宫觀星布於巖石矣懿哉坤維之上一舍之遥羣木陰翳奇峯峭口上有平址東西僅五十步北倚石壁有彌勒閣內設石像侍立對峙容旨溫口其鐫磨之巧代不能及昔　睿宗皇帝再加添飾功用宛然次東有池水甚潔澄湛疑碧覩之恐聳國人儼其堂宇偶以神位每角亢方中雷雨未施郎雩禱咸萃矣馴嶺西下口口約三百步有高寺榜曰天龍故易義云夫龍者潛郎勿用飛郎在天命口之名固其宜矣　今英武皇帝應千齡之運居九重之尊比自舞象執經齒胄學優於庠序問安覩膳口口口口於廷闈動叶容詢行符典則負對日之辯似不能言口稱象之智果而勿伐肅

肅煌煌然偉量知幾深不可測立德在閒平之右承家繼文武之基自非通濟艱亡孝安　宗社孰能與於此乎天會中　睿宗皇帝以道口口口口口口口口口口口口出閤受撿挍司徒歸義府都督時年尚幼冲躬親官次寡辭敏德務簡刑清吏不敢欺府無留事嘗以公退休暇与叔季諸王方駕接軒禮謁精藍一歲之中口口口數　上獨口東序塑觀音像一堂其內幡花變葢供飾之用靡不嚴潔於玆日新每具齋禱冈不乾乾惕惕潛發明誠所志者延鴻祚於邦家弭戢氛於區宇因心愛敬不忘斯須口口甚嘉羣論歸美攸

是罷解公府特恩加撿挍太保授右金吾衛大將軍充
大內都點撿貞幹服勤中外嚴勑宣威敬事勤叶
聖謨及　皇帝踐祚加□□太師行太原
尹階勲爵邑悉稱公台等領侍衛親軍事未幾值倉卒
之變震駭非常　上獨執雄斷八平內難時戊辰
秋九月嗣昇　宸極立定傾危赫然大□垂裕終
古自是□□絜念恒切歸依每屆旦晨必親　行
幸至壬申年十二月二十二日　詔有司於大殿
後正面造重樓五間爭遣良冶鑄賢劫自　拘留孫
如來巳降鐵佛千尊□範金審像□□容光相圓明等

無差別如是勻分龕室各安上級時　詔宣徽北
院使永清軍節度使檢挍太保范超自始監修應期成
就基砌柱礎廣檻飛甍丹彩相望□□□□巍乎窻扉
下瞰於雲端棟宇勃興於地表金鑪曉炷惟聞藹藹之
香玉磬晨鳴不假蓮花之漏議者曰樹超世之果圖不
朽之功必依惟睿之謀宜享終天之祿豈比夫望祭□
□□□□禱之宮駕驎瑤池徒縱盤游之樂者哉
上御宇之八年乙亥歲　天贊□□義敦天
性禮叶彝章洎春末夏初累飛詔示必以備物典冊將
加徽號湛名　□□君親之恩敬修迎受

之禮至夏六月十六日果降貴近昭宣□容爭於正殿
□□　英武皇帝兼頒　龍衣玉帶駟馬珥
鞍別賜神旗鼓吹殊私異將□□□□□衆心悅隨羣
后稱慶寶函金簡揚命舜命禹之書馭朽持盈盡爲子
爲臣之敬禮之大者帝載無窮先是　英武皇帝
以分歲攝提建月靑風□□□□□昇寒氣將退嚴整
儀衛親率公卿駕蒼虬之騤騤衣赭袍之熠熠雲韶寅
導和樂□□□□□曲之居偰屆初禪之境臣幸陪
天仗親奉　德音旣成□福□□□□□□□
之祐遽茲承　詔俾誌勝緣將紀　洪猷濟

恩秘祝所冀龍華會上側聆善屬之言星宿劫中徧覩
青蓮之相歡心有待謹作銘云
覺皇遷輿大敎垂世成佐有期懷空相繼大哉賢劫千
佛重光六度万行軌躅相望浩刼迢遙一念可攝勿謂
難逢聲塵相接惟彼陶唐上列汆墟莓莓沃野煌煌帝
居天啓亨會神輸瑞圖英武定難后來其蘇聖人有作
撫寧邦域治民事天允釐虔績金像玉樓伊帝之力普
濟蒼生永尊皇極
廣運二年歲次乙亥八月庚子朔二十二　日
翰林書令史劉守淸書

翰林書令史王廷譽篆額

右天龍寺千佛樓碑李惲奉勑撰劉守淸書王廷譽篆額惲以宰相奉勑撰文列名碑文之前守淸廷譽則列名於碑末年月一行之下不稱臣亦不云奉勑微之也吳任臣十國春秋載此碑頗多闕文今得石本校之可識者尙廿許字竝誤者又數字始歎傳聞之家又以審核爲難爾潛研堂金石文跋尾

按碑前題推誠佐命保祚功臣特進守尙書左僕射兼中書侍郎平章事上柱國隴西郡開國公食邑三千戶臣李惲奉敕撰末題翰林書令史劉守

淸書翰林書令史王廷譽篆額十國春秋北漢李惲傳惲字孟深汴州陽武人乾祐初第進士歷仕睿宗父子文詞駢麗見推流輩英武帝時天龍寺千佛樓成詔惲撰碑銘而命翰林令劉守淸王廷譽勒文於石一時無不嘆絶即此碑也傳載惲歷官多與碑符惟劉守淸王廷譽二人碑稱翰林書令史而傳但作翰林令爲異撿十國百官表北漢有翰林令史不應傳中單稱翰林令當由傳刻脫去史字耳碑立於廣運二年乙亥八月廣運爲劉繼元僞號乙亥爲宋太祖開寶八年五代史北漢世家云劉承鈞改乾祐十年曰天會元年承鈞立十三年卒繼恩立九月侯霸榮等殺之迎立繼元改元曰廣運攷通鑑周世宗顯德四年丁巳北漢大赦改元天會顯德七年庚申恭帝禪宋是爲太祖建隆元年則天會十三年乃開寶二年己巳是年繼元即改廣運則廣運二年當爲庚午歲矣與碑所題歲次乙亥者不合十國春秋深論五代史之誤其編漢年則書睿宗乾祐九年改明年爲天會元年又十二年睿宗殂少帝英武帝並不改元至十七年始改明年爲廣運元年以甲子計之二

年適當乙亥歲吳氏并引楊夢申所撰定王劉繼颙碑末署廣運元年歲次甲戌亦與此碑吻合然則歐史之誤顯然吳氏得據諸碑正之金石之有功於史政非淺也

堅牢塔記

碑連額高五尺四寸五分廣三尺七寸二十一行行二十七字正書題崇妙保聖堅牢塔記八字篆書在侯官縣石塔寺

口口崇妙保聖堅牢塔記

中散大口口口書口口柱國賜紫金魚袋　林同穎

奉　口撰

右街神光寺文章應　制寶慧大師賜紫臣僧

奉　詔書
夫古之塔者兒童聚沙授記聞諸金僊子鬼神碎寶成
功歸彼鐵輪王今之塔也非寶非沙彌堅彌大鏊覲來
之巨石狀湧出之浮啚是故人但有心物亦無體心以
不貪爲戒寶卽同沙體以不礙爲名石還勝寶我當今
睿文□□□聖元德隆道大孝皇帝君臨城內　佛在
王中雖日惣　萬機且　躬行十善嘗曰植福
靡因乎地賦命弗自乎天猶吾　基搆之肯承亦我
梯梁之夙設而今而後念玆在玆□□三年歲次辛丑
冬十一月　上視朔之暇顧謂南面城中西來山左

安之窣堵鎭此高岡是月八日峻址環開貞姿片合層
林繁薝蔔重滿國以馨香草偃苾蒭占度年之蒼翠可
一至九樣獨無雙暨　年　月良工告成凡一十六
門七十二角并隨層隱出諸佛形像共六十二軀繇是
影籠千室猶趙潤礎之隅勢入重霄巳戴補天之色壯
矣哉壽嶽因之永固他山爲之一空設使王曰毗沙擎
應不動臺稱壘土比則非牢　作之者莫與爭功目
之者自然生善臣叨承　出綍俾屬受辛瞻八面之貞
明相高　　□□舉一隅之磨琢略類微才將何
確論宏規慮忝堅令善誌却於文龍特地魂驚蓋不容

揖讓洪儒彫鐫翠碣唯深幸矣敢直言之永隆　年歲
次　月　日記
神光寺長講兩經三論大德賜紫臣文於篆
□□□□□□朩勸鐫
□□□□□□□□□□□□□大孝皇□王曦之
按此碑在侯官縣南澗寺東石塔寺今寺没于民
居塔猶存也福建通志云唐貞元十四年德宗誕
節觀察使柳冕以石爲塔塔祝賜名無垢淨光塔
晉天福二年閩王曦重修刻石題曰崇妙保聖堅
牢塔記嵌於塔上時閩已僭號記中有詔勅年號

等字俱爲後人削去末尙有永隆年月及王曦等
字通志之言如此今据碑文中間有謚號一行泐
三字證以十國春秋乃王曦之謚曰睿文廣武明
聖元德隆道大孝皇帝也下有三年歲次辛丑而
泐其上兩字以十國春秋紀元表攷之正永隆三
年也文云王曰毘沙擎應不動臺稱壘土比則非
牢此卽命名堅牢之義也文又云南面城中西來
山左可安之窣堵鎭此高岡是月八日峻址環開
貞姿片合玩此文義當由新建不似修舊且並無
一語述及舊塔與通志所謂卽無垢淨光塔者未

合末行題大孝皇口王曦之大孝上沕三字似即王曦之謚號皇下沕帝字王曦之下不知沕幾字据歐五代史曦乃王審知之少子初名延羲既立更名曦名與碑同薛史云更名義不从曰十國春秋名同薛史而以爲太祖即審知第二十八子其立碑之年在晉爲天福六年通志作二年者亦誤文既用謚號又斥曦名似係後人追記者

金石萃編卷一百二十三

賜進士出身　誥授光祿大夫刑部右侍郎加七級王昶譔

宋一

鳳翔府停廢寺院牒

石高二尺七寸廣二尺分上中下三截上十七行行十一十三十四字不等中十二行皆書法名下刻長興萬壽禪院牒行書

中書門下　牒鳳翔府

准顯德二年五月七日勑文應天下僧尼寺院除巳指揮存留外其餘並行停廢毀坼者牒奉

勑訪聞諸處多有山門皆是靈境古跡之地亦在停廢之數宜令指揮其逐處山寺如未經毀坼者並與存留如山下有屬山寺下院亦與依此指揮仍具存留去處屋宇佛事數目聞奏其州縣軍鎮城郭村坊經停廢寺院一依元

勑處分牒至准

勑故牒

建隆元年二月十二日牒

右僕射兼中書侍郎平章事

司空兼門下侍郎平章事

司徒兼侍中

山門兄弟法名凡二十六人名不具錄

按碑刻長興萬壽禪院牒陝西通志鳳翔府寺觀無長興萬壽禪院名故興廢無攷牒載准顯德二年五月七日勅文應天下僧尼寺院除已指揮存留外其餘並行停廢毀拆者此勅舊五代史載之最詳是月戊辰朔七日乃甲戌也通鑑載天下寺院非勅額者悉廢之禁私度僧尼凡欲出家者必俟祖父母父母伯叔之命禁僧俗捨身斷手足煉指挂燈帶鉗之類幻惑流俗者諸條皆本之舊史所載勅文又載諸道供到帳籍所存寺院凡

二千六百九十四所云云卽此碑所謂除已指揮存留者也長興萬壽禪院已在停廢數內至是年復行存留是以刻此牒也年月後三行但有結銜而無姓名以太祖本紀攷之右僕射兼中書侍郎平章事爲魏仁浦司空兼門下侍郎平章事爲王溥司徒兼侍中爲范質也

慶唐宮延生觀勅

石高廣均二尺七寸二十行行十九字正書

聖旨事　大唐貞觀拾柒年正月十五日太極殿早朝欽奉　太宗文武高皇帝聖旨詔行天下朕始卽位二文首放宮女六千中有賢妃哲后悟點宮庭隱跡出家修道眞素正古元風地方官司依實表奏　朕准該部請旨修理勅封護持便宜寺因德陽殿欽奉　睿宗皇帝聖旨惟我　皇姑婦道昇騰朕委中書平章王允中賚領內庫金帛前詣修道之跡大建聖容殿御製碑文琢造　太祖太宗高宗中宗睿宗元宗公主玉像眞祠飛白慶唐宮延生觀並爲額女道每員名袍一領御賜白米伍伯碩帛一千疋田土一十頃以供修補永充齋食乞免科率庶懇志於焚修敢有輒行他議以違御筆欽此欽遵本月十五日節該欽奉　太后太皇后聖旨

詔行天下道庵宮觀有奉　老子帝王聖容処都是我家　皇上祖宗社稷主凡諸王駙馬家族文武寺官豪軍富民似前更改欺占者悉照秦國公斬聖旨着禮部重刊榜文通行天下知道欽此欽遵

大宋建隆二年八月十五日

知宮提點呂道□立石

按此碑語多鄙猥無論其他卽唐太宗初謚文武聖皇帝後增謚文武大聖大廣孝皇帝此碑乃稱爲太宗文武高皇帝宋杜太后以六月甲午崩此碑紀八月十五日而文云本月十五日欽奉太后

太皇后聖旨云云其謬顯然又文內有云節准該部請旨以違御筆欽此欽遵聖旨著禮部重刊榜文欽此欽遵等語頗不類宋初人製作疑是後世村庸道流所僞託姑錄存備攷

太一宮記 碑高六尺六寸二分廣三尺一寸二十九行行六十四字正書篆額

華山陳摶撰

鄉貢進士宋復書

鄉貢進士陳義篆額

渾淪未剖含溟涬於太虛之中元卦纔分布妙化於無方之外清濁昇降天地由分列宿朗而日月明四時行而陰陽化信乎仙山靈嶽福地洞天莫不由精英之所聚□秀之所變故國家封崇旌顯以表其神異焉終南山太一宮者即太一降臨之地也因其受封故得而名焉于古雍之東南玉案之西北東接藍水福地西連太白洞天左有千齡觀右有萬年宮滈鎬兩間杜陵之首山水秀絕靈跡環遶寔萬古神仙之宅也自漢室元封初武帝所建也帝一夕焚香於別殿忽覺滿庭輝朗神告浮空帝惕然潛聽曰將中秋日太一靈君降于終南山與國爲福當建宮殿以俟奉安語已寂無所聞帝恭

默誠謝待旦詔下有司問太一靈君何聖號也奏按道藏三洞秘典迺九天無量三昧太一靈君也居三境上元之上在九陽天中之天爲萬化之根元作九天之祖母統三界女眞定周天風雨江海神龍河瀆主宰一切水仙莫不隸焉其諸太一居衆辰之首萬曜之先列星官爲天皇之上相照寰海作至聖之尊神司人倫善惡統嶽瀆靈官年豐歲儉旱澇災傷無不總焉或經游分野臨照邦家感道德而降休祥應荒淫而生災沴故國家應運修崇精誠嚴奉以資皇基永固帝業昌隆武帝由是勑下起宮於此奉安三昧太一靈君并十神太一至期武帝鑾輿躬臨清吏虔禱果如神告忽然山川震動簫鼓鳴空雲鶴蕩逸天花散墜于宮南巨谷間摧峯裂岫萬仞絕壁下化成池沼細波雲動水色霞輝谷之西北數峯巍聳上現樓臺金碧爛光紫烟帝悖然敬謝尋封其山曰太一池曰澄源修太一靈君祠於池之側祠成其化宮失矣惟神沼存焉遂分上下宮皆錫羽流焚修于光熙中奉勑重加完整詔三洞法司梁諶主其宮事法師道業高邁德行崇顯內守眞靈外專眞素每奉徽命祈晴禱雨却厲儲祥無不感應至太興元年戊寅歲上昇晉元帝聞而異之遣中使就山設普天大醮

封靈君祠爲金華洞天并上下宮額悉皆御書及謚法
師爲昇靈天師以發輝至道旌顯靈風俾萬世修眞之
士知仙可學而得焉兹後三元五臘八節四時請福祈
恩壤壤如市逮隋開皇中興崇尤盛繼有道士楊景通
住持景通眞渾淪仙客高道奇人也善胎息辟穀煉氣
出神咒水飛符役使六丁召龍致雨救旱蘇危卽有歲
時至唐高祖始定天下聞而驚喜曰太一者五福之主
萬乘敬仰之庭眞人賢聖間世而出寔天下太平之兆
也遣中貴降手詔修崇殿宇一㮣鼎新選戒潔道流三
十員以奉香火及賜土田遶宮周廣五十餘里以爲齋

給之費於景龍三年上元日楊景通升堂鳴鼓召門弟
子曰吾將朝元始上帝汝輩修眞無令自惰人身一失
永劫不復俄有瑞雲覆地鸞鶴翔天金童玉女迎師浮
空苒苒而去異香清氣餘月不歇師于眞觀間已三百歲矣時中宗
皇帝聞而倍加稱嘆慼不得夙授眞教北面以師禮事
之御撰讚文遣上卿降香及勑修澄源閣於池之北剏
昇仙堂於下宮至開元中靈宗皇帝鑾駕詣宮登壇虔
禱頃忽祥風異香爛霞輕靄獮覆壇上中有神仙隱隱
而見天衣羽服鶴駕霓旌帝拜首俯伏請問國之休咎
仙一一垂諭少選雲色高舉鶴駕遶天上稽首祈謝以

仙語書其冊自爲駕鶴篇卽修駕鶴軒於宮之西北隅
帝親文其碑以彰神異鑾輿歸國頒宣中使繼踵不絕
自僖宗皇帝入蜀之後兵火數至道流潛遁宮宇隳滅
所賜常住悉爲衆有存惟兩宮基址尊像而已其諸盛
事廢失之盡上宮傳呼爲澄源夫人之廟下宮爲太一
之觀其澄源者卽當時所封池閣之名也夫人者乃太
一靈君也盖歲月浸久後人不知其源相習之訛嗟乎
靈宮眞府半爲樵叟之家仙圖芝田盡作荒榛之野修
崇廢久靈沼仍存風雨順時尚爲民福至後晉相國桑
中令出鎮古雍下車之始歲旱之甚稼穡枯槁民不望

生公親詣山恭誠懇禱卽日應祈雨勢霶沛隨時霑足
遐邇歡呼仕民均慶公欣然嘆曰神聖靈感其速也如
此遽奏朝廷支省錢重修殿宇復置道士住持精專完
飾嚴潔焚修奉國家請福祈祥爲兆民除灾却沴寔寰
中之聖㮣海內之靈宮謹叙故實眞記云耳
大宋建隆三年歲次壬戌正月一日住持焚修上清
三景大洞法師崇靈大師賜紫道士王若海立石
大宋政和元年歲次辛卯庚寅朔十日己亥太一觀
主兼管句太一湫事賜紫道士王希美重立石
前觀主監觀道士劉希文　副觀主道士皇甫希旦

尚座兼殿主道士秘希孟　監齋道士尹希元
化主道士降清堅
前興國觀主道士范希聖　前殿主道士楊希徵
三清觀主道士敬司道　庫主道士趙遵道　典客
道士馮清補　掌籍道士鄭清遵　表白道士嚴道
光　前殿主直歲道士張淵希
按此碑題曰華山陳摶撰鄉貢進士宋復書鄉貢
進士陳羲篆額文多夸誕事無可徵似非希夷手
筆恐亦道流所託也宋復陳羲名不見於書譜陝
西通志長安縣有元君廟在縣北三十里馮黨里

創自唐代又古壇廟有泰一壇元光二年從亳人
繆忌奏立於長安城東南郊禮樂志武帝祀太一
甘泉在京西北云云而别無所謂太一宫者按亳
人謬忌奏祠太一事見史記封禪書事在武帝立
之十八年是年爲元朔六年非元封亦非元光通
志與碑皆不合通志又載咸寧縣有太乙元君行
宫在東關鮑坡坊舊有廟在太乙谷士民以其去
城甚遠不便祈祝故建行宫未知創自何代云云
亦非碑所稱太一宫碑云後晉相國桑中令謂桑
維翰也新舊五代史維翰傳均不載其鎮雍時歲

旱禱雨之事葢皆荒邈難稽矣後題道士王希美
重立石云政和元年歲次辛卯庚寅朔十日己亥
而不書何月宋史徽宗紀是年月皆不書朔稽遼
史朔考是年十月庚寅朔也後道士題名者有曰
祕希孟曰降清堅祕降二姓不多見

重修文宣王廟記

碑高六尺二寸五分廣二尺三寸四分文二十五行行四十八字行書篆額在西安府學

觀察判官朝散大夫撿挍尚書工部員外郎兼殿中
侍御史劉從乂撰
上闕　昭吉書并篆額

昔在先王法龜圖而畫卦降于中古效鳥蹟而成文吉
凶生而爻象與仁義起□□□□□□□□□所以察
鬼神之情狀窮天地之變通考往知來鈎深索隱則物
無遁形矣是知典墳者所以復父子之孝慈正君臣□
□法立言垂範與士作程則人知所措矣非規矩則不
能定方圓之用非準繩則不能質曲直之疑憲章開八
政之源名教挈五常之器必由是也何其盛□故得國
有庠鄉有挍黨有序家有塾雖設教不倫其歸一揆譬
平貞筠勁挺假□羽以滋深美璞珎奇咸琢瑱而益貴
然後□　仲尼之道揭而行之与日月以俱懸

仲尼之德推而廣之與江河而同潤輔相
皇王之大業天縱多能弥綸宇宙之全功日彰聖績其
於遺風餘烈賁古輝今□□復書昔唐之季也大盜尋
戈摧臣竊命地維絶紐八鑾遷夤於東周天邑成墟三
輔悉奔於南雍天祐甲子歲太尉許國□公時爲居守
總務菁莪遂移太學并石經於此露往霜來彫墻半圮
塵封蘚駁塑像全隳屬吾道之有歸見斯文之不墜
我太師令公禀 嶽秀川靈之英桀負
虎眉犀額之雄摽張 智勇以經邦立誠明而
馭下鳴鍾沸鼓辛勤討伐之勳攬轡登車慷慨澄清之
志 皇帝闢統之明年也念漢五陵之豪族桀
驁輕浮秦四塞之要衝推埋剽掠將袪故態每念難材
闠外牙璋方思宿將関中管鑰荐委 通賢一角來
而上應玉繩九苞鳴而動諧金奏仰分 憂寄旁奉
政條投惠而民懷發奸而吏懾申明獄訟引决如神勸
課耕桑服勤務本令出而隨如注壑化行而速若置郵
加以鈐閣曉開劇談名理玳筵夜合高會英僑一日因
謁靈祠傾謂賓佐曰厚祿高官咸稱弟子隤垣壞宇孰
念 宗師豈□□務通方不資於國耶致功成
利無益於民耶覩風吏斂袵而對曰昔者 仲尼

生於周之末世事於魯之亂邦長幼失宜冠昏亡序繇
是刪詩書而定禮樂賛易象而修春秋扶世導民勞形
役智卑捿下位則席不暇温歷騁諸侯則車無停響斥
于齊而逐于宋厄于衛而困于陳每屈己以救時欲化
風而成俗昭王厚禮固輕千社之封匊寸祿乎靈公奇
待不顧万鍾之粟匊柬脩乎孟軻所謂生人已來未有
如夫子者也功如是德如是豈無益於民乎豈無資於
國乎 我太師令公取製度之規以摸黌舍量經
營之費遂出俸財霞張夢奠之楹粉耀藏書之壁增華
崇麗眩目驚心青璅丹梁見廊廡軒墀之潔藻局黼帳
有豆籩床櫝之儀莫不賦采揮毫參靈運思堯身禹狀
□神凜凜以如生月角山庭畫像莘莘而在列介珪華
衮亨王爵於高封八簋三牲遵國章於常祀工徒告畢
廟貌斯嚴英旄□□之賢瞻之如市挹讓周旋之教靡
若從風里閭焜燿於搢紳文雅闡揚於洙泗從乂功虧
摘槧才類編苫叙美圖芳俾刊貞翠□□課拙强抑庸
音時大宋建隆三年八月二十五日記
推誠奉義翊戴功臣永興軍節度管內觀察處置等
使特進撿挍太師兼中書令行京兆尹上柱國瑯琊
郡開國公食邑四千五百戸食實封一千三百戸王

彥超　　　　　　　　　　安仁祚刻字

宋史文苑傳有劉從義善爲文章嘗纘長安碑文爲遺風集者當卽其人關中金石記

按此碑乃宋初王彥超鎮永興軍重修文宣王廟劉從乂爲文以紀其事也永興軍京兆府卽今之西安府宋史王彥超傳彥超東都事略字德昇大名臨清人周顯德中官京兆尹永興軍節度六年移鎮鳳翔宋初加兼中書令代還未幾復以爲永興軍節度此碑之立卽其時也碑末題彥超結銜首曰推

誠奉義翊戴功臣文獻通考載功臣號始於唐德宗宋朝因之宰相初加六字餘臣初加四字其次竝加兩字彥超官檢校太師兼中書令與宰相同體碑載功臣號六字當是初加也但通考所載賜中書樞密院臣僚功臣號凡十一而以此碑六字校之只翊戴二字相合其推誠奉義四字竝通考所不載豈通考遺漏耶撰文者劉從乂史無從乂而有從義或是一人然史附文苑鄭起傳與穎贄董淳張翼譚用之張之翰竝列贄淳竝詳其官從義但稱其多藏書纘長安碑文爲遺風集二十卷

下云餘皆官不達則從義之有官明矣而不詳何官據此碑是以工部員外郎兼殿中侍御史爲觀察判官也彥超官兼觀察處置等使從乂似卽爲其屬官故得撰文記修廟之事書篆者但存昭吉之名而闕其姓無從考矣碑云天祐甲子歲太尉許國□公時爲居守纔務葺修遂移太學并石經於此據元祐五年黎持石經記石經舊在務本坊自天祐中韓建築新城而六經石本委棄於野至朱梁時劉鄩守長安有幕吏尹玉羽白鄩請輦入城乃遷置於此卽唐尚書省之西隅也陝西通志

載西安府城天祐元年匡國軍節度使韓建改築約其制謂之新城是築新城者韓建也天祐元年歲在甲子兩五代史皆言建仕唐昭宗朝光化元年封許國公皆與碑合則碑所闕許國之姓乃韓字也至黎持所記建築城時經石委棄于野劉鄩始輦入城而碑則云韓公居守遂移石經彼此互異兩五代史劉鄩傳又不載移石經事黎說之是否不能定也舊韓建傳稱建以天復元年表爲許州節度使昭宗東遷以建爲佑國軍節度使京兆尹至天祐元年改靑州節度使而陝西通志稱建

爲匡國軍節度使匡國即許州梁時始有此軍名
陝志固誤且舍京兆尹而追稱前官陝志尤誤也
彦超鎮永興史不書其政績賴此碑紀之甚詳而
於修廟事則陝志學校門亦略而不載金石之有
碑於掌故者類如此文中以胥爲貿僅見蜀石經
字書不收葢當時之俗體也

重脩開元寺行廊功德碑 幷序

碑高八尺六寸四分廣四尺三寸三十八行行六十七字正書篆額在咸寧縣

觀察判官朝散大夫撿校尚書工部貟外郎兼殿中
侍御史劉從乂撰

前攝彰義軍莭度廵官袁正己書并篆額
詳夫元氣分形寥廓俄成於幻境大明引曜運行莫息
於流光六根滋嗜慾之萌□化窘榮枯之制究成住壞
空之理得見聞知覺之心想乎百億須弥不出死生之
□三千□土未離煩惱之端則知實際常存眞空不壞
一塵一刼筭壽量以寧窮非女非男思了曰之難解指
無生示生之域歸無滅言滅之鄉窮數知来鳳𪆽不能
考禪天之數運情□變龍機不能測恵地之情於戲愛
浪麤空昏衢漲日　无上覺皇之旨設弼能
仁有緣群類之心藏諸頓莭斷因物起遷之見㧑化人

不倦之慈决性海之本源塞□山之支徑廣導四依之
衆大開八正之門剏其靈跡相追法輪不退月氏音支使
者初傳石室之經踈勒國王遠奉金襴之貢發揮聖道
遂質疑心覩佛日之載隆扇𪆽風而益遠昔唐之季也
四維幅裂九鼎毛輕長庚襲月以騰芒大盜尋戈而移
國帝車薄狩夜逐流螢民屋俱焚林巢歸鷰銀鶡綺都
之壯麗坐變丘墟螺宫鴈塔之精嚴僅餘煨燼天祐甲
子歲華州連帥許國韓公建遷爲居守重務域民旣香
刹之新祟列寶坊之舊号閲今存之院額皆昔廢之寺
名當其製度攉輿經營草創時移事改鳥雀喧於壞簷

風去雨還榛蕪核於荒砌　今皇帝開階立
極御辯登　皇握上帝之靈符睠先王之寶命綠
綈白撿出鳥榮河紫蓋黃旗鬱爲嘉氣五方述職八表
同文百神趍　駕象之塵四塞守輪龍之約氷天
月竁咸輋賚以来　庭衢室總街每麹於而
舉善庶人不議多士以寧禹會塗山思朝萬國湯興景
亳將顯七名明年　太師中書令瑯瑘王公
言自歧陽入趍　魏闕欲量能而爰位先議賞以
疇庸　舊旆守方俾鎮咸秦之地丹書著誓
永傳　帶礪之勳　幢莭再臨室家相慶

我公玉麟馬瑞金庐儲精　壯氣
雄風早負人中之勇　高牙暢轂屢揚閫外
之權縱横而　識洞機先薰灼而　名
居實下　忠覘孝道獨暎緹緗　偉度冲襟
旁呑江漢暨扼　車致化□刃皆盂導民而引義
正身詢事而推恩廣下去蝎攻蠹民之弊喧昔襦今袴
之謠里巷相懽奸豪屏跡杜驕期於過侈防巧詐於深
交接晰連疇汚萊盡闢充衢塞隧貨賈咸臻昔者獻月
捷以告功翼天飛而佐命徐城旣陷　漢節遄加
言念平陽實隣弁土邊鄙有蕩摇之懼壃埸疲侵軼之

勞仰奉　帝俞遂膺朝選屬雲中塞候罷警高烽
河内咽喉方求□將拔攡槊援橋之勇授　擁旄
仗鉞之恩領蒲坂之山河移辟田之屏翰察俗於剪鶉
之野　頒條於鳴鳳之郊入境咸蘇從風率化而
又荐臨舊治益煥　殊恩輝焯　數朝便蕃
八鎮　養堂侍膳獨耀班衣　台袞鳴環首親
　文陛所居卽化所去見思奉晏子之一心脩淨
名之十行立勳勞於討伐屢積　恩封亨富
貴於崇高潛明福報居常則怡情法樂抑寂禪樞再臨
北斗之城每結東林之社政成事簡潛會冥符越有文

慧大師賜紫嗣麟淨行出塵□名跨世念滅而心隨境
滅圓通而眼入大通夙明三報之冥緣共讓十方之達
識登峯造極仰之弥高振璧澄瀾挹之無際潔操而金
渾暎月孤貞而玉筍當秋比西竺之七賢纔堪把袂方
北山之二聖聊可差肩廻薰脩漸信之疑調懭猴難馴
之性大師以赤縣神州之故地黄圖帝里之舊都每願
聳激道心闡揚法教靖嵩之遊京巳士庶遠迎支遁之
入吴與高仾延接主事等虔伸牒拜勤請住持許奉輿
脩力行講化昇蜂臺而演秘揮象扇以談經施財則霧
集行櫃馳辯則雷驚蟄戸一音斯暢千里不違其有樊

鄭豪華金張意氣皆願焚身作供刺血灑塵罷綺榭之
瓌材咸充法宇輟瓊厨之豐膳並作齋羞於是慕匠庀
徒計功蔵事採丹梁於崿谷礲碧礎於崑陵不周歲而
後若化成不勞人而盡驚神速長廊廻合峻宇峥嶸飛
甍抗翼以排霊鏤粢含葩而布藻增華崇麗散彩交輝
煒煒煌煌望之則形離而勢合燐燐亂亂察之則魂驚
而魄褫遂於四廊及講堂諸壁畫高僧計四百五十尊
然後訪彩筆於蓏城餝彫墻於奈苑得長康之妙手邁
表倩之奇工會稽徒尚於沈摽廬岳頓輕於宗炳遂按
寳唱僧錄道宣僧傳武昌石像不自他求蜀郡鉛華咸

能自致含毫酌妙浣賜塗掌之流賦彩傳神自足青眸
之士殊姿異相如歸七葉之巖寶餝珎裝競列千花之
帳已而巻知巻見若天若人袨服靚粧繼日而擣裳連
袂鮮車怒馬凌晨而結轍齊驅非上士不能勸行非
賢侯不能諦信恢張溢美仰助　雍熙
終夜有聲似聽魚山之梵繁雲上覆遠聞龍界之香觀
之者輻湊千祥礼之者氷銷萬咎慈心所化盡歸不二
之門願力所持可舉大千之界邑人等以
我公推誠布慧服義酬恩留郃伯之棠者不足稱多立
欒公之社者未為盡善願於梵刹乞寫眞容漢閣議功

已盡耿弇之像□州好德爭圖陳寔之儀盡四體之姸
媸加三毛於俊識燕於邪廊諸壁畫邑人別樹豐碑紀
其名氏僧正崇法大師賜紫宗著圓陁聚學震旦馳名
六入既除萬緣俱寂髻珠心印客奉嚴持犀枕貂裘不
違檀施僧判顯教大師賜紫希廣多聞增智屢照無疲
執惠劒以降魔觸靈舟而不怒籌盈室內已成過去之
因芥落針頭更待未來之果邑人等或　賢侯幕
府珠綦璹席之賓或上將爪牙楚鍔燕弧之士或七貴
伐冰之胄或五陵藏鏹之家或柞塞戍邊或蒲珪宰邑
並皆聿成勝事共締良因從乂也學謝該通才非濬發

講中軍之小品莫剖精微佐　上相之初筵
壺塵　厚遇誤承見託勉述斯文贊彌勒之眞容
合歸傳亮銘釋迦之畫像遠媿隱侯永責□林用刊翠
琰乃為銘曰
大雄示現故号能仁三祇鍊行百福嚴身位登正覺刼
算微塵難窮壽量迴拔沉淪其一具四攝心運六通力迦
維妙典娑婆靈跡闢解脫門鑿慈悲室道濟群生化周
含識其二昭宗之季大盜挻灾鷄郊聚擄　鳳闕飛灰都
城谷變幕府洞開招提乍建法侶方來其三年祀既深棟
梁摧朽越有高德善行慈誘駄韻俗耳作師子吼來集

萬善去離三垢其四或珠含月智刃飛霜其功不伐其道
彌光廣化檀施脩崇寶坊畫徵顧凱材搜豫章其五珉琱
□排鴛鴦瓦密刻桷高□飛簷矯翼布藻垂文增華崇
飾翠屋凝煙丹楹赫日其六眾香為地諸寶成宮覺身常
樂眞相自空菡萏出泥旃檀逆風法王無礙神化難窮
其七僧寫五天廊成千步棹舉迷津榛披覺路白黑千眾
人天八部遠近歸依高佢仰慕其八象王獻果龍女持花
聲傳贍部教類耆闍蓮開定之水轂變樵牙功隨願力福
等河沙其九於鑠　賢侯荐承　聖寄不忘付囑共成勝
剎貞石是刊芳猷不墜再動毗嵐長存此地其十

建隆四年七月十七日建立
推誠奉義翊戴功臣永興軍節度管內觀察處置等
使特進撿挍太師兼中書令行京兆尹上柱國瑯琊
郡開國公食邑四千五百戶食實封一千三百戶王
彥超
都料安宏　姪仁祚刻字
按此碑以建隆四年七月十七日立是年十一月甲子改元乾德七月尚是建隆四年也王彥超及撰文之劉從乂結銜與重修文宣王廟記同事逾一年官位不改書篆者袁正已書史會要稱正已

汝南人善書而不詳其官位此碑結銜可補所未備矣陝西通志載開元寺在咸寧縣治西唐開元二十八年正月二十八日元宗於延慶殿與勝光師論佛恩德乃令天下州府各置開元寺一所此其一也宋建隆四年中書令瑯琊王彥超及僧嗣麟重修侍御史劉從義記即謂此碑也据碑文寺已燬于唐末天祐甲子許國韓公先已重建至是乃增建四廊壁畫高僧四百五十尊即所謂行廊功德也高僧者似即五百羅漢之緣起本皆僧嗣麟貪力而歸美於節帥故多頌太師王公之功績碑書虎虓字皆闕筆尚沿唐諱之舊募匠作慕匠似係筆誤薦字作廌凡二處通用字也

陁羅尼經幢三種

佛頂尊勝陁羅尼經幢

幢高五尺二寸八面每面廣七寸三分各八行後一面九行行字六十餘不等正書

經文不錄

開元寺新修佛頂尊勝陁羅尼經幢記

鄉貢進士黃麟撰

蓋聞法輪常轉無罣导於虛空聖力難量運慈悲於口界念之則口口億刧口之則獲福無邊而闕先覺者賢

乎闞心田者鮮矣粵有信士王瓌瑯琊人也身雖凡俗酷慕聖因早悟真空志歸元寂傷銀鉛金口敬寫貫花節蔬食麻衣供勤禪葉今者鑿搜笙管闕歡喜奉行各願扶持共圓功德旁求郢匠遠市佗山不累月磨礱越浹辰鐫刻斯典也來因波利遠涉流沙傳西天梵文譯東土唐語救善住不沉七返出帝利永託三天書闕
皇帝履星御極懷斗當陽銅刁罷振連營鐵馬休征遠塞華夷四裔車書一同願一切含生並同霑上善功成翠甃笋立香山背依講堂前臨佛殿端嚴寶相秋月滿闕烏翻兔跋事往人非聊叙徽猷紀于貞石

時乾德元年歲次癸亥三月十八日甲午建
會首王瓌并書 下行有僧正景饒等名不具錄
上闕尊勝陁羅尼
幢高一尺六寸六分六面每面廣六寸各五行惟第四第六兩面均四行行十七字至二十一字不等正書
呪不錄
大宋開寶七年歲次甲戌閏十月乙巳朔二十九日
癸酉建立
預修石夘記
京兆府開元寺慈恩院講律臨壇大德賜紫□□俗年

六十六僧臘四十六俗姓杜即是進和尚之弟□□□
□內受戒度人僧尼弟子三千餘人弗錄也
小師智□　師姪法義　師姪法永　院主師姪法
通
佛頂尊勝陁羅尼經幢
幢高四尺八寸八面每面廣七寸四分各七行行六十四字正書
經文不錄
淳化肆年歲次癸巳八月丙辰朔十八日
開元寺釋迦院刱修佛頂尊勝陁羅尼經幢子壹座
下行院主等僧名不錄

正定府龍興寺鑄銅像記
碑高五尺一寸五分廣二尺九寸二十八行行五十二字正書
眞定府龍興寺鑄金銅像菩薩并蓋大悲寶閣序
伏自　太祖皇帝鴻基刱立道合乾坤致四海以歸
降使八方之貢獻西□□浙昇府淮南盡以稱臣梯抗
進奉唯有太原一境未順明朝　太祖皇帝至開寶
二年歲次己巳三月　駕親征晉地領二十万之軍
至於太原城下安營下寨水浸攻城前後六十餘日並
未獲聖捷至閏五月內　大駕巡境椟邊至眞定府
歇駕第三日遂問朝臣在此何人久在衙府近臣

奏曰今有在衙孔目官紀裔見久在衙勾當　皇帝
宣喚到紀裔遂問言先在此處金銅大悲菩薩今在何
處紀裔奏曰今在城西郭外大悲寺內見在　皇帝
宣下諸寺院主首三綱紫衣大德來日於城西大悲寺
內接駕於齋時前後　大駕親臨於閣前下馬上殿
燒香　宣問大師大德菩薩畢竟是銅是塑菩薩有
一人大師法名可儔奏曰元是銅菩薩值契丹犯界燒
却大悲閣鎔却菩薩胷臆已上自後城中□□再修却
自後又奉　世宗皇帝天下毀銅像嚴鑄於錢又薦
起菩薩上面取却下面鋦自後城中檀郍又補塑却今

来全是涅菩口　皇帝曰朕憶得先皇顯德年中
世宗納近臣之議以為奄有封略不過千里所謂租庸
不豐邊備校貫屢空於軍實筭口莫濟於時口於是詔
天下毀銅像鑄以為錢貨利用以資帑財金人其萎梁
木斯壞化身從革通有無於市征國府流形豈執着於
我相千人聚万人口見成功不毀雖卜議以出財
皇帝執議以不迴泊像壞之際於蓮花之中有字曰遇
顯即毀遇宋即興無乃前定之數乎物不以脩隳必授
之以興復時不可以脩否必授之以降昌我國家應乎
天順乎人革有周之正朔造　皇帝之基業今為菩
口口於口外與大德移菩薩在郭內得也是時可儔大
師越班奏曰臣僧相傳聞　觀音菩薩揀得此一方
之地應是於此地有緣　帝言郭內踏逐寬大寺舍
別鑄一尊金銅像觀音大悲菩薩尋時差三道殿頭一
道入龍興寺量度田地寬狹遂喚畫匠特第畫地圖一
道入開元寺一道入永泰寺亦畫地圖三寺並將　進
呈　宣下於龍興寺內寂虛寬大別鑄金銅像蓋大悲
閣於後五月內　駕却歸帝闕並無消息龍興寺寅
夜於菜園內常放赤光一道時人皆見寺僧遂請喚陰
陽官占此言道地下必有銅物極多前後三年口絕後

至開寶四年六月內天降雲雨於五臺山北衙𣽷下枋
櫃約及千餘條於類龍河內一條大木前面攔住見在
河內未敢般取口口口具表文奏直詣　天庭　皇
帝覽表龍顏大悅五臺山文殊菩薩送下木植來與鎮
府大悲菩薩蓋閣也尋時　宣下一道使臣口口負定
府般取河內木植於龍興寺下納　宣頭一道差軍器
庫使劉審瓊監脩菩薩差衞州刺史兵馬鈐轄慕容得
業監脩菩薩通判軍府事范德明監脩閣像奉　宣鑄
錢監內差李延福王延光脩鑄大悲菩薩差八作司十
將徐謙蓋大悲閣差當府教練使郭延福雄勝指揮負
寮王大將南能曹司鄭乂天塲燒瑠璃瓦瓶匠人鄭延
勳等監脩鑄蓋閣至開寶四年七月二十日下手脩鑄
大悲菩薩諸節度軍州差取到下軍三千人工役於閣
下基北坼却九間講堂堀地捌基至於黃泉用一重礓
礫一重土石一重石炭一重土至於地平留六尺深海
子自方四十尺海子內栽七條熟鐵柱每一條鐵柱七
條鐵筒合就上面用鐵蚍七條鐵柱皆如此海子內生
鐵鑄滿六尺用大木於鐵柱於胎上塑立大悲菩薩形
像先塑蓮花臺上面安脚足至頭頂舉高七十三尺四
十二臂寶相穹窿瞻之弥高仰之益躬三度畫相儀

進呈方得圓滿第一度先鑄蓮臺座第二度鑄至脚膝已下第三度至臍輪第四度鑄至胷臆已下第五度至腋已下第六度至肩膊第七度鑄至頭項上下七接鑄就所有四十二臂並是鑄銅筒子用雕木爲手上面用布裹一重漆一重布方始用金箔貼成相儀千手千眼具足四十二臂周圓相好端嚴威容自在尋聲救苦衆生以三業歸依菩薩以六通垂濟　帝乃傾心崇建四衆懇切歸依並願當來同登樂果講經論僧惠演知雖不愍聊序脩鑄之因顯示後人用貫通於耳目　大宋乾德元年歲次五月八日記

按畿輔通志隆興寺在正定府治東一名龍興寺又名大佛寺隋開皇六年建初爲龍藏寺宋開寶四年於寺北重建後有大悲閣內鑄銅佛像高與閣等宋太祖曾幸之卽此碑所載是也碑紀鑄像之由云開寶二年三月太祖親征晉地閏五月內大駕至眞定府幸大悲寺遂於龍興寺鑄金銅像葢大悲閣宋史太祖紀開寶二年二月伐北漢戊午詔親征甲子發京師三月戊戌駕傳太原城下四月戊辰幸城西上生院閏五月壬子班師壬戌駕還戊辰駐蹕於鎮州六月丙子朔發鎮州鎮州卽眞定府也紀不書幸大悲寺事鑄像建閣事亦不載然碑亦但云幸大悲寺不云幸龍興寺此通志誤也眞定府在宋初本名鎮州至慶歷八年始置眞定府此碑乾德元年立而卽有至眞定府歇駕之語何耶碑載契丹犯界燒大悲閣鎔菩薩胷臆已上檢遼史太宗紀會同九年（晉出帝開運三年）十一月戊子朔進圍鎮州燒閣鎔像之事或卽在是時（通鑑及契丹國志皆不載圍鎮州事惟舊五代史晉少帝紀是月北面行營招討使杜威行次五強閭契丹入寇會張彥澤自鎮定至言契丹可破之狀于是大軍西趨鎮州則遼太宗之圍鎮州亦正在是時）碑又載周世宗毀銅像鑄錢事兩五代史世宗紀皆不詳歐史但言顯德二年九月丙寅朔頒銅禁薛史亦但言詔禁天下銅器始議立監鑄錢而於食貨志亦不詳毀像事惟温公通鑑詳言之云帝以縣官久不鑄錢而民間多銷錢爲器皿及佛像錢益少九月丙寅朔敕始立監采銅鑄錢民間銅器佛像五十日內悉令輸官給其直上謂侍臣曰卿輩勿以毀像爲疑吾聞佛在利人雖頭目猶捨以布施若朕身可以濟民亦非所惜也馬氏採此語入之錢幣考可見温公通鑑徵引之博歐薛兩史所不及也此碑更加以神奇之說謂毀像

之時於蓮花之中有字曰遇顯即毀遇宋即興無
乃前定之數乎其詞未免過於夸誕矣文爲寺僧
惠演撰鄙俗不足論末題大宋乾德元年歲次五
月八日有歲次而無干支其疎可見至書梯航之
航作抗勝捷之勝作聖皆別字琉璃瓦瓴字書無
瓴字集韻有瓮字與盆同不可施于殿閣者瓴字
或瓴字之訛爾雅釋宮瓴甋謂之甓也其云五臺
山北衙㵒下枋欄枋說文云木可作車欄集韻云
大木也又云修鑄大悲菩薩差八作司十將徐謙
八作司之官見宋史職官志將作監有東西八作

司掌京城內外繕修之事至八作司之有十將則
史所未詳

重修中岳廟記

碑高四尺九寸廣二尺六寸七分二十一行行三
十七字行書篆額在登封縣中岳廟峻極門左

鄉貢進士駱文蔚謹撰并書
傳經講論沙門守鍳篆額
恭聞聰明正直者神於是乎封五岳命四瀆以主天地
之柄溫良恭儉者人於是乎位三公侯萬戶以序君臣
之政神之靈雪霜風雨應其候人之𤯝士農工商樂其
生是知神正則福善人貴則通神旣感應以相符在影

響而斯契　嵩岳廟者名高祀典位冠中央南汝
川而北洛川地封靈鎭左太室而右少室天設神宮
國家祭享之外　留守禱祈之暇每至淸明
屆候娟景方濃千里非遙萬人斯集歌樂震野幣帛盈
庭陸海之珍咸聚於此或曰非禮然事涉餘論且理亦
存焉使人畏其神則暗室之中有所思也使人畏其法
則康莊之內有所懼也若畏其神懼其法成政之道亦
在茲乎其如所獻不可勝紀雖云廟用未曰精專歷政
口口口草厥事不有明略無由立功　留守侍中
稟岳之英得河之靈許　國忠貞施政肅淸於是

奉
君之餘愛民之暇乃偵斯邑備聆厥由一日
命寮佐曰食　君之祿豈徒然哉今欲務本成政
如斯可乎四座咸曰善於是選彼公人監之於廟未逾
朞月所獻寶貨幣帛充溢廊廡仍令掌綰荮倈修崇乃
差軍將孫禧相度又差登封鎭將郭武等曰以尓早親
左右聽吾指蹤擇彼杍人臻其必菁雜用二十三處行
廊一百餘間莫不飾以丹靑繪之部從栽松植木去故
就新不可一一盡紀俄而吏不敢欺告厥成功仍聽民
歌靡敢弗録歌曰　時之泰兮　聖人功
政之淸兮　君子風覩廟宇兮嚴潔頽

明飾兮修崇足使謁者生肅然之禮祭者敦如在之
恭則　明神　貴人感應之兆信不虛耳文
蔚棄簞無能編苦自許徒寄　化風之内幸竊修
飾之功是罄蕪詞直書盛事慮年代以杳邈勒貞珉而
斯在時乾德二年八月十五日記
廟丞前攝邠州宜平縣令將仕郎試大理評事劉仁
矩
朝散大夫行廟令兼監察御史裴陟
河南府押衙同監修王仁遇
隨　使押衙銀青光祿大夫檢校國子祭酒兼御史

大夫驍騎尉登封鎮遏使監修郭武
廟子唐令珣　　鐫字人莫仁美

碑立化三門外庭乾德爲趙宋初年去唐未遠此書雖似稍拙然瘦朴有骨略似歐陽率更說嵩

記監修者郭武同監修者王仁遇而武所歷官有云登封鎮遏使據宋史職官志未詳是文或當時亦權設也與劉仁矩既列銜試大理評事又題曰廟丞監察御史裴陟亦書行廟令禮志詔嶽瀆并東海廟各以本縣令兼廟令尉兼廟丞專管祠事然則二人皆非縣令尉矣而亦兼此職當由宋初崇飾祠廟特任若是也碑左側皇祐三年六月四日王珣琇題名一右側景福二年六月二日張顗題名一　珣琇所謂祓命祀土王者也顗亦言准詔祀事禮志土王日祀中嶽嵩山於河南府題悉與志符授堂金石三跋

金石萃編卷一百二十四

賜進士出身　誥授光祿大夫刑部右侍郎加七級王昶譔

宋二

夢英篆書千字文

碑高一丈廣四尺三寸四分二十五行行四十字篆書古文額在西安府學

千字文

勑貟外散騎侍郎周興嗣次韻

南岳講華嚴法界觀賜紫沙門夢瑛篆并古文題額

前攝涇州節度巡官袁正已隸書

文不錄

大宋乾德三年十二月二十八日立

推誠奉義翊戴功臣永興軍節度管內觀察處置等使特進檢校太尉同中書門下二品行京兆尹上柱國濮陽郡開國公食邑二千七百戶食實封八百戶

吳廷祚建

武口郡安仁和刊

右梁周興嗣次韻千文宋釋夢英以篆體書之宋以前釋氏之徒以書名者多矣而以篆古名始見於英也東里續集

瑛書全學李監未似孫敖而袁正已隸書方勁有歐法與陰符經同非嘉祐以後人所及也石墨鐫華

夢英篆書千文勒石關中乾德三年節度使吳廷祚所立也其陰有陶學士㝎書之序以爲史籀歿而蔡邕作陽冰死而夢英生推崇如此鮚埼亭集

右千字文宋僧夢英書他碑皆作英獨此作瑛千文他本皆云指薪修祜獨此作修祐英公自負書家同時獨推一郭忠恕獨不聞江南有二徐在耶予謂英公特長于書法耳未通字學也此及偏旁二碑皆步趨當塗尚不失六書集度至所作十八體便墮惡道金石存

案宋敏求春明退朝錄云唐太宗時始有同中書門下三品其時中書令侍中皆正三品大歷中並升爲二品晉天福五年升中書門下平章事爲正二品國初樞密吳廷祚以父諱璋加同中書門下二品用升品也以此碑證之良然曾子固隆平集吳廷祚傳云宋興加中書門下三品宋史亦同皆傳寫之誤潛研堂金石文跋尾

夢英以篆法自名而體多開架筆趨便易不若少溫之安詳端雅也且多繆體字如宙字應從由而作凪往字應從㞷而作徃閏字應從王中書近上爲帝王字而作閠

三畫正均乃金玉字嚴字應從厂而作巖匩字應從㞷而作匩
頓字應從屯而作頓嫡字應從啇而作嫡出字應從
屮而作屮克字應作克而作克列字應作列而作列
殿字應作殿而作殿丞字應作丞而作丞轂字應作
轂而作轂敕字應作敕而作敕觴字應作觴而作觴
眺字應作眺而作眺盟字應從血而作盟或省或增
或改變皆非正體又古無藏字只用臧古無崑字只
用昆古無潔字只用絜古無邈字只用藐古無懸字
只用縣古無塗字只用涂古無貽字只用詒古無妙
字實用眇古無悅字實用說此亦並用俗字揆其故

蓋因玉出昆岡昆池碣石女慕貞絜紈扇員絜等字
本重疊故也又逍遙古只用消搖藝古用埶此竟作
逍遙與藝律呂調陽本爲律召隨智永唐歐褚所書
皆然今則作呂更徵謬陋矣英書已傳數百年不能
免後人之譏如此攗管者可不知所取法耶關中金石記

按墨池編稱夢英書史會要云號臥雲叟衡州人效十八體
書尤工玉箸嘗至大梁太宗召之簾前易紫服去
遊中南山此碑爲京兆尹吳廷祚刻石正夢英遊
中南時也碑已題夢英爲賜紫沙門則召見賜紫
者乃太祖墨池編作太宗者恐誤夢英詩碑宋溫舒贈詩有云十

九彤庭賜紫衣則英公賜紫在十七九歲矣廷祚之賜功臣號與王彥超
同其同中書門下二品東都事略亦與碑同不獨
春明退朝錄爲然宋史廷祚傳廷祚字慶之并州
太原人建隆三年鎮秦州乾德二年來朝改鎮京
兆其刻此碑爲莅鎮之次年傳稱其好學聚書萬
餘卷尤崇奉釋氏觀其刻此碑可信史言不虛

京兆府重修清涼建福禪院記

碑連額高六尺四分廣三尺一寸六分二十九行行五十字行書額題重修建福禪院之記八字篆書在西安府

鄉貢進士司馬濤撰

廣願大師賜紫沙門道雍書并篆額

詳夫古皇遠降眞諦潛興恒星斂色以貪祥麗日騰精
而示化禪河乍顧教開不二之門雪嶺才登德服大千
之界指月喻月示人分幻化之身非空卽空體物究死
生之理爰開萬法是立三乘曇花云謝於西方貝葉是
流於東夏法蘭朝漢述像教以開基達摩遊吳立性宗
而設化潛□利用廣度□□戒珠蘊照乘之光心印蓄
範金之色遠塵離垢守一物以長靈背僞歸眞悟三空
而自□如窮法要須味禪宗俾執者以逍遙渙如冰釋
遺愚夫而頓悟豁若天開四勉失貪愛之情五蘊證色

空之理其於像設亦假維□如無方便之門奚集孤高
之□息心達本輿棟宇以資身剖愛舜親賴焚修而證
果如崇大事須屬　高人即有　故院主和
尚賜紫居進矣　和尚本薊門人俗博陵氏幼而
悟道共詳天縱之功長乃叅禪寔得生知之妙谿倩田
而万頃遠若蒼梧澄定水以千尋濬如彭蠡爰懷實性
即達叵真不去不来已了涅槃之旨非法非相早窮解
脫之源向覺岸以孤行守元機而卓立雖然了悟猶慕
□壽須屬　襄宗朝中乹寧年内特携虎錫遠訪
鷄郊侍　寶智禪師遊道遥廢寺是羅什譯經之所

乃宗審造疏之園潛卜依□欲希營構詣　龍庭
而□射蒙　鳳詔以允從尋准　絲綸便謀興建
南連遠嶠盡爲常住之□北□長河悉是伽藍之地開
封壃而益遠建塔廟以增雄寃是上游蔚爲　靈境
如遊聚落尚闕依歸方懷擇地之情□感布金之兆於
大梁開平中即有　京兆府觀察判官天水正
郎上申　使府特給　公文捨曠地於明街崇福
田於釋氏即爲廨院便議經營稍除燥濕之虞漸起招
提之像長廊廣□方成繕搆之功刻桷雕楹未假裝修
之力尋屬　和尚疾縈二豎身謝□桐崇□遏覆□

□功太樹寢如毫之績悲如弃井痛□崩榛迹後以釋
子□□俗門多事鴛鴦兎隧空增蕭索之蹤鸛鴿軒來
莫假因緣之力□□墳壠以日繫時王生之詠靈光堪
增悄□丁令之歸□□是可潸然尋值□德初年
世宗御宇忽行釐革欲議廢停蒙　本府以飛牒奏
皇牒而准舊房廊漸壞雖貽□□□□池樹猶存
且□雍門之誚不有所廢其何以興將崇必葺之功須
仗當仁之者即有　院主僧清紹道遥寺主僧清範
修造主大德賜紫修廣維那僧□操等寃親等觀物我
俱亡挺智刃以千星蘊道情而若水輕財重禮天資梗

概之心發譽揚名自樂盤桓之興乃顧遺□□起□謀
共崇大壯之功各設中孚之信乃定吉日旋擇良功蓋
□□以增華貴暫勞而永逸紅樓再建寃如蜃吐之形
紺殿重修屹若鳳□之勢僧堂氷潔唯易舊以□新客
位風□亦去奢而即儉香厨叵肅朱戶精微全資慕善
之内得契無爲之□日新月故究繕葺以非勞事畢功
成壯因緣而永固所願□資　聖□□金石以長
堅□贊　台慈等松椿而永茂次及飛走中及賢
愚共承三梵之緣同出六塵之境菴蘿園内□輿寶盖
之功□勸院中即契龍花之會法眷修本修礼匡美修

隱侄秘并同勾當僧志海淨業等早□雉尾滔悟龜□
或入室以探元或使□而得趣□鸞白鹿盡爲　明
代之禎祥翠栢寒松並是空門之梁棟齊與上願獲就
殊因永貽荷檐之名長履眞如之境　施主張景□
賀敬璠張彥謙□諸公私助緣等情□長者　□志慕
□□各分潤屋之資共助肯堂之力香焚薝蔔今朝而
已結良緣果證菩提他日而□□覺道旣□善事宜勸
貞珉壽也智不周身才非濟物□□途之□□□□東
西窮法海之波瀾莫詳深淺旣辱旁求之請□揚□□
之名搦管囑文大有慙色時

大宋乾德四年二月十五日記
同學法眷淸智賜紫□德慧□□□□終□悟眞終□
匡□匡秀
按此碑爲沙門道雍書道雍名不見於書譜司馬
濤文亦繁蕪末題同學法眷僧名同學法眷之稱
刱見於此

三體陰符經

碑高六尺廣三尺六寸二分二十一行行二十字

黄帝陰符經
郭忠恕三體書
經文不錄
大宋乾德四年四月十三日建　安祚勒字

右陰符經郭忠恕書篆法自唐李陽冰後未有臻於
斯者近時頗有學者曾未得其髣髴也實錄言忠恕
死時甚怪豈亦異人乎其楷書尤精也集古錄
忠恕篆筆幾與徐鉉埒而尤以工小楷名畫入妙品
仕宋爲國子主簿用酒狂得罪貶能自卜死日或云
仙去不死也陰符最爲唐人所重褚河南前後奉敕
書至累百卷中亦多精語是老子以下鬼谷以上人

作但非黄帝書耳忠恕旣謫仙人宜其有會屨書之
而不足也弇州山人稿
此忠恕三體陰符經以小篆爲則而二者翼之蓋古
文者篆之所自始而八分者篆所以化而爲楷之路
也必見古文然後知字之本形而千變萬化總由此
出見小篆然後知字之正體而後俗俚之譌凡不從
此生者皆不可以字見八分然後知今之楷法卽古
毫不相似而一一可尋其源流而歸其祖禰先生之
心亦若矣非以誇博好異而已矣此刻爲宋初是時
字學未沫而二徐與先生又力振古法自夢英以下

無取矣墨林快事

此刻唐懷惲禪師碑之陰三體者以篆爲正而以古隸分注于下也蠢字本從萅從䖵而省爲蠢最謬者則列字之作𦥑耳其所用古文多無所本宋史稱忠恕有古文尚書并釋行世今其所作汗簡中採錄甚多字體亦正俗參半乃博覽之家非求精之學也篆體既變少監舊法又加之筆畫謬戾何以示後關中金石記

篆書千字文序

文刻夢英篆書千文碑陰二十一行行三十五字正書

前攝忠武軍節度巡官皇甫儼奉　命書

在昔政弊結繩變生畫卦觀科斗之取象自鳥蹟之椎輪六法陳而大篆與八體分而異端起囘上下而指事仰日月以象形理既會元文亦隨變崩雲垂露窮萬化以通神鳳舞龍驤闢千門而企　聖雖學徒甚衆而能者蓋稀有　僧夢瑛荆楚之開士也本其鄉黨靑草連洞庭之波詢其名位紫稻惹田衣之色幼探內典志在於法觀旁通外學行在於篆書嘗以世之千字言無二者禪師智永遺蹟斯在遂服膺肄業自我作式易銀鉤爲玉筯代隸字以古文工隨歲深名囘藝顯聚弃筆以成塚顧臨池而盡墨史籀沒而蔡邕作陽冰死而　夢瑛生則代不乏賢諒非虛語　聖朝丁外歲　瑛公來自咸鎬觀光　象魏袖所業千文惠然見貺且曰　今太尉相國濮陽公建節關中表率西夏挈瓶飛錫時棲賓館隱几函杖屢親䕃席俾勒斯文用傳不朽以穀三署交官七朝掌誥請陳事實用紀碑陰撫絃雖昧於希聲擫管聊書於小序庶使陳倉獵碣同瞻拂刼之衣汲塚鎸編不化焚書之火時仲春十日翰林學士承　旨刑部尚書知　制誥判吏部流內銓事陶穀於　東京序

大宋乾德五年九月二十八日立

推誠奉義翊戴功臣永興軍節度管內觀察處置等使特進檢挍太尉同中書門下二品行京兆尹上柱國濮陽郡開國公食邑二千七百戶食實封八百戶吳廷祚建

武威郡安仁裕刊字

英公于篆書獨推李監而陶承旨穀此序亦云陽冰死而夢瑛生其然乎序書出皇甫儼手可謂升率更之堂者石墨鐫華

按太祖紀乾德五年十一月癸卯改元開寶此碑

以九月二十八日立故仍稱乾德五年文爲夢英
千文序千文刻于正面此序卽刻于其陰千文以
乾德三年刻陶穀撰序在丁卯仲春爲乾德四年
而刻以五年蓋非一時之事也序末與千文同列
吳廷祚銜名史載廷祚以乾德二年改鎭京兆開
寶四年來朝遇疾卒其在京兆八年之久矣宋史
陶穀傳太祖將受禪未有禪文穀出諸懷中以進
太祖甚薄之此序乃自述其三署交官七朝掌誥
誇以爲榮甚矣其鄙也傳又稱穀諸子佛老咸所
總覽宜其爲英公作此序也函丈作函杖全謝山

云出禮記王子雍本

摩利支天等經

碑高五尺五寸廣二尺六寸三分作五截上二截皆
二十行下皆二十六行行十一字或十字不等正書
在西安府學

汝南袁正己書

佛說摩利支天經　京兆府國子監

神王女抄多摩屁莫訖　梁代失譯

經文不錄

安仁祚刻字

助緣樊有永　弟有遂

前攝節度推官劉知訥施石

李奉珪畫像

乹德六年十月十五日施主徐知舜建

其經永在監內留傳

黃帝陰符經　京兆府國子監

經文不錄

武威安仁祚刊字

助緣樊有永　弟有遂

翟守素畫像

前攝節度推官劉知訥施石

乹德六年十一月九日施主王處能建

此碑首摩利支天經前作佛像次黃帝陰符經前作
黃帝問道廣成子像書俱不惡書者爲汝南袁正己
亦能習歐陽率更法者因以見宋初諸人猶步趨唐
矩也　石墨鐫華

袁正己所書摩利支天及陰符經立於乾德在京兆
國學以太學刻二教之經不必論宋初文字徐以篆
夢英以雜體袁正己以楷皆得郭忠恕之一端而此
袁得意之作古淡閒雅尚有李氏之遺風焉蔡襄稍
爲變調繼以蘇黃各出新意陵夷至於顛老古法埽

地盡矣余於宋初猶有取焉爾墨林快事

按摩利支天經并咒今大藏盡字號內凡有四種一曰大摩里支菩薩經四卷宋明教大師天息災譯一曰末利支提婆華鬘經一卷唐沙門大廣智不空譯一曰摩利支天陀羅尼咒經一卷失譯人名開元釋教錄附梁錄蓋摩里支末利支與摩利支音近而有異文耳此經一卷亦大廣智不空譯而此碑但署鈔說者二人云梁代失譯不署不空譯之名豈不空譯本宋初未傳於世耶此經與陰符經同刻一碑皆袁正已書畫像則李奉珪與翟守素二人分列于經首今大藏每經卷首必有佛像此其權輿也

張仲荀抄高僧傳序

碑連額高六尺一寸二分廣三尺四寸十七行行二十四字行書篆額在西安府

翰林學士中書舍人知制誥陶穀撰

南嶽宣義大師賜紫夢英書

遷客郭忠恕篆額

浮圖氏之教其來久矣自昔金人入夢白馬來朝像法東與奇才間出僧會東下吳俗從風羅什西來秦人被化圖澄馳名於趙國惠遠傳法於廬山自迩已還厥徒孔熾宏道者指白蓮而結社求法者度雪嶺以尋經至於浮杯飛錫之流黃眼赤鬚之士論堪揮麈講必雨花示現則吐膽成魚布施則投身飼虎戒珠月滿慧劒霜明五蘊皆空諸漏已盡去聖逾遠其道日彰盛事芳蹤不可俻載清河公好古博雅君子也以為桒門行跡非在九流一物不知未能無恥乃徧閱茲傳至于載三略彼浮華撮其機要分為十卷以類相從予覽而異之噫張公之才美作事可法得無旨乎孔氏以德行政事言語文學為四科昇堂者顏閔而已達磨寶誌之輩亦釋門之領袖甚有可觀夫童子拔蟻之仁乃德行乎祖師

傳燈之要乃政事乎道安弥天之論乃言語乎湯休碧雲之句乃文學乎立其教則有殊歸其理則無異揆乎用意豈徒為一書哉起予者商不敢無述

僧義省助緣

安文璨鐫

紹元大師施石

袁允忠　房仁頊　張仁遂於長安共建

湯休碧雲之句乃文通語也謂之釋氏之文學可乎陶學士文貭法門之畫葫蘆者英大師書亦筆冢之盜枯骨者不足辱吾書意也弇州山人續稿

英公以正書爲得行筆非所長也篆蓋者乃郭忠恕郭小字篆文習見之此漸大而尤有典則八字元爲兩行行間甚闊余手自裝潢聯作一幅墨林快事

按高僧傳今所存者會稽嘉祥寺釋慧皎撰凡十四卷其見於隋經籍志者爲齊釋僧祐撰亦十四卷然慧皎序謂沙門僧祐撰三藏記止有三十餘僧所無甚衆慧皎因是增廣爲二百五十七人又傍出附見者二百餘人則僧祐本與慧皎合矣別有續高僧傳四十卷唐釋道宣撰始于梁初終唐貞觀正傳三百三十一人附見一百六十人此二

書今皆現存大藏中此碑陶穀撰序不甚明晰不知張仲荀所鈔者慧皎本乎抑道宣本乎其書十卷久已不傳惟存此序蓋當時刊板之法未甚流行全書刊石爲難祇刻一序以明大義猶夢英不書說文全部而但存部首刊石傳世之意也張仲荀無傳可考碑無年月據撰者陶穀書者夢英則皆在宋太祖時而篆額之郭忠恕題曰遷客宋史忠恕傳建隆初被酒與御史競於朝堂坐貶爲乾州司戶參軍又擅離貶所削籍配靈武其後流落不復求仕進多遊岐雍京洛間至太宗卽位始召赴闕授國子監主簿則其篆碑額亦在太祖朝遊雍岐之時故署爲遷客也

新修唐高祖廟碑

碑高一丈二尺六寸廣四尺九寸二十五行行五十九字至六十四字不等行書額題大宋新修唐高祖皇帝廟之碑十二字篆書

大宋新修唐高祖神堯皇帝廟碑銘并序

朝請大夫行尚書左司員外郎知制誥權判昭文館充史館修撰判館事柱國賜紫金魚袋臣扈□奉

□□

翰林待　詔朝議大夫太子洗馬同正臣張仁愿奉

敕書

昔者洪水懷山下民方割墊之者禹也有夏多罪天命殛之順之者湯也紂爲不道毒痡四海伐之者武也隋失□馭塗炭六合代之者唐也雖□干戈揖讓步驟不同至於應天順人爲民除暴其義一也唐之高祖曰神堯大聖大光孝皇帝姓李氏諱淵寔天之英寔地之靈體曦舒之至明稟融結之元精應符□而出順時運而生體貌多奇乃軒皇之瑞表寬仁大度卽漢祖之英風故舉義參墟堯起唐侯之比也陳師渭曲武揞商郊之類也□□建□□之號以表至公尊太上之□以存

大義然後受九錫之備物□三□之盛躅開基御極莫
之與京若夫氛霿翳天晞之者杲日黔黎塗地拯之者
聖人隋自大業末年羣盜蜂起大則跨州連郡竊帝啚
王小則斬木揭竿攻城剽邑茫茫九土盡爲麋鹿之場
擾擾羣生俱充虵豕之餌亂離瘼矣爲之何哉
帝時以英武之姿逢板蕩之世思欲救兆民之平
痺拯六合之擴流濡□不辭奮衣而起加以寬厚容物
則賢者爲之伐謀明恕愛人則勇者爲之决戰豪傑因
之而景附億兆由之而欣戴故得活□黎於焚燎易愁
怨爲謳謌□合羣心終陟元后自肇有書契綿歷載祀

撥亂濟時之主創業闢統之君如　帝之比
者幾何人哉　我應天廣運聖文神武明道
至德仁孝皇帝名輝　帝籙□綜　王猷順元
識以　□飛聳　鴻基而嶽峙　油雲
在上羣生欽　下濟之恩　瑞日升中六合
仰　無私之照窮夏禹奠山之蹟盡□四□罄周
官經野之疆咸輸九貢頌聲斯作瑞牒爭陳日月爲之
貞明河洛以之開輿然猶若稽遂古緬慕□芳訪墜典
於石渠感受□於　□□以　帝昔膺
上運奄有瑶圖泊谷變以陵遷遞光沉而薰歇粤自唐

祚將季秦何擬祓一抔會盜於漢陵三月幾焚於驪岫
我皇帝恩延歷代　澤漏重泉惜魏帝
之銅臺空存舊阯嗟茂陵之玉盌□出人間乃
命援以規模修其圯陊仍須　寵詔就建靈祠因
獻陵之下宮據畢原之故地鳩工蔵事不日而成觀其
正殿中蹲景禰靈光之比也迴廊□聳未央建章之類
也其像塑也飾之以金碧丹青其服御也賁之以藻火
粉米艮工盡妙能事咸臻及大匠之告成　命詞
臣以紀事微□□□　□□乃再拜稽首□言
□昔　唐高祖鑿乾搆象載育含靈括地開

階重垂大統故能使一十九葉克□於鴻圖三百餘年
□守其清廟祓乃得之□□□　今我后儀
天立極稽古歸人蒼璧黃琮屢謹　圜丘
之祀金□玉撿將行岱嶽之封　皇業聿興人□
□□此乃得之於後也□知前聖　後聖不謀而
同以古以今相去何遠詩曰維其有之是以似之又曰
高山仰止景行行止其是之謂焉宜乎　德音是
隆祀典惟豐仍□豐碑以示來世敢遵睿古虞杍斯銘
銘曰
唐昔受命　奄有神器　高祖膺曆　肇基文陛　重

熙累洽　綿三百祀　宋今應運　澤流厚地
我后握圖　文經武緯　垂裕儲休　卜三十世　伊
二聖兮相望平聲　諒於湯兮有光　念高山之蕪
沒　嗟舜野之荒凉　乃搆原廟　隆其棟樑　乃潔
明祀　脩以蘋蘩　□□如□　靈祇允臧　敢載言
而紀績　期地久兮天長
開寶六年歲次癸酉七月□子朔二十一日□□建

新修周武王廟碑

碑高九尺一寸廣四尺五寸二十四行行五十五字行書

大宋新修周武王廟碑銘并序

翰林學士朝議大夫行尚書兵部員外郎知　制誥
上柱國賜紫金魚袋臣盧多遜奉　勅撰
翰林待　詔中散大夫行太僕寺丞柱國臣孫崇望
奉　勅書

古者聖人體乾坤樹道德功濟天下法施生民歷代咸欲稱其名美其事或樂章以歌之或畫像以讚之亦以爲宣揚前烈敦厚王化其有濟黔首倒懸之命成域中太平之績盛德鴻業垂光典墳傳萬代而不朽者其惟周武王乎嘗觀樂音大武將闋其歌云於皇武王無競維烈又觀畫讚黄初舊文其詞云桓桓武王救世濟民

皆謂沮美褒揚遺德歷彼千祀往聞虛詞曾未若崇一時之典章振列聖之耿光訪陵寢以奉之析戶人以守之乃建祠廟乃崇祀典先王不能有其制前代未能行其事出自我　應天廣運聖文神武明道至德仁孝皇帝冠絕古今之　聖德也將以事實刊於貞珉乃　命微臣對敭休烈謹再拜而稱曰伊昔皇風肇興西土磻溪協德時雨降而山川出雲孟津會盟天機發而龍蛇起陸旣而威加四海化成天下武王之德可得言焉若乃戎車虎賁右旄左鉞赤烏上屋表天命也白魚入舟象人事也仗大義而平定任純誠而臨御旌賢人而示來者所以表商容之閭重烈士而悼云亡所以封比干之墓先濟民而後圖國用所以散鹿臺之財輕積廩而重達物情所以發鉅橋之粟暴歛殘毒自我而息遂致群心翕然□□斯應海內黎庶捨塗炭而登春臺寰中歌謠釋豊蔀而見白日及乎敦治本澄化源封五帝之後嗣刬五虐之弊政命周公旦營成周而卜洛命太公望授賜履而封齊分治西陝委邵伯之共功保釐東郊有畢公之繼德宇内由是安泰民風所以和暢豈直休牛歸馬但美於偃兵保大定功空歌於成德者哉揚億世之大業成後嗣之丕基生民已來鮮能

踰者　我皇所以覽虎觀之史籍披職方之圖誌
鄗邑故地得其舊陵因　命守臣躬往省視乃曰陵
寢如故而荒榛之路弗禁於樵採廟宇甚陋而牲牢之
奠無聞於俎籩上言至止　帝曰吁哉以爲廢修
寢園無以褒聖王之德教守無人戶無以奉古陵之封
植既而封植有所守奉有戶非嚴肅於廟貌何崇重於
瞻仰於是下　明詔命有司楩楠杞梓集其材公
輸匠石規其制將作圖畫以承式　宸扆臨觀而
命使廷臣受　詔軺車載馳揆程鳩功不日而就徒觀
其殿宇巍巍丹楹赤墀瑤軒藻井金階寶砌迴廊環周

彤甍對飛朱欄綺疏交錯光輝何修奉之所至而輪奐
之若是則知武王以大聖之德恩濟於人民　我
皇以不刊之典光揚於祭饗使彼功不昧而　我德踰
盛太牢致奠極崇重也二時行禮立典制也嗚呼天本
無親惟有德而能親之神非常饗惟克誠而能饗之足
使陰助　景福而明垂令典豈止犧象元酒江文通稱
薦德之辭簠簋香萁陳叔達□□□之作徵諸舊籍謹
爲銘云
卜世其昌卜年其長以德嗣德天鍾武王景祚無疆神
智無方以聖觀聖時惟　我皇褒盛德□□起追遺風

而載揚□武成於周書兮其功未彰歌下武於周頌兮
其道未光不若因　我朝崇廟饗億萬祀與國史而同
芳
開寶六年歲次癸酉十月辛巳朔十五日乙未建
宋修周武王廟碑盧多遜撰孫崇望行書亦開寶六
年建蓋與唐太宗廟同時修葺者廟近王陵今廢圯
碑不知何時移咸陽城中　石墨鐫華
右碑行書可觀有宋立于本廟在縣北一里今失其
址碑見存于今廟中夫有宋于文武成康俱于境中
建廟與碑今止存此碑與康王碑而文成不可考矣

噫四聖王陵寢俱在而廟貌頹圮非闕典而何　咸陽金石遺文
宋史禮志太祖命李昉盧多遜王祐扈蒙等分撰嶽
瀆祠及歷代帝王碑遣翰林待詔孫崇望等分詣諸
廟書于石此其一也文稱應天廣運聖文神武明道
至德仁孝皇帝攷東都事略載開寶元年八月戊辰
羣臣上尊號與此正同宋史本紀聖文作大聖誤史
又移上尊號于十一月恐亦誤　潛研堂金石文跋尾
崇望書宋時謂之院體蓋用集聖教序筆意而加豐
潤者趙崡謂出于吳通微恐未必然　關中金石記

新修唐太宗廟碑

碑高八尺廣四尺二十三行行五十字行書

大宋新修唐太宗廟碑銘并序

朝散大夫行殿中侍御史分判度支公事柱國臣李

瑩奉　勑撰

翰林待　詔中散大夫行太僕寺丞柱國臣孫崇望

奉　勑書

乹綱裂地維絶國風歇王澤竭天命聖智率其雄傑於是補其裂紉其絶續其歇益其竭三才區別以更始萬物陶鈞而煥發東西南北張再造之乹坤春夏秋冬畯

重新之日月功有如是之大者臣見之于　唐太宗文皇帝者哉頃以暴隋失圖烝民無象內則鏘金珮玉縱虵虺於賢良外則强節横戈恣豺狼於郡縣顧下民由我而曷訴指上帝何知而可欺惟惡乃常謂善無益五行四序錯乱之道疇依九州八荒焚溺之灾孰救　文皇帝泄彼怒氣奮爲義聲迅雷出地凾蟄以而啓戶應龍御天陰霧謂之作氣厚其禮所以歸多士虚其懷所以結群心黎庶由是樂推英雋於焉景附君臣之分斯定天人之機交發靈旗南指泛鷁之徒不廻神兵西出剪鶉之郊甫定然后芟建德誅世充降李密逐薛舉日不暇給寔繁有徒暨乎姧僭平河洛宅儒雅集禮樂興羣明恪居恭黙勤政擇皐夔伊呂之具以調陰陽求龔黄卓鄧之才以敷教化於是五刑恤五教寛六宗秩六府完桀紂威虐之政不日而革堯舜清淨之理朞年而旋夫如是孰不謂帝道之煇焯王業之艱難者焉既而和氣凝澆風變在天成象景星高而甘露零任地班形芝草植而騶虞見倉稟實而禍亂不作俎豆修而祭祀不絶于以傳十八葉垂三百年享國稱孤由帝而有　今皇帝以文武迭用寧中外以刑德交舉綏賢愚化孚萬邦歲俯一紀迩者臨便殿顧台臣乃

曰功蔽生民一時而可配天地迹流信史万古而若揭日月者前代聖王之德歟豈可使蕪没陵園湮沉黍稷荷盛典以弗舉俾後代以何觀於是給豐財募奇匠啓舊葬所以極衣冠之儕搆新廟所以正祭祀之期旋聞列藩咸訖丕績揚此能事屬于　盛朝仍分詞臣各誌年籥微臣傴僂承命怔忪省躬執簡登朝言直方慙於任座揮毫撫石思遲窒類於馬卿將何無愧之辭仰紀非常之美但遵　睿旨因得直書庶明乎信陵有護冢之恩止憐列國比干有封墓之賜但念忠臣將求其倫曷足稱作而已哉謹爲銘曰

天地既否 雲雷遘屯 平此多難 鍾于大君 大
君肇興 大義斯作 雲出山川 奥開河洛 河洛
既宅 華夷以康 曾如是者 太宗文皇 文皇未
起兮四維如燬 文皇既位兮八荒如砥 文皇之迹
兮炳如丹青 文皇之功兮配于天地 今我后念前
王 修盛禮 陵廟載嚴 衣冠式備 仍命鴻筆
克揚能事 非獨以耀豊恩 煇永世 抑亦使深為
谷兮 高為陵 英烈之聲不墜美矣
開寶六年歲次癸酉十月辛巳朔十五日乙未建
新修光武皇帝廟碑

碑高一丈一尺六寸廣五尺六寸十九行行四十五字行書

大宋新修後漢光武皇帝廟碑銘 并序
太中大夫行右補闕內供奉柱國臣蘇德祥奉
勅撰
翰林待 詔中散大夫行太僕寺丞柱國臣孫崇望
奉 勅書
祭法曰能禦大災能捍大患方得在祀典祭義曰宮室
既修墻屋既設所以交神明惟 後漢起南陽靜
諸夏康濟於一時惟 大宋舉墜典秩無文輝映
於千古是知廟祀其來尚矣沿革成禮可得言焉昔者
漢運中缺新室不道九縣飈起三精霧塞劉聖公以繡
緼之衣憑凌冠蓋劉盆子擁赤眉之衆竊弄干戈跨州
連郡蜂飛蝟起 光武皇帝攘臂一呼群心四附
決昆陽之戰克平百万之敵拔邯鄲之壘遂應四七之
符築鄗邑之壇于以授天命定洛陽之都于以順人心
若乃起於民間始無尺寸之土乘乎帝位終為夷夏之
君復能日慎一日安不忘危□□覽機權日昃乃罷或
躬閱經史夜分乃寐保全功臣而奉朝請進用文吏而
責時務易凶歲為豊年變亂代為治□□國二百載傳
位十二帝則前之言禦大災捍大患 光武之道

諒無媿焉 應天廣運聖文神武明道至德
仁孝皇帝端居九五之位交泰億兆之民 德威四
方擒僭偽之君者二歲周一紀□郊祀之禮者三而猶
避 興化之鴻名讓 成功之懿号若朽索
之御六馬不捨 戎懷理大國如烹小鮮自然均化
制前古未行之禮旌歷代有道之君於是下 明詔
命有司陵寢除荆榛之穢廟貌拯籩豆之潔則前之言
修宮室設墻屋 我皇之旨俟其偉歟美哉
新廟既已成能事亦已畢爰覃 睿旨俾建豊碑臣
猥以虛孱亦叅撰述敢揚 茂實謹作銘云

開闢已來 聖帝明王多矣 粤若無位而興 無兵
而起 自民閒兮爲天子 而能掃蕩煙塵 混同文
軌 保功臣之令名 進文吏而致治 有始有終者
惟光武皇帝而已 光武既沒兮餘荒陵 我皇制
禮兮崇明祀 正殿巋立 長廊對峙 籩豆摠其蠲
潔 土木窮其壯麗 貞石勒銘 庶幾乎天長地久
知 我皇之旨
開寶六年歲次癸酉 月 朔 日 建

新修嵩嶽廟碑

碑高一丈三尺二寸廣五尺二寸二十五行行六十四字行書在登封縣

大宋新修嵩嶽中天王廟碑銘 并序
翰林學士朝議大夫行尚書兵部員外郎知 制誥
上柱國賜紫金魚袋臣盧多遜奉 敕撰
翰林待 詔中散大夫行太僕寺丞柱國臣孫崇望
奉 敕書
廣雅稱山大而高者嵩也詩人謂峻極于天者嶽也名
義昭著布在文籍齊德泰華而獨峙于中方俯視河洛
而助成其秀氣惟 神是宅炳靈孔昭以太史璇
璣察乾文知其協星辰之定域以陽城土圭測日景知
其居天地之正中萬山四顧而來向峭壁高聳而直立
太室少室左右之勢通朝陽夕陽東西之分正神仙秘
洞府則浮丘子晉隱別館於巖巒帝王會衆神則秦皇
漢武著古跡於壇廟盼觀歷代厥有祭法播在典故垂
諸禮文四篇六甄崇其儀制一禱三祀著爲彝章
我應天廣運聖文神武明道至德仁孝皇帝平
一六合澄清四海精誠貫於白日德教加于百姓
凝旒顧問侍臣預對謂天設神府陰主人事者
何也曰 嶽神也地迩王畿位正中土者何也曰
嵩高也嵩高何神也曰 中天王也中天之封何
代也曰唐睿宗天寶五載也 帝曰吁我其

念哉嘗聞 天垂元鑒 神助陰騭合道則
祐之反是則禍之 神以我爲有道之君故祈禱
應 神以我爲求理之代故風雨調 神以
我有愛民之心故稼穡豐穰 神以我有惠物之
志故煙塵掃盪我今虔意思有報者夫祀事恒典也何
以加焉封爵舊制也無以增焉將欲隆萬人之瞻仰莫
若嚴繢塑必欲垂永世之崇重莫若闢廟貌乃 命
盡輪奐之美先列於畫圖又 命擇貞幹之臣就護
其力役厥功告畢有司上言復 命勒銘貞珉以盡
紀錄盛矣哉 聖人之德冠古無倫以乾覆坤載

爲楷模申之以周物以堯步舜驟爲軌躅益之以綏譽
猶能不以運祚自大而　讓德於　元功不以
治平自高而　推謝於　神貺不以豊登開托
驕其　志每　志務乎允恭不以祠祀齋莊邀其
福欲福臻於黎庶修建既備瞻奉有所牲牢蠲潔甄俎
羅列使四望之禮煥赫於典章緜彼歲月垂諸碑碣俾
百王之道無借於法則夫如是則每言　執大珪
登泰壇柴燎一舉而　天神下降者信矣則知
嶽神奉　上天以安物因　我皇而昭應
惟仁是助潛契　寬恕之德惟明是贊默協和平之

道是故　言必從祈必應奉吾國安吾民者豈徒然
哉蓋人神交感之若是也上古稱以待風雨易之以宮
室後世謂旣勤樸斲惟其塗丹雘本以純素漸崇壯麗
以至左平右墄著爲禮容範金合土窮其華飾先王或
留心祠禱崇奉虛誕望仙作宮遂極土木之費夢蚍立
畤大設廟堂之饗雖紀在方冊而無所取法今之建嶽
廟奉　嶽神大增其華而不在奢侈曲盡其美而
會無勞役嚴殿宇崇門垣雕梁彩楝連甍接廡迾軒洞
達瞻之肅然有以見　我皇稽古守正爲民崇祀
之心形容於斯廟也不假探策知　神有延洪之

貺不俟磨崖知　我有永久之法然而冠古立制
敷祐垂德不有譔錄其何宣著微臣職備禁署目覩盛
事奉　命敘述文不遠意豈獨使四海一統漢臣傳
華嶽之碑百堵九成周史頌終南之廟敢用實錄而爲
銘云
惟天保民　在乎歲功　惟聖治民　暢乎時風　奉
天助聖兮感而遂通　昭昭嶽神兮鎭于寰中　備物
有秩兮祀事是崇　所以古禮之垂文兮五嶽視三公
惟民戴君　尊乎寶位　惟神祐君　伸乎大義
愛民奉神兮潔誠以祭　皇皇聖王兮重彼明祀　昭

以靈貺兮顯乎嘉瑞　所以漢帝之告功兮嵩山呼萬
歲　視三公兮表崇重於薦神　呼萬歲兮告延洪於
聖人　天地之中兮嵩高磷磷　寰海一統兮景福無
垠　我之盛德兮超彼前聞　我之祈福兮在于生民
豈比夫獻壽之聲兮摽漢史而徒云
開寶六年歲次癸酉十二月辛巳朔日建
右嵩嶽中天王廟碑盧崖州撰有唐季衰薾之風孫
崇望蓋以書待詔者運筆固圓熟毋乃通微院體之
遺耶　弇州山人四部稾
開寶六年重修中嶽廟碑盧多遜之筆而孫崇望書

之者也中州金石之文自葉井叔衡搜出而予所見
者得之范侍郎天一閣二百年前搨本古香古歡更
爲希有 鮚埼亭集
宰輔編年錄開寶六年九月己巳盧多遜參知政事
多遜自翰林學士兵部員外郎遷中書舍人除此與
周武王廟碑一立於十月一立於十二月猶稱翰林
學士尚書兵部員外郎者撰文時猶未執政也 潛研堂金石文跋尾
彔篆書郭進屏盜碑甚瘦勁此又以圓勝王世貞指
爲吳通微院體之遺予觀宋初人書尚有唐人風格
不似後來逞姿作勢致臨書者未盡其長先受其弊
耳 中州金石記

新修商中宗廟碑

碑高一丈四尺六寸廣六尺四寸五分二十一行行五十四字或五十六五十三字不等行書

大宋新修商帝中宗廟碑銘 并序
宣德郎右拾遺臣梁周翰奉　勑撰
翰林待　詔朝請郎太子率更寺主簿臣司徒儼奉
勑書
眇覿上古邈聽前王尊盧栗陸之代與燧人有巢之更
王皇猷允塞五帝步而同驅盛德光亨三王驟而並馳

言至治者乃稱其茂烈語聖嗣者必本其鴻源雖子孫
垂裕而克昌亦昏明繼世而迭有載籍具在可得而言
案商本紀　帝太戊契二十一代之孫　帝
雍己之弟司徒事夏佐治水而有功天乙勤商祀諸侯
而受命惟　帝克大祖宗之業生知皇王之道臨
下有赫在上不驕休光炳然煒曄耀世　皇家有
天下之十五載　王塗無外　帝理有光
文德誕敷遠人來格　武功大定凶族咸
劉　惠澤霈于黎元和氣煦于昆蟄恢禹迹之遐
理復　中州之故封纂豨之疕歲紀職方之籍象

胥之譯時踐藁街之庭加以天下大寧海內如砥陰陽
水旱罕值於天災山川鬼神必助於　聖作郊丘
備物之祀祖考孝思之誠三陛　紫壇
親奠蒼璧帝王之能事畢舉邦國之墜典聿脩爵鄰侯
之孫興廢見乎厚德封黃帝之後繼絕表於至仁居一
日　皇帝若曰歷代　帝王各膺曆數
驪翰共於先躅正朔被於中原雖年祀寖遐而園寢尚
在遼錢口蔑穿窬者注焉陵土皆抔樵蘇者弗禁朕載
用震悼豈忘寤寐有陵闕之處宜令並禁樵採仍各建
祠廟一所務盡宏壯光靈賁於萬古　皇明照於

九幽粵以開寶辛未歲經始以壬申歲畢功事越非常
功存不朽太牢之饗遂軼於中祠二簋之誠必更乎儉
礼至于豆甑之器祝史之辭率非舊章皆用新典當使
泯然之俗紛若之巫禱請天時將有豚蹄之愧謳謠神
字益知銅鼓之非將鏤貞珉以觀永代臣仰承
睿旨實禀英辭採舊史以披文但瞻陳迹染柔毫而叙
事終玷清芬拜手颺言謹作銘曰
司徒佐禹　聖謨有裕　成湯勤商　王業云昌　祖
宗昭顯　子孫蕃衍　盛德聿興　鴻猷允升　世去
千古　陵荒無主　崩裂不陳　禱祀何人　皇鑒昭
晰　興廢繼絶　陵樹無樵　德音孔昭　乃興大搆
以資禋祐　端拱嚮明　凛然如生　載披青簡
帝文炳煥　桑穀生朝　旦暮雅高　脩己禳慝　妖
不勝德　君道允常　休有烈光　禮文載秩　宣揚
茂實　碑於廟門　終古其存
開寶七年歲次甲戌四月己卯朔十六日甲午建
按新修帝王嶽瀆廟碑凡六通一曰唐高祖神堯
皇帝廟一曰周武王廟一曰唐太宗廟一曰後漢
光武皇帝廟一曰嵩嶽中天王廟一曰商帝中宗
廟前五通皆開寶六年立末一通七年立修廟立
碑事太祖本紀不書惟見於宋史禮志云在廣南
平後而不著何年按平廣南乃開寶四年二月事
則修廟立碑之命在四年以後六年以前矣文獻
通考載乾德四年詔合三十八帝陵寢禁樵採廟
貌設牲牷開寶三年河南鳳翔京兆耀州言自周
至唐凡二十七陵並經唐末兵亂開發詔具棺槨
以葬長吏致祭以上所載皆未詳晰不知當時立
碑者止于二十七陵抑合三十八帝今所見之碑
拓止此五帝一嶽其餘蓋不可知矣六碑文皆通
脱無須考辨撰文人唐高祖廟爲扈□泐其名郎
扈蒙也周武王廟嵩嶽廟皆盧多遜唐太宗廟爲
李瑩光武廟爲蘇德祥商中宗廟爲梁周翰書碑
人唐高祖廟爲張仁愿商中宗廟爲司徒儼餘四
碑皆孫崇望宋史扈蒙傳蒙字日用幽州安次人
由中書舍人遷翰林學士坐黜爲太子左贊善大
夫稍遷左補闕乾德六年復知制誥充史館修撰
而不載其行尚書左司員外郎東都事略與碑同
史似誤以左司員外郎爲左補闕也盧多遜傳多
遜懷州河内人乾德三年加兵部郎中六年加史
館修撰開寶四年命爲翰林學士六年遷中書舍

人參知政事碑無史館修撰兵部郎中作兵部員外郎宋史宰輔表六年九月己巳盧多遜自翰林學士兵部員外遷中書舍人參知政事則傳作兵部郎中者誤也碑建於十月十五日而結銜不署參政者撰文當在九月以前也李瑩蘇德祥俱無傳瑩見宋史太祖紀開寶七年五月戊申朔殿中侍御史李瑩坐受南唐餽遺責授左贊善大夫梁周翰傳周翰字元褒鄭州管城人開寶二年遷右拾遺改左補闕兼知大理正事碑惟載宣德郎右拾遺而已張仁愿孫崇望司徒儼具無傳石墨鐫華稱宋修唐憲宗廟碑張仁愿書又載周康王廟碑黃遜浮撰孫崇望書今憲宗康王二碑未見而周武王漢光武唐太宗中天王諸碑石墨鐫華俱未之及殆諸碑在明時未顯耶

金石萃編卷一百二十四終

金石萃編卷一百二十五

賜進士出身　誥授光祿大夫刑部右侍郎加七級王昶譔

宋三

重修龍興寺東塔記

碑高五尺五寸廣三尺文二十六行行四十六字正書在同州

若夫致情自逸聖人生博奕之談驗性迷方諸祖散指月之論是以珠沉於海俾罔象之忘機補竅於身使混沌之返□則必逍遙委化復歸何有之鄉清淨居真共安無過之地何須窮泰極侈恣嗜慾於心胷入聖從凡昧修行於眼耳唯釋氏之教興於曠劫金剛三昧爲法界之歸依玉毫六通作人天之瞻仰灑醍醐以霈潤澤則無不舒蘇震法樂而激聲教則俱聞踴躍是故眾魔既伏列仙共歡得樹神之精勤感輪王之迴向擎拳合掌悟法相之皆空落髮披緇學菩提之無上其過去未來之因果龍藏名言備矣此何足以稱揚覺皇受波旬之請而入涅槃雖化身强焚而金質自永舍利之寶散入支郡同州龍興寺東塔是其一也截翠嶽於半天影太陽於中道隨氏之將興祥兆見焉金陵電滅浮喜氣於東南火運炎空龍祥光於中夏夾輔王室方嚴承相之尊纂成帝功覽塞神尼之讖隨文因以所居宅是爲

此寺自後紅樓翠殿高危上入於雲霄寶鐸珠輪光彩傍侵於河洛然則年代深遠功績漸隳瓦墜梁傾歎風摧而雨敗物存基在但日往而月來不有否也其何泰乎有恒農楊氏名繼宗乃左馮一長者也金玉其貞冰霜勵己干以非道有難犯之容動以觀時多不平之色以布施修崇爲己任以謙和儉約爲身謀人倫之中不可多得以爲芝蘭在佩不如戒定之香嵇呂成交爭似聲聞之果其是院之西又有長興萬壽院其住院僧前僧正法諱智峯師号嚴靜章服副焉秋袍自擁夏臘甚高羅什博通識五天之儀範道安講唱明三界之因緣萬二千五百衆咸願登門一切十恒河沙亦將其貫恒農與之爲道侶而甚審亦猶昔之蓮花社也高秋八月演摩詰之轟談宴坐一時味如來之眞語許檀那爲布施奉內財以供佛用精進爲焚修依法身而潔己居一日乃謂峯上人言曰東院眞身舍利塔毀頹鈌漏久矣此不爲修如之何有能興者師欣然贊成其事於是集工人籌度之鳩衆材聚丹雘無曉無夜經營架搆于時卽日而就約其費用將百萬計雲煙乍歛若漢日之再中星月共臨疑天樞之獨立非夫有大力量有大志願豈能成此殊常之功德哉先是此寺鍾樓斜朽凋壞及

峯上人院西殿并中尊列侍並隨室時興塑以之寢八中間縱有貼補亦罕能全功恒農一旦皆以家財呼匠巧取材用及金翠瓦甋之屬並附益修飾之十分之數弥縫其七八焉信矣夫世尊之感應長者之護持非獨闘於往昔也阿育王之志氣功滿行修給孤園之清涼法興教立遂使清信上士盡生降伏之心憹悷衆生頓換柔和之性其誘化補報也如此 府主連帥太師鍾一千年之 亨運應五百載之間生衛 社惠民恤刑欽政覩匈奴如草芥舞陽侯之横行驅樓蘭若狐狸傅孙子之深入方持虎節顯鎮侯藩帳中號令之嚴秋風偃草門下平章之 命棽殿宣麻 通惣隴右公朱研盜丹玉焚須冷宰衡餘慶自高定國之門聖祖沖元必握眞人之籙 觀風譙郡夏侯公威稜有執如松栢之負雪霜忠信罔愆比春秋之應日月此際且登於蓮幕匪朝即列於 蓂階嚐道與時來時與賢會 元戎物望多憐共治之榮調御音容不爽付囑之意恒農以功願既畢乃率以文之岾也德行無取文學甚虛進未能輔相 帝王立萬年之運祚退不能交朋巢許傲列嶽之風雲而猶勞役風塵徘徊州縣賦慙鸚鵡肯爲席上之珎雨助蛟龍口是池中之物强搜

鄙拙用以紀云

大宋開寶八年乙亥歲四月辛巳朔二十九日辛未

建

寺建自隋而重修于宋開寶之末檀𨚗楊繼宗也碑內有云府主連帥太師者有曰通總隴右公者有曰觀風譙郡夏侯公者皆不可攷作碑者名岵而不言其姓亦無從知之書者并無姓名書法率更方整有之遒逸不如也石墨鐫華

右龍興寺碑字畫完好文稱府主連帥太師又云門下平章之命禁殿宣麻攷之宋史則馮繼業時爲定

國軍節度使史不云檢校太師及加中書門下平章事也宋初沿五代之制藩鎮之權尙重繼業在周已歷節鎮名位久顯寵以三公使相之號不足爲異然本傳竟不一書未免失之太略繼業在同州吏民嘗爲立遺愛碑今不復傳矣潛研堂金石文跋尾

按同州龍興寺有二一在州西北隋開皇年建一在州正西陝西通志不言建于何代但云明洪武嘉靖中重修宋有重修龍興寺塔碑以此碑攷之則亦建于隋文帝時也碑云隋文因以所居宅爲此寺隋書高祖紀皇妣呂氏以大統七年六月癸丑生高祖於馮翊般若寺紫氣充庭有尼來自河東謂皇妣曰此兒所從來甚異不可於俗間處之尼將高祖舍於別館躬自撫養而不言別館所在馮翊正同州首邑据此碑知龍興寺爲隋文帝居宅矣然据陝西通志又云州治東金塔寺右有興國寺隋文帝龍潛處唐改隆興寺尉遲恭建是又以興國寺爲隋文居宅而改建爲寺又在唐時其非即龍興寺明矣恐通志未確當以碑爲據也碑載院西有長興萬壽院則今已無考宋史馮繼業傳繼業字嗣宗大名人開寶二年拜靖難軍節度

使三年改鎮定國軍太平興國初來朝是碑載府主連帥太師信即馮繼業建碑之八年尙在鎮也定國同州軍名末題開寶八年乙亥歲四月辛巳朔二十九日辛未建由辛未上推至朔不應是辛巳據遼史朔考四月是癸卯朔方與辛未合碑誤也

福州重修忠懿王廟碑

碑連額高一丈四尺七寸廣七尺一寸四十七行行八十四字正書額題重修忠懿王廟碑銘八字篆書

在福州府

重修故威武軍節度福建管內觀察處置兼三司發運等使開府儀同三司撿挍太師守中書令福州大都督

府長史上柱國閩王食邑一萬五千戶食實封一千戶
謚忠懿王廟碑
福州刺史彭城錢昱撰
若夫非常之人必有非常之事者衆所聞矣其或功及於國道濟于民生居土茅沒饗廟食者求諸前史罕有其倫是以黄石立祠荅曰遺跡沔陽致祭實表舊功故聖人之制也法施於民則祀之以勞定國則祀之荀無所稱實曰誣祭唯　忠懿王非誣祭歟　公名審知字詳卿姓王氏本瑯瑘人秦將翦三十四代孫高祖曄唐貞元中爲光州定城宰有善政以及民因遷家于是郡遂世爲固始人矣曾祖友贈光祿卿王父蘊玉贈祕書少監父恁累贈至太尉光州刺史十圍巨木始從厚地以盤根九曲洪河本自仙源而折派若匪降神之氣豈生命世之才　公即　太尉之季子也　公形質魁秀機辯明敏負英雄之氣者必相交友學韜鈐之略者咸詢智謀懸知五典之書暗合萬人之敵遠近伏其義勇隣里推其孝悌嘗有善相者詣　公之門視其昆弟三人曰富壽皆一體也而季當位極人臣自是　公竊負之爭遇陟岵興悲在原軫念恭事孟仲嚴若父焉乾符末鯨鯢全踈梟毛屢

落磨牙吮血中原正苦於傷殘脫未裂裳四海盡疲於征戰　公蓄慷慨之氣負縱横之才每或撫髀暗驚彎弧自誓曰大丈夫不能安民濟物豈勞虛生乎於是以俟時待價之口抱拯溺救焚之志豪俠相許寢食不忘雖大鵬未飛已具垂天之勢而神馬一躍終同追電之蹤屬王緒者憑巢寇之戈矛盜霍丘之土宇遽言得志遂啓無猒但思於弱吐强吞豈顧其幸災樂禍曰乃大掠部屬旁口口口復收士民以廣隊伍於是　公之昆季咸預焉及秦宗權竊弄五兵遍侵四境緒内乏嬰城之計外無善隣之助遂率衆以作寰欲避地而偷安玉石俱焚孰能分别豺狼當路無匪縱衡幸豫章懦怯之中偶番禺殘害之後凡經藩翰靡或枝梧自潮陽抵漳浦百姓畏其塗炭五馬避其鋒刃豈知兵忌不戢人慎無恒毋蒲騷者終至敗亡好草竊者焉能長久動蓄自疑之志本乖同義之心適當軍衆不賓遂爲部下所害　公素敦誠信累涉艱危既負出羣之才仍諳撫士之術且兵不可以無主將不可以失人衆遂推　公而立之　公居下惟謙事長必順雖興情之有屬在公論以不忘乃曰予早事二兄嘗若嚴訓豈有弟爲大將兄居其下乎遂奉長兄潮以帥其

衆仍獲淸源爲所理之地　公由是惡道途之多
梗憤　貢賦之不通實欲致理一方克平羣盜外
惟征繕中則經營運籌之勝負預知攬轡之澄淸可待
大順冬□□□□□廉察遽亡兵馬使范暉奪符印以自
尊奉緘題而不遜恣行誅戮罔事綏懷人旣類於倒懸
時合當於逆取　公比緣觀釁因得徵辭遂舉勤
王之師以申弔民之義躬事戈甲身臨矢石一
年而圍□□□□年而堅壁遂陷范暉扁舟欲遁疏網
難逃遂爲海人梟首以獻　公旣殲元惡乃布優
恩凡曰脅從悉令宥過用仁信以馭下行慈惠以恤民

曾未浹旬已聞致理百姓愛之如父母三軍畏之如神
明又能成功不居讓德無愧遂迎長兄潮遷理是郡復
請仲兄邽迭居舊邦　武肅王表率諸侯蕩平大
吳越盡歸於賜履江淮咸奉於專征以其能務忠勤
薦擢遂　奏授本道廉察及泉州符印皆命
朝廷以寰海挻灾久勞我武東南靜亂獲
俾提旄鉞之權□□袴襦之惠遂升本州爲威
節度觀察處置等使仍以　公爲節度
山涓元昆殂謝衆庶歸依　公乃恭
朝命明年春　帝恩遠降人

欲是從初授　公撿校刑部尙書威武軍節度兵
馬副大使將委十連之任猶居貳職之勞一之日訓習
驍雄二之日穌息疲瘵用心數月善政聞　天於
是進端揆之資正元戎之位齋壇高築軍幕大開分閫
詩屏翰之權握從□鼓鼙之任未幾顯居使相特錫戶
封方隆推轂之寄又藉秉鈞之力當多難未弭聊同指
辟之相須及具瞻有歸實賴股肱之迭用式資補袞俾
重寰帷天復元年載正　乾綱重光　帝座
言念七閩之地□符八柱之功特頒渥恩用越倫等賜
武庫戟十二枝列于私門非恒例也自是日鍾百祿歲

奉九遷　公致　君愈勤述職無怠萬里輸
貢川陸不繫其賒一心　尊戴風雨不改其志
昭皇累嘉忠節別錫異數欲酬懋德豈限彝章天
祐元年夏四月封瑯琊郡王食實封一百戶等屬龍虵
起陸戎馬生郊人心未猒於有唐天命已歸於新室
公知微不爽居牆罔欺　梁祖之卽位也纔
傾作解之恩繼舉疇庸之典三公爭拜萬戶連封呂尙
帝師之尊官榮旣極子儀中令之貴考限微同等復進
封閩王加福州大都督府長史迨　莊宗之建王
業也神州克復寓縣咸寧欲敦柔遠之心先下念功之

詔遂增井賦仍改功臣式覃　北闕之恩用倚南
門之寄　方推拱　極冀効安邊惟治民
素屬於憂勤而得疾遽從於綿篤百靈無効五福克全
以同光三年十二月十二日薨於正寢享年六十有四
朝庭素欽盡節俄覽遺文既增慭老之悲豈恡
飾終之典冊贈尚書令謚曰忠懿禮也　公生當
離亂之運出値艱難之秋割據一方蓄養百姓得深溝
高壘之固有被堅執銳之衆贍水陸之產通南北之商
鑄銅于蜀山積粟於洛口者不足言其富也連臨淄之
袂揮淝河之筆者不足言其庶也至若外含大度內用

小心愼刑既極於精詳舉事悉從於簡略犯則不赦令
比秋霜之嚴恩本無私惠如冬日之暖民惟道化吏以
法繩此可以稱善爲政矣言皆必中行罔自欺非正辭
不入於聰非公事不宣於口居常無聲色之樂平生以
禮義自守念十家之產者躬行節儉懷五子之歌者心
誡荒唐每當爍石之威未嘗操扇纔屬鳴雞之候早見
嚴裝以德報怨遠踰萬里至誠感物動契百神此可以
稱善立身矣興崇儒道好尚文藝建學校以訓誨設廚
餼以供給于時兵革之後庠序皆亡獨振古風鬱更舊
俗豈須齊魯之變自成洙泗之鄉此得以稱善教化矣

懷尊賢之志譚愛客之道四方名士萬里咸來至有蓬
瀛謫仙鴛鸞舊侶或因官而忘返者或假途而惜去者
盡赴築金之禮皆歸簪璹之行其餘草澤搜羅車負待
遇者故不可勝紀此得以稱善招納矣尊天事地奉道
享神無非克誠足以監德然而素欽釋典大廓法門衆
善皆臻何德不報無漏上智茲薦散布於諸方有作良
因伽藍遍滿於樂國鍊郎山之堅固鑄丈六化身鎔麗
水之光輝寫五千秘藏事非爲已願乃庇民此得以稱
善求福矣功惟理亂志在盡忠安不忘危常爲恃險之
誡小當事大罔違與國之道以至覆盂數郡高枕三邊
雖昆彭致霸之儔未能繼踵在他變自尊之患故不同

風此得以稱善守位矣且天惟佑德民本懷仁
公享富貴者三十年傳冊封者四五世遺愛銘于人口
忠節書于國史臣子之盛不亦大乎逮自陵谷變遷箕
裘廢墜寂寞闕以時之薦淒涼同乏祀之悲仕農王商
慕舊政以如在潢汙蘋藻望遺廟以不存丙午歲
我師恤鄰闔境向　化遇　今大元帥吳越國
王位鍾墜紐運偶負圖當保大定功之初行興滅繼絕
之義既克寧於民庶思咸若於鬼神每念閩川所歸本
由　王氏而盛雖子孫異代已同薰燼之傷而春

秋二時宜陳籩豆之禮遂命以　公舊第爲
忠懿王廟仍叅常祀之數　霸主爰修於廢
祭藩侯遂立於叢祠行馬戟枝尚存故物豚肩樽酒早
薦惟馨塈　山庭月角之容立偕老于飛之像庭
廡未周於工績槐檀旋改於光陰舊逕難尋已絕羅含
之蘭菊重門長閉但多仲蔚之蓬蒿旣乖與祭之儀殊
闕致誠之所大宋開寶七年秋九月大元帥吳越國王
以時和歲豐家給人足俾荅福謙之祐遂申咸秩之典
凡曰祠廟毀廢並出錢帛修完乃命衙直將躬授人工
旁搜材植補遺基而皆備易舊物以咸新曾未逾時已

聞告畢奢儉得以中度規製得以合禮朱軒粉壁隨晩
霽以生光修竹喬松向寒霜而吐色逞曹筆則陰兵欲
動闘郢工則神馬欠嘶部從悉周精靈如在矧以故鄉
將吏開幕賓寮當其草昧干戈屢經勞苦洎自樹立基
構盡亨崇高乃塈都押衙建州刺史孟威等二十六人
以配饗焉斯廟也前瞰清游右連淨刹一路自無於塵
雜四隣皆屬於幽奇曉霧纔開先露列崐之岫疎鍾雖
近不驚繞樹之禽　公昔也嘗遊宴於斯今也復
祠祭于此始易宅而爲廟矧將廢而能興苟非陰德不
衰令名未朽又豈能身歿之後有如此之盛乎旵叨居

是藩獲畢斯事仰　嘉猷之未遠聽　遺愛
以長新爰述短才庶存實錄燕然叙事雖有謝於孟堅
峴首感人亦未多於叔子乃爲銘曰
極天曰嶽　惟嶽有神　蓄是英氣　生爲異人　干
霄利劍　瑞世祥麟　爰當季運　實庇蒸民其一
唐德將衰　羣雄欲出　陰霧垂地　祅氛蔽日　犲
豕猖蹶　萑蒲縱逸　苟非偉才　焉濟王室其二
權爲臣盜　緒亦朋姦　欲亂中夏　首屠光山　誰
謂英傑　同罹險艱　終則竄跡　能無厚顏其三
爰率部民　同徂萬里　緒爲衆惡　公得衆美　曰

戮兇人　遂奉君子　立功著名　自此而始其四
漳浦旣寧　清源乂平　遂以政事　授于難兄　孝
實志性　謙惟直誠　靜乃揖讓　亂則經營其五
憤彼閩川　樹茲裨將　苛虐漸篤　政刑俱喪　銳
旅大驅　凱歌連唱　克定一方　式諧衆望其六
始忝貳職　已播殊勳　屏翰之美　朝廷備聞　迨
居重鎭　繼事明君　盡忠竭節　松茂蘭薰其七
偃仰大藩　蔭庥五郡　雖曰功庸　亦由時運　二
柄齊擧　七德兼訓　令子令孫　當年振奮其八
眞王重望　上相清規　陵谷雖變　馨香不衰　俯

緣甲第　遂立嚴祠　年禩屢易　籩豆或虧其九
霸主推恩　良時有待　舊廟克新　遺蹤不改　奐
介金碧　儼然神彩　靈貺芳名　千秋如在其十
大宋開寶九年三月二十五日立
攝閩縣丞將仕郎試太子挍書林操書
□□□知李文質篆額　封擊使林□鐫字
按此碑今在福州府城東慶成寺側忠懿王廟中
文凡三千二百餘字泐不可辨者四十四字今從
十國春秋所載碑文與此互校增補旁注二十六
字文爲錢昱撰林操書李文質篆額操與文質皆

無攷宋史吳越錢氏世家昱字就之忠獻王佐之
長子佐薨昱尚幼國人立倧後俶嗣國授昱秀州
刺史太祖受禪俶遣昱入貢俶得福州命昱守之
開寶九年二月俶入朝三月歸國此碑卽建於是
時吳越之得福州始于晉開運三年十月忠獻王
時遣將余安救福州破唐兵李達舉所部歸附自
是慶命使守福州至乾德五年忠懿王以叔元璝
知州事元璝卒至開寶七年以從子昱爲刺史築
夾城開城河因而修閩忠懿王廟且立是碑閩忠
懿王者王審知也碑云公名審知字詳卿兩五代

史皆作字信通碑云高祖曄唐貞元中爲光州定
城宰唐書王潮兄審知傳云五代祖曄爲固始令碑
云屬王緒者復收士民以廣隊伍公之昆季咸預
焉及秦宗權遍侵四境緒率衆自潮陽抵漳浦遂
爲部下所害唐書潮傳次南安劉行全不自安與
左右數十人伏叢翳狙縛緒以徇薛五代史王審
知傳有賊帥王緒者自稱將軍陷固始縣審知兄
潮時爲縣佐通鑑亦作縣佐新唐書歐五代史皆作縣史九國志作縣佐史十國春秋從之緒署爲軍正蔡賊秦宗權以緒爲光州刺史尋
遣兵攻之緒率衆渡江自南康轉至閩中入臨汀

自稱刺史緒多疑忌潮與豪首數輩共殺緒歐五
代史則云緒前鋒將選壯士數十人伏篁竹間伺
緒至躍出擒之囚之軍中緒後自殺碑云衆遂推
公而立之公曰予早事兄豈有弟爲大將兄居其
下乎遂奉長兄潮以帥其衆仍獲清源爲所理之
地唐書潮傳衆推行全爲將軍辭曰我不及潮請
以爲主潮除地剚劍祝曰拜而劍三動者我以爲
主至審知劍躍于地衆以爲神皆拜之審知讓潮
自爲副薛史云潮拜劍躍于地衆以爲神異卽奉
潮爲帥歐史云緒已見廢前鋒將曰生我者潮也

乃推潮爲主碑云大順冬廉察遽亡兵馬使范暉
奪符印以自尊公遂舉勤王之師范暉扁舟欲遁
遂爲海人梟首以獻唐書潮傳初黃巢將竊有福
州王師不能下建人陳巖率衆拔之自領州巖卒
其壻范暉擁兵自稱畱後潮乃遣從弟彥復將兵
審知監之攻福州暉亡入海追斬之薛史云唐光
啓二年福建觀察使陳巖表潮爲泉州刺史大順
中巖卒通鑑作大順二年子壻范暉十國春秋引林仁志王氏啓運圖作妻弟
自稱畱後潮遣審知將兵攻之踰年城中食盡乃
斬暉而降歐史云景福元年巖卒其壻范暉自稱

畱後潮遣審知攻暉審知親督士卒攻破之暉見
殺碑云公旣殲元惡成功不居遂迎長兄潮遷理
是郡復請仲兄邽迭居舊邦武肅王奏授本道廉
察及泉州符仰偕命焉朝庭升本州爲威武軍授
潮節度觀察處置等使仍以公爲節度副使洎元
昆殂謝明年春十國春秋云光化元年春三月己丑帝授公檢校刑
部尚書威武軍節度兵馬副大使進端揆之資正
元戎之位顯居使相特錫戶封天祐元年夏四月
封瑯琊郡王實封一百戶按唐于兢撰德政碑云潮付公以戎旅仍具表
奏導加刑部尚書威武軍畱後俄授金紫光祿大夫右僕射本軍節度使又改光祿大夫檢校司空
轉特進檢校司徒又轉檢校太保琅邪郡王食邑四千戶食實封一百戶唐書潮傳昭
宗假潮福建等州團練使俄遷觀察使乾寧中寵
福州爲威武軍卽拜潮節度使檢校尚書左僕射
卒潮病以審知權節度讓審邽不許詔審知檢校
刑部尚書節度觀察畱後朱全忠薦爲節度使同
中書門下平章事天祐初進琅邪郡王薛史云潮
盡有閩嶺五州之地表其事昭宗因建威武軍于
福州十國春秋作乾寧三年九月以潮爲節度福建管內觀察
使審知爲副潮寢疾命審知知軍府事潮薨審知
以讓其兄審邽審知自稱福建畱後表于朝廷唐

末爲威武軍節度福建觀察使累遷檢校太保封
琅邪郡王歐史云唐以潮爲福建觀察使潮以審
知爲副使乾寧四年潮卒審知代立唐以福州爲
武威軍拜審知節度使累遷同中書門下平章事
封瑯邪王碑云梁祖之卽位也十國春秋作開平三年五代會要作
四年進封閩王加福州大都督府長史追莊宗之建
王業也遂增井賦仍改功臣按据此似當有功臣之號今碑題及諸史
皆未見同光三年十二月十二日薨贈尚書令謚曰
忠懿薛史云梁朝開國累加中書令封閩王同光
元年卒歐史與碑同十國春秋云同光二年五月

唐加王檢校太師守中書令同光三年十二月辛未薨原注任臣按通鑑目錄十一月庚寅朔則十二月當爲庚申朔辛未正十二日也福州志作五月五日卒是日罷節事相沿至今郡人猶用初四日爲節此志誤也王以乾寧四年丁巳爲威武節度使至同光三年乙酉薨實在位二十九年九國志舊五代史皆以爲元年卒者非也以上皆碑文之與諸史詳畧互異者有如此碑又云丙午歲我師恤隣闔境向化遇大元帥吳越國王命以公舊第爲忠懿王廟丙午爲晉開運三年吳越錢氏志十四州錄錢塘錢文翰纂輯載後晉開運三年冬十月閩大亂李達乞師于忠獻王王命都監使水邱昭券等將兵水陸救福州戊戌王又遣將余

安自海道救福州大破唐兵入福州李達舉所部歸附卽碑所云我師恤隣闔境向化也今大元帥吳越國王者謂忠懿王錢俶也下云塑山庭月角疑是日角之訛之容謂王像也立偕老于飛之像謂王夫人像也逞曹筆則陰兵欲動是畫兵將也闕郢工則神馬欠嘶是塑神馬也都押衙建州刺史孟威等二十六人配饗檢福建通志誤作一十六人孟威則無考通志又云歷代以來迎春日郡守遣祭取此碑下土爲春牛萬歷二十八年裔孫王一鵬等請有司清復舊址發帑重建適轉運副使臨海王亮亦王裔孫力襄厥成然則王氏之世澤不爲不永矣

常清靜等經碑

碑高五尺二寸廣二尺八寸作四截書每截二十七行行十三字正書

始平龐仁顯書

白廷璨畫像

畫像

太平興國五年二月二十一日

太上老君常清靜經經文不錄下仿此

太上昇元消灾護命經

大宋太平興國五年庚辰歲閏三月十五日建

太上天尊說生天得道經

大宋太平興國五年歲次庚辰閏三月二十一日建

此行篆書

此碑首清淨經次消災護命經次生天得道經書者始平龐仁顯全習皇甫碑法虬健絕倫置之唐人名書中殆不可復辨但經首乃作菩薩畫像何也石墨鐫華

按此碑刻道家三經首有畫像下題道士黃元之等十一人名後一行云太平興國五年二月二十一日次刻太上老君常清靜經末刻紀首樊有永

等三十七人名內一行云永在宣聖廟建立道經而列于廟學其意蓋欲託宣聖以傳久遠也次刻太上昇元護命經題太平興國五年閏三月十五日建次刻太上天尊說生天得道經題太平興國五年閏三月二十一日建獨此行是篆書餘皆正書刻非一時然僅兩月而成亦云敏矣

上清太平宮碑

碑連額高一丈二尺四寸廣五尺二寸二十九行行六十字行書額正書在盩厔縣

重刊終南山上清太平宮碑銘并序

正奉大夫行給事中直學士院上柱國賜紫金魚袋

臣徐鉉奉 勅撰

翰林待 詔正奉大夫太府少卿同正柱國臣張振

奉 勅書

臣聞鴻荒代序太極流形二儀肇判而猶通萬類交馳而未別巢居血飲孰知王者之尊物魅神姦尚作生民之患於是聖人繼統大化宏開畫八卦而序四時奠五山而分九服衣裳軒冕采章之制以庸動植飛沉性命之宜必遂高卑既位幽顯既分蒸嘗雩禜致其恭宗祝史巫紀其秩猶或觀其道而設教依於人而後行通其變而不窮感於物而遂動未始有極無得而名其或數偶三災德如二季民懷慈衞帝念疇咨必有靈符允歸興運易著與能之旨傳稱觀政之徵史遷之論至哉左氏之書詳矣 我國家受天之命如日之昇御六氣而平泰階麗大明而照萬國淸亂略於百王之季返淳風於遂古之初天瑞呈祥羣靈受職粵 御寓之元祀有神降于鳳翔府盩厔縣之望仙鄉其象不形其言可紀蓋 上帝之佐命禺强之官聯眞位叅於 紫微靈職分於井鉞其稱述則濡鬻之興旨其敷演則禳禬之嚴科教義之深也則孝友姻睦之行興焉威力之大也則蝄蜽魑魅之害除矣由是秦雍之地尸而祝之

太祖神德皇帝聖智淵深 睿謀黙識饗之明德待以不祈方且奉 天時而荅靈心握元符而齊七政故得 皇猷允塞庶績其凝舞兩階而四興來同正九伐而庶邦承式得遺珠於象罔叶吉夢於華胥乃知靈告之不誣 駿命之如響豈止五車兩騎來為牧野之祥赤帝素靈出表芒碭之應而已哉 今皇帝千年應運 二聖繼明恢 大業而惟新浸 深仁而累洽如周王之翼翼若夏后之孜孜 聖作無方先幾靡測雲門大濩綜六代之昭聲稷下淹中采百家之精義酌而不竭者衢樽之味仰之彌高者 垂象

之文 王澤旣流頌聲無斁而復念深徯 后義切勤
民 睿眷春臨 皇威雷擊大禹會諸侯之地
盡入隄封宣王逐獫狁之鄉率從稽服舉無遺策役不
踰時聊存尉候之官已戢櫜鞬之器 瑤圖之盛也
如此珍符之至也如彼深惟肹蠁益驗昭明而豐報未
嚴壽宫不度非所以光敷景貺垂示方來者也夫庸庸
祗祗爲政之要元元本本致理之端蓋神之命受於
天天之造始於道是用歸誠衆妙訪制昭臺中畫福鄉
聿崇仙館緬惟 虛皇之眞境叅以 聖靈之嘉
名 詔立上清太平宫於所降之地尔其星壇玉井邑
峙金城終南峻極鎭其前渭水清深紀其後鮮原靡迤
接漢皇訪道之臺佳氣鬱葱對闕令修眞之宅物皆茂
遂風雨罔愆人盡淳和舟輿不用贍新宫之爲狀也崇
墉繚野絳闕陵空秘殿雲高俯軒檽而轉眩修廊繩直
步櫩宇而中疲極丹青黼藻之工窮銑鋈璧璫之飾玉
几正御瑤壇在庭 帝座旣嚴衆眞畢饗鹿巾霞
帔之士霓旌絳節之儀空歌洞章揚其音紫烟素雲散
其彩飈欻之馭縹眇於太虛氤氳之氣充被於羣有至
矣哉 元后之德與天地合 眞人之應將
富壽幷亦何必定鄜鄗以卜年禪岱宗而探策者也夫

金石之刻雅頌之興所以示民不佻永啓厥後況乎尊
道貴德廣清淨之風窮神知化超言象之表是宜告於
太史副在名山爰 命下臣式揚 丕烈其銘曰
上天之載 無臭無聲 忽怳有象 氤氳化成 寄
以神理 發爲昭明 惟德是輔 惟皇作程 赫矣
元后 悠哉遂古 咸有靈貺 式昭天祚 龜出淸
洛 鳳臨元扈 赤字興堯 玉書授禹 降及商亳
逮于邠岐 天之所啓 神亦格思 牲玉有秩
馨香孔儀 弈弈宗祀 子孫保之 道德不衰 質
文不復 俗限楚夏 運遷水木 時歎陵夷 民嗟
慘黷 必有眞人 膺圖受錄 皇哉帝宋 大拯橫
流 出自蒼震 類茲九疇 垂衣卷領 端拱凝旒
永口建福 式叶人謀 有煒明靈 降從元極
致帝之命 口政之德 用薦忠信 寧惟黍稷 藉
陋蕙蘭 帳非甲乙 運隆二聖 慶洽重光 誕敷
一德 奄有八荒 時文載郁 我武惟揚 通幽受
職 罄宇儲祥 乃眷琛符 本乎至道 肇建仙館
是彰元造 前望中南 旁瞻豐鎬 泱泱平原
崇崇新廟 端闈特立 秘殿宏開 九華之室 方
丈之臺 平寬列墺 直寫昭回 空峒口尔 姑射

邃哉　聖壄不通　道無不在　靈場旣穆　祀典無
改　福尒蒸黎　格于四海　用刻貞珉　永垂千載
太平興國五年歲次庚辰四月癸酉朔九日辛巳建

按上清太平宮今名太平興國觀陝西通志在盩
厔縣東三十里終南鎭宋太宗以年號名宮今俗
呼雪樣宮碑建於太平興國五年撰者徐鉉書者
張振宋史徐鉉傳鉉字鼎臣廣陵人仕江南歷吏
部尚書及隨煜入覲太祖命爲太子率更令太平
興國初直學士院加給事中官位與碑合張振無
攷碑云我國家御歷之元祀有神降于鳳翔府盩

厔縣之望仙鄉盩厔縣後唐隸京兆府晉隸鳳翔
府宋因之玉海云國初有神降于盩厔民張守眞
家守眞爲道士卽所居創北帝宮太宗嗣位眞君
降言有忠孝加福愛民治國之語詔于終南山下
築宮凡二年宮成宮中有通明殿題曰上清太平
宮如眞君預言祀神之夕上望拜興國六年十一
月壬戌封神爲翊聖將軍祥符七年加號翊聖保
德眞君凡眞君所降語帝命王欽若編爲三卷上
作序名曰眞君傳此碑建時盖猶未封將軍之號
也陝西通志又載此宮有太祖神御之殿檢宋史

禮志神御殿太祖七無上清太平宮太宗七一曰
鳳翔上清太平宮是通志作太祖者誤也蘇文忠
年譜嘉祐六年辛丑年二十六授大理評事鳳翔
府簽判七年壬寅官於鳳翔詩集載壬寅二月有
詔令郡吏分往屬縣減決囚禁自十三日受命出
府至寶雞虢郿盩厔四縣旣畢事因朝謁太平宮
而宿於南谿谿堂詩有云先帝膺符命行宮畫冕
旒自注云十七日寒食自盩厔東南行二十餘里
朝謁太平宮二聖御容此所謂二聖者据禮志又
載眞宗聖御之殿十有四其一鳳翔太平宮盖謂

太宗眞宗二聖亦非謂太祖也碑末云四月癸酉
朔九日辛巳建宋紀四月不書朔五月書癸卯朔
据遼史朔考是歲正月丙子朔同宋紀二月乙巳朔
三月甲戌朔閏月甲辰朔四月甲戌朔五月癸卯
朔六月癸酉朔七月癸卯朔若依碑四月作癸酉
朔則是年四五六月連三次大盡矣似未必然然
此是奉勅撰書之碑不敢謂不足據而又不能据
碑以疑遼史之有誤姑識以俟攷

扶風夫子廟堂記

碑高五尺一寸八分廣三尺二寸四分十九行行三十字不等正書在扶風縣

唐駕部郎中程浩撰

南岳講華嚴經法界觀文章字學宣義大師賜紫夢英書幷篆額

文見前不錄

此記刊石元在湖州臨安縣夢英嘗愛斯文見其格高才大言婉思逸眞可以發揚　夫子之聖德然以文章近代道理多虧亾實取華弃本逐末前賢直述後輩誰知　程氏淸詞光掩星辰韻諧金石良可重也今轉輸二君子好奇尚異見請重書慮此雄文久而湮沕蕪流傳於終古重建立於鎬京今上石畢功特爲之後序時壬午歲六月廿五日重建　安文璨刊字

承奉郎守太子右贊善大夫陝府西南路諸州水陸計度同轉運賜緋魚袋祖吉

通直郎行左補闕陝府西南路諸州水陸計度轉運副使賜緋魚袋趙載

朝散大夫行殿中侍御史通判永興軍府事師頏

朝散大夫行尚書考功員外郎權知永興軍府事柱國李準

右夫子廟堂記唐駕部郎中程浩撰宋宣義大師夢英書世多喜誦此文而夢英書法一本柳誠懸然骨氣意度皆弱不能及也 東里續集

扶風縣夫子廟碑首云天地吾知其至廣也云云作者唐大歷二年丁未駕部郎中程浩碑尚在扶風縣令傳爲皮日休誤矣皮在僖宗廣明年與大歷相去年代殊遠不知何以錯誤如此此碑書法淸勁仍多古字地作埊三作弎道作衜子作㜽光作炗唐作啺天作兲善作譱遊作逰曹作朁 升庵外集

按碑文爲程浩撰相傳爲皮日休而碑作程浩豈日休代浩作歟攷日休文藪無此文則當從碑余竊謂代作之說宜有之既代作之作則已集中自不必載耳 觀妙齋金石攷略

按此文爲唐駕部郎中程浩撰釋夢英正書篆額文全篇已載本書九十五卷全文五百四十餘字彼碑存者祇七十一字已取唐文粹所載增注於彼卷矣此碑所存祇半篇計二百四十六字亾其後半而所存之文閒有與彼卷增減互異之處今全文不錄惟摘記其不同者天地吾知其至廣以其無不覆載彼卷知下無其字廣下有也字無下有所字 下四句仿此 測明以尺圭彼明作景偉夫夫子彼作偉哉家國用和彼作用肥道不可筌其有物

彼不作未壑作詮我先師夫子聖人也彼於聖人上重夫子二字古之帝聖者曰堯古之君明者曰禹二句彼作帝之聖者曰堯王之聖者曰禹師之聖者曰夫子三句用之而昌捨之而亾彼而皆作者昔否於宗周今泰於皇唐彼無宗皇二字不然何耀袞而裳垂珠而王者矣彼不然下有者字耀作被珠作旒矣作哉此下彼有扶風古縣也云云半篇此全闕後夢英記重建原委其湖州臨安之誤及考證之處前跋已詳兹不贅但文佚其半而記內不言及缺失之由何也夢英書此碑似亦在

遊中南山特距其書千文又十七年此碑題名作英前作瑛不同而文章字學宣義大師八字則前碑所無者太宗即位二年改名炅故賜號不避義字末題重建歲月曰壬午歲六月蓋太平興國七年也後列同轉運祖吉轉運副使趙載權知永興軍李準三人銜名宋史俱無傳陝西通志名宦亦不載夢英記但言轉輸二君子而銜乃有三人者知軍尊于轉運不可略也

兗州文宣王廟碑

碑連額高一丈四尺五寸廣五尺二十九行行七十二字行書篆額在曲阜孔廟

大宋重修兗州文宣王廟碑銘并序

起復翰林學士朝散大夫尚書都官郎中知　制誥柱國賜紫金魚袋臣呂蒙正奉　勅撰

翰林待　詔朝散大夫少府監丞臣白崇矩奉　勅書并篆額

聖人之興也能成天下之務能通天下之志然亦不能免窮通否泰之數是故有其位則聖人之道泰無其位則聖人之道否大哉夫堯舜禹湯其有位之聖人乎我先師夫子其無位之聖人歟昔者大道既隱真風漸漓有爲之跡雖彰禪代之風未替繇是堯舜禹湯㐌至聖

之德有其位故德澤及於兆民逮乎周室衰微諸侯强盛干戈靡戢黔首疇依繇是仲尼有至聖之德無其位所以道屈於季孟嗚呼夫子以天生之德智足以周乎萬物道足以濟於天下而棲遑列國卒不見用得非其道至大而天下莫能容乎復乃當時之生民不幸乎向使有其位用其道又何止夾谷之會沮彼齊侯兩觀之下誅其正卯墳羊辨土木之祇楛矢驗蠻夷之貢必將恢聖人之道功濟乎宇宙澤及於黎庶矣奚一中都宰大司寇可伸其聖道哉嗟夫文王没而斯文未喪時命屯而吾道不行可爲長太息矣洎乎河圖不出鳳德云

袞爰困蔡以厄陳遂自衛以返魯于是刪詩書讚易象因史記作春秋大旨尊王者而黜覇道威亂臣而懼賊子然後損益三代之禮樂褒貶百王之善惡蕪而穢者芟而夷之紊而亂者綱而紀之建末俗之郛郭垂萬祀之楷則遂使君臣父子咸知揖讓之儀貴賤親踈皆識等夷之數功均造物德被生人昭昭焉蕩蕩焉與日月高懸天壤不朽者夫子之道乎故曰自生民以來未有如夫子者也非夫道尊德貴惟幾不測孰能與於此乎故天下奉其教尊其像祠廟相望者豈徒然哉自唐季而下晉漢以還中原俶擾寓縣分裂四郊多壘鞠爲戰

闘之場五岳飛塵竟以干戈爲務周雖經營四方日不暇給故我素王之道將墜於地光闡儒風屬在

昌運我　應運統天睿文英武大聖至明廣孝皇帝纘寶位也以御齊之德兼睿哲之明惣攬英雄之心苞括夷夏之地　皇明有赫　聖政日新解網泣辜示至仁於天下獲亡取亂清大憝於域中復浙右之土疆眞王爾國而聽　命伐并汾之堅壘兒堅倒戈而係頸戎車一駕掃千里之祆氛　泰壇再陟展三代之縟禮拯亂則弔伐非所以佳兵也懲惡則止殺蓋所以遵法也然後修禮以檢民跡播樂以和民心禮修樂舉刑清俗阜尙猶日愼一日　躬決萬機近甸絕禽荒之娛後庭無遊宴之溺遂得羣生耋耋但樂於天時萬彙熙熙不知乎　帝力信可以高視千古躪轢百王謂皇道旣以平華戎又以寧尔乃　凝神太素　端拱穆清闡希夷之風詮眞如之理間則披皇墳而稽帝典奮　睿藻以抒　宸章

哲王之能事備矣　太平之鴻業成矣居一日乃

御便殿謂侍臣曰朕嗣位以來咸秩無文遍修羣祀金田之列刹崇矣神仙之靈宇修矣惟魯之夫子廟堂未加□葺闕孰甚焉況像設庳而不度堂廡陋而毀頽

觸目荒涼荆榛匆剪階序有妨於函丈屋壁不可以藏書旣非大壯之規但有巋然之勢傾圮寖久民何所觀

上乃鼎新規革舊制遣使星而蒇事募梓匠以僝功經之營之厥功告就觀夫繚垣雲矗飛簷翼張重門呀其洞開層闕鬱其特起綺疏瞰野朱檻凌虛耽耽之邃宇來風巘巘之雕甍拂漢迴廊複殿一變惟新升其堂則藻火黼黻昭其度也登其筵則豆籩簠簋潔其器也春秋二仲上丁佳辰牢醴在庭金石在列侁侁衆賢以配以侑凜然生氣瞻之如在時或龜山雨霽岱嶽雲斂則重櫨疊拱丹青晃日月之光龍桷雲楣金碧焜烟

霞之色輪奐之制振古莫儔營繕之功于今爲盛繇是
公卿庶尹鴻儒碩生相與而言曰凡　明君之作
事也不爲無益害有益必乃除千古之患興萬世之利
然後納華夷於軌物致黔首於仁壽夫子無位立教化
人以文行忠信敦俗以冠婚喪祭爲民立防與世垂範
是以上達　君下至民用之則昌不用則亡
我后膺千年而出震奄六合以爲家一之日二之日訪
蒸黎之疾苦三之日四之日辨官材之淑慝尒乃脩武
備崇文教輕傜薄賦興廢繼絶于是眷我先師嚴其廟
像棟宇宏壯僅罕倫比遂使槐市杏壇之子竟皷篋以

知歸褒衣博帶之儒識横經之有所矧乃不蠹民財不
耗民力時以農隙人以悅使向謂興萬世之利者斯之
謂歟與夫秦修阿方唯矜土木之麗楚築章華但營耳
目之玩可同年而語耶將勒貞珉合資鴻筆臣詞慙體
要學謝大成　彤庭猥厠於英翹內署謬司於綸誥
頌　聖君之德業雖効游楊仰夫子之文章誠慙
狂簡恭承　睿旨謹杼銘曰
周室衰微兮諸侯擅權　魯道有蕩兮禮樂缺然
神降尼丘兮德鍾于天　挺生夫子兮喪亂之年
秀帝堯之姿兮類子産之肩　苞聖人之德兮禀生知
之賢　刪詩定禮兮紀謬繩愆　智冥造化兮功被陶
甄　下學上達兮仁命罕言　將聖多能兮名事正焉
道比四瀆兮日月高懸　仰之彌高兮鑽之彌堅
歷聘諸國兮陳蔡之間　時不用兮吾道迍邅　麟見
非應兮反袂漣漣　梁木其壞兮歎彼逝川　王爵疏
封兮袞冕聯翩　百世嗣襲兮慶及賞延　明明　我
后兮化洽無邊　崇彼廟貌兮其功曲全　高門有閌
兮虛堂八筵　吉日釋菜兮陳彼豆籩　雕甍畫栱兮
旦暮含煙　海日一照兮金翠相鮮　帝將東封兮求
福上靈　千乘萬騎兮轟轟闐闐　謁我新廟兮周覽

蹁躚　肆覲羣后兮岱宗之前
太平興國八年歲次癸未十月癸未朔十六日戊戌
建　鐫字寒厚
碑陰
內品同監修阮懐俊
殿直同監修樊繼源
內品同監修張從訓
高品監修東岳并文宣王廟夏侯忠
泰寧軍節度使特進撿挍太傅孫承祐
宣德郎右補闕直史館權知軍府事賜緋魚袋石熙

古

承奉郎守秘書省著作郎通判軍府事王仲華

管內觀察判官朝奉大夫撿挍尚書水部員外郎兼

監察御史柱國賜紫金魚袋康文鐸

觀察支使朝散大夫試大理評事兼監察御史鞠光輦

節度推官徵事郎試大理司直乘輔

四十四代孫左贊善大夫襲封文宣公宜　母弟著

作郎監確貨憲　母弟晃　母弟勗

凡從

行臺公

林廟之行者具有數而奠拜之禮亦各有差自叅議

總領詳議鄉貫姓名已誌諸石維省掾屬吏當刖刻

之其歲月在叅議題名下故不復云仁傑書

省掾

東平王文　孟謙　古栗趙瑀　柯亭董英　陽

平侯琪

屬吏

柯亭李滋　曹南吳欽　東平王恕　呂松　漳

川王鼎　葵丘劉信　舩歌王祐

王磐等題記七行行六字行書左行

永年王磐陳郡徐世隆嶧山顏從傑渾水劉郁自東

原來恭謁

先聖廟庭因奠

墳林壬寅歲秋九月廿有八日

孫天益等題記三行行十一字行書

歷下孫天益上谷信世昌從

行臺公再祀

林廟歲己酉立秋日謹題

楊奐等題記八行行七字行書

壬子春三月甲辰十六日庚戌奉天楊奐上谷劉詡

盧龍韓文獻任城張鐸彭城王明遠梁□張宇陳郡

王元慶古汴敦敏祗謁

賈起等題記五行行十一字九字不等行書

歲在壬子九月十一日早□天宇澄霽東原賈起□

平王庭敬謁

廟林謹誌共來彭城王明遠從行

溫憲潤等題記五行行十八字正書左行

歲甲寅夏四月八日恭謁

聖祠拜于

林墓金源道人溫憲潤遼陽斡勒堅金城史周潔陽

程知柔同來男六九學生東平徐炎從行浚都趙晉

敬題

劉惪淵詩 十一行行十一字十字十九字不等正書

拜謁

至聖文宣王廟畨題

七十遑遑席靡安周流列國始旋轅發明

兲理見經旨整頓人倫窒亂源比德唐虞賢更遠齊

仁覆載衛彌尊

君王師範渾無報世世榮封裕後昆

丙辰仲冬朔蓬山劉惪淵拜手稽首上

提領曲阜縣事東平呂仁命工刊委差白清從行

匠石杜溫

馬惟能等題記 四行行十二字十字九字不等正書

中統二年冬十月二十有三日提控監修林廟官馬惟能廟學教授王庭珍監修官孟福同來祗謁祠下

呂文穆廷試第一後爲賢相此文殊弱不稱白崇矩書大似孫崇望而遜其圓逸二人皆以書待詔者見一時所尚如此 石墨鐫華

宋史孔宜傳太平興國八年詔修曲阜孔子廟宜貢方物爲謝詔褒之其詔載曲阜縣志云素王之教歷代所宗當予治定之初特展修崇之典汝襲封闕里就列周行虔備貢輸慶茲輪奐省閱嘉奬不忘于懷

碑陰題字十一段惟末段有中統二年紀號餘皆無年月間有干支大率是金元間人題名上層第一段省掾屬吏從行臺公謁林廟題名第二段壬寅歲王磐徐世隆等題名第三段歲己酉孫天益等從行臺公再祀林廟題名所稱行臺公者卽東平路行軍萬戶嚴實也壬寅乃元太宗崩後六皇后稱制之初己酉則元定宗崩後之次年據雲峰山題名己酉七月大行臺謁嶽祠從行者東平叅議王玉汝及張昉李

滋杜仁傑孟謙題記者徐世隆此碑初謁林廟不書年月再祀林廟亦在己酉立秋與謁嶽祠同時事矣 山左金石志

按此碑乃太宗太平興國八年新修曲阜孔廟落成勅呂蒙正撰文白崇矩書篆立石廟門宋史列傳呂蒙正字聖功河南人太平興國二年擢進士第一歷官著作郎直史館加左拾遺五年拜左補闕知制誥父卒起復遷都官郎中入爲翰林學士碑題起復以後官與傳合白崇矩無傳碑陰題四十四代孫左贊善大夫襲封文宣公宜母弟著作

郎監権貨憲毋弟晃毋弟勗文獻通考載太平興
國三年詔孔宜可授太子右贊善大夫襲封文宣
公蓋至是襲封已六年惟右贊善碑作左爲異宋
史孔宜傳宜字不疑舉進士不第乾德中詣闕上
書述其家世詔以爲曲阜主簿歷官南康軍代還
獻文賦數十篇太宗覽而嘉之召見問以孔子世
嗣因下詔曰素王之道百代所崇傳祚襲封抑存
典則文宣王四十四代孫司農寺丞宜服勤素業
砥礪廉隅承歷官聯洽聞政績聖人之後世德不
衰俾登朝倫以光儒胄可太子右贊善大夫右亦作與

碑異襲封文宣公復其家太平興國八年詔修曲阜
孔子廟宜貢方物爲謝詔褒之遷殿中丞次曰憲
太平興國二年進士及第官工部員外郎知浚儀
縣次曰晃碑作晃應城主簿次曰勗雍熙中進士及
第碑題聖裔見於史傳者如是宋史禮志載太宗
卽位之八年泰山父老千餘人詣闕請東封帝謙
讓未遑厚賜以遣之明年宰臣宋琪率文武官僧
道耆壽三上表以請乃詔以十一月二十一日有
事于泰山旣而乾元文明二殿災詔停封禪此碑
建于八年十月而銘詞已有帝將東封竚求禍上

元云云似已允羣臣之請不待明年矣碑陰載內
品高品等姓名宋史職官志內侍省宋初有內中
高品班院泰寧節度使泰寧軍本兖州見宋史地
理志節度使孫承祐史附吳越世家杭州錢塘人
錢俶納其姊爲妃太平興國中俶來朝盡獻其地
徙承祐泰寧軍節度使餘人俱無攷碑陰又有仁
傑書云凡從行臺公林廟之行自叅議總領詳議
鄉貫姓名已誌諸石云云仁傑爲杜仁傑行臺公
爲嚴實皆元初人山左金石志已詳惟所云叅議
等已誌諸石今此石未見

上淸太平宮鐘記

裦本高廣行字皆不計正書

朝奉郎尙書駕部□□□□□□□制誥柱國賜緋魚
袋臣王化基奉　勅撰
翰林待　詔將仕郎守將□□□□□□□書院祗候
賜緋魚袋臣趙緯奉　勅書

粤自氣初別類物已流行統萬彙以强名道其大也誘
羣生而示化敎以行之大旣無隅惟體元而象立行雖
有約因假物以信彰庶洞達於觀聞俾咸遵於警策崇
以列眞之宇用集靈仙助其抑寂之音必資利器器之

大者鐘實存焉而恭日月運行鐘司其口陰陽啓閉鐘
體其宜猶圭表之節晦明若震雷之權號令節不差則
口口秩權不紊則歲功成爰則象以播形期導人而敷
教使聲聞於羣動冀響應以知歸則勤行之流聲始而
善作口誘之者聲終而惡悛信無刑之章程眞善閇之
關鍵其爲用也詎可誣焉然而道云未行物亦拘否或
因罹於口口乃往適於殊途待徽來復之言必偶會昌
之運　皇上富有瀛海端居穆清法虛無以用心貴
慈儉以爲寶口屬文垂教言皆合於靈機作事庇民動
悉符於天意每希口以凝想欲躋時於太和謂專靜守
邦必先於專動謂無爲御世必肇於有爲庶幾一致於
理平觸類咸資於　聖作緜是啓　帝王之盛業
建　開拓之嘉謀或伸義於懷柔或推功於吊伐乃
舞干而來遠裔亦提劍以征不庭則東南負海之邦旋
聞請吏口勇近胡之地親係降王指多壘以削平俾萬
邦而率服然後奉祖宗而叢禋配豐稼穡以潔粢盛振
久墜之闕文舉曠行之大典屢升泰畤一祀青壇恭贄
三牲報本所以伸大禮親耕千畝勸農所以推至誠復
念治國大端樹人爲本徵將相取材之地在孝廉敦古
之流於是籠羅英雋躬自題品平衡一設誠靡失於重

輕懸鑑洞開固不私於姸醜得人之盛振古未聞斯乃
成戎祀之功盡賢能之選舉其大者而無虛歲矣以其
司牧蒸黎邦家重柄郡國至廣賦輿寔繁以長物親民
受慘舒之寄以庶官釐務有利病之權每慎簡於乃僚
俾勵精而求理凡在推擇悉關　聖心恒運轂中
之才以成宇內之計斯乃用人熙績而無虛月矣加以
求衣未明負扆南面慮德刑之未正恐恩信之未孚體
民間情通天下壅每臨軒而決滯恒旰食以忘勞斯乃
勤政孜孜而無虛日矣夫以聖神之理運化無窮體用
則顯諸仁濟功則至於道道啓寘感元符　上心表
惟德以動天乃降神於右地建壽宮而雲矗儼元像以
星陳賜號太平示清淨以寧也尊名翊聖知皇天輔德
也其宮宇規模之盛神靈肹蠁之徵具載豐碑不煩縻
述爰命道士張守眞主張其事本宮器用惟鐘闕焉洎
士張守眞詢彼傳聞得諸耆舊昔李茂貞竊據之時嘗
移古道宮樓觀鐘於天柱山懸挂僅已百載蔑無聞焉
用聲不同然非啞而猶啞設器未嘗雖弗虛而若虛必
待　盛時始彰靈跡驗其鐘右則誌記昭然起雲鶴
之形列天仙之狀神異之物於斯證焉感通之徵茲又
明矣道士張守眞具以上請於太平興國五年閏三月

三日　詔移是鐘歸於本宮□所謂道有汙隆跡惟
隱顯道汙則隱在唐季道隆則顯於我朝宛契珍符聿
歸　聖運大矣六齊之制巍然九□□□層樓特建
於新規猛簴重懸於舊物伏獸之形菌蠢畏鯨之響訇
訇揚飈助威則天地鼓橐震懾生動則雷□□□魑魅
以之遁形愚聾以之抉聵使昏明不忒動靜叶宜動則
警俗沉迷靜則與時休息足以彰明元貺啓迪□□庶
符尊道之朝來助不言之教臣恭承　睿旨俾志前聞
媿屬思以榛蕪但凝神於恍惚器仍舊貫如還赤水之
珠文用紀年遂刊他山之石時皇宋耕耤之元年七月
九日記
上淸太平宮主崇[illegible]大師賜紫張守眞
長安忠善居士黃德用刊
副宮楊志振模
按上淸太平宮興建緣起已詳前碑此碑爲王化
基趙偉奉勅撰書宋史列傳王化基字永圖鎭定
人太平興國二年舉進士爲大理評事通判常州
遷太子右贊善大夫知嵐州改淮南節度判官入
爲著作郎遷右拾遺召試知制誥此碑結銜中泐
六字而存者曰朝奉郎尙書駕部則傳未嘗爲駕
部官也趙偉無攷文云昔李茂貞竊據之時嘗移
古道宮樓觀鐘於天柱山懸挂道士張守眞具以
上請太平興國五年閏三月三日詔移是鐘歸于
本宮然則此鐘從天柱山移來矣陝西通志不載
天柱山卽樓觀之有鐘亦未述及歐五代史雜傳
梁太祖卽位諸侯之彊者皆相次稱帝獨茂貞但
稱岐王開府置官屬視朝出入擬天子而已有地
二十州云云此卽李茂貞竊據之事也碑末不紀
號而曰皇宋耕藉之元年宋史太宗紀端拱元年
春正月乙亥親耕藉田還御丹鳳樓大赦改元則
碑建於端拱元年七月在移鐘後九年矣

新譯三藏聖教序

碑高六尺八寸三分廣四尺五寸二十行行四十字隸書篆額在西安府

大宋新譯三藏聖教序
應運統天睿文英武大聖至明廣孝皇帝製
永興軍太壹山開利寺沙門臣雲勝書并篆額
大矣哉我佛之教也化導羣迷闡揚宗性廣博宏辯英
彥莫能究其旨精微妙說庸愚豈可度其源義理幽[illegible]
眞空莫測苞括萬象辟喻無垠綜濾綱之紀綱演無際
之正教拔四生於苦海譯三藏之秘言天地變化乎陰

陽日月盈虧乎寒暑大則說諸善惡細則比於恒沙含
識萬端弗可盡迷若窺像濾如影隨形離六情以長存
歷千劫而可久須彌納藏於芥子如來坦蕩於無邊達
磨西來瀵傳東土宣揚妙理順從指歸彼岸菩提愛河
生滅用行於五濁惡趣拯溺於三業沽中經垂世以難
窮道無私而永泰雪山貝葉若銀臺之耀函歲月煙蘿
超香界之自遠巍巍罕側杳杳難名所以道貫十聖德
被三賢至道起於乾元衆妙生乎太易揔緜形類竅鑿
昏明絕彼是非開茲蒙昧有西域瀵師天息災等常持
四忍早悟三乘翻貝葉之眞詮續人天之聖教芳猷重

啓運偶昌時潤五聲於文章暢四始於風律堂堂容止
穆穆輝華曠劫而昏墊重明韓門昭顯軌範而彌光妙
法淨界騰音利益有情俱登覺岸無成障礙救諸疲羸
冥昧慈悲浩汗物表柔伏貪佷啓滌昏愚濵小乘聲聞
合其儀論大乘正覺立其性含靈悟而蒙福藏教缺而
重興幻化迷途火宅深喻雖設其教不知者多善念生
而無量潛臻惡業興而隨緣皆墮調御四衆積行十方
澍華雨於金輪護恒沙於玉闕有頂之風不可壞無際
之水弗能漂澄寂湛然圓明清淨之智慧性空無染妄
想解脫之因緣可以離煩惱於心田可以得清涼於宇

宙朕慙非博學釋典微閑豈敢序文以示來者如螢
爝火不足比之於皦日將微蠡量海未能窮盡於深固
者哉

端拱元年歲次戊□□月甲寅朔七日庚申建

推□□□臣涪州管內觀察使撿挍太保知永興
軍府事兼提轄五州兵士公事柴禹錫

起居舍人陝西轉運使□□□□□中丞陝西轉運
副使鄭文寶

崇儀使永興等州兵馬駐泊都監王審鈞

殿中丞陝西轉運提點刑獄□□□□□□候高珽

內品提點酒稅方保言

殿中丞通判軍府事王扶

供奉官兵馬監押吳元範

殿直同監押□□□□□度行軍司馬水丘隆

觀察判官臧恕

觀察支使崔憲

節度推官檀湘立石

李邈題銜

西域僧天息災譯三藏太宗爲序雲勝書天息災無
元裝師之奇異太宗無唐文皇之雄才雲勝無懷仁

之手腕又無王逸少之殘壘斷楮足供其補綴時代既非不能超乘而上矣后之爲不朽者難哉（石墨鐫華）

右新譯三藏聖教序太宗御製蓋爲西域僧天息災等譯經而作攷宋史雍熙二年十月丙午以天竺僧天息災施護法天並爲朝請大夫試鴻臚少卿蓋獎其譯經之勞也碑爲沙門雲勝書後列涪州觀察使知永興軍府事柴禹錫等名則李逊所書然隸法却如出一手宋史鄭文寶傳授陝西轉運副使內侍方保吉出使陝右頗恣橫且言文寶與陳堯叟交游爲薦其弟堯佐驛令辯對上書自明太宗察其事坐保

吉罪厚賜文寶而遣之此碑有祗候高班（即班字）內品提點酒稅方保言次文寶之後豈即其人乎吉言字形相近當是轉寫之譌禹錫官撿挍太保史亦失書（潛研堂金石文跋尾）

按今大藏盡字號有佛說大摩里支菩薩經四卷題曰宋西天三藏朝散大夫試鴻臚少卿明教大師天息災譯卷首即冠以此序天息災所譯經甚多幾與姚秦鳩摩羅什唐元奘相埒特舉一經以冠此序蓋不爲一經作也當時既以此序冠於經首又别鐫石爲此碑碑文泐者三十五字今取大藏經首所刻增注完全惟末行年月泐二字題名結銜其泐二十字經本所無無從增補然年月所泐尚有可攷端拱元年爲戊子歲是年甲寅朔爲十月則爲戊子十月字也碑刻於戊子十月而太宗製序賜天竺三藏法師天息災則佛祖通載繫于戊寅年蓋太平興國三年也王圻續文獻通考誤繫于元年譯經院置于太平興國七年六月丙子見宋史太宗本紀佛祖通載云是年詔立譯經傳法院于東京如唐故事宰輔爲譯經潤文設官分職西天中印土惹爛陀羅國密林寺天息災

與法天施護譯經帝製前序按此疑有傳誤今大藏所載及佛祖通載實只一序並非賜天息災之外别製前序也法天施護亦各有賜號據大藏所載法天爲西天中印度摩伽羅國三藏宏教佛智大師施護爲西天北印度烏填曩國三藏傳法大師帝釋宮寺賜紫沙門並未嘗賜朝散大夫試鴻臚少卿此似宋史本紀訛也據大藏同時别有法賢惟淨法護三人皆稱朝散大夫試鴻臚少卿宋紀不載此三人而誤以法天施護牽連書之耳碑序前題太宗尊號曰應運統天睿文英武大聖至

明廣孝皇帝据宋紀是太平興國六年所上則立
碑時宜有此題若製序時未上此號也年月後列
銜名九人宋史列傳柴禹錫字元圭大名人官與
碑合惟不載提轄及功臣號與撿校太保耳鄭文
寶字仲賢太平興國八年登進士第累官殿中丞
授陝西轉運副使而不言其爲起居舍人王審鈞
以下無攷水邱復姓見王氏續通考而不詳其郡
望立石者趙湘傳載字巨源華州人進士甲科歷
彰武永興昭武三軍節度推官

鎮州龍興寺鑄像修閣碑

碑高一丈三尺九寸廣五尺二寸二十七行行八十五字行書在正定府

大宋重修鑄鎮州龍興寺大悲像并閣碑銘 并序
朝奉郎尚書兵部員外口知 制誥柱國賜緋魚袋
臣田錫奉 勅撰
翰林待 詔將仕郎口少府口主簿 御書院祗候
賜緋魚袋臣吳郢奉 勅書并篆額
國家改元曰端拱之年有司下鎮陽之奏以大悲銅像
鎔範既久高閣精盧締構已就琢佗山之石翌請好詞
以銘鏤秋七月 天子祀朔于明堂之日
王言如[illegible]乃命詞臣俾濡染摭實之文叙修口廢興之
事臣再拜稽首惶恐祇肅以爲刻貞石垂不朽揚
聖朝崇建之本末視後人耳目之聽信苟非鴻儒碩
生有大手筆空門實相達口心觀則安能抽秘思荅
明詔徒以末學膚淺昧道荒忽聊敘萬分之一也
夫隨感而通能救諸苦謂之大慈大悲乎應變無方能
現諸相謂之千手千眼乎然眞性本空不生亦不滅眞
數前定有廢口有興周顯德中 世宗納近臣之
議以爲奄有封畧不過千里所調租庸不豐邊備技貫
屢空於軍實算口莫濟於時須於是詔天下毁銅像鼓
鑄以爲錢貨利用以資帑財金人其萎梁木其壞化身

從革通有無於市征圓府流口豈執著於我相而惟鎮
之邦惟鎮之民萬人聚千人計惜成功口見毁冀上意
以中輟雖卜式出財以有助而黄皇執議以不迴洎像
壞之際於蓮葉之中有字曰遇顯卽毁無乃前定之數
乎物不可以終隳必授之以興復時不可以終否必授
之以隆昌 我國家應乎天順口人革有周
之正朔造 皇宋之基業南取越西平蜀崇道教
興佛法無文咸秩隳像重興乾德中乃命重鑄大悲之
像于是邦也虞衡伐木司爟用火法陰陽以爲炭口天
地以成鑪豈萬物之銅萬靈之庸愿 帝力以神

速因匠哲而功倍既而鎔成滿月之容如冠輕霞昇于
顥□青蓮爲目天花飾躬四十二幨金色曈曨七十三
□寶相穹隆仰之彌□瞻之益恭洎搆以摩雲之閣如
褐蓬壺倚於逶廓□□旋題風凊寶鐸十□三襲危梁
虹躍重階複道飛棟電燿夕月瑩其藻繪朝霞飾其丹
雘有周之毀也既如彼　我宋之興也復如此
今皇帝嗣鴻業凝　睿圖運應千齡
道超三古成湯克己稱其德也謂齊聖廣淵帝堯爲心
稱其道也曰聰明□思用七德講五□□□禮義德刑
爲戰器壇四海宇萬方而以動植黎元躋壽域豆籩有

踐配　烈祖於上釁金石成文謁先師於太學列儒臣
以侍講祀先農以躬耕禮容彬彬　帝儀穆穆六
服羣辟罔不率□四夷左衽冈不□□延虎觀以議偃
兵訪鵷林以佚檢玉包匭逃菁茅之職公車獻封禪之
書豈不由德動天天道順星辰軌道風雨咸若來浙師
俘晋主祥麟出黃河凊天且弗違况於人乎佛猶其依
况於鬼神乎越太平興國之七年秋仲□月粤有□蒭
其名瓊法祇受　宣旨專主佛閣焚修勤恪住持
教化以爲像之設也□閣之成也宜周之以廊宇嚴之
以閈閎於是經之營之七年于兹化輿□鳩衆財人心

□財用備土木其萃班倕斯至始揆日以悅使俄有時
而告成長廊翼舒迴暎□其千拄重門洞啓壯麗豁然
四達然瓊法有如是勤如是化也是緣如是功乎噫民
有餘財方能施佛財衆有羨利方能修福利引而伸之
夫所寶者慈與儉所修者禮與樂叙彝倫建皇極生民
所以獲福者中國　聖人之教也所去者貪瞋
癡所修者戒定慧諸天由修福生諸趣由造罪人超無
生證無漏者四方釋氏之教也然非　明聖在上
則像法疇依非富庶在下則塔廟不立今公帑有羨財
國廩有餘積可以營佛事創梵宮不害民不妨農農亦

有餘□民亦有經產可以捨淨財結善緣聞鐘磬之音
則隨喜之心生覩慈悲之相則□□□起□花由是
獻金幣由是臻讚　睿澤如東溟之深祝
聖壽若南山之固其應如響獲福無量也臣文非潤色
職在司言祇　詔徬徨命筆數四以爲文不迨意
意不迨理理不達於眞諦文不稱於　王命江淹
才盡寧摛五色之毫相如思遲徒奉　九重之旨
銘曰
吾皇御宇　運膺下武　金玉王度　爲佛法主　易
不云　聖人作而萬物覩　禮有中庸　易有變通

筌蹄至理　與佛　同臣所謂　王澤流而三寶方崇
天生烝民　樹之司□□□　帝力　謂衣食自足
所以歸依佛歸依法　而獲天人之福　佛度衆生
攝以慈悲　莫測神化　以感應無遺　所以不可
量不可思、而爲□人之師　範金成象之容　瞻仰
雲中　傍雙列於□　□巖厥功　上棟下宇之制
岌業空際　高特出於樓臺　彫鏤其麗　若士若
庶　至菩薩前　稽首發願　結其因緣　無遠無近
覩菩薩相　膜拜展禮　除其罪障　其毀也無乃
示有周□□　其□也□以彰　皇宋其昌　詔下創

立　聖謨洋洋　功成磊落　福善穰穰　□鎮之邦
在冀之方　全趙封圻以晝野　恒山鬱盤以連崗
慈爲雲兮敷蔭　慧爲日兮揚光　祐我　聖皇
寶祚□□
端拱二年歲次己丑正月癸未朔十五日丁酉建立
李思順李興李繼元鐫字

按龍興寺鑄大悲像建大悲閣皆乾德元年事已詳前碑此碑則以主閣僧瓊法於太平興國七年建廊宇殿門工竣上聞乃勅田錫吳郢撰書立石以紀田錫宋史傳稱字表聖嘉州洪雅人太平興國三年進士八年由知睦州轉起居舍人判登聞鼓院知制誥加兵部員外郎吳郢無傳弇州山人藁有吳郢眞宗時人大相國寺碑銘咸平四年宋白撰吳郢書并篆額而不載此碑未知卽此吳郢否御書院祇候不見于宋史職官志及馬氏通考以臆度之卽翰林供奉之類無專員也

潭州鐵塔柱文

裝本高廣行字皆不計　正書在長沙府鐵佛寺

潭州鐵塔觀世音陀羅尼
上生三皈依發願文

南無兜率天宮慈氏如來應正等覺願與含識速奉慈顔
南無兜率天宮慈氏如來應正等覺所居內衆願捨命已得生其中
南無兜率天宮慈氏如來應正等覺願隨彌勒下閻浮提龍華三會先得授記
往生內院眞言 兜不錄
潭州管內觀察□官李思明發心鐫寫於塔普願一切有□同生慈氏內院
進士董蘷書

開福禪寺傳法沙門道崧鐫經
所有上件功德願國泰民安風調雨順法界含靈俱登
彼岸
宋淳化元年庚寅歲　　李昪鐫字

陀羅尼經寺僧鐫之率用石幢今其存者遍天下而頹損斷仆往往爲好事所收予獨以其釋氏言棄之不錄也甲辰冬在長沙得此經文其製用鐵柱鐫勒長八尺餘各有稜觚外覆有磚塔葢其善自護惜如此嗚呼三代鼎彝之文流傳及諸後世皆銘于金刻故雖其沈没發見終不可知然銘勒獨較石爲全今

陶鑄之工日趨簡易吾儕興役者亦漫不知所事焉而釋氏之徒能重其師之說獨欲見諸久遠如是杜者是可異也夫授堂金石三跋

按鐵塔今在長沙府鐵佛寺宋時謂之潭州潭州志唐開元時衡岳降神舍鐵造佛兼以鑄塔乾隆四十年梁中丞階平國治修寺工畢火及塔除舊甓得塔柱如幢貫塔中高丈有四尺圍尺有八寸上刻三分依發願文南無兜率天宮慈氏如來云云次刻往生內院眞言後題云潭州管內觀察□官泐一字當是推官李思明發心鐫寫於塔普願一切有情同生慈氏內院次刻千臂千眼觀世音菩薩陀羅尼大身眞言進士董襲書僧曰道崧工曰李昪淳化元年鐫計字七百六十有奇臬使梁君㓜循敦書搨以見遺嘗作詩題其後按兜率天宮者法念經云若持不殺不盜不邪婬不妄語兩舌惡口綺語得生兜率陀天陀羅尼者宋僧無畏傳夫三藏之義者內爲戒定慧外爲經律論以陀羅尼總攝之也陀羅尼是菩薩速疾之詮解脫吉祥之海三世諸佛生於此門慧照所傳一燈而已又佛頂心經觀世音菩薩說此陀羅尼已天雨寶花繽紛

而下云云此卽所謂觀世音陀羅尼也夫往生內院卽往生淨土淨土者各處佛國皆有之故楞嚴有想多情少必生天上又有一切淨土隨意往生之語大勢至五十二菩薩亦稱念佛三昧而不專指西方此文言慈氏居住兜率天宮而慈氏說法有內院外院之分是亦淨土也外院遇劫時爲水火風三災所到內院則三災所不到是以修上生者必歸之白文公詩有海山不是吾歸處歸卽要歸兜率天謂此也

拜文宣王廟記

碑連額高五尺九寸廣二尺八寸五分十三行行二十八字隸書篆額在曲阜孔廟

拜文宣王廟記

給事中撰

行陳州長史彭宬書

給事中徐休復承　聖君之命禱　神嶽之靈迴轅載途思近　我先聖之邑縣是陳薄奠拜　明祠裵回廟庭歎想增積何者昔以總角之歲曾佩韘以來斯今當艾服之季乃乘軺而再至噎向非服　我先聖之道學　我先師之文則曷以脫紅塵上清漢要金拖紫入玉陛而侍　珠旒者哉謂前左諫議大夫充樞密直學士次任三司戶部使今休復家藏　先聖之書室供　先師之像敘以今生之行更求後代之因而願子子孫孫長遵於聖教生生世世不離於儒門者誠所禱也惟　王至明神聽如在

旹大宋淳化二季三月十五日記

朝奉郎守太子左贊善大夫知兗州軍府事賜緋魚袋常顯信建立

石作白晶鐫

按此碑徐休復撰彭宬隸書記前一行但云給事中撰不署姓名亦刱見也宋史傳稱休復字廣初濮州鄄城人太平興國初舉進士解褐大理評事出爲通判薦授太子右贊善大夫累遷比部郎中充樞密直學士賜金紫端拱初加左諫議大夫召爲戶部使淳化元年遷給事中連知青潞二州休復先上言以父母藁葬青社願得領州事因營邱壠遂至青州傳載其歷官如此此碑立于淳化二年四月十五日正其未至青州以前所記也文云承聖君之命禱神嶽之靈宋紀淳化二年三月巳巳以歲蝗旱禱雨弗應手詔宰相呂蒙正等朕將自焚以答天譴翌日而雨蝗盡死而不書遣官徧禱嶽瀆之事據此文休復似係禱雨泰山迴轅而拜孔廟也又昔以總角之歲曾佩韘以來斯此即傳所謂父母藁葬青社者必是其父曾官青州道經曲阜休復從行其時尚幼也要金拖紫與傳中賜金紫合諫議樞密戶部之官注於記內亦碑文之刱格而注內不言知青州是未有此命也文筆鄙猥書亦醜拙姑錄存之不足深論

BIBLIOTECA DA UNIVERSIDADE DA ÁSIA ORIENTAL
東亞大學圖書館
UNIVERSITY OF EAST ASIA LIBRARY

西京白馬寺記

碑高一丈四尺廣五尺八寸二十行行五十五至五十七字行書在洛陽

大宋重修西京白馬寺記

翰林學士承旨朝請大夫中書舍人上柱國賜紫
金魚袋蘇易簡奉
翰林院待詔朝奉郎秘書丞同正兼御書院□
候賜□□□□□文□□
東周舊壤西洛名都景氣澄清風物奇秀長源浵
浵元龜負書之川平隰依依白馬馱經之地考其由爲
中國招提之始語其要居兩京繁會之間歷累
朝而久鬱禎符偶昌運而薦陳靈旣不有興葺
寧昭德音法天崇道皇帝端拱北辰委裘南面
步攝提而重張歲紀把鈎陳而再紉乾綱實異俗於蒙

街納生民於壽域尚或探元象外訪道環端恭
己虛懷法嬀汭無爲之化凝神靜想憶靈山授
記之言省鴻名崇十號之空王畢皇居峻
三休之妙觀坐致華胥之境平登安養之方慈雲遠覆
於冰天法浪遐滋於桂水東踰漲海揚帆須貝葉之書
西泊流沙刻石紀金剛之座勤行之能事著矣
陰騭之元功大矣居一日謂近臣曰朕
嘗探賾造化窮研載藉祀彼河海猶分其先後譬諸水
木尚本其根源觀夫像教斯來眞誠下濟誠由彼摩騰
竺法蘭二法師者揚甍圖之末緒越葱嶺之修程百千

億佛始演其性宗四十二章初宣其密義則何必伯陽
道德止西關令之家倚相典墳傳自倭生之□而已哉
瞻彼維洛靈蹤尚存未旌勝緣良謂闕典時屬單閼直
歲勾芒馭辰龍星雖耀於雩壇兎魄罕離於畢宿詢於
黔首未興雲漢之謠軫彼皇情已甚桑林之禱
命中使以馳驛竭仁祠而致誠憂勤上通靈應
如響豈獨商羊鼓舞但聞闕里之言力士沾濡惟紀開
元之代乃命鼎新偉搆寅奉莊嚴採文石於他山下蘖
材於邃谷離婁騁督繩之妙馮夷掌置臬之司闢蓮宮
而洞開列紺殿而對峙圖八十種之尊相安二大師之

法莚靈骨宛如可驗來儀於竺國金姿穆若猶疑夢現
於漢庭天風高而寶鐸鏘洋晴霞散而雕栱輝赫周之
以綠垣浮柱飾之以法皷勝幡遠含甸服之風光無殊
日域旁映洛陽之城闕更類天宮時則郟鄏遊客轘轅
遺俗或黃髮鮐背之老或元髫稚齒之童途謠巷歌相
与而謂曰吾皇帝之稽古務本也爲蒼生而祈
福致金僊而降靈遂使權輿聖教之津將墜而復決經
始福田之所已圮而更興未覩時巡彌堅望幸
佇聽建圭立極踰姬公洛食之符檢玉升中越
孝武山呼之瑞臣生逢堯禹職符嚴徐自追

閬苑之勝遊祖得楞伽之真趣爰承　詔旨命
紀歲時雖罄没荒蕪欲繼金聲而莫及然勒銘琬□期
將火德以彌新□□□
□□□□□禩四月八日記
翟文　臣□　張□□刻
碑甚磨滅斷爲二截有云（缺）䭾經之地□其由□中
國招提之始按洛陽伽藍記云白馬寺漢明帝所立
也佛入中國之始寺在西陽門外三里御道南帝夢
金人長六項皆日月光明胡神號曰佛遣使向西域
求之乃得經像焉時白馬負經而來因以爲名故碑

亦云也碑年月殘缺惟存禩四月八日及前有翰林
學士承旨朝請大夫中書舍人上柱國賜紫金中缺
簡奉勅下缺云云知爲蘇易簡也中州金石攷云只
存上截今予所得有下截云易簡入爲右拾遺知制
誥除翰林學士淳化中充承旨見東都事畧本傳則
此碑爲淳化時立（中州金石記）
按此碑文幾八百字而泐其半賴河南通志河南
府白馬寺條下全載此文今取以互校旁注補足
碑泐其歲月志亦不載据文攷之文云法天崇道
皇帝宋史太宗紀端拱二年十二月辛酉羣臣上

尊號曰法天崇道文武皇帝詔去文武二字然上
尊號雖在是年而受尊號改元在淳化元年正月
戊寅朔是年庚寅歲碑下云步攝提而重張歲紀
攝提者寅也謂月日重合於歲紀也又云時屬單
閼直歲勾芒馭辰龍星雖耀于雩壇兎魄罕離于
畢宿單閼卯也淳化二年辛卯歲是年三月蝗旱
禱雨史雖不載禱于嶽瀆據碑云命中使以馳驛
竭仁祠而致誠是遣官禱于嵩嶽也（觀此益信前碑徐休復爲禱雨泰山之證）白馬寺因禱雨有應遂命新葺而蘇易簡
奉勅撰文建立此碑以紀歲月然則此碑可信爲

淳化二年立也碑紀白馬寺與建之始因及摩騰
竺法蘭按高僧傳攝摩騰（一名迦釋摩騰）本中天竺人漢
永平中明皇帝遣郎中蔡愔博士弟子秦景等使
往天竺尋訪佛法愔等於彼遇見摩騰乃要還漢
地至乎雒邑明帝於城西門外立精舍以處之漢
地有沙門之始也騰譯四十二章一卷勅緘在蘭
臺石室騰所住處今雒陽城西雍門外白馬寺是
也竺法蘭亦中天竺人蔡愔既至彼國蘭與摩騰
相隨而來旣達雒陽與騰同止愔於西域獲經卽
爲翻譯所謂十地斷結佛本生法海藏佛本行四

十二章等五部移都冠亂四部失本不傳江左唯四十二章經今見在漢地見存諸經唯此爲始也

四皓廟碑

碑高六尺廣三尺文三十一行行五十一字隸書額題四皓廟碑四字篆書在商州

大元重立四皓廟碑

宋王禹偁撰

奉訓大夫集賢直學士兼國子司業蕭䡾□□書丹并篆額

易稱知進退存亾而不失其正者其唯聖人乎先生避秦知亾也安劉知存也應孝惠之聘知進也拒高祖之命知退也四者備矣而正在其中先生非聖尙孰爲聖乎若其秦亂而不避則焚書坑儒高斯之流也漢危而不出則素隱行怪巢由之徒也應高祖之命則溺其冠而騎其項矣拒孝惠之聘則功不立而名不稱矣引而伸之先生可謂全德者矣嘗試論之曰古稱周公聖人也鞭伯禽教孺子居攝六年明辟未復而召公不說于内三叔流言于外盛德大業幾墜于地吁扶幼君秉大政之難也有如是哉觀乎戚姬之嬖如意之寵以妾竝后以孽代宗本根一搖社稷將墜謂扶蘇之喪邦胡亥之亾國可翹足而待也何止炎靈之不祀抑亦黔首之

罹禍豈無酈侯陳八難罷六國則可議主鬯則以水而投石也豈無曲逆諫强楚解長平則可言立嫡則圓鑿而方柄也先生一出而助之一言而定之漢庭公卿皆出下而能錙銖鍾鼎桎梏衣冠安萬乘而不有其功抗匹夫而不食其祿自非至人達識孰能與于此乎向使先生定漢嗣爲漢臣報惠議功必在平勃之右當以左輔右弼前疑後丞而處之居是昔也以四鉅賢事一少帝挾震主之威負不賞之功又何止流言不說之事哉欲望其茹紫芝卧商嶺其可得乎是知先生之出非獨謀漢也實將救時也先生之退非獨全身也亦將矯世也危而護之亦宴安于獨善可謂救乎昔矣定而去之不乘時以聚祿可謂矯乎世矣用是警民猶有建桓立順之徒矣嗚呼世之爲人臣議廢立者可勝道哉或因定策而專國或因援立而無君戕弑兇殘何莫由此其後滔天于莽卓盜國于曹馬移徙龜鼎易于奕棋纍纍簡編可爲太息是以先生危則助之安則去之其來也至公于萬民其往也無私于一身前所謂知進退存亡而不失其正者千古四賢而已或曰周公相成王攝天子功成治定制禮作樂號爲先聖歷代仰之豈先生之道過于周公乎愚曰周公乘文武之業知王化可興故

輔之以行道焉先生當暴秦之後知霸道終雜故去之
以遠害焉周公聖人之用者先生聖人之晦者但旹異
而迹殊耳非所謂過乎周公者也辛卯歲予坐事解制
誥職翌日有商於二使之命下車拜廟西山之側退立
廊廡古碑在焉自唐御史大夫贊皇李公而下作者若
干人因歷覽之美則美矣敘先生之道似有未盡兢館
濡筆申之以碑斯文也豈直歌鴻飛狀鶴髮而已哉實
欲使立朝廷爲臣子而挾幼沖圖富貴者聞而知懼亦
春秋誅亂臣賊子之旨也其辭曰
猗歟先生　時行則行　高眠商嶺　逃難秦坑　知

秦之詐　亾于子嬰　知漢之詐　存于惠盈　一言
悟主　萬邦以貞　不有其功　不食其祿　遠害全
身　矯世厲俗　淸泉洗耳　紫芝充腹　猶犬自烹
冥鴻不復　矯矯高節　悠悠後來　漢之戾園
胥之懸懷　江充厚誣　賈后雄猜　先生不生　孰
爲來哉　昏亂之世　廢立不已　操欺孤兒　莽抱
孺子　成既自我　權亦歸己　先生不生　大事去
矣　蒼野峩峩　祠荒薜蘿　遺像斯在　悳音可歌
淸風凜凜　素髮皤皤　永懷貞遁　刻石山阿
大悳九年歲次乙巳十一月吉□重立石

承事郎安西路同知商州事□□□
奉訓大夫新除商州知州兼管本州諸軍奧魯勸農
事謝梧□
□德郎安西路商州知州兼管本州諸軍奧魯勸農
事□銓
□騎校尉安西路商州達魯花赤兼管本州諸軍奧
魯勸農事□□
按此碑王禹偁撰文稱辛卯歲坐事解制誥職奉
商於二使之命下車拜廟歷覽古碑申以斯文宋
史傳禹偁字元之濟州鉅野人端拱二年拜左司

諫知制誥未幾判大理寺廬州妖尼道安誣訟徐
鉉道安當反坐有詔勿治禹偁抗疏雪鉉請論道
安罪坐貶商州團練副使卽碑所謂坐事解制誥
職奉使商於也商於者卽商鞅所封之地秦置商
邑漢置商縣隋改商洛縣屬上洛郡唐置商州縣
屬焉宋因之二使者副使也二與貳同傳又稱禹
偁官商州歲餘卽移解州四年召拜左正言此文
稱辛卯歲使商州下車拜廟辛卯是太宗淳化二
年端拱本無四年史文葢誤淳化字也據傳推之
此文當作於淳化二年拜廟之時矣商州四皓廟

有二一在州東七十里商洛鎮一在州東金雞原陝西通志載此廟有唐柳宗元宋王禹偁撰碑而不言禹偁碑何年所刻此碑末題大德九年重立石必是宋時先已立碑不知毀于何年也金雞原有山曰高車山太平寰宇記高車山上有四皓碑及祠皆漢惠帝所立高后使張良以駟馬高車迎四皓於此故名然則祠中有漢碑矣此碑則云退立廊廡古碑在焉自唐御史大夫贊皇李公而下作者若干人是禹偁所見有多碑而所謂古碑者不知即寰宇記所稱漢惠帝所立之碑否耶今就

廟中搨得者僅此大德重立之禹偁一碑其餘不惟漢碑無攷即柳子厚李贊皇二碑亦未見矣傳稱禹偁九歲能文所著有小畜集二十卷承明集十卷奏議十卷詩三卷今存于四庫全書者統名小畜集三十卷與晁陳二家所載同並據平陽趙氏影宋刻本然其集行世不廣而此碑又舊刻無傳因就大德所刻錄存之文泐者六十餘字袓家舊藏小畜集鈔本取以校補書者蕭𣂏元史儒林傳字惟斗奉元人讀書南山者三十年大德十一年以前累擢集賢直學士國子司業改集賢侍讀

學士皆不赴此碑題直學士司業兩官雖不赴仍用以系銜也然傳獨不及其工篆隸書即書譜亦不列其傳可知此碑傳搨者少𣂏爲有元一代名儒不可不存其蹟則此碑尤宜亟錄也末署商州守土官四人其曰安西路者元史地理志中統三年立陝西四川行省治京兆至元十六年改京兆爲安西路總管府商州屬焉其曰奧魯勸農者百官志散府達魯花赤一員知府或府尹一員領勸農奧魯與路同諸州惟有達魯花赤與知州同秩不云領勸農奧魯據此碑則知州亦兼管諸軍奧

魯勸農事蓋史志畧也

金石萃編卷一百二十五終

金石萃編卷一百二十六

賜進士出身 誥授光祿大夫刑部右侍郎加七級王昶譔

宋四

贈夢英詩碑

碑高九尺廣四尺二寸四分作六截書各三十三行字數十四至十六不等正書

贈夢英大師詩

盧岳僧正篆書

寄贈夢英大師

翰林學士承旨刑部尚書知制誥判吏部流內詮事

陶穀上

是箇碑文念得全聰明靈性自天然離吳別楚三千里
入洛遊梁二十年負藝已聞喧世界高眠長見卧雲烟
相逢與我情何厚問佛方知宿有緣

紀贈夢英大師

工部尚書致仕楊昭儉上

紀贈歌詩數百人序師多藝各求新未言篆隸飛龍鳳
且說風騷感鬼神琴有古聲清耳目鶴無凡態惹埃塵
英公所學還如此不錯承恩近 紫宸

懷贈夢英大師

樞密直學士朝請大夫上柱國賜紫金魚袋趙逢上

林巒影裏有清賢與我相知二十年書札愛工精王範
利名抛捨住金田吟容賈島稱詩匠辭許劉靈作酒仙
別後近聞栖華岳乱雲應得恣情眠

吟贈夢英大師

翰林學士中書舍人知制誥王著上

到處聞人乞篆蹤學來年久有深功壘池闕類湘江水
筆塜高齊太華峯金錫罷飛新解虎鐵盂收掌舊降龍
知師吟戀煙村景不肯迴頭望 九重

吟贈南岳宣義大師英公

中大夫行右補闕內供奉柱國蘇德祥上

學就書歸在道林幾年辛苦用身心 九霄雨露酬知
早百首風騷立意深青白野雲閑裏卧古今碑碣醉中
尋因何負此多般藝可惜教師鬢雪侵

贈夢英大師

鎮國軍節度使趙文度上

攜筇何日別長沙鳳篆功夫世所嘉秦嶺夜吟殘海月
章臺春講雨天花淨缾遠貯湘潭水片衲晴披岳面霞
聖主有恩酬絕藝簾前師號紫袈裟

贈夢英大師

護國軍節度使檢校太師守中書令行河中尹郭從

義上

雲水僧來說我師換鵞書札轉高奇揮毫傳下千年字
貞石曾留幾處碑混俗市鄽人莫測和光蹤跡鶴應知
蓮花結社須容我不似陶潛愛酒巵

寄宣義英公

侍御史賜紫金魚袋何承裕上

書札精奇已換鵞仍聞依舊卧煙蘿詩成萬首猶嫌少
酒飲千鍾不怕多鄉寺夜閑雲夢月石房寒鏁洞庭波
知師收拾南歸去爲憶漁人唱楚歌

送夢英大師

翰林侍讀學士尚書兵部侍郎兼祕書監楊徽之上

獨攜鉼錫欲春殘深入終南路屈盤萬象幽[illegible]吟裏見
一心圓寂定中觀翠微寺在杉松老紫閣峯高水石寒
莫凭危欄臨北望滿城煙草是長安

寄宣義大師英公

左諫議大夫范杲狂筆

西遊久不得師書覩物相思展篆圖情厚未忘蓮社約
分深曾伴橘洲居青雲作陣宜長卧白酒資吟莫破除
見說近來揮彩筆字皆飛動有功夫

寄英公大師

尚書主客員外郎直集賢院李建中

往歲瀟湘一相見詩成野逸筆狂顛近聞歸住長安寺
松老書窻又幾年

紀贈宣義大師夢英

中散大夫守太僕少卿柱國賜紫金魚袋張洎上

幾憶湯師役夢魂醉吟想在落花村背塵事見尋常說
出格詩曾子細論書信寄憑雖有路笑談重約恨無門
今來鬢雪應多也莫惜頻頻近酒罇

送英公大師歸終南

特進太子太保致仕呂端上

衡岳煙蘿紫閣雲名高湖外晚遊秦清詞古學儒生業
圓笠方袍釋子身竹杖拄歸山裏寺篆書留與世間人
我疑簪組成爲縛空仰吾師去路塵

寄贈宣義大師

太中大夫行尚書兵部郎中上柱國賜紫金魚袋賈
玭

篆寫千文邁古今感陶丞旨換碑陰 兩朝雨露書中
得滿篋詩章物外尋衡岳水雲長挂夢 帝城煙月不
開心西遊去後無消息想共陳摶一處吟

贈英公大師

中大夫撿按禮部尚書守太常卿致仕上柱國賜紫
金魚袋李鑄上
僧門奇士有英公篆隸高能世莫窮五色彩毫傳夢寐
三乘真諦達虛空賜衣深染函開上寵號光呼奈苑中
幸對風情添逸趣好陪清話在蓮宫
吟贈宣義大師英公
翰林學士朝奉大夫尚書刑部郎中知制誥史館修
撰賜紫金魚袋師頏上
禪得元機筆得精孤雲光彩甚分明毫端落紙堪為寶
海内無人不重名山約終歸雙履在髭因京剃一刀輕

何妨換取羣鵞了却與迷徒指化城
奉贈宣義大師英公
朝奉大夫左諫議大夫騎都尉賜紫金魚袋李若拙
上
昔歲高名動　九重衡山別後碧雲空紫袍親受　龍
墀上白足頻登虎殿中小篆每輕秦相法絲書猶鄙晉
臣功多才多藝如師少當世羣賢盡嚮風
狂吟八韻送英公暫歸故鄉遷殯二親
翰林學士承旨尚書吏部侍郎宋白上
十八般書四海傳長安話別已多年今來帝里重相見
轉覺師心更自然下筆入神皆得法出言成句盡通靈
花時乘興先行樂月夜忘機靜坐禪到處僧俗爭識面
滿朝英俊贈佳篇長沙母葬彰純孝入水人思有善緣
衡岳醉投秋雨寺漢江吟渡夕陽舡前期指在春三月
迴首東風好著鞭
吟貽宣義大師英上人
正奉大夫給事中參知政事賈黄中
金僊了便是師師高道寧容世網羈浩浩心田龍可擾
飄飄行止鶴應知塵機擺落超三界古篆沉研冠一時
莫恠伊余苦珍重白蓮花社有心期

喜英公大師相訪
給事中參知政事趙昌言上
僧中何事冣聞名筆札高奇是夢英十八家書垂墨妙
一千年　聖過文明未將六籍重刊石余惜國家未明以筆加唐朝刊
六經於石壁　已駕三車到化城此日勞師相枉訪豁然衿抱
慰平生
贈英公大師
左拾遺鄭起上
玉殿承　恩四十年水雲心已悟南禪李斯篆字功何
妙賈島詩章學太虛節在幾嗟無虎鬪鉢腥長笑有龍

眠聞今未老休慵堕剩把書蹤石上鐫
清洛喜英公大師相訪
中散大夫給事中知河南府兼留守司事上柱國賜
紫金魚袋許仲宣
方袍紫染出　彤庭久在林泉養性靈無事撓心長見
醉有名傳世不曾醒多年別我頭先白此日逢師眼倍
青記得　上都相會否夜飛杯篆老君經
寄懷英公大師清交
侍御史知雜事柱國賜紫金魚袋馬去非上
雲隱秋鴻水隱魚相思難得惠休書遙聞養性栖蓮岳

不肯攜節入　帝都金殿聖緣應未斷玉堂知己漸凋
疎何人曾得陪高論頭戴神羊馬大夫
奉揚英公大師詩匠
朝請大夫尚書司門郎中韓溥上
悟解真空始壯年兩朝供奉近爐烟故鄉夢斷三湘遠
應制詩高四海傳晴望野雲生紫閣夜吟蘭燭滴花牋
應愁　內殿徵書至恐向東林負昔緣
寄贈終南英公上人
左諫議大夫知江陵府臧丙上
是箇人言好性靈鎬京碑記念千片五言出格爲詩匠

百盞長杯應酒星曾把篆求身上紫幾將金買面前青
多聞國士相尋訪莫把松門晝夜扃
特吟詩二首送英公大師
禮部侍郎參知政事蘇易簡上
乘舟南去唯尋酒上馬西行只詠詩醒醉去留皆遂意
如斯方信是男兒
其二
祝融峯上曾傳納太一山前舊結廬兩地逍遙已三紀
爭教肯在　帝城居
貽英公大師

尚食使昭州刺史知鳳翔府王承衎上
文章篆籀久傳芳灰志禪門道愈光豊鎬有心營寶刹
瀟湘無意卧雲房陶情早著詩千首混俗何妨酒百觴
若許宋雷重結社願持香火學　空王
喜宣義大師英公相訪
康州刺史知同州軍州事陳文顥上
三事　天衣兩字歸長安風月更誰知閑騎劣馬尋碑
去醉卧荒爐出寺遲辭贍不容誇犬子興闌兼許吐魚
見在焉假道來看我正值嚴冬大雪時
贈英公大師

太子中允知洛陽縣事頡贊

鑾殿象管少年時幾賦 簾前祝壽詩三殿荷恩卿相看 兩朝承寵 帝王知尋窮太華高佰景念盡長安內外碑可惜篆文今絶筆李陽冰後只吾師

再逢英公有感

朝散大夫前宗正承兼國子書學博士郭忠恕

伊余行止任飄蓬與世乖違不可容青眼交知長憶念白雲蹤跡又相逢風騷共會名何盛篆隸同勤法轉功口口羨師超彼岸琉璃鉢裏看降龍

喜英公大師挂錫太華

希夷先生陳摶上

暗喜蓮峯作近隣撥開雲霧見師頻有時問箇艱難字便沐周旋說與人唐李監應留後跡漢蔡邕想是前身堪嗟繼踵無徒弟筆法收藏在渭濱

贈英公上人

左拾遺知耀州軍州事上柱國賜紫金魚袋宋温舒

粹鍾衡岳誕吾師十九 彤廷賜紫衣青簡篆文窮妙絶碧雲詩句入元微降龍鉢裏無塵染迴鴈峯前有夢歸他日好同蓮社約逸眠禪坐兩忘機

咸平元年正月三日建

賜紫義省 僧智全 普嚴 守志

范守信 藺皐 李凝 孟旼 石日新 王遇

安懷玉 孟仁贍 張鈞 彭永 陳澹同建

武威安文璨弟文晟刊字 巨延嗣

勾當國子監人鄧德誠

贈英公詩者三十餘人陶穀宋白蘇易簡郭忠恕諸人皆在其中而備諸惡道無一首合作宋初人口語如此無論初盛何可令許渾見之書手出盧岳僧正蒙得誠懸法以英公廟堂碑觀是其相知之深者故欲有効于英耳詩中書劉佮作劉䨲 石墨鐫華

英師好名僧也然好名而秪以書自分亦其技小矣宋初人固無大佳詩乃業欲傳之石以成勝緣奈何草草如是英書自可然託名正蒙豈亦自醜其好名之心太猛邪書既可託之正蒙則詩即託之諸名士亦未可知也今但取其字諸他可勿論 墨林快事

贈夢英大師詩共三十二人陶穀楊昭儉趙逢王著蘇德祥趙文度郭從義何承裕楊徽之范杲李建中張洎呂端賈玭李鑄師頏李若拙宋白賈黃中趙昌言鄭起許仲宣馬去非韓溥臧丙蘇易簡王承衎陳文顥賴贊郭忠恕陳摶宋温舒叙次官職往往與史

傳合唯李若拙范杲臧丙為左諫議大夫鄭起為左拾遺史並作右為非耳又楊徽之不及為翰林侍讀學士亦其脫略攷碑作咸平元年刻石而史載徽之以二年為兵部侍郎兼秘書監師頏以三年為翰林學士呂端以太子太保致仕亦在眞宗立後一二年並在石刻後者疑碑追刻歲月實非元年所製也碑書諸人官職皆舉其後且顯者故有不合耳詩並言杲入上或無上字惟范杲作狂筆言甚粗鄙不足法也夢英一沙門耳其傾動朝士不必皆如詩所云云或好事者依托為之以張大其教耶然非所攷矣諸詩亦俱無可觀王著題云翰林學士中書舍人知制誥當是單州人以開寶二年卒無書名與太宗時為侍書者是兩人 關中金石記

按此碑刻於咸平元年正月而贈詩者三十二人名在宋初間有及於眞宗時者以宋史本傳考之陶穀入宋初累加刑部戶部二尚書開寶三年卒碑不書戶部則詩為開寶初作也楊昭儉字仲寶長安人開寶六年以工部尚書致仕太宗即位加禮部尚書太平興國三年卒碑不書禮部則詩為開寶末作也趙逢字常夫懷戎人乾德二年充樞密直學士加左諫議大夫碑作朝請出知閬州還遷給事中開寶八年卒碑不書給事中則詩作於知閬州以前也王著字成象單父人乾德三年知制誥六年加集賢院修撰碑作翰林學士太平興國初拜中書舍人充史館修撰碑無此官未幾知開封府以病請告月餘卒碑不書知開封府則詩作於太平興國初也蘇德祥無傳趙文度漁陽人歷仕後唐北漢太祖開寶二年親征晉陽文度請降授安國軍節度徙華州又徙耀州七年卒碑稱鎮國軍節度即華州則詩為徙耀州以前作也郭從義其先沙陀部人父紹古事後唐賜姓李晉天福初復姓郭從義歷仕後唐晉漢周至宋初加守中書令乾德二年又為河中尹護國軍節度開寶二年改左金吾衛上將軍逾年請老致仕四年卒碑不書在金吾衛則詩為開寶二年以前作也宋詩紀事載此詩千年字作千年事人莫測作人莫識並訛何承裕晉天福末進士宋開寶三年自涇陽令入為監察御史後歷侍御史累知忠萬商三州太平興國中卒碑不書知州則詩為開寶中作也楊徽之字仲猷浦城人太平興國初命編文苑英華歷遷刑兵二部郎中累遷給事中眞宗即

位拜工部侍郎兼祕書監咸平初加禮部二年春改兵部仍兼祕書監是秋特置翰林侍讀學士命爲之明年卒此碑結銜與傳咸平二年歷官合則詩當作於是時也宋詩紀事不載此詩范杲質兄子字師回宗城人太宗朝官史館修撰時賈黃中李沆參知政事杲連致書求爲學士太宗惡其躁競改右諫議大夫碑作左諫議知濠州復召爲史館修撰碑不書知濠州則詩爲淳化二年賈李參政時作也李建中字得中其先京兆人避地入蜀蜀平建中入宋太平興國八年進士累官集賢院出爲兩浙轉運

副使再遷主客員外郎景德中累判太府寺大中祥符五年卒碑不書太府寺則詩爲景德以前作也宋詩紀事不載此詩宣和書譜又稱建中善篆草隸八分宜其與英公善也張洎全椒人仕南唐掌樞務歸朝拜太子中允端拱初判考功未幾遷太僕少卿拜右諫議大夫碑作中散大夫判大理寺累給事中參知政事至道二年卒碑不書判大理寺則詩作於至道元年官參政以前也宋詩紀事不載此詩呂端字易直安次人眞宗立累加右僕射監修國史明年夏被疾十月以太子太保罷在告三百日卒碑題特進太

子太保致仕則詩作於咸平元年在告三百日之時也賈玭史附賈黃中傳黃中南皮人父玭字仲寶晉天福三年進士宋初爲刑部郎中終水部員外郎知浚儀縣年七十卒與碑結銜不合未知郎一人否也李鑄史無傳師頏字霄遠傳作師頏與字霄遠不合當是史誤內黃人眞宗時以刑部郎中知制誥兼史館修撰咸平三年召入翰林爲學士五年卒碑題銜與傳合則詩作於咸平三年也李若拙字藏用萬年人累兵部郎官充史館修撰知制誥咸平初被疾改右碑作左諫議大夫四年卒碑惟諫議與傳合

而騎都尉則傳無之此詩當作於咸平初也宋白字太素大名人宋詩紀事作開封人至道初爲翰林學士承旨二年遷戶部侍郎眞宗即位改吏部侍郎咸平四年拜禮部尚書以兵部致仕碑不書尚書則詩爲眞宗即位初作也宋詩紀事不載此詩賈黃中字媧民南皮人淳化二年秋與李沆並拜給事中參知政事四年冬與沆並罷明年知襄州碑不書知襄州則詩作於淳化二年也宋詩紀事不載此詩趙昌言字仲謨孝義人淳化四年自知大名府召拜給事中參知政事五年八月出爲川陝都部署碑仍書參政則詩

作於淳化四年也鄭起字孟隆周廣順初官尉氏主簿范質薦爲右拾遺恭帝初遷殿中侍御史太祖初出爲河西令蜀平當徙遠官起不欲往乃炙烙其足卒碑不書宋官而尚用周末之左（史作右）拾遺未詳何故据傳則詩當作於乾德二年平蜀之前矣許仲宣字希榮青州人太平興國八年由吏部郎中爲左諫議（碑作中散）大夫雍熙四年出知廣州未上移知江陵府俄改河南府端拱中遷給事中淳化元年卒則詩作於端拱中也馬去非無傳韓溥長安人唐相休之裔孫開寶三年官監察御史

累轉司門郎中淳化二年被病辭職則詩作於淳化二年以前也臧丙字夢壽大名人淳化二年拜右（碑作左）諫議大夫出知江陵府歲餘疾卒則詩作於淳化二年也蘇易簡字太簡銅山人太宗朝遷給事中參知政事明年以禮部侍郎出知鄧州移陳州至道二年卒碑不書知鄧州則詩作於至道元年四月罷參政之時也（宋詩紀事不載此詩）王承衎字希悅審琦子家洛陽咸平中連知延代并三州改尚食使鳳翔張雍病命承衎代之徙涇州大中祥符二年知壽州卒碑但書尚食使知鳳翔則詩作於

咸平中也陳文顥漳泉陳氏洪進之子太祖時隨洪進歸朝授房州刺史換康州端拱初出知同州咸平初知耀州碑不書耀州則詩爲端拱初作也穎摯史附鄭起傳稱其拔萃登科至太子中允傳不著何年亦不書知洛陽縣郭忠恕建隆初眨官其後流落多遊岐雍京雒間碑結銜是周時舊官宣和畫譜稱其作篆隸喜畫樓觀臺榭嘗與陳摶會于華山則詩當作於太祖時矣（宋詩紀事不載此詩）陳摶字圖南眞源人居華山四十餘年太平興國九年來朝賜號希夷先生端拱二年卒則詩當作於端

拱前也（宋詩紀事不載此詩）宋溫舒史附宋湜傳湜父溫故之弟長安人進士官至職方員外郎嘗典耀州湜侍行代作牋奏溫舒曰此兒眞國器恨吾兄不及見也湜太平興國五年進士則溫舒作此詩在太宗以前矣以上皆從史傳考其作詩之年約略如此夢英史無傳墨池編石墨鐫華二書祇稱其工書不言其遊中南以後卒于何年諸公贈詩大率英公赴召之年及辭赴中南以後或過從酬倡或遠寄懷想積牋閱歲正蒙裒書而刻于石上距宋初已四十餘年不知其時英公尚在否也詩錯雜

無次不以年載官位爲先後詩中往往稱英公嗜酒能詩不知何以無一篇流傳于世也碑書宋白詩到處僧俗爭識面句中不諧疑俗字誤臧丙詩稱京碑記念千庐集韻云庐乃斫字之省斫碑材也詩用千庐正言碑材宋詩紀事誤改爲聽其稱謂之別者如馬去非稱英公爲倩交韓溥稱英公爲詩匠而徒弟之稱則見於陳搏詩稱英公無徒弟則立碑之賜紫義省等不知何寺之僧何人之徒也

昭應縣文宣王廟碑

碑連額高六尺四寸廣四尺四寸四分二十行行四十四字隸書隸額在臨潼縣

□□□□□□文宣王廟碑文

將仕郎守京兆府昭應縣主簿王□撰

鄉貢進士蕭資書并題額

由國□至郡縣有孔子廟自　天子至庶人歲時奉其祀醴餼器具豐嚴潔修盡有儀式歷世傳承不敢慢其事誠以生民以來有至德者未有如孔子故也咸平紀號之元年　詔以太子中□趙公莅是邑公之始至也以民之不知教以訓以治日無暇時明年春政既成民既知勸乘閒問孔子廟而往拜焉既而覩其像貌圯剝牆宇不完歲時之祀固缺如也返則召邑中進士明經之好事者坐而謂曰余常念先師孔子爲陪臣于周享王爵於唐其爲道也其爲教也載之於經傳之于世自周迄今絕而復興久而愈尊雖夷蠻戎狄之不可化者尙聞之而爲善良也矧中夏之俗乎世之冠儒冠服儒服文行可列於四科者皆先師異代之弟子也豈有服儒服爲弟子而奉其師反不若服緇黃之弟子有觀寺之崇享獻之豐潔邪且是邑有先師廟余長是邑而使其廟將日毀祀不時修余與爾將何事也得非讀其書而忘其道歟爲其弟子而不奉其師歟繇是坐者感奮承命再拜謝而退一日□相與募邑中吏民之有識者得五十萬錢亟市瓦木庀工徒撤舊而新之然以故廟之址戹邑之南逼側蕪穢□□□□之所乃就邑之北遷良地筮吉日而遷焉越式百日而其功集公遂率僚屬暨邑中吏民行釋奠之禮堂之上惟十哲□于左右十哲而下諸賢咸圖于壁堂之後復搆式堂曰講書堂俾邑中之學者得以游矣於是命佐吏□勒辭於石置于廟側辭曰

返魯之教今古是則民胥樂胥無有僭忒我公之來服孔之化問廟之所往拜堂下既拜而奠既奠而眂愍厥

毀摧歎嗟不已乃遷斯廟乃新斯堂神安攸居民卽而
康七十弟子三千門徒奚公之政一如中都
大宋咸平弍季八月弍日建
鄉貢進士王口信
將仕郎守太子中口知縣事趙格
將仕郎守縣尉徐口
將仕郎守殿中丞通判軍府事騎都尉借緋劉克勤
正奉大夫口口口口侍郎知軍府事上柱國賜紫金
魚袋天水縣開國伯食邑九百戶趙昌言
武威安瓅刻字

按昭應縣大中祥符八年改臨潼縣屬永興軍路
京兆府宋史趙昌言傳眞宗卽位遷兵部侍郎知
陝州未幾移知永興軍三年召入兼御史中丞此
碑立于二年八月正昌言知軍時也陝西通志臨
潼縣學舊在縣城北宋咸平中知縣趙恪改建主
簿王漢有記卽謂此碑也然碑云故廟之址居邑
之南逼側蕪穢乃就邑之北擇艮地筮吉日而遷
焉則是自南而遷于北志載未晰且以趙恪爲趙
格亦訛撰記者主簿王瀵碑泐其名賴志補之

梁顥李易直題名

石橫廣一尺餘高七寸五分八行行七字左行末行鈌正書

宋咸平三年誅口部叛卒王均之踰月右司諫知制
誥梁顥審刑院詳議官秘書丞李易直奉 命安撫巴
峽路口華陰同謁

宋史顥本傳是年冬王均平命顥爲峽路安撫使題
稱右司諫知制誥梁顥傳不及爲右司諫者略也通
鑑長編命翰林學士王欽若知制誥梁顥分爲西川
及峽路安撫使國子博士李及甫秘書丞李易直副
之所至錄問繫囚自死罪以下得第降之上諭欽若
等曰朕以覲省風俗尤難其人數日思之無易卿等

各宜宣布德澤使遠方知朕勤卹之意關中金石記

按宋史眞宗紀咸平三年正月益州軍變害鈐轄
符昭壽逐知州牛冕等推都虞候王均爲首作亂
十月巳丑雷有終追斬王均于富順監禽其黨六
千餘人長編作六十餘人 丙寅以翰林學士王欽若知制
誥梁顥分爲川峽安撫使題名部字上泐一字据
史乃益字也題名言誅王均之踰月而紀乃牽連
書于十月据長編李易直爲副而紀不及者略之
也咸平四年三月始分川峽爲益利梓夔四州爲
四路此時尙爲川峽兩路益東西兩川及巴峽也

梁顥與王欽若同日受命爲安撫而題名不及欽若與李及甫者及甫自副欽若而行而欽若又自赴川路殆行不同程也

保寧寺鐘款

款高四尺四寸八分周圍八面共寬一丈二尺六分每面作三截中截無字餘皆三行上二字下四字正書在興平縣保寧寺

皇　千　主　秋　府　歲　萬　口

長福　陳美　李口　輔温　焦詮　王順　王誦

李祚　程寛　張重　陳稠

大宋國咸平三年十二月十八日奉　勑鑄鐘　京

兆府興平縣保寧寺鍾頭洛室院主僧知遵　小師善欽善明　表白祟廣殿直知縣事元朝宗　内品監酒稅陳紹遷　主簿王湛　鎮將穆贇　副鎮趙朗　押司王坦　維那頭趙遇許得一張超王順

款内稱府主者知京兆府事者也内品者内侍官也所謂把門内品後苑内品是也鎮將及副鎮則鎮砦官耳 關中金石記

按款云皇千主秋府歲萬口應讀云皇帝萬歲府主千秋萕款文錯置也年月一行云大宋國大宋下加國字始見于此陝西通志保寧寺在興平縣西街而興建不詳鐘亦未及

高紳韓見素等題名

石裂爲三合之横廣一尺九寸高一尺五寸七行行六字七八字不等左行隸書

口口口口口史館知華州高紳秋祭謁廟與刑口口外郎口仕韓見素賓幕劉繼元同游咸平口口口口口廿一日弼翰　夷直捧硯

高紳等題名

石横廣八寸高五寸五分八行行六字七字不等正書

右司諫直史館知華州高紳　尚書戸部員外口直史館曾致尭　陝西轉運副使太常博士李易口

咸平四秊閏十二月十五日記

西嶽廟乳香記

碑高六尺四寸廣二尺七寸四分二十一行行五十四字正書在華嶽廟

勑賜西嶽乳香記

將仕郎守尚書刑部員外口口仕騎都尉賜緋魚袋

韓見素撰

華山口智通書

鄉貢進士董洎篆額

粤若太極剖判非三才無以孕百神之口口氣周流非五行不能儲万物之秀是則五行於三才百神一氣万

物無所不在矣故在天爲五星在地爲五嶽在人爲五
藏在物爲五色口口聲教亦無所不備矣有逆順生煞
消息盈虛之理得其道者聖功生焉神明出焉百姓日
用而不知故君子之道鮮矣夫五嶽者自融結之口與
五行之氣並生焉故其神也命五帝以封之其祭也秩
三公以視之其靈也唯聰明正直以司之　天子
歲以四立之日名於王口口口之常禮也以至國家似
有水旱災癘之地爲民而薦誠者亦非時而請謝焉
西嶽金天氏蓋其一也世人有以不忠不孝不廉
不口口仁不義堆愆積咎架肩疊跡而來淫祀以求福

禍者宜其請禍也何福之有乎神終不以三爵庶有易
其福善禍淫之道也苟有抱忠孝口口口挾仁義而來
祭者雖潢汚行潦必享之其所享者誠也孔子曰吾不
與祭如不祭又曰吾祭則受福其誠之謂乎唯是
國家每口口祭繼日晨香則必歆而福焉何哉以其
旣誠且明不爲已而爲民無玷於聰明正直之職也先
是五嶽諸殿逐日所焚之香自來因循官口口給辜自
右司諫直史館高君紳於至道中任荊湖轉運日見南
嶽司天王廟逐日諸殿晨薦之香只採山中樹根燒爇
遂特發奏章乞口口香燒略曰　陛下欲

普天儲祉故五嶽是尊萬姓欲四序祈恩故明神是仰
其於香火尤爲薦誠闕而未行何以爲禮伏乞
聖慈特降勑命許於南嶽諸殿逐日共破乳香一
兩復慮泰山等四嶽有似此未破香處亦乞特降指揮
自是　勑下華州勘口西嶽合銷乳香聞奏時主
廟官令神祝等慢神如一遂共分析本廟一十一處合
銷乳香半兩匪唯儉不中禮抑亦盜在其中蓋不焚則
有口焚之則不足也神靈感遇若有所名未數歲高君
自荊湖歸覲典是郡縣檢本廟諸殿所焚之香全然闕
少奏復添之戒勵旣嚴焚爲尤盡口享唯馨之德人恭

如在之容　巍巍聖朝實受其福人有謂高曰今
五嶽百神日受芬馥皆公之力也荅云　君上之
賜也又曰口公言　君何由而知之曰臣下之職
也是知高君之所任也不獨惠於民亦將及於神不獨
益於　君亦將及於身君有是臣何口而不拾何
闕而不補矣高公以見素懸車嶽下遺累神封託紀歲
時貴無譽飾命但直敘賜香之由致祭於禮以警之欲
使後之思乳香者口慢神之過劾淫祀者知請禍之非
言者無罪聞者戒之時咸平六年九月十五日記
觀察推官承直郎試大理評事丁口周　節度推官

將仕郎試秘書省校書郎韓翔　左班殿直兵馬監
押兼在城巡檢李承信　給事郎守國子博士監酒
務輕車口尉賜緋魚袋張璡　朝請郎守太子中舍
通判軍州事騎都尉借緋薛龜從　宣德郎守右司
諫直史館知華州口口事輕車都尉賜緋魚袋借紫
高紳
鐫字人姚玉
高紳轉運荊湖奏請勅賜南岳焚香而四岳并及之
據碑南岳諸殿曰破乳香一兩西岳諸殿共十一處
乃曰破半兩古人焚香其儉如此且所焚乳香非今
香也碑正書亦有柳誠懸筆意（石墨鐫華）

後題名內有宣德郎守右司諫直史館知華州軍州
事輕車都尉高紳江少虞皇朝事實類苑曰紳江東
人善篆文與李無惑同時齊名（關中金石記）
按乳香廣志謂之乳頭香生南海是波斯松樹脂
包紫赤如櫻桃透明者爲上宋史太祖紀乾德元
年十二月泉州陳洪進遣使貢白金千兩（世家作萬兩）
乳香茶藥皆萬計蓋當時以乳香爲難得之物也
香譜載曹務光禮趙州用盆焚乳頭香此亦禮神
物用乳香之一證其謂之乳頭者本草云薰陸即
乳香爲其垂滴如乳頭也

鳳翔府萬壽禪院記

碑高六尺五寸七分廣三尺三寸十八行行三十六字正書在岐山縣

大宋鳳翔府青峯山萬壽禪院記
起復朝奉大夫右諫議大夫知軍府事安定縣開國
伯食邑七百戶食實封叁百戶賜紫金魚袋梁鼎譔
并篆額
廬岳沙門正蒙書
右扶風郡北盤岐山南據秦嶺地之形勝甲於關輔秦
嶺之南蜀山北走（音奏）突霄磨霓磅礴萬里至是峥然若
奔而駐其秀絕者曰青峯山涵碧孕翠畜靈積粹崔嵬

迴漢四峭如削故自山麓緣危隥陟猿徑殆將百里至
于是峯人跡夐絕窅若物外中有洞穴深莫知其際舊
傳阿羅漢隱息于此然自昔未嘗有精藍天其或者必
俟開士而后興焉同光初有釋傳楚者本陳倉人幼抱
高志辭親隸道奄有頓法遂荒智地景行大迦葉悟即
心即佛之旨乃曰昔人普詣百城叅契妙理我雖懸解
豈廢軌則故南之嶺外東適江表振錫法會印可知識
僅逾一紀長興未旋自吳會戾于故里將爲人天開示
大法時　清泰主潛隱斯地爲重法故奉禪師若
師傳禪師遽請結茅兹峯以爲禪誦宴坐之所繇是經

營締搆棟宇大備峩峩梵刹不日成之四方游學歸之與山谷曹谿相侔清泰中以舊恩降璽書勞問賜命服及彰勝大師之号禪師授而弗有咨賢首語文殊言一切無礙人一道出生死禪師所傳正得是法直指本心更無佗要故言下解脫者不可勝紀化事云畢示寂適去即晉天福二年秋八月二十有二日也禪師上足曰清兔善繼先志亦師子吼兔復去世其法季曰清悅嗣之悅終兔之門人曰義成繼主其事自肇建禪宇于今七十有三載矣而未暇刻石識其盛烈嘗虞年禩寖遠後之人無以知所由來會予奉　詔假守是邦而

僧成條其狀願為之記且曰將俾斯文與是山俱隆䓁謹弗敢讓而為之實錄云時景德二年歲在乙巳正月十五日甲子書　　安璨鐫字

按陝西通志青峯山在岐山縣南一百五十里峯巒蒼翠接寶鷄界青峯寺在岐山縣南一百五十里青峯山上紀載寥寥祇此一二語而已而於山之形勝寺之興建無一語及之豈當作志時此碑未之見耶志不言青峯寺即萬壽禪寺以碑度之要即一寺而兩額也碑云清泰主潛隱斯地奉禪師若師傳禪師遽請結茅茲峯由是經營締搆棟宇大備兩五代史皆載後唐廢帝李從珂明宗長興三年由西京留守為鳳翔節度使寺之剏建即在是年所稱禪師為釋傳楚薛史稱帝常日諷佛書輕財好施陝西通志又載胡僧阿闍黎住鳳翔末帝甚重之清泰元年遣官往召其奉佛重僧如此宜其為禪師建此寺也寺初建名萬壽不知何年直謂之青峯碑建於景德二年自建寺至此正七十三年與碑言合禪師以晉天福二年示寂一傳清兔再傳清悅三傳義成請梁鼎撰記者即其人宋史傳鼎字凝正華陽人景德初知鳳翔府三

年卒鼎好學工篆籀八分此碑額即其所篆文亦簡淨有法書者正字郎書夢英詩碑者也

麗奎築三籙壇題記

石殘缺橫廣一尺七寸五分高一尺十二行字數八字至十四不等正書

□宋景德二季冬　天王降靈寶三籙壇　式于四嶽勅屬郡□□營築於廟殿之前今□□之鎮自十月孟旬承　□施至十一月五日畢□表于□因刊闕石以紀蔵事之□

□仕郎試芸閣吏守主簿麗奎題

□仕郎守下邽縣主簿木令脩監

□作監丞守廟令揚璘道士賈□
□仕郎守太子洗馬知縣事許孝恭

□仲卿祭嶽廟題記

石横廣二尺二寸高九寸九行行六字正書

宋景德二載□月二十四日□秋太常博士□華州軍
州□仲卿奉　勅虔祭　靈廟再宿而迴時賓從同游
用紀于石

勅修文宣王廟牒

石連額高六尺六寸四分廣二尺六寸二分十五行行三十三字正書篆額

中書門下　牒京東轉運司
資政殿大學士尚書六部侍郎知通進銀臺司兼門下
封駮事王欽若奏諸道州府軍監文宣王廟多是摧塌
及其中修蓋完葺者被勾當事官員使臣□射作磨勘
司推勘院伏以化俗之方儒術爲本訓民之道庠序居
先況榮出生人垂範經籍百王取法歷代攸宗苟廟貌
之不嚴卽典章而何貴恭以　睿明繼統禮樂方興
咸秩無文徧走羣望豈可泮宮遺烈教父靈祠頗闕修
崇久成□業仍令講誦之地或爲置對之司混桎梏於
絃歌亂桎梏於籩豆殊非尙德有類戲儒方大振於素
風望俯頒於明制欲乞特降　勅命指揮令諸道州
府軍監文宣王廟摧毀處量破倉庫頭子錢修葺仍令
曉示今後不得占射充磨勘司推勘院及不得令使臣
官員等在廟內居□所貴時文載耀學校彌光克彰鼓
篋之聲用洽舞雩之理候勅旨　牒奉
勅宜令逐路轉運司遍指揮轄下州府軍監依王欽若
所奏施行□至准
勅故牒
景德三年二月十六日牒
刑部侍郎參知政事馮拯　尙書左丞參知政事
王旦

按此碑刻於景德三年二月十六日宋史王欽若
傳景德初欽若以工部侍郎參知政事判天雄軍
提舉河北轉運司及還罷爲刑部侍郎資政殿學
士歲中改兵部升大學士知通進銀臺司兼門下
封駮事宰輔表則判天雄軍在景德元年九月乙
亥還朝在二年正月甲寅罷爲資政在四月癸卯
自資政遷尙書左丞在三年二月己亥是月甲戌
朔己亥在廿六日立碑時尙未爲左丞故碑不書
馮拯傳景德中爲參知政事再遷兵部侍郎宰輔
表但書景德二年四月癸卯馮拯自工部侍郎簽

書樞密院事除參知政事不言其遷兵部侍郎此碑云刑部侍郎則表傳皆無王旦傳咸平三年同知樞密院事踰年以工部侍郎參知政事景德二年加尚書左丞三年拜工部尚書同中書門下平章事宰輔表王旦參政在咸平四年三月辛卯加左丞不書至三年則云二月戊戌自左丞參政同平章事戊戌是二月廿五日亦在立碑之後碑故尚是左丞參政也碑云摧破虜量破倉庫頭子錢修葺文獻通考云開寶六年詔諸倉場受納所收頭子錢一半納官一半公用令監司與知州通判

同支使頭子錢納官始於此止齋陳氏曰是歲令川峽人戶兩稅以上輸納錢帛每貫收七文每疋收十文絲綿一兩茶一斤稈草一束各一文頭子錢數始見於此馬端臨曰謹按咸平三年十月三司權判孫冕等奏天下諸夏秋稅斛斗收倉耗例並夏秋稅斛斗疋帛諸收物色等收頭子錢遍令檢尋不見元定宣勅又按後唐天成二年戶部奏苗子一布袋令納錢八文三文倉司喫食補襯長興元年見錢每貫七文稈草每束一文盤纏其所收與開寶數同則頭子舊有之至此稍條約之耳

據此則頭子錢乃諸道州府軍監所抽取于民納之倉庫以充公用者也

金石萃編卷一百二十六終